永州市地方志丛书

永州市新闻传媒志

中共永州市委宣传部　编

方志出版社
Publishing House of Local Records

图书在版编目（CIP）数据

永州市新闻传媒志 / 中共永州市委宣传部编；周明礼主编 .-- 北京：方志出版社，2020.3

ISBN 978-7-5144-4135-2

I. ①永… II. ①中… ②周… III. ①新闻 – 传播媒介 – 概况 – 永州 –1996–2015 IV. ① G219.276.43

中国版本图书馆 CIP 数据核字（2020）第 046826 号

永州市新闻传媒志

编　　者： 中共永州市委宣传部

责任编辑： 王海荣

出 版 者： 方志出版社

地址　北京市朝阳区潘家园东里 9 号（国家方志馆 4 层）

邮编　100021

网址　http://www.fzph.org

发　　行： 方志出版社图书经销中心

电话（010）67110500

经　　销： 各地新华书店

印　　刷： 湖南奔腾文化创意股份有限公司

开　　本： 889 × 1194　　1/16

印　　张： 33

字　　数： 641 千

版　　次： 2020 年 3 月第 1 版　　2020 年 3 月第 1 次印刷

印　　数： 0001~1000 册

ISBN 978-7-5144-4135-2　　**定价：** 380.00 元

永州市新闻传媒志编纂委员会

顾　问　蒋政平

2016. 6—2016.10

主　任　石艳萍

副主任　蒋三立　蒋旭军　周明礼　刘　波　蒋三秋

成　员　杨向东　王彩星　张标清　唐　励　蒋洪波

2016.10—2018.8

主　任　刘尤碧

副主任　蒋三立　蒋旭军　左亚军　周明礼　刘　波

　　　　蒋三秋　杨　健

成　员　雷述明　张标清　夏国忠　唐　励　蒋洪波

2018.8—2019.12

主　任　贺　辉

副主任　蒋三立　吴红燕　左亚军　周明礼　刘　波

　　　　杨　健

成　员　雷述明　张标清　唐新华　唐　励　蒋洪波

办公室

主　　任　石　婧（2016.6—2017.12）

　　　　　颜学飞（2017.12—2019）

工作人员　何明明　邓红军

编 纂 办

主　　编　周明礼

副 主 编　彭楚明（2018.1—2019.9，兼责编）

编　　辑　彭楚明　蒋正洁　文三毛（2016.6—2018.1）

统　　稿　周明礼

各承修单位主笔

市委宣传部：周明礼　彭楚明　张穆宸

永州日报社：雷述明　王金梁

永州广播电视台：张宁波　池德玉

市委网信办：唐　念

永州新闻网：张标清　王本峰

《永州通讯》：邝华军

湖南日报社永州分社：张新国

《湖南科技学院报》：熊玲芝

提供图片　周明礼　蒋新国　郑运生　赵扬名　张新国

永州日报社　永州广播电视台　永州新闻网

《永州通讯》编辑部　《湖南科技学院报》编辑部

审　　稿　高　波

序

《永州市新闻传媒志》是永州第一部以新闻传媒归类的专业志。以往新闻宣传、报业杂志、广播电视一般或以章或以编修纂未成专志，尤其是新闻管理、网络传媒方面没有入志。以新闻传媒归类编修专志，这是永州市政治经济与社会发展中的一个重要缩影，也是修志工作的一个创新。

“治天下者以史为鉴，治郡国者以志为鉴。”盛世修志，志载盛世。思想宣传工作，是党的事业的重要组成部分。新闻宣传、对外宣传、报纸杂志、广播电视是传统的工作手段；网络，融媒体是新的宣传载体。《永州市新闻传媒志》记录的正是中国特色社会主义向纵深发展、向深度变革的历史洪流中，永州传媒事业发展与完善的过程。

综观《永州市新闻传媒志》，感触最深的就是变化大。党的领导是全面领导，党管新闻传媒就是管班子、管思想、管导向、管队伍。中共十四大以来，按照中央“以科学的理论武装人，以正确的舆论引导人，以高尚的精神塑造人，以优秀的作品鼓舞人”；宣传思想工作“三贴近”，即“贴近实际、贴近生活、贴近群众”；党的新闻舆论工作从“耳目”“喉舌”功能进一步提升到“治国理政、定国安邦”思想高度；党和政府主办的新闻媒体是党和政府的宣传阵地，必须姓党；解决好“为了谁、依靠谁、我是谁”这个根本问题，“建设网络良好生态，发挥网络引导舆论、反映民意的作用，让互联网更好造福人民”的总要求，永州新闻传媒遵循党性原则，“高举旗帜、把握导向、围绕中心，服务大局”，为永州政治经济建设、社会文明进步凝心聚力，答疑解惑，鸣锣开道。

《永州日报》是中共永州市委机关报，始终坚持党报的主导地位。它的前身是《零陵报》，于 1987 年 12 月 20 日试刊，1988 年 5 月国家新闻出版总署批准公开发行。1994 年 1 月 1 日，更名为《零陵日报》。1996 年 6 月，随地改市更名为《永州日报》，为周六刊，四开小报。2000 年 10 月 1 日起，出对开大报（四版），开设一版时政要闻，二版综合新闻，三版家庭生活，四版国内国际新闻。2001 年 1 月增出附版《生活周刊》，每周六出版对开八版。2007 年创办《政务周刊》。2008 年 8 月，打破单一报纸传媒方式，建立“中国永州网”。此后至 2015 年，主报、副刊齐全，黑白、套红、彩印融合展现。宣传从只有简单事件报道到时政新闻、经济要闻、县区新闻、民生新闻、潇湘人文、文体新闻、国内国际新闻、理论、社论、评论俱全。业态从单纯报纸延伸到报纸、网络、广告经营、印刷等全面发展。

永州广播电视台始终坚持新闻立台的原则，促进全面发展。永州广播从 1956 年起，县一级收音站扩展为有线广播站，1965 年，毛泽东主席“努力办好广播”的题词发表后，1968 年，全区有 73 个乡镇建起广播站，1298 个村通广播。1978 年，全区 100% 的乡镇建起广播放大站，一个以县站为中心、以乡镇为基础、以喇叭入户为落脚点的农村广播网在全区范围内基本建成。2000 年 11 月 19 日，永州人民广播电台成立并开播。永州电视台 1978 年 8 月羊毛岭电视差转台建成试播起，1988 年 4 月零陵电视台筹建，至 1990 年 10 月 24 日开播。1996—2015 年，永州广播电视台经历由局台分设，频道制，局台合一，撤局强台的改革过程。突出新闻立台、产业强台理念，由每天自办节目 30 分钟到《永州新闻联播》、经济、社会民生、文化、旅游多项专题节目并举；录播、直播并行；地面拍摄与航拍并用；广告经营与资产经营并重；无线、有线、网络共营；广播、电视、报纸、新媒体协同发展的格局。

永州新闻网起步虽然较晚，但始终坚持传播正能量。2004 年 5 月 21 日，永州新闻网成立并运行，当时是属于市委外宣办对外宣传的内部小平台。至 2015 年，永州新闻网独立成媒体单位建制，从单纯监看、发帖到全程发新闻，开设十多个栏目，旗帜鲜明地对外宣传永州，提高了永州的知名度和美誉度。

《永州通讯》是市委机关刊物，在宣传党的方针政策、市委及市政府中心工作、交流学习、实践和工作经验等方面发挥了重要作用。湖南日报社永州分社虽是驻永州工作部门，但记者们深入永州各地采访，在《湖南日报》头版头条刊发大量的新闻作品，为宣传永州做出积极贡献。永州市政府网、《永州新报》、《湖南科技学院报》等媒体，为宣传永州和发展永州都做出重要贡献。

永州政治经济建设与社会文明进步日新月异。永州新闻传媒事业方兴未艾，必然合着新时代、新呼唤、新征程的步伐，顺应人民日益增长的美好生活向往，进一步改革、壮大、发展，在推动永州政治经济建设，社会文明进步中担子更重、责任更大、作用更显著。

值《永州市新闻传媒志》的编纂出版之际，我衷心感谢为永州新闻传媒事业发展历尽千辛万苦、创造这段辉煌历史的永州新闻传媒人；衷心感谢《永州市新闻传媒志》的编纂者，他们用自己的辛勤劳动，记录永州新闻传媒事业发展这段辉煌的历史。

是为序。

中共永州市委常委、宣传部部长

2020 年 3 月

凡　例

一、本志以马克思列宁主义、毛泽东思想、邓小平理论、“三个代表”重要思想、科学发展观、习近平新时代中国特色社会主义思想为指导，以党的路线、方针、政策和国家法律法规为依据，坚持辩证唯物主义、历史唯物主义的观点，坚持解放思想、实事求是、锐意进取、改革创新，遵循志书编修的原则和体例，全面、客观、系统地记载和反映永州市新闻传媒，即《永州日报》、永州广播电视台、新媒体“永州发布”、永州新闻网、《永州通讯》、湖南日报社永州分社、《永州新报》《湖南科技学院报》、中国永州网等新闻媒体的历史与现状，充分体现时代特点和地域特色，旨在“资政、教化、存史”，更好地发挥新闻传媒在社会主义现代化建设中的作用，为推动永州经济社会持续健康发展提供资政服务和历史借鉴。

二、本志系永州市新闻传媒的首部志书，上限起自撤销零陵地区、成立永州市的 1996 年（首轮未单独修志的单位，上溯至该部门成立，有涉及全局的改革，为反映改革过程的完整性，上溯至 1978 年中共十一届三中全会），下限断至 2015 年（其中图片下延至志书出版之时）。

三、本志由述、记、志、传、图、表、录等志书基本体裁和要素构成，以志为主体。采用“章节体”结构，设章、节、目等层次，横分门类，纵述史实，分新闻管理、《永州日报》、广播电视、网络传媒、其他新闻传媒五章。本志前设序、凡例、概述和大事记，后设附录和后记。

四、本志人物传记坚持“生不立传”的原则，在世人物的突出事迹以事系人入志，并设人物简介、人物表录予以收录。

五、入志人物职务在同一条目中首次用全称，其后若无变动则予以省略。

六、本志中将中共湖南省委、湖南省人民政府、中共永州市委、永州市人民政府分别简称为省委、省政府、市委、市政府。

七、本志中其他所用称谓、纪年时间、数字、注释引文、计量单位、文体语言、标点符号等，均按照《〈永州市志〉编写行文通则》和志书编写行文通则执行。

八、本志所采用的资料，包括史料、人名、地名、年代、数据、引文等，均经相关部门和个人考证核实，一般不注明出处，重要的则随文注明。

永州市行政区划图

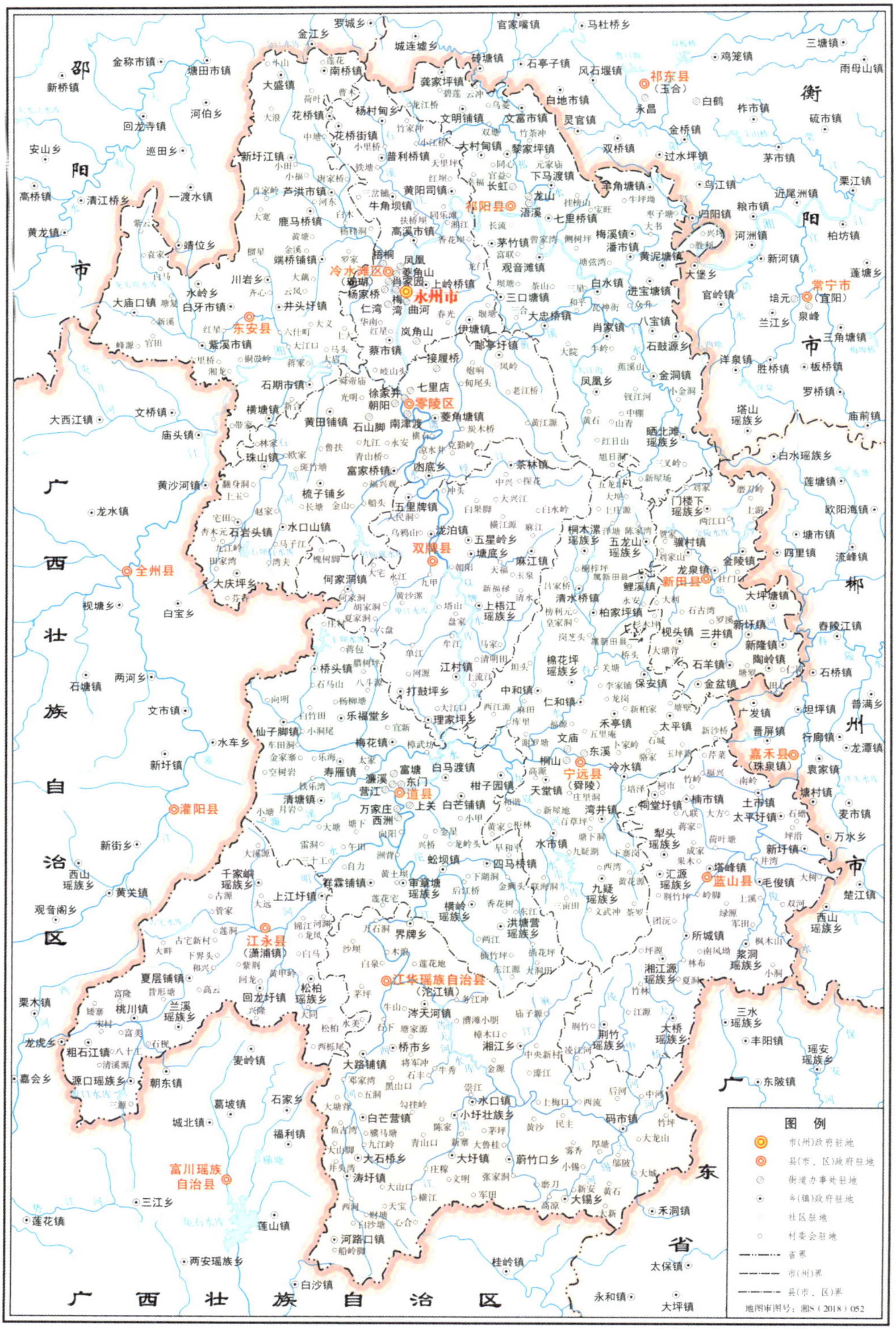

永州市
冷水滩区
(菱湖)
零陵区
祁阳县
祁东县
(玉合)
东安县
双牌县
道县
宁远县
(舜陵)
新田县
江永县
(潇浦镇)
江华瑶族自治县
(沱江镇)
蓝山县
嘉禾县
(珠泉镇)
常宁市
(宜阳)
全州县
灌阳县
富川瑶族
自治县
邵阳市
衡阳市
郴州市
广西壮族自治区
广东省
广西壮族自治区
图例
市(州)政府驻地
县(市、区)政府驻地
街道办事处驻地
乡(镇)政府驻地
社区驻地
村委会驻地
省界
市(州)界
县(市、区)界
地图审图号：湘S（2018）052

领导关怀

①	③
②	④
	⑤
	⑥

①2008年1月17日，中国市长协会专职副会长兼女市长分会执行会长陶斯亮（前排左一）、省委书记张春贤（前排左二）、省长周强（前排左三）出席陶铸100周诞辰年大会并瞻仰陶铸铜像

②2009年9月8日，省长周强（中）参加公祭舜帝仪式

③2012年5月21日，市委书记张硕辅（中）、市长魏旋君（右三）等领导出席《品读永州》大型电视栏目开播仪式

④2015年9月24日，市委书记陈文浩（左三）陪同省长杜家毫（右二）公祭舜帝后进行参观

⑤2004年11月29日，省委常委、宣传部部长蒋建国在纪念祁剧诞生500周年报告会上讲话

⑥2006年3月8日，省委常委、宣传部部长路建平在长丰集团调研

① ② ③ ④ ⑤ ⑥ ⑦

①2002 年 6 月 6 日，湖南省广播电视厅厅长魏文彬（前排左二）考察永州广电，听取永州广电情况汇报

②2015 年 12 月 4 日，湖南省记协秘书长简人卫（中）在永州日报社调研

③2012 年 4 月 20 日，市政府副市长刘尤碧率队赴联合国宣传江永女书

④2005 年 12 月 15 日，湖南省委宣传部副巡视员蒋祖烜（右三）考察《永州日报》

⑤2005 年 6 月，永州、贺州、肇庆三市举行美术书法摄影作品联展，市委常委、宣传部部长李良铁（中）致辞

⑥2011 年 4 月 24 日，市委常委、宣传部部长朱映红（中）与市委副书记唐松成（左一）在新田县出席“将军后代放歌新田”文艺演出活动

⑦2011 年 4 月 23 日，将军后代合唱团成员在新田参观

事业发展

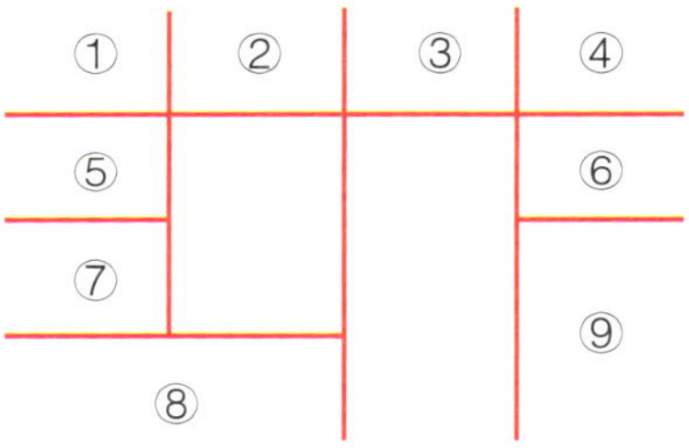

①2003年10月9日，大型电视采访活动《千里瑶乡行》在江华瑶族自治县举行开机仪式

② 2010年8月8日，第四届“潇湘丽人”大赛举行决赛

③ 2008年9月，滨江广场群众文化活动一瞥

④2012年1月20日，江永女书作品在联合国展出并被收藏

⑤2009年8月，永州市全民健身运动启动仪式举行

⑥2012年元宵节焰火晚会举行

⑦2004年9月16日，永州广电大厦竣工启用及永州广电网络有限责任公司成立仪式举行

⑧2000年10月30日，永州市广播电视学会成立，湖南省广播电视局副局长彭福元、市委副书记曾昭薰等领导出席成立大会并与永州市广播电视学会第一届常务理事合影

⑨2013年春节联欢文艺晚会，省文联副主席邓东源（右一）、市委宣传部常务副部长周明礼看望世界举重冠军王明娟（中）

重大宣传活动

①2012 年，滨江广场举行元宵节群众文化活动

②2012 年 9 月 28 日，省政府公祭舜帝

③2007 年 11 月 4 日，永州市少数民族运动会开幕

④2014 年，永州市春节联欢晚会现场

①

②

① 2013 年，永州市春节联欢晚会现场

② 2013 年 9 月 16 日，湖南省“欢乐潇湘”永州专场《又唱山歌给党听》节目在长沙演出

③ 永州电视台直播 2015 年永州市春节联欢晚会

④ 2015 年 12 月，永州市广播电视台组织员工参加全市“唱响永州”歌咏大赛并获二等奖

③

④

媒体建设

①

②

③

④

①永州电视台播控机房

②2013年9月17日，永州广播电视台大型高清电视转播车交接启用

③2005年4月28日，阳明山第一届“和”文化节开幕

④2012年9月28日，永州电视台直播公祭舜帝大典

⑤2018年11月18日，《永州市新闻传媒志》《永州市邮政通讯志》志稿评审及编纂人员在南华大酒店合影

⑤

①中共永州市委机关大院
②永州日报社
③永州广电大厦
④湖南日报社永州分社
⑤广播电视转播铁塔

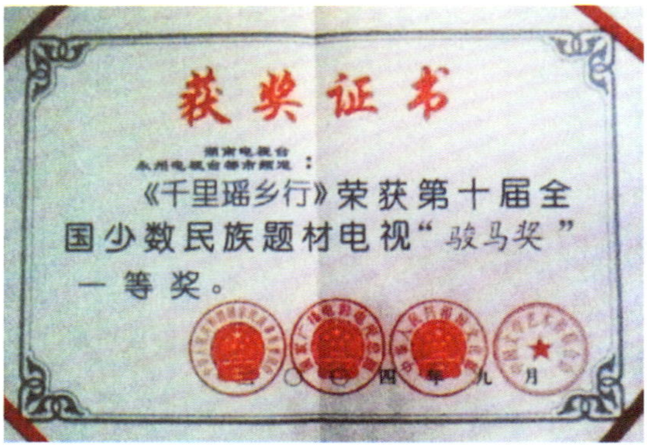

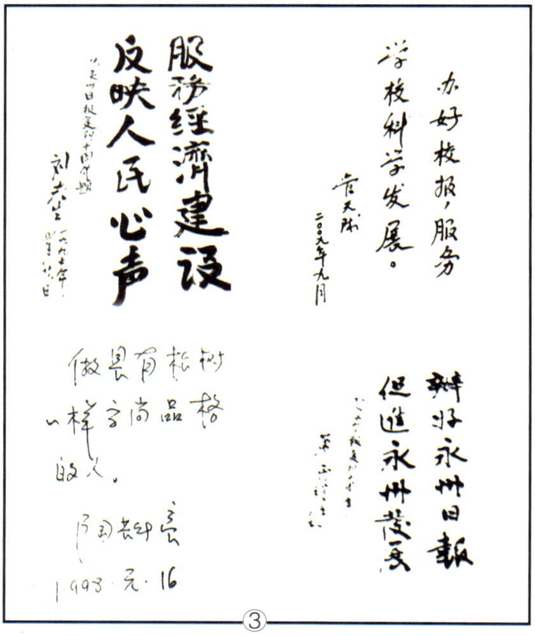

③

④

①永州广电部分新闻获奖作品及荣誉证书

② 2004 年 10 月 25 日，永州电视台都市频道与湖南电视台公共频道共同制作的电视专题片《千里瑶乡行》获全国第十届少数民族题材“骏马奖”

③领导题词

④《永州通讯》封面剪影

目 录

概 述

20 世纪 80 年代，零陵地区的改革开放不断深入和扩大，给新闻媒体的发展带来新的机遇，先后创办《零陵日报》《零陵工作》《零陵师专校报》、零陵电视台、零陵有线电视台。1996 年撤区建市后，永州市的新闻传媒呈现出蓬勃发展的势头，随之改名的《永州日报》从四开小报办成对开四版大报，2012 年扩版为八版，并于 2008 年 8 月创办网络媒体“中国永州网”；市委机关刊《零陵工作》更名为《永州通讯》，获得省新闻出版局内部刊号；湖南科技学院的《零陵师专校报》更名为《湖南科技学院报》，并获得全国统一刊号；改革之后的永州广播电视台设有三个新闻媒体单位，即永州人民广播电台、永州电视台和《永州新报》；2000 年 5 月，永州市委又创办“永州新闻网”；2014 年 5 月，市委新媒体管理中心成立，并创办“永州发布”。从 1996 年至 2015 年的 20 年中，以《永州日报》、永州广播电视台、永州新闻网为主流媒体的永州新闻传媒事业经历了不断发展壮大的过程。

一

20 世纪 80 年代中期至 90 年代中期，零陵地区新闻传媒中的报刊伴随着改革开放和社会主义现代化建设的推进，相继恢复并得到发展。1982 年 4 月，《零陵通讯》创刊，1986 年 3 月，《零陵师专校报》（今《湖南科技学院报》）创刊，1987 年 12 月 20 日《零陵报》（后为《零陵日报》）复刊，1988 年 5 月，获国家新闻出版总署批准正式公开发行。1992 年 5 月，《潇湘声屏报》（现《永州新报》）创刊，后并入《湖南城市广播电视报》，并单独面向全国发行，1996 年 3 月，地级永州市成立，《零陵日报》更名为《永州日报》。为集中力量办好《永州日报》，芝山区（原县级永州市）的《永州报》、冷水滩区（原县级冷水滩市）的《冷水滩晚报》于年底停办。其间，零陵地区县市和企业内部资料型报纸先后复刊或创刊，后全省开展内部报刊治理整顿，市内县区报纸全部按规定停办休刊。21 世纪始，永州报业在“三个代表”重要思想和科学发展观指导下，走改革、融合、开放之路，步入健康快速发展轨道。至 2015 年 12 月，永州市有《永州日报》《永州新报》《湖南科技学院报》3 种经国家新闻出版总署批准并向全国公开发行的正式报纸。《永州通讯》作为中共永州市委的机关刊物，在全省开展内部报刊治理整顿后得以保留，并获得省新闻出版局的内部刊号及准印证。2000—2015 年，永州报业在改革开放中经营和崛起。2004 年 5 月，永州日报社以 348 万元，购下冷水滩粮油食品公司占地面积约 8 亩的办公楼一座，随即全员搬迁至新址办公，永州日报社从此有了自己的社址，结束多年租借他人楼房办公的历史。2012 年，《永州日报》定价增至每份每年 258 元，发行数达 4.3 万份。2015 年，《永州日报》发行达 5.5 万份，广告收入突破 1000 万元大关。

20 世纪 80 代中期至 90 年代中期，零陵地区广电传媒先后建立并快速发展。1989 年 1 月 28 日，零陵电视台开播。台内设有总编室、新闻部、专题部、技术部和广告部，开设的主要栏目有《零陵新闻》《经济 888》《潇湘揽胜》《生活纵横》《法庭内外》《屏幕歌声》等，至 1995 年年底，先后录制编播电视新闻 1 万余条，现场录制和直播大型文体活动 18 场次，每年均有 100 条新闻稿片在省以上电视台播出。1993 年 8 月，零陵有线电视台开播，内设新闻部、总编室、技术部和广告部，开设的主要栏目有《零陵有线新闻》《经济长廊》《有线大看台》等。1996 年 3 月 10 日，零陵电视台更名为永州电视台，零陵有线电视台更名为永州有线广播电视台。2000 年 11 月 19 日，永州人民广播电台开播，呼号为“永州之声”，内设节目部、总编室、播控部。主要栏目有《永州新闻》《情感热线》《歌手打榜》《潇湘夜话》《110 直播室》等。进入 21 世纪后，永州电广传媒迅速发展壮大。2001 年 8 月，永州广电中心竣工；2004 年 9 月，永州广电大厦竣工启用。2012 年新组建的永州广播电视台更具活力，拥有永州电视台、永州人民广播电台和永州新报社 3 个新闻单位。其中永州电视台设新闻综合频道、都市频道、公共频道和影视频道。新闻综合频道的《永州新闻联播》推出的新闻节目，为全市人民所喜爱。到 2015 年年底，永州广电拥有 300 瓦以上的广播调频发射机 8 台，1 千瓦以上的双通道电视发射机和数字发射机 11 台，拥有有线电视网络和无线数字电视网络，全市的广播电视节目覆盖率达 98% 以上。至 2015 年，永州广播电视台广告收入达 2800 万元，网络经营收入达 5021 万元。

进入 21 世纪后，永州市网络传媒异军突起。2000 年 4 月，永州新闻网成立，挂靠湖南红网，对外称红网永州站，负责编发永州新闻信息。2006 年，市委宣传部组建有 7 名专职人员的专门班子，市财政连续两次拨款 40 万元，为网站购置全新设备，拥有独立的服务器和域名，服务空间由原来的 10 兆扩大到 100 兆，网速提高近 20 倍。同年，经市委同意，永州新闻网正式确定为由中共永州市委主办，市委宣传部承办，市委外宣办具体管理的市级新闻网站，对外称中国永州新闻网。2013 年 7 月，市委宣传部与红网签约，同意将永州新闻网的经营业务承包给红网，由红网派人进驻永州新闻网，负责网站经营。至 2014 年年底，由于经营没有达到协议效果，双方解除合作协议。2014 年 9 月，永州新闻网成为独立法人单位，设编辑部、记者部、新媒体、影视部、技术部、行政部和广告部，网页上设有《永州新闻》《外媒看永州》《湘竹评论》《永网民生》《理论视窗》《文化永州》等栏目。2008—2015 年，永州市各县区相继创建新闻网站，市直一些机关与部门也设立网站。2008 年 8 月，永州日报社创建中国永州网，实现报网融合。2014 年，市委、市政府在市委宣传部设置永州市新媒体管理中心，同年 7 月 14 日，“永州发布”上线运行。至 2015 年 12 月，“永州发布”有 30 余万粉丝，发布权威资讯 2 万余条。

2015 年年底，永州市形成《永州日报》、永州广播电视台、永州新闻网三大主流新闻传媒格局。三大主流新闻传媒为宣传党的路线、方针、政策，宣传市委、市政府的重大决策部署和中心工作，为推介永州、提高永州知名度和美誉度，为永州文化产业发展，提供改革创新、求实奋进、融合共赢的有益经验，为实现永州政治建设、经济建设、文化建设、社会建设和生态文明建设的战略发展目标发挥重要引领作用。

二

中共永州市委宣传部，是全市新闻传媒单位的领导机关和管理部门。

1996—2004 年，市委宣传部不断完善新闻舆论工作科学体系，严格按照中央和省委的指示精神把握新闻导向，传播正能量，增强凝聚力，清理整顿好内部报纸杂志，加大治散治滥力度。健全新闻阅评制度、新闻通气会制度、重大新闻稿件审批制度、重大外宣活动制度及新闻奖励制度，实现新闻管理工作规范化、制度化。要求各县区（管理区、经开区）党委宣传部门进一步强化对新闻宣传的管理，成立新闻宣传突发事件处置领导小组，由分管宣传的部委领导担任组长，各新闻媒体部门（单位）主要负责人为领导小组成员。从领导小组职责、宣传内容把关、突发事件处置要求等方面都建立应对机制。

2005 年，市委宣传部三次召开专门会议，认真贯彻“一规定两办法”，坚决制止虚假新闻报道。决定恢复新闻阅评制度，组建新闻阅评员和网评员两支队伍，创办《涉永舆情摘报》《新闻阅评简报》，处理多起突发性事件的新闻宣传。负面报道和粗俗、低俗、庸俗、恶俗报道，性病广告、虚假医疗药品广告等得到有效控制。同年 4 月，省委宣传部召开全省宣传舆情信息工作会议，推介永州市的经验。

2006 年，市委宣传部制定下发《关于进一步规范新闻管理制度的意见》等三个规范性文件，印发《永州市人民政府新闻发布工作暂行办法》，健全新闻例会、新闻通气、新闻调度、战役报道、典型宣传等制度；坚持做到每个季度下发一个宣传报道意见，对每个季度报道重点、报道要求、报道线索等予以明确。是年，举办10次新闻发布会、8次新闻通气会。召开全市舆情信息调研工作会议和新闻阅评座谈会、表彰会，总结经验，表彰先进，安排工作，推动舆情信息、新闻阅评和网评工作规范化、制度化。

2007年，市委宣传部召开全市新闻宣传工作座谈会，印发《关于进一步加强新闻宣传工作有关问题的若干意见》，在市委宣传部组建市新闻中心，在市广电局、永州日报社建立重点报道部，建立重大宣传报道通气联席会议制度，新闻工作的整体策划与创新有新的突破。

2009年，注重舆论导向的把握。加强新闻媒体、网络监控和手机短信及国外境外记者入永州采访管理。完善新闻发布制度，全年共举办各类新闻发布会14场次。改进网评员管理考核办法，试行考核奖励制度。各县区分别组建20人的网评员队伍，加强网络舆论引导工作。印发《永州市突发公共事件新闻报道应急机制工作流程》，突发公共事件新闻报道应急工作机制日趋完善，慎重处置"6·22"冷水滩公交车劫持事件等10多起网络"恶炒"事件。共编发《网络信息内参》19期、《涉永舆情》35期，提高舆论引导能力。

2011年，突出抓以网络宣传和对外宣传为重点的传播能力建设，提高舆论引导能力。5月，成立市委网宣办，主任为副处级，兼市政府办副主任。增加工作经费和人员编制，增添工作设备。制定《永州市网络舆情应急预案》，编发《涉永舆情》50期、《新闻阅评》25期、《献计献策》10期。重视大事要事和突发事件的舆论引导，召开信息报送、新闻发布和舆论引导专题会议，就规范信息报送、加强舆论引导工作进行安排部署。精心组织市、县、乡三级党委换届的宣传报道工作和第四次党代会献计献策活动，为市、县、乡三级党委换届营造良好的舆论氛围。及时做好"教育空饷"事件、冷水滩周某某"沉海案件"和道县"5·13"恶性袭警案件等系列新闻事件的舆论引导工作，组织广电事业发展专题座谈会，平息针对广电部门的网络恶炒。

2012年，完善和规范新闻发言人制度，出台《关于进一步加强新闻发布工作的意见》《关于进一步加强和改进突发事件新闻发布和舆论引导工作的意见》《永州市国家工作人员网络行为规范暂行办法》等文件，规范网络建设、运用和管理。加强永州新闻网软硬件建设，强化网络舆情应对与引导，编发《涉永舆情》38期、《涉永舆情专报》45期。

2013年，加强永州新闻网站宣传内容建设，策划正面宣传专题专栏36个，永州新闻网被评为全省优秀网站，居全省近千家网站综合排名第十位。成立网络舆情应对协调领导小组，组建骨干网评员队伍，出台《永州市网络舆情应对处置办法》，完善舆情预警、快速反应、互动引导、网帖处理四项机制，网络宣传管理工作制度化、规范化建设得到省委领导批示肯定，并在全省互联网宣传管理工作会议上作经验介绍。

2015 年，网络宣传管控有序。按照“管得住是总要求，正能量是硬道理”的原则，大力唱响网上主旋律，永州新闻网、“永州发布”累计推发稿件 5300 篇，回复红网《问政湖南》、永州新闻网《问政永州》涉永州信息 812 条，网络问政“永州模式”在全省推介，“网媒永州行”“知名大 V 看永州”等活动引发网民持续关注。积极抢占新媒体建设制高点，组建永州市新媒体中心，永州市政务微博微信发布厅上线，14 个县区（管理区、经开区）和 66 家部门政务双微开通运行，出台“永州发布”建设方案和考核暂行办法，“永州发布”微信进入全国政务宣传类微信 20 强。

在市委宣传部的领导下，全市各新闻传媒单位加强自身管理，新闻报道自始至终传播正能量。

1996—2005 年，永州日报社为加强对采编业务的管理，分别出台《三级审稿制度》《例会制度》《优秀作品奖励制度》《差错惩戒制度》。2006—2015 年，在完善四个制度的基础上，还制定《新闻采访制度》《记者管理制度》《广告管理制度》。此外，永州日报社设有专门的“评报栏”。每期报纸出版后即张贴于“评报栏”内，所有职员都可以对报纸进行点评，标上自己的意见。然后由采编室综合整理，每周集中全社采编人员进行一次点评，总结成绩，找出问题，以提高办报质量。

1996—2011 年，永州广播电视台及各县（区）广播电视播出机构逐步建立一整套行之有效的宣传管理制度，包括《新闻采访制度》《记者管理制度》《节目制作管理制度》《播音、主持人员管理制度》《制作、播出机房管理制度》《节目播出管理制度》《新闻宣传突发事件应对制度》等。各级党委宣传部门强化对新闻宣传的管理，成立新闻宣传突发事件处置领导小组，由分管宣传的部委领导担任组长，各新闻媒体部门（单位）主要负责人为领导小组成员。从领导小组职责、宣传内容把关、突发事件处置要求等方面都建立应对制度。

2012—2015 年，永州广播电视台制定并完善《永州市广播电视台宣传管理规定》《节目审查制度》《宣传例会工作制度》《优秀作品奖励制度》等规章制度。此外，不定期地编印内部通联专刊和监听监看简报。由局台总编室负责、聘请兼职监评员，对播出的广播电视节目进行挑刺、点评，提高宣传质量和舆论引导水平，先后 15 年被湖南省广播电视厅评为宣传管理先进单位。

2012 年，永州新闻网进行新一轮改革后，继续修订完善《永州新闻网文明办网规定》《永州新闻网网络安全管理规定》《永州新闻网发稿制度》《永州新闻网岗位职责》《永州新闻网薪酬管理制度》《永州新闻网论坛管理制度》《永州新闻网技术管理制度》《永州新闻网密码管理办法》《永州新闻网绩效考核办法》等 20 余项制度。2015 年，永州新闻网再次改革改版，修订并新出台《永州新闻网编辑考核办法》《永州新闻网记者考核办法》《永州新闻网办公室管理制度》等一系列规章制度，使各种规章制度达到 30 余种。为鼓励员工不断创新，提升办网质量，永州新闻网还建立良好的激励机制。全体员工采取基础工资加提成制，以分值的形式体现。采编人员实行基本工资加采写计分，对采写的稿子评星级，并评选月度、季度、年度优秀记者。对策划出好的专题，也给予加分。经营人员实行基本工资加业务提成，分未完成年度基本任务、基本完成年度基本任务、超额完成年度基本任务三种档次计算业务提成和年终奖励。

三

中共永州市委宣传部贯彻落实中共中央《关于加强和改进思想政治工作的若干意见》文件精神，坚持以科学的理论武装人、以正确的舆论引导人、以高尚的精神塑造人、以优秀的作品鼓舞人，狠抓全市新闻宣传的舆论导向，弘扬主旋律，传播正能量。

1996—2000 年，永州市委作出“实施大郊区战略”的决策，市委宣传部围绕建设“大郊区”战略，召开各新闻传媒单位负责人会议，要求“突出开放、富裕、文明新永州”这个主题展开宣传报道。市直各媒体开辟《建设大郊区形成大产业进入大市场》等专栏，以实施大郊区战略为重点，大力推进农业产业化，刊播稿片 320 余件；以培育支柱产业和扭亏增盈为重点，千方百计加快工业发展步伐，刊播稿片 210 余件；以工业小区和 50 多个参赛乡镇为重点推进乡镇企业上规模上水平，刊播稿片 280 余件；以中心城市和县城建设为重点加快城镇建设步伐，刊播稿片 180 余件；以培植财源、组织资金和搞活流通为重点，促进财贸形势的进一步好转，刊播稿件 120 余件；以招商引资为重点，努力提高对外开放水平，刊播稿片 240 余件；以交通、电力建设为重点，努力促进基础设施条件的根本改善，刊播稿片 290 余件；以科教计生工作为重点，努力促进社会事业协调发展，刊播稿片 90 余件。为推动“大郊区、大市场、大产业”的战略构想，形成浓厚的舆论氛围。

2001—2007 年，第二届永州市委决定实施“生态环保效益型经济”战略。市委宣传部围绕市委第二次党代会精神，组织市直媒体开辟《打造永州经济特色。营造绿色生态环境》《经济生态环保》等专栏，报道各县区、各部门落实党代会精神情况，播出和刊发一批有深度、有分量的新闻报道。

2008—2010 年，第三届永州市委决定实施“融入泛珠江经济圈”战略。市委宣传部围绕市委第三次党代会提出的战略部署，组织市直媒体及时开辟《承接产业转移》等专版专栏，报道各区县和各级各部门落实市委部署的动态。

2011—2015 年，永州市委先后决定实施“建设对接东盟经济圈”和“品质活力永州”战略。市委宣传部围绕市委的决策部署，指导市直媒体开辟《对接东盟》《赶超·崛起》《品读永州》等专版专栏，刊发 100 余篇稿片，对实施“建设对接东盟经济圈”和“品质活力永州”作深度的报道。

1996—2011 年，以建设文明、富裕新永州和爱国主义教育为主题，市委宣传部先后组织“八五”成就、“九五计划”、“大郊区”、永连公路建设、农业产业化、“湘交会”、社会治安综合治理、永州改革开放 20 年回顾、抗大旱夺丰收、下岗职工再就业、农村土地延包、农村产业结构调整、首脑机关讲文明树新风、省第四届民运会、新中国成立 50 周年、澳门回归、建党 90 周年等 60 余个宣传战役。这些重大的宣传战役，组织严密，声势浩大，报纸、广播、电视等新闻媒体“立体交叉”，持续时间长，辐射范围广，受到市委、市政府的充分肯定。全市在《人民日报》《光明日报》《中国经济时报》等中央级报刊上发表稿件 320 余件，在《湖南日报》发表稿件 700 余件，在中央电视台、湖南卫视、湖南有线电视台、湖南广播电台等省级以上电视台、电台播发新闻稿片 1580 余件。

2001—2005 年，以推进工业化进程和农业产业化为重点，组织“三个代表”重要思想学教活动、国有企业走出困境、农业产业结构调整、整治经济发展环境、整治市容市貌、创建文明城市、三湘环保世纪行、重点工程巡礼、第五次“九五”成就与“十五”蓝图、衡枣高速公路开工、科技兴市、城镇社会治安综合治理、众志成城抗“非典”、永州党建新风尚、潇湘改革潮、抗灾救灾保丰收、道德之乡讲道德、喜迎中共十六大、学习贯彻中共十六大精神、小康永州传喜讯、文明春风拂永州、中心城市建设展新容等一系列宣传报道，推出长丰集团经济效益和社会效益齐头并进的典型（长丰集团董事长李建新因此被推荐并被评为全省十大新闻人物）。全市在省级以上主流媒体播发稿件 2200 余件。

2005—2010 年，以提高全市广播、电视、报纸、网络四大媒体宣传质量为重点，先后组织开展贯彻落实中共十六届五中全会精神、落实和树立科学发展观、先进性教育、落实八件实事、平安永州、招商引资、永州市房产交易会、回眸“十五”成就、建设社会主义新农村、新科普新农村、巾帼风采、工人阶级宣传月、公祭舜帝大典、新中国成立 60 周年、重点工程建设巡礼、推进新型工业化巡礼和返乡农民工就业创业及创建卫生城市等一系列大型宣传战役。报纸、电视、广播、网络等各媒体联动，消息、通讯、评论、新闻图片等多种形式并用，形成强大的宣传声势。

并集中推介中国农科院祁阳红壤实验站，东安县大盛镇党委书记周娟华，舍己救人的农村普通党员谢小荣，“11·10”英雄群体莫晓辉、陈本亮、何兰君等一批先进集体和先进个人。全市在省以上主流媒体刊播稿件2100余件。

2011—2015年，以加快发展、追赶崛起为主题，先后组织建设喜迎、中共十八大、国家级承接产业转移示范区、“四深入两结对一测评”、“六城同创”、“中国梦”、重点项目建设、创建国家卫生城市、党的群众路线教育实践活动、品质活力永州建设进行时、全面建成小康社会、高铁来了、小康路上的永州脚步、“三严三实”、执行力在永州、美丽乡村建设等一系列宣传战役，在中央、省级主流媒体刊播稿片2000余件，其中《人民日报》头版重点推介蓝山县毛俊村创新社会管理的经验；中央电视台“喜迎十八大走基层·行进中国”栏目专题报道蓝山县“10+100”医改新模式；中央电视台报道市政务中心“一条龙”便民服务举措和抗洪救灾情况，在湖南卫视《湖南新闻联播》发稿量名列全省市州前茅；在湖南人民广播电台上稿量稳居全省第一。获湖南新闻奖二等奖3个、三等奖8个。

20年来，市委宣传部整合市直媒体单位资源，大力宣传和推介先进典型。在先进集体典型宣传方面，先后推出祁阳县公安局、中国农科院祁阳红壤实验站、零陵区徐家井派出所等单位。这些先进单位一经推出，在全市乃至全省产生强烈的反响，祁阳县公安局、徐家井派出所先后获全国青年文明号、全国青年文明号十年成就奖、全国爱民模范先进集体、全国执法示范化单位等多项国家级荣誉，被誉为永州市公安机关的一面旗帜。中国农科院祁阳红壤站被评为湖南省十大新闻人物（集体），受到了省委、省政府的表彰。在先进个人典型宣传方面，先后推出为抗击甲流倒在工作岗位上的永州监狱年仅26岁的狱警吴战保；勇斗歹徒的道县检察院检察长付玲玲；关爱学生的“妈妈教师”盘晓红；秉公执法、一身正气的市纪委常委、市监察局副局长王海洋；十年扶贫的永州市粮食局驻村建整扶贫队队长蒋孔吉；瑶山森林守护神余锦柱；优秀检察干部蒋冬林；模范检察官陈运周等。这些先进个人典型的推出，在全市乃至全省人民的心中引起强烈的共鸣。吴战保被授予“全国司法行政系统一级英雄模范”“湖南省优秀共产党员”称号；付玲玲先后获“中国十大杰出检察官”“全国见义勇为先进个人”“湖南省优秀共产党员”“湖南人民卫士”等称号，盘晓红先后被评为全国模范教师、“三八红旗手”、“第三届中国百名优秀母亲”，受到胡锦涛总书记和温家宝总理的接见；中纪委和湖南省委、省政府还联合发出通知，号召全国纪检监察系统和湖南省机关干部向王海洋学习；蒋孔吉被评为全国“优秀共产党员”，被誉为“最美扶贫队长”；余锦柱先后获“湖南省劳动模范”“全国劳动模范”“林业英雄”等称号。

四

20年来，全市新闻传媒单位，无论是事业建设还是新闻宣传，都取得了令人瞩目的成绩。这些成绩的取得，离不开改革。作为全市新闻传媒单位的领导和主管部门，中共永州市委宣传部在抓好全市文化体制改革的同时，悉心指导全市新闻传媒单位的内部改革。

2011年，文化体制改革在全市全面铺开，按中央和省市委确定的时间表、路线图、任务书，全市推进文化行政管理体制改革和文化市场综合执法改革有条不紊地进行。年初，市委宣传部组织市文化体制改革领导小组成员单位和县区宣传部部长进行集中学习，进一步统一思想，坚定信心和决心。组织市编办、人社、财政等部门深入市文化局、市广电局、永州日报社以及冷水滩、零陵等单位调研，了解文化单位的机构设置、人员构成、思想动态等基本情况，深入听取对文化体制改革的意见和建议。在此基础上，确定全市文化体制改革工作的指导思想、基本要求、工作目标和主要任务，统一对市直和两区文化单位历史遗留问题的解决处理意见，制定《永州市文化体制改革工作实施步骤、时间及责任单位》和《关于加快推进永州市文化体制改革工作的若干意见（征求意见稿）》，5月16日市文化体制改革和文化产业发展领导小组会议对改革方案进行审议后又修改完善。5月27日，召开全市县区文化体制改革工作会议，对全市县区文化体制改革工作进行安排部署。6月24日市委常委会审议通过改革方案，并及时上报省编办，下发指导性文件。7月8日，省编办复函批准新组建的市文广新局、市广播电视台、市文化综合执法局，与此同时，注重推进县区文化体制改革。2012年，按照省委统一部署，坚持标准、有序操作，成立市文广新局、市广播电视台，组建市文化市场综合执法局，全市20个改革单位全部改企转制，文化体制改革阶段性任务全面完成。

2008—2015年，永州日报社对其内部管理机制及报纸提质进行改革。2008年，打破传统的单一报纸传媒方式，开始运行“中国永州网”。2009年5月“中国永州网”正式运作，实现报纸与网络融合发展，探索出一条用户需求与新闻业务紧密结合的新路径。2011年，报社对内设机构和新闻宣传作相应的改革调整，并加强采编人员的绩效考核。撤销原有部室，设立“中心制”。实行在报社党组领导下的社长负责制和中心主任岗位目标管理责任制。成立编辑中心、采访中心、行政中心、广告中心及监察室、工会、产业技术部等四个中心、三个部室。中心与部室上下衔接，人员定岗，责任明确，与此同时，还加强对记者的政治教育和业务培训，本着“公平公正、奖罚分明、公开透明、多劳多得、利益捆绑”的原则，报社制定《采编人员考核方案》（以下简称《方案》）。《方案》遵循整体性和动态性原则，对采编人员、采编部门的管理人员实行“捆绑式”考评。以分数作为基本考评单位，分值的现金折算标准由总编室进行最终核算。2012年，《永州日报》扩版为对开八版，报社对报纸版面内容进行提质改造。扩版后，报纸分A、B两版8页，设有本市时政要闻、县区观察、国内新闻、国际新闻、社会民生、理论与实践、潇湘文苑、健康休闲等专版，信息量提高。报道内容做深化调整，首先是注重可读性、服务性。像会议报道、领导活动、工作动态等，从时政报道延伸出“民生报道”。同年5月，推进印刷业务改革，将印刷业务由自己印刷改为委托异地印刷，使印刷成本大幅度降低，每年节省200余万元。继而推进印刷厂的改制，按照国有企业改革政策，依法依规甩掉多年积累的“包袱”，报社出现“轻装上阵”的良好局面。2013年6月，永州日报社实行广告经营权承包管理办法，确定目标管理任务，落实到具体承包人。内部机制仍是“广告部”，对外称“广告公司”。由于责任明确，任务到人，“广告公司”努力抓住时机，搞活机制，创新服务形式。注意强化客户关系，努力为客户提供增值服务，从而获得良好的经济效益，2014年“党的群众路线教育实践活动”“创建国家卫生城市活动”的开展，不仅开辟专栏报道，而且从一些行政公文材料中“拎”出民生新闻来，让广大市民对市委、市政府的政策有详尽的了解，而且主动参与其中。2015年年终以《“创”之路·见证2015》对全年度的经济工作开展系列评述，报道见报后，受到省委宣传部《阅评简报》（总第3630期）点赞，认为其“版式鲜活、立意高远、独具气势”，是“创新经济报道的有益尝试”。

2002—2012年，永州广电对其内部管理机制及提高广播电视播出质量，进行三次重大改革。2002年1月，永州市广播电视局推行“第一轮”内部大改革，对广电内部体制、运行机制、人事制度进行大改革，实行“频道、中心制”。频道总监、中心主任、局机关各部室主任一律实行竞聘上岗，员工实行“双向选择”，逐步形成“干部能上能下、人员能进能出、工资能高能低”的用人机制。对频道、中心、部室实行定编、定岗、定责、定任务、定费用、定奖惩的办法分层次管理。对人事实行“优化组合，优胜劣汰”的动态管理，中层领导实行聘任制，员工实行聘用制，新进员工实行招聘制。根据市委、市政府机构改革“三定”方案，永州市广播电视局13个事业单位和机关科室共设44个科级正、副职位。局党组把竞争上岗作为人事制度改革的突破口，将这44个职位面向市直广电系统公开竞聘上岗。打破身份界限，不管干部或工人身份，都可以参加公开竞聘，原有科级职位全部自然免除，重新竞聘上岗。根据公开选拔、竞争上岗的要求，出台竞争科级正、副职的资格和条件，制定竞争上岗的基本程序。竞聘成功者一律实行聘用制，签订目标管理责任书，一聘为期三年。从2002年起，永州广电逐步打破“铁饭碗”，推行分配制度改革，

“一线”部门实行绩效挂钩、多劳多得、优劳优得。对经营创收单位员工实行创收任务与薪金报酬直接挂钩，对新闻部门采编人员实行基本工资加稿酬制，对播控技术、行业管理、后勤服务人员以岗位职责为考核依据，实行基本工资加绩效工资考核发放。2008年，永州市广播电视局启动第二轮内部大改革。推行“一统三分”（统一法人、分级管理、分开核算、分类考核）的运行机制。市局制定下发《永州市广播电视局机构、人事用工、劳动分配、经营机制改革方案》，对内部机构设置进行调整，撤销四个管理中心，把原管理中心承担的职责合并到市局机关各相关部室。对新整合的办公室、总编室、监察室、政工人事部、计划财务部、社管科技部，新成立的产业经营部等七个部室的正职、副职进行公开竞聘。对永州电视台新闻综合频道、都市频道、公共频道和广告总公司等四个经营单位进行经营机制改革。将三个频道的商业广告从频道剥离，划入广告总公司统一经营。同年，市局制定下发《永州市广播电视局机构、人事用工、劳动分配、经营机制改革方案》，员工报酬实行档案工资与实际工资分离、岗位与报酬、报酬与绩效挂钩的办法，进一步拉开分配档次。2011年12月，永州广播电视台推行第三轮内部大改革，终止运行十年之久的“频道制”，实行新的“中心制”（“大部制”）。机构设置：台机关设办公室、监察室、人力资源部、计划财务部、广播事业部、联合工会。台二级机构设技术播控部、节目统筹部、新闻采编部、专题活动部、新传媒部、产业发展与合作交流部。这次人事公开竞聘机制进一步打破身份界限，凡在广电工作三年以上的外聘员工符合学历、年龄条件的都可以报名参加频道或部室副职竞聘，担任副职三年以上的可以报名参加正职竞聘。同年12月，永州市广播电视台完善劳动分配办法，各单位、部室严格按照市台财务预算的工资总额执行，工资发放实行“总量控制、自主分配、绩效优先、兼顾公平”和分配与预算、效益、业绩“三挂钩”的原则，将在编员工档案工资的70%作为基础工资。基础工资占工资总额的40%按月发放。绩效工资占工资总额的60%，由各单位、部室按岗位、业绩考核发放。无编制的外聘员工，参照同级同类正式在编员工的工资标准，核算基础工资，与在编员工一样享受同等待遇。此外，为激励创先创优，永州市广播电视台完善《永州市广播电视台对外宣传奖励办法》《永州市广播电视台宣传创优奖励办法》，每年设立50万元台长奖励基金，对宣传创优、经营创收、技术创新、管理创先的年度优秀单位、突出贡献者给予特别奖励。2002—2015年，先后有70余人通过公开竞聘走上中层领导岗位，其中有10名工人身份的员工竞聘到正职、副职岗位，有9名无编制的外聘员工竞聘到正职、副职岗位。

大事记

1996 年

1 月 零陵地区广播电视局更名为永州市广播电视局。谢庭诗为永州市广播电视局局长。

1 月 《湖南日报》零陵记者站更名为《湖南日报》永州记者站。

3 月 10 日 零陵电视台更名为永州电视台，零陵有线电视台（筹）更名为永州有线广播电视台（筹）。

3 月 19 日 永州电视台、永州有线广播电视台挂牌。

3 月 张新国任《湖南日报》永州站站长。

2 月中旬—4 月中旬 为迎接撤区建市和首届党代会、人代会、政协会召开，市委宣传部组织“一报两台”（《永州日报》、永州广播电台、永州电视台）开展新闻宣传，同时组织各种社会宣传，共悬挂宣传横幅上百条，宣传气球 50 多个，举办文艺晚会 1 场，演出现代戏 1 场，放映电影 1 场。

4 月 地级永州市首届党代会、人代会、政协会召开。为提高新永州在全省、全国乃至全世界的知名度，市委筹资数十万元先后在《人民日报》《湖南工人日报》《香港商报》《参考消息》等报纸上以《抓住机遇，建设新永州》《艰苦奋斗，建设永州》等为标题出专版，出资 8 万元委托省新闻办摄制 30 分钟的专题片。委托广东电视台拍摄《开放的永州市》专题片，并在珠江台、岭南台播出。

4 月 经第四次版式调整，由市委书记邹金鸞题字的《潇湘通讯》正式更名为《永州通讯》，为中共永州市委机关刊物、综合性月刊。

5 月 市委宣传部组织各新闻部门集中时间、集中力量，以多种形式，从不同角度宣传报道道县青年农民程才昌在南京列车车轮下舍己救人的英雄事迹。

6 月 14 日 全市 1997 年度党报、党刊发行工作会议在市委党校召开，会议安排部署 1997 年度永州党报党刊发行工作，重点研究如何抓好《人民日报》《求是》《湖南日报》《永州日报》等主要党报、党刊的发行。

6 月 29 日 永州日报社举行更名挂牌仪式。永州市委副书记曾昭薰，市委常委、常务副市长朱泽民为之揭牌。挂牌仪式后，举行座谈会。市委书记邹金鸗发表讲话，希望报社“全体工作人员团结一致，和衷共济，共同把报纸办好”。

6月 经国家新闻出版总署和湖南省新闻出版局批准，《零陵日报》更名为《永州日报》，由王延斌担任社长。

6月 《零陵师专报》取得国内统一刊号 CN43-0839（G）。

8月 完成大型画册《中国永州画册》的编印工作，采摄照片 180 多幅，共有 90 个印张。宣传永州市大郊区战略。8 月中下旬，市委宣传部与湖南新闻图片社联合采摄照片 20 多幅，编印成《开放的永州农业》，在《湖南新闻图片》上出专版 2 个。

9月上旬 市委宣传部有关领导陪同省委宣传部有关领导到零陵卷烟厂对“两个文明”建设情况进行调查，写出《社会主义企业的价值追求——对零陵卷烟厂两个文明协调发展的调查》，在《湖南宣传动态》《湖南日报》《求是》杂志等报刊刊登或转载。

9月10—12日 香港《大公报》永州专版“锦绣潇湘——永州”及 5 个永州特刊，即永州综合特刊，宋家洲电站特刊，芝山区特刊，桃川洞、凤凰园试验区特刊，零陵制药厂、七三一九工厂特刊正式出版。

10月 永州日报社技术人员邹鸣因为指导报纸激光照排有突出成就，获省“报纸印刷科技进步奖”，系湖南省报纸系统印刷技术奖首项奖状。

10月 永州电视台启用台标“y”。

1997年

1月初 与省外宣办联合摄制，市委书记邹金鸗题写片名的《锦绣潇湘——来自湖南永州的报道》专题片参加在美国熊猫等电视台举办的“中国湖南电视周”展播，引起美国和其他国家及地区各界强烈反响。

1月17日 永州日报社社长、总编辑王延斌带领报社相关人员到金洞林场晒北滩瑶族乡中小联校捐资助学，捐资 2600 元人民币。

1月19日 由市委宣传部牵头组织，市委、市政府在长沙潇湘城宾馆举行省会新闻界迎春座谈会。出席座谈会的有省委宣传部副部长刘鸣泰及中央驻湘新闻单位、省有关新闻单位的代表 50 多人。市委书记邹金鸗、副书记曾昭薰参加座谈会并分别讲话。

1月 永州市广播电视局广告总公司挂牌成立。

3月24日 全市新闻工作座谈会在蓝山县召开。会议回顾总结 1996 的全市新闻工作，并提出 1997 年全市新闻工作要抓重点报道，做典型文章，树永州形象，蓝山县委宣传部领导在会上作经验介绍。

4 月 3 日 为落实市委、市政府提出的“建设开放、文明富裕”的新永州战略目标，《永州日报》与零陵卷烟厂联合举办“‘红豆杯’社会主义精神文明建设大家谈”征文活动。活动从 4 月 3 日起，持续至 1998 年 1 月 15 日。

5 月上旬 永州电视台挂牌播出《喜迎回归 振兴中华》栏目。

5 月 23 日 全市迎香港回归电影展映工作会议在芝山区召开。会议对全市开展“迎香港回归电影展映活动月”工作进行具体布置。

5 月下旬 市委宣传部与湖南电视台联合拍摄《今日潇湘巡礼》电视专题片，6 月 4 日，在湖南电视台新闻联播中播出。

5 月 30 日 永州市影视音像稽查大队成立。

6 月 3 日 通讯《一切为了人民——徐家井派出所开展“民心工程”纪实》在《永州日报》刊出后，在读者中引起强烈反响。徐家井派出所被授予全国“人民满意派出所”称号，其事迹在全省巡回演讲。

6 月 18 日 永州市广播电视局机关从零陵新建村搬迁至冷水滩区双洲路广电中心临街综合楼办公。

6 月 25 日 市委宣传部、市委组织部在芝山区联合召开推介永州市“十佳公仆”“十佳企业经营管理者”“十佳乡镇干部”“十佳村干部”新闻宣传工作会议。会议明确评选条件，要求层层组织推荐预备人选，广泛宣传预备人选事迹。

6 月 市委宣传部组织拍摄电视专题片《九嶷山》，参加欧洲东方卫视湖南电视展播。

6 月底 市委宣传部组织拍摄十五分钟的电视专题片《根在潇湘，艳在潇湘》，参加由中国电视家协会和中央电视台联合举办的“文化下乡”电视专题片竞赛活动。

6 月 30 日 市委书记邹金鸯为《永州日报》题字，从 7 月 1 日起，《永州日报》报头开始使用邹金鸯的题字。

7 月 为纪念中国人民解放军建军 70 周年，市委宣传部在《永州日报》、永州电视台、永州有线台开辟“退伍军人之星”专栏，陆续报道一批普通农民中复退军人在改革开放和经济建设中的先进典型，反映永州新时期农村复退军人的精神风貌。

7 月 《永州通讯》第 7 期特别策划“香港回归祖国”特刊，封二刊“回归寄语”专栏，收录全市社会各界人士寄语图片，内文刊载永州市委书记邹金鸯为庆祝香港回归的特撰文章——《抓住香港回归新机遇进一步深化国企改革》、永州市赴粤学习考察组工作研究文章——《抓住香港回归机遇加速发展永州经济》及关于香港特别行政区的相关信息资料。

8 月 陆晓亚任永州市广播电视局党组书记、局长。

9 月初 召开市县区及省驻永州新闻单位主要负责人会议，对宣传贯彻中共十五大精神进行全面安排部署。会议要求，《永州日报》、永州电视台开辟“展示新成就，迎接十五大”专栏。中共十五大召开后，《永州日报》开辟“学习十五大文件，贯彻十五大精神”专版。永州电视台、永州有线台开办“高举伟大旗帜，跨向 21 世纪”新闻专栏。

10 月 全省丘岗开发现场经验交流会在永州召开。市委宣传部组织摄制的电视专题宣传片《永州农业开发纪实》在会上播放。

11 月 20 日 永州人民广播电台成立。

12 月 4—8 日 全国电视理论年会在江华召开。全国 28 个省市区电视台负责人出席会议。中央电视台副总编罗明到会讲话。市党政领导邹金鹫、曾昭薰、谭政等参加会议。

12 月中旬 永州市芝山—冷水滩广播电视光纤干线投入使用 .

12 月 25 日 《永州日报》复刊 10 周年座谈会在潇湘宾馆举行，座谈会由市委副书记曾昭薰主持。永州日报社社长、总编辑王延斌致辞，省记协主席蒋显礼，中国地市报研究会会长、《衡阳日报》总编丁小平在会上分别表示祝贺。市委书记邹金鹫作题为《总结经验，开拓前进，把〈永州日报〉办得更好》的讲话，《湖南工人报》《长沙晚报》《湘潭日报》等省内十多家报社负责人出席座谈会，省委宣传部新闻出版处、省新闻出版局新闻管理处、省新闻工作者协会、《漓江日报》等发来贺电贺函。

12 月 永州日报社记者蒋剑翔获省第二届“十佳新闻工作者（十佳记者）”称号。

1998 年

1 月 16 日 祁阳县举行纪念老一辈无产阶级革命家陶铸 90 周年诞辰大会。永州日报社记者唐晓山到会采访陶铸的女儿陶斯亮。采访结束，应记者邀请，陶斯亮为该报读者题词“做具有松树一样高尚品格的人”。《永州日报》于 1 月 22 日二版刊发。

1 月 21 日 全市新闻界迎春座谈会召开，曾昭薰、唐代建、蒋桃生、胡参政等市领导与全市新闻工作者代表欢聚一堂，总结过去，畅谈未来，为开创永州新闻宣传工作新局面鼓劲加油。

1 月 27—28 日 市委宣传部与广东台联合拍摄的《在开放中崛起的永州》分别在广东卫视台、珠江台播出。

3 月 17 日 《人民日报》永州专版“抓住历史机遇，加快发展步伐”刊出，这对宣传永州，提高永州知名度，促进永州经济社会发展具有重要意义。

4 月 3 日 市文明委组织市委、市人大、市政府、市政协以及各部办委负责机关工作的领导和芝山、冷水滩两区区委分管机关工作的副书记、宣传部部长、办公室主任到徐家井派出所参观学习，听取该所开展“民心工程”的经验和体会。市委副书记曾昭薰、市政府副市长钱荣棠讲话。市委宣传部组织各新闻单位对徐家井派出所“民心工程”进行宣传报道。

4 月 7 日 全省地州市报 1997 年度报纸作品评奖消息公布。《永州日报》共有 21 件新闻、副刊、摄影、美术作品获奖，其中 6 件作品获一等奖。此次好新闻和副刊好作品的获奖比例和档次均位居全省地州市报前列。

4 月 15 日 崔年桂任永州市广播电视局副局长，并兼任永州人民广播电台台长。

5 月 12 日 《永州日报》发出《〈我看改革开放二十年〉征稿启事》，从 22 日开始在专栏陆续刊登相关文章。

5 月 《永州通讯》面向全市城乡党支部发行，与全国大、中城市进行办刊经验交流。

5 月 《永州日报》记者刘倩获全省优秀共青团员称号。

6 月 5—7 日 永州电视台举办首届“南华杯”播音员、节目主持人大赛。

6 月 市委宣传部完成香港《大公报》“永州专版”出版组织工作。

8 月 市委宣传部组织省、市有关新闻单位，对全市的旱情进行宣传报道。《湖南日报》、湖南卫视共发永州抗旱新闻稿 15 篇，其中湖南卫视播发专题新闻 1 条。

9 月 市人大、市环保局、省新闻单位驻永州记者站和市直新闻单位发起成立“三湘世纪环保行”采访组，组织为期一周的采访活动。

10 月 15 日 永州市广播电视局制定出台《永州市广播电视宣传创优奖励办法》。

10 月 30 日 国家广播电影电视总局副局长赵实考察永州市广播电视工作，邹金鹭等市领导陪同考察。

10 月 中央电视台、湖南电视台新闻中心记者赴祁阳县、金洞林场农村采写反映稳定农村政策、延长承包期三十年不变题材的稿子。所采写的稿件分别于 10 月 30 日中午、11 月 2 日晚在中央电视台《新闻 30 分》和《新闻联播》节目中播出。

10 月 湖南省地市报首届校对业务知识竞赛《永州日报》何继凤获一等奖。

11 月 市委宣传部摄制的全市改革开放 20 周年电视专题片播放。

1999 年

1 月 1 日 中国社会科学院原院长、全国政协原副主席，是年 81 岁的胡绳在南华大酒店挥笔为《永州日报》题写报名。

1 月 1 日 《潇湘声屏》更名为《湖南城市广播电视报·永州广播电视》。

1 月 省直各大新闻媒体深入芝山区公安分局徐家井派出所进行调查，认真总结该所开展“民心工程”的典型经验，市委宣传部与有关部门配合，组织策划该所先进事迹的巡回报告和社会宣传，各媒体同时推出该所重大典型的宣传报道，在全省产生广泛影响。

1 月 《永州日报》开辟专栏《学徐家井派出所，树敬业爱民新风》，先后发稿 20 余篇。

1 月 《永州通讯》主要面向市直各单位发行。

2 月 湖南卫视晚间新闻报道组采访永州“三大怪”：痴心宣传戒烟的何偲、摄影发烧友蒋新国、热心关心下一代的老干部郝杰。

3 月 《中国经济时报》记者周静铠采访市委书记邹金鶑。

4 月 26 日 为庆祝新中国成立 50 周年，《永州日报》发出《祖国在我心中》征稿启事。征稿活动从 5 月开始到年底结束。

5 月 9 日 《永州日报》采编人员集会，谴责北约的暴行，悼念牺牲的同仁。

5 月 25 日 全市广播电视“村村通”工程全面铺开。

5 月 市委宣传部组队参加“纪念《湖南日报》创刊50周年全省首届读者、编者、记者卡拉 OK 大奖赛”，永州代表队囊括美声、通俗、民族唱法三个一等奖，并获团体一等奖。

5 月 省记者协会主席蒋显礼、《湖南日报》副总编夏阳在永州采访。

6 月 15—20 日 市委宣传部组织开展全市“三湘环保世纪行”新闻采访活动。

8 月 5 日 市委宣传部组织全市所有新闻媒体单位参加省委宣传部组织的“潇湘一日游”活动，全市共发文字新闻稿 120 篇、电视新闻稿 86 条、图片新闻 50 幅。

8 月 市委宣传部组织《新世纪的湖南》画册稿件，送稿 50 余幅。组织澳门回归祖国知识竞赛及有关资料发行工作。

8 月 建立中国国际互联网新闻中心湖南分中心永州市人民政府网站主网页。开展网上对外宣传，协助省外宣办制作“中国湖南”光盘，组织永州有关企业、县区稿件，策划永州网上宣传和网上形象。

9月 永州电视台摄制庆国庆大型电视系列片《变迁》，反映新中国成立50年来永州的变化。

10月9日 召开全市党报党刊发行工作会议，各县区委宣传部部长、市直单位主要负责人参加会议。会上，市委书记邹金鸾、副书记曾昭薰分别作重要讲话。

10月12—15日 市委宣传部组织市直新闻单位采访祁阳县白水镇竹山村精神文明建设“十星级文明户”评选的做法。

11月15日 全市报刊发行整顿工作会议召开，会议要求有报、刊（含内部报刊）发行任务的单位与市报刊发行整顿领导小组签订承诺书，严格按省委精神办事。

12月8—10日 湖南省广播电视厅副厅长覃晓光一行到永州检查指导广播电视工作。

12月 永州日报社试行网络传媒，挂“湖南红网永州分网”，每日可在网上发布当日报纸的5~6条重要新闻。

2000年

1月1日 永州广播电视信息频道开播。

1月15日 市委宣传部与中央电视台联合举办“世纪之光”大型演唱会。市委领导邹金鸾等接见演职人员，观看演出。

2月17日 市委常委会议研究决定，《永州日报》从10月1日起出对开大报（四版）。

2月 市委宣传部策划、设计、编辑《迈向新世纪的永州》大型画册，组织有关图片和稿件。

2月 《永州通讯》（总第173期）获准印证号“湘M001”，面向全国大中城市进行交流，赠送全市乡镇以上单位阅览。

3月 永州新闻网成立，挂靠红网的小网页，对外称红网永州站。

5月21日 召开全市新闻外宣工作会议。会上，改选市新闻学会、市记协两会领导班子，杨美兆当选市记协主席。

5月21日 举办全省市州第一家国际互联网对外新闻宣传网站和门户站点中国永州网站在网上正式开通仪式。

5月23日 “全市通讯员培训班”在江华举办，140多人参加培训。

6月12—14日 中央电视台《中国风》栏目记者到永州拍摄《永州观奇》专题片。组织市直新闻单位参加2000年“三湘环保世纪行”采访活动。

8月 李进军任永州日报社党组书记、社长。

9月7日 中央驻湘、省新闻单位记者，以及香港、澳门、台湾新闻单位记者共 100 余人，在宁远采访永州市公祭舜帝陵大典活动。此前，在长沙召开祭舜新闻发布会，市委书记邹金鸶主持会议，市长刘爱才发布新闻。

10 月 1 日 《永州日报》扩版为对开（四版）大报。当日报纸刊登全国人民迎来新中国成立 51 周年的喜庆消息，刊登中共永州市委办公室、永州市人大常委会办公室等 66 家单位和部门发来的扩版祝贺信。

10 月 29 日 永州电视台举行建台 10 周年庆典。

10 月 30 日 永州市广播电视学会成立，陆晓亚当选会长。

11 月 5 日 市委宣传部组织市直所有新闻单位对衡枣高速公路开工典礼进行宣传报道。

11 月 7—8 日 为庆祝首届记者节，市委宣传部举办三项活动：一是全市新闻界“南华杯”保龄球赛；二是召开新闻研讨会及记者节座谈会；三是举办记者节联欢晚会。

11 月 8 日 永州日报社全体员工庆祝第一个记者节。晚 8 时在市国税局演艺大厅员工们用自编自演的节目庆祝自己的节日。

11 月 19 日 永州人民广播电台开播。

2001 年

1 月 6 日 市委宣传部批准，《永州日报》出版《生活周刊》。《生活周刊》采取市场化的经营机制、竞争机制和独特的运作模式。负责人实行竞聘上岗，用人自主，工资、津贴、办公费及稿费等费用自理。《生活周刊》为对开八版。其模式为晚报性质、都市风格，辟有“环球”“理财”“消费”“百姓”“情感”“茶话”“休闲”等专版，稿件大多是百姓关注的热点、难点问题。

1 月 11 日 市委、市政府在长沙蓉园宾馆召开永州市 2001 年省会新闻界迎春座谈会。市委书记邹金鸶、市长刘爱才出席座谈会，并宴请省会新闻界领导和记者代表。

1 月 永州日报社员工周逢春被湖南省统计局评为 1996—2000 年统计法制宣传教育工作全省先进个人。

2 月 1 日 《人民日报》总编室记者裴智勇到永州采访，写出特写《约法三章过新年》。市委书记曾庆炎陪同。

2 月 20 日 永州机场举行试飞仪式，省直新闻媒体和市新闻单位参与全程报道。

2 月 27 日—3 月 5 日 市文明办、市纠风办联合《永州日报》、永州电视台对全市 18 个行业（部门）的行业风气进行明察暗访；组织各县区文明办对全市交通、电力等210个窗口行业的行风进行群众测评。之后，在《永州日报》、永州电视台推出7篇系列报道，群众反映较好。

2月 永州日报社办公地址从芝山区（今零陵区）搬迁至冷水滩。同时购置了交通车、采访车。

3月28日 浙江宁波大红鹰集团“全民健身万里行，支持申奥大行动” 在永州举行签名活动。市委书记曾庆炎、市长刘爱才参加签名并接受中央电视台记者采访。市委办、组织部、政研室、广电局、永州日报社和市委宣传部干部职工参加活动。

4月1日 “永州之声”广播艺术团成立。

4月1日 湖南卫视新闻中心记者郭俊杰到芝山区石山脚乡西塘村采访妇联主席何桂凤，作连续报道。

4月10日 中央电视台《徐家井的故事》剧组到永州，市委宣传部副部长杨美兆到芝山看望剧组全体人员。

4月17日 全省报社系统2000年度好新闻评选工作在永州开幕。省记协主席蒋显礼、省委宣传部副部长李凌沙、《湖南日报》总编万茂华出席评选工作。市委副书记曾昭薰等出席开幕式。此次评选工作于4月20日结束。

5月6日 永州人民广播电台、永州有线广播电视台举办的“潇湘花雨”时装模特大赛、广播电视主持人大赛进行决赛。

5月16日 永州市广播电视局与湖南电广传媒股份有限公司签约，组建永州电广宽带信息网络有限公司。

7月19日 永州电广宽带信息网络有限公司成立，欧阳常林、龙秋云、曾庆炎、刘爱才等领导出席授牌、挂牌仪式。

8月28—30日 市委宣传部举办“网络新闻宣传技术培训班”，各县区宣传部、市直有关单位共36人参加学习培训。

9月19—20日 省委宣传部组织中央驻湘和省直主要新闻媒体到道县采访全省典型——英雄付玲玲。

9月28日 由市委宣传部承办，在市委礼堂举行道县“8·16”事件处置英模报告会。道县检察院检察长付玲玲等介绍处置工作经过。

10月8—10日 中央新闻采访团在最高人民检察院有关负责人带领下到道县采访付玲玲。采访团有《人民日报》、新华社、中央电视台、《光明日报》、《检察日报》等单位记者11人。

11月8日 市委宣传部举行座谈会，纪念第三个记者节。下午，举行纪念记者节篮球友谊赛，永州日报社获得冠军，电视台获得亚军。

11月12日 永州市人民政府召开常务会议，专题研究理顺市、区两级广电管理体制工作。

11 月 24 日 省委宣传部组织省直新闻单位集中采访全省重大典型宣传单位长丰集团。市长刘爱才接受众媒体采访。

12 月 4 日 新华社湖南分社副社长于磊焰到永州，采访长丰集团企业改制问题。市长刘爱才介绍情况。

12 月 9 日 《人民日报》副总编、作家梁衡到永州，并参观浯溪碑林。次日，市委书记曾庆炎陪同梁衡参观柳子庙、蘋岛等地。

12 月 13 日 由市委宣传部副部长周明礼与刘爱芬率队，带领市广电局、永州电视台、永州有线台人员到邵阳、湘潭、株洲考察广播电视“局台合一”体制改革问题。

12 月 18 日 道县检察院检察长付玲玲被推荐为湖南省 2001 年度全省十大新闻人物。

12 月 26 日 永州市广播电视局举行“局台合一”体制各频道总监竞聘。

12 月 28 日 永州市广播电视局举行内设备管理中心主任、广电报社长竞聘。

2002 年

1 月 1 日 永州电视台、永州有线广播电视台、冷水滩电视台、芝山区广播电视播出机构合并，重组为新的永州电视台。

1 月 14 日 全市新闻系列初级职称评审，共 13 人申报，9 人通过。

1 月 28 日 永州市人民政府正式决定将芝山区、冷水滩区广播电视系统人、财、物、事，成建制上收至永州市广播电视局管理。

2 月 2 日 市委、市政府在长沙召开全市 2002 年度省会新闻界迎春座谈会。省会记者 60 余人参加。

2 月 7 日 市委书记曾庆炎等市委领导到永州日报社考察，要求《永州日报》继承发扬延安精神，坚持《解放日报》的办报方向，努力把《永州日报》办得更好。

2 月 22 日 湖南卫视记者到永州采访道县江南村已故支部书记莫电生的先进事迹。

3 月 1 日 永州市广播电视局召开市直广电系统全体干部职工大会。市委领导为永州电视台各频道、市广播电台、市局各中心、广电报社授牌。

3 月 23 日 永州市人民政府办公室下发永州市广播电视局体制改革“三定方案”，“局台合一、市区合一”新体制正式确立。

3 月 26 日 中央电视台《新闻调查》栏目组在主播王志带领下到蓝山采访“人

大代表罢免副县长、公安局局长”一事。市委宣传部副部长蔡建军、新闻科科长刘波赶赴蓝山做协调工作，为时一周。

3月 永州市广播电视台有8件作品获2001年度“湖南广播电视奖”，获奖数量居历年之冠。

4月16日 永州市广播电视局被湖南省广播电视局、湖南人民广播电台授予2001年度向省台供稿先进单位组织奖，并在全省广播宣传工作会上介绍经验。

4月 曾锐撰写、欧显庭编辑的通讯《正义与邪恶的生死较量》（刊于2001年8月18日《生活周刊》），获中国新闻奖三等奖，实现永州新闻界获“中国新闻奖”史上零的突破。同年，唐新华、唐晓山分别获“湖南新闻‘双十佳’编辑、记者”提名奖。

5月14日 新华社湖南分社副社长于磊焰等一行到永州，分别采访道县玉蟾岩、濂溪故里、江华盘王殿、江永女书园、宁远舜帝陵等。

6月6日 永州广电大厦中心大楼破土动工。魏文彬、谢跃进、曾庆炎等领导为工程奠基。

6月27日 市委宣传部组织《永州日报》、广电局负责人，在市委宣传部副部长周明礼率领下到湘粤桂边界部分市，先后参观考察《桂林日报》、桂林电视台、《贺州日报》、《清远日报》、清远电视台等单位，并对边界报道友好联谊采访进行协商。

6月 周逢春被评为2000—2001年度湖南省报业先进经营管理工作者。

7月9日 省委宣传部组织典型报道采访团于7月9—21日到江永采访已故法院副院长谢云峰的先进事迹。新华社、中新社、《法制日报》，以及省内各主要新闻媒体参加报道。

8月12日 市委、市政府、省社科院、省政府经济信息研究中心、省政协文史委、省政府参事室、省文物局和省考古研究所联合在长沙召开“永州古文化研究与旅游产业开发汇报会”。省委副书记文选德，省委常委、宣传部部长黄建国，省政府副省长唐之享出席会议并作重要讲话。省领导还有省人大常委会副主任吴运昌、省政协副主席李贻衡、林子亮、省检察院检察长李志辉等出席会议。省直有关部门负责人、省内有关专家学者，中央驻湘新闻单位、省内主要新闻媒体、香港《文汇报》记者和部分企业家参加会议。与会领导、专家学者对“永州古文化研究与旅游产业发展思路与对策，永州文物资源的保护、开发与利用”等方面进行探讨，提出许多建设性观点和建议。

8月19—22日 省内外多家媒体60多名记者到永州采访“永州国际柳学研讨会”。

8 月 21 日　湖南人民广播电台经济频道到永州组织大型直播新闻《走过湘江的桥》。

9 月底　市委宣传部副部长、“永州古文化研究与旅游产业开发”课题组副组长蔡建军应邀参加在北京召开的“中华文明起源研讨会”，首次提出“中华文明起源于永州”，引起强烈反响，“新华社北京 9 月 28 日电”向海内外发布这一最新消息。

10 月 13 日　广东省清远市委宣传部部长吕杰汉、清远日报社社长潘伟及报社采编人员一行 26 人，到永州日报社走访考察，与永州日报社签订友好协议，结为友好报社。双方商定，及时交流报纸，不定期开展联合采访活动，实现新闻资源共享，开发重点广告信息等。

10 月 18 日　湖南卫视大型主题新闻直播《让历史告诉未来——潇湘纪行》启航仪式在永州市滨江公园举行。市长刘爱才在仪式上致辞，市委副书记与湖南卫视党委书记刘一平授旗。《潇湘纪行》直播活动首站在永州启航后沿湘江采访衡阳、湘潭、长沙、岳阳等市。

11 月 6 日　永州广播电视报社举行 10 周年报庆。

11 月　《零陵师专报》更名为《零陵学院报》。

11 月 28 日　永州市广播电视局被湖南省广播电视局授予“党的十六大宣传安全播出先进单位”称号。

12 月 20 日　永州日报社举行《永州日报》复刊 15 周年座谈会。邀请市委、市政府领导和阅评员参加座谈。市委常委、宣传部部长李良铁讲话。

12 月　永州日报社首次引入竞争机制，实行内部改革，在不突破市编制委员会核定的用人总量 50 人的前提下，部室负责人的产生实行竞聘上岗，部室工作人员实行双向选择。

2003 年

1 月 20 日　市委、市政府在省会长沙举行 2003 年度省会新闻界迎新春座谈会。省人大常委会副主任唐之享、副省长许云昭应邀出席座谈会。中央驻湘和省直新闻单位领导、记者代表共 80 多人参加座谈会。市委书记曾庆炎，市长刘爱才，市人大常委会主任谢朝月，市政协主席蒋桃生，市委常委、宣传部部长李良铁等参加会议，介绍永州发展情况。

1 月　《永州日报》开辟《整治市容市貌，大搞爱国卫生》专栏，20 日、22 日，分别以一个整版的 10 余幅照片，反映中心城区的卫生状况，受到读者密切关注。

1 月 30 日　永州市广播电视局被评为 2002 年度全省广电系统“三创一争”

先进集体。

2月 《永州通讯》（总第204期）由刘鸣泰为《永州通讯》刊名题字。

2—12月 与1000多名外商展开面对面宣传，市政府专门开通“永州招商网”，永州网开辟“招商热线”专栏，市招商局编印《永州招商指南》。

3月 《永州日报》在一版开辟《永州文化之旅》专栏，全市11个县区先后发稿100多篇，全方位展示永州深厚的文化底蕴。

3月25日 全市新闻工作会议在冷水滩召开。各县区委宣传部副部长、新闻干事、市直新闻单位负责人共60多人参加会议。会上表彰奖励18名全市优秀新闻工作者。

3月28日 记协中央驻湘新闻单位分会组织《经济日报》、《农民日报》、《湘声报》、湖南经视、都市频道等到永州宋家洲电站采访。记者团分别采访潇湘公司董事长陈勋、原总经理胡会元、冷水滩区副区长唐翻身等。

3—6月 市委宣传部借助红网和永州网全方位对抗击“非典”工作进行宣传报道，开辟“抗击‘非典’”专栏，撰发和转载有关新闻300余篇（幅），树立永州奋力抗击“非典”、确保一方平安的良好形象。

4月24日 省委宣传部新闻处处长丁晖来电，要求速查《永州日报》、永州都市频道报道“燕京”啤酒出现小虫的报道有失实之处。4月29日，省纪委纠风办联合调查组到永州调查“燕京”啤酒事件，并对此进行最后通报，批评报道失实。要求处理有关人员。

5月29日 湖南省广播电视局副局长杨金鸢考察永州广播电视工作。

6月 市委对永州日报社领导班子进行调整，社长、党组书记李进军兼任报社总编辑。同时取消《永州日报》编委编制，设总编领导下的副总编负责制，主管报纸编务工作。

6月18日 永州广电大厦裙楼开工建设。

6月30日 永州市广播电视局机关党委、永州电视台新闻综合频道党支部被评为全市“先进党组织”。

6—9月 由市委宣传部牵头，有关部门参与制作的《永州招商指南》、《锦绣潇湘——永州》邮资画册、《锦绣潇湘》画刊出版发行，在第三届舜文化节、国际华人媒体论坛、五城会等对外宣传活动总共发送画册近1万份。

7月5—11日 新华社湖南分社社长侯严峰一行到永州考察工作。市委书记曾庆炎，市长刘爱才，市委常委、宣传部部长李良铁分别陪同。

7月下旬 永州市广播电视局投资建设的市到县广播电视光纤干线网全线贯通。

7—9 月 市委宣传部制作《聚焦五城会——锦绣潇湘永州篇》电视专题片，协助编辑《新世纪新湖南》大型图册永州篇，在《中国体育报》《澳门日报》等报刊登专版。

8 月 永州日报社 42 名职员参加省新闻出版局组织的采编人员资格培训和考试，两名记者晋升为副高职称。至此，永州日报社已有 11 人获得副高以上职称。社长、总编辑李进军获湖南省第五届十佳编辑奖。

8 月 永州日报社筹资 350 万元，竞拍市粮食局多种经营公司大院，为永州房地产"第一拍"。

10 月 18 日 永州人民广播电台开通南六县信号覆盖。

10 月 24 日 全市党报党刊发行工作会议召开。市委常委、宣传部部长李良铁作主题报告，市委副书记、市纪委书记伍华安讲话。湖南日报社社长、党组书记、总编辑李凌沙，新华社湖南分社总经理张勇等到会并讲话。

10 月 29 日 湘潭电视台综合频道总监助理马萍带领记者到永州采访湘江沿岸发展情况。采访历时 3 天。

11 月 4 日 新华社、《人民日报》（海外版）、中新网、湖南卫视、红网、南方报业、《香港商报》、《湖南新闻图片报》、湖南电视台公共频道、永州电视台都市频道共同组织的千里瑶乡行活动在江华瑶族自治县举行开机仪式。

11 月上旬 市到县广播电视光纤干线网正式运行。中央、省、市电视频道的节目通过光纤干线网，实现了全市一个总前端调控、一个平台服务、一张整网覆盖。

12 月下旬 开展对重点工程衡阳至枣木铺高速、永连公路竣工通车典礼报道。

12 月 31 日 永州电视台频道整合工作圆满结束。原永州电视台经济频道、生活频道、信息频道于当晚 12 时停止播出，永州电视台公共频道试播。

2004 年

1 月 1 日 永州电视台新闻综合频道、都市频道、公共频道、永州人民广播电台、永州广播电视报五个媒体按新的管理办法运行。

1 月 1 日 永州电视台公共频道举行开播挂牌仪式。

1 月 3 日 《经济日报》湖南记者站记者蒋志佟到永州采访潇湘公园、新火车站等土地拆迁问题，引起市委高度重视。李良铁率市国土局、市委外宣办等部门负责人专程赶往长沙，与《经济日报》记者站站长刘麟等人协商，取得一致意见。

1 月 12 日 市委、市政府在长沙召开省会新闻界迎春座谈会，省领导唐之享等出席，省委宣传部和中央、省直新闻单位负责人覃晓光、侯严峰、李凌沙、于磊焰、王维、欧阳常林及60多名记者参加，市领导曾庆炎、刘爱才、谢朝月、李良铁等出席座谈会。

1月 《永州日报》记者刘倩、何继凤采写的消息《21位农民工求助本报索讨工钱》等连续报道，得到市委书记曾庆炎的批示，农民工的报酬得到解决。农民工代表燃放着鞭炮，将书有“铁肩担道义，妙手著华章”的锦旗送到报社，以示感谢。

2月18日 中央电视台7套英语节目编导李昕率摄制组到永州拍摄女书，分别到柳子庙、岛、博物馆、道县、江永等地采访，节目在《外国人眼中的中国》栏目中播出。

3月 中央电视台海外中心记者梁钢到永州，筹划拍摄《走遍中国——永州篇》。摄制组共7名记者，分赴宁远、芝山、江华、道县、江永等地，进行为期10天的采访，编辑7集共210分钟专题片，5月17日在中央电视台4套播出。

3月1—4日 全省贯彻中央一号文件精神新闻采访团到永州，分别对宁远、道县、江永、冷水滩等县区进行采访后，市委书记曾庆炎接受专访。

3月4日 山东电视台《城市名片——湘江行》专栏到永州市采访。

3月5日 永州市广播电视稽查大队举行挂牌仪式。

3月12日 永州人民广播电台与电信公司合作，在全省率先开辟“电话听广播”。

3月27日 永州市新闻工作者协会第二届理事会召开，市委宣传部常委副部长周明礼当选为市记协主席。

3月29日 永州日报社启动“三项学习教育活动”，召开全体员工动员会社长、总编辑李进军作动员报告，全体员工分专题进行学习、研讨。

4月初 永州日报社投资40多万元对新办公楼进行全面装修；4月底，全体员工搬迁至冷水滩区河东潇湘东路29号新址办公。

5月9日 永州日报社举行搬迁新址暨读者座谈会，100多名通讯员及友好单位代表出席。

5月20日 永州电视台新闻综合频道副总监钟伟获“永州十大杰出青年”称号。

7月5日 永州市人民政府批准成立永州广播电视网络有限责任公司。

7月6—28日 海南电视台“德行天下”摄制组到宁远九嶷山采访。

7月24日 中央纪委、省纪委领导到永州专题考察永州电视台新闻综合频道《政务广场》栏目开办情况，决定在全国推广。

7月28日 永州电视台都市频道选送的刘雯、彭奕裔囊括“2005年新丝路中国模特大赛”湖南赛区时装组和商业组冠军。

8月9日 湖南省广播电视局副局长彭福元到永州市广播电视局督查行风评议工作。

8月13日 市政府、省文物局在长沙联合召开舜帝陵古庙发掘新闻发布会。全国考古专家李学勤在新闻发布会上分别接受新华社、中央电视台、山东电视台、浙江电视台等记者的采访，证实古舜帝陵庙系宋代建筑，对研究舜帝陵古文化具有重要的历史意义。市领导李良铁、赵清茂参加新闻发布会。

8月30日 市委常委会同意在中央电视台4套节目中午12时50分播出永州天气预报。从9月1日，轮流挂上各个县区标志性照片，历时一年。

9月4日 祁阳县大华山电视调频转播台收归永州市广播电视局管理，更名为永州市大华山电视调频转播台。

9月13日 永州市广播电视网络有限责任公司召开第一次股东大会，推荐陆晓亚为董事长，决定夏国忠任总经理。

9月13日 省委外宣办组织新疆电视台、浙江电视台《走近湖南》摄制组到永州采访舜帝陵和江永女书。

9月15日 鉴于永州境内“中国新闻人”网站，非法链接境外网站，发布有害信息。市委外宣办在市公安、国安、电信等有关部门配合下，很快查处这一非法网站。中央外宣办、省委外宣办分别发出通报，表扬市委外宣办行动迅速，查处有力。

9月16日 永州市广播电视网络有限责任公司挂牌成立。

9月16日 永州广电大厦启用，曾庆炎、刘爱才、彭福元出席启用仪式。当晚，永州市广播电视局举行“我们共同走过”庆典晚会，600平方米演播厅投入使用。

9月17日 舜帝陵基金会成立大会在长沙举行。50余名媒体记者参加报道。大会推选王克英任基金会理事长，谭政任秘书长。市领导曾庆炎参加成立大会。

9月24—25日 世界舜裔宗亲联谊会、湖南省舜帝陵基金会联合公祭舜帝大典在宁远县九嶷山举行。中央电视台、凤凰卫视等50多家媒体共150名记者参加报道。

9月 《零陵学院报》更名为《湖南科技学院报》。

10月13日 蔡自新、刘波到长沙参加为期三天的全省新闻发言人培训班。国务院新闻办公室副主任王国庆、北京市委副书记龙新民、外交部新闻发言人刘速超、中央电视台主持人王志、凤凰卫视记者闾丘露薇、CNN驻京记者吉米等分别在培训班讲课。

10月25日 永州市人民政府常务会议决定实施全市有线电视数字化工程。

同日 永州电视台都市频道与湖南电视台公共频道共同制作的电视专题片《千里瑶乡行》获全国第十届少数民族题材“骏马奖”。

11月5日 全市新闻工作者代表欢聚庆祝记者节，在李达故居举办演讲比赛庆祝节日。

11月27—30日 祁阳县举办祁剧500周年庆典。省委常委、宣传部部长蒋建国应邀参加。市领导刘爱才、邓三龙、伍华安、李良铁分别陪同考察和汇报工作。

11月30日 省委常委、宣传部部长蒋建国在市委副书记、市长刘爱才，市委常委、宣传部部长李良铁的陪同下，考察永州日报社，看望报社全体员工。

11月30日 省委常委、宣传部部长蒋建国考察永州市广播电视局。

12月3日 周敦颐理论研讨暨濂溪学会成立大会在道县举行。中央驻湘、省直主要媒体派记者参加报道。

2005年

1月10日 永州日报社、市广播电视局、市红十字会联合呼吁，希望永州社会各界发扬人道主义精神，奉献爱心，捐款救灾。

1月26日 《永州日报》开辟《先进性教育活动巡礼》专栏，陆续刊发教育活动的动态、教育活动的各类典型等消息和通讯，一直延续到2006年上半年，时间长达一年半，为《永州日报》设置最长的专栏。

1月28日 市委、市政府在长沙召开“省会新闻界迎春座谈会”，省人大常委会副主任唐之享出席。市领导刘爱才致辞，曾庆炎、李良铁等参加。

3月8—13日 2004年度“湖南广播电视奖”评奖活动在永州市冷水滩举行，永州市选送的22件作品有21件获奖，其中一等奖8件，特别奖1件，二等奖5件，三等奖7件，获奖等次和数量居历年之冠。永州市广播电视局获创优组织奖。

4月28日 永州市广播电视局各媒体携手全方位报道“首届中国阳明山杜鹃花海暨旅游文化节”。

5月 永州市劳模表彰大会召开，永州市7名全国劳动模范和先进工作者，32名省劳模和先进工作者，97名市劳模和先进工作者接受党和政府的表彰。《永州通讯》特别策划《劳模特刊》，编辑部撰写《在构建和谐永州中发挥劳模的表率作用》一文作为卷首语，从大会纪实、领导讲话、表彰倡议、劳模风采四个方面树立先进典型，弘扬劳模精神。

6月1日 广西贺州、广东清远、湖南永州三市书法美术摄影作品联展和文化报道开幕，市委常委、宣传部部长李良铁剪彩。

6月 欧毅凯担任永州日报社党组书记、社长。

7月6日 召开全市制止虚假新闻座谈会，传达省里会议精神，安排永州市制止虚假新闻工作。

7月14日 市委、市政府在长沙召开“社会各界公祭舜帝大典新闻发布会”，省领导蒋建国、许云昭、王克英出席，市领导曾庆炎、李良铁、赵清茂等参加。

7月29日 中国网络媒体“湖南·永州”行记者一行28人到永州集中采访，市委书记曾庆炎、市委宣传部部长李良铁分别接受记者采访，随后采访团赴九嶷山祭祀舜帝。

8月20日 “舜帝文化万里行”大型主题宣传活动在北京慕田峪长城启动。以刘波为团长，由湖南卫视、经视、湖南人民广播电台、湖南红网等媒体记者和北师大博导李雅田教授等19人组成的考察团，经北京、河北、河南、安徽、山东、浙江、江苏、福建、广东等省市，纵横7000多公里，沿途考察采访舜帝南巡经过的地方，随团记者与当地媒体作联合报道，让舜文化在祖国大江南北发扬光大，在海内外产生巨大反响。

9月6—9日 永州市直广电系统各媒体组成采访团集中采访中国农科院祁阳红壤实验站。永州人民广播电台采写的《为了大地的丰收》，永州电视台综合频道采写的《红土地的眷恋》分别获“湖南广播电视奖”一等奖。

9月15日 湖南省人民政府公祭舜帝大典在九嶷山举行。湖南卫视于上午9:05开始直播。曹颖、魏哲浩担任主持，梅冬担任大会司仪，中外记者百余人参与采访报道。

11月19日 永州人民广播电台举行建台5周年庆典。

11月 全市新闻战线“三项学习教育活动”讲演比赛举行，《永州日报》记者刘倩获一等奖。

2006年

1月1日 由市体育局、永州日报社、冷水滩区体育局、冷水滩区教育局联合举办的“‘永州日报杯’2006元旦越野赛”，在冷水滩开幕。

1月7日 《永州日报》以三版“旧闻新读”，纪念《生活周刊》创刊5周年。五年来，《生活周刊》贴近时政、贴近生活、贴近读者，刊发了不少读者喜闻乐见的好作品，有的还获得了大奖，如《正义与邪恶的较量》（作者曾锐）获中国新闻奖。

1月13日 湖南省广播电视局副局长杨金鸢带队对永州广电工作进行行业考核，永州市广播电视局被评为2005年度事业建设先进单位。

2 月 《永州通讯》第 2 期开始赠送全市乡镇以上党政机关、企事业单位、中央及省里有关单位、市级县区领导、永州籍在外人士和在永州工作过的领导，并面向全国各大中城市交流。

3 月 19 日 永州电视台公共频道承办的“永粮杯”新农村新闻大赛启动。

4 月 28—29 日 中国首届阳明山“和”文化节暨杜鹃花会在阳明山小黄江源举行开幕式，29 日晚上“两岸一家亲”大型歌舞晚会在市体育中心成功举行。此前于 4 月 20 日，在长沙举行中国阳明山“和”文化节新闻发布会。

5 月 26 日 全市 50 户以上的自然村“村村通广播电视”工作通过湖南省广播电视局验收。

6 月 15 日 永州电视台虚拟演播室投入使用。

6 月 在全国城市党刊研究会第 15 届年会上，《永州通讯》被评为全国城市优秀党刊。

8 月 24 日 全市宣传工作座谈会及 2007 年度党报党刊发行工作会议召开，市委书记曾庆炎到会讲话。

8 月 31 日 受永州市政府公祭舜帝大典组委会委托，周明礼、刘波到北京联系中央电视台三频道《激情广场》栏目制片人刘璐，商定《激情广场》栏目到九嶷山举行“和谐永州·魅力九嶷”大型演唱会有关事宜。

9 月 8 日 市委常委会专题研究永州市政府公祭舜帝大典和举办“和谐永州·魅力九嶷”激情广场演唱会工作方案。会后印发常委会议纪要。

9 月 20 日 永州市数字电视总前端投入使用。

10 月 6 日 永州市广播电视局投资建设的 60 平方米户外彩色电子显示屏在冷水滩区滨江广场投入使用。

10 月 23 日 永州新闻网尝试网上直播，对永州市第三次党代会的开幕式进行了同步直播。

10 月 30 日 市政府公祭舜帝大典暨“和谐永州·魅力九嶷”大型演唱会在宁远九嶷山舜帝陵举行。

11 月 8 日 永州日报社组织员工座谈纪念第七个记者节日，社长欧毅凯宣读了市委、市政府致全市新闻工作者慰问信。

2007 年

1 月 26 日 市委、市政府在长沙举办省会新闻界迎春座谈会，市委书记曾庆炎，市人大常委会主任李良铁，市政协主席陈金荣出席会议，省人大常委会副主任唐之享到会祝贺。

1月　《永州日报》由黑白印刷改为轮转彩印，推进了平面媒体的视觉革命。

2月4—5日　省委常委、省委宣传部部长蒋建国代表省委、省政府到永州开展送温暖活动。其间专题召开座谈会，听取永州市宣传思想工作有关情况汇报。

2月5日　《永州日报》从即日起创办《政务周刊》。此刊的创办，旨在推介市政府及各部门推行政务公开的经验和典型，引导人民群众正确行使民主权利，参与政务公开的实践活动。该刊每周一出版，设有《权威发布》《热点聚焦》《政务论坛》《形象展示》《为民热线》等栏目。创刊之日，常务副市长唐松成等市政府领导以书信和电话形式寄语该刊。

2月7日　《永州日报》从即日起创办《县区新闻周刊》，直接面对县区，直接面对基层干部群众，直接面对农村改革开放带来的多姿多彩的社会生活。

2月12日　永州电视台承办的“中恒之夜”全市春节联欢晚会在永州会堂举行，曾庆炎等市领导观看演出。

2月19日　永州电视台公共频道推出永州第一档方言专题栏目《晓了显火》。

2月27日　市委书记曾庆炎主持召开常委办公会议，专题研究新闻宣传和文化工作。

3月10—17日　珠山“3·9”群众性事件发生后，省委外宣办主任孔和平、副主任龚爱林到永州珠山指导舆论引导工作。

3月20日　全市新闻宣传工作会议在冷水滩召开，市委宣传部副部长周明礼作工作报告，市委常委、宣传部部长董石桂讲话。

5月　《湖南科技学院报》电子报成立。

6月20日　永州形象宣传片《美在永州》开拍仪式在零陵区黄田铺中学举行，市委常委、宣传部部长董石桂等参加。

7月27日　市委作出向蓝山县瑶族女教师盘晓红学习的决定。9月7日，盘晓红先进事迹报告会在永州会堂举行。

8月15日　江华100周年诞辰纪念活动在江华县举行，省人大常委会副主任唐之享出席，省委宣传部副部长李湘舟到会指导。

9月11—14日　新华社湖南分社副社长于磊焰一行到零陵区珠山镇调查了解“3·9”群众性事性整改情况。

9月16日　《湖南城市广播电视报·永州广播电视》更名为《永州新报》。

9月19日　中央文明办等五部委在北京召开全国道德模范表彰会，永州市江华县林业局瞭望员余锦柱、宁远县中和镇农民欧阳名友获全国道德模范提名奖；21日，他们回到长沙受到省委书记张春贤、省长周强接见。

9月28日　全市2008年度党报党刊发行工作会议在冷水滩召开，其间分别召开《湖南日报》发行体制改革座谈会和《永州日报》发行体制改革座谈会。

9月29日 永州电视台公共频道承办的“喜迎十七大、唱响新生活”为主题的全市宣传系统“红歌会”合唱比赛在广电中心演播厅激情唱响，永州市广播电视局两个代表队分获一、二等奖。

9月30日 永州市20万个卫星接收天线的转星任务全面完成。

9月 永州市广播电视局总编室主任罗耀南获评全国“百优”广播电视理论人才。

10月12日 永州市道德模范先进事迹报告会在永州会堂举行，余锦柱、欧阳名友作先进事迹报告。

11月7日 第八个记者节座谈会及联欢活动在南华大酒店举行。

11月15日 形象宣传片《潇湘第一城》在冷水滩行政中心门前广场开机拍摄，董石桂到会祝贺并讲话。

2008年

1月10日 陶铸100周年诞辰纪念大会在祁阳举行，省委书记张春贤、省长周强出席纪念会，市领导曾庆炎、董石桂等陪同。

1月17日 省会新闻界迎新春座谈会在长沙举行，市领导曾庆炎、李良铁、陈金荣、董石桂等出席，省委宣传部、省新闻出版局有关负责人和中央驻湘、省直主要新闻媒体记者代表共110人参加。

1—2月 《永州日报》把抗冰救灾和灾后重建工作作为报道工作中的重中之重，两个月刊发抗冰救灾报道1400多篇，受到上级好评。其间，永州市广播电视局成立抗冰救灾新闻中心，统一组织抗冰救灾报道。

2月5日 市委宣传部分别在冷水滩区和宁远县举行分发仪式，接收中宣部捐赠湖南灾区的收音机3040台。

2月9日 祁阳羊角塘镇发生客运市场纠纷，造成砸车、伤人事件。当晚，市委书记曾庆炎到现场处置，市委宣传部周明礼、蒋旭军赶赴该镇参加市委、市政府“2·9”事件处置领导小组会议，参与事件善后等相关工作。

2月14日 永州零陵机场复航广州新闻发布会在广州市广东国际大酒店举行。市领导朱映红、广州白云机场相关负责人参加发布会，中央驻粤20多家媒体记者到会报道。

2月 市委宣传部制定出台《永州新闻奖评选奖励办法》。

3月1日 市委书记曾庆炎主持召开市委常委会，听取全省宣传思想工作会议精神及贯彻落实意见汇报，研究部署2009年全市宣传思想工作，研究同意设立永州政府文艺奖、永州新闻奖和网络管理科。

4月11日 全市网络文化建设与管理暨“采访线工程”培训班在市广电中心召开，市领导蒋善生主持会议，董石桂到会讲话，省委外宣办主任孔和平为培训班讲课。

4月22日 市政府新闻办在市广电中心组织召开实施城镇居民基本医疗保险新闻发布会。

4月23日 市政府新闻办在南华大酒店组织召开灾后景区（点）全部恢复营业新闻发布会。

5月28日 市直各媒体记者参加永州至蓝山高速公路开工典礼报道。永州广播电台对开工仪式现场直播。

5月29日 市政府新闻办召开迎奥运、确保民众食品药品安全新闻发布会。

5月30日 永州市广播电视局制定出台《永州市广播电视局机构、人事用工、劳动分配、经营机制改革方案》，对内部机构设置进行调整，撤销管理中心，把原管理中心承担的职责合并到市局机关部室。

5月 市委宣传部组织开展全市工人阶级宣传月活动。

6月4—5日 永州市广播电视局对新组建的局机关各部室正职、副职进行公开竞聘。

6月10日 市委宣传部制定出台《永州市网络评论员管理办法》，给相关单位发通知要求推荐网评员，组建50人的网评员队伍。

6月24日 黄天锡等市领导考察永州市广播电视局工作。

6月 市委宣传部组织“纪念改革开放30周年”主题宣传战役。

7月15日 召开2008北京新闻中心（BIMC）永州工作站全体人员会议，市委宣传部、外宣办、公安局、国安局、体育局、农办、外事办等部门负责人参会。董石桂到会讲话。

7月18日 省委外宣办影视中心主任张德强带队到永州督查“采访线工程”实施情况，2008北京国际新闻中心湖南分中心永州站成立并全天候运行，站设外宣办。蒋旭军任站长，向督查组汇报相关工作。

7月22—25日 市委宣传部编辑永州市“采访线工程”折页，深入主要采访点督查准备工作情况，永州火车站、永州机场、永州汽车站信息入册，报省委外宣办统一印制中英文版各1万份。

7月24日 永州新闻网被湖南省委对外宣传办公室、湖南省委互联网新闻宣传工作领导小组办公室、湖南省人民政府新闻办公室评为2007年度全省优秀市州网站。

8 月 13—17 日 上海东方卫视《行走民间》摄制组到永州市拍摄祁阳祁剧、江永女书、江华歌舞等四部专题片。

8 月 13 日 永州籍运动员李宏利摘取一块举重银牌，《永州日报》次日一版及时报道，并配发照片。

8 月底 为贯彻落实市委三届四次全会精神，做好承接产业转移，《永州日报》开辟《承接产业转移，加速赶超崛起》专栏，报道各地工作进展情况。与此同时，由一名副总编带队，组织相关采编力量前往广东清远市进行采访，共发表长篇通讯 13 条。2007 年 5 月，电子校报成立。

8 月 永州日报社网络传媒升级，开始运行“中国永州网”（永州新闻网）。

8 月 为做好奥运宣传，《永州日报》在推出奥运特刊的同时，开办《文明潇湘，喜迎奥运》专栏，及时发布奥运信息，满足读者需要。

9 月 2—3 日 湖南红网总编辑、总经理舒斌一行到永州，调研永州新闻网站（红网永州站）及其分站建设与发展情况。

9 月 21—24 日 市委宣传部与湖南日报社联合举办新闻通讯员暨新闻发言人培训班，全市共有 249 人参加培训。其间，省委“解放思想在湖南”新闻采访团来永州进行集中采访，22 日上午集体采访市领导黄天锡、董石桂，并分别到零陵、宁远、蓝山三县区采访。

9 月 27—28 日 市委宣传部组织市直主要媒体记者，参加 27 日上午在道县举行的道贺高速开工典礼报道和 28 日上午在新田县举行的南国武当山汽车越野赛报道。

9 月 30 日 《湖南科技学院报》扩版彩印，成对开四版。

10 月 7 日 市委宣传部组织市直主要媒体记者参加 2008 年宁远县社会各界公祭舜帝大典报道。

10 月 10 日 全市 2009 年度党报党刊发行工作会在南华大酒店召开，黄天锡到会做重要讲话，董石桂做工作报告。

11 月 3—4 日 副省长刘力伟带领省“三湘环保世纪行”采访团到永州采访湘江流域污染物整治工作。

11 月 7—8 日 为庆祝第九个记者节，董石桂等领导走访市直新闻单位和《湖南日报》永州记者站，看望慰问新闻记者。

12 月 12 日 市委宣传部组织市直新闻媒体主要负责人参加全省新闻媒体负责人提高舆论引导能力专题研讨班。

12 月 18 日 香港《文汇报》刊登《芙蓉国里尽朝晖——永州篇》专版。

12 月 31 日 市委宣传部组织“扩大内需，促进增长”宣传专题报道。

2009 年

1 月 5—6 日 永州市人大三届三次会议、政协永州市三届三次会议召开，董石桂、周明礼、蒋三立分别参加会议。大会组建“两会”新闻中心，负责大会报道。湖南经视对人大会议进行报道。

1 月 8 日 永州广电无线数字公司成立。

1 月 10 日 省会新闻界迎新春座谈会在省九所宾馆召开，省人大常委会副主任唐之享、谢勇到会。

1 月 22 日 红网永州论坛组织网友参观市博物馆、中心城区等地，举办红网永州论坛第四届春节网（晚）会，红网副总编、红网论坛总版主杨国炜等到现场指导晚会，为优秀网友颁奖。

2 月 1 日 市委宣传部启动以“情系农民工，春风送岗位”为主题的活动，返乡农民工就业创业典型专题报道。

2 月 25 日 湖南广播电影电视局局长欧阳常林考察永州广播电视工作。

3 月 23 日 市委宣传部启动全市深入开展学习实践科学发展观活动宣传报道工作。各媒体通过开《科学跨越》《科学发展在身边》《科学发展在永州》《科学发展大家谈》等专栏，从不同角度报道全市开展学习实践活动进展情况、典型经验和实际效果。

3 月 23—26 日 “深港澳媒体永州行”采访团到永州采访。23 日，市委书记黄天锡接受采访。

3 月 31 日—4 月 3 日 省委“坚定信心保增长”采访团到永州市新田县，市委书记黄天锡接受采访。

4 月 3 日 省直新闻媒体“坚定信心保增长——走进永州暨春游潇湘”采访组来永州采访。

4 月 7 日 市经委、永州日报社发出联合公告，举办 2009（首届）“永州市十大杰出民营企业家评选活动”。

4 月 28 日 第三届中国阳明山“和”文化旅游节开幕，中央、省、市和境内外媒体立体宣传，提高阳明山知名度。

5 月 22 日 《永州日报》一版头条刊登通讯《蒋冬林：用清廉守卫正义》（作者蒋剑翔），介绍零陵检察院普通干警蒋冬林忠于职守、忘我工作的先进事迹。中共零陵区委做出《关于开展向蒋冬林同志学习的决定》。

5 月 市委宣传部制作永州招商引资形象专题片《不到潇湘岂有诗》，筹划组织网友“发现永州、寻梦永州”系列活动。

5—10月 “诗画永州——三湘巨变·新中国成立60周年湖南经济社会发展成就展”永州展厅在长沙开展。共展出照片265幅、图表3份、实物42件套，印发宣传资料5000余份。省领导张春贤、周强等参观永州展厅，湖南卫视、经视频道、都市频道、《湘声报》等媒体专题报道永州展厅实况。永州展厅被省筹展办评为“最受观众欢迎奖”，市文物处展宣科长赵仁万、讲解员邓莉被省筹展办分别评为优秀工作者和优秀讲解员。

6月4日 市农业开发办与永州日报社联合召开《田野20年：农业开发故事》征文活动表彰会。此项活动于2008年开始，共在《永州日报》上刊登征文50余篇。经过评选，10篇作品获得优秀奖。

7月19日 永州电视台新闻综合频道唐小莽等人创作的《孙子·奶奶·奥运》获湖南新闻奖一等奖。

8月8日 市委宣传部启动全市甲型H1N1禽流感防控宣传报道工作。

8月10日 市委宣传部启动庆祝新中国成立60周年系列宣传报道，市直各媒体推出《与祖国同行》《向共和国报告》《永州记忆》《潇湘巨变六十年》等专栏，多侧面、多角度报道永州60年巨变和全市人民欢度国庆的盛况。

9月8日 湖南省公祭舜帝大典在宁远九嶷山举行，省长周强主祭。中央、省市媒体进行全方位报道，湖南卫视进行现场直播。

9月7日 湖南省广播电影电视局局长欧阳常林率局总编室、科技处、人事处、社管处等处室负责人到永州调研广播电影电视工作。

9月10日 由永州市经委、永州日报社联合举办的2009（首届）“永州市十大杰出民营企业家评选活动”结束。《永州日报》公布永州十大民营企业家：唐木生、陈桂军、李杰、王中燕、黄青柳、刘长现、雷荣国、郭远军、施和平、郑燕琼。

9月18—20日 市委宣传部组织市直各媒体和新闻阅评员开展“洛湛铁路永州行”采访活动。

10月28日 市委宣传部组织制作电视文献纪录片《共和国深处的历史记忆——“保护湘江·永州”》，在湖南电视台播放。

11月3日 永州新闻网入选“2009中国新媒体领军榜——百强新闻网站”。

11月30日—12月3日 市委宣传部和市新闻工作者协会各媒体负责人赴深圳考察，重点学习深圳广电和报业集团创新体制机制，做大做强的先进经验，为永州广电实施局台分离改革和创办《永州晚报》提供有益借鉴。

2010 年

1 月 8 日 《永州日报》一版刊登通讯《热血青春铸造警魂》，记叙永州监狱警察吴战保光辉的一生，文中的主人翁成为全国警察的一面旗帜。湖南省组织“吴战保事迹报告团”在全省巡回演讲。

1 月 24 日 市委、市政府在长沙通程大酒店召开永州市 2010 年省会新闻界迎春座谈会。

1 月 24 日 根据中宣部和省委宣传部统一安排，市委宣传部集中组织全市新闻记者开展“新春走基层”活动。其中在江永兰溪瑶族乡策划“勾蓝瑶寨闹新春”活动，中央电视台新闻频道进行现场直播。

3 月 3—5 日 省委常委、宣传部部长路建平到永州调研考察，重点是调度协调李达 120 周年诞辰纪念活动筹备工作，参观考察李达故居、柳子庙、舜帝陵等地。

3 月 19 日 吴战保先进事迹报告会在永州会堂进行，市委书记黄天锡讲话。吴战保生前系永州监狱干警。中共中央政治局常委李长春、省委书记张春贤等分别作出向他学习的批示。

3 月 30 日 根据市委、市政府关于把 2010 年作为“城市管理年”，大力整治市容市貌，确保年内创建“全省卫生模范城市”的工作要求，《永州日报》推出《创卫在行动》专栏，刊登各级各部门“创卫”的经验典型，报道市民参与“创卫”的好风气，发表《创卫，从我做起》等三篇该报评论员文章。

4 月 1 日 为展示新形势下永州公路部门的良好形象，永州市公路局与《永州日报》举办公路文化写意征文，以诗歌、散文、游记形式描写公路建设的成就。

4 月 25 日 全国水球冠军赛在永州举行，央媒、省媒进行报道，推介永州。

4 月 25 日 市委宣传部组织永州至北京、昆明、深圳航班及邵阳客商到永州乘机系列新闻发布会。

5 月 16 日 市委宣传部和市记协组织评选“永州新闻奖”，有 32 件作品获奖。

5 月 市委宣传部对全市 140 多家主要网站进行“2009 年度互联网新闻信息服务资质年检”，对相关网站年检材料进行审核和备案。

5 月 永州开始设立党委主要部门新闻发言人，市委宣传部首次对 26 名党委部门新闻发言人登记造册、公开联系电话。

5 月 中共永州市委宣传部、永州市新闻工作者协会举办的首届“永州新闻奖”揭晓：《永州日报》的通讯《蒋冬林：用清廉守卫正义》（作者蒋剑翔）获一等奖，栏目《永州记忆》获名牌栏目奖。

6 月 1 日 零陵法院发生恶性枪击案。新华社、《人民日报》、中央电视台等中央主流媒体，在第一时间发布权威信息，把握新闻舆论引导主动权。

6月3日 第一批省直新闻媒体15名骨干记者到永州江华县乡镇挂职锻炼，为时两个月。

6月3日 《永州日报》一版头条刊发通讯《莲之魂——追忆原市纪委常委、市监察局副局长王海洋》（作者欧春涛）。中共永州市委做出决定："追授王海洋同志为优秀共产党员"。湖南省纪委、省监察厅发文，追授王海洋为"优秀纪检监察干部"，并号召全省纪检监察系统向王海洋学习。

6月7日 永州广电中心文化广场改造完工。

6月11日 《永州日报》、永州电视台、永州人民广播电台、永州新闻网开设《实施文化强市战略》专栏，大力宣传确立文化强市战略、推进文化大发展大繁荣重要意义，宣传省、市文化强市建设工作会议精神，宣传永州市出台的文化强市新政策、新思路、新举措。《永州通讯》《永州宣传》也分别推出文化强市特刊。

6月18日 市委书记黄天锡带领相关单位负责人深入市群艺馆、零陵区东山景区、生态新城和永州日报社等宣传文化单位进行调研，随后召开座谈会，对实施文化强市战略提出指导意见。

7月3日 市监察局原副局长王海洋的先进事迹，在新华网、《湖南日报》等中央和省级媒体开始推出。

7月20日 永州市首届永州新闻奖颁奖大会暨市新闻工作者协会第三届理事会第一次会议在南华大酒店召开，会议对获奖单位和个人进行表彰，选举刘波为市新闻工作者协会第三届理事会主席。

7月29日 省直新闻媒体19名记者到永州采访王海洋先进事迹。

8月20日 市委宣传部组织市直9家媒体15名记者到零陵区石山脚乡竹园背村采访村支部书记李善清先进事迹，并在媒体刊播。

9月15日 永州电视台新闻制播系统改造成功升级，《永州新闻联播》具备直播能力。

10月16日 永州广电大厦共享大厅、演播厅LED建设和滨江广场LED大屏改造完工。

10月24日 永州市广播电视局举行永州电视台建台20周年庆典。

11月12日 王海洋先进事迹报告会在省委礼堂举行，省委书记周强接见王海洋家属和报告团成员。

11月17日 《永州日报》一版人物通讯《扎根大地不老松》（作者欧显庭、龙亚芳），记叙市粮食局干部蒋孔吉艰苦奋斗作风，深入农村扶贫的事迹。12月19日，中共永州市委作出开展向蒋孔吉学习活动的决定。《农民日报》、《湖南日报》、湖南广播电台、红网等多家媒体相继进行报道。永州日报社记者何继凤获湖南省“芙蓉杯” 水利竞赛先进个人奖。

11 月 19 日 市委宣传部研究推荐滕智荣（《永州新报》总编）、欧春涛（《永州日报》总编室主任）为市劳模候选人，两人均被批准为市劳模。

12 月 15 日 李达 120 周年诞辰纪念大会暨铜像揭幕仪式在冷水滩举行， 中央文献研究室、中央党史研究室领导出席。活动由省委、省政府举办，市委、市政府承办。

12 月 20 日 省直新闻媒体 20 名记者到东安县溪源村采访市粮食局扶贫干部蒋孔吉。

12 月 市广播电视台记者唐小莽被评为湖南省先进工作者（省级劳模）。

2011 年

1 月 6—12 日 市委宣传部组织抗冰冻灾害集中宣传，邀请中央电视台湖南记者站、《湖南日报》、湖南卫视、湖南经视等主流媒体对永州市灾情和抗冻救灾工作进行全面报道，一周内在中央和省电视台上稿 16 条。

1 月 7 日 永州市政法委、永州电视台新闻综合频道联合举办全市政法战线“十佳政法单位，十佳政法干警”颁奖晚会。

1 月 8 日 湖南人民广播电台、永州市广播电视局在永州广电大厦举行“合作办台”启动仪式。永州人民广播电台“永州之声” 更名为芒果 Radio“永州之声”。频率为 94.8 兆赫。

1 月 17 日 在长沙海联大酒店召开省会新闻界迎春座谈会。新华社、《人民日报》、《农民日报》、《中国青年报》等中央驻湘新闻单位，香港《大公报》、《香港商报》等境外驻湘新闻单位，《湖南日报》、湖南电视台、红网等省直新闻单位负责人和记者近 200 人参加。黄天锡、李良铁、陈金荣、朱映红等市领导出席。

2 月 《永州日报》开辟《新春走基层》栏目。组织记者奔赴第一线，集中报道“十二五”开局之年新春佳节新景象，展示永州新气象，截至 2 月 21 日，共发稿 15 篇。

2 月 蒋三秋任永州市广播电影电视局党组书记、局长。

3 月 23 日 湖南省市州新闻工作暨 2010 年度湖南新闻奖市州新闻奖评奖会在永州市举行。省委督办员、省记者协会主席李凌沙出席会议。全省 14 个地州市党报以及《浏阳日报》的领导和采编骨干 50 余人参加会议。市委书记黄天锡，市委常委、宣传部部长朱映红出席会议并讲话。

4 月 21 日 第五届中国阳明山“和”文化旅游节暨海峡两岸阳明山旅游合作

与发展论坛分别在双牌阳明山与冷水滩区举行，中央、省多家媒体进行宣传报道。

4 月 24 日 将军后代合唱团赴新田演出。省委常委、宣传部部长路建平赶往看望并出席演出活动。市委副书记唐松成，市委常委、宣传部部长朱映红陪同。

5 月 20 日 市委宣传部启动庆祝建党 90 周年系列宣传。

5 月 《永州通讯》（第 5 期）为《对接东盟扩大开放》专刊，刊发市委、市政府要论《加快承接对接促进开放崛起》，报道对接东盟工作动态，刊载《永州打造对接东盟桥头堡走笔》《对接东盟的机遇、挑战及建议》《永州对接东盟大事记》，《东盟十国投资要览》，以及各县区对接东盟工作动态。

6 月上旬 永州电视台新闻综合频道制播 12 集电视系列报道《飞越潇湘》。

6 月 14 日 省委组织的“学习杨善洲，做优秀共产党员”先进事迹巡回报告团在省委礼堂作首场报告。报告团成员共 5 人，永州市蒋孔吉是其中的一个。

6 月 15—16 日 由省委宣传部组织的“热土潇湘——庆祝中国共产党成立 90 周年集中采访团”到永州开展采访报道。

6 月 24 日 中共永州市委办公室、永州人民政府办公室发文，确定新组建的永州广播电视台总体方案。

6 月 30 日 举行“颂歌献给党”庆祝中国共产党成立 90 周年文艺晚会。湖南卫视等省内主要媒体进行报道。

6 月 湖南省编委批复同意新组建永州市广播电视台，不再保留永州市广播电影电视局。

7 月 5 日 中共永州市委常委会议决定加强市直广播电视新闻宣传工作，为永州广播电视台特配 40 名全额拨款事业编制。

7 月上旬 永州市广播电视局（台）参与全省有线电视网络资产股权重组，成为湖南电广传媒股份有限公司股东。

7 月 16 日 市委宣传部和市记协组织评选第二届“永州新闻奖”，32 件作品分获永州新闻奖作品奖、重大报道策划奖、名牌栏目奖和对外报道奖 4 个奖项。

8 月 9 日 市委宣传部启动市第四次党代会宣传工作。报纸、广播、电视、网络等各媒体围绕“喜迎党代会，共谋新发展”这一主题，分别推出《五年新跨越》《飞越潇湘》《记者走基层》《党代表风采》等栏目。宣传市第三次党代会 5 年来永州市经济建设、政治建设、文化建设、社会建设、生态文明建设和党的建设成功实践和重大成就。

9 月 20 日 市委书记张硕辅签发《中共永州市委关于同意〈永州日报〉扩版的批复》，决定于 2012 年 1 月 1 日起《永州日报》由对开四版扩为对开八版。

9 月 24—27 日 永州市第四次党代会召开，市直各媒体整合资源，发挥特色，围绕主题，对大会盛况和会议精神进行报道，召开两场专题新闻发布会。

10月26—27日 市委宣传部配合省委宣传部、省政府新闻办做好《东方莱茵河，湖南两型梦——2011海外华文媒体高层聚焦湖南》大型采访活动和网络宣传在永州采访工作。

10月 市委宣传部部署永州市“东盟博览会”对外宣传工作。

10月 《永州通讯》编辑《光辉的历程——中国共产党90周年》特刊，第10期选编《高举中国特色社会主义伟大旗帜 奋力开创永州科学发展新局面——在全市庆祝中国共产党成立九十周年暨表彰大会上的讲话》（张硕辅）等领导讲话稿，《坚持和完善人民代表大会制度 开创永州民主整治建设新局面》（市人大常委会）、《突出主题 认真履责 为促进全市改革发展稳定和谐做贡献》（市政协）、《高举旗帜 乘风扬帆 努力开创部队和民兵预备役建设新局面》（永州军分区）、《全面履行纪检监察职能 深入推进反腐倡廉建设》（市纪委）、《模范带头创先争优 忠诚履职服务发展》（市委组织部）、冷水滩等13个县区专题文稿，及市司法局等单位文稿。

11月8日 市委宣传部召开庆祝第十二个中国记者节暨第二届永州新闻奖颁奖大会。

11月 市委宣传部部署中国江华瑶族盘王节宣传工作。

12月 刘波任永州日报社党组书记、社长。

12月 蒋三秋任永州市广播电视台台长、总编辑。

12月 永州市广播电视台建立新的管理与运行机制，台管“中心”制取代局管“频道”制。

12月30日 永州市广播电视台举行授牌仪式，新组建的永州市广播电视台挂牌运作。

2012年

1月1日 《永州日报》由对开四版扩为对开八版。扩版后，报纸分A、B两版8页，设有本市时政要闻、国内新闻、国际新闻、社会民生、理论与实践、潇湘文苑、健康休闲等专版，信息量大大提高。与此同时，扩版后报纸定价也由原来的每份每年156元增加到每份每年258元。

1月8日 市委、市政府在长沙举办省会新闻界迎春座谈会。

2月18日 蒋三秋当选中共永州市广播电视台第一届委员会书记。

2月19日 中央电视台举行感动中国2012年度人物评选颁奖晚会，永州市宁远籍警察刘跃进和他的团队获“感动中国‘特别致敬奖’”。

2 月 29 日 制定下发《关于认真阅读〈衡阳日报〉和〈郴州日报〉学习衡阳、郴州发展经验的通知》，在全市掀起学习衡阳、郴州承接产业转移工作经验的热潮。

3 月 28—29 日 全市新闻发言人和网络舆情发言人培训班在市委党校举行，共 431 人参加培训学习。

3 月 将全市网络舆情监控服务器从永州新闻网搬迁至移动公司，因信号问题再从移动公司搬迁到电信公司。

4 月 17 日 召开全市网络宣传管理专项会议。

4 月 19 日 永州市应邀参加在美国纽约联合国总部举办的为期 12 天的第三届“联合国中文日”习俗文化展，江永女书被美国最大的社区图书馆收藏，国内外 10 多家媒体进行宣传报道。

4 月 永州电视台启用新台标。

5 月 7 日 永州日报社党组书记、社长刘波带领该报记者数人，深入江永县兰溪瑶族乡黄家村，开展“记者走基层”报道活动。刘波采写的“四深入”手记《三进兰溪》受到好评。

5 月 16 日 以“两岸阳明山，和美一家亲”为主题的第六届中国·阳明山“和”文化旅游节暨海峡两岸旅游经贸推介会开幕。阳明山成为湖南乃至全国对台交流合作重要窗口、重要平台和重要品牌，中央及境内外多家媒体予以报道。

5 月 18—20 日 永州组团参加在长沙举办的第七届“中博会”，8 家媒体对蓝宁道新走廊专题招商会、凤凰园汽车产业专题招商会等活动进行对外宣传报道，对市委书记张硕辅采访。

5 月 21 日 永州大型综合文化品牌栏目《品读永州》举行开播仪式。市委、市政府要求把《品读永州》栏目办成一扇弘扬永州璀璨历史文化的窗口、一张展示永州经济社会发展成果的名片、一个塑造永州新闻宣传人新形象的平台。张硕辅等市领导出席开播仪式。

5 月 23 日 永州市在长沙首次举办高层次人才引进现场会，活动取得圆满成功。媒体对市长魏旋君进行专访，对活动进行报道。

5 月 永州新闻网进行历时近一个月的版面改良，重点突出当地新闻和永州新闻网时评。

6 月 10 日 根据中央和省委统一安排，永州全面启动以“科学发展　成就辉煌”为主题的迎接中共十八大宣传活动。

6 月 29 日 永州广播电视台召开《品读永州》栏目研讨会，张硕辅、石艳萍等市领导出席。

6 月 10—30 日 省委宣传部组织“走进湘南承接产业转移示范区”大型采访

活动，省直主流媒体记者分批深入永州，采访报道永州大力推进国家级承接产业转移示范区建设成效和经验。

8月 “百年大公看湖南”2012年港媒高层聚焦湖南“四化两型”走进永州采访活动，香港《大公报》牵头的多家港媒对永州承接产业转移、生态环境、旅游等向东南亚国家进行报道。

8月 全省湘南承接产业转移示范区获首批重大项目推进大会在永州召开，中央、省、境外媒体对永州市涔天河水库扩建工程开工典礼，万商红物流项目开工，神华集团项目签约等活动进行报道。

8月4日 省委、省政府在永州、衡阳、郴州三市举行湘南承接产业转移示范区首批重大项目建设推进大会。在永州主会场，湛江市人民政府、永州市人民政府等8单位和部门共同签署“湛江—永州”口岸大通关合作协议，省内外媒体予以报道。

8月20—25日 湖南省广播影视局副巡视员杨国兴带队到永州开展“走、转、改”活动。

8月22—25日 湖南省广播电影电视局党组书记、局长杨金鸢到永州调研。

9月28日 以“弘扬舜德精神，推进富民强省”为主题的壬辰年湖南省公祭舜帝大典在宁远县九嶷山举行，这是湖南省人民政府继2005年、2009年之后举行的第三次公祭舜帝活动。中央和省市主流媒体进行全方位报道。

9月 永州新闻网成为独立法人单位，隶属于市委宣传部管理。

10月20—28日 中央电视台“喜迎十八大，走基层行进中国”栏目组到永州采访，宣传蓝山通过农村医改“5+10+100”模式百姓看病住院真正得到实惠，在《朝闻天下》《新闻三十分》等四个新闻时段播出。

10月22日 《人民日报》在一版刊发报道永州市蓝山毛俊村百家姓一条心农村基层党组织建设的好做法、好经验。

11月5日 市委宣传部推荐市广电台唐小莽、市创作中心王青伟参评全省宣传系统“五个一批” 人才评选。

11月8日 中国共产党第十八次全国代表大会召开。根据省委宣传部统一安排，市直广播电视、网络等媒体对大会盛况进行同步直播，报纸转发重要社论。

11月8日 市长魏旋君走访慰问永州新闻网。

11月 唐小莽被湖南省委宣传部评为湖南省优秀新闻工作者（省十佳记者）。

12月15—16日 省委常委、宣传部部长许又声一行到永州考察调研宣传思想文化工作。

12月30日 永州日报社长刘波、总编欧显庭主编的《植根沃土》一书出版。

是年，中共永州市委、市政府组织全市4万名机关干部深入农村、企业、社区开展“四深入两结对一测评”活动。机关干部在“走访群众听民声，深入基层解难题”过程中，写下了大量的民情笔记。《永州日报》结集出版《植根沃土》。此书收录了市委书记张硕辅、市长魏旋君等69名机关干部写下的民情笔记。

2013年

1月13日 永州市在长沙举行“千元游永州，双飞乐悠悠”旅游专项推介会。石艳萍、罗双全和《湖南日报》、《潇湘晨报》、香港《大公报》、湖南电视台等多家媒体及长沙市40余家旅行社代表商共100多名嘉宾参加推介会。

1月16日 《永州日报》复刊25周年座谈会召开，市委副书记唐松成，市委常委、组织部部长刘湘凌，市委常委、宣传部部长石艳萍等市委领导参加座谈会。唐松成在座谈会上讲话。

1月 为奖勤罚懒，激励员工共谋发展，永州日报社党组研究制定《关于〈永州日报〉年终考核奖励的暂行办法》，规定对全体员工出勤考核措施及广告收入、报纸发行收入等方面的奖励标准。

2月28日 张硕辅等市领导调研永州广播电视工作。

3月26日 湖南省广播影视局副局长姜欣到永州调研新形势下的宣传思想工作、广播电视事业发展、机构改革等情况。

4月6日 对零陵区委宣传部职工袁忠民进行考察，并组织市直新闻媒体记者进行集中采访和统一报道，永州市委发文决定开展向袁忠民学习的活动。

4月8日 永州广播电视台启动新闻纪实采访活动《边界行》。

4月22日 《永州日报》开辟《雅安·加油》专版，刊登反映四川省雅安市芦山县抗震救灾的新闻报道。

5月15—17日 市委宣传部副部长蒋旭军带队与市编办、永州新闻网负责人到衡阳新闻网、常德尚一网、娄底新闻网学习了解网站机构设置、人员编制、工作职责等情况，为永州新闻网机构提供“三定”参考方案。

5月 永州广播电视台开办的《品读永州》栏目获2012年度湖南广播电视制作奖、创新奖、全国新农村电视优秀栏目奖。

6月2—5日 市委宣传部组织开展“重点工程建设巡礼”集中采访活动。

6月3—5日 省委宣讲团成员、湖南省社会科学院院长、党组书记刘建武（教授、博士生导师）深入永州市宁远县、零陵卷烟厂、永州职业技术学院，开展“自觉担当共筑中国梦的时代责任，加快实现湖南小康梦两型梦崛起梦”走基层宣讲活动，受到热烈欢迎。5日，《湖南日报》对永州市开展中国梦宣讲活动作专题报道。

6月20日　在永州新闻网开辟专栏《文化永州》，设立文化动态、文化政策、文化项目、演永州——欢乐潇湘·和美永州、写永州、画永州、唱永州专题，集中宣传报道“欢乐潇湘，和美永州”大型群众文化活动，通过“四个永州”的分类分栏宣传进一步扩大永州文化的影响力。

7月9—10日　“世界华文媒体高层湖南行”采访团走进永州。

7月29日　永州市广播电视台承办的大型文艺活动《欢乐潇湘·和美永州》拉开序幕。

7月　陈文浩等市领导考察永州广播电视台。

9月17日　永州广播电视台购回高清电视节目转播车。

10月　邹仪任湖南日报社永州记者站站长。

10月28日—11月2日　大陆魅力城市入岛宣传活动举行《中国时报》、《工商时报》、《时报周刊》、中视等台湾媒体组成“2013年大陆魅力城市永州采访活动”采访团一行深入永州考察采访。

12月30日　召开名城创建申报片脚本第二次专家评审会议，确定由中央电视台与市电视台合作拍摄国家历史文化名城创建宣传片。

2014年

1月25日　市政府在深圳举行昆明—永州—深圳通航新闻发布会，并作旅游文化推介。

1月　湖南日报社永州记者站更名为《湖南日报》永州分社，邹仪任社长。

1月　永州日报社党组研究，决定从该月起实施无纸化采编工程。

1月　永州交通音乐频道扩大信号覆盖，大华山主发射站发射功率扩大到5000瓦，铜山岭中继站发射功率扩大到3000瓦。

1月22日　永州广播电视台主办的“永州美·欢乐年”马年春节电视文艺晚会在永州会堂举行。

2月21日　《永州日报》开辟《扎实开展党的群众路线教育活动》专栏，一直延续到年底，先后发稿80余篇，对推动全市“教育活动”起到重要的作用。

3月4日　在中央电视台主办的《中国经济生活大调查》颁奖仪式上，永州获评“中国幸福城市二十强”，“幸福城市”成为永州的宣传名片。

3月4—8日　由市委、市政府与新华社联合主办的“草圣故里·永州印象”书法美术作品展在中国人民革命军事博物馆开幕，展出当代书画家咏赞永州作品近200幅。新华社副社长路建平、中国文联书记处书记罗成琰、中国书协主席张海、中共湖南省委宣传部副部长魏委、新华社经济信息编辑部主任焦然、市委书记陈文浩等与诸多书法家、画家参观展览。新华社、人民网、《中国日报》、中国网、网易、搜狐等近百家媒体进行了宣传报道和新闻转载。

3月10日 永州广播电视台开办的《直播永州》电视栏目开播。

4月15日 市委宣传部制定下发《关于对中央、省级主要媒体上稿工作实行目标管理的通知》，对在中央、省级主要媒体上稿工作实行目标管理，对正面宣传报道永州重要稿件予以重点奖励。2014年，共在中央主流媒体上稿300余篇，超过上年近一倍，湖南卫视上稿总时长和综合排名居全省第一；《湖南日报》头条刊发永州市稿件60余条。永州广播电视台制作的《谨防土地流转“隐性流失”》获得全国优秀新闻作品最高奖“中国新闻奖”三等奖，为近十年来首次获得该奖。

4月27日 永州广播电视台参与摄制的电影《阳明花开》举行开机仪式。

4月28日 第八届中国·阳明山“和”文化旅游节暨海峡两岸经贸交流活动举行，邀请人民网、中新社等中央媒体和台湾东森电视台等境外媒体进行宣传报道，提升了阳明山海峡两岸交流基地影响力。

5月12—16日 永州市在中央电视台4套《快乐汉语》栏目连续播出《神秘舜帝陵庙》《神秘鬼崽岭》《江华瑶族度戒》《神奇女书》《永州异蛇》等永州旅游五集专题片。

6月10日 新闻媒体记者到新田县检察院采访报道陈运周。宣传陈运周坚持与癌症抗争十多年，查办多起大案要案，带出一个好班子的先进事迹。

6月15日 湖南（上海）投资贸易洽谈周开幕，市委、市政府在上海举行投资环境与项目推介会，省直主流媒体和上海媒体对推介会进行宣传报道，专访市委书记陈文浩。

6月中下旬 新华社、《人民日报》、中央电视台、《科技日报》、《光明日报》等中央主要媒体集中采访报道最美基层科技工作者——中国农业科学院祁阳红壤实验站副站长文石林的典型事迹，引发反响。

7月28—30日 新华社湖南分社社长邹云，副总编苏晓洲等人到永州调研，深入到冷水滩区、零陵区、江华县进行采访报道。市委书记陈文浩向邹云一行介绍永州经济社会发展情况。《湖南领导参考》推出永州专刊，对永州市狠抓干部建设、提升干部执行力和加强政府公信力做大幅度的宣传报道。

7月29—31日 永州广播电视台录播“欢乐潇湘·和美永州”大型群众文艺会演。

7月 “永州发布”政务微博、微信上线运营。

8月6—7日 由省委宣传部、省社会科学院组织的“湘学溯源媒体行——周敦颐与湘学”集中采访团一行到道县周敦颐故居、月岩等采访报道。市委常委、宣传部部长石艳萍，省社科院党组成员、副厅级纪检员、省湘学研究院常务副院长刘云波参加活动。

8月24日 《人民日报》刊文推介永州市推动核心价值建设经验和做法。

8月29日 在冷水滩区举行全市新闻采编人员“好记者讲好故事”演讲比赛。全市共有17名选手参赛。永州广播电视台张标清获一等奖；江华县张春丽、新田县郑一获二等奖；永州日报社刘倩、宁远县何瑜娉、蓝山县胡雅婧获三等奖。

9月3日 湖南省新闻出版广播影视局副巡视员杨国兴检查指导永州广播电视工作。

9月17—18日 新华社、《人民日报》、中央电视台（《焦点访谈》）、中央人民广播电台、《光明日报》、《经济日报》、《法制日报》等中央主要媒体集中采访蓝山县毛俊村基层治理经验，刊发相关稿件17篇，在市内外引起强烈反响。

9月19—21日 全省“学习贯彻习近平总书记系列重要讲话——党委中心组学习巡礼”集中报道采访团到永州市采访报道，湖南卫视、湖南经视、《湖南日报》等五家媒体十多名记者参与，市委陈文浩书记接受采访。

9月29日 推出首档《电视问政》节目，采取被问政官员与问政代表、现场主持人及点评嘉宾同台“问答”的形式，就突出的民本民生问题对东安县、祁阳县、宁远县县长进行电视问政。

9月 永州新闻网成立为正科级事业单位，核定差额事业编制7个。

9月 市委宣传部组织市直媒体推出“工业园区大跨越”集中宣传，全面展示永州市项目建设特别是工业园区的新进展、新成效。

9月29日 永州广播电视台录制《电视问政》首期节目。

10月14日 市政府新闻办就“先照后证”“三证合一”工商登记制度改革召开新闻发布会。这是10月上旬市政府新闻发布室投入使用后召开的首场新闻发布会。

10月19日 永州广播电视台选送的电视评论《土地流转谨防“隐性流失”》获第二十四届中国新闻奖三等奖。

10月21日—11月4日 市委宣传部组织评选第五届永州新闻奖。评选出新闻作品奖19个（一等奖3个、二等奖6个、三等奖10个）、重大报道策划奖3个、名牌栏目奖3个、对外报道奖6个（一等奖1个、二等奖2个、三等奖3个）共四个奖项。授予永州广播电视台电视评论《土地流转谨防“隐性流失”》特别奖。

11月8日 为庆祝全国第十五个中国记者节，市委宣传部组织全市各媒体新闻工作者180余人在全国文明村祁阳县白水镇竹山村开展记者节活动，为第五届永州新闻奖颁奖，有力地凝聚了全市新闻采编人员的力量。

11月28日 《中国日报》刊登永州旅游文化专版，向海外大力宣传推介永州丰富而神秘的旅游文化和民俗风情。

11 月 “永州发布”政务微信被评为 2014 年湖南十佳公众微信和湖南政务微信十强。

12 月 16 日 最高人民检察院、中共湖南省委追授陈运周为全国模范检察官荣誉称号表彰大会在长沙举行，省委书记徐守盛、最高检察院检察长曹建明为陈运周亲属颁奖，多家媒体采访报道。

12 月 23—24 日 永州广播电视台对台直 12 个部室正职副职进行公开竞聘。

12 月 29 日 永州广播电视台举行《潇湘讲坛》电视栏目研讨会。

12 月底 永州广播电视台实现高标清同步、全数字化播出。

12 月 永州广播电视台获全市机关效能建设先进单位、创建国家卫生城市先进单位、国防教育先进单位、目标管理责任制绩效考核先进单位、政务公开政务服务先进单位、创建国家森林城市先进单位等 6 项集体称号。

2015 年

1 月 8 日 中央电视台《走遍中国》百集大型纪录片《记住乡愁》（第一季·第八集）播出《涧岩头村——和合湘乡》。

1 月中旬—3 月初 市政府新闻办就永州经济社会发展和民生工作先后策划召开 15 场新闻发布会。其中有关永州鼓励和支持民间资本参与公共领域投资示范项目的新闻发布会，湖南卫视新闻联播进行专门报道。

1 月 25 日 据湖南广播电视台统计，永州广播电视台 2014 年度在湖南卫视《湖南新闻联播》发稿总时长、综合排名均居全省市、州第一。

1 月 为强化“创建国家森林城市”舆论宣传，《永州日报》继续开办专栏《绿满潇湘——创建国家森林城市进行曲》，大张旗鼓地宣传报道全市“创建国家森林城市”工作。

1 月 市委宣传部为落实市委书记陈文浩指示加强“永州发布”微博微信建设，组织赴昆明学习考察，撰写考察报告提交市领导。起草“永州发布”微信运行工作经验材料并上报中央网信办。

2 月 1 日 永州万喜登旅游实业集团举办首届新闻写作讲座，《永州日报》副总编蒋剑翔应邀为集团管理人员讲授新闻写作知识。

2 月 7 日 永州广播电视台首次使用卫星传输信号直播晚会实况。

2 月 8 日 永州广播电视台开通“永州广电”官方微信及微信公众号。

2 月 11 日 2015 年“幸福永州幸福年”永州市春节电视文艺晚会在永州会堂举行。

2月12日 市委宣传部召开“永州市2015网络媒体与网民代表座谈会”。

3月17日 永州广播电视台面向社会聘请广播电视节目监评员。

4月1日 《湘江源头看永州》专题节目在中央电视台国际频道播出。

4月2日 “潇湘文化之源·品质活力永州”——2015湖南永州航线推广暨旅游推介会在广州举行，人民网、凤凰网、广东卫视、《南方日报》等媒体报道转载，激发公众对永州大美山水与人文底蕴的向往，升级打造永州旅游知名度、美誉度。

4月8日 永州广播电视台出台《宣传管理条例》《广告经营管理规定》等新的宣传、经营管理制度。

4月15日 《永州日报》设立首届潇湘文学奖。宗旨在于繁荣社会主义文艺创作，提升地方文化品位和《永州日报》形象品牌。凡在《永州日报》副刊发表的小说、散文、诗歌等文学作品均可参评。报社设立了文学奖组委会。

4月24日 湖南省新闻出版广播影视局党组书记、局长朱建纲调研永州广播电视工作。

4月28日 海峡两岸喜迎阳明山“合璧”盛事——第九届阳明山“和”文化节暨海峡两岸文化旅游经贸交流活动在双牌县阳明山启幕，两岸共同谱写和美乐章，携手打造阳明山“和”文化的世界品牌影响力。中国网、新浪网、凤凰网、光明网、红网等多家网站在活动前后进行报道。

5月5—7日 湖南公共频道新春策划“十四道湘味”节目组到永州采访，宣传推介东安鸡、血鸭等永州美食。

5月 市委宣传部组织全市禁毒宣传。

6月20日 在意大利米兰世博会湖南馆，融入道县玉蟾岩遗址古栽培稻、江永女书等诸多永州元素。世博会“湖南活动周”期间，永州与衡阳、郴州联合举办“湘南森林休闲城市活动日”活动，推介永州生态旅游文化。

6月 推出全省先进典型——湖南科技学院教授张京华，省教育工委发文号召向张京华学习，省直主流新闻媒体、市直媒体相继进行宣传报道。

7月2日 市委宣传部举行“永州发布”政务微博微信上线1周年纪念活动。

7月22—24日 市委宣传部组织县区网评员共14人参加省委网宣办业务培训。政务微博发布厅正式上线活动。

8月20日 由永州新闻网、潇湘朗诵艺术团和洲书院主办的“爱在永州 天长地久”七夕联谊会举行。

8月21日 湖南省新闻广播影视局党组成员、总工程师王国庆检查指导永州广播电视台安全播出工作。

8月25日 永州广播电视台摄制的15集大型系列报道《永州抗战记忆》

推出。

8月14日 为纪念反法西斯战争暨中国人民抗战胜利70周年，《永州日报》开辟《永州烽火》专版（专栏），报道永州抗战老兵的回忆录、永州人民团结抗战的故事。

9月11日 市编办下发文件，批复成立永州市新媒体中心，为正科级事业单位，核定全额事业编制6个。

9月12—15日 中国湖南国际旅游节期间，邀请《人民日报》、南方卫视、《香港商报》等十余家中央和省内外媒体对永州的阳明山、九嶷山、江永女书、零陵柳子庙等景区进行为期三天的集中采访，宣传推介永州丰富的旅游人文资源。

9月26日 由永州新闻网和永州市餐饮行业协会联合主办的永州首届美食文化研讨会在冷水滩举行。

9月29日 永州市广播电视台承办的2015“欢乐潇湘”全民电视广场舞大赛举行总决赛。

10月4日 《光明日报》头版头条刊发湖南科技学院教授张京华的先进事迹。

10月22日 市委副书记张严在市委常委、宣传部部长石艳萍的陪同下，到永州日报社调研，要求永州日报社继续努力，切实做好市委、市政府的决策部署宣传舆论，大力弘扬主旋律，凝聚社会发展正能量。

10月22日 市委副书记张严，市委常委、宣传部部长石艳萍到永州广播电视台调研宣传思想工作。她强调要坚持党管媒体，做大做强广电媒体产业。

10月 开展“好记者讲好故事”征文比赛，共评选出优秀作品一等奖2名、二等奖3名、三等奖4名。

10—12月 评选“永州市十佳新闻工作者”。欧春涛等10人获评“永州市十佳新闻工作者”，艾跃等10人获“永州市十佳新闻工作者”提名奖。

11月2日 永州广播电视台增添电视航拍摄录设备。

11月3日 永州市阳明山广播电视基站改造完成，新安装调试的省数字微波和地面波无线发射设备启用。

11月6日 永州市大华山电视调频转播台新铁塔和新机房竣工启用。

11月8日 在零陵区邮亭圩镇，市委宣传部组织开展第16个记者节活动暨永州市第六届永州新闻奖颁奖活动。共表彰新闻作品、对外报道、组织策划、名牌栏目等4大类30件优秀新闻作品。

11月26—27日 江华瑶族自治县举办60周年县庆暨神州瑶都盘王节，江永举办中国香柚节暨湘南电商峰会，新华社、人民网、凤凰网、腾讯、网易等媒体进行报道，活动颇具影响。

11 月 永州网络名博、新媒体“美丽乡村行”走进桐子坳。

12 月 15 日 作为全国首个辖区内所有县区整体推进阿里巴巴农村淘宝和农产品防伪溯源质量安全体系的地级市，对永州阿里巴巴农村淘宝项目集中上线暨“淘宝年货节”活动宣传进行策划组织，人民网、新浪、腾讯等媒体进行宣传推介，有关永州推进农村淘宝的报道被《人民日报》（海外版）头版头条刊载。

12 月 31 日 永州人民广播电台“永州之声”呼号对外恢复播出，芒果 Radio“永州之声”呼号停止使用。

12 月 配合做好由湖南省文化厅、《湖南日报》报业集团主办，华声在线承办的湖南省第四届网络文化节之“寻找最美湖乡”活动，活动邀请人民网、新浪网等十多家媒体记者走访零陵区富家桥镇涧岩头村，并在人民网、新浪网、《湖南日报》等多家媒体发稿推介涧岩头村，该村也在此活动中获评“湖南最具人文风情古村落”。

12 月 市新媒体中心参加“湖南微政务上线发布仪式暨互联网 + 优秀政务项目巡展”活动，永州发布受邀入驻“湖南微政务微信矩阵”。

12 月 市新媒体中心参加“互联网 + 中国行”湖南站活动，“永州发布”获评湖南政务发布类微信公众号十强。

12 月 市新媒体中心参加由湖南省委宣传部、湖南省委网信办指导，新浪网、新浪微博主办，新浪湖南承办的 2015 湖南政务新媒体高峰论坛，“永州发布”获 2015 湖南政务微博飞跃奖。

12 月 第 10 届中国传媒大会上，《永州日报》获“2015 中国十大公信力地市报”称号。党组书记、社长刘波被授予“2015 中国传媒经营年度贡献人物”称号。

12 月 《永州日报》参选湖南省好新闻奖的 6 件新闻作品有 5 件获奖，其中一等奖 1 篇、二等奖 1 篇、三等奖 3 篇。

12 月 永州广播电视台设立广播新报部、新传媒部。

12 月 永州广播电视台获湖南广播电视台优秀通联集体、永州市目标责任制管理绩效考核先进单位、永州市廉政建设和反腐败工作先进单位、永州市禁毒工作先进单位等称号。

第一章　新闻管理

1996—2000 年，按照中央“以科学的理论武装人，以正确的舆论引导人，以高尚的精神塑造人，以优秀的作品鼓舞人”的宣传思想工作方针，市委先后出台《关于进一步规范新闻管理制度的意见》《永州市人民政府新闻发布工作暂行办法》《关于进一步加强新闻宣传工作有关问题的若干意见》《永州市突发公共事件新闻报道应急机制工作流程》《关于进一步加强新闻发布工作的意见》《关于进一步加强和改进突发事件新闻发布和舆论引导工作的意见》《永州市国家工作人员网络行为规范暂行办法》等文件，强化对新闻舆论工作的管理。

2002 年中共十六大之后，党中央对宣传思想工作提出“新闻工作要贴近实际、贴近生活、贴近群众”，简称“三贴近”。永州市宣传思想战线把“三贴近”作为改进和加强自身工作的一条重要指导原则。

2003—2005 年，市委下发《关于建立市级新闻阅评制度的决定》，建立市级新闻阅评制度，主要阅评《永州日报》和永州电视台、永州有线电视台、永州人民广播电台、《永州广播电视报》，对新闻宣传实行有效监督。2008 年，市委常委会研究决定：“从 2008 年起设立永州文化奖和永州新闻奖”，“永州新闻奖一年一评，市财政预算安排 10 万元经费”。

2001—2010 年，围绕市委建设开放、富裕、文明新永州等中心工作，组织新闻传媒单位开展新闻宣传战役，先后推出先进集体典型祁阳县公安局、中国农业科学院祁阳红壤站、芝山区徐家井派出所；先进个人有全国优秀检察长付玲玲、司法干警模范吴战保、优秀纪检干部王海洋、优秀检察干部蒋东林、“妈妈老师”盘晓红、扶贫模范蒋孔吉、“森林守护神”徐锦柱等一批典型，弘扬正气，传播正能量。

2008—2012 年，以净化网络环境、做好舆情指导为重点，相继出台《关于建立新闻发布制度和设立新闻发言人的意见》《永州市突发公共事件新闻发布应急预案（草案）》《关于进一步规范新闻管理制度的意见》《关于进一步规范各县区对外宣传机构、各县区新闻网站（网页）的意见》《永州市网络舆情应对处置办法》《永州市突发公共事件新闻报道应急机制工作流程》《关于进一步加强和改进突发事件新闻发布和舆论引导工作的意见》《关于进一步加强新闻发布工作的意见》等文件，在舆论导向上，确保新闻和信息的权威性和一致性，最大限度地压缩小道消息、虚假信息，变被动为主动，维护永州的形象。

2011—2015 年，以提高永州知名度，让世界了解永州，让永州走向世界为出发点，先后拍摄制作《锦绣潇湘》《开放的永州市》《九嶷山》《武在东安》等电视专题片，分别在中央电视台综合频道、财经频道、中文国际频道和湖南电视台、广东电视台播放，其中宣传片《锦绣潇湘》，通过中央电视台中文国际频道卫星节目向亚洲地区播放，并送美国芝加哥熊猫电视台参加国际电视展播。编辑出版《中国湘南改革开放试验区——永州市》等大型画册，赠送海外朋友和各新闻机构。组织文章和图片，先后在《人民日报》《求是》《人民论坛》《湖南日报》《光明日报》《中国经济时报》《参考消息》《新华每日电讯》《香港商报》《香港中外经济》《深圳特区报》《深圳商报》《湖南画册》《湖南新闻图片报》《湖南工人报》等报刊上重点刊登宣传永州的专版。先后邀请香港《文汇报》、《镜报》、新加坡《联合早报》、美国《侨报》、凤凰卫视等境外媒体到市内采访报道；组织“海峡两岸新闻媒体永州行”活动，邀请两岸主流媒体对永州古文化进行联合采访，全面推介宣传永州。

第一节　新闻传媒机构

一、管理机构

（一）管理部门

中共永州市委宣传部

中共永州市委宣传部是市直新闻传媒单位的管理部门。

1949 年 10 月，设立中共永州地委宣传部，为永州地委工作部门。1950 年 5 月，永州地委改名为零陵地委，永州地委宣传部改为零陵地委宣传部。1952 年 11 月，宣传部随地委一并撤销。1962 年 10 月，恢复中共零陵地委，地委宣传部也随之恢复。“文化大革命”中，宣传职能逐渐消失。1968 年 9 月后，由地区革委会政工组（后改为政治部）的宣传组取代原地委宣传部职能。1973 年 6 月，撤销零陵地区革委会政治部，恢复中共零陵地委宣传部。同年 7 月，经地委批准成立中共零陵地委宣传部委员会。1977 年 11 月，地委决定撤销中共零陵地委宣传部委员会，定名为中共零陵地委宣传部。

1995年11月21日，经国务院批准，撤销零陵地区，设立地级永州市。1996年3月，中共永州市委召开第一次代表大会，中共永州市委宣传部随之设立。

2002年，市委下发关于市委宣传部的“三定”方案。市委宣传部按照“三定”方案，由常委、部长负总责，部务会集体决策，确定副部长分管，设新闻科、外宣传办（市人民政府新闻办公室）、宣传科、理教科、干部科等职能科室就新闻宣传、舆论引导、监督管理、舆情处置、对外宣传行使引导社会舆论，抓好新闻报道工作；指导、协调全市各新闻单位的工作，把握正确的宣传基调和舆论导向，归口管理永州日报社、永州市记者协会（市新闻工作者协会）、广播电视新闻、永州新闻网等媒体；对市广播电视局的工作实施方针、政策的指导；联系《湖南日报》永州记者站和湖南电视台永州记者站；对全市国外境外及对外地区宣传工作的协调和管理；协同有关部门开展对港澳台问题的外宣工作；指导和协调全市对外文化交流工作；归口管理、统筹协调全市互联网上的新闻宣传工作；受市委委托，协同市委组织部考察市直宣传系统市委管理的干部，特别是新闻媒体单位领导班子成员等职能。

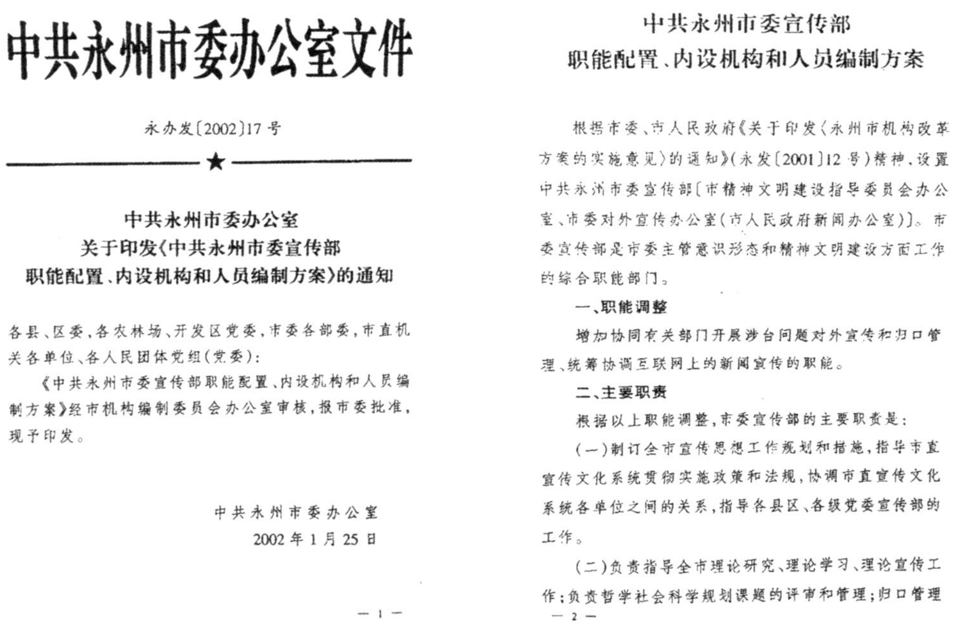

中共永州市委办公室文件

永办发〔2002〕17号

中共永州市委办公室
关于印发《中共永州市委宣传部
职能配置、内设机构和人员编制方案》的通知

各县、区委，各农林场、开发区党委，市委各部委，市直机关各单位、各人民团体党组（党委）：

《中共永州市委宣传部职能配置、内设机构和人员编制方案》经市机构编制委员会办公室审核，报市委批准，现予印发。

中共永州市委办公室

2002年1月25日

— 1 —

中共永州市委宣传部
职能配置、内设机构和人员编制方案

根据市委、市人民政府《关于印发〈永州市机构改革方案的实施意见〉的通知》（永发〔2001〕12号）精神，设置中共永州市委宣传部〔市精神文明建设指导委员会办公室、市委对外宣传办公室（市人民政府新闻办公室）〕。市委宣传部是市委主管意识形态和精神文明建设方面工作的综合职能部门。

一、职能调整

增加协同有关部门开展涉台问题对外宣传和归口管理、统筹协调互联网上的新闻宣传的职能。

二、主要职责

根据以上职能调整，市委宣传部的主要职责是：

（一）制订全市宣传思想工作规划和措施，指导市直宣传文化系统贯彻实施政策和法规，协调市直宣传文化系统各单位之间的关系，指导各县区、各级党委宣传部的工作。

（二）负责指导全市理论研究、理论学习、理论宣传工作；负责哲学社会科学规划课题的评审和管理；归口管理

— 2 —

中共永州市委办公室对永州市委宣传部职能配置、内设机构和人员编制方案的批复

2011年，随着新闻事业的纵深发展，市委宣传部设立网管科，履行对全市网络文化建设和管理工作宏观调控协调和指导；负责指导、协调、督促网络文化行业主管部门、互联网行业主管部门和监管部门加强对网络文化信息服务的管理，加

强网上舆情管理，做好网上意识形态重大情况的处理，开展网上舆论引导。

2014年，市委设立新媒体中心，隶属市委宣传部管理。市委宣传部指导新媒体中心，承担“永州发布”政务微博微信等新媒体的安全运行及维护工作职能。

2015年年底，市委宣传部设置12个内设机构，其中新闻监管科室主要有宣传科、新闻科、对外宣传办（市人民政府新闻办公室）、干部科、网络网评网监管理科、永州市新媒体中心。

1996—2015年中共永州市委新闻宣传工作领导体系一览表

表1-1

市委书记任职时间	邹金鹭 1993年7月—2000年12月 曾庆炎 2000年12月—2008年3月 黄天锡 2008年3月—2011年6月 张硕辅 2011年6月—2013年2月 陈文浩 2013年6月—2016年12月
市委副书记分管时间	曾昭薰 1993年8月—2000年12月 周永亮 2000年12月—2006年8月
市委常委、宣传部长任职时间	何绥文 1987年12月—1996年3月 周永亮 1996年3月—2001年6月 唐长久 2001年6月—2002年10月 李良铁 2002年10月—2006年11月 董石桂 2006年11月—2010年11月 朱映红 2010年11月—2011年9月 石艳萍 2011年9月—2015年12月
市委宣传部副部长分管时间	杨美兆 1996年3月—2001年9月 周明礼 2001年9月—2007年5月 刘　波 2007年5月—2011年12月 蒋三立 2011年12月—2015年12月
市委外宣办主任任职时间	刘　波 2002年11月—2007年5月 蒋旭军 2007年12月—2008年12月 唐晓君 2008年12月—2012年8月 左亚军 2013年8月—2015年12月
市委网宣办主任任职时间	陈志华 2012年5月—2015年4月 左亚军 2015年4月—2015年12月（兼管）

（二）新闻团体

永州市记者协会是在中共永州市委领导下和湖南省记者协会指导下由全市新闻界组成的全市性社会团体，是市委和市政府联系全市新闻工作者的桥梁和纽带。2000年5月，永州市记者协会和永州市新闻工作者协会（加挂永州市新闻学会牌子）成立并举行第一次代表大会。组织形式是两块牌子、一套班子，统称永州市记者协会。

永州市记者协会（市新闻工作者协会），其主要职能是秉行市委意图，加强与全市新闻界的联系，向市委、市政府和有关部门反映新闻工作者的意见、要求和呼声，开展新闻理论研究学术活动；组织业务培训与职称推评；开展新闻作品和新闻理论评奖，并依照宪法和法律规定，维护新闻工作者的合法权益。至2015年年底，召开3次会员代表大会，有协会会员186人。

二、新闻机构

（一）永州日报社

1987年12月，经中共零陵地委批准，成立零陵报社，并组建编委会，由时任零陵地委宣传部部长欧学佳兼任报社总编。1996年，零陵撤区建市，零陵报社随之更名为永州日报社，确定为正处级事业单位。2001—2014年，报社设办公室、总编室、社会新闻部、专刊部、记者部、出版部、发行部、财务部等9个部室。2015年，报社根据报业发展需要，将机构设置为四个中心和三个部室。四个中心为编辑中心、采访中心、行政中心和广告中心；三个部室为监察室、工会（群工发行部）和产业技术部。是年年底，报社在编员工达80人。

《永州日报》系中共永州市委机关报，创刊于1987年12月20日，其前身先后为《零陵报》《零陵日报》，1995年11月，撤销零陵地区建立地级永州市，《零陵日报》改名为《永州日报》；1997年永州市人民政府由零陵区迁往冷水滩区，之后《永州日报》也由永州市零陵区中山路迁往永州市冷水滩区湘江东路。按照“政治家办报、市场化经营、企业化管理、社会化服务”的办报思路，坚持党性原则，紧紧围绕中央和省委、市委的重大决策和工作部署开展宣传，全面反映永州市改革开放和经济社会发展状况，贴近生活、贴近基层、贴近群众，为全市两个文明建设服务。报纸版面设计为A1为要闻版；A2为综合新闻版；A3为民生新闻版；A4为县区观察版；B5为文化体育版；B6为家居周刊版；B7为时事新闻版；B8为广告版。开设的名牌栏目有《特别报道》《百姓关注》《聚焦》《理论与实践》，以及《潇湘》副刊。其中《潇湘》副刊有文学、读书、评论三大版块。特别是《百姓关注》栏目，自2001年6月开办至2015年12月，共刊发群众普遍关心的问题的稿件208篇。2002年，《百姓关注》栏目获第十三届湖南省新闻名牌栏目奖。

2008年8月，报社开始创办“中国永州网”，2009年5月14日开通。中国永州网设有综合新闻、县区新闻、聚焦、潇湘、社区、民生、乡镇、图库、视频、《永州日报》电子版、《永州新闻联播》等专版专栏。

（二）永州广播电视台

永州广播电视台的前身是永州市广播电视局。2011 年 6 月 24 日，市委常委会审议通过《关于加快推进永州市文化体制改革工作的若干意见》，经省编办批准后，新组建的永州广播电视台的领导班子于 10 月中旬到位运转。12 月 30 日，永州广播电视台举行揭牌、授牌仪式，并加挂永州市广播电视传媒集团的牌子。12 月，推行内部改革，终止运行 10 年之久的“频道制”，实行新的“中心制”，机构设置为台机关设办公室、监察室、人力资源部、计划财务部、广播事业部、联合工会；台二级机构设监督技术播控部、节目统筹部、新闻采编部、专题活动部、新传媒部、产业发展与合作交流部。新组建的永州广播电视台下辖三个新闻单位，即永州人民广播电台、永州电视台和永州新报社。

1. 永州人民广播电台

1996 年，中共永州市委发文批准成立永州人民广播电台，为自收自支的副处级事业单位。2000 年 11 月 19 日，永州人民广播电台在南华大酒店举行开播仪式，湖南人民广播电台、部分市州广播电台、市五大家及市直有关部门领导共 360 余人到会祝贺。

永州人民广播电台是湖南第二家实施数字化播出的广播电台，属调频立体声广播，发射功率 3 千瓦。广播信号实行有线和无线双重覆盖。无线频率是 94.8 兆赫、96.8 兆赫，有线频率（通过有线电视网络，将收音机天线放在有线电视插口旁边就能收听到）102.8 兆赫。全天播音 18 小时。永州人民广播电台有永州之声、交通音乐 2 个频道。永州人民广播电台永州之声频道 94.8 兆赫（FM94.8）、102.8 兆赫（FM102.8）；永州人民广播电台交通音乐频道 96.8 兆赫（FM96.8）。两个频道相继开办《永州新闻》《情感热线》《“12342”行政效能投诉热线》《交通广播网》《车行天下》《歌手打榜》等栏目。其中《永州新闻》为时政类录播栏目，时长 15 分钟，每天分早、中、晚三次播出，主要播发当天市、县发生的时政要闻，播送单篇稿件 8~10 条。至 2015 年年底，时政类录播节目时长 20~25 分钟。

2. 永州电视台

永州电视台的前身是零陵电视台，1988 年筹建，1989 年 1 月试播，1990 年 10 月开播。1996 年撤销零陵地区组建永州市，零陵电视台随之改名为永州电视台。永州电视台拥有四个独立频道，即永州电视台新闻综合频道、永州电视台都市频道、永州电视台公共频道、永州电视台影视频道。

新闻综合频道 2002 年 1 月 1 日顺应永州市广播电视局体制改革而产生，设有总监办、新闻部、总编室、专题部、技术部、经济部。拥有有线、无线双重发射，双重覆盖。2004 年 1 月 1 日无线发射扩充为 54 千瓦。频道有永州新闻综合频道、湖南公共频道永州时段两个媒体发布平台。节目覆盖全市城乡及周边的衡阳、邵阳和广西相邻地区。

永州电视台新闻综合频道以“政府权威媒体，时事资讯平台”的身份，独家担负市委、市政府重大决策和部署的宣传报道任务。它以大信息、大宣传、大声势权威发布，形成全市的主流舆论传播载体，成为受众获知永州大事和各类资讯“永州第一频”。频道注重挖掘潜力，着力节目策划、编排和包装，精心打造品牌栏目，树立良好频道形象。开辟有《永州新闻联播》《民情直通车》《政务广场》等栏目。《永州新闻联播》于2002年1月1日在原来每天的15分钟基础上增加到20分钟。

都市频道 2002年1月1日，永州电视台都市频道成立，是永州电视台主流媒体之一。有线、无线覆盖全市9个县区城乡，全天播出16小时，是2015年全市收视率最高的频道。频道坚持新闻立台，大力构架高品质的品牌栏目体系，突出专业化频道，人性化节目、品牌化栏目、本土化内容，力求做大、做强、做精。主要栏目：《十分新闻》为每天栏目，主打新闻，贴近社会、贴近生活；《政法报道》是一档纯社会性新闻栏目，关注民情、服务百姓；《都市520》首开全市观众参与娱乐栏目先河，风靡全市；《都市生活》点评市民生活，奉送居家秘籍。2003年10月，联合湖南公共频道成功推出大型电视节目《千里瑶乡行》。2004年5月，举办“蒲公英”杯全国青少年艺术新人选拔赛。选送节目获得4 个全国金奖、3个全国银奖。2004年8月，举办全省热舞大赛选拔赛。

公共频道 2004年1月1日，永州电视台公共频道经国家广电总局批准成立，是上承下接省市县三级电视媒体的一个综合类全新电视频道，是县区连接市委、市政府的纽带和对外宣传的重要窗口。频道以新闻咨询为主体，以影视文艺为支撑，以策划包装为模式，立足永州，面向县区，以强劲的发射功率，有线、无线双重覆盖永州市九县两区城乡及湘、粤、桂边界部分地区，受众人口近800万人。自办节目有晚间主打新闻栏目《大事小事》、政务型栏目《公共政务》、生活信息类经济栏目《商务风云》、影视节目《第1剧场》《天下电影》等。其中原生态民生新闻栏目《大事小事》已成为永州地区最强势、收视率最高的名牌栏目，获2004年度湖南省十佳栏目一等奖。频道一天播出16小时。

影视频道 主要播出影视节目。

3. 永州新报社

永州新报社原为潇湘声屏报社、永州广播电视报社。2007年9月改为《永州新报》，是经国家新闻出版总署批准的永州市除党报之外一份全国公开发行的报纸。为正科级事业单位，定编20人。设总编室、采编部、广告部、发行部。开设《要闻》《新闻》《民生》《社会》《教育》《关注》《大案》《记忆》《情感》等新闻、资讯版块，4开24版。到2015年12月，《永州新报》每期发行量超过5万份。

（三）永州新闻网

永州新闻网是永州市委继《永州日报》、永州电视台、永州人民广播电台之后的第四大主流媒体，是由中共永州市委主办，中共永州市委宣传部、中共永州市委网宣办承办的新闻单位，是永州市委、市政府对外宣传的重要网络窗口和权威网站，系永州市唯一经国家有关部门批准的具有新闻采访和新闻发布权的官方门户网站。

2000年5月，永州新闻网成立运作，开始是挂靠红网（省级）的小网页，对外称红网永州站，负责编发永州新闻信息，设有独立的服务器和域名。2006年，市委宣传部组建有7名专职人员的专门班子，市财政连续两次共拨款40万元，为网站购置全新设备，并拥有独立的服务器和域名，服务空间也由原来的10兆扩大到100兆，网速提高近20倍。永州新闻网为由中共永州市委主办的市级新闻网站，由市委宣传部承办，市委外宣办具体管理，对外称中国永州新闻网。同时，永州新闻网与湖南红网永州站两块牌子、一套人马。2014年8月，由于红网经营没有达到协议目标，双方解除合作协议。红网派驻永州网站的人员成立红网永州站，属省级媒体派出机构。同年9月，永州新闻网成为独立法人单位，归口市委宣传部管理。2015年1月，永州新闻网设编辑部、记者部、新媒体、影视部、技术部、行政部和广告部。在网页上设有《永州新闻》《外媒看永州》《湘竹评论》《永网民生》《理论视窗》《文化永州》等栏目。

（四）永州市新媒体中心

2014年，永州市委、市政府按照中央、省委关于“着力建设基于新媒体的政务信息发布与公众互动交流新渠道”的要求，设立永州市新媒体中心，为正科级事业单位，归口市委宣传部管理。永州市新媒体管理中心的职能：承担全市政务新媒体的建设指导与管理考核工作；承担“永州发布”政务微博微信等新媒体的安全运行及维护工作。同年7月4日，“永州发布”官方微博和微信在潇湘大厦十二楼市委网宣办办公室举行开通运行仪式，上线微政务平台“永州发布”。10月25日，根据“新媒体排行榜”发布当日政务微信排名，“永州发布”跻身全国政务微信排行榜第38名，被评为2014年度湖南十佳微信公众号和湖南政务微信十强。到2015年年底，全市各县区政务微博微信全部开通运行，部门单位政务微博50余个，政务微信30余个。“永州发布”微信粉丝数已超过12万人，每日阅读量约2.5万次。“永州发布”微博粉丝数超过14万人，永州政务微博发布厅入驻单位65个，总粉丝量达80余万人，累计发布权威资讯3万余条。

第二节　新闻传媒管理

一、管理机制

1996 年，市委要求进一步加强新闻舆论工作，把好舆论导向，增加新闻信息量。报纸要增加重点新闻和先进典型宣传报道，永州电视台每天自办节目要达到 30 分钟以上。加强新闻管理工作，主要在控制总量、严肃纪律、加强培训上下功夫。

1997 年，继续严格按照中央和省委的精神清理整顿好内部报纸杂志，加大治散治滥力度。健全新闻阅评制度、新闻通气会制度、重大新闻稿件审批制度、外宣制度及新闻奖励制度，实现新闻管理工作规范化、制度化。1999 年进行永州市新闻学会、永州市记者协会两会换届，出台新闻阅评制度、新闻通气会制度、领导活动和会议报道制度、评选表彰制度。永州电视台、永州有线电视台自办新闻总量比 1998 年增加 10%，在省以上电视台发稿片 150 件以上。是年，市县区新闻宣传在省新闻机构上稿率稳中有升，在中央新闻机构上稿率上有新突破。

2001 年，重点抓《永州日报》和永州电视台、永州有线电视台、永州人民广播电台改革与管理工作，提高"一报三台"的管理水平和宣传质量。2002 年，召开新闻通气会 5 次，组织重大战役报道 10 次。在中共十六大召开前后，下发《关于做好十六大期间新闻报道意见》，层层建立责任制，将新闻报道、栏目内容具体安排到天，落实到人。依法取缔《经济参考报》在永州非法设立的记者站，制止《中华新闻报》在永州设立工作联络站，避免新闻管理混乱局面。2003 年，先后召开 5 次新闻通气会，反复重申严格编审制度，分季度制定报道意见，推出阶段报道重点安排，制订 10 次战役报道计划。指导召开市记协、市新闻学会换届工作会议；举办新闻通讯员培训班，召开新闻理论研讨会；组织记者、编辑外出考察、异地采访。2004 年，出台新闻发布和新闻发言人制度，健全新闻阅评、新闻通气、纠错和责任追究等管理制度，建立涉永州舆情主动发布制度，有效掌握可能影响永州形象的舆情动态，牢牢把握引导社会舆论的主导权。是年，《永州日报》在省委召开的新闻表彰会上就获得名牌栏目、通讯等三个奖项。2005 年，市委宣传部召开专门会议，认真贯彻"一规定两办法"，出台《关于坚决制止虚假新闻报道的实施意见》。市委增加舆情信息编制 2 人。恢复新闻阅评制度，组建新闻阅评员和网评员2支队伍，创办《涉永舆情摘报》《新闻阅评简报》，处理多起突发性事件的新闻宣传。与市公安局联合举办网络安全培训班，对全市所有网站进行重新审核登记，培训网站负责人。负面报道和粗俗、低俗、庸俗、恶俗报道，以及性病广告、虚假医疗药品广告得到有效控制。是年4月，省委宣传部在永州市召开全省宣传舆情信息工作会议，推介永州市的经验。

2006年，市委宣传部制定下发《关于进一步规范新闻管理制度的意见》等4个规范性文件，印发《永州市人民政府新闻发布工作暂行办法》，健全新闻例会、新闻通气、新闻调度、战役报道、典型宣传等制度；全年共举办10次新闻发布会、8次新闻通气会。召开全市舆情信息调研工作会议和新闻阅评座谈会、表彰会、总结经验，表彰先进，推动舆情信息、新闻阅评和网评工作规范化、制度化。《永州宣传》《涉永舆情》《新闻阅评》3个简报更加完善，市委、市政府主要领导多次在这三个简报上批示。2篇信息被中宣部、34篇信息被省委宣传部舆情信息刊物采用。2007年，召开全市新闻宣传工作座谈会，印发《关于进一步加强新闻宣传工作有关问题的若干意见》，在市委宣传部组建市新闻中心，在市广电局、永州日报社建立重点报道部，建立重大宣传报道通气联席会议制度，2008年，健全新闻阅评、新闻通气、重大新闻报道联席会议、新闻发布、“采访线工程”建设等制度，完成“采访线工程”培训工作，组建BIMC永州工作站，制作“采访线工程”折页，聘请17人担任阅评员，共编发《新闻阅评》简报48期，召开专题座谈会6次，组织新闻发布会12场，较好地协调处理祁阳“1·4”和“2·23交通事故”。在抗冰救灾期间，市委宣传部建立一天一调度的新闻宣传通气会机制，市直各新闻单位迅速启动应急预案，成立抗冰救灾宣传报道领导小组。2009年，加强新闻媒体、网络监控和手机短信及国外境外记者入永州采访管理。完善新闻发布制度，全年共举办各类新闻发布会14场次。改进网评员管理考核办法，试行考核奖励制度。各县区分别组建20人的网评员队伍，加强网络舆论引导工作，印发《永州市突发公共事件新闻报道应急机制工作流程》，突发公共事件新闻报道应急工作机制日趋完善，慎重处置“6·22”冷水滩公交车劫持事件等十多起网络“恶炒”事件。共编发《网络信息内参》19期、《涉永舆情》35期。2010年6月1日零陵区法院枪击事件发生后，按照《永州市突发公共事件新闻报道应急机制工作流程》，组织市直媒体及时发布信息，积极与省委宣传部和新华社、《人民日报》、中央电视台等中央主流媒体沟通联系，在第一时间把握新闻媒体舆论引导的主动权。为加强正面引导，平息网络舆情的炒作，积极组织网评员开展“网来网去”，组织市直媒体对牺牲和受伤法官的先进事迹进行深入挖掘采访，集中宣传报道，负面舆情炒作逐渐平息，司法队伍的形象得到维护。6月20日双牌等地特大山洪灾害暴发后，市内外新闻媒体对全市干部群众积极抗灾救灾工作进行全方位宣传报道，永州各级党委、政府心系群众安危、广大干部群众齐心抗灾救灾工作得到省委、省政府和广大人民群众的肯定。2011 年成立市委网宣办，主任高配为副处级，兼市政府办副主任，增加工作经费和人员编制，增添工作设备。制定《永州市网络舆情应急预案》，编发《涉永舆情》50 期、《新闻阅评》25 期、《献计献策》10 期。召开信息报送、新闻发布和舆论引导专题会议，就进一步规范信息报送、加强舆论引导工作进行安排部署。精心组织市县乡三级党委换届的宣传报道工作和第四次党代会献计献策活动，为市县乡三级党委换届营造良好的舆论氛围。及时做好“教育空饷”事件、冷水滩周某某“沉海案件”和道县“5・13”恶性袭警案件等系列新闻事件的舆论引导工作。组织广电事业发展专题座谈会，平息针对广电部门的网络恶炒。2012 年，完善和规范新闻发言人制度，出台《关于进一步加强新闻发布工作的意见》《关于进一步加强和改进突发事件新闻发布和舆论引导工作的意见》《永州市国家工作人员网络行为规范暂行办法》等文件，规范网络建设、运用和管理。强化网络舆情应对与引导，编发《涉永舆情》38 期、《涉永舆情专报》45 期。2013 年，加强永州新闻网站内容建设，策划正面宣传专题专栏 36 个，永州新闻网被评为全省优秀网站，在全省近千家网站综合排名第十位，成立网络舆情应对协调领导小组，组建骨干网评员队伍，出台《永州市网络舆情应对处置办法》，完善舆情预警、快速反应、互动引导、网帖处理四项机制，网络宣传管理工作制度化、规范化建设得到省委领导批示肯定，并在全省互联网宣传管理工作会议上作经验介绍。

2015 年，网络宣传管理有序。按照“管得住是总要求正能量是硬道理”的原则，大力唱响网上主旋律，永州新闻网、“永州发布”累计推发稿件 5300 篇，回复红网《问政湖南》、永州新闻网《问政永州》涉永州信息 812 条，网络问政“永州模式”在全省推介，“网媒永州行”“知名大 V 看永州”等活动引发网民持续关注。积极抢占新媒体建设制高点，组建永州市新媒体中心，永州市政务微博微信发布厅正式上线，14 个县区（管理区、经开区）和 66 家部门政务双微开通运行，出台“永州发布”建设方案和考核暂行办法，“永州发布”政务双微粉丝数超过 30 万人，分获全省十佳政务微信和全省政务微博飞跃奖，其中“永州发布”微信进入全国政务宣传类微信 20 强。加强涉永州舆情研判处置，做好“冷水滩河东城市综合体项目挂牌出让”“零陵发改委女干部醉亡”等敏感事件舆论引导工作。

二、监督机制

2001年，市委宣传部下发《关于建立市级新闻阅评制度的决定》，建立市级新闻阅评制度，主要阅评《永州日报》和永州电视台、永州有线电视台、永州人民广播电台、《永州广播电视报》，同时，对《祁阳报》和其他有关报刊不定期抽查阅评。新闻阅评小组顾问：谢克平、秦汉、何绥文、程光秀。新闻阅评小组组长：杨美兆；副组长：唐曾孝；小组成员：唐曾孝、欧阳维坪、郑赞朴、杨美兆、刘波、杨春山。

2002年，市委宣传部下发《关于建立市级新闻阅评制度的决定》，明确阅评工作经费来源由各新闻单位承担，每年一次性上缴。新闻阅评小组顾问：谢克平、黄森、秦汉、何绥文、程光秀、刘桂阳。新闻阅评小组组长：周明礼；副组长：唐曾孝；小组成员：周明礼、陶桂莲、唐曾孝、周本意、郑赞朴、何维庭、刘波、吴帆。

2003年，市委宣传部定期召开新闻例会、阅评会，加强新闻纪律和队伍管理，做好记者职称评聘工作。搞好市记协、新闻学会的换届工作，举办新闻通讯员培训班，召开新闻理论研讨会，组织记者、编辑外出考察、异地采访。

2004年，加大新闻阅评力度，健全完善新闻通气会、新闻发布会等制度，建立严格的编审制度和责任追究制度。制定出台《关于进一步改进会议和市级领导同志活动新闻报道的实施办法》《突发性事件报道管理办法》。加强对市直媒体的指导和管理，加强对县区新闻宣传的指导，坚决杜绝和严肃查处违反新闻纪律的事件。继续做好治理党政部门报刊散滥和利用职权发行工作，规范报刊发行秩序。认真做好市新闻工作者协会的换届选举、新闻通讯员培训等工作。提高新闻宣传水平，继续贯彻上大报大台、上头条、上典型、上要闻、创优稿的基本工作思路，把树立永州良好形象作为新闻宣传的基本目标，改进新闻宣传方式方法，提高新闻宣传效果。

2005年3月市委常委、宣传部部长李良铁在全市宣传思想工作会议上提出，要恢复新闻阅评制度，加强对新闻宣传的管理和指导。加强新闻管理，建立健全新闻阅评、新闻通气、《涉永舆情》一日一报制度。新闻通气评议会一月一次，不定期召开新闻协调会，建立突发事件新闻快速反应机制，牢牢掌握舆论引导工作主动权。坚持实行新闻报道纠错制度。严格遵守“九不准”“八慎重”的要求，严肃查处新闻采访报道活动中的违规行为，依法打击假记者，有效杜绝欺诈行为。积极实施上大报、大台、头版、头条战略。改进领导活动和各种会议报道。加强对社会热点问题的引导，特别是做好国企改革、社会治安综合治理、反腐倡廉等社会热点问题的舆论引导工作。

是年8月初，市委宣传部下发《关于进一步做好新闻阅评工作的通知》，明确新闻阅评的指导思想、主要任务、阅评范围和重点、阅评办法、调整市新闻阅评小组成员。8月中旬，市委宣传部专门召开全市新闻阅评工作预备会。市委常委、宣传部部长李良铁要求：一要解决好认识问题，二要解决好经费问题，三要解决好配合问题，四要解决好效果问题。9月28日，《新闻阅评》简报顺利复刊。新闻阅评小组顾问：李良铁。新闻阅评小组组长：周明礼。新闻阅评员：周明礼、张宁波、唐曾孝、郑赞朴、何维庭、王金粱、周本意、黄名洁、雷晓艳、欧显庭、刘波、吴帆。10月17日，市委书记曾庆炎在第一期《新闻阅评》简报上作出批示："新闻阅评很好，希望长期坚持下去。新闻阅评员要以正确的舆论引导为目标，提高自己素质和水平，引导提高新闻报道质量。"

2006年，市委宣传部决定，从2006年起，新闻阅评所需工作经费由部里统筹解决，不再由新闻媒体承担。到是年8月，出版《新闻阅评》简报14期，共刊发各类新闻阅评稿件、重要消息等70篇，其中新闻阅评稿件51篇，其他各类综述、消息等19篇，重点对纪念抗日战争胜利60周年、湖南省公祭舜帝陵、中国农业科学院祁阳红壤实验站的典型报道、中共十六届五中全会的宣传、江华县庆50周年、回眸"十五"、展望"十一五"、"两会"报道、建设社会主义新农村、加速推进新型工业化、战胜"碧利斯"抗洪救灾等一系列重大战役进行阅评。12月，组织开展永州市首届优秀新闻阅评作品（2005—2006年）评选活动，参评新闻阅评作品16篇，评出《从转载稿看生活类稿件的定位》1篇一等奖作品，《广播节目质量亟待提高》等3篇二等奖作品，《在比较中受益等》等4篇三等奖稿件。12月25日召开表彰会。

2007年3月，出台《永州市新闻阅评工作管理办法》。12月25日，下发《关于调整永州市新闻阅评小组成员的通知》，调整市新闻阅评小组，新闻阅评小组顾问董石桂，新闻阅评小组组长刘波，吴帆兼任办公室主任，新闻阅评员为周明礼、蒋旭军、欧显庭、张宁波、唐曾孝、周本意、黄名洁、何维庭、郑赞朴、王金粱、滕斌、黄春芳、罗耀南、雷晓艳。

2008年3月7日，召开2007年新闻阅评工作年会，市委常委、宣传部部长董石桂讲话，就做好2008年阅评工作提出要求：一要延伸新闻阅评领域，在拓展阅评的广度和深度上下功夫；二要在发挥群众阅评作用、在保持阅评活力和战斗力上下功夫；三要在扩大信息量、增强新闻阅评简报服务功能上下功夫；四要在阅评信息反馈常抓不懈、阅评成果落到实处上下功夫。董石桂强调：第一，阅评员要有强烈的政治责任感；第二，要有丰富的新闻阅评经验和新闻理论素养；第三，阅评的工作态度是实事求是，工作作风是公道正派；第四，要有默默奉献的敬业精神。会议对 2007 年新闻阅评优稿评选获奖作品进行表彰，《为记者“走进农民工”叫好》等 2 件作品获一等奖；《烈火无情书正气，引导有方写英雄》等 4 件作品获二等奖；《〈永州日报〉十七大宣传大气、鲜活、有看点》等 5 件作品获三等奖。是年，聘请新闻阅评员 17 人，召开新闻阅评座谈会 6 次，编发《新闻阅评》50 期，做到每周一评。

2009 年 4 月，为进一步加强对舆论导向的引导，鼓舞新闻界和新闻阅评员进一步做好工作，值《新闻阅评》第 100 期编发之际，一些市领导为该刊创办 100 期题词。市政协主席陈金荣的题词是：“祝《新闻阅评》再接再厉，为继续做好全市新闻宣传质量提高工作，做出更大的贡献！”市委常委、市委秘书长唐定的题词是：“希望越办越好。”市委常委、统战部部长蒋吉秀为该刊题词，她说：“《新闻阅评》褒贬鲜明，发人深省，成绩斐然！” 6 月 2 日，市委书记黄天锡就《新闻阅评》2009 年第 15 期《给百姓一点位置》一文作出重要批示：“此建议很好。请宣传部予以重视，加大对人民群众的宣传。历史是人民群众创造的。”是年，共编发《新闻阅评》简报 32 期。

2010 年，编发《新闻阅评》简报 31 期。

2011 年，编发《新闻阅评》简报 25 期。调整新闻阅评小组成员，宣传部副部长刘波任组长，副调研员吴帆任副组长。新闻阅评小组成员有欧显庭、张宁波、蒋剑翔、唐曾孝、潘雁飞、何维庭、王金梁、郑赞朴、黄名洁、黄春芳、左亚军、罗耀南、欧春涛。

2012—2014 年，共编发《新闻阅评》简报 51 期。

2015 年，下发《关于进一步加强新闻阅评工作的通知》，充实新闻阅评员力量，明确各地各单位要在在职人员中明确一批政治过硬、业务水平强、责任心强的新闻阅评员，撰写阅评稿件。其中永州日报社 3 人，永州广播电视台 5 人，永州新闻网 1 人，各县区 2 人，金洞、回龙圩管理区各 1 人，每名阅评员每月报送阅评稿件不得少于 3 篇。采用的稿件，按照每篇 100 元的标准发放稿酬。是年，编发《新闻阅评》简报 20 期。

三、激励机制

（一）永州新闻奖

2001 年，全省报社系统 2000 年度好新闻评选工作在永州开幕。省记协主席蒋显礼、省委宣传部副部长李凌沙、《湖南日报》总编万茂华参加评选工作。市委副书记曾昭薰等领导出席开幕式。评选工作于 4 月 20 日结束。永州有 22 件篇作品获全省好新闻作品奖。

2003 年 3 月 25 日，全市新闻工作会议在冷水滩召开。各县区委宣传部副部长、新闻干事、市直新闻单位人员共 60 多人参加会议。会上表彰 18 名全市优秀新闻工作者，并进行奖励。

2006 年 11 月，在永州市庆祝全国第七个记者节活动上，评选表彰全市十佳优秀记者编辑、十佳优秀通讯员、十佳优秀新闻作品。市党代会结束后，又组织党代会好新闻评选活动。

2008 年，市委常委会纪要明确："从 2008 年起设立永州文化奖和永州新闻奖"，"永州新闻奖一年一评，市财政预算安排 10 万元经费"。7 月 28 日，市委宣传部下发《永州新闻奖评选办法（试行）》，设立永州新闻奖。明确永州新闻奖是中共永州市委宣传部和永州市新闻工作者协会主办的全市优秀新闻作品最高奖，也是全市新闻类最具权威的政府类奖项，每年评选一次。

2010 年 1 月 27 日，下发《关于举办 2009 年度永州新闻奖评选活动的通知》。评选工作启动以来，收到参评作品 67 件。7 月 20 日上午，举行首届永州新闻奖颁奖仪式，副市长戴菊芳主持，市委常委、宣传部部长董石桂讲话。表彰作品奖、重大报道策划奖、名牌栏目奖和对外报道奖 4 个奖项 32 件获奖作品。

2011 年 4 月，启动第二届永州新闻奖评选。收到参评作品 73 件，其中，市委外宣办推荐在中央、省级新闻单位刊发的稿件 2 件，市直新闻单位共推荐报送 41 件，各县区委宣传部共推荐报送 30 件。11 月 8 日，召开庆祝第十二届中国记者节暨第二届"永州新闻奖"颁奖大会，市委副书记唐松成讲话，市委常委、宣传部部长石艳萍作报告，市委宣传部副部长周明礼主持大会。表彰作品奖、重大报道策划奖、名牌栏目奖和对外报道奖 4 个奖项 32 件获奖作品。

2012 年 10 月，启动第三届永州新闻奖评选，收到参评作品 83 件。11 月 18 日，召开表彰大会，表彰作品奖、重大报道策划奖、名牌栏目奖和对外报道奖 4 个奖项 33 件获奖作品。

2013 年 10 月，启动第四届永州新闻奖评选，收到参评作品 94 件。表彰作品奖、重大报道策划奖、名牌栏目奖和对外报道奖 4 个奖项 33 件获奖作品。

2014 年 10 月，启动第五届永州新闻奖评选。收到 75 件参评作品，有 31 件作品分获作品奖、重大报道策划奖、名牌栏目奖和对外报道奖 4 个奖项。永州广播电视台创作的电视评论《土地流转谨防"隐性流失"》获得第二十四届中国新闻奖三等奖，被授予永州新闻奖特别奖。11 月 8 日，在祁阳县白水镇竹山村，举行第五届永州新闻奖颁奖活动。市委常委、宣传部部长石艳萍出席。

2015年10月，组织第六届永州新闻奖评选，收到80件参评作品，经永州新闻奖评审组评定，共评选出永州新闻奖新闻作品、重大报道策划、名牌栏目、对外报道4个奖项获奖作品30件，11月8日，在零陵区邮亭圩镇举行第六届永州新闻奖颁奖活动。市委常委、宣传部部长石艳萍出席会议并讲话。

2015年10月，组织永州市十佳新闻工作者评选。经严格评审，欧春涛、孙存准、胡宇迪、蒋军林、邹钰洁、杨万里、张祖智、欧阳友忠、李先志、蒋军君10人获评永州市“十佳新闻工作者”，艾跃、陈瑞峰、管顺生、张爱民、尹杰、蒋琼、谭俊杰、杨丁香、彭安文、孟江兵等10人获永州市“十佳新闻工作者”提名奖。

（二）获奖作品

2011—2015年，永州市委宣传部与永州市新闻学会举办5届永州新闻奖作品评选，对当选的优秀新闻作品给予表彰与奖励。

2011—2015年获永州新闻奖一等奖新闻作品一览表

表1-2

年份	获奖单位	作品名称	体裁	作者姓名
2011年	永州日报社	蒋冬林：用清廉守卫正义	通讯	蒋剑翔　王子懿
2011年	永州电视台综合频道	折得东风第一枝——永州深入学习实践科学发展观，承接产业转移启示录	系列报道	唐小莽　张　锐　吴宴林
2011年	永州人民广播电台	洛湛铁路永州行	连续报道	王　萍　李　娜
2012年	永州日报社	海外流失女书文献回归故里	消息	欧春涛　卢朝晖
2012年	永州日报社	生命的彩虹	通讯	欧显庭　欧春涛
2012年	永州电视台	向幸福出发——献给市第四次党代会	评论	欧朝阳　唐勋江
2012年	蓝山电视台	我县在全国首推“10+100”医改模式	电视长消息	孟江兵　赵　彬　李兰玲
2013年	永州日报社	女书习俗表演走进联合国总部	消息	欧显庭
2013年	永州日报社	“冶炼主”改行当了“田状元”	消息	欧显庭　欧春涛　张新国
2013年	永州广播电视台	村小的回归	电视专题	罗耀南　蒋军林　胡宇迪
2014年	永州广播电视台	情定吴伯营	电视系列报道	蒋军林　管顺生　胡宇迪
2014年	永州日报社	蓝山城乡居民看病一个价	消息	欧显庭　欧春涛　李先志

续表 1-2

年份	获奖单位	作品名称	体裁	作者姓名
2014 年	永州日报社	绝症老人还贷记	通讯	曾　锐　欧春涛
2015 年	永州日报社	一笔迟到 45 年的“特殊党费”	通讯	欧显庭　欧春涛　任泽旺
2015 年	永州广播电视台	杨德裕：用痴情敲开移民的心门	电视系列报道	蒋军林　佘慧雄　胡宇迪
2015 年	永州日报社	新田敲定全省首单农村土地承包经营权抵押贷款	消息	孙存准　陆远见　黄建贤
2015 年	永州广播电视台	我市发出全省第一张“三证合一”营业执照	电视短消息	蒋军林　李志刚　孙治国

2011—2015 年获永州新闻奖重大报道策划奖作品一览表

表 1-3

年份	获奖单位	作品名称	体裁	作者姓名
2011 年	永州日报社	庆祝新中国成立 60 周年新闻策划	综合报道	新闻部
2011 年	综合频道	信心 2009——市委经济工作会议特别报道	综合报道	新闻部
2011 年	经济频道	经济大盘点 —— 道县篇	综合报道	新闻部
2012 年	永州日报社	纪念中国共产党建党 90 周年	综合报道	欧显庭　曾　锐　欧春涛
2012 年	永州日报社	群策群力打好抗旱救灾	综合报道	曾　锐　唐晓山　何继凤
2012 年	永州日报社	盛世丰碑	综合报道	欧显庭　欧春涛
2012 年	永州电视台	市第四次党代会特别报道	电视综合报道	蒋三秋　张宁波等
2012 年	永州电视台	飞越潇湘	综合报道	唐小莽　王　林　张兴国　郑　炜
2013 年	永州日报社	王明娟夺金	特别报道	新闻部
2013 年	永州日报社	潮涌潇湘——全省湘南承接产业转移现场会及涔天河工程开工	系列报道	新闻部
2013 年	永州广播电视台	永州百村行	系列报道	滕智荣　唐洪波　唐小莽　张　莉
2013 年	永州广播电视台	新春走基层	系列报道	胡文军　蒋卫民　李志刚　佘慧雄
2014 年	永州日报社	灾后重建在现场	系列报道	孙存准　吴　林

续表 1-3

年份	获奖单位	作品名称	体裁	作者姓名
2014 年	永州广播电视台	走基层永州边界行：一脚踏三省	系列报道	欧朝阳　张爱民 孙　健　管顺生 蒋卫民　唐勋江
2014 年	永州市委宣传部 永州日报社 永州广播电视台 永州新闻网	高铁来了	系列报道	新闻科 新闻部
2015 年	永州市委宣传部 永州日报社 永州广播电视台 永州新闻网	创国家卫生城市	系列报道	新闻科 新闻部
2015 年	永州日报社	永州抗战	综合报道	欧显庭　曾　锐 欧春涛
2015 年	永州广播电视台	到群众中去	综合报道	罗耀南　滕智荣 蒋军林

2011—2015 年获永州新闻奖获对外报道一等奖一览表

表 1-4

年份	获奖单位	作品名称	体裁	刊载媒体	获奖作者
2011 年	湖南日报社 永州站	蝶变超越	通讯	《湖南日报》	张新国　唐善理 刘　波
2012 年	《湖南日报》 永州记者站	务实为民　扎实干事——永州实施“四二一”工程助推干部作风转变纪实	通讯	《湖南日报》	张新国　蒋井泉 刘　波　蒋洪波
2013 年	《湖南日报》 永州记者站	潇湘源头奏强音——永州以大开放承接产业大转移纪实	通讯	《湖南日报》	张新国　蒋三立 吴剑林　左亚军 贺永景
2014 年	永州广播电视台	湖南永州：“一站式”服务方便群众办事	短消息	永州广播电视台	滕智荣　蒋军林
2015 年	永州市广播电视台	移民干部杨德裕：用真心敲开移民的心门	消息	永州广播电视台	蒋军林　佘慧雄

第三节 新闻宣传导向

一、主题宣传导向

（一）新闻报道

1996—2001 年，市委宣传部以建设新永州和爱国主义教育为主题，把握新闻报道的正确导向。1996 年永州市首届党代会、人代会、政协会先后召开，《永州日报》派出记者组，对“三会”进行全方位的报道，开设《建设开放、富裕、文明新永州》专栏，全年发稿 100 余篇，反映建市后永州的新气象、新变化、新风貌。永州电视台在“三会”期间先后播出新闻稿片 320 余条。1997 年，中共十五大召开，香港回归祖国。《永州日报》开设《向党的十五大献礼》《喜迎香港回归》专栏，并以通栏的形式，对中共十五大开幕盛况和香港回归交接仪式的盛况进行报道。永州电视台在《永州新闻》开设《喜迎回归》《喜迎十五大》专栏，全方位、多角度、多层面地宣传报道全市人民迎回归和学习贯彻中共十五大精神的情况，两个专栏发稿片 2400 余条。

永州日报
香港回归 普天同庆
中英香港政权交接仪式在港隆重举行
中华民族的百年盛事
江泽民主席率中国政府代表团抵达香港
中华人民共和国香港特别行政区成立暨特区政府宣誓就职仪式在港隆重举行

1997 年 7 月 1 日，《永州日报》报道香港回归的专版

1998 年，围绕市委、市政府中心工作，市级各媒体开辟《建设新永州》等专版专栏 40 余个，大力宣传永州在中共十一届三中全会以来所取得的巨大成就和变化，在市级媒体上稿 1000 余条。1999 年，是五四运动 80 周年、新中国成立 50 周年。1999 年 12 月，澳门回归祖国。市委宣传部以爱国主义为主题，指导市直“一报两台”媒体设立专题栏目 30 多个，刊播各类稿件 1000 条（篇）。此外，围绕配合抗议以美国为首的“北约”野蛮轰炸中国驻南斯拉夫大使馆，揭批邪教组织和李登辉“台独”图谋三大政治斗争，严把导向关，组织有针对性地宣传，市直“一报两台”除大篇幅、大容量转载（播）中央新闻机构报道外，还组织专门班子抓报道，发稿 200 多篇。

永州日报

中共永州市委主办

蓝山一批多岗位锻炼的年轻干部挑大梁

大宣传大影响的成功实践

——我市祭舜活动新闻宣传纪实

我市科技兴农稳步推进

潇湘短波

公告

开福家具

2000 年 9 月 15 日，《永州日报》对市政府祭舜活动进行纪实报道

2000 年，全市新闻宣传紧扣中心工作，服务大局，围绕改革、发展、稳定这三个重点进行报道，市委宣传部指导市直媒体对国有企业走出困境、农业产业结构调整、整治经济发展环境、整治市容市貌、创建文明城市、衡阳至枣木铺高速公路开工、走近公仆、廉政建设访谈、三讲教育在社区等方面的新闻引导力度，为全市改革开放和市委、市政府中心工作营造良好舆论氛围。

2001 年，新闻宣传以纪念中国共产党成立 80 周年为主线进行舆论引导。市委宣传部紧扣市委、市政府中心工作服从、服务于永州经济社会发展十件大事，按照抓头条、抓重大典型、上大报、上党台的思路，增加数量，提高质量。报纸、电视、电台、网络多层次、多角度、立体式报道“三个代表”重要思想在永州、加快三化进程、破除三大障碍、优化经济环境、国企改革巡礼、城市化之路、科教兴市战略、民营经济之星、道德之乡讲道德、抗灾救灾保增收、重点基础设施建设情况，7 月 2 日《永州日报》推出“庆祝中国共产党成立 80 周年特刊”。永州电视台开设《党旗辉煌》《历史丰碑》两个专栏。

2002 年，新闻宣传服从和服务于市委、市政府中心工作，突出“‘三个代表’重要思想在永州”“两会专题报道”“破除‘三大障碍’、发展永州经济”“道德之乡讲道德”“学习贯彻江泽民同志‘5·31’讲话”“抗灾救灾保丰收”“喜迎十六大、喜看新变化”“学习贯彻党的十六大精神”等重大事件宣传的引导。围绕市委大力推进全市工业化、农业产业化、城镇化进程的重大决策，整合报纸、电视、电台、网络等新闻媒体力量，开辟专题专栏 30 余个，形成多层次、多角度、立体式报道氛围。2003 年，新闻宣传以抓重稿、优稿、头条，上大报、上大台为目标。全年接待上级新闻媒体单位到永州采访记者 410 人次，在《湖南日报》头版头条、《人民日报》、中央电视台、湖南卫视刊播新闻稿件名列全省前茅。2004 年，着力观念创新、体制创新、环境创新、产业创新、招商引资、发展民营经济的宣传报道。此外组织“湘粤桂三省区边界行”采访活动。特别是全国女子举重锦标赛等方面的重点宣传，声势大，效果好。2005 年，全市报纸、广播、电视、网络媒体快速发展，新闻宣传重点放在抓规范、抓提高、抓质量上。《永州日报》、市直广电媒体有 40 多件作品在全国全省性评奖中获奖，是历年来最多的一次，其中市直广电媒体有 8 个节目获湖南广播电视奖一等奖，居全省市州第一。永州电视台新闻综合频道《民情直通车》、公共频道的《大事小事》栏目的收视率提高，成为观众心目中的名牌栏目。

2006 年，市委宣传部组织市直新闻媒体单位，策划新科普新农村、巾帼风采、工人阶级宣传月、统战宣传、市政府公祭舜帝大典等 32 个大型宣传报道，尤其是为期两个多月的省党代会、市党代会的献计献策活动，“喜迎党代会，创造新成绩”的成就报道、“喜迎党代会，创新在三湘”的典型报道，持续时间长，声势大，效果好，凝聚党心、民心。2007 年 2 月 27 日，市委书记曾庆炎主持召开常委办公会议，专题研究新闻宣传工作。3 月 10 日，市委宣传部召开全市新闻宣传工作座谈会，印发《关于进一步加强新闻宣传工作有关问题的若干意见》，在市委宣传部组建市新闻中心，在市广电局、永州日报社建立重点报道部，建立重大宣传报道通气联席会议制度。《永州日报》策划推出《科学发展、共建和谐》《喜迎十七大，见证新辉煌》等 4 个专栏，永州电视台各频道先后策划推出迎中共十七大宣传片头；永州新闻网首页开辟“欢度国庆节，喜迎十七大”公益广告和专栏。永州电视台新闻综合频道策划推出电视专栏《前行》、都市频道推出《见证潇湘》专栏、公共频道推出《走进魅力乡镇》《绿色潇湘》两个栏目，永州人民广播电台策划推出《喜迎十七大，聚焦三农潇湘行》专题节目。此外，永州电视台公共频道还打造永州第一档民生情感影视剧栏目《晓了显火》，综合频道推出《永州骄子》，都市频道推出《情动 930》，广播电台推出《正点资讯》，受到观众和听众的喜爱。组织市人大、市政协“两会”主题宣传，“富民强市 2007”农村篇、工业篇、教育篇系列报道，“抓三基推三新带三创、加速永州赶超崛起”、“喜迎十七大，再创新辉煌”、“贯彻十七大 开启新征程”、干部作风建设等八大战役报道。市直六家媒体推出大型系列主题报道 16 个，发稿 1000 多篇，形成舆论正面宣传的强势。2008 年，围绕贯彻落实中共十七大精神、“迎奥庆奥”、纪念改革开放 30 周年、承接产业转移、解放思想大讨论等全年宣传重点和抗冰、抗震、抗洪三大突发性事件，组织市直主要新闻媒体推出 10 个专题专栏，开展 16 个主题新闻报道。特别是年初的抗冰救灾和 6 月的抗洪救灾宣传报道重点突出、生动感人、影响较大。抗冰救灾期间，建立一天一调度的新闻宣传通气会机制。市直各新闻单位迅速启动应急预案，成立抗冰救灾宣传报道领导小组。《永州日报》派出 8 个小组深入一线采访报道，发稿 1000 余篇。市广电局整合 3 个频道采编力量，成立新闻报道中心，抽调 40 多名编辑记者，分成 20 路赴冰雪灾害一线采访报道，大型特别报道《破冰》在 3 个频道滚动播出，全天12档，每档50分钟，播出稿片600多条。市直媒体开辟专题专栏6个，在省以上发稿280篇，协调电信、移动、联通编发短信600多万条，《永州日报》、市广电局新闻中心和5名记者分别获得全省宣传系统抗冰救灾工作先进集体和先进个人；有6人被市委、市政府表彰为抗冰救灾模范，分别记二等功。6月8—20日的抗洪救灾新闻报道中，市直各媒体发扬抗冰精神，反应迅速，工作主动，报道形式多样，刊播稿件490多篇，其中在省以上媒体发稿120多篇，50多家境内外媒体和网站采用或转发永州灾情报道。2009年，在《永州日报》、永州电视台、永州人民广播电台、永州新闻网等媒体策划开辟《科学发展在永州》《科学发展大家谈》等专题专栏，刊播稿片120余件；策划并组织以应对金融危机的重大政策、重大项目、重大措施为主要内容的"三个重大"主题宣传报道和承接产业转移系列报道；国庆节期间，相继推出"芙蓉国里尽朝晖""与祖国同行""向共和国报告""永州记忆""潇湘巨变六十年"等专栏，多侧面、多角度报道永州60年巨变和全市人民欢度国庆盛况，为祖国60周年大庆营造欢乐祥和和喜庆的氛围。

2010，组织市直各新闻媒体开设"起航2010——转方式促跨越""转方式促跨越——县区领导访谈录"等一批专栏，对全年经济工作总体要求、主要任务和政策措施进行认真解读；对全市调整经济结构、转变发展方式的新思路、新实践和各县区转变发展方式、加快结构调整战略的思路和举措进行宣传。策划"对接东盟加快发展""回顾'十一五'·展望'十二五'""贯彻中共十七届五中全会精神"等主题宣传。报刊、电视、广播、网络等各媒体联动，消息、通讯、评论、新闻图片等多形式并用，形成强大的宣传声势。组织市直有关单位和大中型企业负责人召开"转方式促发展"专题访谈，开展"坚定不移促转变、科学跨越谋发展"和"热点话题谈心录·2010"专题宣传活动。按照市委经济工作会议总体要求，围绕转方式，调结构、抓改革、强基础、惠民生；围绕文化强市建设，着眼推动后发赶超，科学跨越营造良好氛围。加强以承接产业转移与推进新型工业化、重点工程与项目建设、加强城市建设、文化旅游建设、新农村建设的舆论引导。2011年，开展以纪念中国共产党成立90周年为重点的宣传活动，除及时转播中央电视台播出的庆祝中国共产党成立90周年纪念大会实况外，根据市委制定的报道方案，《永州日报》推出《寻访红色遗址》《共产党员风采》专栏，永州电视台新闻综合频道推出大型电视新闻专题片《先锋颂》，永州电视台经济频道推出《红旗赞》《前进的方向》《百姓话党恩》等专题，《永州新报》推出《红色记忆——永远跟党走》专刊，永州人民广播电台推出《我听过的红色故事》《我身边的优秀共产党员》专题节目，永州新闻网开辟《红色故事》《党史上的今天》等专栏，这一系列基调昂扬、形式多样的专栏专题专刊，全面回顾党的奋斗历程，热情讴歌党的丰功伟绩，唱响共产党好、社会主义好、改革开放好、伟大祖国好的时代主旋律。此外，组织“四化两型”建设，对接东盟，管通胀、稳物价、保民生宣传和“潇湘新乐章——唱响四个湖南红网永州行”大型网络直播活动。2012年，紧扣“科学发展·成就辉煌”主题，组织全市各级新闻单位推出《科学发展·成就辉煌》《巡航新永州》《基层心声》等专题专栏，围绕以加快科学赶超、开放崛起、富民强市为目标，加强以建设国家级承接产业转移示范区为总抓手的经济宣传。组织“项目建设年”“企业服务年”“四深入两结对一测评作风建设年”“思想解放大讨论”宣传报道，邀请中央省级主要媒体到永州开展“风生水起、热土永州”大型采访活动。2013年，以“党的十八大精神在永州”为主题，组织形势政策和重大主题宣传，策划“转作风、解难题、抓关键、见实效”、“重点项目建设巡礼”、“永州边界行”、抗旱防汛救灾、创建国家卫生城市等系列专题报道，用经济社会发展新成就提振信心，用党员干部新作风凝聚人心，为推进中心工作营造良好舆论氛围。2014年，以建设“品质活力永州”为主题导向，开展“三大突破、三项改革、三项优先、三项统筹”以及创建国家卫生城市、国家历史文化名城、工业化建设新跨越的主题宣传。2015年，运用“三大平台”，做大做强主流舆论媒体。围绕市委、市政府重大决策部署，聚焦“四个全面”战略，坚持一月两策划，一周一点评，用打“组合拳”、播“连续剧”及“新闻阅评”跟进监督的方式，讲好永州故事。扎实开展市委经济工作会议、“小康路上的永州脚步”、“三严三实”、“执行力在永州”、美丽乡村建设以及创国家森林城市、创国家交通模范城市、创国家历史文化名城和国家文明城市等主题宣传，策划工业园区建设、永州大道后续配套工程等集中采访，推出“全力推进工业新型化大突破”“国家行动——涔天河库区移民工程特别报道”“春漫潇湘——聚焦农村改革”“永州创客”等20多组重大报道，营造凝聚力量、大干实干的浓厚氛围。突出在新常态下建设品质活力永州的主题，组织“聚焦新常态”、“全面小康看永州”、“改革进行时”、“法治永州建设”、“三严三实”专题教育、“交模创建在身边”、“回顾‘十一五’、展望‘十二五’”系列宣传。

（二）宣传战役

1996—2001年，市委宣传部围绕学习中国特色社会主义理论、庆祝新中国成立50周年、迎香港澳门回归和市委建设“大郊区”战略，突出开放、富裕、文明新永州这一主题，组织50余个大型宣传战役。其中市委的“大郊区”战略，是这一期间的重点宣传战役，《永州日报》、永州电视台、永州有线电视台、《永州通讯》每年都开辟专版和专栏，对“大郊区”战略进行集束性的重点报道，每年播发稿片300余件，其中20条电视新闻上湖南卫视。

2001—2007年，市委宣传部围绕学习贯彻“三个代表”重要思想、庆祝中国

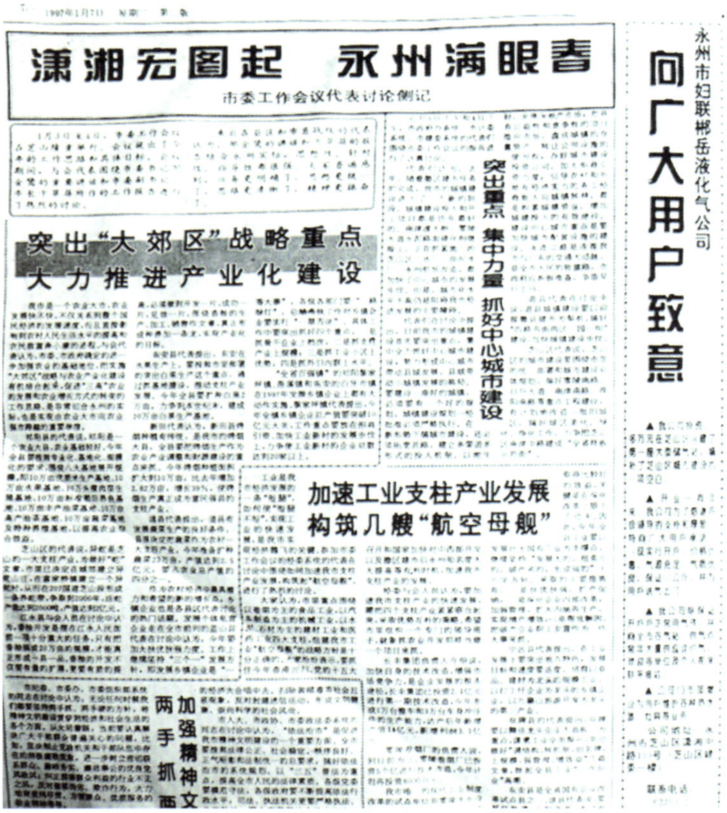
潇湘宏图起 永州满眼春

市委工作会议代表讨论侧记

突出"大郊区"战略重点 大力推进产业化建设

突出重点 集中力量 抓好中心城市建设

加速工业支柱产业发展 构筑几艘"航空母舰"

两手抓 加强精神文

向广大用户致意

永州市妇联郴岳液化气公司

《永州日报》对实施"大郊区"战略的系列报道

永州日报

YONGZHOU RIBAO

2002年3月7日 星期四

中共永州市委主办

全市县区委书记、县区长和市直单位主要负责人会议讨论时提出

统一思想 积极整改 用强硬措施改善我市经济环境

生态·产业·效益

——江永县农业结构调整的启示

优化环境 加快发展

全市林业工作会议提出

突出生态效益 加快林业发展

2002年3月7日，《永州日报》在专栏中对实施"生态环保效益型经济"战略的报道

共产党成立80周年和市委"建设生态环保效益型经济"战略，组织市直媒体实施40余个大型宣传战役。其中市委的"生态环保效益型经济"战略，是这一时期的重点宣传战役。《永州日报》、永州人民广播电台、永州电视台、《永州通讯》等市直新闻媒体都开辟专版和专栏，对"生态环保效益型经济"战略进行全方位的报道，每年播发稿件260余件，其中20余件电视新闻上湖南卫视。

2008—2010年，市委宣传部围绕学习贯彻科学发展观、庆祝新中国成立60周年和市委"融入泛珠江经济圈"战略，组织市直新闻媒体实施20个大型宣传战役。其中市委的"融入泛珠江经济圈"战略，是这一阶段的重点宣传战役。《永州日报》、永州电视台、永州广播电台、永州新闻网、《永州通讯》、《永州新报》等市直新闻媒体都开设专版和专栏，对"融入泛珠江经济圈"战略进行重点报道，每年播发稿件100余件，其中8件电视新闻上湖南卫视。

2011—2015年，市委宣传部围绕学习贯彻中共十八大精神、学习习近平总书记系列重要讲话精神、庆祝中国共产党成立90周年、开展群众路线教育和市委“对接东盟经济圈”“建设品质活力永州”战略，组织市直新闻媒体实施40余个大型重点宣传战役。其中市委的“对接东盟经济圈”战略和“建设活力品质永州”战略，是这一时期的重大宣传战役。《永州日报》、永州广播电视台、永州新闻网、《永州通讯》等媒体每年都开设专版和专栏，对“对接东盟经济圈”战略和“建设活力品质永州”战略进行重点宣传报道，每年播发稿件220余件，其中22件电视新闻稿上湖南卫视。对“建设品质活力永州”这一主题，《永州日报》、永州广播电台、永州电视台、永州新闻网等市直主流媒体都开辟专版和专栏，进行宣传报道，每年播发稿片140余件，其中16件新闻稿片上湖南卫视。

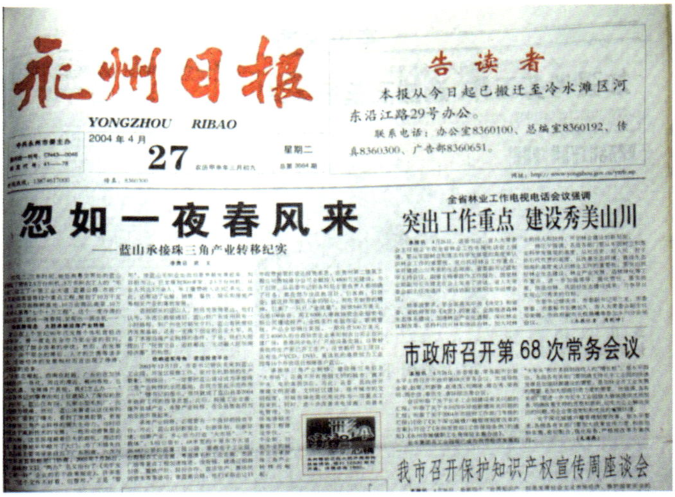
永州日报
YONGZHOU RIBAO
2004年4月 27 星期二

告读者
本报从今日起已搬迁至冷水滩区河东沿江路29号办公。
联系电话：办公室8360100、总编室8360192、传真8360300、广告部8360651。

忽如一夜春风来
——蓝山承接珠三角产业转移纪实

全省林业工作电视电话会议强调
突出工作重点 建设秀美山川

市政府召开第68次常务会议

我市召开保护知识产权宣传周座谈会

2004年4月27日，《永州日报》对实施“融入泛珠江经济圈”的报道

2013年4月 1 星期一
永州日报
YONGZHOU DAILY

捷足者先登
——我市对接东盟工作综述

全力以赴
支持民生项目建设

生态阳明山 和美两岸情

蓝山驻花都流动党支部
与花都医院喜结“良缘”

2013年4月1日，《永州日报》对实施“对接东盟经济圈”战略的报道

陈文浩在"打造品质活力永州"课题研讨座谈会上指出

既要有理论高度 更要解决实际问题

《永州日报》对实施"打造品质活力永州"的报道

观点 7

"品质活力永州"专家学者座谈会发言摘要

远瞩的科学定位

坚持五条措施 提升幸福指数

重诚信特质 传承优良美德

打造个性化的品质活力城市

层设计 重在落实

塑造文化品质 增强市民认同感

城市彰显优雅气质

《永州日报》刊载部分专家、学者在实施"品质活力永州"座谈会上的发言

1996—2015 年永州市宣传战役一览表

表 1-5

年份	宣传战役名称	开设栏目（个）	刊播稿片（件）
1996 年	撤区建市、新永州发展思路、“八五”成就回眸、“九五”计划展望、大郊区战略、国企改革、改善投资环境、严打	42	1300
1997 年	大郊区战略、精神文明创建、迎香港回归、深化农村改革、国企扭亏增盈、重点工程建设、招商引资、社会治安综合治理、十五大精神宣讲	48	1520
1998 年	大郊区战略、永州改革开放 20 年回顾、抗大旱夺丰收、下岗职工再就业、农村土地延包、农村产业结构调整、首脑机关讲文明、省四届少数民族运动会、整治经济发展环境、殡葬改革	46	1400
1999 年	大郊区战略、纪念新中国成立 50 周年、迎澳门回归、国企解困、农业产业化、科教兴市、依法治市、小城镇建设、下岗职工再就业、双文明建设巡礼、重点工程建设巡礼	38	1200
2000 年	大郊区战略、国企改革、重点工程建设、中心城市建设、特色产业、新的经济增长点、依法治市、依法行政、“九五”成就与“十五”蓝图	40	1100
2001 年	生态环保效益型经济、庆祝中国共产党成立 80 周年、重点工程巡礼、“十五”展望、产业结构调整、招商引资、入世·挑战·发展、“三个代表”重要思想教育、文明社区创建	37	1050
2002 年	生态环保效益型经济、向中共十六大献礼、产业结构调整、国企改革巡礼、WTO 挑战与永州发展对策、城市化之路、科教兴市、民营经济之星、实践“三个代表”重要思想、转变干部作风、文明社区创建	47	1260
2003 年	生态环保效益型经济、“三个代表”导航永州、小康永州传喜讯、文明春风拂永州、中心城市建设展新容、重点工程建设巡礼、众志成城抗“非典”、永州党建新风赞、潇湘改革潮、抗灾救灾保丰收	49	1540
2004 年	生态环保效益型经济、落实一号文件、国企改革、立党为公与执政为民、国庆 55 周年、服务三农、中心城市建设、重点工程建设、政治文明建设、精神文明建设	32	1100
2005 年	生态环保效益型经济、贯彻落实中共十六届五中全会精神、落实和树立科学发展观、先进性教育、落实八件实事、平安永州、永州市房产交易会	30	960
2006 年	生态环保效益型经济、回眸“十五”成就、建设社会主义新农村、推进新型工业化、落实科学发展观、树立社会主义荣辱观、抗洪救灾	30	950

续表 1-5

年份	宣传战役名称	开设栏目（个）	刊播稿片（件）
2007 年	生态环保效益型经济，抓三基推三新带三创，加速永州赶起崛起；喜迎中共十七大，再创新辉煌，贯彻中共十七大，开启新征程，干部作风建设	33	1070
2008 年	融入泛珠江经济圈、贯彻落实中共十七大精神、迎奥运庆奥运、纪念改革开放 30 周年、承接产业转移、解放思想大讨论、抗冰、抗震、抗洪	35	1100
2009 年	融入泛珠江经济圈、学习实践科学发展观、坚定信心促发展、推进农村改革发展、庆祝新中国成立 60 周年	28	890
2010 年	融入泛珠江经济圈、重点工程和重点项目巡礼、新型工业化巡礼、返乡农民工就业创业、创建卫生城市	34	1090
2013 年	建设品质活力永州、建设国家级承接产业转移示范区、六城同创、重点工程重大项目巡礼、作风建设	26	820
2015 年	建设品质活力永州、聚焦新常态、全面小康看永州、改革进行时、法治永州建设、三严三实专题教育、交模创建在身边、回顾“十一五”、展望“十二五”	43	1220

二、典型宣传导向

（一）先进集体典型

1996 年，市委宣传部组织市直单位新闻媒体，大力推介祁阳县公安局。祁阳县公安局党委一班人带领全局广大公安民警积极探索，坚持政治建警，从严治警，创造性地开展以“替人民群众着想、对人民群众负责、为人民群众服务、靠人民群众支持、请人民群众监督”为主要内容的“五群”形象工程建设，队伍建设迈上新的台阶，涌现一大批优秀战斗集体。1996—1997 年，该局连续被评为“全国优秀公安局”。

永州日报

中共永州市委主办

创建新成果 迎接新世纪

全省“人民满意派出所”英模载誉归来

市委、市政府举行隆重欢迎仪式

1997 年 1 月 23 日，《永州日报》对徐家井派出所载誉归来的报道

1998 年，市委宣传部组

织市直单位新闻媒体，大力推介芝山区（现零陵区）徐家井派出所。徐家井派出所全所干警牢记全心全意为人民服务的宗旨，把辖区内的居民装在心中，为辖区内的居民办了大量的好事、实事，先后涌现出“全国反扒能手”、一等功臣李光延，“全国特级优秀人民警察”“中国警界女十杰”“公安战线二级英模”“全国三八红旗手”王恩琴，全国“五一劳动奖章”获得者、全国劳动模范龚秋光等一大批英雄模范，是一个英模辈出的老典型。对这个老典型，市委宣传部组织市内媒体深入该所，挖掘出一个又一个的新故事。他们的先进事迹被媒体报道后，得到社会各界的广泛赞誉。该所被公安部评定为首批“一级派出所”，先后获全国青年文明号、全国青年文明号十年成就奖、全国爱民模范先进集体、全国执法示范化单位等多项国家级荣誉，被誉为永州市公安机关的一面旗帜、英模的摇篮。2020 年 4 月，中央电视台播出一部纪实短剧《徐家井的故事》。其中的原型人物“全国优秀人民警察”李永华、“全国十大杰出女警”王恩琴、在基层蹲点的市公安局芝山分局局长贺石旺已经相继调离徐家井。在沉甸甸的历史荣誉面前，徐家井派出所的新老警察在成绩和荣誉面前没有止步，继承和发扬“徐家井精神”，在“人民警察为人民”的道路上砥砺前行。

2005 年，市委宣传部组织市直单位新闻媒体，集中宣传推介中国农业科学院祁阳红壤实验站。

中国农业科学院祁阳红壤实验站位于湖南省祁阳县文富市镇官山坪村，是中国农业系统唯一以南方 14 个省区 218 万平方公里的红壤为研究对象的实验站，也是中国农业领域建站时间最早、历史最悠久、唯一首批入选国家级重点野外台站的实验站。该站始于 1960 年的“低产田改良联合工作组”，1964 年改为祁阳科学工作站，土壤肥料与植物营养学家刘更另担任实验站首任站长。1989 年建立国家肥力与肥料效益红壤监测基地。2001 年被科技部列为湖南祁阳农田生态系统国家野外科学观测研究站。2005 年被列为农业部祁阳农业环境科学观测实验站。同年被评为湖南省十大新闻人物（集体）。2006 年被列为中国农业科学院祁阳红壤生态环境野外科学观测试验站。2007 年被列为国家水稻产业技术体系祁阳综合试验站。2011 年被列为国家生态系统观测研究网络平台祁阳共享服务站。2014 年入选国家农业科技创新与集成示范祁阳红壤站。

（二）先进个人典型

2001 年，推出道县检察院检察长付玲玲。是年 8 月 16 日，一歹徒为泄私愤，在道县平安加油站手拿炸药和打火机，企图炸毁加油站。因车祸正在家中养伤的付玲玲闻讯赶到油库现场，忍着伤痛冲上去，与歹徒斗智斗勇，趁机夺下歹徒手中的炸药和打火机，避免一场惊天大案的发生。市委宣传部组织市直媒体对付玲玲勇斗歹徒的事迹进行报道。其中通讯《英雄壮举撼潇湘》，在《永州日报》上刊出。付玲玲先后获得“中国十大杰出检察官”“全国见义勇为先进个人”“湖南省优秀共产党员”等称号。

2010年，推出全国司法干警的典范吴战保。2009年12月2日，永州监狱年仅26岁的狱警吴战保，在抗击甲流的战役中，倒在工作岗位上。2009年12月至2010年1月，市委宣传部组织市直新闻媒体对吴战保的先进事迹进行宣传报道。他的先进事迹经《永州日报》、永州电视台、永州人民广播电台宣传报道后，引起了市委、市政府领导的高度重视，在社会上引起强烈的反响。2010年2月25日，司法部和湖南省委在长沙举行吴战保先进事迹报告会，追授在抗击甲型HINI流感战役中积劳成疾牺牲在工作岗位上的永州监狱警察吴战保“全国司法行政系统一级英雄模范”“湖南省优秀共产党员”称号，并号召全国司法行政干警和全省广大党员干部向吴战保学习。

2010年，推出全国优秀纪检干部楷模王海洋。是年，永州市纪委常委、监察局副局长王海洋倒在工作岗位上，市委宣传部迅速组织省市媒体对其先进事迹进行宣传报道。省纪委、省委组织部、省委宣传部、省监察厅、省创先争优活动领导小组办公室、永州市委共同组织王海洋先进事迹报告团，在全省各市州进行巡回报告。根据省里安排，2010年12月4日报告团在永州会堂举行报告会，各县区党政、人大、政协主要负责人，市直副处以上单位主要负责人参加报告会。永州市纪委发出《关于向王海洋同志学习活动的通知》，省纪委、省监察厅发文，追授永州市监察局原副局长王海洋“优秀纪检监察干部”称号，并号召全省纪检监察系统向王海洋学习。

2010年，推出全国优秀检察干部蒋冬林。蒋冬林是永州市零陵区检察院民行科的一名普通干警。他用二十多年对检察事业的追求，展现当代检察干警忠诚、公正、清廉、文明的职业道德形象，赢得广大群众的普遍赞誉。他的先进事迹经《永州日报》、永州电视台、永州人民广播电台宣传报道后，在社会上引起强烈的反响。2010年，中央领导李长春、刘云山，湖南省委书记张春贤等先后作出批示，永州市委、市政府、湖南省检察院、湖南省委政法委先后作出向蒋冬林学习活动的决定，蒋冬林被最高人民检察院授予“全国模范检察官”称号，被湖南省人事厅、省委政法委评为“全省十杰政法干警”，并记一等功。通讯《清贫之中的坚守》在《永州日报》刊出。

2011年，推出“妈妈老师”盘晓红。盘晓红系蓝山县楠市镇中心小学副校长，中学高级教师，从教多年来，她始终在条件艰苦的农村工作，却无怨无悔，是一个对学生、学校、教育无私奉献的“阳光教师”。她的先进事迹经《永州日报》、永州电视台、永州人民广播电台宣传报道后，引起市委、市政府领导高度重视，省媒报道力度加大，在社会上产生强烈影响。2012年，盘晓红获得全国先进工作者、全国模范教师、全国中小学优秀班主任、全国“三八红旗手”等称号，获第三届全国道德模范提名奖，为评为湖南教育系统践行社会主义核心价值观先进典型。

2012年，推出扶贫模范蒋孔吉。蒋孔吉坚持十年扶贫，是扶一村富一村的全国扶贫先进典型。他是永州市商粮局机关老年协会会长、老年党支部书记，驻宁远县老屋场村建设扶贫工作队队员。2004年以来，他连续13年主动要求到农村扶贫，以服务群众、扎根基层、无私奉献的实际行动，诠释当代共产党人无私奉献和全心全意为人民的公仆情怀。52次获部、省、市嘉奖，8次立三等功。他的先进事迹经《永州日报》、永州电视台、永州人民广播电台宣传报道后，市委、市政府领导高度重视，省媒报道后，在社会上引起强烈的反响。蒋孔吉先后被评为市、省道德模范，省、市“优秀共产党员”“全国优秀共产党员”候选人，湖南省第十次党代会代表，“湖南省杨善洲式好党员好干部”“全省离退休干部先进个人”“全国扶贫先进个人”。

2012年，推出“森林守护神”余锦柱。余锦柱是江华瑶族自治县林业局尖子岭水口瞭望台护林员。他36年独守孤峰，被人们称之为“瑶山生态守护神”。为全面掌握管护区的情况，余锦柱利用雨天，翻越70多座高山，跨过3000多条峡谷，踏遍50多万亩林区，将管护区内的每座山头地点、地形、交通、劳力等情况摸得滚瓜烂熟。36年的准确测报，筑起一道森林“防火墙”，将无数次的森林火灾消灭在萌芽状态，挽回经济损失3000多万元。2014年，余锦柱坚守工作岗位，准确报告火情60多起，发现森林火灾2起。特别是2014年年初，江华县持续高温天气，森林火险居高不下，为确保森林资源安全，余锦柱担心刚上岗的儿子业务不熟，自己在瞭望台连续工作30多天，并又一次在瞭望台上度过春节，其间，准确报告火情28起，及时发现火灾2起，为扑救森林火灾提供时间上的保证。他的先进事迹经《永州日报》、永州电视台、永州人民广播电台宣传报道后，引起省、市领导和省媒、央媒的重视，进行深入报道。余锦柱先后获“湖南省劳动模范”“全国劳动模范”“林业英雄”等称号。2013年6月，余锦柱当选为中共十八大代表。

2014年，推出“全国模范检察官”陈运周。2014年8月1日，新田县检察院党组副书记陈运周因鼻咽癌医治无效不幸去世。陈运周铁拳反腐、清正廉洁、重病坚守工作岗位的先进事迹，感动新田县各级党政领导和普通百姓。市委宣传部得知这一情况后，组织市内媒体深入新田县采访，对陈运周的先进事迹进行集中有力度的宣传报道。2015年7月，中共永州市委作出“开展向陈运周学习的决定”；8月11日，湖南省检察院作出“开展向陈运周学习的决定”；11月18日，最高人民检察院追授陈运周为“全国模范检察官”；12月12日，中共湖南省委追授陈运周为“湖南省优秀共产党员”。

2015 年，推出湖南科技学院教授张京华。永州市委宣传部组织专人到湖南科技学院进行考察，组织市直媒体到湖南科技学院对张京华进行集中采访，市直主流媒体以《张京华：从北大到永州的“愚教授”》《张京华：来生依然做书生》《张京华：学者决战于千年之后》等为题对张京华进行集中报道。

第四节 宣传导向

一、工作机制

1997 年，市委宣传部设立对外宣传科，主要职责是围绕全市改革开放和经济建设做好对外宣传，向外推介永州市改革开放形势、经济建设各项优惠政策，为提高永州知名度进行宣传报道。

2002 年，市委关于市委宣传部的“三定”方案将对外宣传科升格为市委对外宣传办公室（加挂市人民政府新闻办公室的牌子）。

2003 年，市委成立全市外宣工作领导小组，市直成员单位有市委办、市政府办、市委宣传部、市委统战部、市委外宣办、市政府新闻办、市发改委、市经委、市教育局、市科技局、市民宗委、市公安局、市国安局、市司法局、市财政局、市信息办、市商务局、市文化局、市卫生局、市计生委、市广电局、永州日报社、市外事局、市工商局、市体育局、市旅游局、市台办、市侨联、市保密局。县区成员单位：冷水滩区委外宣办、零陵区委外宣办、祁阳县委外宣办、东安县委外宣办、双牌县委外宣办、道县县委外宣办、江永县委外宣办、江华瑶族自治县委外宣办、宁远县委外宣办、蓝山县委外宣办、新田县委外宣办。

2004 年，市委宣传部印发《关于建立新闻发布制度和设立新闻发言人的意见》，在全市逐步形成组织健全、职责分明、管理集中、运转高效的新闻发布制度和新闻发言人制度。相关制度明确规定，涉及全市性的新闻发布，均应在市委宣传部的指导和管理下，以“永州市人民政府新闻办公室新闻发布会”的形式进行，邀请市领导、市政府各部门及有关单位负责人或新闻发言人介绍或发布各类重要信息，并回答记者的提问。市直各部门、各县区人民政府在长沙（含市外）举办新闻发布会，需提前向市委宣传部、市人民政府新闻办公室申报，经批复后方可举行。对未经批准擅自举办新闻发布会的单位，由市委宣传部、市政府新闻办公室负责查明情况，并通知其主管部门按有关规定处理；对违规派记者参加未经批准的新闻发布会的新闻单位，由市委宣传部、市政府新闻办公室按有关规定处理。同年，还制定下发《永州市突发公共事件新闻发布应急预案（草案）》，初步明确应急指挥体系及职责、新闻发布应急响应分级、新闻发布应急响应及后期处置、应急保障等措施。

2006 年，市委宣传部先后制定下发《关于进一步规范新闻管理制度的意见》等三个规范性文件，市政府印发《永州市人民政府新闻发布工作暂行办法》，健全新闻例会、新闻通气、新闻调度、战役报道、典型宣传等制度。是年，市委宣传部下发《关于进一步规范各县区对外宣传机构、各县区新闻网站（网页）的意见》，统一规范各县区对外宣传机构名称，明确主要职责为：一是贯彻落实党委、政府对外宣传方针政策，研究提出对外宣传总体规划，负责指导、协调对外宣传工作，组织实施对外宣传的重大战役及对外新闻发布；二是负责中央、省对外新闻单位和来访记者的采访联系工作；三是归口管理、组织、协调、指导全市对外宣传品的开发、制作和发送；四是组织和主持政府对外新闻发布会，协调、帮助新闻发言人的对外发布工作；五是负责互联网新闻宣传的管理和监控，配合上级外宣部门和有关部门查处违规违纪网站和非法新闻网站，开展网上阅评活动，正确引导社会舆论；六是负责当地新闻网页的建设、管理和维护，为上级新闻网站做好新闻传送和发布工作。并对新闻网站网页建设、设备配置、网络评论工作提出具体要求。

2008 年，永州市委、市人民政府制定下发《永州市突发事件新闻发布实施细则》，2011 年，进一步完善突发公共事件新闻报道应急机制，制定下发《突发公共事件新闻报道应急办法》《突发公共事件新闻报道实施方案》《突发公共事件新闻报道应急机制工作流程》等文件，建立起与社会转型期相适应的突发事件舆论引导工作机制。

2012 年，中共永州市委办公室、永州市人民政府办公室联合下发《关于进一步加强新闻发布工作的意见》《关于进一步完善新闻发言人制度的意见》，要求进一步建立健全党委、政府新闻发布制度、新闻发言人制度，推动全市新闻发布工作逐步纳入制度化、规范化轨道。同年，中共永州市委办公室、永州市人民政府办公室分别印发《永州市国家工作人员网络行为规范暂行办法》和《关于进一步加强和改进突发事件新闻发布和舆论引导工作的意见》两个文件，进一步规范全市国家工作人员的网络行为，建立健全突发事件舆论应急机制，明确新闻发言人和网络新闻发言人制度。

二、推介活动

1996年，分别在《人民日报》《求是》《人民论坛》《湖南日报》《光明日报》《中国经济时报》《参考消息》《新华每日电讯》《香港商报》《香港中外经济》《深圳特区报》《深圳商报》《湖南画册》《湖南新闻图片报》《湖南工人报》等报刊上重点刊登宣传永州的专版和文字图片报道；拍摄《锦绣潇湘——来自湖南永州的报道》《开放的永州市》等电视专题外宣片（3部，共40多分钟，分别在中央电视一台、二台和四台，湖南电视台，广东电视台播放，其中由市委书记邹金鹫题写片名的宣传片《锦绣潇湘》，通过中央电视台4套卫星节目向亚洲地区播放，12月下旬送往美国芝加哥熊猫电视台参加国际电视展播），此外，还配合中央电视台、北京大学联合摄制大型电视系列片《中华文明之光——柳宗元》，编辑出版《中国湘南改革开放试验区——永州市》大型画册，以此将永州的区位优势、产品优势、投资环境宣传出去，让海内外详细地了解永州、认识永州。1997年，先后在香港《镜报》月刊、香港《大公报》、《人民日报》（海外版）、《中国图片报》、《湖南与世界》等十多家境内外报刊发表宣传永州改革开放成就和投资环境的新闻图片报道80余篇（幅），其中香港《镜报》月刊在是年7—11月间集中发表宣传推介永州的文章10篇、图片30幅。日本爱斯柯株式会社驻厦门办事处主任加留吕寿，看到7月号《镜报》刊登的记者专访市委书记邹金鹫的文章《永州实施“大郊区”战略》后，将永州独特的区位优势、资源优势和良好的投资环境介绍给日本中央化学董事长渡边浩二，并于8月赴永州对竹林资源进行实地考察。9月3日，在“湘交会”上加留与凤凰园开发区签订独家投资600万美元开发永州竹制食品容器的项目。与此同时，组织人员拍摄制作《九嶷山》《武在东安》等外宣电视专题片，分别在欧洲东方卫视和美国熊猫电视台播出，受到国外观众的喜爱。仅该年“湘交会”期间，永州市就签订招商引资合同46个，合同总投资金额为2.68亿美元，合同利用外资1.56亿美元，一个开放、文明的永州新形象已初步树立。1998年，在纪念改革开放20周年之际，先后三批邀请省级、中央级新闻单位到永州进行改革开放20周年、大郊区战略为主题的系列新闻采访报道活动，在省以上媒体刊播宣传永州的新闻稿件近400篇，在中央各新闻单位发稿60余篇，其中新华社通稿《永州市精神文明建设创佳绩》、新华社对永州水淹区扶贫的报道、中央电视台的《两广大郊区》《永州农业综合开发》和广东、珠江卫视播出的《在开放中崛起的永州》专题报道影响较大。围绕永州市“1998深圳招商周”“1998全国中西部经济技术洽谈会”等重大招商经贸活动，先后在香港《大公报》、《文汇报》、《香港商报》、《香港经济导报》、《深圳特区报》等报刊组织专版6个，发表各类宣传推介永州的报道102篇、图片83幅，发送各类画册及资料3000余册。此外，还在新华社《走向世界的中国》一书中组织专版12个。在国家级大型对外刊物《今日中国》组织专版4个，并以多种文字发行到140多个国家和地区。外宣专题片《九嶷山》《柚乡农家》还在美国熊猫电视台、法国东方卫视台播出。全年签订引资项目85个，总投资2.53亿美元，其中引进外资2.24亿美元。1999年，加大对外宣传力度，拓展对外宣传空间。继续组织美国熊猫电视台、法国东方电视台外宣片的宣传和香港《大公报》永州新闻专版，以及《中国日报》《中国经济时报》《今日中国》《湖南与世界》等大型外宣报刊的对外宣传报道，刊播稿（片）200余件。

2000年5月，开通中国永州国际互联网站。中国永州网以"永州新闻"为中心，共开辟26个栏目，制作发布网页420个，发布文字信息8万字，图片120幅，发布和转发新闻295条，其中永州新闻186条。收到日本、美国等国内外电子邮件200多封，日访问量近100人次，全年访问量达2.3万人次，被省外宣办评价为信息量最丰富、访问量最大、影响最广泛的市州政府新闻网。同年，配合全市社会各界公祭舜帝陵活动，共组织有关部门制作对外宣传品11种，共计4万余册，发送和发售外宣品1.86万册，不少直接送到国外，提高永州的知名度。其中画册《九嶷山》、图书《舜裔源流》《九嶷山览胜》、折页《永州名胜风光》、资料《2000年永州投资指南》、电视风光片《九嶷山》等传播四方，影响很大。2002年，组织市直新闻单位登录"红网"，并将永州新闻网更名为永州网，进行全面改版，使主页面更加美观，设置更加完备，全年共发布有关永州的头条新闻600余篇（幅），发布一般永州新闻800余篇（幅），收到各类反馈信息1000多条，牵头组织相邻省（区）如广西桂林、贺州和广东清远等地与永州市的新闻单位进行的友好协作采访活动，加强与周边地市宣传部门的合作与交流，实现对外宣传的资源整合共享。2004年，借助上级媒体，加强与港澳台等地区媒体的合作，积极发展互联网新闻宣传，统筹规划外宣品的制作和发放，使全市的五大外宣工作平台的逐步建立健全，初步构建外宣工作大格局。省级和中央媒体共刊发宣传永州的稿件680多篇，特别是专题片影响尤为突出，全市共召开新闻发布会12次，其中在长沙举办4次。中央电视台中文国际频道《走遍中国》栏目组到永州拍摄《九嶷山舜帝陵》《女书》《上甘棠》《千家峒》《柳宗元》等七集电视专题片，每期30分钟，在中央电视台中文国际频道播出后影响很大。中央电视台国防军事频道、中央电视台科教频道、海南卫视、山东卫视、新疆卫视、浙江卫视等媒体先后到永州市拍摄永州文化旅游电视专题片。《中国城市新闻报·永州文化旅游专刊》《家园·永州》《舜风》《甲申年公祭舜帝陵大典》等外宣精品的出版，中国阳明山杜鹃花摄影大赛和"永州移动杯"摄影大赛的举办，“厦交会”“湘交会”“欧洽会”上招商宣传的开展，新华社、凤凰卫视等境内外媒体对 2004 年公祭舜帝陵活动和古舜陵庙遗址发掘的宣传，特别是从 9 月开始永州市有史以来第一次在中央电视台《天气预报》栏目中播出永州天气预报，提高了永州在全国知名度。

2005 年，精心组织省政府公祭舜帝大典现场直播、“走进大湘南”、第二届中国网络媒体湖南行、舜帝文化万里行、台湾媒体“永州古文化”之旅、江华瑶族自治县成立 50 周年庆典等大型主题活动，湖南阳明山杜鹃花旅游文化节、“港洽周”招商宣传等重大外宣活动，邀请境外媒体宣传报道。香港《文汇报》《镜报》、新加坡《联合早报》、美国《侨报》、凤凰卫视等境外媒体对省公祭舜帝大典进行宣传。是年，有 120 多篇永州市稿件被中央、省级主要新闻媒体采用，其中《人民日报》58 篇，中央电视台 25 篇，《湖南日报》A1 版头条 18 篇，湖南卫视 98 篇。同年 7 月 20—27 日，市潇湘艺术团代表湖南到澳门、香港参加宋庆龄基金会举办的艺术大赛，共获 4 个金奖。11 月中旬，组织舜德文化艺术团赴新加坡、马来西亚、泰国进行文化交流和巡回演出，进一步扩展舜文化影响力。此外，编辑出版《锦绣潇湘・走进永州》《舜风》《永州辉煌十年》等一批精品。双牌、零陵、江华、江永、道县等县区编辑出版一批反映当地特色的风光信封、明信片、挂历。2006 年，围绕重大经贸文化活动组织宣传工作。组织首届阳明山“和”文化旅游节、世界水球联赛、中博会、全国少儿乒乓球锦标赛、市政府公祭舜帝大典、江华首届民族民间文化节等六个外宣活动，策划中央媒体湖南体育行、省直媒体永州旅游行两次专题采访，邀请国外和中国港澳地区主流新闻媒体到永州采访报道，发稿 105 篇。市财政拨专款 40 万元为红网永州新闻网站采购一套全新的网络电脑设备和视频直播设备，永州新闻网全新改版，增加频道，全年发稿 8000 多条。永州新闻网宁远、祁阳、新田、蓝山、双牌、冷水滩等网页相继建立，并与红网永州站连接为一个网。冷水滩少儿艺术团赴美国演出，县区宣传部部长赴欧洲考察外宣工作。2007 年，认真组织第二届阳明山“和”文化节、第四届“珠洽会”、永州香港招商周、全国道德模范评选活动、“6・7”特大洪涝灾害、江华 100 周年诞辰、“白沙・迎奥运五环潇湘行暨永州市少数民族运动会”开展宣传报道，境内外媒体共刊发报道永州的稿件 1260 篇。借助涉外部门和人员宣传永州，编辑出版中英文《中国永州》宣传手册和《永州旅游指南》，经贸、科技、旅游等涉外部门和出国出境的永州公民随身携带，有针对性地赠送。零陵、江永、双牌等县区还印制挂历、台历、贺年卡，开展对外宣传。

2008 年，以中博会、沪洽周、深洽周、纪念陶铸 100 周年诞辰、迎奥潇湘五环行等重大经贸文化活动为依托，加强对外宣传工作。制作《永州之野》《神奇的永州》等一批宣传品推介永州。2009年，围绕省“港洽周”、市“东莞洽谈会”、中国阳明山和文化节等重大经贸和文化活动，精心谋划市直、省直、港媒和深圳媒体的对外宣传报道，相继在《香港商报》、香港《大公报》、《湖南日报》推出专版专栏。按照“高规格、小规模、大宣传、大影响”的要求，精心组织省政府公祭舜帝大典的对外宣传，境内外30多家媒体200名记者参与报道，省四大主流媒体进行同步直播，湖南卫视国际频道联合泰国中文电视台、美国多元文化集团下属六大华语频道实现全球直播，共刊发消息150篇，制作光碟10万个。是年，在省以上主要媒体上稿240篇。永州新闻网第四次全新改版，新增4个网页，开设18个频道、180个子栏目和13个县区（管理区）网页，新闻量增加30%以上，在省以上网媒上稿增加40%，扩大永州对外影响。2010年，以节庆活动为平台，对外推介永州。在2010年宣传节会上，成功组织第四届阳明山“和”文化旅游节暨杜鹃花会、世博会湖南周永州城市日暨招商推介会、永州走进东盟国际推介会、中国“女书习俗”抢救保护研讨会、永州经济社会发展情况汇报会暨北京永州商会揭牌仪式、第五届柳宗元国际学术研讨会等活动的宣传，共邀请和接待境内外媒体350家次，发稿1100余篇。特别是8月底相继在北京召开的永州走进东盟国际推介会、中国“女书习俗”抢救保护研讨会、永州经济社会发展情况汇报会暨北京永州商会揭牌仪式，《人民日报》、新华社、中央电视台、《光明日报》、《中国青年报》、《中国妇女报》、《新京报》、《湖南日报》、北京电视台、湖南电视台等主要央媒、省媒对三个活动进行现场报道，人民网、凤凰网、中国日报网、网易网、红网、华声在线等网络媒体对三个活动的报道进行转载；组织参与“2010中国城市榜——全球网民推荐的中国旅游城市”网络互动活动，除积极向主办方沟通联络，报送永州的宣传资料外，还开展“2010中国城市榜——让世界了解永州”网民投票活动。由于组织得力，永州最终入选50个入围城市。是年，结合永州至北京、永州至昆明、永州至深圳航线开通等重大工作和事件，在北京、上海、深圳、昆明和长沙举行新闻发布会7次，在市内举行新闻发布会20多场。组织市潇湘艺术团参加台湾“阿里山杯”音乐舞蹈艺术大赛，获得表演最高奖和组织金奖。

2011年，制作发行——《魅力永州》邮册，举办第五届阳明山“和”文化节、两岸阳明山旅游合作与发展论坛、粤港澳和长三角招商活动的宣传报道，组织“热土潇湘永州行”“飞越潇湘”航拍等主题外宣活动，展示永州的良好形象。2012年，重磅打造“品读永州”大型综合文化品牌，推出“食在永州365”饮食文化片和“今日永州”系列宣传专版，制作《锦绣潇湘·诗画永州》《水云潇湘》等，策划阳明山“和”文化旅游节、省政府公祭舜帝大典等重大活动专题宣传，组织“百年大公看湖南——2012年港媒高层永州行”“喜迎十八大——走基层·行进中国”“湘当有味”等主题宣传，参加“2012中国城市榜·全球网民推荐的中国最具创意名城”评选并入围20强。4月19日，应邀参加在美国纽约联合国总部举办的为期12天的第三届“联合国中文日”习俗文化展，江永女书被美国最大的社区图书馆收藏，十多家国内外媒体进行报道。副市长刘尤碧率队，市委宣传部常务副部长周明礼、市文广新局局长李小星、江永县有关人员参加。音乐家谭盾担任女书习俗申遗大使和女书文化艺术传承大使。

2012年4月19—30日，参加联合国女书作品展览的代表团人员

2014年，借助“永州入选中国幸福城市20强”的有利时机，策划组织一系列省内外和境外媒体的宣传报道，让“幸福城市”成为永州对外宣传的一张亮丽名片。全年在中央、省级主流媒体发稿1000余篇，其中湖南卫视发稿总时长、综合排名均居全省第一。2015年，围绕深入实施“四个三”工作部署，召开新闻发布会32场。中央电视台中文国际频道拍摄《远方的家——湘江源头看永州》专题片，《人民日报》（海外版）5版头条推介永州市市阿里农村淘宝工作经验。全年在省级以上主要媒体上稿1400余篇，其中，中央主要媒体220余篇，《湖南日报》头版头条13篇，市州头条39篇；特别是在湖南卫视《湖南新闻联播》发稿总时长和总条数稳居全省市州之首，发稿时长50分钟。

三、采访活动

2015年，邀请新华社、《人民日报》、中央电视台、《湖南日报》、《光明日报》、《香港商报》等中央、省以及境外新闻机构的记者到永州采访，在《人民日报》《求是》《光明日报》《经济日报》《新华每日电讯》《中国经济时报》等中央和国家新闻媒体刊登稿件160篇、图片30多幅，其中《人民日报》发稿19篇，《求是》2篇，《光明日报》《中国经济时报》头版头条各3篇；在《湖南日报》发稿1200多篇，其中头版头条17篇，在中央电视台、湖南电视台、湖南人民广播电台等省以上电台、电视台播放新闻稿件80多条。

1998年，抓住纪念改革开放20周年之际，大作宣传文章，先后三批邀请省级、中央级新闻单位到永州进行改革开放20周年、大郊区战略为主题的系列新闻采访报道活动，在省以上媒体刊播宣传永州的新闻稿件近400篇，在中央级新闻单位发稿60余篇，其中有新华社通稿《永州市精神文明建设创佳绩》、新华社对永州水淹区扶贫的报道、中央电视台的《两广大郊区》《永州农业综合开发》和广东、珠江卫视播出的《在开放中崛起的永州》。

2000年9月7日，接待中央、省，以及港澳台新闻单位记者等100余人，在宁远采访永州市公祭舜帝陵活动。

2001年10月24日，省直新闻单位和中央驻湘新闻单位组成采访团到宁远采访九嶷山旅游文化节。

2002年7月2日，湖南卫视、湖南经视、湖南都市三台派记者组到永州市采访抗洪抢险工作。7月9日，省委宣传部组织新华社、中新社、《法制日报》及省内各主要新闻媒体典型报道采访团，到江永采访已故法院副院长谢云峰的先进事迹。8月19—22日，省内外多家媒体60多名记者到永州采访“永州国际柳学研讨会”。是年，先后邀请香港凤凰卫视、香港《大公报》、《香港商报》、香港亚洲电视台、香港商业电台等境外媒体到永州采访，还与新华社香港分社《中国市场》杂志社合作编辑《永州特刊》，全面向外推介永州新形象。全年共接待上级到永州采访的记者达380多人次，开展集中报道活动16次，其中影响比较大，规格比较高的：中央电视台到永州市拍摄《永州古文化》，新华通讯社湖南分社副社长于磊焰率领的采访组到永州市采访舜文化、女书文化、稻作文化、瑶族文化，湖南卫视组织的大型直播专题节目《让历史告诉未来——潇湘纪行》，湖南卫视、湖南经视、湖南都市以及香港凤凰卫视组成的“永州抗洪救灾保丰收”联合采访组。

2003年11月3—7日，全国首届“舜文化与中华道德文明”理论研讨会在永州召开，全国各地的专家学者和省市有关领导共120人参加会议。新华社、《人民日报》（海外版）、中新网、湖南卫视、红网、南方报业、《香港商报》、《湖南新闻图片报》、湖南在线、星辰在线和《湄公河》杂志等中央驻湘、省外和省直新闻单位30多名记者到永州采访报道。

2004年3月1—4日，全省贯彻中央一号文件精神新闻采访团到永州市，对宁远、道县、江永、冷水滩等县区进行采，并专访市委书记曾庆炎。3月，中央电视台海外中心记者梁钢到永州，筹划拍摄《走遍中国——永州篇》。摄制组7名记者分赴宁远、芝山、江华、道县、江永等地，进行为期10天的采访，编辑7集共210分钟专题片，5月17日起在中央电视台中文国际频道连续播出。是年，香港《文汇报》《镜报》、凤凰卫视等境外媒体对由世界舜裔宗亲联谊会与市政府联合举办的2004年公祭舜帝陵活动和古舜陵庙遗址发掘进行宣传。

2005年4月11—15日，湖南卫视《走进大湘南》摄制组一行50人到永州，采访拍摄《走进大湘南永州篇——潇湘源动》，市委书记曾庆炎给予高度评价。是年，邀请香港《文汇报》《镜报》、新加坡《联合早报》、美国《侨报》、凤凰卫视等境外媒体对省公祭舜帝大典进行广泛宣传；组织“海峡两岸新闻媒体永州行”活动，邀请两岸主流媒体对永州古文化进行联合采访；凤凰卫视《远见中国》栏目组和中央电视台《搜寻天下》节目组到永州市拍摄名山、名水、名城、名人，全面推介宣传永州；同年11月，举办《锦绣潇湘——走近永州》画册首发式。

2006年，利用首届阳明山“和”文化旅游节、世界水球联赛、中博会、全国少儿乒乓球锦标赛、市政府公祭舜帝大典、江华首届民族民间文化节等节会活动，邀请国外和港澳地区主流新闻媒体采访报道，发稿105篇。

2007年，认真做好奥运会及其筹备期间国外境外记者入境采访全面放开有关工作，推进国外、境外记者到永州采访的“采访线工程”建设，将“采访线工程”汇编成一本册子，制作成一个DVD光盘，积极向外推送。12月15—17日，中央新闻采访团到永州市采访报道中共十七大精神学习宣传贯彻情况。

2009年，按照“高规格、小规模、大宣传、大影响”的要求，精心组织省政府公祭舜帝大典的对外宣传，境内外30多家媒体200名记者参与报道，省四大主流媒体进行同步直播，湖南卫视国际频道联合泰国中文电视台、美国多元文化集团下属六大华语频道实现全球直播，共刊发消息150篇，制作光碟10多个。策划组织“深港澳媒体永州行”、省直新闻媒体“坚定信心保增长——走进永州暨春游潇湘”“发现永州·寻梦永州”等主题外宣活动。

2010年，成功举办“《湖南日报》永州行”和第二届“粤港澳媒体永州行”活动。

2012年，借香港《大公报》成立110周年之际，邀请香港媒体高层聚焦湖南宣传永州，扩大永州知名度和美誉度。6 月 10—30 日，省委宣传部组织“走进湘南承接产业转移示范区”大型采访活动，采访报道永州大力推进国家级承接产业转移示范区建设的成效和经验。6 月 30 日至 7 月 1 日，12 家中央、省、市以及境外媒体记者，到江永黄家村采访“5·13”洗泥节系列文化活动成果。

2013 年，组织“投资湖南”和“2013 世界华文媒体高层湖南行”大型采访团走进永州，举办“探秘湘江源”、孝文化节等活动。

2014 年，中央电视台中文国际频道栏目组到永州采访，制作播出《湖南涧岩头——和合湘乡》专题片，讲述零陵区涧岩头村的传统农耕文化和周家大院的厚重历史；《快乐汉语》栏目制作播出《神秘舜帝陵庙》《神秘鬼崽岭》《江华瑶族度戒》《神奇女书》《永州异蛇》等五集旅游专题片。12 月，配合做好由湖南省文化厅、湖南日报报业集团主办，华声在线承办的湖南省第四届网络文化节之“寻找最美湖乡”活动，邀请人民网、新浪网等十多家媒体记者走访零陵区富家桥镇涧岩头村，并在人民网、新浪网、《湖南日报》等多家媒体发稿推介涧岩头村，该村也在此活动中获评“湖南最具人文风情古村落”。

2015 年，围绕深入实施“四个三”工作部署，主动设置议题，召开新闻发布会 32 场。永州元素——道县玉蟾岩遗址古栽培稻、江永女书亮相米兰世博会；阳明山“和”文化节、省政府公祭舜帝大典、江华瑶族自治县成立 60 周年暨瑶族盘王节等重大节庆活动吸引众多媒体聚焦永州。4 月 28 日，第八届中国·阳明山和文化旅游节暨海峡两岸经贸交流活动举行，邀请人民网、中新社等中央媒体和台湾东森电视台等境外媒体进行宣传报道，中国网、新浪网、凤凰网、光明网、红网等多家网站对活动同步报道。

四、赴京赴省重大活动

2005 年 7 月 14 日，市委、市政府在长沙召开“社会各界公祭舜帝大典新闻发布会”。省领导蒋建国、许云昭、王克英出席，市领导曾庆炎、李良铁、赵清茂参加，8 月 20 日，“舜帝文化万里行”大型主题宣传活动在北京慕田峪长城启动。刘波领队，湖南卫视、经视、湖南人民广播电台、红网等媒体记者和北师大博导李雅田教授等 19 人组成的考察团，经北京、河北、河南、安徽、山东、浙江、江苏、福建、广东等省市，纵横 7000 多公里，沿途考察报道舜帝南巡经过的地方。

2006 年，市委、市政府在北京人民大会堂举办 2016 世界水球锦标赛新闻发布会，国家体育总局副局长段世杰、省委宣传部副部长李凌沙等领导出席，中央电视台、北京电视台、中央人民广播电台、新华社、《人民日报》等 45 家央媒、省媒及凤

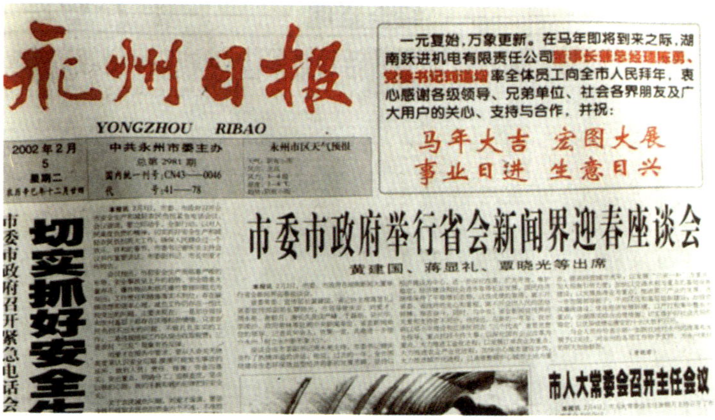

永州日报

YONGZHOU RIBAO

2002年2月5 星期二

中共永州市委主办

一元复始，万象更新。在马年即将到来之际，湖南跃进机电有限责任公司董事长兼总经理陈勇、党委书记蒋道增率全体员工向全市人民拜年，衷心感谢各级领导、兄弟单位、社会各界朋友及广大用户的关心、支持与合作，并祝：

马年大吉 宏图大展

事业日进 生意日兴

市委市政府举行省会新闻界迎春座谈会

黄建国、蒋显礼、覃晓光等出席

切实抓好安全生

市委市政府召开紧急电话会

市人大常委会召开主任会议

2002年2月6日，《永州日报》对市委、市政府在长沙举行省会新闻界迎春座谈会的报道

永州日报

中共永州市委主办

国内统一刊号 CN43—0046

代 号 41—78

2006年8月9日 星期三 总第2559期 丙戌年七月初十

全面彻底完成拆迁任务 确保工程如期动工

扬舜帝精神 做道德文章

市委市政府在长沙举行公祭舜帝陵新闻发布会

市农村信用合作联社成立

2006年8月9日，《永州日报》对市委、市政府在长沙举行公祭舜帝陵新闻发布会的报道

凰卫视等9家境外媒体竞相报道。

2010年，结合永州至北京、永州至昆明、永州至深圳航线开通等重大工作和事件，在北京、上海、深圳、昆明和长沙举行新闻发布会7次，在市内举行新闻发布会20多场次。在文化交流上，组织市潇湘艺术团参加台湾阿里山杯音乐舞蹈艺术大赛，获得表演最高奖和组织金奖。特别是8月底相继在北京召开的永州走进东盟国际推介会、中国“女书习俗”抢救保护研讨会、永州经济社会发展情况汇报会暨北京永州商会揭牌仪式，《人民日报》、新华社、中央电视台、《光明日报》、北京电视台、《中国青年报》、《中国妇女报》、《新京报》、《湖南日报》、湖南电视台等主要央媒、省媒对三个活动进行现场报道，人民网、凤凰网、中国日报网、易网、红网、华声在线等网络媒体对三个活动的报道进行转载。

2012年，市委、市政府参加“2012中国城市榜全球网民推荐的中国最具创意名城”评选并入围20强颁奖活动、“女书习俗展演”在联合国总部举行的第三届“联合国中文日”上展出活动，并举行新闻发布会。

2001—2014 年永州市外宣新闻座谈会一览表

表 1-6

时间	地点	参加人员
2001 年 1 月 11 日	长沙蓉园宾馆 4 号楼	邹金鹭、刘爱才，省会记者 60 余人
2002 年 2 月 2 日	长沙蓉园宾馆 4 号楼	邹金鹭、刘爱才，省会记者 60 余人
2003 年 1 月 20 日	长沙	唐之享、许云昭、曾庆炎、刘爱才、谢朝月、蒋桃生、李良铁及省会记者 80 余人
2004 年 1 月 12 日	长沙	曾庆炎、刘爱才、谢朝月、李良铁和中央、省直新闻单位负责人覃晓光、侯严峰、李凌沙、于磊焰、王维、欧阳常林等，省会记者 60 余人
2005 年 1 月 28 日	长沙	曾庆炎、刘爱才、李良铁，省会记者 60 余人
2005 年 7 月 14 日	长沙	蒋建国、许云昭、王克英、曾庆炎、李良铁、赵清茂，省会记者 40 余人
2006 年	北京人民大会堂	国家体育总局副局长段世杰、省委宣传部副部长李凌沙；新华社、《人民日报》、中央电视台、中央人民广播电台等 45 家央媒、省媒及凤凰卫视 9 家境外媒体记者
2007 年 1 月 26 日	长沙	唐之享、曾庆炎、龚武生、李良铁、陈金荣，省会新闻单位负责人及记者 60 余人
2007 年 3 月 27 日	长沙	省会新闻界负责人及记者 70 余人
2008 年 1 月 17 日	长沙	曾庆炎、李良铁、龚武生、陈金荣、董石桂，央媒、省媒负责人及记者 110 余人
2009 年 1 月 10 日	长沙九所宾馆	唐之享、谢勇，省会新闻单位负责人及记者 60 余人
2010 年	北京、上海、深圳、昆明、长沙、永州	新华社、《人民日报》、《光明日报》、《中国青年报》、中央电视台、《湖南日报》、湖南电视台、人民网、凤凰网、网易等央媒省媒负责人及记者等 1600 余人
2011 年 1 月 17 日	长沙	驻湘新闻单位负责人、永州市领导、新闻记者 80 余人
2012 年 1 月 8 日	长沙	省领导、市领导，中央驻湘媒体及省媒体记者 50 余人
2013 年 1 月 23 日		石艳萍、罗双，全省会媒体及香港《大公报》记者 100 余人
2014 年 1 月 25 日	深圳	省领导，市领导，广东及深圳媒体记者 70 余人
2014 年 3 月 4 日	北京	新华社副社长路建平、中国文联书记处书记罗成琰、中国书协主席张海、省委宣传部副部长魏委，市领导陈文浩、石艳萍，新华社、人民网、《中国日报》、中国网、网易、搜狐等 90 余家媒体领导及记者 160 余人

2000—2015 年中共永州市委新闻发言人一览表

表 1-7

	姓名	性别	职务
新闻发言人	蒋井泉	男	市委副秘书长、政研室主任
发言人助手	蒋洪波	男	政研室调研科科长
发言人联络员	左亚军	男	市委外宣办负责人

2000—2015 年永州市人民政府新闻发言人一览表

表 1-8

	姓名	性别	职务
新闻发言人	王衡平	男	市政府副秘书长
发言人助手	乐家茂	男	综合信息室主任
发言人联络员	左亚军	男	市政府新闻办负责人

2000—2015 年永州市市直单位新闻发言人一览表

表 1-9

序号	单位	发言人	职务	发言人助手	职务
1	市水利局	黄保平	党组副书记、副局长	李国旗	办公室主任
2	市科学技术局	廖毅	党组书记	唐陶庆	办公室副主任
3	市工商行政管理局	韩顺华	副局长	黄绍辉	办公室主任
4	市人口计生委	蒋陆阳	副主任	曾祥任	科长
5	市城管执法局	雷廷玉	党组书记、局长	郑文辉	办公室主任
6	市文广新局	李小星	局长	贺义辉	办公室主任
7	市交通运输局	姜跃进	副局长	李建勋	副主任科员
8	市畜牧水产局	唐慧稳	党组成员、副局长	唐利华	办公室主任
9	市民政局	顾晓姣	副局长	唐楚华	办公室主任
10	市食药监局	唐国峰	副局长		
11	市民宗委	李农妹	主任	何　冰	办公室主任
12	市国土资源局	李文乾	副局长	汤　莉	办公室主任

续表 1-9

序号	单位	发言人	职务	发言人助手	职务
13	市统计局	肖飞鹰	总统计师	周中辉	副科长
14	市卫生局	王群路	副局长	王朝晖	办公室主任
		赵承保	副局长	刘理刚	食卫科科长
15	市国资委	陈荣光	副主任	杨祥章	办公室主任
16	市粮食局	李旦梅	局长	陈启田	办公室副主任
17	市财政局	杨军元	党组书记、局长	张志海	办公室副主任
18	市质量技术监督局	唐彧	副局长	陈宏毅	综合科科长
				孙中文	办公室主任
19	市审计局	王平波	副局长	周波	科长
20	市商务局	吴小芳	副调研员	王零华	办公室主任
				罗　杰	办公室副主任
21	市教育局	何宁	副局长	唐三毛	办公室主任
22	市城市园林局	陈跃峰	副局长	唐荣超	办公室主任
23	市房产局	高武	副局长	周晓文	办公室主任
24	市司法局	姜宁波	副局长	李俊雄	办公室主任
25	市农机局	蒋华权	副局长	李本杜	办公室主任
26	市人防办	左秋玲	党组成员、纪检组组长		
27	市旅游局	龙向洋	局长	唐厚平	综合科科长
28	市林业局	胡向红	党组成员、总工程师	滕洲	办公室主任
29	市住建局	李黎武	副局长	唐青松	办公室主任
30	市移民局	周智亮	局长、党组书记	卢兆盛	副调研员
31	市发改委	周乾兴	副主任	唐习文	综合科科长
32	市体育局	赵月辉	党组成员、副局长	肖小柳	办公室主任
33	市安监局	韩俊民	党组成员、总工程师	何新成	综合科科长
34	市物价局	李爱玲	党组副书记、副局长	杨思九	综合法规科科长
35	市供销社	雷治贵	副主任	蒋茂华	综合科科长
36	市人社局	蒋新山	副局长、党组成员	吴嘉	综调室主任
37	市经信委	李社光	副主任	唐美凤	综合科长
38	市公路局	郭时江	副局长	蒋华清	办公室主任
39	市环保局	周治水	副局长、党组成员	蒋爱民	自然保护科科长
40	市农业局	周善生	局长、党组书记	吕平源	办公室主任

2000—2015 年永州市各县区新闻发言人一览表

表 1-10

县区	单位	发言人	职务
冷水滩区	区委	秦功智	区委副书记
	区政府	刘勇会	区委常委、区政府常务副区长
零陵区	区委	盘志元	区委常委、宣传部部长
	区政府	唐富荣	区委常委、常务副区长
祁阳县	县委	邓晓阳	县委常委、县委办主任
	县政府	唐明生	政府办主任
东安县	县委	欧阳冬子	县委常委、宣传部部长
	县政府	涂世国	县政府副县长
双牌县	县委	秦小国	宣传部部长、县委办主任
	县政府	袁湘	政府办副主任
新田县	县委	梁剑	县委办公室副主任
	县政府	黄向法	政府办公室副主任、人民防空办公室副主任
江永县	县委	卢文庆	县委常委、宣传部部长
	县政府	刘建能	副县长、公安局局长
江华县	县委	杨茂盛	宣传部副部长
	县政府	蒋道明	县政府办公室副主任
道县	县委	李林	县委常委、宣传部部长
	县政府	蒋燕飞	县委常委、常务副县长
蓝山县	县委	谭立宏	县委副书记
	县政府	黄小兵	副县长、公安局局长
宁远县	县委	蒋良铁	县委副书记
	县政府	唐慧云	县委常委、常务副县长
金洞管理区	党委	奉付成	党政办公室主任
	区行政	陈建军	宣传部部长
回龙圩管理区	党委	欧阳群松	党委委员
	区行政	周礼才	党委委员、管委会副主任

第五节　舆情管理

一、工作机制

2004—2005 年，建立涉永州舆情主动发布制度，建立网评员队伍，创办《涉永舆情摘报》，出版 12 期。

2007 年，出台《永州市突发公共事件新闻发布应急预案》，市委宣传部牵头组织开展打击非法出版活动及整治假报刊、假记者站、假记者、假新闻专项行动，严格按有关规定做好重大突发事件、群体性事件、重大案件的新闻报道和舆论引导工作。

2009 年，加强新闻媒体、网络监控和手机短信及国外境外记者到永州采访管理，完善新闻发布制度。全年共举办各类新闻发布会 14 场次。改进网评员管理考核办法，试行考核奖励制度。各县区分别组建 20 人的网评员队伍，加强网络舆论引导工作。印发《永州市突发公共事件新闻报道应急机制工作流程》，突发公共事件新闻报道应急工作机制日趋完善，编发《网络信息内参》19 期、《涉永舆情》35 期。

2011 年，重视大事要事和突发事件的舆论引导。召开信息报送、新闻发布和舆论引导专题会议，就进一步规范信息报送、加强舆论引导工作进行安排部署。精心组织市、县、乡三级党委换届的宣传报道工作和第四次党代会献计献策活动，为市县乡三级党委换届营造良好的舆论氛围。同时，重视网络舆论引导能力建设。成立市委网宣办，市委常委会研究同意，市委网宣办主任高配为副处级，兼市政府办副主任，并增加工作经费和人员编制，增添工作设备。制定《永州市网络舆情应急预案》，编发《涉永舆情》50 期、《献计献策》10 期。

2012 年，出台《关于进一步加强和改进突发事件新闻发布和舆论引导工作的意见》和《永州市国家工作人员网络行为规范暂行办法》等文件，规范网络建设、运用和管理。加强永州新闻网软硬件建设，强化网络舆情应对与引导，编发《涉永舆情》38 期、《涉永舆情专报》45 期。

2013 年，出台《关于进一步加强新闻发布工作的意见》《永州市网络舆情应对处置办法》等文件。

二、处置案例

2001年3月23日，市自来水公司状告《湖南经济报》报道永州水费有最低消费与事实不符，要求向上反映。3月27日，湖南有线电视台两名记者到市自来水公司采访乱收费问，市自来水公司要求出面做工作。10月18日，中央电视台《焦点访谈》记者刘涛等一行2人到永州采访东安扫黑案件。12月1日，中央电视台新闻中心报道组记者与湖南都市频道记者一同到永州采访双牌段207国道的收费与修路问题，批评双牌公路久修未通，造成严重堵车，而收费一直不断，人们怨声载道。12月4日，新华社湖南分社副社长于磊焰到永州，采访长丰集团的企业改制问题。

2002年1月12日，省直多家媒体到永州采访祁阳重大鞭炮爆炸案。《人民日报》群工部记者刘莉莉到祁阳采访。3月26日，中央电视台《新闻调查》栏目组在主播王志的带领下到蓝山采访“人大代表罢免副县长、公安局局长”一事。市委宣传部副部长蔡建军、新闻科科长刘波赶赴蓝山做协调工作，为时一周。

2003年4月3日，《农民日报》驻湘记者站站长吴砾星在永州市采访市电业局农村电费违规收取，农村电价明显高于国家规定的价格，严重违反国务院文件精神。吴砾星拟向中央发内参。后经多方工作，事情得到妥善处理。5月24日，新华社湖南分社对蓝山征收农民土地存在的问题进行采访报道。为平息事态，蓝山县委副书记黄爱平会同市委宣传部到长沙向新华社进行说明，使采访报道得到妥善处理。8月8日，《人民日报》群工部记者傅丁根到永州采访扩建滨江广场、侵犯拆迁户利益的事。市委书记曾庆炎、市委常委李良铁、市纪委书记伍华安等接受记者采访。8月11日，冷水滩区委领导接受采访。8月23日，新华社湖南分社记者刘文杰到永州采访冷水滩纺织厂数百工人连续三天上街游行，围堵市政府和市委。当晚，新华社内参发出送中央有关领导。11月1日，江永发生大范围砷中毒事件，中央电视台、新华社先后来记者采访，引起市委、市政府的高度重视，市委宣传部分管副部长周明礼和外宣办主任陪同采访，正面报通江永县委、县政府对此事处理的结果，平息谣传。

2004年1月3日，《经济日报》湖南记者站记者蒋志佟到永州采访潇湘公园、火车新站等土地拆迁问题，引起市委高度重视。李良铁率市国土局、市委外宣办等部门负责人专程赶往长沙，与《经济日报》记者站站长刘麟等人协商，取得一致意见，7月4—14日，协调处理《三湘都市报》“砂石无语见纷争”一事。协调处理《大地》杂志、新华社湖南分社“潇湘水电站”一事。7月22—23日，协调处理《中华合作时报》蓝山广场一事。

2005年2月28日，人民日报社主办的《市场报》记者采写蓝山违规征地建市场一稿。

市委常委、宣传部部长李良铁率外宣办和蓝山县领导到长沙协调处理。5月25—26日，《人民日报》驻湖南记者站长贺广华一行到永州了解市交警支队被评为省文明单位一事的来龙去脉，在《人民日报》刊出记者调查，为平息这一舆论发挥重要作用。6月28日，市委常委、宣传部部长李良铁率外宣办、宁远县委宣传部负责人到长沙，找《三湘都市报》总编马宁商议“宁远7名女生落水身亡”的稿件。经协商后，《三湘都市报》停发该稿。7月26日，新华社记者刘文杰、禹志明到永州采访冷水滩区搞地方保护主义，指令销售国人啤酒一事。9月5日，东安舜皇山漂流发生一死二伤重大事故。长沙有关媒体齐聚永州欲予曝光。经与长沙市委宣传部衔接，事情得到妥善处理。

2006年，永州职院征地拆迁、“十佳政法干警”评选、“6·28”王某某案件等36起市外舆论监督报道，事情得到妥善处理。

2007年，做好“3·9”珠山群众性事态、“6·7”重大洪灾、双牌水上交通事故、“11·7”宁远森林火灾等26起突发性事件和热点问题的新闻报道与舆论监督工作。特别是珠山事件发生后，省里立即启动新闻应急预案，省委外宣办主任孔和平坐镇珠山现场指挥部，市委宣传部新闻宣传应急小组迅速到位，直接协调处置这起群众性事态的新闻宣传和对外报道。

2011年，及时做好“教育空饷”事件、冷水滩周某某“沉海案件”和道县“5·13”恶性袭警案件等系列新闻事件的舆论引导工作，并组织广电事业发展专题座谈会，平息针对广电部门的网络恶炒。

2013年，认真落实《关于进一步加强和改进突发事件新闻发布和舆论引导工作的意见》《关于进一步加强新闻发布工作的意见》《永州市网络舆情应对处置办法》等文件精神，及时有效地做好祁阳与宁远两起重大交通事故、道县“3·20”暴风灾害、零陵珠山镇爆炸案、江永“5·28”火灾事故、蓝山“8·16”特大洪灾等突发事故和自然灾害的舆论引导工作。妥善处置唐某诉市劳教委行政赔偿案等重大舆情。

2012年6月底，祁阳幼女被强奸产下一女案引发新一波舆情，在省委外宣办的指导下，及时与市公安局联系，针对舆情进行分析研判，指导祁阳县委宣传部拟定了新闻通稿，做好前来采访媒体的接待服务工作，引导中央主流媒体进行客观报道，避免了恶意炒作。7—8月，针对《瞭望东方周刊》刊载报道《湖南永州：60多名干部兼职企业领取津贴》，引起了中组部的关注。通过主动与撰写该报道的记者进行衔接沟通，作出说明解释，引导对永州积极整改党政干部到企业兼职领津贴以及规范潇天河工程建设投资有限责任公司运作模式和领导配备情况进行正面报道。

2014年，就创业就业、收入分配、社会保障、安全生产等社会热点问题进行引导，完善突发敏感事件舆情预警、监测研判、信息报送机制，妥善处置神华火电永州厂选址、唐某案重审、零陵区“吃空饷”、蓝山运管所上吊死亡、江永干部子女违规进人等引发的负面舆情，以及冷水滩区黄泥井持刀砍人等突发事件，及时有效地阻止负面舆情的蔓延。

2015年，加强涉永州舆情研判处置，做好“冷水滩河东城市综合体项目挂牌出让”“零陵发改委女干部醉亡”等敏感事件舆论引导工作。

第六节　党报党刊发行

一、组织领导

1996年，为搞好1997年度党报党刊的发行，市委成立党报党刊领导小组，由主管意识形态工作的副书记任组长，市委常委、市委秘书长，市委常委、市委宣传部部长，分管副市长任副组长，下发《关于做好1997年度党报党刊征订工作的通知》。6月，召开全市乡镇党委书记会议，就党报党刊征订工作进行提前动员。9月，召开电话会议，市委书记和主管意识形态工作的副书记出席并讲话，就全市报刊发行，特别是党报党刊的发行进行动员部署。11月，召开全市宣传部部长会议落实责任。征订期间，要求各县区委书记每十天向市委宣传部上报一次进度。市委宣传部正副部长组成3个督查组，在全市11个县区巡回督查。1997年，市里于8月中旬下发《关于做好1998年度党报党刊征订工作的通知》，成立报刊发行工作领导小组。在市委主要领导的重视下，全市党报党刊发行位居全省第一，《湖南日报》三次报道市委书记邹金鷟到报刊发行第一线，督促检查、部署任务、解决问题的事迹。各县区委、县区政府以及宣传、邮电部门采取得力措施，把党报、党刊的征订发行工作落在实处。到12月上旬，全市主要党报、党刊发行圆满完成任务。1998年，全市从9月开始进行报刊征订工作的动员部署，积极动员并组织精干力量抓党报党刊的发行，各级党政领导亲自抓党报党刊的发行，市里的报刊发行大会由市长主持会议，市委书记作动员报告；县区的报刊发行大会，都是由县区长主持会议，县区委书记作动员报告。市委书记邹金鷟给各县区委书记、县区长写信，要求县区党政一把手把党报党刊的发行作为硬性的政治任务完成，各级党委宣传部门要将党报党刊发行作为下半年宣传思想工作主要的任务，投入所有力量抓落实。到12月底，省里布置给永州的四报二刊任务已实际完成90%。1999年，为做好2000年度主要党报党刊的发行，采取大会动员、发文要求、组织精干队伍专抓、电视电话会议促抓、定期通报发行进度、督查组巡回督查等办法，集中时间和精力狠抓征订。发行工作较出色的有祁阳、双牌、东安、宁远、新田、蓝山等县。2000年，全市报刊发行工作会议于8月底召开，同时成立报刊发行领导小组，由分管意识形态工作的市委副书记任组长，市委常委、市委秘书长，市委常委、宣传部部长，市政府分管副市长任副组长。党报党刊发行在各级党委、政府的重视下，完成省委下达的任务，被评为全省先进单位。

2001年9月12日，召开全市2002年度党报党刊发行工作会议，市委书记曾庆炎出席并讲话。列入2002年度主要党报党刊发行范围的是《人民日报》《求是》《光明日报》《经济日报》《湖南日报》《学习导报》《新华社每日电讯》《永州日报》。村党支部应订阅《求是》《湖南日报》《永州日报》，限额为468.2元。村民小组应订阅《湖南日报》《永州日报》，限额为329元。2002年8月25日，向省委宣传部请示削减主要党报党刊发行任务。10月11日，召开全市2003年度党报党刊发行工作会议。市委书记曾庆炎出席并讲话。列入2003年度主要党报党刊发行范围的是《人民日报》《求是》《光明日报》《经济日报》《湖南日报》《学习导报》《新华社每日电讯》《永州日报》。2003年，认真做好党政部门报刊散滥和利用职权摊派发行报刊的专项治理工作，8月8日，市委召开全市报刊治理整顿工作会议。整治重点是党政部门报刊和利用职权发行的报刊。市委常委、宣传部部长李良铁讲话。在整顿的同时，要求切实抓好主要党报党刊的发行工作。10月24日，全市党报党刊发行工作会议召开。市委常委、宣传部部长李良铁作主题报告，市委副书记、市纪委书记伍华安讲话。湖南日报社社长、党组书记、总编辑李凌沙，新华社湖南分社总经理张勇等到会并讲话。全市各级宣传部门在各级党委领导下，在有关部门大力支持下，克服困难，强化措施，圆满地完成主要党报党刊的发行任务，实现了市委、市政府确定的目标。2004年5月，按照省里要求，继续治理党政部门报刊散滥和利用职权摊派发行。8月，向省委宣传部请示调减重点党报党刊发行任务。省委决定将2005年度《湖南日报》发行数在2004年基础上调减7%，《学习导报》调减30%。11月1日，市委常委会专题听取全省党报党刊发行工作会议精神汇报。11月3日召开的全市创建“平安永州”动员大会暨2005年度党报党刊发行工作会上，市委书记曾庆炎、市长刘爱才分别讲话，各县区委书记、县区长和市直各单位、中央（省）驻永州各单位一把手参加会议。11月4日，市委再次召开全市党报党刊发行工作会议，各县区、市直、中央（省）驻永州各单位的分管领导参加会议，市委常委、宣传部部长李良铁在会上就2005年度党报党刊发行工作作专门安排，要求各单位务必在12月25日前不折不扣地完成分配任务。

11 月 5 日江华县率先完成《湖南日报》的发行任务。截至 12 月 25 日，全市完成发行任务，进度列全省前茅。

2006 年 8 月 24 日，召开全市 2007 年度党报党刊发行工作会议。市委常委、宣传部部长李良铁作工作报告，市委书记曾庆炎讲话。截至 12 月 25 日，完成规定任务。2007，推动《湖南日报》《永州日报》发行体制改革，在 12 月 25 日前全面完成 2008 年度省委分配的主要党报党刊发行任务。2008 年 11 月 6 日，全市党报党刊发行工作会议在市广电局三楼会议室召开。列入 2009 年度主要党报党刊发行范围的是《人民日报》《求是》《光明日报》《经济日报》《湖南日报》《新湘评论》《永州日报》。

永州日报

中共永州市委主办

国内统一刊号 CN43—0046 代号 41—78

2000年9月22日 星期五 总第2597期 庚辰年八月廿五

全市党报党刊发行工作会议强调

发行主要党报党刊是一项必须完成的政治任务

我市各级党委政法委扎实开展执法监督

三年来共抽查各类案件86516件，纠正有问题案件1432件

规范收费 保学控流 确保农村教育事业健康发展

阳明山增添一道亮丽景观

2000 年 9 月 22 日，《永州日报》对全市党报刊发行工作会议进行报道

2009 年 11 月 6 日，全市 2010 年度党报党刊发行工作会，市委书记黄天锡出席并讲话。各县区（管理区）递交 2010 年度党报党刊发行工作责任状。列入 2010 年度主要党报党刊发行范围的是《人民日报》《求是》《光明日报》《经济日报》《湖南日报》《新湘评论》《永州日报》。2010 年，市委宣传部获 2010 年《湖南日报》发行工作先进单位，董石桂、刘波获评发行工作先进个人。

2011 年 11 月 2 日，召开全市 2012 年党报党刊发行工作会议，市委常委、宣传部部长石艳萍出席并讲话。各县区（管理区）递交 2012 年度党报党刊发行工作责任状。2012 年 3 月 31 日，蒋旭军与市纠风办负责人到祁阳县委宣传部核查信访举报《关于祁阳县委宣传部违规发行党报党刊和违规发放发行费的信访举报》，情况基本属实，责令部机关干部职工退交违规发放的电话费、发行补助 4.6 万元，并采取有力措施规范今后的发行秩序。10 月，市委办和市政府办下发《关于做好 2013 年度全市党报党刊发行工作的通知》。10 月 21 日，召开全市党报党刊发行工作会议，市委常委、宣传部部长石艳萍出席并讲话。各县区（管理区）递交 2013 年度党报党刊发行工作责任状。列入 2013 年度全市主要党报党刊发行范围的是《人民日报》《求是》《光明日报》《经济日报》《新华每日电讯》《中国日报》《湖南日报》《新湘评论》《永州日报》。2013 年 10 月 30 日，召开全市 2014 年度党报党刊发行工作会议，市委副书记唐松成，市委常委、宣传部部长石艳萍出席并讲话。列入 2014 年度全市主要党报党刊发行范围的是《人民日报》《求是》《光明日报》《经济日报》《新华每日电讯》《中国日报》《湖南日报》《新湘评论》《永州日报》。2014 年 10 月，市委办和市政府办下发《关于做好 2015 年度全市党报党刊发行工作的通知》。10 月 21 日，召开全市党报党刊发行工作会议，市委常委、宣传部部长石艳萍出席并讲话。会议要求，凡在 12 月 30 日前没有完成主要党报党刊发行任务的县区（管理区）和市直单位，由财政一笔代扣。凡未完成发行任务的单位，不得参加市直机关工委组织的各项评先评优；未完成发行任务的单位，不得申报各类文明单位；未完成发行任务的县区在市委宣传部组织的“四创四争”考评中一票否决。列入 2015 年度全市主要党报党刊发行范围的是《人民日报》《求是》《光明日报》《经济日报》《新华每日电讯》《中国日报》《湖南日报》《新湘评论》《永州日报》。2015 年，中共永州市委办公室、永州市人民政府办公室下发《关于认真做好 2016 年度党报党刊发行工作的通知》，市直工委下发《关于认真做好市直机关 2016 年度党报党刊发行工作的通知》，均要求未完成发行任务的单位，不得参加市直机关工委组织的各项评先评优；未完成发行任务的单位，按照市委宣传部要求，不得申报各类文明单位；定期对各单位完成发行任务情况进行督查，并在《永州日报》、永州新闻网等媒体通报。11 月 10 日，召开全市 2016 年度党报党刊发行工作会议。市委常委、宣传部部长石艳萍出席并讲话。

二、发行征订

1996 年，确定 1997 年度的主要党报党刊为《人民日报》《湖南日报》《永州日报》《求是》《学习导报》，1997 年增加《光明日报》，1999 年增加《经济日报》，2000 年增加《新华社每日电讯》。主要党报党刊均由邮电局负责征订发行，市委宣传部派出督导组到县区和市直单位督导发行进度，各县区委宣传部抽调宣传系统得力干部下到乡镇和县区单位抓征订，邮政部门安排邮递工作人员负责开具征订收据。

2001 年，确定主要党报党刊为《人民日报》《湖南日报》《永州日报》《求是》《学习导报》《光明日报》《经济日报》《新华每日电讯》，全市征订数量较多的是《人民日报》《湖南日报》《永州日报》《求是》《学习导报》。2002 年，《光明日报》《经济日报》《新华每日电讯》按分配任务完成有一定差距。2003 年，全市较好地完成省委下达的2004年度主要党报党刊发行任务，《人民日报》完成5200份，占任务的98.1%，《湖南日报》《求是》《学习导报》均100%完成任务，在全省处于中等水平。2004年，江华县率先完成《湖南日报》发行任务。全年完成《人民日报》5357份，《求是》2989份，《光明日报》1100份，《经济日报》1008份，《新华每日电讯》280份，《湖南日报》21712份，《学习导报》23000份，《永州日报》37396份，东安、双牌、江永、江华、宁远、新田、蓝山和道县全面完成党报党刊发行任务。零陵、祁阳、冷水滩3个县区完成主要党报党刊发行任务。2005—2006年，全市基本完成主要党报党刊发行任务。

2007年，主要党报党刊《人民日报》《求是》《学习导报》《光明日报》《经济日报》《新华每日电讯》仍交由邮电局发行，《湖南日报》《永州日报》则合作试行自办发行，在各县区建立自办发行网点。因发行费用过高等问题，自办发行工作难度大，12月底，《湖南日报》取消自办发行，《永州日报》自办发行也为之取消。2008年，《永州日报》《湖南日报》恢复邮局发行。2008年，全市除个别单位外基本完成主要党报党刊发行任务。

2010年，按照省委要求，主要党报党刊完成征订任务情况实行进度调度和结账制度，除内部发文通报外，还在《永州日报》公开刊登。

2013年，市委组织部安排1.14万余元党费，用于帮助市直特困单位订阅《人民日报》《湖南日报》《求是》《新湘评论》《永州日报》等主要党报党刊。2014年，市委组织部安排1.14万元党费，用于帮助市直特困单位订阅《人民日报》《湖南日报》《求是》《新湘评论》《永州日报》等主要党报党刊。2015年，市委组织部安排党费3.42万余元，订阅《人民日报》《湖南日报》《求是》《新湘评论》《永州日报》等主要党报党刊各30份，免费提供给市级以上道德模范和部分特困企业。

2010—2015年永州市重点党报党刊完成任务一览表

表1-11 单位：份

报刊 / 年份	《人民日报》	《求是》	《光明日报》	《经济日报》	《新华每日电讯》	《湖南日报》	《永州日报》
2010	5651	3036	1202	1170	1924	20063	38354
2011	5988	3060	1251	1222	2008	19283	39886
2012	6026	3208	1262	1211	3032	19443	43212
2013	6179	3082	1330	1248	4247	19445	43379
2014	6386	3448	1307	1370	4300	19351	46589
2015	4136	595	577	433	1398	18198	55108

第七节　永州市记者协会

2000 年 5 月，永州市记者协会（市新闻工作者协会）成立并召开首次代表大会。永州市记者协会（加挂永州市新闻学会牌子）是一套班子、两块牌子，统称永州市记者协会。永州市记者协会是在中共永州市委领导下和湖南省记协指导下由全市新闻界组成的全市性群众团体，是党和政府同新闻界密切联系的桥梁和纽带，至 2015 年年底，完成三届协会的换届工作。

一、代表大会

（一）第一次代表大会

2000 年 5 月，永州市记者协会第一次代表大会在中共永州市委宣传部会议室召开。会议要求，全市新闻工作者要认真学习中国特色社会主义理论，坚持改革开放，坚持新闻工作为人民服务、为社会主义服务、为全党全国工作大局服务的方向，加强新闻队伍建设，维护新闻工作者的合法权益，推进新闻改革创新，繁荣和发展社会主义新闻事业。为加快赶超崛起，实现富民强市而努力奋斗。大会通过《永州市新闻工作者协会章程》，选举产生协会领导机构。

永州市记者协会第一届理事会主席、副主席、秘书长、副秘书长、常务理事名单：

主　　席　杨美兆
副 主 席　王延斌　胡功田　张宁波　黄名洁　桂建功
秘 书 长　刘　波
副秘书长　蒋玉生　杨向东　柏高见
常务理事　杨美兆　王延斌　胡功田　张宁波　黄名洁　蒋剑翔
　　　　　张新国　陈义明　桂建功　刘　波　吴　帆　蒋玉生
　　　　　杨向东　柏高见　何建中　黄象银　谭德轼

（二）第二次代表大会

2004 年 3 月 27 日，永州市记者协会第二次代表大会在中共永州市委宣传部会议室举行。市委常委、宣传部部长李良铁出席会议并讲话。会议要求要以学习、宣传、贯彻“三个代表”重要思想为根本任务，在学习和宣传上掀起新高潮；要始终服从服务于经济建设这个中心，在经济宣传的力度、广度和深度上取得新突破；深入开展“三项学习教育”活动，在提高新闻队伍整体素质上树立新形象；有领导、有步骤、有重点地改进和加强新闻宣传工作，在提高舆论引导水平上取得新成就；切实加强新闻工作者协会的建设，在强化行业管理上开创新局面。会议通过新修改的协会章程，选举产生新一届协会的领导机构。

永州市记者协会第二届理事会名誉主席、名誉副主席、主席、副主席、秘书长、副秘书长、常务理事名单：

名 誉 主 席　李良铁

名誉副主席　杨美兆　王一冰　陆晓亚　黎立平　张高太　李　冀

主　　　席　周明礼

副　主　席　李进军　周玉芳　张宁波　陈　文

秘　书　长　刘　波

副 秘 书 长　唐晓军　杨向东　唐新华　柏高见　罗耀南　杨能山
欧朝阳　罗剑君

常 务 理 事　周明礼　李进军　周玉芳　张宁波　陈　文　刘　波
郑正辉　张新国　陈义明　李鼎荣　蒋三秋　欧显庭
周书明　蒋剑翔　万跃飞　李国仲　胡隆福　吴　帆
杨向东　唐新华　柏高见　罗剑君　李国春　卢兆盛
罗耀南　欧朝阳　何建中　熊启爱　胡衡岳　杨能山
蒋新国　王中燕

（三）第三次代表大会

2010 年 7 月 21 日，永州市记者协会第三次代表大会在中共永州市委宣传部会议室举行，市委常委、宣传部部长董石桂出席并讲话。会议要求全市新闻工作者认真学习中国特色社会主义理论、“三个代表”重要思想和科学发展观，坚持新闻工作为人民服务、为社会主义服务、为全党全国工作大局服务的方向，加强新闻队伍建设，维护新闻工作者的合法权益，推进新闻改革创新，繁荣和发展社会主义新闻事业。坚持“三贴近”，实行“走转改”，为全市的改革开放和经济社会建设提供正能量，创造良好的舆论氛围，以正确的舆论引导人。大会通过新修改的协会章程，选举产生新一届协会领导机构。

永州市记者协会第三届理事会名誉主席、名誉副主席、主席、副主席、秘书长、副秘书长、常务理事名单：

名 誉 主 席　董石桂　朱映红

名誉副主席　周明礼　李小星　欧毅凯

主　　席　刘　波
副 主 席　吴　帆　张宁波　唐泽国　欧显庭　张新国
秘 书 长　左亚军
副秘书长　刘　倩　罗光国　罗耀南　欧春涛　欧朝阳　秦安平
　　　　　滕智荣
常务理事　万跃飞　左亚军　刘　波　曲　燕　张宁波　吴　帆
　　　　　宋建云　张新国　罗光国　欧显庭　欧朝阳　罗耀南
　　　　　秦安平　唐泽国　曾　锐　蒋剑翔　滕智荣

二、职能活动

（一）“三项学习教育”活动

2004年3月27日，为贯彻落实中宣部、国家广播电视总局、国家新闻出版总署、中华全国新闻工作者协会《关于在新闻战线深入开展“三个代表”重要思想、马克思主义新闻观、职业精神职业道德学习教育活动的通知》精神和省委、市委的要求，中共永州市委宣传部、永州市广播电视局、永州市新闻出版局、永州市记者协会联合下发《关于在新闻战线深入开展“三个代表”重要思想、马克思主义新闻观、职业精神职业道德学习教育活动（简称“三项学习教育活动”）的实施意见》，此项活动由市委宣传部、市新闻工作者协会牵头，成立学教活动领导小组，由市委宣传部常务副部长、市记协主席周明礼任组长，李进军、陆晓亚任副组长。领导小组下设办公室，办公室设市委宣传部新闻科，新闻科科长兼任办公室主任。各县区、场、管理区党委宣传部，市、县区广播电视局和全市各新闻单位成立相应的机构。是年6月18日，全市“三项学习教育活动”骨干培训班开学，市直和县区45名学员参加培训。市委宣传部常务副部长、市记协主席周明礼在开学典礼上作《切实抓好六个问题提高舆论引导水平》的工作报告：永州日报社社长、记协副主席李进军作《正学风改作风纠文风》的辅导报告；市广播电视局局长、记协副主席陆晓亚作《践行“三个代表”坚持“三个贴近”》的辅导报告。

（二）“走转改”活动

2011年8月，由中宣部联合中央外宣办、国家广电总局、国家新闻出版总署、中国记协五部门提出“走基层、转作风、改文风”的要求，简称“走转改”，目的为推动新闻工作者切实将群众观点、群众路线体现在新闻宣传实践中，促进新闻单位深入基层、深入群众进一步制度化、常态化。

2011年9月，市记者协会召开常务理事会，传达贯彻中宣部五部门关于“走转改”

的精神，制定下发《关于永州市新闻工作者“走转改”的实施方案》，全年市直新闻单位记者下基层2000余人次，在省媒和央媒发稿片1050余件。

2012年，市直新闻传媒单位进一步贯彻落实《关于永州市新闻工作者“走转改”的实施方案》，重点抓走基层。全年市直新闻传媒单位记者下基层2000余人次，在中央、省级主流媒体发稿片1200余件。

2013年2月，市委宣传部和市记者协会召开常务理事会议，总结2012年全市新闻单位“走转改”的成绩，部署2013年“走转改”的工作任务，重点抓转作风。是年，在中央、省级主流媒体发稿片1260件，其中在《湖南日报》上一版头条26篇，湖南卫视上稿稳居市州前三位，湖南广播电台上稿居全省第一，中央电视台《新闻联播》报道永州市政务中心“一条龙”便民举措，中央电视台《新闻直播间》《东方时空》播出全市人民众志成城抗击“尤特”“潭美”强降雨的有力举措，在全市引起强烈反响。

2014年，继续开展“走转改”活动。全年在中央、省级主流媒体发稿1000余篇，其中湖南卫视发稿总时长、综合排名均居全省第一。其中永州广播电视台制作的《谨防土地流转“隐性流失”》获中国新闻奖三等奖。

2015年，市直新闻单位将“走转改”活动不断引向深入，重点抓改文风，推出一批为人民群众所喜闻乐见的短小精悍的新闻作品力作，全年在省以上主流媒体发稿片1180余件。

（三）记者节活动

2000年，国务院批复中国记协《关于确定“记者节”具体日期的请示》，同意将中国记协的成立日11月8日定为记者节。记者节像护士节、教师节一样，是全国仅有的三个行业性节日之一。按照国务院的规定，记者节是一个不放假的工作节日。

2014 年 11 月 11 日，市委常委、宣传部部长石艳萍（中）在第十五个记者节上发表讲话

2014 年 11 月 11 日，永州日报社、永州电视台的记者在记者节期间举行排球比赛

三、新闻评奖

2006 年 11 月，在永州市庆祝全国第七个记者节活动上，评选表彰全市十佳优秀记者编辑、十佳优秀通讯员、十佳优秀新闻作品。

2008年，市委常委会纪要明确：“从2008年起设立永州文化奖和永州新闻奖”，“永州新闻奖一年一评，市财政预算安排10万元经费”。7月28日，市委宣传部下发《永州新闻奖评选办法（试行）》，设立永州新闻奖。明确永州新闻奖是中共永州市委宣传部和永州市新闻工作者协会主办的全市优秀新闻作品最高奖，也是全市新闻类最具权威的政府类奖项，每年评选一次。

2010年1月27日，下发《关于举办2009年度永州新闻奖评选活动的通知》。评选工作启动以来，共收到参评作品67件，7月20日上午，举行首届永州新闻奖颁奖仪式，副市长戴菊芳主持，市委常委、宣传部部长董石桂讲话。表彰作品奖、重大报道策划奖、名牌栏目奖和对外报道奖4个奖项32件作品。

2011年4月，启动第二届永州新闻奖评选，收到参评作品73件，其中，市委外宣办推荐在中央、省级新闻单位刊发的稿件2件，市直新闻单位共推荐报送41件，各县区委宣传部共推荐报送30件。11月8日，召开庆祝第十二届中国记者节暨第二届“永州新闻奖”颁奖大会，市委副书记唐松成讲话，市委常委、宣传部部长石艳萍作报告，市委宣传部常务副部长周明礼主持。表彰作品奖、重大报道策划奖、名牌栏目奖和对外报道奖4个奖项32件作品。

2012年10月，启动第三届永州新闻奖评选，收到参评作品83件。11月18日，召开表彰大会，颁发了作品奖、重大报道策划奖、名牌栏目奖和对外报道奖4个奖项，获奖作品33件。

2013年10月，启动第四届永州新闻奖评选，收到参评作品94件。颁发作品奖、重大报道策划奖、名牌栏目奖和对外报道奖4个奖项，获奖作品33件。

2014年10月，启动第五届永州新闻奖评选，收到75件参评作品。有31件作品分获作品奖、重大报道策划奖、名牌栏目奖和对外报道奖四个奖项。永州广播电视台创作的电视评论《土地流转谨防“隐性流失”》获得第二十四届中国新闻奖三等奖，特授予永州新闻奖特别奖。11月8日，在祁阳县白水镇竹山村，举行第五届永州新闻奖颁奖活动。市委常委、宣传部部长石艳萍出席。

2015年10月，组织第六届永州新闻奖评选，收到80件参评作品。经永州新闻奖评审组评定，共评选出永州新闻、重大报道策划、名牌栏目、对外报道4类奖项作品30件。11月8日，在零陵区邮亭圩镇，重举行第六届永州新闻奖颁奖活动。市委常委、宣传部部长石艳萍出席并讲话。

2015年10月，组织永州市十佳新闻工作者评选。经严格评审，欧春涛、孙存准、胡宇迪、蒋军林、邹钰洁、杨万里、张祖智、欧阳友忠、李先志、蒋军君10人获评永州市“十佳新闻工作者”，艾跃、陈瑞峰、管顺生、张爱民、尹杰、蒋琼、谭俊杰、杨丁香、彭安文、孟江兵10人获永州市“十佳新闻工作者”提名奖。

四、交流活动

2002 年，永州市记协接待上级到永州采访的记者达 380 多人次，开展集中报道活动 16 次，其中影响比较大，规格比较高的有中央电视台到永州市拍摄《永州古文化》，新华通讯社湖南分社副社长于磊焰率领的采访组到永州市采访舜文化、女书文化、稻作文化、瑶族文化，省委宣传部组织的“谢云峰先进典型”采访团，中央驻湘和省直新闻单位组成的“永州国际柳学研讨会”采访团，湖南卫视组织的大型直播专题节目《让历史告诉未来——潇湘纪行》，湖南卫视、湖南经视、湖南都市以及香港凤凰卫视组成的“永州抗洪救灾保丰收”联合采访组。

2003 年，接待上级到永州采访的记者达 410 多人次，为全市的改革发展稳定营造良好的氛围。

2008 年，精心策划组织境内外媒体到永州采访承接产业转移工作，中央电视台新闻联播《坚定信念迎接挑战》专栏作专题报道。

2009 年 3 月，永州市记协通过与深圳市记协联系，邀请深圳及港澳新闻媒体记者到永州市采风，他们采写的报道刊播后，很好地展示永州市的对外形象，提升永州的知名度。11 月底，市记协又组织《永州日报》、永州广电各媒体的领导和资深编辑记者赴深圳考察新闻传媒产业，就如何搞好新闻媒体的管理与发展进行交流与探讨。还分别与北京、昆明、桂林、清远等市记协建立友好合作关系，积极开展新闻业务交流活动，扩大永州的对外影响。

2009 年，湖南省人民政府公祭舜帝大典期间，永州市记协组织境内外 30 多家媒体 200 名记者这次活动进行报道，省四大主流媒体同步直播，湖南卫视国际频道联合泰国中文电视台、美国多元文化集团下属六大华语频道实现全球直播，共刊发消息 150 篇，制作光碟 10 多个。

2014 年，借助“永州入选中国幸福城市 20 强”的有利时机，策划组织一系列省内外和境外媒体的宣传报道，让“幸福城市”成为永州对外宣传的一张亮丽名片。中央电视台中文国际频道制作播出的《湖南涧岩头——和合湘乡》专题片讲述零陵区涧岩头村的传统农耕文化和周家大院的厚重历史，《快乐汉语》栏目制作播出《神秘舜帝陵庙》《神秘鬼崽岭》《江华瑶族度戒》《神奇女书》《永州异蛇》等五集旅游专题片。

五、理论研讨

2004—2010 年，永州市第二届记者协会对新闻理论的研讨活动十分活跃，全市广大新闻工作者积极参与“三项学习教育活动”，认真总结新闻实践经验，积极钻研新闻理论业务。2004 年 3 月 27 日，市记者协会以永记发 1 号文件，对第二届新闻理论研讨的优秀论文进行表彰。

永州市第二届新闻理论研讨会获奖论文名单：

一等奖：

李　微　盘树高　《浅析新闻官司的成因及防范》

二等奖：

唐小莽　《做足“情”字文章》

李志刚　《浅谈新闻中的“以小见大”》

三等奖：

邓成仲　《怎样除去新闻稿件中“材料味”》

袁忠民　《坚持“三贴近”唱响主旋律》

温小妹　《打牢法律根底提高法律素质》

周乾坤　《改进会议报道的探索与思考》

优秀奖：

张爱民　李胜男　《加强新闻策划创作新闻精品》

欧显庭　《落实“三贴近”要求提高党报舆论引导水平》

肖　萍　《新闻报道策划与策划新闻报道》

蒋文龙　《报刊怎样实现“三性”的结合》

李国仲　《新形势下如何争当一名优秀的新闻工作者》

蒋亚斌　《党报言论也要具备雅俗共赏的品格》

李进军　《有仙则名有龙则灵》

蒋剑翔　《拎出“新闻眼”》

曲　燕　《把“直通车”开进百姓心里》

陆晓亚　《认真贯彻实践“三个代表”重要思想全面推进广播电视事业的改革和发展》

池德玉　《围歼新闻“四害”树立媒体形象》

杨景华　《地市级电视台节目资料库数字化探讨》

罗耀南　《浅谈马列新闻党性原则》

乐艺海　《浅谈提高县级电视台记者素质》
李光平　《浅议提高新闻工作者素质》
许红波　《浅谈新闻工作者的品德》
李进军　《以人为本善利其器》
唐新华　《浅析新闻的真实性原则》
蒋玉生　《提高典型报道艺术正确引导社会舆论》
曾　锐　《深掘地域文化张扬地方特色》
彭扬帆　《新闻宣传要力“三化”》
唐国元　《地方电视台的地方文化特色》
蒋玉生　《深刻认识社会热点正确引导社会热点》
周逢春　《发挥五个作用服务报业发展》

至 2015 年年底，全市新闻工作者出版新闻理论著作 9 部，在国家级和省级刊物上发表新闻理论文章 400 余篇。

第二章 《永州日报》

1996 年 6 月，经国家新闻出版总署和湖南省新闻出版局批准，《零陵日报》更名为《永州日报》。更名后的《永州日报》（国内统一刊号：CN43-0046）邮发代号：41-78），为周六刊，四开小报，分设时政、经济、政教、时事（国际国内）四个板块。周末设有“副刊”版。

2000 年，经市委常委会研究决定，《永州日报》从 10 月 1 日起出对开大报（四版）。对开大报的出版，给报纸新闻注入清新气息。除固定的一版时政要闻、二版综合新闻、三版家庭生活、四版国内国际新闻，此外还有相对固定的专版：读者之友、民主与法制、理论与法制、科教天地、热点聚焦、人世写真、潇湘副刊、摄影专页等。

2007 年 1 月，报纸由黑白印刷改为轮转彩印，推进平面媒体的视觉革命。

2008 年 8 月，永州日报社主办的“中国永州网”上线运行。中国永州网设有新闻中心、《永州日报》数字版、永州新闻联播等窗口，将永州主要新闻媒体融合于一体，其核心是去媒介区隔，融通报纸、电视和互联网等之间的界限，更加精准、融合、全面、及时传播广大受众所需要的大量信息，探索出一条用户需求与新闻业务紧密结合的新路径。

2012 年 1 月 1 日，永州日报由对开四版扩为对开八版。扩版后，报纸分 A 、B 两版 8 页，报纸版面设计为：A1 为要闻版；A2 为综合新闻版；A3 为民生新闻版；A4 为县区观察版；B5 为文化体育版；B6 为家居周刊版；B7 为时事新闻版；B8 为广告版。开设的名牌栏目有《特别报道》《百姓关注》《聚焦》《理论与实践》，以及《潇湘》副刊。其中《潇湘》副刊又有文学、读书、评论三大版块。特别是《百姓关注》栏目，自 2001 年 6 月开办以来，受到广大读者朋友的一致好评。一些群众普遍关注的问题，通过专栏文章披露后，引起有关部门和领导的高度重视，采取积极措施加以改进，起到很好的舆论监督作用，在相当程度上提高党报在人民群众心目中的威信。《百姓关注》获第十二届湖南新闻名牌栏目奖。作为永州市委机关报，《永州日报》始终坚持“以科学的理论武装人，以正确的舆论引导人，以高尚的精神塑造人，以优秀的作品鼓舞人”的办报方针，按照“政治家办报、市场化经营、企业化管理、社会化服务”的办报思路，坚持党性原则，紧紧围绕中央和省委、市委的重大决策和工作部署开展宣传，全面反映改革开放和经济社会发展状况，贴近生活、贴近基层、贴近群众，为全市两个文明建设服务。在宣传市委、市政府重大决策方面，《永州日报》先后推出“大郊区战略”“生态环保效益型经济战略”“对接东盟战略”“泛珠江三角洲战略”“品质活力永州战略”等系列深度报道；在宣传全市经济建设方面，围绕五年经济规划和年度工作目标，《永州日报》开辟专栏，进行全方位报道；在宣传社会进步和民生方面，《永州日报》以独特的视角，从亲和力和可读性入手，对新闻事件进行多角度和立体化的报道；在理论宣传与普及方面，开辟《理论与实践》专版，辅导读者对中国特色社会主义理论、“三个代表”重要思想、科学发展观和习近平总书记系列重要讲话精神的学习，总结各行各业运用新理论，实践和探索社会主义经济建设与社会发展的新经验、新做法；在地域文化宣传方面，不但有深入全面的系列文化报道，还以文学作品的形式予以讴歌赞颂；在宣传先进典型方面，推出一批在全省、全国叫得响的先进单位和先进个人，对引领永州社会新风尚起到积极作用。在新闻宣传方面，《永州日报》始终坚持党报主导地位，坚持传播正能量，发挥党和政府的“喉舌”作用。

第一节　机构队伍

一、行政机构

1996 年 6 月，经国家新闻出版总署和湖南省新闻出版局批准，《零陵日报》更名为《永州日报》。《零陵日报》的前身为《零陵报》，系中共零陵地委机关报。1987 年 12 月 20 日，报经省委宣传部、省新闻出版局批准《零陵报》出版“试刊”，内部发行。1988 年 5 月，国家新闻出版总署批准《零陵报》公开发行。1989 年 1 月 6 日，《零陵报》复刊，出版公开发行。国内统一刊号为 CN43-0046。复刊后的《零陵报》为周三刊，四开小报，分设时政（本市）、经济、政教、时事（国际国内）四个版块。周末设有“副刊”版。1994 年 1 月 1 日，经国家新闻出版总署、省新闻出版局批准，《零陵报》更名为《零陵日报》，更名后，仍为周三刊。

1997 年，更名后的《永州日报》，为周六刊，系四开小报，分设时政（本市）、经济、政教、时事（国际国内）四版块。周末设有“副刊”版。由于出报日期增加，版面容量增大，专栏也增多，设有《精神文明之花》《公仆谈》《理论与实践》《农事顾问》《百姓生活》《文化广角》等专栏。

2000 年，经中共永州市委常委会研究，决定《永州日报》从 10 月 1 日起出对开四版大报。对开四版大报的出版，给报纸新闻注入了清新气息。除了固定的一版时政要闻、二版综合新闻、三版家庭生活、四版国内国际新闻，此外还有相对固定的专版：《读者之友》、《民主与法制》、《理论与法制》、《科教天地》、《热点聚焦》、《人世写真》、《潇湘》副刊、《摄影》专页等。

2008 年 8 月，随着新的传播技术、传媒方式、新闻终端的兴起，永州日报社按照传统媒体与新兴媒体融合发展思路进行了立体化改革，开始运行中国永州网的建设。中国永州新闻网网址为 www.0746news.com。中国永州网开设资讯、财经、教育、旅游、房产汽车、健康、娱乐、摄影等多个网民喜闻乐见的互动频道。

2012 年 1 月 1 日，《永州日报》由对开四版扩为对开八版。扩版后，报纸分 A 、B 两版 8 页，设有本市时政要闻、国内新闻、国际新闻、社会民生、理论与实践、潇湘文苑、健康休闲等专版，信息量大大提高。

2015 年，永州日报社党组研究，投资 50 万元，对现有设备进行升级改造，建设《永州日报》“新媒体融合平台矩阵”。

1996—2000 年，永州日报社的机构设置仍沿袭零陵日报社的机构设置。1987 年 12 月《零陵报》复刊时，经零陵地区编制部门配置，报请中共零陵地委批准，成立零陵报社。零陵报社为正处级行政事业单位，属中共零陵地委直属部门，归口中共零陵地委宣传部管理。确定由地委委员、宣传部部长欧学佳兼任《零陵报》总编辑，人员编制 7 人。同时组成《零陵报》临时编委会。1988 年 8 月，报社临时编委会撤销，由欧学佳、程光秀、张卓琳、鲁秉林、艾水农五人组建《零陵报》编辑委员会，报社内设总编室、经济生活部、文化生活部、群工通联部、办公室。人员编制增至 17 名。1989 年增设广告信息部。1991 年报社人员编制增至 27 名，年底在岗人数达 30 名。1993 年成立零陵日报社党组。1994 年增设出版部。至 1995 年 12 月，内设机构达六部二室。

2001 年，永州日报社领导班子进行调整。社长、总编分设，由社长主持报社全盘工作，总编负责报纸业务。同时配备副总编、副社长、纪检组组长等领导职务干部，设立中共永州日报社党组。与此同时，报社取消编委会编制。下设业务机构，较之二十世纪九十年代也有变化，主要有办公室、总编室、社会新闻部、专刊部、记者部、出版部、发行部、财务部、广告部 9 个部室。

2015 年，报社领导班子建制仍沿袭二十一世纪初的模式，设有中共永州日报社党组；配备党组书记、社长、总编辑、副总编辑、纪检组组长等领导职务干部。是年，根据报业发展需要，为改进工作方法，提高办事效率，对于下属业务机构设置进行改革，即撤销原有机构设置，重新设置为四个中心（编辑中心、采访中心、行政中心和广告中心）、三个部室［监察室、工会（群工发行部）、产业技术部］。编辑中心下设时政新闻编辑部、社会新闻编辑部、文化新闻编辑部、视觉校对工作室、编务办 5 个部室。采访中心下设时政新闻部（摄影部）、社会新闻部、文化新闻部 3 个部室。行政中心下设办公室、财务室、政工室 3 个部室。

永州日报

LIFE 生活周刊

2002年2月 9

●羊绒制品六成是假羊绒
●国家药监局近期将专项整治一次性医疗器械
●教育部组织开展向贫困地区中小学捐赠计算机活动
●一"法轮功"分子被巴黎法院罚款
●今年春节出游呈现南北两头热
●2025年美国老年人口将增八成

时政参考

市委书记曾庆炎来本报视察工作

要求继承和发扬延安精神，坚持《解放日报》办报方向，努力把《永州日报》办得更好

幸福歌声满街飞

喝，喝，喝，乐极生悲！

2002 年 2 月 9 日，市委书记曾庆炎到《永州日报》考察工作的报道

二、领导班子

1996 年 1 月至 2015 年 12 月，中共永州市委对于永州日报社领导班子建设都十分重视，在不同时期都根据报业的发展和工作需要，选配符合条件的适当人选充实和加强报社领导班子。

1996—2015 年永州日报社领导班子成员一览表

表 2-1

时间	负责人	班子成员	备注
1996 年到 2001 年	总编、社长 王延斌	编委　郑赞朴、何维庭、杨耀中、李进军	
		副总编　李进军	
		副社长　阳城乡	
		编委　杨耀中	郑赞朴 1997 年 10 月退休
		编委　何维庭	王金梁 1997 年 7 月调入
		编委　周书明	1997 年 7 月调入

续表2-1

时间	负责人	班子成员	备注
1996年到2001年	总编、社长 王延斌 李进军 2001年 12月 任职	副总编　王延斌	
		副社长　阳城乡	
		编委　杨耀中、何维庭、王金梁、周书明	
		副社长　阳城乡	
		副总编　蒋剑翔、杨耀中、何维庭、王金梁、周书明	
		社长　李进军	
		副社长　阳城乡	
		副总编　欧显庭	
		副总编　蒋剑翔	
		编委　何维庭	
		编委　王金梁、周书明	
		编委　杨耀中	2001年8月调离
2002年到2005年	社长 李进军	副社长　阳城乡	
		副总编　欧显庭	
		编委　王金梁	2003年6月离岗休养，2006年7月退休
		编委　周书明、唐柏荣、蒋剑翔	
		调研员　王延斌	
		副社长　阳城乡、唐柏荣	
		副总编　欧显庭、周书明、蒋剑翔、万跃飞、李国仲	
		副调研员　王彩星、蒋玉生	
2006年	社长李进军 （6月调离） 欧毅凯 （6月调入）	副社长　阳城乡、唐柏荣 副总编　欧显庭、周书明、蒋剑翔、万跃飞、李国仲 副调研员　王彩星、蒋玉生	
2007年到2010年	社长 欧毅凯	副社长　阳城乡、唐柏荣	
		副总编　欧显庭、周书明、蒋剑翔、万跃飞、李国仲	
		副调研员　王彩星、蒋玉生	
		副社长、纪检组组长　阳城乡 副总编　欧显庭、蒋剑翔、万跃飞、李国仲 调研员　周书明 副调研员　王彩星、蒋玉生、曾锐、刘楚平	唐柏荣 2009年10月调离
		总编辑　欧显庭	
		副社长、纪检组组长　阳城乡	

续表 2-1

时间	负责人	班子成员	备注
2007 年到 2010 年	社长 欧毅凯	副总编　蒋剑翔、万跃飞、曾锐　李国仲	李国仲 2010 年 6 月调离
		副社长　刘楚平	
		调研员　周书明	
		副调研员　王彩星、蒋玉生、唐新华	
2011 年	社长欧毅凯 （12 月调离） 刘波 （12 月调入）	总编辑　欧显庭	
		副社长、纪检组组长　阳城乡	
		副总编　蒋剑翔、万跃飞、曾锐	
		副社长　刘楚平	
		调研员　周书明	
		副调研员　王彩星、蒋玉生、唐新华	唐新华 2011年11月调永州电视台
2012 年到 2015 年	社长刘波	总编辑　欧显庭	
		副社长　阳城乡	
		副总编　蒋剑翔、万跃飞、曾锐	
		副社长　刘楚平	
		纪检组组长　章莉	
		调研员　周书明	
		副调研员　王彩星、蒋玉生	
		总编辑　欧显庭 副社长　阳城乡 副总编　蒋剑翔、万跃飞、曾锐 副社长　刘楚平 纪检组组长　章莉 副调研员　王彩星、蒋玉生	
		总编辑　欧显庭	
		副总编辑　吕晓勇	
		副社长　阳城乡	
		副总编　蒋剑翔、万跃飞、曾锐	
		纪检组组长　章莉	
		副调研员　王彩星、蒋玉生	

续表 2-1

时间	负责人	班子成员	备注
2012 年到 2015 年	社长刘波	总编辑　欧显庭	
		副总编辑　吕晓勇	
		副社长　阳城乡	
		副总编　蒋剑翔、万跃飞、曾锐	
		纪检组组长　章莉	
		副调研员　王彩星	
		副调研员　蒋玉生	2015 年 4 月退休

三、采编队伍

随着报业的发展，永州日报社的员工队伍也不断发展壮大，人员结构素质改善，高学历、高职称人数增多。

1987—2015 年部分年份永州日报社在册人员情况表

表 2-2　　单位：人

年份	人数	年份	人数
1987 年	7	1997 年	41
1988 年	17	2001 年	45
1991 年	30	2012 年	57
1993 年	41	2015 年	57

（一）记者和通讯员

1．记者　1989—1996 年，永州日报社颁发第一批记者证。获得“记者证”资格人员是：欧学佳、欧显庭、胡功田（均为地委宣传部），张卓琳、鲁秉林、艾水农、唐新华、蒋玉生、万跃飞、蒋亚斌、艾艳君、范青松、郑国庆、郑卫平、李进军、张知干、阳城乡、项小龙（均为永州日报社）。

1997—2014 年，随着报纸业务量的扩大，记者人数也逐年增多。2015 年年底，《永州日报》记者人数已达 40 人。

2015 年度永州日报社新闻记者一览表

表 2-3

序号	姓名	记者证号	所在部门	新闻单位审核意见
1	刘　波	B43004655000043	总编室	审核通过
2	欧显庭	B43004655000002	总编室	审核通过
3	阳城乡	B43004655000036	总编室	审核通过
4	蒋剑翔	B43004655000003	总编室	审核通过
5	万跃飞	B43004655000004	总编室	审核通过
6	曾　锐	B43004655000005	总编室	审核通过
7	章　莉	B43004655000038	总编室	审核通过
8	欧春涛	B43004655000033	总编室	审核通过
9	唐晓山	B43004655000009	总编室	审核通过
10	蒋亚斌	B43004655000032	理论评论部	审核通过
11	文　伟	B43004655000031	记者部	审核通过
12	柏俊林	B43004655000017	社会新闻部	审核通过
13	周逢春	B43004655000029	社会新闻部	审核通过
14	李军平	B43004655000008	专刊部	审核通过
15	雷述明	B43004655000030	群工部	审核通过
16	刘　倩	B43004655000018	出版部	审核通过
17	邹　鸣	B43004655000028	出版部	审核通过
18	何继凤	B43004655000010	记者部	审核通过
19	饶爱玲	B43004655000011	记者部	审核通过
20	文海燕	B43004655000007	总编室	审核通过
21	郑卫平	B43004655000040	群工部	审核通过
22	张　帆	B43004655000019	群工部	审核通过
23	周燕妮	B43004655000020	社会新闻部	审核通过
24	成丹丹	B43004655000021	群工部	审核通过
25	颜小芳	B43004655000022	群工部	审核通过
26	黄仲耀	B43004655000024	群工部	审核通过
27	田　人	B43004655000012	专刊部	审核通过
28	彭楚兵	B43004655000023	记者部	审核通过
29	蒋玉生	B43004655000026	总编室	审核通过
30	孙存准	B43004655000025	记者部	审核通过

续表 2-3

序号	姓名	记者证号	所在部门	新闻单位审核意见
31	郭　磊	B43004655000016	记者部	审核通过
32	万珂铭	B43004655000013	记者部	审核通过
33	吴　林	B43004655000014	记者部	审核通过
34	黄玲玲	B43004655000001	专刊部	审核通过
35	彭　沛	B43004655000015	社会新闻部	审核通过
36	罗　琛	B43004655000039	总编室	审核通过
37	邹天著	B43004655000034	出版部	审核通过
38	李　丽	B43004655000035	专刊部	审核通过
39	陈　超	B43004655000037	出版部	审核通过
40	樊　欣	B43004655000042	记者部	审核通过

2．通讯员　1996 年，根据《永州日报》发展需要，发展一批通讯员，他们中，既有机关干部、厂矿工人，也有企业员工和农民。

《永州日报》第一批通讯员一览表

表 2-4

姓名	性别	单位
周玉琦	男	冷水滩市工商银行
严时海	男	冷水滩市水浪坝乡政府
杨宗君	男	江华磷肥厂
黄素兰	女	蓝山太平铅矿
刘晓春	女	江华商业局
陈　明	男	祁阳文明铺太平铺中心小学
喻利清	男	金洞林场
刘大美	男	金洞林场
周龙江	男	江华林业采育场
邓艳丽	女	祁阳县凤凰乡政府
赵仁才	男	东安县税务局
曾丽琴	女	道县磁厂
罗湘玲	女	零陵电大政史班
雷群生	男	宁远县农村抽调队

续表 2-4

姓名	性别	单位
唐良豹	男	永州市朝阳乡
刘　昕	男	零陵电大
曾石林	男	新田县卫生防御站
陈　都	男	新田县龙泉镇
邓建平	男	新田县财委
黎树林	男	金洞林场
黄林生	男	金洞林场
熊运福	男	东安县铁合金厂
周众生	男	祁阳县祁山水泥厂
曾湘明	男	冷水唐 7319 工厂
邓建华	男	零陵地区公路总段
李淑玲	女	零陵电大政史班
欧阳国友	男	零陵地区公路总段
雷健民	男	省黎家坪水泥厂
陈署东	男	地质 409 队
李旭光	男	祁阳县委宣传部
盘登仁	男	江华县委宣传部
刘泽业	男	新田县委宣传部
张新国	男	双牌县委宣传部
欧朝阳	男	永州市委宣传部
王国平	男	永州市委宣传部
乐黎明	男	宁远县委宣传部
段成杞	男	祁阳县委宣传部

2012 年，随着《永州日报》的扩版和报业的不断发展，通讯员队伍也日益地发展壮大，特别是进入报网融合的新时代，传媒的更新也带来阅读兴趣的进步与提升，很多读者其实也是编外记者或通讯员。他们可以通过手机、网络随时向报网发送身边的新闻。换而言之，通讯员队伍已经由专业走向大众化。2015 年年底，《永州日报》的通讯员达 300 余名。

3. 新闻专干　1996 年起，为强化对新闻传媒的组织领导，永州市各区县宣传部门配备专职新闻干事。他们既是基层新闻传媒的组织者，同时也是《永州日报》

的“编外”记者或通讯员。

2015 年度永州市各县区新闻专干名单一览表

表 2-5

姓名	性别	单位
唐东升	男	冷水滩区委宣传部
杨万里	男	零陵区委宣传部
何　顺	男	祁阳县委宣传部
蒋国庆	男	双牌县委宣传部
陈政忠	男	东安县委宣传部
盘　林	男	道县县委宣传部
杨丁香	女	江华瑶族自治县委宣传部
任泽旺	男	江永县委宣传部
欧阳友忠	男	宁远县委宣传部
李先志	男	蓝山县委宣传部
陈　杰	男	新田县委宣传部

（二）专业技术人员

2015 年 12 月，全社共有高级职称 14 人，中级职称 5 人，初级职称 10 人。

2015 年永州日报社专业技术人员一览表

表 2-6

姓名	性别	政治面貌	职称	级别
欧显庭	男	中共党员	主任编辑	高级
阳城乡	男	中共党员	高级政工师	高级
蒋剑翔	男	中共党员	高级记者（正高）	高级
万跃飞	男	中共党员	主任记者	高级
曾　锐	男	中共党员	主任记者	高级
王彩星	男	中共党员	高级政工师	高级
蒋玉生	男	中共党员	高级编辑（正高）	高级
雷述明	男	中共党员	高级政工师	高级
欧春涛	男	中共党员	主任记者	高级
唐晓山	男	中共党员	主任记者	高级

续表 2-6

姓名	性别	政治面貌	职称	级别
蒋亚斌	男	中共党员	编辑	中级
李军平	女	无党派人士	主任编辑	高级
周逢春	男	中共党员	高级政工师	高级
文　伟	男	群众	助理记者	初级
柏俊林	男	群众	编辑	中级
刘　倩	女	中共党员	主任编辑	高级
邹　鸣	男	中共党员	高级工程师	高级
何继凤	男	中共党员	记者	中级
文海燕	女	中共党员	记者	中级
田　人	男	群众	三级作家	中级
周燕妮	女	群众	助理记者	初级
刘思宁	女	群众	助理记者	初级
唐　斌	男	群众	助理记者	初级
蒋慧红	女	群众	助理会计师	初级
黄玲玲	女	群众	助理记者	初级
罗　琛	女	群众	助理编辑	初级
吴　林	男	中共党员	助理记者	初级
李　丽	女	群众	助理记者	初级
彭　沛	女	群众	助理记者	初级
万珂铭	女	中共党员	助理记者	初级

四、队伍建设

（一）人事管理

1996—2000 年，在用人机制上，永州日报社的员工来源主要有三个途径：一是领导班子成员由上级组织部门安排；二是一般工作人员从市直和县区选择有新闻特长的人中调入；三是接收大专院校毕业生。员工的职务晋升，由报社党组根据本人表现，作出向上级呈报的方案，科长及科长以下职务由报社研究，市委宣传部任命，副处以上职务由组织部门呈报，市委决定任命。

2001—2014 年，永州日报社实行人事制度改革。一是内部原有人员实行竞聘上岗，让有能力、有才干的人员在应有的岗位上施展才能；二是实行对外招聘，把大专院校毕业生或社会上有新闻专长的人士招聘到报社工作，充实报社新闻队伍的力量。为强化人事管理，确保报业的顺利运行，永州日报社历年制定多方面的“工作制度”和“管理办法”，有效地制约全体员工工作风和工作纪律可能出现的“偏差”，提升思想政治水平和新闻业务水平。自办报以来，先后制定《岗位责任制》《出勤考核制度》《例会制度》《财务制度》《出版管理办法》《广告管理制度》《采编人员从业管理规定》等多项规章制度，用制度管人与思想育人紧密结合。尤其是采编人员，他们是报社的核心力量、新闻阵地的排头兵，所以在工作纪律、工作作风上更加严格要求。

2015 年，内部机制改革后，永州日报社的人事工作，经党组研究决定后交政务中心管理。

（二）通讯员培训

1996—1999 年，先后举办两期通讯员培训班，每期一个星期左右，来自市直单位和各县区 80 余名学员参加培训。

2000—2015 年，培训方式由集中培训改为单位培训，即由报社派出资深记者到相关单位进行新闻知识讲座，培训通讯员。永州日报社先后到零陵卷烟厂、长丰集团、万喜登实业集团等大型企业，给通讯员进行新闻写作知识辅导。万喜登实业集团系永州最大的民营企业之一，拥有员工 1200 余人。在发展企业搞活经济的同时，企业老板非常注重形象宣传。该集团公司要求管理人员都要掌握新闻写作知识。

2014 年 4 月，在该企业举办有 30 余名管理人员参加的新闻写作培训班，永州日报社副总编、主任编辑蒋剑翔为学员们讲授新闻写作知识。除举办讲座这一形式外，通讯员队伍的培训逐渐地由集中培训方，转化为书信、电话联系辅导和个别面对面辅导的方式，即通讯员写来稿件。报社编辑、记者通过书信、电话与通讯员交流稿件质量问题，提示写稿应该注意事项。与此同时，该报记者深入基层采访时，尽可能地与通讯员合作，帮助通讯员在写作实践中提高业务水平。至 2015 年 12 月底，报社采编人员通过通信工具，或面对面地接受新闻业务辅导的业余通讯员 5000 余人次。

（三）员工培训

1996—2000 年，按照湖南省新闻出版局《关于做好新闻工作者岗位培训工作的通知》精神，永州日报社注重报社员工的政治、业务培训工作，为提高其综合素质，每年都要选送新调入的低学历员工参加电大、函大和成人教育高考，并选派记者到《湖南日报》《长沙晚报》等新闻单位跟班学习深造，进一步提高报社新闻工作者的学历档次和业务水平。在政治培训方面，组织集体学习和个人自学。根据各个时期党的中心工作和规定的学习内容，有计划地学习毛泽东思想、邓小平理论、“三个代表”重要思想、科学发展观、习近平总书记系列重要讲话精神以及群众路线教育实践活动等重要文件和书籍，并不定期举行学习座谈交流会。相互交流，共同提高。根据组织安排，选送 10 人到市委党校和省委党校学习，以提高思想理论水平，指导实际工作。

2001—2002 年，报社先后安排 24 名新闻记者参加上级新闻单位组织的培训学习，50 多人次参加市委党校的理论和专业知识培训学习。

2003 年 8 月，报社派出 42 名员工参加省新闻出版局组织的采编人员资格培训和考试，通过评审，是年，有 2 名记者晋升为副高职称。

2004—2015 年，报社创新对新闻记者培训的方式和方法。一是报社内部开展“能者为师”活动，请报社有经验的老编辑、老记者，结合自己工作得失，对年轻记者开展严格的、经常性的培训，提高他们的业务水平。对于有些记者在采访中出现不良现象，诸如只习惯于看材料，东拼西凑，裁裁剪剪，唯独不喜欢亲自采访；或者虽然参与采访但只是象征性的提一些表面宏观问题，懒于追求本质和细节；嫌脏怕乱，害怕麻烦，马马虎虎写上几笔应付了事等现象，报社下大力气进行规范、治理、整顿，提高记者队伍的整体素质。二是通过以会代训，安排有关人员参加省，或其他兄弟新闻单位召开的会议，以会代训学习新闻业务，提高业务水平。三是到兄弟新闻单位参观考察、跟班学习，先后分批次选派采编人员到长沙晚报社跟班学习、参加省新闻出版局组织的新闻采编业务培训，使新进人员在学习实践中迅速成长，优秀人才在学习实践中成熟成长。

第二节 新闻采编

一、编辑方针

1996—2000 年，永州日报社以永州市第一次党代会的奋斗目标为重点，围绕市委经济社会发展思路和“大郊区、大市场、大产业”战略的构想，及时调整编辑方针，确定以“大郊区战略”为主题开展宣传报道。在报纸上开辟《建设大郊区 形成大产业 进入大市场》专栏，从八个方面陆续报道全市各县区、市直部门落实市委战略部署的工作动态：以实施大郊区战略为重点，大力推进农业产业化。

以培育支柱产业和扭亏增盈为重点，千方百计加快工业发展步伐；以工业从小区和50多个参赛乡镇为重点，推进乡镇企业上规模上水平；以中心城市和县城建设为重点，加快城镇建设步伐；以培植财源、组织资金和搞活流通为重点，促进财贸形势的进一步好转；以招商引资为重点，努力提高对外开放水平；以交通、电力建设为重点，努力促进基础设施条件的根本改善；以科教计生工作为重点，努力促进社会 事业协调发展。1996年1月7日一版头条《突出“大郊区”战略重点 大力推进 产业化建设》，同日的二版头条《加速工业支柱产业发展 构筑几艘“航空母 舰”》；1997年1月23日一版在《举全市之力 修永连公路》的通栏标题下，刊 发《市委市政府召开永连公路建设募捐大会》、社论《齐心又协力 修好永连路》、各县区主要负责人在动员大会上发言摘要《齐心修永连公路 捐款建千秋伟业》；1998年10月26日，一版在《整治经济发展环境 树立永州良好形象》的通栏标题 下，刊发市委、市政府召开动员大会的消息《迅速行动起来 全面整治经济发展环 境》、市直宣传战线召开会议提出《为整治经济发展环境创造良好舆论氛围》、市 纪委通报《14个破坏投资环境者被查处》、永州日报社的《本报将积极为整治经济发展环境鼓与呼》；1999年8月19日，一版头条《我市第七届深圳招商会隆重举行》；1999年1月4日一版头条《把旅游资源开发作为一大产业来抓》等。专栏先后共刊发稿件218篇。

2001—2005年，永州日报社以永州市第二次党代会确定的奋斗目标为重点，贯彻落实“三个代表”重要思想、切实加强党的建设、大力推进精神文明建设和民主法治建设及时制定编辑方针，围绕“生态环保效益型经济”战略，突出发展生态环保效益型经济方面的报道。开辟有《打造永州经济特色营造绿色生态环境》《经济生态环保》等专栏，报道各县区、市直各部门落实党代会精神以及实施生态环保效益型经济工作相关情况。5月7日，专栏首推长丰集团公司开发环保型越野车的纪实文章《一步跨十年》。5月23日，又在专栏里发表刘国器、邓宝林、黄冰等部门负责人文章，从不同的角度论述“做强生态经济是发展永州的必由之路”。专栏共发稿336篇。

2006—2010年，永州日报社以永州市第三次党代会确定的目标为重点，及时调整编辑方针，围绕“融入泛珠江经济圈”战略，安排版面，开辟《承接产业转移》《强三基推三新促三创加速永州赶超崛起》《进村入户看增收》等专栏，报道各级各部门落实市委工作部署的动态。2007年3月7日《永州日报》头版头条《异军突起唱大风——零陵区民营企业快速发展》；2007年3月12日头版头条《我市投资九亿建设中心城市基础设施》；2010年4月6日刊发《永州日报》的《双牌“生态家园”扮靓新农村》等，先后刊发稿件316篇。

曾庆炎在本报检查工作时指出

加大新闻宣传力度 促进经济社会发展

《永州日报》对市委书记曾庆炎到报社检查工作的报道

2011—2015年，以永州市第四次党代会确定的奋斗目标为重点，围绕“对接东盟经济圈”和“品质活力永州”战略制定编辑方针。先开设《五城同创》栏目，连续发表6篇该报评论员文章，阐述“五城同创”的重要意义和实现这一远景目标的必要因素。之后相继开辟《承接产业转移》《赶超·崛起》《品质活力永州》《我身边的变化》等专栏。特别是在《承接产业转移》专栏里，作了大篇幅的安排。先后发排40多篇相关报道，大都放在一版显目位置。如2011年10月21日头版头条报道《2011中国永州—东盟商务投资推介会暨项目签约仪式在南宁隆重举行》。2012年5月2日,《永州日报》头版头条刊发《东安县打造宜居县城》,2013年5月22日,《永州日报》刊发消息《经国务院水利普查办和水利部权威认定湘江源头在蓝山》，改变了此前普遍认为湘江源头发源于广西兴安县白石乡的说法。2013年8月6日,《永州日报》头版头条刊发《冷水滩城区面积扩容》。2013年12月6日，《永州日报》头版头条刊发《永州迎来高铁时代衡柳铁路湖南段昨起试运行衡桂动车12月28日正式开通》；12月28日，永州高铁开通之际，刊发长篇通讯《阔步走进高铁时代》；12月29日，刊发消息《永高铁思维推动永州发展》，报道市委、市政府领导乘坐永州首趟高铁纪实，开辟两个《永州走进高铁时代》专版。2014年3月7日，《永州上榜中国幸福城市二十强》报道由中央电视台联合国家统计局及中国邮政总公司发布的《中国经济生活大调查（2013—2014年）》报告，永州成为湖南唯一获此殊荣的地级市。市委书记陈文浩出席在北京举行的颁奖仪式并发表“永州、永州，永州人民永远幸福的绿洲”的话语。2014年，报道市委惠及民生十件大事：建好三个国家级产业园，发稿18篇；完成涔天河水库扩建工程，发稿14篇；将永州建成湘粤桂省际交通枢纽，发稿12篇；广汽长丰建成20万台轿车生产线，发稿6篇；开展“五城同创”，发稿8篇；抓好湘江潇水流域生态环境综合治理，发稿16篇；加速新农村建设，发稿22篇；实现城乡社会保障全覆盖，发稿13篇；90%以上的义务教育学校达到合格学校标准，发稿10篇；大力实施人才强市战略，发稿12篇；五年引进2000名以上优秀人才，发稿15篇。

2015年3月25日，《永州日报》以《四年艰辛创“国卫”实现一座城市的美丽蝶变我市荣膺“国家卫生城市”》为题，报道自2011年永州市获得“湖南省卫生城市”称号后，经过四年的攻坚克难，成功获“国家卫生城市”称号。是年，《永州日报》加大对市委惠及民生十件大事的宣传报道力度，全年发稿182篇，大多稿件安排在专栏刊登，重要报道安排在一版显著位置刊登。

二、版面栏目

（一）版面

1996—2011年，《永州日报》早期的版面设计基本处于传统的模式，即左横右竖版式。通常左上角头条稿件横排，文占五栏位置，右上角第二条稿件题竖文横排，占三栏位置；与上半部区域相对应，左下角题竖文横排，占二栏位置，右下角题文均横排，占六栏位置。当然，这也不是绝对的模式，有时为了需要，还必须调整设计方案，比如要突出强调某条稿件的重要性，或某一组稿件的新闻性，也采用“绝对头条版式”，即头条稿件或一组稿件占住版面的上半部区域，形成绝对优势。下半部区域则根据上半部稿件的具体情况做出安排。这种按照稿件的轻重程度编排的传统排版模式的优点是讲究对称、均衡，给人以大方、正统的感觉。缺点是面孔常年如一日，变化不多。随着时代的进步和人们阅读习惯朝着快速节奏和阅读与“悦读”并存的心理升华，传统的排版模式自然就必须加以改进和创新。

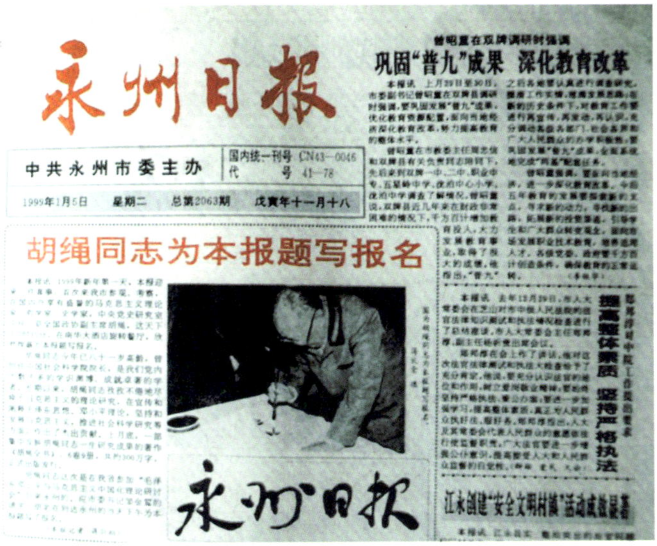

1999年1月1日，胡绳为《永州日报》题词

2012—2015年，《永州日报》由对开四版扩展为对开八版，报纸分A、B两版8页之后，《永州日报》在版面的安排上，注重新闻性。A1、A2为要闻版，A3为综合新闻版和县区新闻版，B8时事新闻版，增加了新闻的版面。在版面的设计上，进行重大改革，报纸题、文全部横排。封面扉页，参照图书设计为封面化，标题超粗黑，照片超大并配以彩色印刷，给读者以新鲜之感。

（二）栏目

1996年7月至2000年9月，《永州日报》系四开小报时期。1996年下半年，一版辟有栏目《走村串户看农村》《创文明机关做人民公仆》《1997’三湘环保世纪行》。其他版面专栏有《公仆谈》《百姓生活》《理论与实践》《潇湘游踪》《农事顾问》《文化广角》《体坛短讯》《行情走势》《心香一瓣》《人在旅途》《读者评书》等，1997年，一版辟有《全市总动员爱心献永连》《永连公路建设募捐箱》《展示新成就迎接十五大》等，其他版面专栏主要有《生活指南》《打好国有企业攻坚战》《典型系列报道》（如报道东安县绿埠头“白求恩式的好医生”）等。1998年，一版主要开辟《潇湘春来早虎年备耕忙》《林果园地》《我看改革开放二十年》等，其他版面专栏有《打好国有企业攻坚战》等。1999年，一版专栏主要有《学习徐家井派出所树立敬业爱民新风》《潇湘春来早兔年备耕忙》等，其他版面专版主要有《农业科技》《现象观察室》等。2000年，一版专栏有《整治市容市貌创建文明城市》《开创国有企业新局面》《三讲教育在县区》《解放思想深化改革》等，其他版面专栏有《科苑花筒》《农村天地》《记者在现场》《为党旗增光》《迎祭舜大典展永州形象》等。

2000年10月至2011年12月，《永州日报》系对开大报四版时期。一版辟有专栏《继承“九五”辉煌开创“十五”伟业》《贯彻十五届五中全会精神》《下基层送温暖》《扎实开展农村“三个代表”学习活动》等，其他版面专栏有《社情思考》《文明新风》《体育大看台》《文化传真》等。2002年一版专栏辟有《抓住机遇加快发展》《新世纪新起点》《打好国有企业攻坚战》《优化经济环境加快永州发展》等，其他版面专栏有《新风赞》《农民收入面面观》《校园风采》等。2003年一版专栏辟有《加大招商引资力度加快对外开放步伐》《送温暖在行动》《整治市容市貌大搞爱国卫生》《两万干部下基层》等。其他版面专栏有《开展四优争创活动优化永州经济》《永州古文化之旅》《法律服务》《农事问答》等。2004年一版辟有《干部下基层帮困送温暖》《清远大发展我们怎么办》《落实一号文件增加农民收入》《坚持执政为民推进依法信访》。其他版面专栏有《两赛专辑》《人口纵横》《深入开展一提高三促进活动》等。2005年一版辟有《乡村观察》《保持共产党员先进性教育活动巡礼》《纪念抗战六十年周年》《永州环保世纪行》等，其他版面专栏有《舜帝百问》《农村专业合作组织巡礼》《舜帝文化万里行》《建设节约型社会》等。2006年一版专栏有《保持共产党员先进性教育巡礼》《辉煌永州“十五”回眸》《建设新农村》《全市上下紧急动员全力投入抗灾救灾》《喜迎党代会创造新辉煌》等，其他版面专栏有《国企改革巡礼》《乡村观察》《社区广场》《在那美丽的小山村》《知荣辱树新风》等。2007年一版专栏有《喜迎十七大见证新辉煌》《抓三基创三新加速永州赶超崛起》《转变干部作风振兴永州经济》等，其他版面栏目有《在那美丽的小山村》《三湘农民健康行》《学劳动模范促社会和谐》。与此同时，新辟的各个固定专版还有众多的小栏目。如《政务周刊》就有“权威发布”“政务论坛”“学法讲坛”“他山之石”“理论研究”。2008年一版专栏有《扎实开展抗冰救灾努力实现四个确保》《强化三基富民强市》《科学发展共建和谐》等，其他版面专栏有《我们村里的能干人》《纪念改革开放三十周年》《承接产业转移加速赶超崛起》等。2009年一版专栏有《坚定信心加开发展》《辉煌的历程——改革开放30周年成就展》《两万干部下基层排忧解难促发展》等，其他版面专栏有《科学跨越——深入开展学习实践科学发展观活动》《与祖国同行》《优秀专家风采录》等。2010年一版专栏有《科学跨越——深入开展学习科学发展观实践活动》《学习蒋冬林做时代楷模》《创卫在行动》《实施文化强市战略》等，其他版面专栏有《学习实践活动见成效》《廉效潇湘》《辉煌“十一五”》等。2011年一版专栏有《辉煌“十一五”》《开好局起好步——县区委书记访谈录》《记者走基层》等，其他版面专栏有《寻访红色遗址》《两万干部下基层工作队员手记》《党旗飘飘》等。

《百姓关注》栏目于2001年6月7日开办，至2015年12月，共刊登文章208篇，栏目内容主要刊登一些群众普遍关注的问题，有传递、解析市委、市政府的重要工作，有群众关注的社会的热点，也有盐油柴米问题。通过专栏文章发表后，引起社会上的强烈反响。是政策宣传，得到群众的积极响应；是社会问题，有关部门和领导高度重视，采取积极的措施加以改进。栏目的开办，在一定程度上提高了党 报在人民群众心中的威信。《百姓关注》获第十二届湖南新闻名牌栏目奖。

2012—2015年，《永州日报》为对开八版时期。2012年，《永州日报》为对开八版。版面的增加，传媒空间的扩展，设置的栏目自然增多。2012年，各版面大小栏目设置达30多个，一版主要栏目有《永州好人》《喜迎十八大 建设新永州》《走基层看民生》《改进干部作风 优化发展环境》《建设示范区 推动新跨越》等，其他版面栏目主要有《民生传声筒》《四深入活动手记》《三相环保世纪行》等。2013年，专栏设置仍然是根据报道内容需要。一版主要有《转作风 新观察》《民情日记》《老百姓的新鲜事》《为民务实转作风》等。其他版面栏目主要有《勤廉办事树形象》《最美的劳动者》《永州新风颂》等。2014年一版专栏有《扎实开展党的群众路线教育活动》《全力攻坚克难 决胜 “国卫” 创建》《践行社会主义核心价值观——永州风采录》《深化改革在推进》《品质活力永州建设进行时》《全力推进新型工业化大突破》《美丽乡村我的家》等。其他版面专栏有《创卫先锋谱》《转变作风新观察》《精彩永州》《赤子潇湘》等。11月15日，专栏《美丽乡村我的家》刊发《农村清洁工程措施给力》的消息。2015年一版专栏有《执行力在永州》《品质活力永州》《迈步国家历史文化名城》《全力推进工业化大突破》《永州创客》《绿满潇湘——创建国家森林城市》等，其他版面专版主要有《百姓关注》《全面建设小康永州大家谈》《老百姓的新鲜事》《永州好人》《热点话题谈心录》《适应新常态促发展》等。2014 年 11 月 15 日，专栏《美丽乡村我的家》刊发《农村清洁工程措施给力》的消息。

三、专版

1996 年 7 月 1 日，除了相对固定的一版时政、二版经济、三版政教、四版时事，同时根据需要增加社会新闻专版和商业广告专版。社会新闻专版主要有“两会（人大会、政协会）”专版、热烈祝贺省八运会在永州市召开专版等。商业广告专版有永州市客运出租管理规定、中国农业发展银行、潇湘啤酒厂、零陵卷烟厂等。1997 年，在保持原有相对的固定版面的基础上，增设《双休刊》，重点是刊登长篇通讯。商业广告专版，除单位的喜庆节日、纪念活动、药品宣传，还接纳楼市广告，有“创发城现楼招商”“倚江宾馆招商”等专版。

1998—1999 年，依然保持原有的专版基本模式，新增的社会新闻宣传专版有《把发展乡镇企业、城镇建设作为伟大战略来抓》。

2000 年 9 月以前，《永州日报》的专版，除保持原有较为固定的四个版面内容，相对增加新的版面，主要是对二、三版进行适当调整，根据需要不时开辟消费时尚、社会经纬、党建园地、读者之友、华夏博览、娱乐广场等专版。2000 年 10 月 1 日，《永州日报》改为对开大报，对原有四个版面进行适当调整。一版依然为时政，二版为综合新闻，三版多元化轮换（主要有副刊、读者之友、文化娱乐、民主与法制、人世写真、金土地、科教天地、古城文化等），四版为时事，主要刊登新华社传真的国内外大事。根据市委、市政府工作部署，新辟《解放思想大家谈》《切实转变干部作风》专版。2001 年 1 月 6 日，经过精心策划，并报市委宣传部批准，《永州日报》出版《生活周刊》，同时根据需要新增市第二次党代会胜利召开、“两会”报道、摄影等专版，以及其他形象广告和商业广告专版。2002 年，在保持原有版面基础上，新辟摄影、全世界劳动者万岁专版，以及其他形象广告和商业广告专版。2003 年，在保持原有版面基础上，新辟“积极行动起来，整治市容市貌”“指点潇湘平湖”等专版。

2004 年，利用三版开辟县区专版，有“芝山新闻”“蓝山新闻”“冷水滩新闻”“祁阳新闻”等专版专刊。四版依然为国际国内新闻。商业广告根据需要随时穿插。是年 5 月，永州日报社搬迁新址，5 月 10 日报纸特意设置专版《相伴永州日报 我们与时俱进》。2005 年，在原有基础上新辟抗战胜利 60 周年、湖南省公祭舜帝大典专辑、两会等专版。这一时期商业广告专版，较为多见房产交易，有永粮国际、永州商业广场、潇湘步行街等专版广告。2006 年，在原有基础上，三版内容设置多元化，主要有经济新闻、法制新闻、文化新闻、名人新闻、教育新闻、科技新闻、理论与实践、读者在线等专版。此外还有“两会”专版、第三次党代会祝贺专版、摄影专版等。商业广告和形象广告专版也较为多见。 2007 年，在原有基础上，三版内容设置，改专版为“周刊”，见报秩序依然是轮替多元化，艺术天地、随笔、副刊等专版随时根据需要插入。除这些较为固定的专版，此外还有两会祝贺专版、商业广告、形象广告专版。2008 年，新辟有专版抗击冰雪我们在一起，之后，为支援四川汶川地震，开辟一切为了灾区全力支援灾区等专版。2009 年，上半年新辟两会、永州记忆——纪念新中国成立 60 周年、民营企业候选人等专版。下半年新辟专版形象金叶，先后刊发个人形象专版 12 版，主要有八方实业有限公司董事长黄青柳、零陵恒远发电设备有限公司董事长郭远军、市南电锰业公司董事长唐木生、长丰汽车沙发有限责任公司总经理陈桂军、永州大舜皇生物开发有限公司董事长刘长现等。2000 年，在原有固定版面基础上，三版内容设置有所调整，由该报记者部主办，新辟民生新闻、社会新闻专版，两个专版相互轮换。此外还有中国阳明山“和”文化节等专版，以及其他形象广告和商业广告专版。2011 年，版面基本保持上年度原貌。正版亦新辟有形象广告以及楼市、车市专版。形象广告主要有全市十佳党员民警评选、纪念建党 90 周年优秀共产党员座谈会、市第二届道德模范候选人事迹简介等专版。

2014 年 12 月 3 日创卫专版截图

2012 年，报纸扩版为对开八版，由于扩版，形象广告与商业广告专版也相继增多，形象广告专版主要有“奥运看台”“舜德之光”等专版。2013 年，在保持原有八个固定版面的基础上，为增强阅读视觉，设有封面版，以鲜活的图片吸引读者。与此同时，第四版增设品读永州、县区观察、艺术长廊、潇湘阅读等专版。其他新闻专版还有《对接东盟》、《雅安加油》（反映四川雅安抗震救灾）等。商业广告专版亦多见房产、车市、消费、旅游等专版。2014 年，原有八个固定版面基本保持原状。新辟新闻专版有六城同创进行时——申报国家历史文化名城、扎实开展党的群众路线教育活动大家谈、纪念中国人民抗日战争胜利 69 周年——永州抗战、2014 年末专刊等，同时新开辟教育新闻专版（属于形象广告）、公益广告专版、携手节能低碳共建碧水蓝天、百善孝为先等，以及车市、楼市、老年公寓宣传等商业广告专版。2015 年，在保持原来八个固定版面的基础上，新辟专版主要有深入开展“三严三实”专题教育、申报永州历史文化名城、城市道路提质改造特刊、第九届阳明山“和”文化节、“永州烽火·纪念中国人民抗日战争胜利 70 周年”、江华瑶族自治县成立 60 周年摄影、社会主义核心价值观、“国家行动·特别报道”（反映涔天河库区移民工作）等。

4 专版 永州日报

零陵卷烟厂热烈祝贺 永州市四届人大一次会议 政协永州市四届一次会议 隆重召开

山水间的美丽

——来自零陵卷烟厂的报道

广告专版图例

四、周刊

（一）《县区新闻周刊》

1996 年 1 月创办，从第一期起，《永州日报》就把县区的新闻报道列为报纸的一个重要采编内容。因为是四开小报，故县区新闻放在二版，属于“经济版”（后改为“本市新闻”）。县区新闻主要是社会新闻和民生新闻，报道内容主要有贯彻落实市委、市政府工作部署的情况，农业改革与地方经济发展，社会稳定与民生民情，农村改革与新农村建设，思想道德教育与两个文明建设等。到 2006 年 12 月，共发新闻报道 4000 余篇。

2007 年 2 月至 2011 年 12 月，《县区新闻周刊》改为周三出版，集中宣传县区经济发展和两个文明建设。开设的栏目有《县区领导访谈录》，报道县区经济社会发展新气象；《文明单位风采》，报道改革开放取得的卓越成就；《甜蜜的事业》，报道计划生育观念走向文明科学；《永州名镇》，报道从悠久历史走向文明幸福；《潇湘先锋赞》，报道为建设发展永州努力拼搏的基层先进人物。

2012 年 6 月，《永州日报》已经扩版为对开大报，每日八个版面，传媒空间大大提升，版面设置也随之增多，除一版报道时政要闻外，其他版面还设置有“本市新闻”“社会民生”“读者在线”“国内新闻”“潇湘文苑”“文化体育”“家庭教育”“健康养生”等，原有的县区《新闻周刊》结束。

（二）《双休周刊》

1998 年 6 月，《永州日报》创刊出版《双休周刊》，为读者提供健康向上的休闲文化产品，属于晚报都市类风格。周刊设有特别报道、消费时尚、家庭生活、社会经纬、华夏博览等版面。2000 年 10 月，《永州日报》出版对开大报，除固定的一版时政要闻、二版综合新闻、三版家庭生活、四版国内国际新闻外，还设有相对固定的专版，即读者之友、民主与法制、理论与法制、科教天地、热点聚焦、人世写真、潇湘副刊、摄影专页等。是年 10 月，《双休周刊》停刊。

（三）《生活周刊》

2001 年 1 月 6 日，《永州日报》出版《生活周刊》。《生活周刊》是永州日报社探索新闻改革的“试验田”，以市场化的经营机制和竞争机制，采取独特的运作模式。负责人实行竞聘上岗，享有用人自主权，其采编人员的工资、津贴、办公费及稿费等所有费用自理。《生活周刊》每周六出版，对开八版。定位为晚报性质、都市风格，辟有“环球”“理财”“消费”“百姓”“情感”“茶话”“休闲”等专版，稿件大多是百姓关注的热点、难点问题，颇受读者欢迎。很多优秀之作，相继涌现，诸如《正义与邪恶的生死较量》（作者曾锐）、《用清廉守卫正义》（作者蒋剑翔）、《扎根大地不老松》（作者欧显庭、龙亚芳）等，这些文章发表后，感动千万读者，也获得新闻界好评，先后获得全国、全省新闻界的上乘奖项。其中通讯《正义与邪恶生死较量》，实现永州新闻界在中国新闻奖上的历史性突破。

《生活周刊》对正确引导舆论热点，开展社会舆论监督，在注重提高作品质量的同时，还关注热点事件、热点现象开展报道，上解政府忧与难，下为百姓鼓与呼，让报纸成为新闻性、实用性的重要媒介。2004 年年初，该报记者刘倩、何继凤采写的《21 位农民工求助本报索讨工钱》等连续报道，得到市委书记曾庆炎的批示，农民工的报酬得到解决。农民工为感谢报纸给予他们的支持，燃放着鞭炮，将书有“铁肩担道义，妙手著华章”的锦旗送到报社。新闻舆论成了人民群众的忠实的“代言人”，至2015年《生活周刊》继续坚持“为民代言”的原则，刊发关注民生的报道210余篇。

（四）《政务周刊》

2007年2月5日，《永州日报》创办《政务周刊》。每周一出版，设有权威发布、热点聚焦、政务论坛、形象展示、为民热线等版面。《政务周刊》旨在宣传推介市政府及各部门推行政务公开的经验和典型，进一步推动加快政府职能转变，强化社会管理和公共服务，让权力在阳光下运行，努力打造高效务实的为民政府，引导人民群众正确行使民主权利，参与政务公开的实践活动。至2015年12月，《政务周刊》共发稿360余篇。

（五）《教育周刊》

2007年2月创办，以大力宣传“科教兴国”“教育强市”战略为使命，报道改革开放以来永州“普九”教育成果，展示党和政府、教育工作者、普通民众共同参与重教兴教的实践。周刊设有尊师重教、三湘名校、教师论坛、精品课堂、名师风采、校园生活、高考指路等版面，主要刊发全市各地教育动态、教学经验、先进典型等方面文章。2014年10月8日，《永州日报》刊发通讯员何顺、李新春的新闻消息《祁阳“内外兼修”普惠教育民生教育经费支出占财政支出四分之一强》，在全市引起强烈反响。至2015年12月共刊发文章312篇。

（六）《民企周刊》

2007年2月创办。《民企周刊》每周二出版，设有管理前沿、民企风采、创业故事、专家指路、一家之言、权威发布、他山之石等版面。创刊以来，坚持贴近企业、贴近实际、贴近读者的办刊原则，紧扣时代脉搏，积极宣传促进民营经济发展的大政方针，发布民营经济市场信息和技术信息，推介民营经济发展经验，反映民营企业家的心声，致力为民营经济发展鼓与呼。

（七）《旅游周刊》

1999年7月创刊，主要发表永州旅游动态、永州旅游景点、外地旅游景点简介等方面文章。旅游周刊不定期。2014年11月27日，《永州日报》刊发《美丽桐子坳》一文，向外进行推介。至2015年12月，先后刊发旅游文章53篇。

（八）《消费周刊》

2001年3月创办，主要刊登传递消费知识、介绍消费理念、报道消费信息等，不定期出刊。2015年3月15日，《永州日报》刊发的关于“12315”服务平台维护消费者合法权益的消息。至2015年12月，共刊出文章50余篇。

第三节 新闻报道

一、时政要闻报道

1996年，围绕市委经济社会发展思路和“大郊区、大市场、大产业”的构想，开辟专栏《建设大郊区　形成大产业　进入大市场》，报道全市各县区、各个时期的工作动态。围绕市委认真贯彻中共十四届六中全会精神，加强社会主义精神文明建设，开辟专栏《认真学习十四届六中全会精神，努力开创精神文明建设新局面》，先后组织稿件40余篇，对全市各级各部门开展精神文明建设的情况进行系统报道。同时对农业开发、扶贫、计划生育等中心工作安排报道内容。1997年，市人民政府决定修建永州至连州公路，为营造积极向上的舆论气氛，《永州日报》在一版刊发市领导讲话重要文章，并发表社论；配合募捐行动还开辟专栏《全市总动员爱心献永连》，报道各部门以及个人募捐情况，为永连公路建设“摇旗呐喊”，发挥“喉舌”作用。2月25日，邓小平逝世。26日，《永州日报》以整版转载新华社关于邓小平追悼会的报道。同时还发表通讯《潇水呜咽九嶷含悲　永州儿女痛悼邓小平》，记叙永州市干部群众收听收看邓小平追悼大会实况。9月12日，中共第十五次全国代表大会召开，《永州日报》及时转发新华社关于大会召开的盛况，之后又开辟《学习十五大文件贯彻十五大精神》专栏，报道永州市学习中共十五大精神的相关情况。是年，还开辟《喜迎香港回归》专栏，报道全市各地人民群众以各种不同方式喜迎香港回归的情况。1998年，继续加强对搞活永州经济，加快发展工业企业、乡镇企业以及抓紧落实计划生育措施的舆论宣传。同时为纪念改革开放20周年，《永州日报》开辟《我看改革开放二十年》专栏，以个人的亲身经历反映永州改革开放20年来，经济社会的发展和给每个人带来的实惠，进一步加深对改革开放的理解，全面推进永州的经济建设。专栏一直延续到年底。1999年，为喜庆新中国成立50周年，《永州日报》精心策划推出《50年成就展》《潇湘纪行》专栏，充分反映潇湘大地50年来发生的翻天覆地的变化。贯彻落实中共十五届四中全会精神，组织开展《开创国企改革新局面》专栏报道，提振加快国企改革发展的信心。大力度推出12篇系列评论，为深入开展“三讲”教育活动提供坚强有力的舆论支持。发挥舆论引导，大力宣传报道各行各业揭批邪教，发稿12篇。及时转发新华社稿件，并从5月10日至25日，在一版连续刊发永州市社会各界组织开展的强烈谴责声讨以美国为首的北约轰炸我驻南使馆的罪恶行径的报道，发稿 6 篇，激发干部群众“强我中华”的壮志。2000 年，紧扣党委、政府的中心工作，弘扬主旋律，打好主动仗，做好市委、市政府主要领导深入企业指导国企改革调研报道，体现市委的意图和决策指导思想，发稿 21 篇；报道全市贯彻学习“三个代表”重要思想，推动改革开放和现代化事业，推进“三讲”教育活动深入开展，发稿 32 篇；继续开设《整治市容市貌创建文明城市》和新设《市容市貌大家谈》《曝光台》栏目，为整治中心城市脏乱差、提升城市品位、树立永州城市新形象提供舆论引导和支持，发稿 42 篇。

2002 年，围绕市委、市政府实施的“生态环保效益型经济”发展战略，组织刊发的 12 篇系列评论员文章，引发全市一场触及灵魂的解放思想、破除“三大障碍”的大讨论，为把全市干部群众的共识和行动统一到市委、市政府的决策部署上发挥舆论引导作用。为迎接中共十六大的召开，精心组织开辟《喜迎十六大喜看新变化》《深入实践“三个代表”推进党建伟大工程》《在平凡的岗位上》《向十六大献礼》等栏目，着重宣传全市学习贯彻“三个代表”重要思想及党的建设的新经验和先进典型，报道全市改革发展和现代化建设的辉煌成就，充分反映各行各业、各条战线以优异成绩迎接中共十六大召开，唱响共产党好、社会主义好、改革开放好的主旋律。

2003 年，开辟《贯彻十六大精神全面建设小康永州》专栏，报道市委组织全市领导干部学习贯彻学习中共十六大精神。围绕市委、市政府力推的加快发展开放型经济，开设《县区工业园走笔》《潇湘改革潮》专栏，刊发系列评论，为全市扩大招商引资加快发展鼓与呼。做好抗击“非典”宣传报道，开辟专栏《关注健康预防非典》，介绍有关预防“非典”知识，引导动员群众打赢“非典”阻击战。发挥主流媒体的舆论引导和监督作用，开辟专栏《整治市容市貌大搞爱国卫生》，报道中心城区各部门、各街道开展整治活动，曝光不良生活陋习及行为，有效推动中心城市市容市貌整治工作。

2004 年，紧紧围绕市委、市政府的中心工作，坚持正面宣传为主和团结稳定、鼓劲的方针，主要开辟《贯彻中央一号文件精神增加农民收入》《乡村观察》《迅速掀起贯彻十六届四中全会精神热潮》《提高执政能力加快发展步伐》《清远大发展永州怎么办》等专栏。与此同时，对市委贯彻省委八届七次会议精神，围绕推进工业化进程、加快工业改革发展步伐，组织开展系列宣传报道。提升舆论监督实效，推出《百姓关注》栏目，回应群众呼声，推动政府部门改进工作。

2005 年，采取既分阶段安排，又突出重点报道的办法，精心策划时政报道，为建设速度永州、诚信永州、和谐永州、小康永州营造良好的舆论氛围。开辟《保持共产党员先进性教育巡礼》专栏，报道各地各部门开展教育活动动态，先后连续高频率高质量地推出系列评论，鲜明阐述教育活动要紧密联系实际创造性开展工作，以正确的舆论引导把活动引向深入。开设《建设四个永州》《建设节约型社会》《建设平安永州》《永州环保世纪行》《加快中心城市建设》《红绿灯下》等20多个专版专栏，报道全市各地践行和落实科学发展观，充分发挥后发优势，以工业化为核心大力推进“三化”进程，推动县域经济发展。

2006年年初开辟《国企改革巡礼》专栏，先后发表专栏新闻报道20余篇，以高调舆论反映全市国有企业改革“大决策、大部署、大行动”的核心内容，展示国企改革的辉煌成果。开设《兴荣辱树新风》专栏，大力宣传各行各业践行社会主义荣辱观和谐永州的文明创建活动。强化新闻策划，推出《落实科学发展观　扎实推进社会主义新农村建设》系列评论，凝聚思想共识；开设《建设新农村》《进村入户看增收》等专栏，宣传推介全市各地建设新农村的生动实践和典型经验。全面准确报道市三届党代会及会议精神，为致力加快崛起、全面建设小康永州新征程汇聚前行力量。2007年，报社积极探索新闻改革，提升报纸质量，增强报纸舆论引导力，相继创刊出版《县区新闻周刊》《政务周刊》《民企周刊》，为全市强三基推三新促三创，加快速度永州、活力永州、和谐永州建设，提供精神动力和舆论支持。围绕市委、市政府贯彻中央一号文件精神，加快社会主义新农村建设步伐，在一版开辟《建设新农村》专栏，从村庄规划、基础设施建设、产业建设等各个不同角度，进行典型报道，先后刊发稿件20余篇。围绕中共十七大召开，会前开设《喜迎十七大　见证新辉煌》专栏，大力宣传过去五年来永州经济社会发展取得的辉煌成就，营造氛围；会后又设《学习贯彻十七大　开启发展新征程》栏目，跟踪报道各地学习动态，推动中共十七大精神在永州落地生根，指导实践，推动工作，发稿40余篇。2008年年初，《永州日报》对抗冰救灾和灾后重建工作，进行正面舆论引导，先后在一版推出《扎实开展抗冰救灾努力实现四个“确保”》《深入基层解难题救灾补损求发展》《灾后重建看乡村》等专栏发稿20余篇。同时发表《破冰前行我们靠什么》《应对突发性灾难我们经受了考验》等评论员文章，两个多月，反映永州干部群众全力投入抗冰救灾报道达1400多篇，为大力宣扬永州的“抗冰”精神，凝聚永州力量，夺取抗击冰雪灾害的最后胜利，发挥主流媒体舆论引导作用。为贯彻落实市委三届四次全会精神，做好承接产业转移，《永州日报》及时开辟《承接产业转移　加速赶超崛起》专栏，报道各地工作进展情况，发稿30余篇。2009年，组织策划学习实践科学发展观、坚定信心促发展、推动农村改革和发展、庆祝新中国成立60周年四个大的方面宣传报道，发稿20余篇。开辟《科学发展在永州》《科学发展大家谈》等专题专栏。策划推出《永州记忆》系列专题报道，回顾永州60

年来发生的重大历史事件，再现60年来永州发展的风雨历程，发稿30余篇。加强应对国际金融危机的宣传报道，大力宣传市委、市政府“强基础、兴产业、促承接、重民生”的十二字方针，准确报道解读全市承接产业转移工业现场会精神，体现市委、市政府抢抓承接产业转移机遇加快推进新型工业化的英明决策和坚强决心，开辟《坚定信心　加快发展》专栏，为实现后发赶超鼓与呼，发稿60余篇。2010年，根据市委、市政府关于把2010年作为“城市管理年”，大力整治市容市貌、确保年内创建“全省卫生模范城市”的工作要求，《永州日报》从3月30日起，推出《创卫在行动》专栏，陆续刊登各级各部门“创卫”的经验典型，以及广大市民参与“创卫”的好风气、好作为。同时还相继发表《创卫，从我做起》等三篇该报评论员文章，强化舆论宣传。与此同时，开辟专栏《承接产业转移　推进新型工业化》，强化承接产业转移工作报道，发稿180余篇；组织《辉煌“十一五”》系列报道，宣传全市“十一五”期间工业、农业、交通、文卫各个方面所取得的辉煌成就，唱响永州发展的时代赞歌，发稿200余篇。

2011年，一版时政要闻重点组织“红色”“金色”“蓝色”“绿色”系列宣传报道。“红色”报道，在一版重要位置开辟栏目《寻访红色遗址》，全景展示在永州这片红色土地上发生的重大革命历史事件和出现的重要革命历史人物，专栏贯穿全年，发稿30多篇“金色”报道，重点报道以承接产业转移示范区为抓手这一指导思想，开辟《建设示范区　推进新跨越》专栏，同时配发系列评论员文章，全面深入报道这一年发生在永州大地的承接产业事件：全面启动中国风电开发项目落户江华；永州与中国五矿集团实施战略合作；永州与神华集团签约；马来西亚产业园、永州国际航空物流项目启动等，一一做到精心策划，重点推介，发稿50余篇。“蓝色”报道，主要反映永州市水利建设，特别是在报道涔天河扩建工程上，大手笔、大篇幅，既有长篇通讯文章，又安排专页专版，发稿30余篇。“绿色”报道，主要是围绕创建国家森林城市，开展系列宣传，发稿20余篇。2012年，围绕市委“贯彻党的十七届六中全会精神，加快文化强市战略”的意见，开辟《推进六城同创建设美好家园》专栏，从政策措施、部门实施、群众参与等方方面面，强化建设中心城市的报道，发稿50余篇；围绕承接产业转移，组织《建设示范区推动新跨越》系列报道，突出报道郴州市的发展经验，借他山之石，琢自己之玉。与此同时，推出《科学发展　成就辉煌》专栏，介绍全市承接产业转移的先进单位和先进典型，发稿140余篇。2013年，《永州日报》就全市开展“转作风、解难题、抓关键、见实效”专项活动，开辟《转作风　新观察》专栏，报道全市各级各部门贯彻落实市委加强党的作风建设的方方面面情况，发稿90余篇。与此同时还开辟相对应的《扎实开展“四深入”活动》专栏，报道干部走出机关深入基层帮助群众解难题、送温暖、办实事的具体

永州日报

YONGZHOU RIBAO

2011年9月 28 星期三

永州市中级人民法院

院长熊春明携全体干部职工

热烈祝贺

永州市第四次党代会胜利闭幕

团结奋进 真抓实干 共同打造幸福永州的美好明天

中国共产党永州市第四次代表大会胜利闭幕

将好的意见和建议运用到实际工作中去

为全市人民的幸福生活而努力奋斗

——热烈祝贺市第四次党代会胜利闭幕

中国共产党永州市第四届委员会委员名单

中国共产党永州市第四届纪律检查委员会委员名单

中国共产党永州市第四届委员会候补委员名单

社论

时政新闻一版的设计照片（2011年9月28日，中国共产党永州市第四次代表大会盛况）

事例，发稿20余篇。围绕市委、市政府关于创建国家卫生城市的工作要求，一版开辟《全力攻坚克难 决胜国卫创建》专栏，栏目既有创建国家卫生城市的先进典型，也有通过暗访曝光的不文明现象，推动中心城区的创卫工作。申报国家历史文化名城也是当年重要工作之一，《永州日报》为此开辟《迈步国家历史文化名城》专栏，先后发稿20余篇，介绍永州悠久的历史、深厚的文化底蕴，为创建国家历史文化名城营造良好的舆论氛围。2014年年初，根据中央和省委部署，市委召开党的群众路线教育实践活动动员大会精神，《永州日报》从3月起，开辟《扎实开展党的群众路线教育活动》专栏，从各个角度、不同侧面报道永州市开展教育活动情况，有政策文件的解读，有部门单位开展教育活动的做法，有教育活动的先进典型介绍，专栏延续到年底，先后发稿180多篇。与此同时，配合市委开展精准扶贫的工作部署，开辟专栏《发力精准扶贫》，报道各有关部门开展扶贫情况，发稿40余篇。年底，为召开创建国家森林城市动员大会，该报随即开辟专栏《绿满潇湘——创建国家森林城市进行曲》，为“创森”工作鼓与呼，发稿12篇。2015年，围绕市委、市政府深入实施“四个三”部署，全面提升软实力，加快建设品质活力永州，开辟《全力推进新型工业化大突破——建设品质活力永州》《春漫潇湘——聚焦农村改革》《全面深化改革在推进》《发力——执行力在永州》等栏目，大张旗鼓宣传永州市在推进“三大突破”、实施“三项改革”、坚持“三项优先”、抓好“三项统筹”结出的累累硕果的宣传报道，发稿200余篇。强化“创森”舆论宣传，继续开办专栏《绿满潇湘——创建国家森林城市进行曲》，浓墨重彩报道“创森”攻坚战，发稿30余篇。强化新闻策划，推出《永州创客》栏目，报道创业创新典型，为推动大众创业、万众创新营造舆论氛围，发稿20余篇；推出重大专题报道《一切为了国家行动》，深度报道涔天河库区移民工程，为“一号水利工程”顺利建设提供舆论支持；开设专栏《全面小康在推进》，报道县区基层落实市委、市政府部署，加快全面小康建设的各类典型等，发稿210余篇。

二、县区新闻

1996—2006年,《永州日报》把县区的新闻报道列为报纸的一个重要采编内容。县区新闻，因为发布的消息是出于永州当地，与读者心理接近，经济、文化与自己都有着密切的联系，会引起感情上的强烈共鸣。因此，县区新闻主要是社会新闻和民生新闻，报道内容主要有贯彻落实市委、市政府工作部署的情况，农业改革与地方经济发展、社会稳定与民生民情，农村改革与新农村建设，思想道德教育与两个文明建设等。这期间的《永州日报》虽然是四开小报，但每周出版期数增加，用稿量增加，县区新闻也随之增多。县区新闻仍然是放在二版，即“综合版”，或称“经济版”“政教版”“本市新闻版”。刊发《祁阳稻田养鱼引起国际重视》（1996年7月4日）、《江永县六成国土为林木覆盖》（1996年12月24日）、《东安县栽下白果2万亩》（1997年2月28日）等新闻报道3600余篇。

永州日报 YONGZHOU RIBAO
县区新闻 周刊
零陵新闻
零陵区着力发展生态经济
向着率先崛起的目标奋勇前进
零陵区交通局机构改革辟新途
愿作阳光洒广厦
零陵区生育观念走向文明科学
公交虎将
珠山小城镇建设精彩纷呈

2007年2月14日，《县区新闻周刊》样报

2007年2月至2010年7月,为更好地集中宣传县区经济发展和“两个文明”建设,《永州日报》开始创办《县区新闻周刊》。从这时候起，《永州日报》安排一个专门版面的稿件，直接面对县区，直接面对基层干部群众，直接面对农村改革开放带来的多姿多彩社会生活。“传递上级精神反映社会生活，回馈基层信息，服务农村群众”，就是该刊的宗旨。《县区新闻周刊》为周三出版，采编方式有两种，一种

是以一个县区为单位，设置整版报道；另一种是综合各县区新闻，进行综合报道。开设的栏目有报道县区经济社会发展崭新气象的《县区领导访谈录》，报道改革开放取得卓越成就的《文明单位风采》，报道计划生育观念走向文明科学的《甜蜜的事业》，报道从悠久历史走向文明幸福的《永州名镇》，报道为建设发展永州努力拼搏的基层先进人物《潇湘先锋赞》。这些栏目，注重对有关政策方面、经济方面、生产方面报道的同时，还特别重视农民生产生活、农村社会生活方面的问题报道，引起广大农民和农村基层干部的高度关注。刊发《新田小水果成为摘金收银“大产业”》（2009 年 7 月 8 日）、《江华三千乡土人才好“吃香”》（2010 年 7 月 27 日）等县区新闻作品 2000 余件。

2010 年 8 月，随着城乡经济发展同步进行和农村人口城镇化的推进，《县区新闻周刊》结束，但有关县区的新闻报道在一至三版刊出。2012 年，《永州日报》已经扩版为对开大报，每日八个版面，传媒空间大大提升，版面设置也随之增多，除一版报道时政要闻外，其他版面还设置有“本市新闻”“社会民生”“读者在线”“国内新闻”“潇湘文苑”“文化体育”“家庭教育”“健康养生”等，都含“县区新闻”的内容，共刊发《冷水滩创业 QQ 群培育百名小老板》（2013 年 4 月 5 日）、《谱写电商发展精美乐章——江永县打造农村电子商务全国性示范县纪实》（2015 年 12 月 24 日）等县区新闻作品 2600 余件。

三、社会民生报道

1998 年 6 月，《永州日报》开辟《双休刊》，重点关注社会民生，辟有《特别报道》《报道追踪》《双休茶桌》等栏目，社会珍闻、历史典故、生活奇趣，日常饮食起居的民生新闻大都在《双休刊》反映出来。《家庭 . 生活》则重点在于“家庭”，辟有《婚姻与家庭》《平凡人生》《生活小窍门》《家庭医生》《家庭内外》《家教指南》等栏目，一个一个的“小窗口”，折射出五彩缤纷的大世界。1997 年 6 月 3 日该报蒋剑翔采写的通讯《一切为了人民——徐家井派出所开展“民心工程”纪实》，记叙徐家井派出所为老百姓办实事办好事的故事，稿件采访翔实，人物、故事生动具体，写法出新，作品刊出后，不仅在读者中引起强烈反响，同时也引起领导的高度重视。随之产生一连串的社会效应，该派出所被授予全国“人民满意派出所”称号，其事迹在全省巡回演讲。

2001 年 1 月 6 日，随着报纸的扩版，经过精心策划，并报市委宣传部批准，《永州日报》出版《生活周刊》。《生活周刊》关注社会民生，以周末一天的四个版面刊发各类新闻，以面向广大读者宣传党的路线、方针、政策，承担传承区域文化、地方历史为己任。《生活周刊》采用晚报风格，在采编用稿上力戒过于严肃的面孔和那些显得沉重让人望而却步的话题，极力推崇生动活泼的语言和“讲故事”的方式报道各类与平民百姓息息相关的新闻事件。一版主要是报道重大的，或突发的新闻事件，同时设有《愚昧事》《荒诞事》《黑心事》《奇怪事》等小栏目，主次搭配、意趣融合，打开报纸就有先声夺人之感。二、三、四版，辟有《警世》《情感》《娱乐》《理财》《环球》《旅游》等专栏，从法律法规、道德情感、为人做事、文化娱乐，到理财治家、车讯房产、国内国外，真可谓“一张报纸在手，天上地下全知”。2002年11月，全国发生罕见的非典型肺炎，面对这一突如其来的疫情，《永州日报》民生新闻把抗“非典”工作作为头等大事来抓，作为一项重要的政治任务来完成，辟出大量版面，开辟专栏《关注健康预防“非典”》，全面关注报道抗非典事件。先后刊发《掀起爱卫新高潮　打好防治“非典”战》《齐心协力打硬仗》《万众一心抗击“非典”　确保完成经济目标》《鏖战“非典”》等重要文章，刊发《狙击“非典”》《上下齐心　抗击“非典”》等文章。向人民群众通报疫情，介绍预防措施和相关知识，传递着全国各地和永州市的最新做法，传递抗“非典”歼灭战中涌现出来的英雄人物、英雄事迹。

2003年1月至2012年6月，《生活周刊》版面设置有所变动，以“专版”为主，一版头、二条主要刊登时政新闻，余下板块配以社会新闻；二、三、四版则每个版面固定一个主要内容。设有《人世写真》《人文潇湘》《社会报道》《校园在线》《生活地带》《周末博览》等。2008年1—2月，一场罕见的雨雪冰冻灾害袭击永州，堪称50年之最。自1月11日以后，全市普遍出现0℃以下冰冻雪灾天气，冰冻强度大，时间长，全市11个县区185个乡镇不同程度受灾，受灾人口达80余万人。农作物、牲畜冻死、供电设施受损、公路桥梁冻结，直接经济损失达4亿多元。《永州日报》先后刊发《战役接连打响……》《激战九牛岭》等重要文章；开辟专栏《扎实开展抗冰救灾努力实现四个确保》；特别关注《打好抗冰救灾这场硬仗》多个专版。先后刊发全市上下万众一心抗冰救灾的新闻1000多条，长篇通讯《气吞山河的壮歌》以纪实手法报道全市人民众志成城抗击冰雪灾害感人故事，为全面夺取抗冰救灾工作的最后胜利营造良好的舆论氛围。2010年6月底，全市持续高温少雨，大部分县区连续出现35℃以上的高温天气，8月5日，北部各县区最高气温普遍在40℃以上，创下有气象记录的1960年以来的极值。《永州日报》在一版刊发通讯《全力以赴抗大旱》，同时刊登“战高温”专版，刊发新闻报道50余篇。

2012年7月至2015年，《生活周刊》取消，更名为《社会民生》。《社会民生》不再是周刊，而是专版，安排于每日的第三版。《社会民生》仍然把视角放在老百姓日常生活上，同时注意找到时政、经济等社会发展的主流问题与百姓生活的切入点，把时政和经济新闻转变成民生新闻，形成有主流意识的本土民生新闻。无论是《双休刊》，还是《生活周刊》及《社会民生》专版，《永州日报》的采编工作始终遵循一个宗旨，这就是贴近民情、贴近现实、贴近读者。以情感为主线，打造这个周刊（或版面）的吸引力，赢得更多读者。如《一碗小米粉浓浓民生情》，以一碗小米粉的故事，反映市委、市政府领导对民生的关怀。2012 年，《永州日报》配合全市“创国家卫生城市”“创全国历史名城”“创全国交通模范城市”“创全国文明城市”等四大重要创建中心工作进行全面的报道。开辟《曝光台》《百姓心声》《市民访谈》《记者在现场》《呼吁》等重要栏目，民生记者长期到相关部门和街头巷尾进行采访，针对社会不文明现象，违规、违章、违法现象等，通过现场采访及时写出 200 余篇报道。2013 年，该报记者曝光冷水滩、零陵中心城区夜宵摊到处乱摆、污染环境、严重影响市民生活的现象。冷水滩、零陵中心城区道路破烂不堪十分严重，报社记者长时间曝光，引起市区交通部门重视，加大中心城市道路基础设施建设。在“四创”工作中，《永州日报》组织 10 多次专版报道，刊发 200 余件新闻作品。

四、重大典型报道

1996 年 9 月 10 日，《永州日报》头版头条刊发该报记者蒋玉生采写的通讯《托起山区的明天》详细记叙金洞林场小金洞乡民办教师满顺元无私奉献、乐于奉献的感人事迹。零陵卷烟厂是湖南省两个文明建设协调发展的一个先进典型。在发展社会主义市场经济中，该厂确定科学的价值观，树立正确的价值导向，取得物质文明和精神文明建设的丰硕成果，实现社会主义国有企业的价值追求。9 月 19 日，《永州日报》用两个整版、一个半版的篇幅，刊发《社会主义企业的价值追求——湖南零陵卷烟厂双文明建设协调发展的调查》，推出全省双文明建设重点典型——零陵卷烟厂。该调查报告由省委宣传部、市委宣传部联合撰写，详细总结零陵卷烟厂两个文明建设协调发展的基本经验，对于国有企业的改革和发展，对于全省的社会主义精神文明建设都具有重要的指导意义和借鉴作用。

1997 年，因选举出席中共十五大代表需要，在有关部门的安排下，《永州日报》通讯员、江华县委宣传部新闻干部刘波深入采访，写出 3000 多字的通讯《林海卫士之家》（《永州日报》1997 年 8 月 5 日一版），记叙余锦柱一家三代人在海拔 1000 多米的高山瞭望台，连续驻守 44 年，并创造火警报告无差错的纪录，为数万亩山林的安全默默奉献出自己的年华的事迹。文章发出不久，被采写的主人翁余锦柱当选为出席中共十五大永州籍的代表。6 月 13 日，《永州日报》头版头条刊发该报记者蒋剑翔采写的长篇通讯《一切为了人民——徐家井派出所开展“民生工程活动纪实”》。徐家井派出所开展的“民生工程”符合为人民群众的宗旨，符合公安机关的职能，符合派出所改革的方向。所以，“民生工程”得民心，受民爱。

1998 年 12 月 31 日，中共永州市委、永州市人民政府授予徐家井派出所“人民满意派出所”称号。1999 年 1 月 19 日，省委、省政府授予徐家井派出所“人民满意派出所”称号。

1998 年 9 月 12 日，《永州日报》头版头条刊发该报记者李进军、李建林采写的长篇通讯《一颗金属的种子》，记叙潜心科研、真心为民、以身殉职的优秀农业科技干部、市农科所农艺师、共产党员朱田洪的先进事迹。1999 年 10 月 22 日，《永州日报》头版头条刊发该报记者李建林采写的长篇通讯《白水闪耀“文明星”——祁阳县白水镇农村精神文明建设纪实》，记叙白水镇以农民群众易于接受的形式，开展创建“十星级文明户”活动，为新形势下如何加强对农民的政策法规教育和权利义务教育，如何密切干群关系，搞好农村工作找准一个好的“切入点”和“着力点”。

2001 年 2 月 27 日，《永州日报》头版头条刊发张新国、刘波采写的长篇通讯《做人民利益的忠实代表——记全国“人民满意派出所”徐家井派出所的事迹》。记叙徐家井派出所始终牢记党的宗旨，永远保持人民公仆的本色，真心实意为群众办实事，把全心全意为人民服务的根本宗旨融入各项工作之中，深入实施“良心工程”，广泛开展便民、利民、爱民和保民生平安的先进事迹。3 月 18 日，市委办、市政府办发出《关于进一步开展向徐家井派出所学习活动的通知》。4 月 9—11 日，《永州日报》头版头条刊发该报记者李进军、唐新华采写的长篇通讯《一枝一叶总关情——山区农民的好女儿何桂凤记事》，分三次报道芝山区石山脚乡妇联主席何桂凤心系群众、服务农民、淡泊名利、乐于奉献、扎根边远山区，用自己的行动默默实践“三个代表”重要思想的先进事迹。何桂凤用自己的行动为广大乡镇干部做出榜样。8 月 18 日，《永州日报》头版头条刊发该报记者曾锐等采写的长篇通讯《正义与邪恶的生死较量——道县“8·16”劫持人质案解救纪实》。记叙道县人民检察院副检察长付玲玲置生死于度外，自己替换人质，以大无畏的英雄气概，与犯罪分子斗智斗勇，最终将两个犯罪嫌疑人彻底制服的先进事迹。8 月 28 日，《永州日报》头版头条刊发记者蒋亚斌采写的长篇通讯《壮举撼潇湘——记道县人民检察院检察长付玲玲》。8 月 29 日，市委、市政府作出关于开展向付玲玲学习活动的决定。9 月 6 日，《永州日报》刊发记者唐晓山采写的长篇通讯《周宗岳，攀登杂交稻制种高峰的人》，报道创造杂交稻制种产量世界之最的永州职业技术学院教授、制种专家周宗岳的事迹。11 月 7 日，《永州日报》头版头条刊发通讯员蒋文龙采写的长篇通讯《人民的好法官——追记江永县人民法院原副院长谢云峰》。谢云峰生前为江永县人民法院副院长，在法院工作二十多年，恪尽职守，乐于奉献，先后被评为全县“十佳干警”“县优秀共产党员”。他用自己的一生书写一首壮丽的人生之歌，使43岁短暂的生命成为永恒。

2002年3月12日，《永州日报》头版头条刊发该报记者唐晓山采写的长篇通讯《一腔热血铸丰碑》，详细报道道县梅花镇江南村原党支部书记莫电生的感人事迹，并配发评论《时刻把人民群众的利益放在首位》。莫电生以帮助群众脱贫致富为己任，团结和带领全村干部群众艰苦奋斗，奋力拼搏，忠实履行一个共产党人的职责和使命，身体力行“三个代表”重要思想。3月15日，市委、市政府作出关于向莫电生学习的决定。5月8日，《永州日报》刊发由该报记者万跃飞采写的通讯《一曲血染的赞歌》，报道舍己为人壮烈牺牲的解放军某部宁远籍士官蒋国政的英勇事迹。蒋国政，宁远籍士官，回家探亲途中，当乘坐的车辆发生意外，7名乘客的生命受到严重威胁之时，他挺身而出，迅速组织大家有序跳车。7名群众得救，年仅21岁的蒋国政却壮烈牺牲。

2003年12月17日，《永州日报》头版刊发长篇通讯《爱民所长陆强耀》，报道新田县公安局枧头派出所所长陆强耀的先进事迹，记叙陆强耀用自己的心血和汗水诠释着一个共产党员的人生价值，用青春映红警徽，用赤诚铸就警魂的先进事迹。

2005年，《永州日报》对发展永州的个体私营经济做出具体安排部署。为配合这一活动的宣传，除刊登相关报道10余篇外，还组织典型采写活动。记者刘倩采写的通讯《“王老七”的“三洗礼”》（刊于2005年6月5日《永州日报》），反映个体私营经济得到政府的认可、可以放手经营的情况。9月13日，《永州日报》头版头条刊发该报记者何继凤采写的长篇通讯《扎根红土谱华章》，报道中国农科院祁阳红壤实验站的先进事迹。45年来，中国农科院祁阳红壤实验站扎根红壤丘陵区，为南方红壤地区的农业科技进步及农村经济发展做出显著贡献，先后获得国家级科研成果奖52次、省部级成果奖18次。11月14日，《永州日报》头版头条刊发记者唐晓山采写的长篇通讯《勇士壮举撼潇湘》，报道为保护国家财产献身的莫晓辉、陈本亮、何兰君的英雄事迹。2006年4月8日，省政府批准，追认三人为革命烈士。

2009年，永州监狱四监区警察、参加工作仅3年、爱岗敬业的吴战保因公积劳成疾，倒在抗击甲流的第一线。《永州日报》记者何继凤、通讯员小芬采写的《热血青春铸警魂》，弘扬正能量：“一个年仅26岁的年轻生命就这样走了，但他却用自己短暂的青春年华谱写着生命中最有价值的人生理念。”5月22日，《永州日报》头版头条刊发该报记者蒋剑翔等采写的通讯《蒋冬林：用清廉守卫正义》。平凡英雄蒋冬林是零陵区检察院一名普通干警，从检21年来，他用清贫和廉洁砥砺操守，用忠诚和责任捍卫法律，用执着的追求铸就一个人民检察官的形象，演绎了一个平凡英雄的精彩人生。中共中央政治局常委李长春对蒋冬林先进事迹作出重要批示："平凡中见伟大，十分真实感人。"中共中央政治局委员、中宣部部长刘云山，中共湖南省委书记张春贤分别作出批示。市委、市政府作出向蒋冬林学习的决定。

2010年，市纪委常委、市监察局副局长王海洋因夜以继日地查办案件，倒在工作岗位上。他勤政廉洁和铁面无私的事迹，感动许许多多的人。《永州日报》记者欧春涛采写的通讯《莲之魂》，刊于2010年3月8日《永州日报》。文章见报后产生强烈的反响。湖南省纪委、省监察厅发文，追授永州市监察局原副局长王海洋为"优秀纪检监察干部"，并号召全省纪检监察系统工作人员向王海洋学习。6月22日，《永州日报》头版头条刊发记者欧春涛采写的长篇通讯《万里长空且为忠魂舞——记"6·1"枪击案中的零陵区人民法院六勇士》。2010年6月1日，零陵区法院，赵沪宁、谭斌、蒋启东、黄岚、欧阳毅、伍晓辉6名法官，赤手空拳与持枪歹徒展开生死搏斗，用鲜血和生命谱写一曲感天动地的英雄赞歌。7月20日，省高级人民法院召开表彰会，追授赵沪宁、谭斌、蒋启东三人为烈士并追记一等功，为负伤民警黄岚、欧阳毅、伍晓辉分别记一等功。11月17日，《永州日报》头版头条刊发该报记者欧显庭采写的通讯《扎根大地不老松》，报道市粮食局驻东安县溪源村工作队队长蒋孔吉的感人事迹。蒋孔吉，一个退居二线的机关干部、共产党员，前后9年扶贫，连续7年驻点，身先士卒，亲力亲为，用实际行动改变一个个贫困村的面貌，在人民群众心目中树立起一座无言的丰碑。12月19日，中共永州市委作出向蒋孔吉学习的决定。

2011年，记者蒋剑翔采写的通讯《有一种微笑叫坚强——记全国民办教育先进工作者、九嶷工业学校校长蓝坤荣》，以"小人物"体现"大"作为。蓝坤荣"没有惊天动地的壮举，却有感人肺腑的故事；没有更多的豪言壮语，却有绵绵不断的慈母情怀。身患绝症，70高龄，然而在她的心头，鲜红的党旗永不褪色，孩子们的笑脸永远灿烂……"故事娓娓道来，给人无限的思索与启发。

2012年，为了有效地宣传典型、扩大典型影响，《永州日报》在安排典型报道时，从版面设置到内容的写作都注意手法上的创新。在版面安排上不拘泥常规排版，好的典型常常是放在一版头条位置，以凸显典型的重要性；有的还配发图片、评论等，以增进读者的视觉感。在内容写作上还注意强化人物个性和细节，以增强文章的艺术感染力。工作方面的典型，则注意讲好"永州故事"，让"硬"新闻实现"软"

永州日报

为了国歌响彻奥运赛场

——追记功勋教练梁小冬

集中精力 集中时间 齐心协力抓好计生工作

二十亿信贷资金撬动永州新农业

蓝山加入国家农业综合开发县团队

"湖南精神"征集提炼活动参与方式

在挑战中升华

公 告

2012年2月4日，《永州日报》刊发梁小冬先进事迹报道

着陆。通讯《为了国歌响彻奥运赛场——追记功勋教练梁小冬》《坚守——记“80后”特岗教师夫妻的“青春梦”》《永州保安第一人》《大走廊·大承接·大命运》就是这类典型。同年2月4日，《永州日报》刊发通讯《为了国歌响彻奥运赛场——追记功勋教练梁小冬（记者万跃飞、柏俊林）》，记叙的是体坛功勋教练梁小冬的故事。1月23日（农历大年初一）梁小冬突发心源性心肌猝死，倒在国家举重队备战伦敦奥运会的岗位上。去世时年仅52岁。他致力于体育人才的培养，敬业爱岗，先后培养4名世界冠军并率领举重湘军斩获全运会5枚金牌。梁小冬去世后，国家体育总局局长刘鹏第一时间作出批示，表示深切哀悼：“梁小冬同志为备战伦敦奥运会，因公牺牲，万分沉痛。谨表深切哀悼，向家属表示致哀。”该文发在2月4日一版头条，还配发照片、记者短评，对增强读者吸引力起到很好的作用。4月17日，《永州日报》致力挖掘积极向上、敢为人先的道德精神和进取精神这方面的典型，记者欧显庭、欧春涛采写的《大山脚下的“鸡司令”——永州8名大学生自主创业的故事》，刊于《永州日报》头版头条。文章介绍8名大学生在山里放养土鸡的故事：他们立志创业，克服一个又一个困难。企业从最初的白手起家发展到现在的800多万元流转资产。7月5日，《永州日报》刊发《小花创业记》典型。7月6日，《永州日报》刊发该报记者欧春涛、钟小令采写的长篇通讯《堡垒是怎样筑就的——揭秘蓝山县毛俊村党建模式》。毛俊村原是有名的难管村，在村支部书记、全国劳动模范廖仁旺带领下，发生惊人的变化，成全国创先争优先进基层组织，全省新农村建设示范村。这一变化的根本原因就是拟定时间内由乱到治、由贫到富，一举成为村风文明祥和、集体收入年逾百万元的和谐村。

2013 年 10 月 8 日，《永州日报》头版头条推出长篇通讯《袁忠民：淡泊名利的标杆》（记者吴林采写），详细报道零陵区委宣传部职工袁忠民工作兢兢业业，认真负责，不求回报，“甘做绿叶映红花”的感人事迹。

2014 年 6 月 14 日，《永州日报》头版头条刊发记者郭磊采写的长篇通讯《与癌共舞》，报道在群众路线教育实践活动中涌现出来的先进典型——新田县人民检察院副检察长陈运周的先进事迹。12 月 5 日，最高人民检察院和湖南省委在长沙召开表彰大会，追授陈运周为“全国模范检察官”“湖南省优秀共产党员”。7 月 1 日，《永州日报》刊发《坚守——记“80 后”特岗教师夫妻的“青春梦”》（记者万跃飞，见习记者谢伟，通讯员蒋国庆、袁耀生）。记者深入采访，用生动的笔墨记录下自己的所见所闻。文章放在一版显著位置，图文并茂，增强对该典型读者的吸引力。

永州日报

YONGZHOU DAILY

充分发挥编制工作在促进永州经济发展中的作用

坚守

市人大机关表彰优秀党员

2014 年 7 月 1 日，《永州日报》刊发的《坚守》报道

2015 年 4 月 2 日，《永州日报》用 4 个整版篇幅推出《“国家行动”——涔天河库区移民工作特别报道》（该报记者欧显庭、欧春涛、孙存准、吴林采写）。涔天河水库扩建工程是湖南省“一号工程”，也是 2015 年在建的全国最大的水利枢纽项目，移民搬迁及移民安置工作事关工程建设进展和质量，世人瞩目。《永州日报》组织采访小分队深入库区，记录移民搬迁过程，全景展示在这一伟大历程中的精彩事、难忘事、感人事。12 月 24 日，《永州日报》头版头条刊发该报记者刘波采写的长篇通讯《他让世界重新认识了中医针灸》，报道江华瑶族医学博士、全军首位中医针灸学博士，全国首位医学哲学双料博士蒋戈利的感人事迹。

五、重点项目报道

（一）永连公路

于 1997 年开始建设，2003 年 12 月 26 日建成通车。《永州日报》1996 年 7 月

30日刊发消息《永连公路扩建工程通过评估论证》。自此之后，《永州日报》自始至终关注永连公路工程项目建设的进展情况，及时报道工程进展的最新消息。先后刊发《永连公路经省计委批准正式立项》《永连公路建设项目签约》《永连公路工程合同正式签订》等消息。为积累资金，1997年1月，市委、市政府召开“永连公路建设募捐动员大会”，号召群众集资建设用来公路。《永州日报》及时开设《全市总动员爱心献“永连”》专栏和募捐箱，报道社会各界踊跃捐款支持公路建设的动态消息。1997年11月15日，《永州日报》以《永连公路于11月14日隆重开工》为题报道：“省委书记王茂林、省长杨正午为开工典礼奠基。”2003年12月26日、27日，以《康庄大道畅潇湘》《我市交通建设翻开历史性一页·永连公路胜利通车》为题进行报道。

（二）洛湛铁路

洛湛铁路是国家铁路八纵八横的干线铁路之一，是中西部地区至华南地区的重要出海通道，其中永州至玉林段全长560.638公里，总投资108.59亿元。1997年3月31日，《永州日报》以《洛湛铁路走冷梧新线大有希望》为题，报道铁道部领导到永州实地勘察走向的消息；12月11日，《铁道部洛湛铁路通道现场调查团抵达我市》报道铁道部专家到现场调查。1998年4月11日，《洛湛铁路冷水滩至邵阳段正式勘测》报道铁道部第四勘测设计院到永州市勘测铁路建设事宜。1999年4月13日刊发《为洛湛铁路冷邵段开工作最后准备铁道部派员来我市进行现场施工调查》。1999年12月30日刊发《我市人民迎来特大喜讯洛湛铁路永州以南走东线方案敲定》。2003年4月21日，报道铁道部副部长蔡庆华考察时表示，尽早开工建设洛湛铁路南线永州段项目。2005年11月7日，《永州日报》以《洛湛铁路永州南线开工》为题报道：“洛湛铁路是我省通往湛江、茂名等港口的重要出海通道。洛湛铁路永州至岑溪段全长11.229正线公里，项目总投为4.67亿元。”2006年11月11日以《为了大动脉的早日贯通》为题，报道江华瑶族自治县社会各界支援洛湛铁路建设的热潮。2009年7月2日，《永州日报》报道洛湛铁路永州至玉林段正式通车运营，标志着中国“八纵八横”铁路网建设顺利实现。

（三）衡枣高速公路

中国国家高速公路网，编号为G72，是国家重点规划建设的“五纵七横”国道主干线网中衡昆高速公路（衡阳至昆明高速公路）的起始段，主线长186.065公里，总投资51.25亿元。2000年11月7日，《永州日报》以《衡枣高速公路开工》为题报道：“衡枣公路建成后，它与322国道、湘桂铁路、和207国道、永连公路、洛湛铁路一道，构成我市的‘三纵三横’交通网络格局。它是改善永州交通环境，加快永州经济建设的一件大事。”2003年12月26日，在衡枣高速建成通车之际，

《永州日报》以《谁持彩练当空舞》为题，用两个版面的通版方式，报道永州市境内第一条高速公路的建设的日日夜夜。

（四）涔天河水库扩建工程

湖南省将涔天河水库扩建工程纳入“八五”计划，但由于各种原因，涔天河水库扩建工程被暂时搁置下来。2006年，永州市重新启动项目建设前期工作，在发改委、水利部和省委、省政府的大力支持下，涔天河水库扩建工程列入国家水利发展“十一五”规划，同时也列入水利部和发改委共同编制的《全国大型水库建设规划（2008—2012）》。《永州日报》2010年1月20日头版报道，发改委、水利部调研组在永州考察时表示，力争涔天河水库扩建工程早日开工。2011年9月23日，《永州日报》头版报道涔天河水库扩建工程指挥部隆重揭牌，湖南水利“一号”工程开工在即。11月15日，在涔天河水库扩建工程开工建设的当天，《永州日报》头版头条刊发长篇通讯《盛世丰碑——写在涔天河水库扩建工程开工之际》；11月16日头条《涔天河水库扩建工程隆重奠基》并配发该报评论员文章《全力建设好湖南水利“一号”工程》。2012年8月5日《永州日报》以《涔天河水库扩建工程开工》为题报道：“涔天河水库扩建工程是以灌溉、防洪、长株潭河段补水为主，兼顾发电、航运等综合利用的大型水利枢纽工程。大坝为混凝土面板堆石坝，高113米，正常蓄水位313米，总库容15.1亿立方米，防洪库容2.5亿立方米，电站装机20万千瓦，年平均发电亿4.54亿度，设计灌溉面积113.35万亩，总投资约130亿元。其中：枢纽工程投资51.15亿元，设计工期46个月；灌区工程投资29.62亿元，设计工期42个月；土地开垦计划25.8万亩，投资约50亿元。工程完工后，可新增旱涝保收面积100多万亩，新开耕地25.8万亩，同时，水库防洪库容将由现在的0.3亿立方米提高到2亿立方米，下游潇水沿河两岸城镇防洪标准由不足5年一遇提高到20年一遇以上，并可每年新增3.7亿度优质电能。”

2015年5月，涔天河水库泄洪

2012 年 12 月 4 日，《高峡平湖展宏图》长篇通讯，献给为涔天河扩建工程做出历史贡献的功臣们；12 月 6 日，全方位报道涔天河水库扩建工程开工建设的重大场景，水利部部长陈雷，省委书记周强，省长徐守盛出席。2013 年 1 月 29 日，《永州日报》头版刊发《高峡平湖应可期——涔天河水库扩建工程现场见闻》《今年过年我们不放假》，以图片和现场新闻的方式报道水库扩建工程建设进展情况。2015 年 4 月 2 日，策划推出“国家行动”专刊，用了 4 个版面，图文并茂，记录移民搬迁的点点滴滴，全景展示这一伟大历史过程中的精彩事、难忘事、感人事。此组策划报道获得当年度的湖南省新闻奖一等奖；11 月 29 日报道，涔天河水库扩建工程大坝填筑至 EL320.3 米高，全面完成大坝堆石体填筑任务。

（五）神华火电项目

由全球 500 强之一的神华集团独资建设，工程厂址位于东安县芦洪市镇。该项目是湖南省重点工程，也是永州市有史以来投资最大的工业项目，总投资 78.07 亿元。2011 年 11 月 6 日，《永州日报》报道神华集团火电项目将落户永州；11 月 9 日，报道永州市与神华集团正式签约；12 月 13 日，报道神华永州火电项目前期工作再获重大突破，获得国家部委和省委、省政府支持。2012 年 2 月 23 日，报道神华国华永州火电厂新建工程初步可行性研究报告通过审查；2013 年 7 月 5 日，报道神华国华永州发电厂一期可行性研究报告审查会召开，原则同意工程厂址为东安芦洪市镇；2014 年 8 月 3 日，报道神华火电永州电厂 10 月份开工。

（六）其他重点工程项目

1996 年 10 月 1 日，《永州日报》以《永州机场改扩建工程奠基》为题，报道地级永州市成立后的第一项重大工程。

1998 年 3 月 14 日，《永州日报》以《市人民医院冷水滩分院一期工程竣工》（后改为市二医院）为题报道：“这家新兴的分院是经市长办公会议研究确定的，旨在服务广大市民。其运作思想是‘一院两制’，即老院新院一套班子，老医院实行的是全民所有制，新医院则实行内部股份制。”5 月 19 日，《永州日报》以《南华大酒店昨日开业》为题报道：“南华大酒店由市粮食局与香港惠联投资有限公司合资，于 1992 年 8 月开始兴建，港方投资 4000 万元，是目前永州市首家按四星级国际标准兴建的豪华商务型酒店”。是年 12 月 7 日《永州日报》以《省道 1812 线永州段城区路网工程 7 日奠基》为题报道：“此工程是指冷水滩河东复兴大道、育才路、沿江北路、潇湘东路、百花路、翠竹路、逸云路、冷溪路、铁塔路等 9 条道路。这 9 条道路交织成为路网体系，总投资为 2.3 亿元，是永州市目前最大的市政基础设施建设项目。整个工程建成后，将为全市中心城区新增 4 平方公里发展空间，可容纳城市人口 4 万人。是加快全市中心城市建设的大动作。”

1999 年 2 月 25 日，《永州日报》以《永州中心城市建设翻开崭新一页》为题报道："去年共投资 2.2 亿元，开工项目 74 个，完成以邮电广场建设为中心的潇湘东路样板街建设和以北路广场、清桥广场为中心的路街改造。尤其重点改造老中山路和东风大桥，续建日升大道、凤凰路等工程，城市主干道全部硬化。河东路网工程全面启动，主干道复兴大道已破土动工。以美化、亮化和绿化为主的配套设施建设初见成效。去年完成零陵南路和南津路等人行道板铺设，安装零陵南路、中山路等 3 万米制式护栏和整个城区道路标线等工程。城市亮化道路达 24 条。公共绿化面积增至 179 公顷，城市园林化初具规模。自来水普及已达 99.7%，城市公交日趋繁荣，城市主干道均有公共汽车通行。潇湘广场滨江风光带初见端倪。一座集商贸旅游于一身，融山水洲城于一体的现代化园林城市概貌正呼之欲出。"

2001 年 11 月 26 日，《永州日报》以《我市污水处理主体工程于去年 5 月施工污水处理厂将于年底联合运行》为题报道："污水处理是落实环保工程加快经济发展的一件大事。其工程规模为日处理工业废水和生活污水 10 万吨，它是永州市首次利用日元贷款进行环境污染治理项目。"9 月 15 日，《永州日报》以《我市召开"十五"第三产业规划论证会将重点建设八大特色旅游区》为题报道："一是以水上游乐、观光旅游为主的历史文化古城——永州中西旅游区；二是形成以书法研讨、观光旅游为特色的天然摩崖碑刻碑林——浯溪旅游区；三是形成以寻根问祖、风光旅游、度假休闲、瑶寨风情为特色的九嶷山旅游区；四是形成以生态观赏武术健身为特色的生态健身奇境——舜皇山旅游区；五是以万寿寺、黄江源等景区组成的独家休闲旅游胜地——阳明山旅游胜地；六是以瑶族考古为特色的国际瑶城——江华旅游区；七是以瑶寨风光、瑶族生产、考察女书为特色的瑶族桃花源——千家峒旅游区；八是以名人故里为特色的道州温泉旅游区。"

2004 年 4 月 19 日，《永州日报》以《永州火车站（新站）正式营运》为题报道："新火车站于 2012 年 11 月 21 日开工建设。经过建设者们 300 多个日日夜夜的奋战，一座气势宏伟，金碧辉煌的站房拔地而起。站房总建筑面积 10985.7 平方米，整个站房呈弧线形，由主站房和两座高 50 米的塔楼组成。主站房为

永州火车站新貌（《永州日报 2004 年 4 月 19 日一版）

现浇钢筋混凝土框架结构，钢网架屋顶，使用双层压型夹心钢板，配以采光玻璃，外墙为花岗岩饰面。车站广场占地近10万平方米。站内设有五个候车室，其中一个贵宾软席候车室，一个茶座候车室，三个站台和十一条轨道，同时最高支持11次列车同时运行。”

2006年4月28日，《永州日报》以《永蓝高速特许经营合同正式签约》为题报道：“二广高速永州至蓝山段全长145.52公里，工程估算投资104.72亿元，预定2007年动工，2010年建成通车。”5月15日，《永州日报》以《邵永高速公路开工典礼在我市隆重举行》为题报道，途经永州市的第二条高速公路——二广高速邵阳至永州段正式开工建设，该路段全长111.29公里，总投资45.26亿元，预计于2009年建成通车。2008年5月29日，报道永蓝高速公路正式开工的消息。2009年12月1日，《永州日报》报道邵阳至永州高速公路于11月30日正式通车运营。2012年12月24日，报道永州及湘西南地区南下广州最便捷的通道——永蓝高速正式通车。

通车时的永州大道（《永州日报》2011年2月20日一版）

2011年2月20日，《永州日报》以《永州大道扩建工程竣工通车》为题报道：“永州大道扩建工程，是连接零陵区、冷水滩区主要通道，是城市主干道和景观大道，是省中岛工程建设项目。工程南起零陵区虎啸花坛，北止于冷水滩区曲河大桥，全长15.42公里，工程总投资约9亿元，道路宽度76米，控制红线宽度136米，道路为双向8车道设计，设计时速为80公里，永州大道的建成通车，极大地缩短了零陵和冷水滩两地的时空距离，对于加速推进城市中心一体化，打造生态新城、加快承接沿海产业转移将提供强有力的支撑。”

2011年9月17日，《永州日报》以《2008年动工的复兴大桥于2010年9月全部合龙》为题报道：“复兴大桥（现永州大桥）桥长

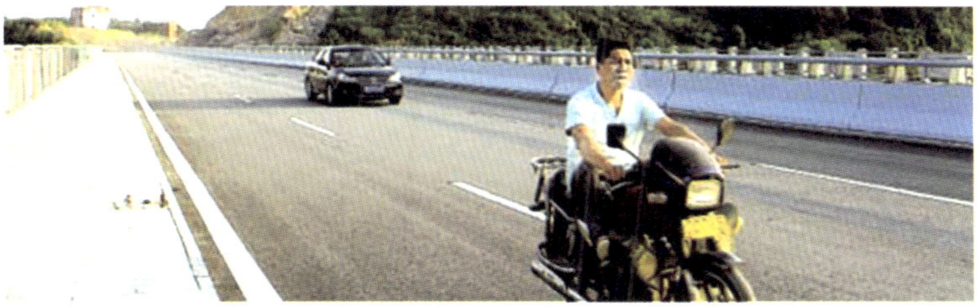

通车后的复兴大桥（《永州日报》2011年9月17日一版）

511.08 米，宽 28 米，主桥长 292 米，引桥长 210 米，河西岸接线长 240 米，总投资 7600 多万元。复兴大桥的建成，有效地缓解了中心城区的交通问题。”

2012 年 5 月 20 日，《永州日报》以《凤凰园经济开发区汽车产业专题招商推介长丰集团》为题报道：“凤凰园经济开发区是我市推进新型工业化的主战场。长丰集团是湖南省标志性企业、汽车产业的龙头。过来一段，市委、市政府举全市之力支持长丰汽车扩能建设，支持凤凰园经济开发区创建国家级经济技术开发区。目前，凤凰园经济开发区按照国家级经济技术开发区的标准制定开发区总体规划，着手在空间布局上形成‘一心、两轴、三片、四园’格局，总规划面积 116 平方公里。同时，将以长丰工业园为依托，开展园区道路大会战，拉通硬化园区道路 15 公里，修建高规格标准厂房 50 万平方米，新扩园 5 平方公里，为汽车产业发展提供良好的发展空间和硬件设施。力争到‘十二五’末将永州打造成全国最大的轻型越野车生产基地、中南最大的汽车零部件生产基地及集散基地，争取到 2015 年实现年生产整车 10 万台、年生产总值达 200 亿以上的目标。”同年 5 月 31 日，《永州日报》以《我市隆重举行中心城区重点建设项目——湘江东路冷水滩段开工典礼》为题报道：“湘江东路冷水滩段是连接零冷两区的城市休闲景观道，是湘江风光带的骨干道路，也是推进零冷两区一体化的龙头项目。该项目南起巴洲街，北至永州汽车北站，道路全长 10.44 千米，基本路幅宽度分别为 36 米和 50 米，路面采用沥青混凝土结构，设计时速 50 千米 / 小时，项目总投资 5.5 亿元。项目将按照 B T 模式建设，建设业主为永州市城市建设投资开发公司，投资商分别为永州市汇邦房地产开发公司、浙江红山芋公司和永州市深达置业公司，预计 2014 年 6 月建成投入使用。市委书记张硕辅出席开工典礼并宣布正式开工。”

2012 年 7 月 17 日，《永州日报》以《湖南瑞翔动力锂离子电池材料生产基地奠基典礼在零陵区工业园内隆重举行》为题报道：“湖南瑞翔新材料股份有限公司是设立在长沙国家级经济技术开发区及长沙国家新材料开发基地的高新科技企业，专门从事锂离子电池正极材料的研究、开发、生产和销售。此次为积极响应省委、省政府提出将永州‘建成承接沿海产业转移的排头兵和对接东盟的桥头堡’的号召，公司计划在永州市零陵区建设动力锂电池材料生产基地。委托公司全资子公司永州零陵瑞翔新材料有限公司分两期建设。一期投资 6 个亿，产品方案为锰酸锂 10000 吨、电解二氧化锰 15000 吨、高纯硫酸锰 3200 吨及四氧化三锰 5700 吨，致力于打造锰酸锂产业链，提升锰的附加值。二期投资 4 个亿，建设年产 5000 吨镍钴锰酸锂（三元材料）材料生产线。全部项目建成后，预计工业产值将达到 30 亿元，实现税金 3 亿元，安排就业岗位 600 个，并能带动上游产业及相关行业的发展。”9 月 21 日，《永州日报》以《永州市湘江风光带工程举行隆重的开工典礼》为题报道：“湘江风光带工程北起冷水滩区永州大桥，南至零陵区香零山大桥，长约 40 公里。通过对两岸沿江绿地、湿地、洲滩进行规划设计，形成‘一江、两岸、十六景’的景观格局。今年启动建设的中心城区段北起于永州大桥，南至规划中的长丰二桥，东西两岸长约 20 公里，设计面积 137.6 公顷。涵盖了规划研究、生态治理、防洪工程、景观绿化以及相关配套设施的设计和施工。通过湘江风光带的打造，深刻展现锦绣潇湘、和美永州的山水环境、历史文化和时尚都市风貌。”

动车驶入永州站时的情景（《永州日报》2013 年 12 月 30 日一版）

2013 年 6 月 29 日，《永州日报》以《省发改委批复建设千吨级航道从永州至衡阳》为题报道：“该项目主要建设湘江永州（岛）—衡阳（蒸水河口）1000 吨级航道 283 公里，其中永州至松柏大桥航道按Ⅲ（3）级标准整治，航道尺度为 2.4 米 ×60 米 ×480 米（水深 × 航宽 × 弯曲半径，下同），松柏大桥至蒸水河口按Ⅲ（2）级标准整治，航道尺度为 2 米 ×90 米 ×550 米；新建浯溪、湘祁、近尾洲 1000 吨级二线船闸和新建潇湘 1000 吨级船闸；新建各船闸上下游锚地、航道站、支持保障系统等配套工程；拆除冷水滩水上浮桥和衡阳老便桥，并对相关跨河桥梁实施防撞措施。项目总投资估算为 295880 万元。”12 月 30 日，《永州日报》以《永州进入高铁时代》为题报道：“12 月 28 日，往返桂林—北京西、桂林—长沙南的两对高铁隆隆驶进潇湘大地，奔驰在湘桂铁路复线上，停靠于东安东站、永州站、祁阳站。620 万永州人民翘首以盼的高铁时代终于来了！途经永州的湘桂高铁，是广西‘一轴四纵四横’铁路网络体系建设中的‘一轴’，贯穿广西主要经济带，连接中国和东盟，也是国家‘八纵八横’铁路网之一。永州开通高铁后，可让永州人民更加便捷南下直达桂林、南宁，北上直达衡阳、长沙，还可乘坐高铁直通北京、上海、广州。如今，乘坐湘桂高铁，永州市到长沙经铁路所需的时间由 5 个小时缩短为 1 小时 40 分钟左右，不仅加速永州市融入以长沙为中心的‘一个半小时经济圈’，还将融入长沙—桂林旅游经济圈、北部湾经济圈，使永州真正成为湖南对外开放的排头兵、对接东盟的桥头堡。”

2014 年 6 月，《永州日报》以《永州瑞达实业发展有限公司投资建设的台湾高科技产业园目前正在加紧施工建设》为题报道："永州瑞达实业发展有限公司是由瑞华国际投资集团有限公司与台达集团合作成立。该公司投资的永州台湾高科技产业园将自建和引进落户一批台湾、香港、广东等地具有国际影响力的密集型大型电子企业，以生产LED芯片封装及成品照明、汽车电子电源、微电子电源、通讯电子及视讯电子系统为核心产业。计划总投资43.7亿元，两年内完成建设，投产后年产值将达到58.7亿元。"7月15日，《永州日报》以《潇湘大道永州经开区园区段举行开工典礼》为题报道："潇湘大道园区路段是市中心城区的一条重要主干道，该路北起长丰西路，途经丰泰路，南与城南大道路交接，全长约1405米，总投资6976万元，建设工期为两年，该路建成后可为永州经开区提供大量的工业用地，推动园区发展，提升园区城市品位。"9月3日，《永州日报》以《神华火电永州电厂10月份开工》为题报道："神华火电永州电厂是经国家发改委核准的湖南省重点工程项目，也是我市有史以来投资最大的工业项目。神华国华永州火电厂工程建设2×1000兆瓦超临界燃煤水氢冷却机组，配套建设7.5公里铁路运煤专线。工程采取严格的环保措施，各项污染物排放达到国家环保标准要求。项目动态总投资约人民币78.07亿元。其中资本金约占20%；其余所需资金以银行贷款方式解决。"

2015年4月10日，《永州日报》对总投资34亿元的永州风电场项目3个投入施工项目进行综合报道，3个项目分别为江华东田、江永黄甲岭、零陵石岩头风电场。10月22日，《永州日报》以《祁阳县利用水泥窑协同处理城市生活垃圾项目点火投运》为题报道："经过新建成的CKK系统工艺生产线处理后，原来一无是处的生活垃圾变废为宝，该项目总投资1.2亿元，日处理生活垃圾300吨，年处理生活垃圾10万吨，可为祁阳及周边县区提供垃圾无害化处理服务。"11月28日，《永州日报》综合报道："2015年11月28日，湖南省水利'一号工程'涔天河水库扩建工程大坝填筑至EL320.3米高，全面完成大坝堆石体填筑任务。比初设批复的工期提前153天。工程2012年8月5日开工，连续战胜4次特大洪水的袭击，确保了在建工程和移民平安度汛。在市委市政府的主导下，同时创新了水库移民安置方式，库区移民共有6467户27016人签订搬迁协议，占移民总人口6535户27471人的98.34%。6个移民集中安置点房屋建设已基本完成，全面进入装修阶段；政府机关、学校、医院、集贸市场等公共设施建设，水、电、路等相关配套设施建设"。

11月27日，《永州日报》以《322国道绕城线零陵洲大桥主体工程目前已全部完成，进入大桥附属设施施工阶段》为题报道："洲大桥工程包括零陵城区、黄田铺和珠山三处过境路段，全长17.570公里，项目总投资6.2亿元。城区段的洲大桥是改线项目中的控制线工程，桥跨潇水河，全长851米，桥宽28米，按双向四

2013年4月，涔天河库区移民新村

车道设计，计划总投资1亿元。大桥建成后可以缓解过境车对城市交通的压力，拓展城区面积，对促进零陵区经济快速崛起发挥重要的作用。”12月24日，《永州日报》以《UPC湖南零陵梁山岐风电场开工》为题报道：“梁山岐风电场位于永州市零陵区东南部的丘陵区域，风资源较丰富，风速和风能分布较集中，风向稳定，具备开发价值。梁山岐风电场项目总投资93597.66万元，工程场址面积约13.66平公里，有效脊长度约26.2公里，海拔在700米至1400米之间。工程装机50台2000千瓦的风力发电机，总装机容量达100千瓦，年上网电量达211.08千瓦时，年等效满负荷小时数达2111小时。”

六、重大事件报道

（一）重大自然灾害报道

1998年5月28日，《永州日报》报道：“5月21日至25日，我市大部分县区普降大雨，全市有9个县区91个乡镇837个行政村81.05万人受灾，损坏房屋1913间，倒塌房屋833间，被洪水冲走死亡1人。农作物受灾面积达44.3万亩。直接经济损失达1.349亿元。灾情发生后，市委、市政府极为重视，组织全市1万多名干部深入一线，帮助抢险救灾。”

2008年3月，《永州日报》综合报道：“1—11月，一场罕见的雨雪冰冻灾害袭击永州，堪称50年之最。自1月11日以后，我市普遍出现0度以下冰冻雪灾天气，冰冻强度大，时间长，全市11个县市区185个乡镇不同程度受灾，受灾人口达80余万人。农作物、牲畜冻死，供电设施受损、公路桥梁冻结，直接经济损失达4亿多元。”

2010年8月7日，《永州日报》以《我市出现五十年来最高温》为题报道：“6月底以来，受副热带高压影响，我市持续高温少雨，大部分县区连续出现35℃以上的高温天气，特别是8月1日以来，持续晴热高温，8月5日北部各县区最高气温普遍在40℃以上，如祁阳达41.5℃，冷水滩达41.1℃，零陵达40.3℃，创下有气象记录的1960年以来的极值。”

2012年6月21日，《永州日报》报道："6月8—13日，我市普降暴雨到大暴雨，局部发生特大暴雨。由于各级政府提前预警、奋力抗洪、紧急转移安置总计26万多人，大暴雨没有造成人员伤亡，水库和堤坝没有溃决，但是灾害损失惨重。全市11个县区全部受灾，2个城区和7个县城进水，全市损坏房屋6万余间，其中倒塌居民住房4966户，15558间。"

2013年3月22日，《永州日报》报道："3月20日凌晨3时，道县遭遇暴风袭击，最大风速为30.7米/秒，达到暴风11级，为道县气象站建站有记录以来最大值，共造成全县11.4万人受灾，3人死亡，52人受伤，因灾直接经济损失达4.36亿元。"

2014年2月，《永州日报》综合报道："2013年6—8月，我市先后遭遇严重的旱灾和洪灾，旱涝急转造成我市数千户房屋被冲毁，上百万人受灾，507万亩农作物遭损。在重大的自然灾害面前，永州市人民在市委、市政府的坚强领导下，齐心协力，众志成城，积极开展生产自救和灾后重建工作。因势利导，化'灾'为'机'。灾后的永州建设力度更大，发展速度更快。通过灾后重建，全市完成秋冬播种面积近400万亩，完成'五小'水利建设工程13500处，完成造林整地面积35多亩。很快，满目疮痍的重灾区气象万千，一栋栋新屋、一座座新桥、一处处新景焕然而生。春节前，2003户因灾倒房户全部搬进新居。"

（二）重大突发事件报道

1998年3月3日，《永州日报》头版头条以《真情，在危难中闪光》为题，报道在东安境内造成9人死亡、59人受伤的"2·27"特大交通事故发生后，面对异地异乡的患难者，纯朴的东安人民用真情谱写了一曲"一方有难、八方支援"的赞歌。12月11日，《永州日报》报道："12月4日，一枚日军侵华时投下的航空炸弹在芝山区（今零陵区）贤水河中一个无人小洲上成功引爆，消除一场可能发生爆炸的隐患。这枚炸弹是2日中午在位于芝山区域南的一处施工基地上被施工人员发现的，它长约1米，直径21厘米，重约50公斤。"

1999年6月23日，《永州日报》报道："宁远县发生一起校园特大凶杀案。6月21日上午，宁远湾井镇个体理发员李某某手持菜刀闯入镇中心小学一年级教室，将黄文端（男孩7岁）、谢汉林（男孩8岁）叫出，当即各砍一刀，两孩童当即死亡。接着，凶手又来到二年级教室，把自己儿子李新燕及其同桌黄康实叫出来，同时将两个人砍死。派出所干警接到报案后，立即出击将凶手抓获。原因是凶手犯有精神病。"

2003年8月23日，《永州日报》以《井底生死大营救》为题报道祁阳"8·16"矿难抢救过程，经过事故抢救小组78个多小时的紧急营救，1名矿工被成功营救出来。

2005年11月11日，《永州日报》报道：“10日上午7时20分左右，冷水滩区信用联社工作人员刚刚将装有现款的钱箱送到上岭桥信用社港子口分社营业员莫晓辉的手中，即遭到两名尾随进入营业厅柜台内的犯罪嫌疑人的抢夺，莫晓辉立即宁死不屈护住钱箱，与犯罪嫌疑人奋力搏斗，并大声呼救。莫晓辉很快从营业厅内被拖到人行道上，又被拖到公路边的非机动车通道上。此时，两名当地社区陈姓和何姓干部闻讯赶来救援。犯罪嫌疑人见有人前来，即拔出随身携带的手枪，对准莫晓辉胸部开一枪，然后又对准陈、何二人连开五枪，将装有二十点八万元人民币的钱箱抢到手中，然后骑着一辆红色无牌摩托车逃离现场。案发后，永州市立即调集一百多名民警，分成现场维护、围追堵截、善后处理等六个组开展侦破工作。湖南省公安厅接到报告后，主管刑侦工作的张朝维副厅长与刑侦总队总队长很快也赶到现场，指挥侦破。莫晓辉中枪后当场死亡，陈、何两人被迅速送往医院，但抢救无效死亡。”

2007年4月14日，《永州日报》以《为了一位民工的生命》为题报道4月2日发生在双牌何家洞乡野猪江施工工地的一起意外塌方事故，该事故将一名施工民工困在隧道里后，市县数十个部门，上百名党员干部和数百名群众立即投入到营救大行动中，经过88个小时的紧急营救，终于把受困民工成功解救出来。

2008年5月12日，四川汶川发生7.8级强烈地震，《永州日报》除及时刊发新华社的抗震救灾消息外，还开辟《心系灾区情满潇湘》专栏报道全市社会各界为灾区捐款捐物献爱心的消息。

2010年6月，《永州日报》以《零陵区发生枪击事件法官一死三伤》为题综合报道：“6月1日上午，零陵区法院发生一起枪击案件，凶手持枪冲进法院向正在办公的法官和工作人员射击，造成3名法官当场死亡，另有3名法院工作人员受伤。凶手作案后畏罪开枪自杀。据公安部门初步调查，凶手系中国邮政储蓄银行零陵区支行守护押运队队长朱某，现年46岁，2006年因房屋买卖纠纷诉至零陵区人民法院，零陵区法院判决朱某胜诉，并由对方继续履行合同支付违约金2万元，八个月后由法院执行到位。但朱某认为执行时间拖延太长，且滞纳金和房产证未执行到位，加之2003年与妻子协议离婚，2006年身患鼻咽癌，至今年诊断为晚期，由此产生怨恨、报复心理和轻生厌世念头。6月1日上午，朱某以验枪为由，通过该行枪库管理员骗取一支微型冲锋枪、两支手枪和子弹，酿成了三死三伤的恶性案件。”

2012年10月8日，《永州日报》一版报道：“10月7日上午9时30分左右，永州海洋化工有限责任公司一辆牌号为湘D18882的甲醇空罐车，在永州市生资公司围墙内维修焊接底盘时，因焊工违规操作，导致罐车内残留气体膨胀发生爆炸，造成1人死亡、1人重伤、6人轻微伤。接到报告后，相关部门负责人迅速赶往事故现场，指导除险救援工作。”

“10·7”罐车爆炸现场

2014年5月15日，《永州日报》以《零陵发现碎尸案》为题报道：“3月15日晚上，家住大西门的周某从朋友家喝酒回来，进门就对其妻子郑某大骂，因喝酒过度呕吐，又要其妻子给倒水喝。妻子给周某倒了水，岂料周某不仅不领情，反而责怪郑某想要毒害他，并拿起一根钢管想打郑某。郑某想起平时周某虐待她的情形，一气之下夺过钢管猛击周的头部，周当即死亡。郑某生怕被人发觉，遂将周的尸体解肢，躯干、双腿抛入潇水河，头颅藏在家中。此案不久即被零陵区公安分局破获。”

七、文化报道

（一）文化动态报道

1998年7月，《永州日报》原一月集中报道一次文化新闻的《周末版》取消，改为一周报道一次的《双休刊》。随着时代的进步与经济社会的发展，《双休刊》所涉及的文化新闻，已经从狭义上的“文化”，扩展为广义上的“文化”，它包含人文文化、体育文化、旅游文化、饮食文化，以及消费、教育、健康等多元素文化结构。为满足读者的需要，《双休刊》不仅保持《周末版》原有栏目，而且还设置专版《双休新闻》《娱乐广场》《消费时尚》《华夏博览》《家庭生活》《社会经纬》等，每个专版设有专属栏目，可供读者选择阅读。

2001年年初，《永州日报》由原来的四开小报改版为对开大报。传媒空间的扩展，也给文化新闻传播带来更有利的条件。1月6日，《永州日报》创办《生活周刊》，每周星期六出版，共四个版面。设有多个专版：《特别报道》专版，报道全市重大文化新闻（含社会新闻），书写时代人物，透视经济（文化）热点，关注百姓生活，此版为第一版，也是《生活周刊》的压台戏；《永州旧闻》专版，开设有《潇湘人物》《史海故事》《党史钩沉》《往日事件》等栏目，永州 20 世纪的风云变幻、风流人物是这个专版的重要内容；《南岭茶话》专版内有几个小栏目，《边走边看》给读者一个说三道四的机会；《百字杂文》短小精悍，一事一议，浑然成趣；《动物戏语》的动物世界与人类有共同之处；《故事新编》老故事赋予新时代的内容；《一吐为快》看不惯的只管说就是；《聊斋闲品》休闲中充满传统文化含义；《岭下随笔》随感而发，文随意流；《现代成语》赋予古老成语以新的含义；《情感时空》专版，爱情、友情、亲情、真情，以优美的语言、纯真的情感、奇妙的构思、深刻的思索织成一张“情网”，以其“网”住往来的读者视线；《假日玩赏》专版，读书、看报、唱歌、跳舞、钓鱼、品茶、健身、下棋、旅游，内容丰富多彩，不一而足；《个人理财》专版，设有《理财热点》《股市行情》《生财有道》《经营有方》等专栏。这些专栏虽说是介绍个人家庭生计的“小”事，其实是事关社会经济发展、尽快迈入小康社会的大局，折射出浓郁的家政文化氛围；《家教天地》专版，有名家的指点，也有教育孩子成才的经验。此外还有《百姓故事》《警世通言》《时尚前沿》《服务平台》等专版，根据需要适时推出。

2001 年 7 月 1 日，历时半年的冷水滩区伊塘镇马家村和祁阳县大忠桥镇羊角村两大西汉古墓群发掘结束。7 月 1 日，《生活周刊》头版头条关注此次重大文化事件，推出重头消息《冷水滩、祁阳两大西汉古墓群的成功发掘向世人展示：两千年前的永州人生活等级森严、庄园经济繁荣、文化交流活跃》。

2005 年 5 月 21 日，《生活周刊》头版头条重点关注《我市五处文物冲刺“国保”》。国家文物局组织发动第六批全国重点文物保护单位的申报工作，经省文物局鉴定、省政府推荐，永州市李达故居、唐生智故居、上甘棠古民居群、阳华岩摩石刻、古舜帝陵庙遗址 5 处文物入围。12 月 17 日，头版头条刊发消息《道县玉蟾岩遗址考古收获“天下第一稻”》，配图 5 幅。12 月 7 日，在全国考古工作汇报会上，湖南省文物考古研究所公布了道县寿雁镇玉蟾岩遗址考古发掘成果，玉蟾岩遗址年代为距今 1.2 万年至 1.4 万年，发现的稻谷遗存经专家鉴定为栽培种，这是当时世界上发现最早的人工栽培稻标本。

2012 年 1 月至 2015 年 12 月，改传播文化新闻为主的“生活周刊”为文化“日刊”，即每日用一个整版刊登文化新闻，传播人们关注的市内市外各类文化信息。常见报的版面有《潇湘市井》《潇湘阅读》《艺术长廊》《品读永州》《文娱》《健康休闲》《旅游周刊》《人文潇湘》《读城》《生活》《潇湘影评》《非常新闻》等。多个版面为读者提供历史的、现代的、人文的、地域的、旅游的、休闲的多种文化信息，多角度宣传永州文化。《文化·体育》专版，每周约 4 期，当永州群众文体活动为主，同时也关注国内文体重大新闻。2012 年 10 月 13 日三版，推出《文化·关注莫言》专版。10 月 11 日晚，莫言被确认为第一位问鼎诺贝尔文学奖的中国作家，由于早被列为夺奖热门，其作品在永州早早抢手起来。专版对莫言经典作品作内容简介，并配以相关报道，头条推出该报记者黄玲玲的通讯《莫言获诺贝尔文学奖在永州引关注》。

（二）地域文化宣传

永州是座历史文化名城，有着深厚的文化底蕴。截至 2015 年，永州被列入国家重点文物保护单位 8 处，省重点文物保护单位 76 处，省级以上文物保护单位的数量仅次于省会长沙市，居全省其他兄弟市州之首，在全国非省会城市的地级市名列前茅。采编人员把它梳理为名胜古迹、人文传统文化、非物质文化遗产、地域特色文化四个方面进行报道。

名胜古迹

2000 年 10 月 5 日，《永州日报》刊登的《走出华法寺》，介绍唐代文学家柳宗元的“官邸”华法寺，以及由此产生的“柳文化”渊源，全年发稿 12 篇。2001 年 5 月 1 日，三版整版推出长篇通讯《美我残生香人寰——一位六旬老人与浯溪碑林的故事》，作者唐晓山。讲述老导游杨任衡的故事，他与碑刻结下三十多年不解之缘，潜心从事碑林摩崖石刻的发掘、整理和保护工作。

2001 年 11 月 3 日，《生活周刊》头版头条《探寻书堂寺》，作者为王金梁、曾锐。冷水滩区蔡市镇境内的书堂寺，相传是“草圣”怀素少时出家之所。

2003 年 2 月，《永州日报》开辟《永州古文化之旅》专栏，由文化生活部为主组织采访小组，走出市区，深入全市 11 个县区进行实地采访，先后发稿 100 多篇，报道祁阳的浯溪，东安的舜皇山，双牌的阳明山，道县的月岩、鬼仔岭，江永的千家峒，江华的阳华岩，宁远的九嶷山，蓝山的塔下寺，新田的古堡等历史文化名胜，受到市委、市政府的充分肯定和社会各界的好评。

2007 年 2 月，正是新春长假，《永州日报》先后在《生活周刊》推出“永州胜景”，刊登介绍“零陵八景”之一的《淡岩秋月》，以及《楚兴寺掠影》《舜皇山竹韵》《感悟舜皇山》等作品，全年发稿 60 余篇。

永州柳子庙

零陵文庙

愚溪

柳子街

2013—2015年，《永州日报》四版辟有《品读永州·地理志气》，介绍“不著名”村庄的“著名”文化。如东安水岭乡的武术文化、美食文化，双牌县雷石镇良村的皇帝赐匾，江永县的上江圩镇普尾（女书村），道县的楼田、鬼仔岭等，共发稿200余篇。2014年1月10日，《永州日报》以专版《古城风韵》报道“永州旧城”的风光，北门、南门、东门、大西门、太平门和小西门，昔日的风光通过作者的记忆描述，旧景如同就在眼前。3月13日，《永州日报》三版刊登的《漫话回龙塔》，对回龙塔的景点也作了详细的记叙。2015年，《永州日报》专版以图片的形式，推出古居民建筑——零陵区的周家大院、新田县的龙家大院和祁阳县的李家大院、江华宝镜村、宁远下灌村，道县濂溪故里。

人文传统文化

2000—2003年，《永州日报》开设专栏，重点宣传永州人文传统文化。永州人文传统文化主要指“舜文化”“柳文化”“理学文化”，以及唐代元结文章、唐代怀素和清代何绍基的书法文化等，刊发新闻报道及相关文章110余篇。

舜文化　1999年1月27日，头版头条推出重头消息《打造“舜帝”王牌亮九嶷风采宁远“文化明县工程”初见端倪》，展示宁远重视、发掘舜帝文化推进“文化明县工程”成果。2001 年 10 月 25 日头版推出两条重点报道：《首届中国九嶷山舜文化旅游节开幕》《以德治国方略与舜文化研讨会在宁远召开全国 40 余名舜文化研究专家学者参加》。10 月 26 日头版头条刊发《宁远隆重公祭舜帝陵》。

2004 年 3 月 27 日，《永州日报》刊发《努力保护和抢救舜文化品牌》，全文4000余字，主要阐述舜文化的重要意义以及保护舜文化应该注意的相关事项（作者唐之享，人大常委会原副主任）。同日，还刊发《湖南省舜文化研究会在长沙成立》的消息。8 月 13 日，湖南省文物局、永州市人民政府在长沙联合举行“九嶷山故舜帝陵庙遗址考古发现发布会”。8 月 14 日，头版头条推出重头消息《国内权威实地考察后一致认定宁远玉琯岩遗址为宋代舜庙遗址》，是国内首次发现的最早的舜陵庙，证实九嶷山为历代王朝祭舜之所。8 月 23 日，三版整版推出专题报道《意义重大的考古成果不可估量的文化价值——考古学历史学家纷纷议论九嶷山古舜帝陵庙遗址考古发现》。9 月 16 日，头版头条刊发消息《特大喜讯传颂潇湘江泽民主席为九嶷山舜帝陵题词》，报道 9 月 9 日中央军委主席江泽民为永州市九嶷山舜帝陵题写碑名。9 月 22 日，全省首祭舜帝陵，9 月 24 日，《永州日报》推出甲申年公祭舜帝有虞氏大典特刊，头版刊发《泰国总理，执政党副主席分别电贺公祭大典》消息，9 月 27 日日头版图文组合报道《海内外舜裔云集九嶷山寻根祭祖》。

2005 年 8 月 22 日，《永州日报》头版头条刊发消息《“舜帝文化万里行”在北京正式启动》，并开辟专栏《舜帝文化万里行》。活动启动仪式于 8 月 20 日在北京慕田峪长城脚下举行，9 月 2 日在宁远九嶷山落下帷幕，跋涉 7000 公里，途经 9 个省市，沿着舜帝当年在华夏大地走过的足迹，寻访舜帝留下的历史积淀和现代风物。11 月 3 日，三版整版推出《始祖仁德光耀神州——“舜帝文化万里行”考察日记》，将此次考察团负责人、市委宣传部外宣办主任刘波在考察期间所写的日记辑录发表。9 月 15 日，祭舜大典。9 月 14—16 日，连续三天头版头条推出祭舜重头稿件，每日第 3 版为整版《祭舜专辑》。

2012 年 9 月 28 日，壬辰年省祭舜大典。省委副书记、省长徐守盛主祭。9 月 27—29 日，《永州日报》连续三天推出《舜德之光——壬辰年公祭舜帝大典特刊》。

柳文化　2001 年 12 月 22 日，《永州日报》《生活周刊》头版头条推出该报记者蒋剑翔的长篇通讯《梁衡：愚溪桥畔与柳子对话》，《人民日报》副总编辑、散文家梁衡建议：永州尽快开发旅游文化和旅游产品，把“永州八记”恢复利用起来，“炒热”柳宗元。2006 年 4 月 28 日，《永州日报》一版刊发蒋剑翔的《永州“三子”：和谐文章誉天下》。

濂溪文化　2004 年 7 月 6 日，在湖南省濂溪学研究会成立之际，头版推出省人大常委会副主任唐之享署名文章《把周敦颐研究进一步推向深入》。2010年6月14日，《永州日报》一版刊发《首届周敦颐国际理学文化节在道县开幕》的消息，介绍省人大常委会原副主任唐之享以及海内外周氏后裔等参加节日活动的盛况。

瑶族文化 1999年1月16日，《永州日报》周末特刊头版整版推介瑶歌，图文并茂。《盘琴：以原汁原味的瑶歌震撼乐坛倾倒乐迷》一文，记述由武汉音像出版社出版并发行的唱碟《盘王之女》，先后在中央电视台、湖南电视台播放后，一举获得第35届亚太广播联盟放送基金娱乐节目金奖。2001年7月14日，《永州日报》《生活周刊》头版，采用多幅大照片，展示独具风韵的瑶家婚俗。2001年8月9日，《永州日报》三版整版《植根瑶山歌不老——江华三代瑶歌手与他（她）们的瑶山情》，作者为唐新华，共有三篇高质量文章《“瑶歌王”盘财佑：一生吟唱瑶山情》《“歌妈”赵庚妹：唱着瑶歌上北京》《“盘王之女”盘琴：阔步走向世界》。2003年7月5日，《永州日报》《生活周刊》头版头条刊发《宫哲兵：矢志解谜千家峒》。千家峒，是瑶族人民祖辈美好聚居生活的福地，武汉大学教授宫哲兵20多年来，跋山涉水寻找，最终确定为江永千家峒瑶族乡。2012年3月10日至4月14日，《永州日报》在专版《人文潇湘》，以专家讲座形式，连续推出6篇关于永州历史文化“知我永州”知识讲座。作者蔡自新（永州市政府原副秘书长）凭着知识的积累，对永州古文化做详尽的解释，既宣传永州历史的厚重，又让读者获得知识趣闻。

非物质文化遗产

扇形女书作品

女书 江永女书是世界上独一无二的女性文字，于2006年5月被国务院批准列入第一批国家级非物质文化遗产名录。2001年2月8日，《永州日报》刊登《男传女书一奇人》。2001年7月21日，《永州日报》头版头条推出《抢救江永“女书”》，引起中外专家学者及社会各界的广泛关注。2004年8月28日，推出“女书珍藏版”特刊，4个整版，内容涵盖包括通讯《千古字谜：从深闺走向世界——江永女书保护与抢救》、消息、评论、散文、图片、史料等多种体裁。2007年3月10日，《永州日报》刊载介绍女书文化遗址的《花山庙探秘》，介绍瑶族文化的《走进瑶胞“炮”节》等。2012年4月9日，江永女书习俗作品在第三届“联合国中文日”上展出，《永州日报》予以报道。2012年10月9日《永州日报》开辟《品读永州·非遗》专栏，对江永女书做系统的报道。2014年12月30日，由文化部非物质文化遗产司和国家图书馆共同主办的“我们的文字——非物质文化遗产中的文字传承”跨年大展在国家图书馆开展，江永女书入展，《永州日报》予以报道。2015年1月3日，《永州日报》头版报眼位置刊发《国家图书馆展示女书魅力》。

祁剧 由祁阳民歌、小调与明代中期传入的“弋阳腔”相结合产生的具有地方特色的戏曲艺术形式。其舞台语言采用祁阳官话，唱腔有高、昆、弹三种声腔，音乐曲牌1000余阕。2008年，被列入第二批国家级非物质文化遗产名录。从2008年开始，《永州日报》对祁剧的演出、申遗进行重点报道；2010年6月14日，《永州日报》在一版对祁剧进行重点报道；2012年在祁剧诞生500周年之际，《永州日报》在一版报道纪念大会的盛况，在非遗专栏介绍祁剧的渊源和祁剧名家。2012年10月30日，《品读永州·非遗》专栏关注祁阳小调。2015年2月4日，五版《文化》专版关注祁剧。该报记者走进祁阳，与剧团团长肖红卫、祁剧传人付华皮，推出重点报道《让祁剧添异彩》。2015年3月30日，五版《文化》专版关注祁阳小调。发表该报记者李丽、田人、李军平两篇通讯《祁阳小调里的百味人生》《山野里飞出的小阳雀——访祁阳小调市级传承人陈兰秀》。

瑶族长鼓舞 江华瑶族自治县在全国是瑶族人口最多的县。瑶族长鼓舞，是江华瑶文化的重要标志。2012年10月9日，《永州日报》四版整版，首次推出《品读永州·非遗》专栏，关注国家非物质文化遗产瑶族长鼓舞。

瑶族长鼓舞表演

《永州日报》对瑶族长鼓舞的表演、瑶族长鼓舞传人、申遗都进行过重点报道，一年一度的江华瑶族自治县的“盘王节”，都有相关瑶族长鼓舞的内容报道。2008年，瑶族长鼓舞入选第二批国家级非物质文化遗产名录。

花鼓戏表演剧照

零陵花鼓戏 零陵花鼓戏是由祁阳花鼓灯和道县调子戏合并而成的地方戏剧种，是湖南花鼓戏六大流派之一。

《永州日报》在非遗专栏里对零陵花鼓戏的起源、传承、创新、音乐、名家和演出活动都进行过系统的宣传与报道。2015年，零陵区人民政府正式向省人民政府申报省级非物质文化遗产。

东安武术表演

东安武术 自2000年起，《永州日报》对东安武术进行大量的宣传报道，东安县先后获"湖南武术之乡""湖南省民间武术挖掘整理先进集体""全国武术之乡""全国群众体育先进单位""全国全民健身先进单位"等称号。2012年，被列为湖南省第三批省级非物质文化遗产名录。

地域特色文化

2009—2015年，《永州日报》以专版或专栏的形式，对全市的地域特色文化，如阳明山万寿寺、零陵法华寺、东安沉香寺、祁阳甘泉寺、蓝山塔下寺、江华豸山寺、冷水滩文昌阁等佛教禅地；对千年古村上甘棠、零陵周家大院、祁阳李家大院、新田龙家大院、江华宝镜村、双牌坊尧村等，进行宣传报道。

零陵周家大院

江永上甘棠村

（三）文化强市宣传

2010—2015年，《永州日报》围绕市委、市政府的部署，以专版或专栏的形式，推进文化强市的舆论宣传。

2010年6月11日《永州日报》一版开辟栏目《实施文化强市战略专家访谈录》。通过采访，相继刊发省委党校副校长、教授周正刚，中南大学中国文化产业品牌研究中心首席专家、教授柏定国等专家、学者对永州实施文化强市的论述和建议。是年6月21日，开辟《文化强市战略》专栏。当日头条消息为《掀起永州文化建设新高潮》，报道市委书记黄天锡等市领导专题调查文化强市工作的情况。

2010 年 7 月 15 日，设置《实施文化强市战略》专版，报道市委、市政府落实省委有关精神，专门研究文化强市的重要消息。同时全文刊登《永州市文化强市战略实施纲要》。是年 7 月 16 日，在《实施文化强市战略》专版，分别报道市文化局局长李小星、市财政局局长李光富、冷水滩区区长何冲龙、零陵区区长石艳萍等相关部门领导落实市委、市政府实施文化强市战略的构想和措施。与此同时，该报还连续发表四篇评论员文章，即《高举文化强市大旗》《加快推进三项改革》《建立健全六大体系》《切实强化五个保障》。

八、理论宣传

1996 年，《永州日报》每月推出一期《理论与实践》专栏，每期刊发 3~4 篇理论文章；围绕市委、市政府中心工作做好理论宣传；围绕解放思想、改革开放、建设“大郊区”组织理论文章。1997 年 1 月 15 日，三版整版刊发永州市委学习中心组文章《坚持“四步曲”的学习方法在理论联系实际上下狠功夫》。8 月 4 日，《理论与实践》专栏刊发谭振武文章《人的根本利益要求加强双文明建设》，市委党校校长文锦菊的理论文章《产业化是建设“大郊区”的核心》。9 月 5 日，该报在三版推出《迎十五大理论专版》，刊发市委副书记谢朝月文章《社会主义本质与永州建设社会主义实践》。9 月 12—18 日，中共第十五次全国代表大会在京召开。会议主题是：高举邓小平理论伟大旗帜，把建设中国特色社会主义事业全面推向二十一世纪，要加快推进国有企业改革，继续调整和完善所有制结构。在全市迅速掀起学习贯彻中共十五大精神热潮。9 月 17 日，《庆十五大理论专栏》刊发市经委主任孙吉祥文章《顺应市场——国有企业求生存图发展的必然选择》；12 月 9 日，三版整版刊发市委书记邹金鶱署名文章《总结历史经验组织新的突破——谈国有企业的改革问题》。1999 年 1 月 10 日，全市乡镇党委书记、乡镇长培训班开班，为期五天，围绕深入学习邓小平理论，增强“三个观念”，努力提高乡镇干部思想政治素质和工作水平这个主题，分析研究当前农村工作中遇到的新情况、新问题，探讨解决农村基层干部面临的各种矛盾的新途径和新办法。1 月 15 日，该报二版刊发《依靠农民群众当好人民公仆——全市乡镇党委书记、乡镇长培训班部分学员访谈录》，选登江华清塘壮族乡、新田茂家乡、祁阳黄泥塘镇、东安鹿马桥镇、道县白马渡镇、芝山富家桥镇等地文章。2000 年 1 月 18 日《党建园地》专栏聚焦农村基层党建工作、党员教育和企业党建，深入开展学习邓小平理论进企业入班组、进乡村入农户、进街道入居民、进学校入课堂，“四进四入”活动，把学习邓小平理论活动引向深入。2月29日《理论与实践》栏目刊发《建好洛湛铁路有利于永州经济发展》。2000年3月4日，市直处级单位领导班子、领导干部"三讲"教育动员会在永州会堂召开。3月6日，二版整版刊发市委书记邹金鹭《在市直处级单位领导班子、领导干部"三讲"教育动员会上的讲话》。5月16日，《理论与实践》刊发《"一把手"讲正气讲什么》《"三讲"教育要遵循四大原则》等文章。

2000年4月7日，《经济长廊》栏目刊发邓绍斌文章《提高城市化水平是启动内需的有效途径》，唐高旭、张子亮文章《芝山着力点亮民营科技企业之灯》。

2001年，《理论与实践》转为专版，理论宣传重点为"三个代表"重要思想。常设栏目有《切实转变干部作风》《思想纵横》《学习"三个代表"实践"三个代表"》《打好国企改革攻坚战》等。1月31日，刊发雷廷玉文章《贯彻"三个代表"重要思想坚持"三个标准"选用干部》；2月14日，刊发唐松成文章《以"三个代表"为标准努力建设高素质干部队伍》；2月28日，刊发副省长唐之享文章《从理论和战略高度思考重大现实问题》；7月6日，刊发庄维伦文章《对党忠诚是共产党员的应有品质——学习"三个代表"重要思想的体会》。

在《经济长廊》专栏中，刊发《振兴永州食品工业的思考》《发展山区经济的好典型——对大畔村的调查报告》《对我市烤烟生产战略性转变的思考》等理论文章；《理论与实践》专栏中刊发《做好城市经济大文章推动区域经济大发展》等理论文章；《金土地》专栏中刊发《控制农村田土地抛荒势在必行——对农村田土地抛荒问题的调查与思考》等一批经济类的理论文章。2003年3月27日，《理论与实践》刊发市委党校课题组理论成果《以大开放促进永州经济的跨越式发展》，《理论·法制》刊发市委党校课题组理论成果《与时俱进——跳出"历史周期律"的金钥匙》。7月14日，永州召开"开展优质服务促进经济发展"为主题的专题报告会，以"三个代表"重要思想为指导思想，贯彻落实中共十六大精神，把创"四优"活动引向深入。该报用5~8版4个专版，对35个市直行政执法和司法单位在报告会上的发言集中摘要刊登。7月21日，三版通栏刊发市委书记曾庆炎署名文章《深刻领会胡锦涛总书记七一重要讲话迅速兴起学习贯彻"三个代表"重要思想新高潮》和市委副书记、市长刘爱才署名文章《充分认识在全党兴起学习贯彻"三个代表"重要思想新高潮的重大意义》；7月22—23日，三版分别刊发市委副书记邓三龙，市委副书记、市纪委书记伍华安的理论文章，进一步兴起学习贯彻"三个代表"重要思想新高潮。2004年理论宣传重点为"三个代表"重要思想，"全面建设小康永州"。常设栏目《学习一号文件笔谈》《经济长廊》《领导干部学习"两个条例"》《提高执政能力加快工业发展》等。1月2日，推出专栏《清远大发展永州怎么办》，

理论与实践

加强企业家队伍建设 充分发挥企业家的作用

理论与实践

试论刘少奇的团结思想

适应市场经济之路 建设跨世纪的小

2006 年 8 月 6 日的理论专版

号召学习清远用招商引资推进永州工业的发展。1 月 15 日，刊发祁阳县委书记王芳柏《实施“工业强县”战略掀起大办工业热潮》；1 月 20 日，刊发《紧紧扭住发展城市经济不放松》等理论文章。2004 年 2 月开辟《学习一号文件笔谈》专栏。2 月 28 日，市委学习中心组第一次集中学习中央一号文件，《永州日报》对学习情况进行报道。3 月 29 日，《理论与实践》专版刊发市委副书记邓三龙文章《深刻领会中央一号文件精神扎实促进农民增收》理论文章。

2004 年 9 月 6 日，永州日报社与市纪委联合举办的栏目《领导干部学习“两个条例”点题》推出第一期，号召领导干部学习党内监督条例和纪律处分条例，并将学习体会、思考建议成文提交，择优刊发。该栏目持续到 2005 年年底结束，刊发理论文章 26 篇。

10 月 25 日，《理论与实践》专版刊发市委党校“三个代表”重要思想研究基地文章《准确把握党的执政能力建设内涵全面推进党的建设新的伟大工程》。12 月 1 日，头版头条刊发市委书记曾庆炎署名文章《全面提升我市工业化水平》，是为贯彻落实中共十六届四中全会精神开辟专栏《提高执政能力加快工业发展》的开篇之作。12 月 3 日，刊发市委副书记、市长刘爱才署名文章《培育支柱产业壮大工业经济》。

2005 年 1 月 31 日，按照中共中央关于在全党开展以实践“三个代表”重要思想为主要内容的保持共产党员先进性教育活动的总体安排，《理论与实践》刊发龚武生理论文章《认真扎实地开展好先进性教育活动》；7 月 1 日，头版头条通栏刊发市委书记曾庆炎署名文章《加强党的先进性建设永葆党的生机与活力——纪念中国共产党建党 84 周年》。

5 月 1 日，新修订的《信访条例》开始施行。对于畅通信访渠道、维护信访秩序和社会稳定，推进信访工作的法治化、规范化，具有十分重要意义。5月2日，《理论与实践》刊发副市长荣燕明理论文章《贯彻实施“信访条例” 全面推进依法信访》。根据市委提出的建设“四个永州”的要求，市委宣传部和永州日报社联合开设《建设“四个永州”征文》栏目，开展建设“速度永州、和谐永州、诚信永州、小康永州”理论研讨征文活动，从 6 月上旬开始截至当年年底。6 月 17 日，刊发市委常委、组织部部长唐松成文章《努力聚集优秀人才 全面建设“四个永州”》。

2011 年，永州日报社在“走、转、改”活动中，组织记者、编辑、评论员到工厂去，到田间地头去，感受一线火热的生产生活，对来自基层、来自群众的新创造进行理论概括和提升，使理论宣传更加鲜活，并在做好报纸理论宣传的同时，引导理论普及。4 月 1 日，《永州日报》以《东安“理论超市”》为题，对东安县的群众理论学习予以报道。

2012 年，理论宣传重点为中共十八大精神，常设栏目有《科学发展观在湖南的认识与实践》《党性思考》《工作探索》《潇湘论坛》《思想纵横》。4 月 25 日，《永州日报》刊登市粮食局副局长、下河线粮库主任廖大富的理论文章《弘扬舜德文化 建设廉洁和谐永州》。8 月 4 日，湘南示范区重大项目建设推进大会在永州市举行，省委书记出席。8 月 27 日，全市承接产业转移暨推进项目建设工作会议召开。8 月 28 日，在五版推出专版，刊登各县区委书记、县区长在承接产业转移、推进产业项目方面的经验与思考；12 月 5 日，《理论与实践》刊发江永县委书记陈景茂文章《项目撑起新天地——对江永县实施项目强县战略的思考》。

2012 年 11 月 8 日，中国共产党第十八次全国代表大会在北京召开。认真贯彻中共十八大精神，坚定不移沿着中国特色社会主义道路前进，为全面建成小康社会而奋斗，是今后一段时期的重要政治任务。11 月 20 日，《永州日报》推出《新思想 新成果 新境界 学习贯彻十八大精神大家谈》专版，特邀市委党校校长文锦菊做“观点剖析”文章《中国特色社会主义政治发展道路合规律适国情顺民意，邀请市委党校副校长郑文飞做“亮点解读”文章》《科学发展观是党必须长期坚持的指导思想》；特约市委督办专员周明礼做“潇湘论坛”文章《学习党的十八大报告精神 加快推进文化永州建设步伐》。11 月 28 日，市委常委、组织部部长、统战部部长刘湘凌发表理论文章《深入学习贯彻党的十八大精神 不断开创我市统战工作新局面》。12 月 5 日，刊发蓝山县委常委、宣传部部长刘素萍的理论文章《县域发展新动力——蓝山县旅游文化产业发展思考》。12 月 13 日，《永州日报》刊发市委副书记唐松成的理论文章《坚持中国特色社会主义政治发展道路 大力推进永州政治文明建设》。

2015 年理论宣传重点为中共十八届四中全会精神、习近平总书记重要讲话精神。常设栏目有《党建园地》《全面建设小康永州大家谈》《学习贯彻十八届四中全会精神之我见》《落实两个责任建设廉洁永州》。1 月 12 日，《全面建设小康永州大家谈》专栏刊发道县县委书记胡先荣文章《谱好民生改善多重乐激活小康建设一池春水》。同日在《学习贯彻十八届四中全会精神之我见》栏目刊发东安县委常委、宣传部部长欧阳冬子文章《政府工作要全方位体现法治精神》。5 月 11 日，按照习近平总书记指出的“要落实党委的主体责任和纪委的监督责任”要求，《永州日报》推出专栏《落实两个责任建设廉洁永州》，刊发《落实两个责任关键在问责》；6 月 29 日，刊发《担当政治使命落实两个责任》。

九、评论言论

1996 年以来，《永州日报》十分重视对评论和言论文章的组织撰写和编辑刊发，到 2015 年年底，共刊发评论和言论作品 2000 余篇。

（一）评论

《永州日报》的评论，主要是配合市委、市政府各个时期的重大决策部署和重大活动，组织撰写和刊发的，对当时正在进行的工作起到了强化、延伸和引领的作用。评论的形式主要有社论、本报评论员文章、时评和短评等。

社论　市党代会、市“两会”、市委经济工作会议召开之际，市委、市政府作出重大决策部署之际，市内发生的重大新闻事件或重要社会现象之际，《永州日报》便及时刊发社论。2011 年 9 月 26 日，中共永州市第四次党代会召开，《永州日报》刊发社论《科学赶超，开放崛起——热烈祝贺市第四次党代会隆重开幕》；2015 年 1 月 12 日《永州日报》配合市委经济工作会议召开，刊发社论《主动适应新常态谱写发展新篇章》。

本报评论员文章　《永州日报》评论员文章紧紧围绕市委、市政府的重大工作部署，如“招商引资”“文化强市”“创建国家卫生城市”“创建国家森林城市”“创建交通模范城市”“申报国家历史文化名城”等重大部署，在刊登消息、通讯的同时，刊发本报评论员文章。2010 年 7 月 13 日，市委、市政府召开全市文化强市建设工作会议，《永州日报》在 14 日、16 日、22 日、23 日刊发 4 篇评论员文章：《高举文化强市大旗——实施文化强市战略系列评论之一》《加快推进三项改革——实施文化强市战略系列评论之二》《建立健全六大体系——实施文化强市战略系列评论之三》《切实强化五大保障——实施文化强市战略系列评论之四》。2012—2015 年，

《永州日报》发表10余篇关于经济建设和重点项目建设的评论员文章，其中2013年7月25日的《为全面完成全年目标任务而努力奋斗》，在社会上引起良好的反响。2015年1月12日，市委经济工作会议召开，《永州日报》在16日、20日、28日刊发系列评论员文章:《抢抓机遇，迎难而上——论贯彻落实市委经济工作会议精神》《突出重点奋发有为——二论贯彻落实市委经济工作会议精神》《改革攻坚激发活力——三论贯彻落实市委经济工作会议精神》。

时评 短评新闻时评，又称时事评论，简称时评。《永州日报》往往针对某些重大新闻事件刊发及时的、简短的评论，其文章表现出视角新颖、观点独到的特征。2003年的《生活周刊》，每期都在第一版的重要位置刊发一篇由该报记者撰写的《本周时评》，全年时评文章达50篇之多。短评是对人和事物进行的简短评论，篇幅短小、内容单一、分析扼要，其中署名短评以个人身份发言，形式自由，手法多样；不署名短评代表报社编辑部发言，是评论中比较短小、灵便的一种体裁。短评在运用时有两种形式：一是针对某一事物或问题发表的独立成篇的简短评论；二是为配合新闻报道就实论虚、就事论理的短小评论。其中，配发式短评的运用更为经常和普遍。《永州日报》配合新闻报道刊发不少短评文章，对新闻报道的内容起到画龙点睛的作用。短评大都安排在重点文章的后面，如2009年5月22日，在典型报道《蒋东林：用清廉守卫正义》一文后配发短评《平凡英雄自风流》。

（一）言论

《永州日报》先后开辟多个言论栏目，主要有《杂谈》《管见集》《双休茶座》《听君一言》《潇湘茶座》《读者论坛》《大家谈》《向你忠告》《建议台》《监督哨》等。这些栏目，受到广大读者喜爱。

《杂谈》栏目于1996年1月开办，至2015年12月，共刊文900余篇，其中2000年10月14日第一版的《制度到哪里去了》是一篇有思想见地的佳作。

《管见集》栏目于1996年4月开办，至2015年12月，共刊文880余篇，其中《一把手与一把收》以犀利的语言针砭时弊，读来令人深思。

《双休茶座》栏目于2001年1月开办，至2015年12月刊文820余篇，其中《审查一下经验》，于休闲中得到一些启迪。

《读者论坛》栏目于1998年3月开办，至2015年12月，共刊文1030余篇，其中2006年11月21日的《市民盼休闲》，反映市民们的心声。

《监督哨》栏目于2006年2月开办，至2015年12月，共刊文230余篇，其中2005年12月5日的《公共设施靠大家维护》，得到市民们的拥护。

《潇湘茶座》栏目于1999年6月开办，至2015年12月，共刊文1100余篇，其中2012年3月15日的《应酬谁与为谁应酬》不失为短论中的佳作。

《大家谈》栏目于2004年6月开办，至2015年12月，共刊文970余篇，其中2013年2月27日的《学学杞人忧天又何妨》，增强大家对环境保护问题的忧思与忧虑。

《建议台》栏目于2006年8月开办，至2015年12月，共刊文310余篇，其中《让太平官不再享太平》的建议，在社会上引起强烈的反响。

第四节 文艺副刊

1996年，《永州日报》开设《潇湘》文艺副刊，每周一个专版。文艺副刊的定位是立足永州，面向全国。大力宣传永州历史文化，积极报道永州重大文艺活动，努力培养永州文艺新人。文艺副刊主要特性体现在新闻性、可读性、综合性、思想性和平民化五个方面。

从新闻的角度来讲，副刊虽不负责对新闻事件进行报道，却可以用文字形式策划主题，对报纸的主要报道对象与兴趣点用文艺的形式进行跟进。可读性是副刊自身性质的要求。副刊表现内容和表现形式的文艺性，既是副刊区别于报纸其他构成要件的重要特点，也是副刊吸引受众、实现其新闻性的必要保证。副刊综合性的特点是与“永州是一本书”概念的提出密切相关的。为让外界诠释好永州这本书、推介好永州这本书，文艺副刊除了以文艺为主的副刊外，还有外延广泛、丰富多彩的其他内容，如舜文化、瑶文化、柳文化、濂溪文化、草书文化、女书文化等。把副刊的思想性和平民化与报纸的舆论导向意义和受众特点紧密联系在一起，取得较好的效果。每期刊发散文、诗歌、美术或书法作品5~8件。

一、四开四版时期

1997—2001年，《永州日报》为四开四版，每版只能编发4000字左右的文字加一幅图片，容量有限，文章篇幅也有所限制。文艺副刊当时设有《潇湘》和《文化广角》两个版面。文艺副刊的文章体裁，以小说、散文、诗歌以及摄影、美术作品为主，《潇湘》纯文学性浓一点，《文化广角》带有一些文摘博览性质。两个版面一般选用千字以内的小小说、散文、30行以内的诗歌和其他稿件。1997年12月，《永州日报》复刊10周年，副刊推出《十年彩笔颂潇湘一纸香墨咏风流——永州日报复刊十周年书画作品选》。香港回归祖国，加上欣逢新中国成立50周年，举国欢庆。《永州日报》副刊在这些重大节庆来临之际，积极推出几个专版。庆祝香港回归的专版有《迎香港　庆回归》美术专版、《回归前的香港》摄影专版、《迎接香港回归祖国》诗歌专版、《龙飞凤舞抒激情　挥毫泼墨庆回归》书法专版；新中国成立50周年的专版有《浓墨重彩抒豪情、祝福华夏日日新》；1998年的春节、儿童节、建党节、国庆节和全市的重要文化活动，《永州日报》都推出《兔年书画》《六一少儿绘画》《少儿绘画》《祥龙伏首辞旧岁　金蛇起舞迎新春》《今日书画展风采　来日苗苗长成才》

3
人文潇湘
永远的荔子碑
——读柳宗元与苏轼
如意酒令谁与争锋
“钴鉧潭”究竟在哪里
石燕翩翩舞江华
江永寿萱亭
张浚与永州

《永州日报》文艺副刊的《人文潇湘》专版

《快乐童年》摄影、《锣鼓喧天庆七一　浓墨重彩颂党恩》等专版。1999年12月澳门回归，《永州日报》副刊组织相关诗文和摄影作品，推出3期《迎澳门回归》专版，一期为散文诗歌作品，一期为美术作品，一期为书法作品。迎接新世纪开辟《世纪开新篇　潇湘绘彩图》书画专版。经常活跃在版面的当地中老年作者有毛寄颖、李长廷、易先根、汪竹柏、王金梁、张国权、徐守贤、蒋国森、夏凉安等人，青年作家有蒋三立、唐韶南、毛军元、黄志新、李军平、凌鹰、粒砂、荷洁、李建林、洋中鱼、易小兵、卢兆盛、夏昕、晓莉、盛晓燕、何德功、柏兴武等人。记叙瑶族风情的散文有赵荣的《桃川瑶族书信歌》、彭式坤的《瑶家嫁女成年礼》、熊定春的《瑶族敬老习俗》、君羊的《古老的瑶族长鼓》、韩开琪的《色彩斑斓的盘弧神话传说》；记叙风景名胜的散文作品有何在世的《三分石》，易小兵的《再别岛》，唐晓冬、蒋国森、李振华的《重走老山界》、鲁马的《我曾做过一面国旗》、王金梁的《走近“忠魂堂”》《七彩荷》、李长廷的《感受舜皇山》、朱建业的《柳祠的绝唱》、熊景连的《江华九龙井》、李军平的《潇水是条女人河》、叶蔚林的《“宝气”无妨》等。此外，还有记者李军平采写、王延斌摄影的报告文学《赤心铺坦途—零陵大道工程纪实》等。2001 年，《永州日报》文艺副刊注重以专版形式隆重推介永州当地历史人文，取得较好效果。例如：《零陵师范学生素描作品选登》《古城文化柳文化专版》《古城文化瑶文化专版》《抢救江永女书》专版等。10 月 24—26 日，首届九嶷山舜文化旅游节在宁远举行，《永州日报》推出《九嶷千般秀舜帝万古灵——首届九嶷山舜文化旅游节摄影》专版。

二、对开四版时期

2002—2011 年，《永州日报》扩为对开大报后，每周仍然安排一期《潇湘》副刊（不时也由《文化娱乐》或《人文潇湘》代替《潇湘》副刊）。大报，容稿量自然也“大”。其间，副刊作品从内容到文字篇幅都显得更丰富，也更具休闲娱乐色彩。2002 年，文艺副刊版面主要有《潇湘文苑》《潇湘写意》《潇湘副刊》《潇湘休闲》《潇湘艺苑》《生活周刊》。《生活周刊》逢周六刊出，开设栏目有《潇湘市井》《潇湘人文》《潇湘锦绣》《潇湘读书》《潇湘人物》《潇湘画廊》《生活地带》。2002 年编发副刊 77 期，643 篇（幅）作品；2003 年编发副刊 84 期，881 篇（幅）作品。2004—2005 年结合市内重大文艺活动，推出的专版主要有《中华文明的源与流》专版、《师专美术系师生作品》专版、《解读江华瑶歌》专版和《柳文化》专版 2 个。根据中国的传统节日，推出《过年了》和《春节特刊》两个专版；在母亲节来临之际，推出《母亲节特刊》。为鼓励广大诗歌作者，还刊发两期《诗歌专版》。根据工作交流，推出《西藏纪行》专版 3 个。为加大永州历史文化宣传力度，《永州日报》还刊发《永州名岩》专版、《舜帝》《永州古民居》专版、《潇湘风流 . 文明碎片》专版和《永州诗话》专版 3 个。2004 年编发副刊 74 期，558 篇（幅）作品；2005 年编发副刊 81 期，623 篇（幅）作品。2004—2005 年结合市内重大文艺活动，推出的专版主要有《春节专版》3 个、《阳明山专版》2 个、《女书专版》1 个。为配合工作交流，推出《湘西纪行》专版。另外，还推出《诗词专版》1 个。2006 年，新增《古城风韵》《潇湘随笔》《艺术天地》《百姓纪事》栏目。编发副刊 132 期，934 篇（幅）作品。2007 年，结合市内重大文艺活动，推出的专版主要有《木刻专版》《爱上永州的理由专版》《李立专版》《张海专版》《筋文石诗画配专版》《三杨专版》《坏爸爸造就好孩子专版》《阳明山和文化专版》《儿童节专版》和《柳文化专版》，读者反响良好。为推介永州旅游景点，还在旅游旺季和景区景点大型活动期间，推出《桐子坳专版》和《水东村专版》，全年编发副刊 64 期，486 篇（幅）作品，2008 年，在原来栏目的基础上，新开设《艺术天地》《潇湘文眼》《潇湘诗韵》栏目。为鼓舞全市人民抗冰救灾的士气，推出《抗冰救灾》专版。北京举办奥运会，为让全市人民了解这场盛会，推出奥运专版2个。此外，还刊发《七一专版》和《诗歌专版》，全年编发副刊62期，462篇（幅）作品。2009年，时值新中国成立60周年，为歌颂伟大的祖国，《永州日报》推出《国庆专版》。全年编发副刊102期，595篇（幅）作品。2010年，《永州日报》文艺副刊对原有栏目进行微调、整合，新开设《潇湘诗韵》《潇湘视线》《摄影写真》等栏目，全年编发副刊94期，561篇（幅）作品。2011年，结合国内和市内重大文艺活动，推出的专版主要有《第四届阳明山和文化节专版》《上海世博会专版》。为推介永州历史文化，刊发《女书专版》《宁远文庙专版》《柳宗元专版》《沱江专版》《瑶文化专版》。为庆祝中国共产党成立90周年，精心组织策划，刊发《中国共产党成立90周年》专版。为推介永州文艺名家，引领文艺创作时代潮流，推出一系列个人专版：《胡可夫专版》《李南蛮专版》《文紫湘专版》《蒋剑翔专版》《月浪、老罗专版》，全年编发副刊88期，501篇（幅）作品。

三、对开八版时期

2012—2015年，《永州日报》扩为对开八版，文艺副刊的容量进一步扩大，影响力进一步增强。2012年4月，市委、市政府要求全市媒体精心打造一个推动全市文化旅游发展的《品读永州》栏目。《永州日报》文艺副刊版及时开设《品读永州》专栏，下设《品读永州·非遗》《品读永州·人物》《品读永州·地理》等子栏目，持续用两年多的时间，刊发大量推介永州历史人文的作品，在社会上引起强烈反响。由刘波、李小星策划，凌鹰撰稿，田人点评的《品读永州·非遗》系列专栏文章，一经面世，就受到上级领导和社会各界的关注。湖南文艺出版社2013年1月把它结集出版，书名《蔚蓝天空上十八朵云彩》（刘波、李小星主编，凌鹰撰稿，田人点评）。该书是中国图书界为数不多的一本抒写非物质文化遗产的专题散文集。全书用翔实的史料、缜密的信息、具象的事实、挥洒的想象、优雅的文字、厚重的内涵，向读者叙述和描摹湖南永州的5个国家级、13个省级非物质文化遗产项目的历史脉络和文化命运。龙海清在《序言》里认为该书“最突出的特色，就是以新颖的结构、艺术的手法，在揭示其博大精深的同时，努力去反映或复原非物质文化作为人民大众生存方式的一种状态”。此外，由洋中鱼撰写的《品读永州人物》，推出上万字的系列历史人物散文，推介的人物有怀素、柳宗元、元结、周敦颐等，也引起各界的关注。全年推出的专版主要有《元宵节专版》《上甘棠专版》《妇女节专版》《知我永州》系列专版6个、《空中看永州摄影专版》《舜帝与舜帝陵》系列专版6个、《端午特刊》《建文帝专版》2个、《第12届盘王节专版》《欧阳维忠专版》《美丽永州专版》等，全年编发副刊149期，1088篇（幅）作品。2013年，《永州日报》文艺副刊新增《潇湘古韵》栏目，结合当年的相关文艺活动，推出的专版主要有《武丹专版》《何明惠专版》《魏晓琳专版》《王田葵专版》《黎笃田、何维力专版》《田绍登专版》《罗峰林专版》《朱镕基讲话实录》专版、柳公权小楷《九嶷山赋》专版。为配合阳明山“和”文化节推出《和美阳明专版》；为庆祝建党节，推出《走进红船特刊》。为配合永州历史文化研究会，推出《爱上永州的理由》专版4个，并连载杨永祥的长篇小说《农民街》。全年编发副刊150期，1067篇（幅）作品。2014年，《永州日报》为配合申报国家历史文化名城，在文艺副刊版新增《古城风韵》栏目，全年推出的专版主要有《木刻专版》、《爱上永州的理由》专版、《李立专版》、《张海专版》、《筋文石诗画配专版》、《三杨专版》、《坏爸爸造就好孩子》专版、《桐子坳专版》、《水东村专版》。是年专版的特点是艺术专版多、推介地域文化的专版多。全年编发副刊132期，934篇（幅）作品。2015年，《永州日报》推出的专版主要有：《夏凉安诗词选专版》《祁剧专版》《祁阳小调专版》《女书专版》《母亲节专版》《老手艺专版》《儿童节专版》《端午节专版》《建军节专版》《七夕专版》《中秋专刊》《国庆专刊》。为推介永州历史文化，还推出《来永州吧》专版4个。为配合国家森林城市的创建，推出《森林城市专刊》。是年是抗战胜利70周年，为缅怀革命先烈，推出《永州烽火——纪念抗战胜利70周年专版》5个。该年是永州申报国家历史文化名城的关键时期，永州日报社按照市委、市政府的要求，精心策划、认真组织、狠抓落实，共推出《申报国家历史文化名城专版》14个，为“名城”创建做出突出的贡献。全年编发163期副刊，953篇（幅）作品。

第五节 舆论监督

1996年报纸更名后，《永州日报》一如既往地坚持舆论监督。《永州日报》的舆论监督，俗称“批评报道”。正确开展“批评报道”，是维护党和人民利益的需要，是推进社会主义民主政治建设的需要，也是构建和谐社会的需要。《永州日报》从一开始就十分注重发挥舆论监督的疏导、调节和“社会减压”的作用。面对社会利益分配不公，贫富悬殊拉大，官员腐败，以及下岗失业、看病难、看病贵、房价过高等社会矛盾和社会热点问题的困扰，人们心中积郁一些不解、不满的烦闷情绪，存在不平衡的心理。针对这种现状，《永州日报》通过特定的方式，有的放矢地进行疏导，保持公众情绪宣泄渠道的畅通，给公众充分表达呼声、愿望、意见的机会，理顺公众情绪，平衡人们的心态和社会心理。报纸虽然没有开设专门的“批评报道”专版，但在《读者来信》《社会民生》等版面可以不时看到舆论监督的文章。也就是说，记者随时注意社会问题、关注民众呼声，见“不平”必有话说见“歪理”必主持正义，对弱势群体予以深切的人文关怀。通过媒体的舆论监督，收到明显效果。

一、批评报道

《永州日报》站在党和人民的立场，提倡什么，反对什么，以党的政策法令、市委、市政府的大政方针为根本指导思想，旗帜鲜明地表明态度。对那些违反政策法规、有悖市委、市政府工作部署的不良行为、不良倾向提出批评，给当事人以警醒和提示。

2001 年 2 月 15 日，《永州日报》以《不可忽视农村的环境污染》为题，曝光农村环境污染的问题。

2003 年 12 月 26 日，《永州日报》在一版刊登《21 位农民求助本报索讨工钱》报道，引起市规划建设局、市区劳动和社会保障局领导的重视。1 月 13 日上午 11 时许，区劳动监察大队依照相关执法程序，将 11430 元现金如数发放到 21 位民工手中。2014 年 1 月 14 日，《永州日报》在一版以《21 位农民工要回工钱》为题予以报道。

冷水滩滨江广场内一小公厕总是排着长队等候大小便，游人能不急吗？

2010 年，市委、市政府提出将该年度作为“城市管理年”，大力整治市容市貌，确保年内创建“全省卫生模范城市”的工作要求，《永州日报报》从 3 月 30 日起，推出《创卫在行动》专栏，陆续刊登各级各部门“创卫”经验典型的同时，也对一些有悖“创卫”的行为进行批评曝光。

冷水滩区朱家山菜市场边，一男子自称“南岳神医”，在地上摆满了所谓“祖传秘方包治百病”自制的药丸、药剂、药粉及看相算命宣传迷信的小册子，既骗取百姓钱财误导患者延误治疾，又影响市容市貌，能容忍吗？

2010年10月9日，《永州日报》以《小事不小》为题，曝光商家聘请人员在人口密集的地方散发广告传单的现象。

2012年10月9日，《永州日报》刊登的《这里网吧挤满了未成年人》（作者彭沛），披露未成年人上网问题，引起社会的关注。

2012年10月19日，《永州日报》以图片曝光城市卫生的“薄弱环节”。

2012年11月1日，《永州日报》以《公交车上的不文明行为》为题，曝光中心城区公交车上一些不文明的行为。

2012年9月20日，《永州日报》以《南山老酸奶胀包变质》为题，实施舆论监督，为民众鼓与呼。

2012年10月19日，《永州日报》以《日升路急需整治》为题，曝光日升路路面开裂、垃圾乱倒、尘土飞扬，居民饱受其害的乱象。

二、内参报道

1996年起，《永州日报》决定编辑“内参报道”。“内参报道”属于舆论监督性质，主要对某些工作不作为、乱作为，以及社会不良倾向进行披露曝光。“内参报道”只呈送市委领导参阅，不定期，也不公开发行。截至2015年12月，内参先后发稿近200篇。主要“内参”作品有：

1996年，《往昔兴旺繁荣，而今已是萧条——宁远天堂牛市新闻调查》（作者何维庭），获湖南省1996年度报纸内参优稿评选二等奖。

1997年，《谁来维护一个普通公民平等的人身权利》（作者蒋亚斌）获湖南省1997年度报纸内参优稿评选三等奖。

2012年3月20日，作品《为了人民的一切》（作者蒋玉生）。

2012年8月31日，作品《村账乡代理带来了什么》（作者蒋玉生）。

2013年3月5日，《村民呼唤“青天”》（作者蒋玉生）。

2013年11月24日《民生工程变成了“民气”工程》(作者蒋玉生)。该文刊出后，引起江永县委的高度重视，立即研究着手解决，并及时给予报社回复。报社进行催办。江永县委副书记、县长唐满平很重视，责成江永县“治欠办”调查回复。2014年10月，在县长唐满平调任冷水滩区区长前，工程欠款已全部还清。

第六节　报业经营

1996—2015年，永州日报社始终坚持把报业经营作为报社生存和发展的一件大事来抓，广告、发行、印刷等业务逐年拓展壮大，特别是广告经营在同类报社收入普遍下滑的情况下，永州日报社实现逆势上扬。截至2015年年底，广告创收突破1000万元。

一、广告经营

（一）广告业务

1996—2000年《永州日报》属四开小报，周六刊，除喜庆、开业等广告外，卷烟、药品、酒类、食品、招聘、招商等广告开始登场。尤其是零陵卷烟厂卷烟形象广告，成了《永州日报》“广告桌上”的常客。为适应形势发展的需要，永州日报社加强对广告的组织领导。广告部加强力量，增配人员，明确岗位责任制；广告设计从原来的单一黑白色，发展为套红、绘图，呈现多姿多彩的画面，以适应更多读者浏览、阅读。由于是小报，这一时期的年广告收入徘徊在100万~200万元。

2001年开始，《永州日报》扩展为对开大报，传媒空间扩大，信息量增加，广告内容相对增多。广告经营实行目标管理责任制，年广告收入增至300万~380万元。

2012年至2013年5月，大胆尝试“广告代理制”，实践的结果，没有成功，但带来了全新的广告经营理念。

2013年6月，取消“广告代理制”，实行“承包责任制”。尽管这一时期的广告竞争激烈，但作为市委、市政府主流媒体的《永州日报》，随着报纸质量提高，广告策划水准日益加强，人们对《永州日报》认可度与信赖感大大增强，广告内容广泛性与经济值成比例增长。这一时期广告内容逐步发展到房产、汽车、家电、金融、通信、旅游、IT产品等涉及社会多个方面。而且，广告地域不再局限于永州，还发展到桂林、衡阳、邵阳、长沙等地。尤其是桂林旅游、邵阳崀山旅游，客商都主动找上门刊登广告。随着广告的增多，广告收入增至 800 多万元。2015 年，广告收入突破 1000 万元大关。

（二）广告管理

1996—2012 年，永州日报社根据实际情况，制定《广告管理办法》《广告目标管理办法》等规章制度，从法律法规、经营政策以及经营经济目标等方面做出相关规定。

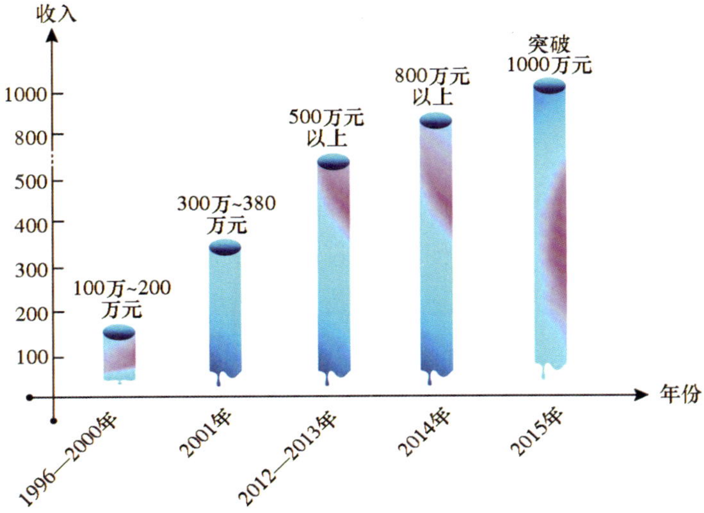

1996—2015 年永州日报社广告收入示意图

2013 年 6 月，永州日报社实行广告经营权承包管理办法，即确定目标管理任务，落实到具体承包人。内部机制仍是“广告部”，对外称“广告公司”。承包时间从 2013 年 6 月起至 2016 年年底，为期三年零七个月。承包标的，第一年为 555 万元，以后每年以 10% 的速度递增。为加强广告的经营运作，承包人、报社员工雷述明按照企业化管理模式，自主招聘人员，与广告部员工共同制定更为完善的《永州日报社广告公司经营管理办法》。

2014 年，《永州日报社广告公司经营管理办法》出台，经营方式由坐等式变为服务式；广告市场悄然发生变化，政务形象宣传占据鳌头，由 2001 年的 20% 上升到 2015 年的 70%；一批有经营头脑、高素质的人才充实到广告队伍。办法实施后，这一年的广告收入增至 800 万元。

（三）广告策划

1998—2003 年，随着新闻事业的发展和企业化管理竞争机制的引入，广告客户也成为各个媒体“竞争”的重要对象。这一时期，《永州日报》把做好广告策划纳入广告部门的重要工作。不仅注重广告刊登在报纸上所占位置的艺术处理，同时也注重新闻效应与广告效益相互统一、相得益彰的“艺术处理”，这就是利用春节、元旦节、国庆节等喜庆节，以及“两会”、单位部门成立周年纪念日期等特殊时段，在宣传法定节日、民族传统节日的历史意义和现实意义的同时，招揽客户刊登相关广告。而全市“两会”、单位或部门的成立周年纪念日，则是既有符合新闻规律的文章，又有符合客户需要刊登的内容与需求，互利双赢，收到应有的效益。

2014—2015年，实行报网融合发展，人们获取信息的平台及渠道发生重大变化，永州日报社广告公司在保持既有传统优势的同时，加强广告策划力度，积极探索新媒体与传统媒体融合发展广告经营的新路子。既抓纸质媒体广告经营，又抓网络媒体“中国永州网”广告经营，广告收入逐年增加。

二、报纸发行

1996—1999年，《永州日报》每期零售价为0.2元，全年定价为62.4元/份，订阅数在3万份左右。报纸归邮局发行，由报社与邮局签订协议，报社负责做好宣传发动工作，邮局负责做好收订、投递等项工作。相互协调、共同落实。市邮电部门专门成立报刊发行投递公司，把任务下到发投公司，再责任到人，并实行奖罚政策，如祁阳、宁远、道县等局，投递员每订阅发行一份《永州日报》奖励0.2元，每年的订阅数在4万份左右。

2000—2006年，在《永州日报》的发行中，全市各级党委、政府给予大力支持，特别是各级宣传部门、邮电局和报社三位一体，配合协调，为党报党刊发行探索行之有效的路子，如宣传部的领导和邮电局领导深入到基层农村发动订阅报刊。为做好《永州日报》发行工作，永州日报社设置“报刊发行部”，负责发行工作。2006年，全年定价增至156元/份，发行量达3.8万份。

2007年，《永州日报》与《湖南日报》合作试行自办发行，即由各县市宣传部门确定专人负责发行工作，同时在市县城区推行报刊零售。后由于《湖南日报》停止自办发行，《永州日报》无法承担发行费等多种原因，自办发行于当年年底取消。

2008—2015年，《永州日报》恢复邮局发行。永州市委、市委宣传部对报纸订阅工作十分重视，每年10月初即开始部署党报发行订阅工作，召开全市报刊征订工作动员大会，并将《永州日报》作为主要党报党刊，连同《人民日报》《湖南日报》一并列作指令性任务下达到各县区。市委办、市政府办还就党报党刊的订阅下达相关文件，诸如：公费订阅报刊必须优先保证《永州日报》等党报党刊的订阅；《永州日报》等主要党报党刊的订阅费可以从党费中列支，推进党报党刊“私订公助”进家庭等。这些政策措施，有效地推动《永州日报》订阅数逐年增长。2012年，定价增至258元/份，发行量达到4.3万份；2015年，报纸定价258元/份，订阅量达5.5万份。

三、印务管理

（一）印刷机构

永州日报社印刷厂前身为零陵报社印刷厂，1989 年 9 月，由零陵报社出资 50 万元收购位于永州市零陵区东门巷91号的冷水滩市教师进修学校印刷厂组建而成，经零陵地区计委批准为全民所有制企业，归口零陵报社管理，1989 年 9 月至 1992 年 4 月，是铅与火的岁月，排版工人靠双手从铅字版块中一个字一个字挑出排版，每周出版两期四开四版黑白报。1992 年 5 月排版系统升级，添置电脑排版系统，告别铅与火，实现光与电，报纸出版由周二刊变成周三刊，1995 年随着零陵地区行政公署撤区建市，零陵报社印刷厂随之更名为永州报社印刷厂。2001 年，《永州日报》由原对开四版周三刊扩版增刊为周五刊，永州报社印刷厂更名为永州日报社印刷厂。

（二）技术改造

1992 年下半年，报社决定对出版系统进行技术更新，将邹鸣从原零陵地区行署计委调到永州日报社工作，作为专业技术人才，全面负责报社采编系统技术工作。

1993 年 5 月 26 日，《永州日报》建成报纸激光照排系统和新华社电讯稿卫星接收系统，出第一张由激光照排电子出版系统出版的报纸，提升报纸排版效率，也为《永州日报》增刊提供技术支撑。

2000 年 9 月 30 日，《永州日报》由四开小报改为对开大报，对激光照排电子出版系统相应的软硬件进行升级，计算机操作系统由 DOS 升为 windows98；报纸排版由大屏幕在 DOS 下运行的排版软件（NPM）改为在 windows98 下运行的排版软件（FIT）；发排控制器（FIP）升级；八开（小报一个版的幅面）精密激光照排机（ECRM）升级为四开（大报一个版的幅面），同时可以出 4 张分色片（CMYK，4 张胶片对应 4 种青红黄黑颜色），用于套色制版印刷。从此《永州日报》可以出彩色大报。

2012年6月1日，《永州日报》系采编工作全面实现无纸化办公，投入40多万元，购置电子化采编系统，稿件采写编辑告别纸和笔。

（三）企业改制

2014 年，随着企业改革在全国全面展开，永州日报社印刷厂列入全市企业改革试点，经历一波三折。由于多种原因，在改革过程中职工思想跟不上，导致职工集体罢工，联名上访，发生阻挠企业产权挂牌拍卖事件，最后不了了之，首轮改革以失败告终。

2007年，印刷厂启动第二轮改革。该轮改革是保持职工身份不变，资本重组、经营所有权转换的改革，报社出资与职工个人出资组建股份制企业——永州天美印务有限公司，购买一台上海高斯轮转印刷机，开启《永州日报》对开四版周六刊彩报新纪元，企业用工打破正式职工铁饭碗，一律采用聘任制，双向选择，竞聘上岗。2012年，因《永州日报》扩版为对开八版，印刷设备无法满足扩版印刷需要，从4月起公司正式停运。

2014年，印刷厂的改革实现两个置换。印刷厂占地面积11.1214亩，拥有房屋11栋，总建筑面积4087.18平方米，资产总值282.46万元，其中土地评估值147.46万元，其他资产135万元，总负债266.35万元，按政策规定和工作要求，积极配合市城建投资公司资产清点、造册登记、审核登记，成为全市第一个资产移交的改制企业，移交工作质量和速度被市城建投资公司作为典型榜样在全市推广，全厂职工人事组织关系，按要求准时移交到户口所在地社区。7月1日，印刷厂在报社会议室组织召开全厂职工改革动员大会，市委常委、宣传部部长石艳萍，报社党组书记、社长、改革领导小组组长刘波分别讲话，报社党组成员、副总编辑、改革指导组组长蒋剑翔作改革工作安排部署报告，厂长范世杰作改革动员报告。印刷厂在职职工、退休职工代表、不在永州的职工委托的家属参会。按改革政策印刷厂在编67人，其中18人为退休，37人列为身份置换对象，2人列为解除劳动合同对象，10人列为内退内养对象。8月，成立以党组书记、社长刘波为组长，党组副书记、总编辑欧显庭为副组长，其他6名党组成员为成员的改制领导小组；成立以党组成员、副总编辑蒋剑翔为组长，王彩星、郑卫平为成员的改制指导组，由郑卫平主持改制办公室工作；成立以厂长范世杰为组长，工会主席邓力嘉、支部委员齐子仲、唐满凤，车间班王晓为副组长的印刷厂改革领导小组，全面负责改制组织实施工作；成立以范世杰、邓力嘉、齐子仲、唐满凤、王晓、马邵灵、唐桂艳、张巧艳、范许峰、周小亮、张丹云、谢林芳、朱海荣为代表的职代会，负责改制方案制定、政策宣传、职工意见建议征集及信息反馈、职工思想工作。为确保改制工作顺利进行，永州日报社召开职工大会2次、党员大会3次、职代会4次、改制领导小组会36次、职工分组座谈会21次、特殊职工座谈会2次，围绕“政策宣传”“思想沟通”“一人一策”“关心尊重”四条主线进行，为改革顺利进行打下良好的群众基础。为让改革政策深入人心，家喻户晓，人人皆知，先后出政策宣传专刊8期、改革进度通报5期、改革先进事例通报4期、群众意见建议征求综合回复2期。9月24日，职代会第三次会议审议通过实施方案。

2015年春节期间，报社累计投入5万余元对贫困职工进行春节慰问，投入关怀帮扶资金近10万元，对几名重症患者进行安抚，对因线路老化引起的停电停水十几起事故紧急处理，第一时间赶赴现场及时恢复供电供水，尽力解决改制职工合情合理的诉求。先后投资20万余元，对公共厕所、断裂围墙、住户下水道进行改造；投资10万余元，对前栋瓦面宿舍进行防漏改造和后栋宿舍顶面钢架铁瓦防晒防漏改造，改善职工居住环境。4月20日，39名身份置换对象按时全部签订解除劳动关系身份置换合同，职工身份置换工作落下帷幕。7月，企业完成改制。企业改制后，职工人心稳定，没有出现一起闹事和上访事件，改制工作得到上级领导的充分肯定，2015年年底，永州日报社改制工作被市委、市政府授予“国企改革先进单位”称号。

第七节 获奖作品

永州日报

生活周刊

2002年7月 20 星期六

永州新闻史上零的突破

本报一作品喜获中国新闻奖

2002年7月20日，《永州日报》一版刊登通讯《正义与邪恶的较量》获中国新闻奖的消息截图

1996年更名为《永州日报》后，永州报人为写好新闻、多写新闻做出艰苦的努力。该报记者曾锐，通讯员小雷、何上进采写的通讯《正义与邪恶的生死较量》，在《永州日报》2001年8月18日一版刊发后，在社会上引起强烈反响。该通讯作品获第十二届中国新闻奖三等奖，实现永州新闻史上零的突破。至2015年，《永州日报》获永州市新闻奖、中国地市报新闻奖、湖南省好新闻奖、湖南报纸系统新闻奖、湖南省地市报好新闻奖作品达1000余件。发表新闻业务论文100余篇，出版新闻理论集6部，即蒋剑翔的《两副面孔》《拎出新闻眼》《悟性与灵性》《细节与情节》《新闻：怎么看、怎么想、怎么写》（均由人民日报出版社出版），蒋玉生的《新闻有道》（光明日报出版社）。

一、中国地市报新闻奖

1996—2015 年《永州日报》获奖作品一览表

表 2-7

年度	获奖作品	类别	作者	奖项等级
1996 年	《李光林十年修路不言苦》	通讯	蒋剑翔 刘　倩	三等奖
1996 年	《蓝山千余国有企业富余人员转变观念择新业》	消息	蒋剑翔 刘　倩	二等奖
1996 年	《湘桂边境涌现出上千名“留学生”》	消息	万跃飞 韦邦玉	二等奖
1996 年	《鱼苗孵化“土专家”陈天祯京城苗费教学子》	消息	李国仲 唐建设 （通讯员）	一等奖
1996 年	《瘦了农民，肥了“鸿运”》	标题	王延斌 蒋剑翔 黄志新	好标题奖
1996 年	《渴望》	摄影	王延斌	总编辑摄影奖
1996 年	《虾潮》	散文	王金梁	全国报纸副刊大赛优秀奖
1997 年	《蓝山千余国有企业富余人员转变观念择新业》	消息	蒋剑翔 刘　倩	二等奖
1997 年	《宁远发展九百余名优秀打工青年入党》	消息	彭楚兵 黄安城	二等奖
1997 年	《祁阳在全省率先对采矿权公开招标》	消息	何维庭 何　斌 陈昌国	三等奖
1997 年	《花钱的“名牌”不买　花力的“民牌”要争》	标题	何维庭 李国仲	好标题奖
1999 年	《麻元村农民学说普通话》	消息	李国仲 唐建设	二等奖
2000 年	《“异蛇村”农民三审“十五”计划》	通讯	蒋剑翔	一等奖
2001 年	《正义与邪恶的较量》	通讯	曾　锐	二等奖
2001 年	《栽下移民树　幸福万年长》	摄影	欧春涛	三等奖

续表 2-7

年度	获奖作品	类别	作者	奖项等级
2001 年	《一个口子进水　一口池子储水　一个龙头防水——祁阳让每寸土地交易都入市场》	标题	唐新华	优秀奖
2001 年	《男传女书一奇人》	新闻	李军平	中国地市报女记者新闻奖二等奖
2001 年	《农民跑冤枉路　政府发误工钱》	标题	欧显庭	一等奖
2001 年	《农民企业家招聘党务工作者》	标题	欧显庭 雷述明	二等奖
2001 年	《夜宿农家》	栏目	蒋剑翔	二等奖
2002 年	《一水相邻两村庄　毁林护林两个样》	消息	欧春涛	一等奖
2002 年	《曾经红河六十年　今朝喜成玉米香》	消息	欧春涛	一等奖
2002 年	《下决心破除观念性障碍》	评论	蒋剑翔	三等奖
2003 年	《百姓得实惠　政府述形象》	通讯	何继凤	二等奖
2003 年	《21 位农民工求助本报索讨工钱》	消息	何继凤 刘　倩	三等奖
2003 年	《永州市“异蛇酒”8 年销售权一纸买断》	消息	蒋剑翔	三等奖
2003 年	《灾后重建在现场》	系列报道	孙存准	三等奖
2003 年	《新闻出新的一个手段》	新闻论文	李军平	二等奖
2003 年	《构成和影响新闻价值的十大因素》	新闻论文	蒋剑翔	三等奖
2003 年	《要想“短”先要“简”》	新闻论文	蒋剑翔	优秀奖
2003 年	《有“心”才能“深”》	新闻论文	蒋剑翔	优秀奖
2003 年	《时刻要想到最大的危险》	新闻论文	蒋剑翔	人民网第五届记者节“我是记者我身边的记者”征文二等奖
2004 年	《板利元村设立禁毒协会　绝地自救》	消息	刘飞锋	一等奖
2004 年	《春潮带雨晚来急》	通讯	何继凤	三等奖
2004 年	《大山的忠诚》	通讯	贾章雄 蒋剑翔	一等奖
2004 年	《任长霞眼里为何常含泪水》	言论	蒋剑翔	一等奖
2004 年	《留守孩子让人忧》	来信	王清泉	一等奖

续表 2-7

年度	获奖作品	类别	作者	奖项等级
2004 年	《欧克众一纸合同买下山林禁伐权》	消息	欧显庭 柏俊林 刘岳彬	二等奖
2004 年	《东安千余农民出资购买水利设施经营权》	消息	李国仲	二等奖
2004 年	《冠军的生命期待你来延续》	通讯	周乾坤	二等奖
2004 年	《历史不会忘记》	通讯	唐新华	二等奖
2004 年	《宁远玉琯岩遗址为宋代遗址》	消息	周乾坤	三等奖
2004 年	《斜刺里冲出一匹黑马》	通讯	唐新华	三等奖
2004 年	《高高昂起的龙头》	通讯	李进军 刘岳彬 刘社文	三等奖
2004 年	《孝星欧阳名友》	通讯	孙存准	三等奖
2004 年	《新田三万亩闲置土地找到婆家　天邦公司一口气吞下十万亩山地》	标题	刘岳彬	优秀标题奖
2004 年	9 月 24 日一版	版面	唐新华	优秀奖
2004 年	《正确认识和把握新闻的导向性》	论文	唐新华	二等奖
2004 年	《浅析新闻的真实性原则》	论文	唐新华	优秀奖
2004 年	《“短些”先要“简些”》	论文	唐新华	优秀奖
2004 年	《实践“三个代表”重要思想，坚持正确舆论导向》	论文	唐新华	中国报业协会党报分会论文奖、三等奖
2004 年	《财务工作如何发挥在报业发展中的核心作用》	论文	周逢春	三等奖
2005 年	《零陵六成盲人“摸”出就业路》	标题	刘　倩	好标题奖
2005 年	《惊心动魄八小时》	通讯	汤　莉 刘　倩	三等奖
2005 年	《扎根红土谱华章》	通讯	何继凤	三等奖
2005 年	《齐若瑶同志致曾庆炎书记的一封信》	来信	刘　倩	一等奖
2005 年	《舆论监督的报道艺术》	论文	刘　倩	中国报业协会党报分会年度论文奖
2005 年	《新田二十万农民看病有“靠山”》	消息	李国仲	二等奖

续表 2–7

年度	获奖作品	类别	作者	奖项等级
2005 年	《农民合同工朱伟友当选全国劳模》	消息	唐新华	一等奖
2005 年	《“李逵”来了，“李鬼”哪里逃》	标题	唐新华	好标题奖
2005 年	《群众点菜　党员下厨——江华瑶胞欢迎科技“农门宴”》	标题	唐新华	优秀奖
2005 年	4 月 9 日一版	版面	唐新华	好版面奖
2006 年	《冷水塘村尝试土地股份合作制》	消息	李进军 刘　倩	二等奖
2006 年	《宁远两万农民吃上免费午餐》	消息	李国仲	二等奖
2006 年	《在那美丽的小山村》	栏目	唐新华	二等奖
2007 年	《烈火中永生》	通讯	唐新华	二等奖
2007 年	《我市“农家乐”不再偷着乐》	标题	唐新华	优秀奖
2008 年	《灾后重建看乡村》	通讯	周书明 欧春涛	一等奖
2008 年	《一位农村教师的长征情结》	通讯	不明	二等奖
2008 年	《永州人看清远》	系列报道	李国仲 左亚军 刘　倩 欧春涛	二等奖
2008 年	《四增四强四带头　试点运笔如飞》	标题	曾　锐 刘　倩	好标题奖
2008 年	《唱支山歌给党听》	专栏	欧显庭 曾　锐	
2009 年	《蒋冬林：用清廉守卫正义》	通讯	蒋剑翔等	一等奖
2009 年	《隔山隔水不隔心　离乡离土不离党——宁远外出流动党员情系故园报春晖》	标题	刘　倩	优秀标题奖
2009 年	《“泥腿子”进城　“工薪族”下乡》	标题	曾　锐	好标题奖
2009 年	《不闻炊烟起　但闻饭菜香》	标题	蒋亚斌	好标题奖
2009 年	《永州记忆》	系列报道	欧显庭 曾　锐	
2009 年	《永州人看清远》	系列报道	李国仲 左亚军 刘　倩 欧春涛	二等奖

续表 2-7

年度	获奖作品	类别	作者	奖项等级
2009 年	《筑起生命的绿洲》	通讯	欧春涛	一等奖
2009 年	《惊魂对决十分钟》	通讯	欧春涛	二等奖
2009 年	《莫让沿江风光带成夜宵一条街》	通讯	文海燕	二等奖
2009 年	《永州一中 H1N1 流感解除隔离》	摄影	欧春涛	三等奖
2010 年	《新田老板弃城返乡土地淘金》	消息	欧春涛 刘岳斌	二等奖
2010 年	《轮椅转动着爱心》	通讯	欧春涛 张　明	二等奖
2010 年	《扎根大地不老松》	通讯	欧显庭 龙亚芳	二等奖
2010 年	《生死大转移》	通讯	欧显庭 欧春涛	二等奖
2012 年	《女书习俗表演走进联合国总部》	消息	欧显庭	二等奖
2012 年	《轮椅转动着爱心》	通讯	欧春涛	二等奖
2012 年	《他们把销售中心建到美国》	消息	蒋剑翔	三等奖
2012 年	《白发母亲含泪捐出儿子遗体》	通讯	罗　琛	三等奖
2012 年	《你是那一抹最美的夕阳红》	通讯	欧春涛 钟小令	三等奖
2012 年	《“应酬谁”与“为谁应酬”》	评论	孙存准	三等奖
2013 年	《绝症老人还贷记》	通讯	曾　锐 欧春涛	一等奖
2013 年	《老百姓的新鲜事》	专栏	欧显庭 欧春涛	二等奖
2013 年	《湘江源头在蓝山》	消息	欧春涛 钟小令 张新国	二等奖
2013 年	《台湾校长的快乐学校》	通讯	曾　锐 饶爱玲	一等奖
2013 年	《学学“杞人忧天”又何妨》	言论	孙存准	二等奖
2013 年	《蓝山城乡居民看病一个价》	消息	欧显庭 欧春涛 李先志	三等奖

续表 2-7

年度	获奖作品	类别	作者	奖项等级
2013 年	《耄耋之年仍追梦》	通讯	文　伟 朱少辉	三等奖
2013 年	《瓜农之死，莫让赔偿埋葬了真相》	言论	周燕妮	三等奖
2013 年	《灾后重建在现场》	系列报道	孙存准 吴　林	三等奖
2013 年	8 月 2 日封面	版面	刘　倩	银奖
2013 年	2 月 18 日六版	版面	刘　倩	银奖

二、湖南省好新闻作品奖

1999—2015 年《永州日报》获奖作品一览表

表 2-8

年度	获奖作品	类别	作者	奖项等级
1999 年	《七彩荷花》	散文	王金梁	全省报纸副刊 年度评选一等奖
2004 年	《蓝山悉心协调新时期劳资关系》	消息	李进军 刘　倩	三等奖
2004 年	《我市推进工业化进程》	系列报道	李国仲 何继凤	二等奖
2004 年	《东安千余农民出资购买水林设施经营权》	消息	李国仲	二等奖
2004 年	《历史不会忘记》	通讯	唐新华	三等奖
2006 年	《从老百姓身边事看变化》	系列报道	刘　倩 文海燕	三等奖
2006 年	《诚信圣火在九嶷山舜帝陵点燃》	消息	文　伟	三等奖
2006 年	《论新闻价值得终极标准》	论文	唐晓山 蒋玉生	二等奖
2006 年	《是记者就要是学者》	论文	蒋剑翔	三等奖
2006 年	《独臂女人》	散文	金　梁	二等奖
2006 年	《岭脚那地方》	散文	周逢春	铜奖
2007 年	《烈火中永生》	通讯	唐新华	二等奖

续表 2-8

年度	获奖作品	类别	作者	奖项等级
2007 年	《蓝山腾龙换马破解土地资源瓶颈》	消息	李国仲	二等奖
2007 年	《五个孤儿一个妈》	通讯	何继凤	二等奖
2007 年	《闹江》	诗歌	田　人	二等奖
2008 年	《熙可在金融海啸中“冲浪淘金”》	消息	欧春涛	二等奖
2008 年	《生命之舟》	摄影	欧春涛	三等奖
2009 年	《蒋冬林：用清廉守卫正义》	通讯	蒋剑翔等	一等奖
2009 年	《为孤寡老人集体祝寿》	摄影	欧春涛	三等奖
2010 年	《扎根大地不老松》	通讯	欧显庭 龙亚芳	一等奖
2010 年	《热血青春铸警魂》	通讯	何继凤	一等奖
2010 年	《还我清洁用水》	通讯	文海燕	二等奖
2010 年	《新田老板弃城返乡土地淘金》	消息	欧春涛 刘岳斌	二等奖
2010 年	《我市涉外农村经济人助农民发洋财》	消息	欧春涛	三等奖
2010 年	《莲之魂》	通讯	欧春涛	三等奖
2011 年	《海外流失女书回归年故里》	消息	欧春涛 卢朝晖	一等奖
2011 年	《柏正赛义务手机废弃农药瓶 13 年》	消息	欧春涛 周德祥	二等奖
2011 年	《抗大灾　见大爱》	摄影	欧春涛	三等奖
2011 年	《老山界的木屋》	散文	李军平	二等奖
2012 年	《女书习俗表演走进联合国总部》	消息	欧显庭	一等奖
2012 年	《种田照样赚大钱》	系列报道	孙存准	二等奖
2012 年	《品读永州·非遗》	专栏	田　人	二等奖
2012 年	《他们把销售中心建到美国》	消息	蒋剑翔	三等奖
2012 年	《“冶炼主”改行当了“田状元”》	通讯	欧显庭 欧春涛	三等奖
2012 年	《“应酬难”与“为谁应酬”》	评论	孙存准	三等奖
2012 年	《娟子，好样的》	摄影	文　伟	三等奖

续表 2-8

年度	获奖作品	类别	作者	奖项等级
2013 年	《蓝山城乡居民看病一个价》	消息	欧显庭 欧春涛 李先志	一等奖
2013 年	《灾后重建在现场》	系列报道	孙存准 吴　林 唐晓山 文海燕 罗　琛	系列报道奖
2013 年	《绝症老人还贷记》	通讯	曾　锐 欧春涛	三等奖
2013 年	《台湾校长的快乐学校》	通讯	曾　锐 饶爱玲	三等奖
2013 年	《老百姓的新鲜事》	专栏	欧显庭 欧春涛	三等奖
2013 年	《走进鬼崽岭》	散文	李军平	三等奖
2013 年	《高峡平湖应可期》	摄影	欧显庭 欧春涛	三等奖
2014 年	《抗日将军，我们为你立碑》	消息	唐晓山	三等奖
2014 年	《一笔迟到 45 年的“特殊党费”》	通讯	欧显庭 欧春涛	三等奖
2014 年	《永州抗战》	系列报道	柏俊林 欧春涛 等人	三等奖
2015 年	《国家行动——涔天河库区移民工程特别报道》	组合报道	欧显庭 欧春涛 孙存准 吴　林	一等奖
2015 年	《他让世界重新认识了中医针灸》	通讯	刘　波	二等奖
2015 年	《瑶族有自己的文字》	消息	唐晓山 胡纯亮	三等奖
2015 年	《见证 47 枚人牙化石的发掘》	通讯	文　伟 吴　林	三等奖
2015 年	《“地王”的诞生说明了什么?》	评论	欧显庭	三等奖

续表 2-8

年度	获奖作品	类别	作者	奖项等级
2015 年	9 月 4 日一~八版	版面	刘　倩 陈　超	新闻版面类银奖
2015 年	《要担子不要面子脱鞋子甩膀子　梅花转变作风从小事做起》	标题	文海燕	优秀标题奖
2015 年	《永州创客》	系列报道	文海燕	优秀栏目奖

三、湖南报纸系统新闻奖

1996—2015 年《永州日报》获奖作品一览表

表 2-9

年度	获奖作品	类别	作者	奖项等级
1996 年	《李光林十年修路不言苦》	通讯	蒋剑翔 刘　倩	二等奖
1996 年	《莫道就业机缘少》	漫画	柏俊林	二等奖
1996 年	《走村串户看农村》	栏目	王延斌	二等奖
1996 年	《瘦了农民，肥了“鸿运”》	标题	王延斌 蒋剑翔 黄志新	好标题奖
1996 年	《农民刘仁发试种元融合生殖杂交稻成功》	消息	李国仲	二等奖
1996 年	《鱼苗孵化“土专家”陈天祯京城苗费教学子》	消息	李国仲	一等奖
1998 年	《我看改革开放二十年》	专栏	王延斌 蒋剑翔	三等奖
2000 年	《栽下樱花祈祷和平》	通讯	唐新华	二等奖
2000 年	《“异蛇村”农民三审“十五”计划》	通讯	蒋剑翔	三等奖
2000 年	《非公有制经济的一面旗帜》	通讯	蒋亚斌	三等奖
2001 年	《正义与邪恶的较量》	通讯	曾　锐	一等奖 同时获中国新闻奖三等奖

续表 2-9

年度	获奖作品	类别	作者	奖项等级
2001 年	《一步跨十年》	通讯	刘楚平 唐晓山	三等奖
2001 年	《残疾农民治荒山五年升旗报党恩》	摄影	欧春涛	三等奖
2001 年	《一个口子进水　一口池子储水　一个龙头防水——祁阳让每寸土地交易都入市场》	标题	唐新华	好标题奖
2001 年	《农家一日》	栏目	李进军 欧显庭 蒋剑翔	一等奖
2001 年	《农民跑冤枉路　政府发误工钱》	标题	欧显庭	二等奖
2001 年	《走出龙兴寺》	散文	王金梁	三等奖
2001 年	《女贞红》	散文	王金梁	二等奖
2002 年	《一水相邻两村庄　毁林护林两个样》	消息	欧春涛	一等奖
2002 年	《文化化石“活”起来》	摄影	欧春涛	三等奖
2002 年	《百姓关注》	栏目	蒋剑翔 唐新华	三等奖
2002 年	《记忆沐神河》	散文	王金梁	全省报纸副刊评选金奖
2003 年	《永州市“异蛇酒”8 年销售权一纸买断》	消息	蒋剑翔	二等奖
2003 年	《蓝山悉心协调新时期劳资关系》	消息	李进军 李国仲	二等奖
2003 年	《老兵遗嘱》	通讯	欧春涛 蒋　林	二等奖 （同时获省报纸系统好新闻三等奖）
2003 年	《面试总比面子好　卷子总比条子好——芝山改“伯乐相马”为“赛场相马”》	标题	刘　倩	好标题奖
2003 年	《夜宿农家》	栏目	唐新华	名牌栏获目奖
2003 年	《永州古文化之旅》	栏目	李进军 彭楚彬 欧春涛 田　人	三等奖
2003 年	9 月 5 日一版	版面	唐新华	好版面奖

续表 2-9

年度	获奖作品	类别	作者	奖项等级
2003 年	《面试总比面子好　卷子总比条子好——芝山改“伯乐相马”为“赛场相马”》	标题	刘　倩	好标题奖
2003 年	《21 位农民工求助本报索讨工钱》	消息	何继凤 刘　倩	中国地市报 第三届女记者新闻奖
2003 年	《老兵遗嘱》	通讯	欧春涛 蒋　林	二等奖
2003 年	《有“心”才能“深”》	论文	蒋剑翔	二等奖
2005 年	《农民合同工朱伟友当选全国劳模》	消息	唐新华	三等奖 （同时获全省报纸系统好新闻一等奖）
2005 年	《神奇的皂水》	散文	王金梁	二等奖
2005 年	《三十年后　大湾村》	诗歌	田　人	铜奖
2005 年	《山寨的晒楼》	散文	汤　莉	铜奖

四、湖南省地市报好新闻作品奖

1996—2015 年《永州日报》获奖作品一览表

表 2-10

年度	获奖作品	类别	作者	奖项等级
1996 年	《蓝山千余国有企业富余人员转变观念择新业》	消息	蒋剑翔 刘　倩	一等奖
1996 年	《鱼苗孵化“土专家”陈天祯京城苗费教学子》	消息	李国仲 唐建设 （通讯员）	一等奖
1996 年	《李光林十年修路不言苦》	通讯	蒋剑翔 刘　倩	一等奖
1996 年	《壮举憾潇湘》	通讯	李国仲	二等奖
1996 年	《道县糖厂半数职工到农村“原料车间”上班》	消息	国　仲	二等奖
1996 年	《东安又出新喜事》	消息	何维庭 纪祥云	二等奖

续表2-10

年度	获奖作品	类别	作者	奖项等级
1996 年	《托起山区的明天》	通讯	蒋玉生 王红军	二等奖
1996 年	《掉价的七品官》	通讯	郑赞朴	二等奖
1996 年	《石坝子人的呼唤》	通讯	蒋剑翔 彭楚兵	三等奖
1996 年	《瘦了农民，肥了“鸿运”》	标题	王延斌 蒋剑翔 黄志新	好标题奖
1996 年	《走村看户到农村》	栏目	王延斌	一等奖
1996 年	《道县阳明园，画好月圆》	标题	何维庭	好标题奖
1996 年	2 月 19 日一版	版面	秦晋平	好版面奖
1996 年	《莫愁就业机缘少，勤劳自由生财道》	速写	柏俊林	一等奖
1996 年	《我自豪　我曾经是一个兵》	诗歌	蒋剑翔	三等奖
1997 年	《蓝山千余国有企业富余人员转变观念择新业》	消息	蒋剑翔 刘　倩	一等奖
1997 年	《宁远发展九百余名优秀打工青年入党》	消息	彭楚兵 黄安城	一等奖
1997 年	《祁阳在全省率先对采矿权公开招标》	消息	何维庭 何　斌 陈昌国	一等奖
1997 年	《道县着眼培养二十一世纪建设人才》	消息	蒋玉生 何　斌	二等奖
1997 年	《一切为了人民》	通讯	蒋剑翔 贺石旺	二等奖
1997 年	《我们都有一个家》	通讯	李进军 彭楚兵	二等奖
1997 年	《一项决策引来八万资金》	消息	欧显庭 唐晓山	二等奖
1997 年	《江华小学表爱心　寄钱修“永连”　市委书记讲政策　回信退捐款》	读者来信	王延斌 蒋剑翔	二等奖
1997 年	《减少决策失误　杜绝决策浪费》	言论	王延斌	一等奖

续表2-10

年度	获奖作品	类别	作者	奖项等级
1997 年	《花钱的“名牌”不买　花力的“民牌”要争》	标题	何维庭 李国仲	好标题奖
1997 年	2 月 7 日一版	版面	秦晋平	优秀奖
1997 年	《赶羊人》	散文	李军平	一等奖
1997 年	《邂逅在蓝天》	散文	王金梁	一等奖
1997 年	《下岗女工》	诗歌	蒋三立	三等奖
1997 年	《回归前夕看香港》	新闻摄影	王延斌	一等奖
1997 年	《史有玄奘西天取经　今有佛祖东土借法》	新闻摄影	文　伟	二等奖
1997 年	《修浯溪碑林　叙华夏情怀》	新闻摄影	欧春涛	二等奖
1997 年	《今日潇湘第一村》	速写	柏俊林	二等奖
1997 年	《坚持报纸副刊党性原则诌议》	论文	李军平	二等奖
1997 年	《农民周大武斥资保护异蛇知识产权》	消息	曾　锐 彭楚兵	一等奖
1998 年	《农民周大武斥资保护异蛇知识产权》	消息	曾　锐 彭楚兵	一等奖
1998 年	《雷运娇四十六岁读初中》	通讯	何维庭 雷述民 蒋亚斌	一等奖
1998 年	《我看改革开放三十年》	专栏	王　延 蒋剑翔	一等奖
1998 年	《道县涌现 10 个个体私营主学邓小平理论小组》	消息	黄绍辉	二等奖
1998 年	《江华建立百里水源保护区》	消息	左亚军	二等奖
1998 年	《一颗金色的种子》	通讯	李进军 李建林	二等奖
1998 年	《鹧鸪塘村瑶民致信省委书记王茂林》	消息	何维庭 李国仲	三等奖
1998 年	《梧桐树为何留不住金凤凰》	通讯	龙亚芳	三等奖
1998 年	《九智，我们职工租赁你》	通讯	蒋玉生	三等奖
1998 年	12 月 17 日一版	版面	何继凤	好版面奖

续表 2-10

年度	获奖作品	类别	作者	奖项等级
1998 年	《我看改革开放二十年》	专栏	蒋剑翔	一等奖
1998 年	《边远山区升起耀眼的星》	美术速写	柏俊林	二等奖
1998 年	《广西“刘三妹”相中“湖南郎”》	标题	蒋剑翔	好标题奖
1998 年	《望金鼎》	散文	李军平	二等奖
1998 年	《千家峒》	电视剧本	李军平	“新闻・文学・文化建设研讨会”作品评选一等奖（由中国作家协会、新华通讯社颁发）
1998 年	《社会学沟通角色对等原则在采访重大运用》	论文	蒋玉生	二等奖
1998 年	《论市场经济条件下的新闻导向性》	论文	蒋剑翔	三等奖
1999 年	《麻元村农民学说普通话》	消息	李国仲 唐建设	一等奖
1999 年	《蓝山股份制农业拓出农民增收新空间》	消息	万跃飞	二等奖
1999 年	《冷水滩区推行校务公开春风扑面来》	消息	蒋剑翔	二等奖
1999 年	《江华五万林农放下锄头忙种树》	消息	蒋玉生	二等奖
1999 年	《江永 35 名种植大户拜师“洋”专家》	消息	李国仲	二等奖
1999 年	《下岗职工谭新民获一项发明专利》	消息	彭楚兵	二等奖
1999 年	《盘琴：以原汁原味的瑶歌震撼乐坛　倾倒乐迷》	通讯	王延斌 李军平 李建林	一等奖
1999 年	《伐木放排的瑶山商贸街》	通讯	万跃飞	二等奖
1999 年	《山魂》	通讯	彭雅清	二等奖
1999 年	《敢于得罪人是一种境界》	言论	蒋剑翔	一等奖
1999 年	《怀揣民情日记　心系万家忧愁——江永县乡镇干部改进工作作风受称赞》	标题	蒋剑翔	好标题奖
1999 年	《祁阳农民吃上科技“自助餐”》	标题	彭楚兵	三等奖
1999 年	8 月 7 日一版	版面	何继凤 秦晋平	三等奖
1999 年	《潇水是条女人河》	散文	李军平	二等奖

续表2-10

年度	获奖作品	类别	作者	奖项等级
1999年	《赶龙虎》	散文	王金梁	三等奖
2000年	《祝贺新世纪》	广告	李国仲	二等奖
2000年	《九嶷山发现秦汉至宋元特大型古舜帝陵庙遗址》	消息	李国仲	一等奖
2000年	《栽下樱花祈祷和平》	通讯	唐新华	二等奖
2000年	《“异蛇村”农民三审“十五”计划》	通讯	蒋剑翔	一等奖
2000年	《春天说的话　夏天不变卦》	消息	万跃飞	二等奖
2000年	《下马一批工程如何》	通讯	万跃飞	二等奖
2000年	《舆论监督应尽快走出“与人为善”的误区》	新闻论文	蒋剑翔	第七届“中华大地之光”征文一等奖、中国地市报人杂志“舆论监督大家谈”征文三等奖
2000年	《防止和减少正面报道中的负效应》	新闻论文	蒋剑翔	第七届“中华大地之光”征文二等奖
2000年	《排出姑母山》	副刊	王金梁	湖南省报纸副刊评选铜奖
2001年	《正义与邪恶的较量》	通讯	曾　锐 欧显庭 （编辑）	一等奖 （后再获中国新闻奖三等奖）
2001年	《一步跨十年》	通讯		一等奖
2001年	《香柚开发开奇葩　水果成了化妆品》	消息	蒋剑翔	二等奖
2001年	《一枝一叶总关情》	通讯	唐新华	二等奖
2001年	《夜宿农家》	栏目	蒋剑翔	一等奖
2001年	《一趟飞机换来永州新形象》	消息	蒋剑翔	二等奖
2001年	《江华百里瑶山遍布民情“绿色通道”》 《道县选派200名“乡官”当“村官”》	消息	唐晓山 万跃飞 李祥军	三等奖
2001年	《三百学子滞留以后》	消息	唐新华	三等奖
2001年	《一次特殊的支部会》	通讯	蒋玉生	三等奖
2001年	《请善待个体私营经济》	言论	蒋剑翔	三等奖

续表2-10

年度	获奖作品	类别	作者	奖项等级
2001 年	《一个口子进水，一个池子蓄水，一个龙头放水——祁阳让每寸土地交易都入市场》	标题	唐新华	好标题奖
2001 年	7 月 14 日一版	版面	不明	好版面奖
2001 年	9 月 6 日一版	版面	秦晋平	好版面奖
2001 年	《栽下移民树　幸福万年长》	摄影	欧春涛	一等奖
2001 年	《声声问候寄深情》	通讯	唐新华	省残疾人事业好新闻优秀奖
2001 年	《政策上给予扶持　资金上给予支持》	消息	唐新华	省残疾人事业好新闻优秀奖
2002 年	《曾经红河六十年　今朝喜成玉米香》	消息	欧春涛	一等奖
2002 年	《家用电脑活流通，鼠标一点走天下——祁阳农民网上“轻敲”一个亿》	标题	刘　倩	优秀奖
2002 年	《民营立县天地宽》	通讯	李国仲	二等奖
2002 年	《下决心破除观念性障碍》	评论	蒋剑翔	一等奖
2002 年	《最好土地+最优品种=最佳效益》	言论	李国仲	二等奖
2002 年	《永州鲁滨孙孤岛护林》	摄影	欧春涛	一等奖
2002 年	《清洁工破译千古之谜》	摄影	欧春涛	一等奖
2002 年	《百姓关注》	栏目	蒋剑翔 唐新华	一等奖
2002 年	11 月 9 日一版	版面	唐新华	好版面奖
2002 年	《情撼山村》	长篇通讯	蒋剑翔	第二届“新世纪之声”征文二等奖
2002 年	《先进生育文化的传播人》	通讯	文海燕	湖南省首届人口文化新闻奖三等奖
2002 年	《好新闻要争取尽快发出》	新闻论文	蒋剑翔	《新闻战线》“我的得意之作·《石家庄日报》杯”论文二等奖
2002 年	《美丽的风景——献给雷锋的歌》	诗歌	蒋剑翔	《光明日报》“道德之歌”征文优秀奖

续表2-10

年度	获奖作品	类别	作者	奖项等级
2002 年	《记忆沐神河》	散文	王金梁	全省州市报副刊评选三等奖
2002 年	《断墙夕照》	散文	王金梁	全省州市报副刊评选二等奖
2003 年	《永州市“异蛇酒”8 年销售权一纸买断》	消息	蒋剑翔	一等奖
2003 年	《老兵遗嘱》	通讯	欧春涛 蒋　林	一等奖
2003 年	《百姓得实惠　政府述形象》	通讯	何继凤 刘　倩	二等奖
2003 年	《城市环境卫生怎么啦》	系列报道	李国仲	二等奖
2003 年	《说一说“局长和好，科长好‘狠’”》	评论	蒋剑翔	三等奖
2003 年	《面试总比面子好　卷子总比条子好——芝山改“伯乐相马”为“赛场相马”》	标题	刘　倩	好标题奖
2003 年	《古树名木建档挂牌保护》	标题	唐新华	好标题奖
2003 年	《永州古文化之旅》	栏目	李进军 彭楚彬 欧春涛 田　人	一等奖
2003 年	2 月 15 日一版	版面	唐新华	好版面奖
2003 年	9 月 5 日一版	版面	唐新华	好版面奖
2003 年	9 月 13 日一版	版面		好版面奖
2003 年	《好新闻要争取快发出》	论文	蒋剑翔	征文三等奖
2003 年	《拎出“新闻眼”》	论文	蒋剑翔	“湖南省新闻论文”二等奖
2003 年	《潘金莲找对象》	杂文	孙存准	铜奖
2004 年	《蓝山悉心协调新时期劳资关系》	消息	李进军 刘　倩	一等奖
2004 年	《聚焦城市通脉》	通讯	文海燕	二等奖
2004 年	《东安千余农民出资购买水利设施经营权》	消息	李国仲	二等奖
2004 年	《孝星欧阳名友》	通讯	孙存准	三等奖

续表2-10

年度	获奖作品	类别	作者	奖项等级
2004 年	《高高昂起的龙头》	通讯	李国仲	二等奖
2004 年	《乡村观察》	专栏	李国仲	二等奖
2004 年	《永州公路收费站退出历史舞台》	消息	欧春涛	一等奖
2004 年	《清远招商引资促工业发展纪实》	系列报道	李进军 唐新华 刘　倩 彭楚兵	一等奖
2004 年	《历史不会忘记》	通讯	唐新华	一等奖
2004 年	《祁阳龙头企业力推农业产业化》	标题	唐新华	好标题奖
2004 年	《江永引巨资整体开发旅游项目》	标题	唐新华	好标题奖
2004 年	9 月 24 日一版	版面	唐新华	好版面奖
2004 年	《我市推进工业化进程》	系列报道	唐新华	二等奖
2004 年	《走江华看变化》	系列报道	左亚军 刘　倩 柏俊林 唐　新 （编辑）	三等奖
2004 年	《我不是诗人》	杂文	蒋剑翔	一等奖
2004 年	《阳明阳刚》	散文	李进军	二等奖
2004 年	《武庙放想》	散文	周书明	三等奖
2005 年	《打工仔返乡竞标争种抛荒田》	消息	柏俊林	三等奖
2005 年	《农民合同工朱伟友当选全国劳模》	消息	唐新华	一等奖 （同时获广播电视奖一等奖）
2005 年	《扎根红土谱华章》	通讯	何继凤	一等奖
2005 年	《勇士壮举憾潇湘》	通讯	唐晓山 毛军元 陈汝财	一等奖
2005 年	《山村家农民俱乐部》	通讯	欧显庭 蒋文龙	一等奖
2005 年	《不应以口号代替工作》	言论	蒋剑翔	一等奖
2005 年	《群众点菜　党员下厨——江华瑶胞欢迎科技“农门宴”》	标题	唐新华	优秀奖

续表2-10

年度	获奖作品	类别	作者	奖项等级
2005 年	《走江华看变化》	系列报道	何继凤	三等奖
2005 年	《潇湘茶座》	专栏	蒋剑翔等	一等奖
2005 年	《芝山万余农民购肥打白条》	消息	李国仲	二等奖
2005 年	《“李逵”来了，“李鬼”哪里逃》	标题	唐新华	好标题奖
2005 年	《新田二十万农民看病有“靠山”》	消息	李国仲	二等奖
2005 年	6 月 29 日一版	版面	唐新华	好版面奖
2005 年	9 月 14 日一版	版面	唐新华	好版面奖
2005 年	4 月 9 日一版	版面	唐新华	好版面奖
2005 年	《卷子代替条子　考官代替跑官》	标题		好标题奖
2005 年	《新闻采访人际沟通角色的对等原则》	论文	蒋玉生	中国社会学 2005 年学术年会论文奖二等奖、同年 12 月获中国报业协会党报分会 2005 年度论文奖二等奖
2005 年	《新闻事实的时态和十字采访法》	论文	蒋玉生	中国报业协会党报分会 2005 年度论文奖二等奖
2006 年	《我市“三结合”引领五千计生护舰队》	消息	周书明	二等奖
2006 年	《市交警队情人上门挑刺》	消息	万跃飞	二等奖
2006 年	《富家桥村民集资兴建生态公园》	消息	蒋玉生 杨丁香	二等奖
2006 年	《周敦颐两块亲笔摩崖石刻题记得以确认》	消息	何继凤	二等奖
2006 年	《冷水井学校德育工作绽放异彩》	消息	雷述明	二等奖
2006 年	《长富村里荡春风》	通讯	李进军 刘　倩	二等奖
2006 年	《森林守望者》	通讯	文海燕	二等奖
2006 年	《进村入户看增收》	系列报道	李国仲	二等奖
2006 年	《百富商城爱心涌动》	摄影	唐新华	三等奖
2006 年	《周家岭“取经”》	通讯	唐新华	三等奖

续表2-10

年度	获奖作品	类别	作者	奖项等级
2006年	《“土专家”受欢迎　“泥腿子”得实惠——蓝山农民选“农技员”喜了农富了农》	标题	唐新华	好标题奖
2006年	《失地农民愁“嫁”工商热做媒心》	标题	杨丁香	好标题奖
2006年	《从老百姓身边事看变化》	系列报道	唐新华	三等奖
2006年	《在那美丽的小山村》	栏目	何继凤 唐新华	好专栏奖
2006年	12月14日一版	版面	唐新华	好版面奖
2006年	2月13日三版	版面	文　伟	好版面奖
2006年	《万名干部下基层　排忧解难促发展》	消息	何继凤	湖南省先进性教育活动优秀新闻作品奖
2006年	《解放思想为先导推动观念创新》	言论	蒋剑翔	三等奖
2006年	《〈感动中国〉给了我们怎样的启迪》	言论	周逢春	三等奖
2006年	《舜皇山 鹅卵石》	散文	李军平	二等奖
2006年	《麻风村的守护神》	通讯	黄钟耀	三湘农民健康行活动好新闻奖
2007年	《通向百姓心中的路》	通讯	蒋剑翔	一等奖
2007年	《烈火中永生》	通讯	唐新华	一等奖
2007年	《水岭乡政府卖车购钻机为群众打井》	消息	彭楚兵	一等奖
2007年	《蓝山腾龙换马破解土地资源瓶颈》	消息	李国仲	二等奖
2007年	《江永村村建立维权点》	消息	李国仲	二等奖
2007年	《祁阳计生优质服务惠及19万育妇生殖健康》	消息	周书明	二等奖
2007年	《我市产业集群培育风生水起》	消息	文海燕	二等奖
2007年	《东安实施教育明星工程》	消息	蒋玉生	二等奖
2007年	《市政府采购中心三年实现零投诉》	消息	蒋亚斌	二等奖
2007年	《江永实施项目战略带动经济快速发展》	消息	雷述明	二等奖
2007年	《如此“和谐结案”行吗?》	来信	曾　锐	一等奖
2007年	《五个孤儿一个妈》	通讯	何继凤	一等奖

续表2-10

年度	获奖作品	类别	作者	奖项等级
2007 年	《东安农村农民新鲜事 揭下墙头“财神像”揣上法律“护身符”》	标题	欧显庭	好标题奖
2007 年	《我市“农家乐”不再偷着乐》	标题		好标题奖
2007 年	《在那美丽的小山村》	栏目	唐新华	二等奖
2007 年	《走进农民工》	系列报道	何继凤 唐新华	二等奖
2007 年	《看变化　谋发展》	系列报道	唐新华	二等奖
2007 年	《盛会连线》	系列报道	唐新华	三等奖
2007 年	《战冰斗雪展英姿》	摄影版面	唐新华	好版面奖
2007 年	《乡野票来欢乐歌》	摄影	文　伟	二等奖
2007 年	《发展鼓点声声急》	言论	欧显庭	二等奖
2007 年	《发扬抗洪精神 努力加快发展》	言论	万跃飞	二等奖
2007 年	《火葬场的启示》	言论	周逢春	二等奖
2007 年	《认清后发优势 坚定赶超信心》	言论	蒋剑翔 欧显庭 万跃飞 李国仲	二等奖
2007 年	《让农民在农产品涨价中得到实惠》	言论	蒋剑翔	三等奖
2008 年	《永州人看清远》	系列报道	李国仲 左亚军 刘　倩 欧春涛	二等奖
2008 年	《熙可在金融海啸中“冲浪淘金”》	消息	欧春涛	一等奖
2008 年	《一位农村教师的长征情结》	通讯	不明	二等奖
2008 年	《宁远暖冬计划驱散返乡农民工》	消息	李国仲	
2008 年	《生命之舟》	摄影	欧春涛	二等奖
2008 年	《山村有了垃圾清运车》	摄影	欧春涛	一等奖
2008 年	《震区归来向亲人》	摄影	文　伟	一等奖
2008 年	《灾后重建看乡村》	通讯	周书明 欧春涛	一等奖

续表2-10

年度	获奖作品	类别	作者	奖项等级
2008 年	《唱支山歌给党听》	专栏	欧显庭 曾　锐	好栏目奖
2008 年	《西藏笔记》	诗歌	田　人	三等奖
2008 年	《豆腐脑大嫂》	散文	周逢春	铜奖
2009 年	《蒋冬林：用清廉守卫正义》	通讯	蒋剑翔等	一等奖
2009 年	《碧血丹心铸警魂》	通讯	李国仲	二等奖
2009 年	《评选道德模范　引领社会进步》	消息	文　伟	二等奖
2009 年	《零陵保优贬劣面对面》	消息	何继凤	二等奖
2009 年	《我们参与了政府的决策》	通讯	欧显庭 刘岳彬	一等奖
2009 年	《为孤寡老人集体祝寿》	摄影	欧春涛	一等奖
2009 年	《解除隔离》	摄影	欧春涛	一等奖
2009 年	《筑起生命的绿洲》	通讯	欧春涛	一等奖
2009 年	《惊魂对决十分钟》	通讯	欧春涛	一等奖
2009 年	《莫让沿江风光带成夜宵一条街》	通讯	文海燕	二等奖
2009 年	《祭舜大典》	版面	唐晓山	好版面奖
2009 年	《见证历史　美在乡村》	论文	欧春涛	二等奖
2009 年	《寂寞的浯溪》	诗歌	田　人	银奖
2010 年	《扎根大地不老松》	通讯	欧显庭 龙亚芳	一等奖
2010 年	《热血青春铸警魂》	通讯	何继凤	一等奖
2010 年	《还我清洁用水》	通讯	文海燕	一等奖
2010 年	《新田老板弃城返乡土地淘金》	消息	欧春涛 刘岳斌	二等奖
2010 年	《我市涉外农村经济人助农民发洋财》	消息	欧春涛 张　明	一等奖
2010 年	《莲之魂》	通讯	欧春涛	三等奖
2010 年	《生死大转移》	通讯	欧显庭 欧春涛	一等奖
2010 年	《走出法华寺》	散文	李军平	银奖

续表2-10

年度	获奖作品	类别	作者	奖项等级
2011 年	《生命的彩虹》	通讯	欧显庭 欧春涛	一等奖
2011 年	《海外流失女书回归年故里》	消息	欧春涛 卢朝晖	一等奖
2011 年	《柏正赛义务手机废弃农药瓶 13 年》	消息	欧春涛 周德祥	一等奖
2011 年	《抗大灾　见大爱》	摄影	欧春涛	一等奖
2011 年	《到家的感觉真好》	摄影	欧春涛	一等奖
2011 年	《中国人完全有能力依赖自己解决吃饭问题》	摄影	何继凤	一等奖
2011 年	《老山界的木屋》	散文	李军平	金奖
2012 年	《女书习俗表演走进联合国总部》	消息	欧显庭	一等奖
2012 年	《他们把销售中心建到美国》	消息	蒋剑翔	一等奖
2012 年	《“冶炼主”改行当了“田状元”》	通讯	欧显庭 欧春涛	一等奖
2012 年	《我市建立定期巡回医疗下基层制度》	消息	孙存准	三等奖
2012 年	《“应酬谁”与“为谁应酬”》	言论	孙存准	一等奖
2012 年	《种田照样赚大钱》	系列报道	孙存准	一等奖
2012 年	《王明娟夺金特别报道》	系列报道	文伟等人	一等奖
2012 年	《白发母亲含泪捐出儿子遗体》	通讯	罗　琛	二等奖
2012 年	《轮椅转动着爱心》	通讯	欧春涛	二等奖
2012 年	《堡垒是怎样筑就的》	通讯	欧春涛 钟小令	二等奖
2012 年	《中国人完全能依靠自己解决吃饭的问题》	通讯	何继凤	二等奖
2012 年	《永州好人》	专栏	蒋剑翔 柏俊林 郑卫平	好专栏奖
2012 年	《上班时间帮手是否该锁门》	评论	周燕妮	三等奖
2012 年	《你是那一抹最美的夕阳红》	通讯	欧春涛 钟小令	三等奖

续表2-10

年度	获奖作品	类别	作者	奖项等级
2012 年	《永州“ACP 科级专利”驶向春天》	消息	刘　倩	三等奖
2012 年	《水芋大王的忧虑》	通讯	郑　杰	三等奖
2012 年	《超市强制封包遭市民质疑，是否侵权》	通讯	李　静	三等奖
2012 年	《我市建立定期巡回医疗制度》	消息	孙存准	三等奖
2012 年	《救人军官找着了》	系列报道	欧春涛	三等奖
2012 年	《药+酒≠药酒》	标题	欧春涛	好标题奖
2012 年	《娟子，好样的》	摄影	文　伟 郭　磊	二等奖
2012 年	《万亩梨花“醉”三省》	摄影	欧显庭	一等奖
2012 年	《永州义工在行动》	摄影	万跃飞	三等奖
2012 年	《劳动最光荣》	摄影	郭　磊	三等奖
2012 年	《码市闹元宵》	摄影	欧显庭	三等奖
2012 年	《敬老院里乐开了花》	摄影	柏俊林	三等奖
2012 年	《老街》	散文	李军平	二等奖
2013 年	《蓝山城乡居民看病一个价》	消息	欧显庭 欧春涛 李先志	一等奖
2013 年	《湘江源头在蓝山》	消息	欧春涛 钟小令 张新国	一等奖
2013 年	《绝症老人还贷记》	通讯	曾　锐 欧春涛	一等奖
2013 年	《台湾校长的快乐学校》	通讯	曾　锐 饶爱玲	一等奖
2013 年	《耄耋之年仍追梦》	通讯	文　伟 朱少辉	一等奖
2013 年	《灾后重建在现场》	系列报道	孙存准 吴　林	一等奖
2013 年	《老百姓的新鲜事》	专栏	欧显庭 欧春涛	一等奖
2013 年	《双牌土地流转“转”出新天地》	消息	刘　倩	二等奖

续表2-10

年度	获奖作品	类别	作者	奖项等级
2013 年	《邮递员曾德春的一天》	通讯	欧春涛	二等奖
2013 年	《款款深情慰英灵》	通讯	唐晓山 向　洁	二等奖
2013 年	《老鸭窝村“茶话会”每桌吃掉上千元》	通讯	周燕妮	二等奖
2013 年	《学学“杞人忧天”又何妨》	言论	孙存准	二等奖
2013 年	《探访湘江源》	系列报道	饶爱玲 李　静 万珂铭	二等奖
2013 年	《祁阳道德银行进校园》	消息	唐晓山 李新春 欧春涛	三等奖
2013 年	《东安保姆式服务项目建设》	消息	万珂铭 罗　琛	三等奖
2013 年	《“我愿意把我所有的器官捐出来”》	通讯	万跃飞 钟小令	三等奖
2013 年	《转作风 新观察》	专栏	欧显庭 欧春涛	三等奖
2013 年	《“老好人”如坐针毡　“和稀泥”忐忑不安》	标题	唐晓山	三等奖
2013 年	“七夕节”成了“七夕劫”	标题	周燕妮	三等奖
2013 年	《免费体检送上门》	摄影	欧显庭	三等奖
2013 年	《涔天河水客扩建工程现场》	摄影	欧显庭 欧春涛	三等奖
2013 年	《花自己挣的钱踏实》	摄影	郭　磊	三等奖
2013 年	《走进鬼崽岭》	散文	李军平	三等奖
2013 年	《喝鸡汤》	诗歌	田　人	银奖
2014 年	《永州抗战》	系列报道	柏俊林 欧春涛	一等奖
2014 年	《查阅资料：秒读案卷保存：永久 冷水滩法院实现卷宗管理信息化》	好标题	文海燕	好标题奖
2014 年	《新田敲定全省首单农村土地承包经营权抵押贷款》	消息	孙存准	二等奖
2014 年	《潇水，我回来了》	通讯	孙存准	三等奖

续表2-10

年度	获奖作品	类别	作者	奖项等级
2014 年	《会议室里的婚礼》	通讯	孙存准	三等奖
2014 年	《用什么可以抵达幸福》	诗歌	田　人	金奖
2014 年	《鸬鹚》	诗歌	田　人	金奖
2014 年	《双色杜鹃花》	散文	李军平	金奖
2015 年	《国家行动——涔天河库区移民工程特别报道》	组合报道	欧显庭 欧春涛 孙存准 吴　林	一等奖
2015 年	《就是赖上我也要去救他》	消息	柏俊林	一等奖
2015 年	《瑶族有自己的文字》	消息	唐晓山 胡纯亮	一等奖
2015 年	《他让世界重新认识了中医针灸》	通讯	刘　波	二等奖
2015 年	《祁阳海螺 CKK 项目点火投运》	消息	欧春涛	二等奖
2015 年	《蓝山发现三封抗战家书》	消息	唐晓山	三等奖
2015 年	《我市企业赴俄罗斯建产业园区》	消息	孙存准	二等奖
2015 年	《安慰耄耋老人七十年寻亲祁阳圆梦》	消息	柏俊林	二等奖
2015 年	《小花创业记》	通讯	欧显庭 文伟	二等奖
2015 年	《一号工程过大年》	通讯	欧显庭 欧春涛 刘　倩	二等奖
2015 年	《“诚信男”千里返乡还贷》	通讯	罗　琛	二等奖
2015 年	《零陵建筑工单手托举 3 岁男孩》	通讯	蔡再明	二等奖
2015 年	《“地王”的诞生说明了什么?》	评论	欧显庭	一等奖
2015 年	《国家行动——涔天河库区移民工程特别报道》	组合报道	欧显庭 欧春涛 孙存准 吴　林	一等奖
2015 年	《见证 47 枚人牙化石的发掘》	通讯	文　伟 吴　林	一等奖

续表2-10

年度	获奖作品	类别	作者	奖项等级
2015 年	《春漫潇湘》	系列报道	孙存准 胡纯亮 刘思宁 唐　斌	二等奖
2015 年	《永州创客》	系列报道	集体	三等奖
2015 年	《要担子不要面子脱鞋子甩膀子　梅花转变作风从小事做起》	标题	文海燕	优秀标题奖
2015 年	《永州创客》	系列报道	文海燕	优秀栏目奖
2015 年	《早起的鸟儿有虫吃》	评论	孙存准	二等奖
2015 年	《一个战士的退伍仪式》	摄影	欧春涛	三等奖
2015 年	《老井》	诗歌	田　人	银奖

第三章 广播电视

永州广播电视台的前身为永州市广播电视局，设有永州人民广播电台、永州电视台、永州有线电视台和永州新报社四个新闻单位。2011 年文化体制改革后，实行局台合一，12 月 30 日，新组建的永州广播电视台挂牌运作。新成立的永州广播电视台内设永州广播电台、永州电视台和永州新报社三个新闻机构，其中永州电视台设新闻综合频道、都市频道、公共频道和影视频道。

在新闻宣传方面，永州广播电视台坚持正确的舆论导向，紧紧围绕市委、市政府的工作大局，采取开办栏目、系列报道、推介典型、主办活动等多种形式，及时、准确地宣传党的路线、方针、政策和市委、市政府的重大决策及重大举措，宣传全市在“两个文明”建设中所取得的重大成果，宣传全市“两个文明”建设中涌现出来的新人、新事、新风貌。传承永州优秀传统文化，丰富人民群众文化生活。为突出新闻立台的宗旨，一是开办新闻栏目。1996—2015 年，永州人民广播电台、永州电视台开办 22 个新闻类栏目（其中电视栏目 18 个，广播栏目 4 个），大张旗鼓地宣传市委、市政府的重大决策，宣传全市改革开放的新举措，宣传全市经济社会发展的新成就。2002 年 6 月，永州电视台新闻综合频道主办的《永州新闻联播》，成为永州电视台主打栏目。2003 年，永州电视台、永州人民广播电台新闻综合频道联手打造的舆论监督栏目《民情直通车》，反映社情民意，为政府排忧，为百姓解难，纵横沟通，直通民意，2004 年被评为湖南广播电视奖优秀栏目。2004 年，永州电视台公共频道推出的民生新闻栏目《大事小事》，被评为湖南广播电视奖新闻十佳栏目和湖南新闻奖一等奖。2004 年，永州人民广播电台开办的《政务热线》栏目，问政于民，服务百姓，为企业和群众解决不少难题。该栏目获 2005 年湖南广播电视奖优秀栏目。二是推出系列报道。1996—2015 年，永州广播电视台先后组织《辉煌五十年》《喜迎新世纪》《盛世迎澳门》《城镇建设》《重点工程巡礼》《破冰 2008》《抗击“非典”》《公祭舜帝大典》《阳明山“和”文化节》《贯彻十八大·落实在行动》《实干 2013》《创卫进行时》《流转唤醒沉睡的土地》《重镇启示录》等 200 余个系列报道，从不同角度和层面宣传永州改革开放所取得的重大成就，真实地反映全市人民贯彻落实中共十六大、十七大、十八大精神，建设小康永州、品质活力永州的精神风貌。2003年10月，永州电视台都市频道和湖南电视台公共频道联手打造大型系列报道《千里瑶山行》。采访组历经11个县区、行程万余公里，先后采访80个瑶族乡镇120个瑶族行政村，在省市台播发稿片90多条，真实地记录和反映瑶族同胞的时代变迁、历史文化。该系列报道2004年获全国第十届少数民族题材电视报道“骏马奖”。2008年，永州遭遇百年不遇冰灾，永州广电各媒体联手组织《破冰2008》大型系列报道。整个系列报道由永州广电局总编室牵头，统一抽调采编人员，组成6个报道组，深入各县区和灾区进行采访，统一编稿，分头发稿。系列报道先后历时20多天，共采访编发稿件300多条，成功地完成16个系列报道，受到省委、省政府的表彰。做得大气有影响的系列报道有2004年的《激情燃烧的岁月》、2006年的《红色记忆——红军长征在永州》、2011年的《飞越潇湘》、2013年的《永州边界行》、2015年的《永州抗战记忆》等。三是宣传报道先进典型，传播正能量。1996—2015年，永州广播电视台对祁阳县公安局、零陵区徐家井派所、中国农科院祁阳红壤实验站、吴战保、付玲玲、盘晓红、蒋孔吉、蒋东林、谢云峰、王海洋、余锦柱等全国全省先进单位和先进个人进行宣传报道，起到“以高尚精神塑造人”作用。

在坚持新闻立台的同时，永州广播电视台的事业建设取得显著成就。一是狠抓网络建设。1998年完成零冷两区30公里的光纤干线；2001年建设市县干线光纤网，2003年建成全长490余公里的主干线光纤网，广播电视实现全市“村村通”。广播电视节目由1996年10余套增加到2015年的52套。二是广电中心建设。2001年年底，建成一栋2800平方米的综合办公楼和120套的员工宿舍楼；2004年9月，建成总面积2.24万平方米、高61.8米16层的广电大厦。三是装备设施建设。1996—2015年，永州广电先后投入4000多万元，完成摄像设备从模拟设备到数字化设备、光盘设备、标清设备和高标清设备的更新换代；完成编辑系统由线性对编到非线编辑和专业非编制作网络系统的改造。到2015年，永州广电的节目生产已进入全新数字化、网络化；永州广电拥有300瓦以上的广播调频发射机8台，1千瓦以上的双通道电视发射机和数字发射机11台，拥有一张有线电视网络和一张无线数字电视网络，全市的广播电视节目覆盖率达98%以上。四是经营创收。2000年，广电经营收入只有26万元；2005年经营收入达112万元；2013年达2800万元。2015年远程会议、收费电视等业务收入达5012万元。

至2015年年底，永州广播电视台拥有省内骨干广播电视调频转播台3个、中波广播转播台1个、有线电视宽带网络有限公司1个、无线数字电视有限公司1个。固定资产由1996年的1100万元增加到2015年的3.7亿余元。

第一节 机构

一、行政机构

（一）永州市广播电视局

1996 年 1 月，零陵地区广播电视局更名为永州市广播电视局。原县级永州市改为芝山区，原冷水滩市改为冷水滩区。根据中共湖南省委、湖南省人民政府的体制改革方案，零陵地区广播电视局改为事业单位，退出政府行政序列，但考虑到广播电视的特殊功能和重要作用，中共湖南省委常委会作出决定，广播电视部门体制改革后，其机构称呼不变，行政级别不变，工作职能不变，财政拨款渠道不变，简称“四不变”，谢庭诗任永州市广播电视局局长，蒋谱、周本意、 黄名洁为副局长，彭建础为纪检组组长。局机关科室为“一室二科二站”，即局办公室、宣传科、技术科、监测站、音像管理站。1997 年 8 月，陆晓亚调任永州市广播电视局局长、党组书记。蒋谱、周本意、黄名洁、张宁波为副局长。

1998 年 1 月，宣传科改为总编室，撤销监测站、音像管理站，新成立社会管理科，至此，局机关科室为“二室二科”，即办公室、总编室、技术科、社会管理科，局办公室加挂计划财务科牌子。局直属单位有永州电视台、永州有线广播电视台、永州市广播电视广告总公司、潇湘声屏报社、永州市中波台、永州市羊毛岭电视调频转播台、铜山岭电视调频转播台、永州市微波总站。4 月，永州市人民政府下文任命崔年桂为永州市广播电视局副局长兼永州人民广播电台台长。

2001 年年底，经市委、市政府批准，芝山区、冷水滩区广播电视系统人、财、物等成建制上划至永州市广播电视局管理，理顺市、区广电管理体制。

2002 年 1 月，市局推行第一轮内部改革，对广播电视体制、运行机制进行内部调整，实行“频道、中心制”。原永州电视台、永州有线电视台、冷水滩电视台、芝山区广播电视播出机构合并，组建新的永州电视台，开办新闻综合频道、都市频道、经济频道、生活频道、信息频道，频道总监实行竞聘上岗。局机关各科室负责人也实行“竞聘上岗”，所有员工在市直广播电视系统内实行“大洗牌”，总监、科室“一把手”与员工实行“双向选择”。至此，局机关科室为“三室三科”，即办公室、总编室、监察室、政工科、技术科、社管科。承担管理职能的中心有物业中心、财务中心、广告中心、播控中心。承担宣传任务的广播电视媒体有永州电视台新闻综合频道、都市频道、经济频道、生活频道、信息频道，永州人民广播电台，永州广播电视报社。承担芝山、冷水滩区农村有线电视网络管理的有永州市广播电视局芝山分局、冷水滩分局。承担芝山、冷水滩城区有线电视传输、管理的是永州市电广宽带信息网络有限公司。负责广播电视传输任务的有微波总站、羊毛岭电视调频转播台、铜山岭电视调频转播台。永州市中波台划归省局直管。

2004年9月，祁阳县大华山电视调频转播台由县管改为永州市广播电视局管理，并更名为永州市大华山电视调频转播台。

2008年5月，永州市广播电视局启动第二轮内部改革，推行“一统三分”（统一法人、分级管理、分开核算、分类考核）的管理运行机制。5月30日，市局制定下发《永州市广播电视局机构、人事用工、劳动分配、经营机制改革方案》，对内部机构设置进行调整，撤销四个管理中心，把原管理中心承担的职责合并到市局机关各相关部室。6月4—5日，永州市广播电视局新整合的办公室、总编室、监察室、政工人事部、计划财务部、社管科技部，新成立的产业经营部等七个部室的正、副职举行公开竞聘。12月底，对永州电视台新闻综合频道、都市频道、公共频道和广告总公司等四个经营单位进行经营机制改革。将三个频道的商业广告从频道剥离，划入广告总公司统一经营。

1996—2008年永州市广播电视局领导班子成员一览表

表3-1

年度	处级正职领导任职	处级副职领导任职
1996年	局长：谢庭诗	副局长：蒋　谱、周本意、黄名洁 纪检组组长：彭建础 调研员：彭期永、欧阳维坪
1997年至2007年10月	局长：陆晓亚（1997年8月—2007年10月）	副局长：周本意（2002年1月免，改任调研员） 黄名洁（2003年12月免，改任调研员） 张宁波（1997年7月任） 崔年桂（1998年4月任） 罗水生（2000年9月任） 纪检组组长：彭建础（2001年10月免） 罗水生（2002年1月兼任） 刘仕侠（2006年7月任） 新闻频道总监：杨向东（2006年6月任） 广播电台台长：罗剑君（2006年6月任） 都市频道总监：柏高见（2006年6月任） 总工程师：刘霖（1997年11月任，2000年11月免，改任调研员） 刘仕侠（2003年12月任） 孟北方（2006年6月任） 调研员：彭期永、谢庭诗（1997年8月任） 蒋谱（1998年10月任） 副调研员：官淑华（2003年12月任） 夏国忠（2004年10月任）

续表3-1

年度	处级正职领导任职	处级副职领导任职
2008 年	局长：李培生 （2007 年 12 月任）	副局长：张宁波、崔年桂、罗水生 盘树峰（2007 年 12 月任） 纪检组组长：刘仕侠 新闻频道总监：杨向东 广播电台台长：罗剑君 都市频道总监：柏高见 总工程师：孟北方 调研员：周本意（2008 年 8 月退休） 黄名洁（2008 年 7 月退休） 副调研员：官淑华、夏国忠

（二）永州市广播电影电视局

2009年，根据国家及省里有关变更文化部门对电影公司管理权限的文件精神，电影公司归当地广播电视部门管理。是年 10 月，永州市广播电视局更名为永州市广播电影电视局。李培生任永州市广播电影电视局局长，张宁波、崔年桂、罗水生、盘树峰为副局长，刘仕侠为纪检组组长。2010 年 1 月，徐新干调任永州市广播电影电视局副局长。2011 年 2 月，蒋三秋调任永州市广播电影电视局局长、党组书记。

2009—2011 年永州市广播电影电视局领导班子成员一览表

表 3-2

年度	处级正职领导任职	处级副职领导任职
2009—2010 年	局长：李培生	副局长：罗水生、张宁波（2010 年 1 月改任调研员） 崔年桂（2010 年 1 月改任调研员）、盘树峰 徐新干（2010 年 1 月任） 纪检组组长：刘仕侠 新闻频道总监：杨向东 广播电台台长：罗剑君 都市频道总监：柏高见 总工程师：孟北方（2010 年 1 月任副调研员） 副调研员：官淑华、夏国忠 副处级干部：欧朝阳（2010 年 7 月任）
2011 年	局长：李培生 （2011 年 2 月免） 蒋三秋（2011 年 2 月任）	副局长：罗水生、徐新干、盘树峰 纪检组组长：刘仕侠（2011 年 12 月任调研员） 新闻频道总监：杨向东 广播电台台长：罗剑君 都市频道总监：柏高见 总工程师：钟伟（2011 年 4 月任） 调研员：张宁波、崔年桂 副调研员：官淑华、夏国忠、孟北方 副处级干部：欧朝阳

（三）永州市广播电视台

2011年6月，湖南省编办下发《关于永州市文化体制改革中有关机构编制调整事项的批复》，批准新组建永州市广播电视台，不再保留永州市广播电影电视局。6月24日，中共永州市委办公室、永州市人民政府办公室下发《关于加快推进永州市文化体制改革工作的若干意见》，合并当时的永州人民广播电台、永州电视台，成立新的永州市广播电视台（加挂永州市广播电视传媒集团牌子），为市属正处级事业单位，并设立编辑委员会，接受中共永州市委宣传部指导和协调，接受永州市文广新局行业指导。将原永州市广播电影电视局冷水滩分局、零陵分局参照公务员管理工作人员划转至永州市文化广电新闻出版局或永州市文化市场综合执法局。湖南有线永州网络公司、永州市微波总站、永州市羊毛岭电视调频转播台、永州市铜山岭电视调频转播台、永州市大华山电视调频转播台等单位归口永州市广播电视台管理。

2011年11月，蒋三秋任永州市广播电视台台长、总编辑，罗水生、杨向东为副台长，罗光国、唐群星为副总编辑，钟伟为总工程师。

12月，永州市广播电视台推行第三轮内部改革。终止运行十年之久的“频道制”，实行新的“中心制”（“大部制”）。机构设置：台机关设办公室、监察室、人力资源部、计划财务部、广播事业部、联合工会。台二级机构设技术播控部、节目统筹部、新闻采编部、专题活动部、新传媒部、产业发展与合作交流部。2011年12月30日，永州市广播电视台举行揭牌、授牌仪式。文化体制改革后新组建的永州市广播电视台挂牌运作。

2012年2月，唐新华当选为中共永州市广播电视台纪律检查委员会书记。2014年10月，刘楚平调任永州市广播电视台副台长。

2011—2015年永州市广播电视台领导班子成员一览表

表3-3

年度	处级正职领导任职	处级副职领导任职
2011年	局长：蒋三秋（2011年12月改任台长、总编辑）	副局长：罗水生（2011年12月改任副台长） 盘树峰（2011年12月调离） 徐新干（2011年12月任调研员） 副总编辑：罗光国（2011年12月任） 唐群星（2011年12月任） 纪检组组长：刘仕侠（2011年12月任调研员） 总工程师：钟伟 新闻频道总监：杨向东（2011年12月任副台长） 广播电台台长：罗剑君（2011年12月任副调研员） 都市频道总监：柏高见（2011年12月任副调研员） 调研员：张宁波、崔年桂 副调研员：官淑华、夏国忠、孟北方 副处级干部：欧朝阳

续表3-3

年度	处级正职领导任职	处级副职领导任职
2012—2015 年	台长、总编辑、党委书记：蒋三秋	副台长：罗水生、杨向东、刘楚平（2014 年 10 月任） 纪委书记：唐新华（2012 年 2 月当选） 副总编辑：罗光国、唐群星 总工程师：钟伟 工会主席：柏高见（2012 年 2 月当选） 调研员：张宁波、崔年桂、徐新干、刘仕侠 副调研员：官淑华、夏国忠、孟北方、罗剑君 副处级干部：欧朝阳

二、二级机构

（一）永州电视台

前身为零陵电视台，1996 年，经湖南省广播电视厅批准，更名为永州电视台，设互动频道、公共频道。

2002 年 1 月 1 日，经永州市委、市政府批准，永州电视台、永州有线广播电视台、冷水滩电视台、芝山区广播电视局的播出机构合并，组建新的永州电视台，局为实体，台为呼号。先后开办新闻综合频道、都市频道、经济频道、生活频道、信息频道。

新闻综合频道 2002 年 1 月 1 日开播，定编 50 人。主打栏目《永州新闻联播》。主要播报时政新闻。

都市频道 2002 年 1 月 1 日开播，定编 30 人，开办《十分新闻》《都市热线》栏目，立足芝山、冷水滩两区，重点宣传报道都市生活、都市建设。2011 年广电体制改革撤销。

经济频道 2002 年 1 月 1 日开播，定编 25 人，以经济报道为主，主要栏目《经济新闻》《法在身边》，2004 年深化内部改革，频道撤销。

生活频道 2002 年 1 月 1 日开播，定编 20 人，以城市生活类报道为主，主要栏目《新锐青年》，2004 年深化内部改革，频道撤销。

信息频道 2000 年 1 月 1 日开播，以字幕信息飞播为主，2004 年深化内部改革，频道撤销。

互动频道 2004 年 12 月开播，主要以点播节目、传播信息类资讯为主，2008 年 1 月改为影视频道。主要播出电视剧、电影等文艺节目。2013 年年底影视频道撤销。

公共频道 2004 年 1 月 1 日开播。2004 年深化内部改革，撤销经济频道、生

2002 年，新闻综合频道部分栏目截图

活频道、信息频道，开办公共频。以播报公共服务类节目为主，先后开办《大事小事》《晓了显火》等栏目。

（二）永州有线广播电视台

前身为零陵有线电视台。1996 年，经湖南省广播电视厅批准，更名为永州有线广播电视台，负责芝山区和冷水滩区有线电视网络的建设、管理与宣传业务，定编 50 人。2002 年 1 月，局台合一，永州有线广播电视台撤销，原开办的新闻栏目《永州有线新闻》转型为永州电视台都市频道《十分新闻》。

（三）永州人民广播电台

1997 年 11 月 20 日开始筹建，2000 年 11 月 19 日开播，定编 15 人。内设“节目部”“总编室”“播控部”三个机构。

2010 年，与湖南人民广播电台合作，开办新闻综合频道。年底与永州市一家企业合作开办交通音乐频道。

2015 年永州人民广播电台与《永州广播电视报》（《永州新报》）合并，成立广播新报部，对外呼号不变。

（四）永州市广播电视广告总公司

1998年1月挂牌成立，统一经营永州电视台、永州有线广播电视台的广告业务。2002年1月1日，局台合一，市局成立广告管理中心。永州市广播电视广告总公司与广告管理中心“两块牌子、一套人马”，双轨运行。

（五）永州广播电视报社（永州新报社）

前身为《潇湘声屏报》，1999年1月，经国家新闻出版总署、湖南省新闻出版局批准，《潇湘声屏报》更名为《湖南省城市广播电视报——永州广播电视》，国内统一刊号CN43-0043，版面由四开四版扩大为四开八版，2001年扩版为四开十二版，2004年扩版为四开十六版。2007年9月18日。经省新闻出版局批准，更名为《永州新报》，由原来的四开十六版小报改为对开八版大报。2008年3月，又恢复为四开二十版小报出版。

（六）永州市中波台

前身为零陵地区实验台，1996年，经湖南广播电视厅批准，更名为永州市中波台。定编26人。

2002年10月1日起，永州中波台更名为湖南省广播电视局永州市中波转播台。

2004年1月，永州市中波转播台上划湖南省广播电视局管理。

（七）永州市羊毛岭电视调频转播台

1996年1月，经湖南省广播电视厅批准，零陵地区羊毛岭电视调频转播台更名为永州市羊毛岭电视调频转播台，湖南省广播电视转播骨干台之一，定编41人。主要承担中央、省、市三级的广播电视节目无线发射任务。

（八）永州市铜山岭电视调频转播台

1996年1月，经湖南省广播电视厅批准，零陵地区铜山岭电视调频转播台更名为永州市铜山岭电视调频转播台。定编23人，为湖南广播电视转播骨干台之一。主要担负中央电视台一套、七套，湖南电视台和永州市广播电视台节目的转播、节目信号的传输任务。

（九）永州市大华山电视调频转播台

2004年9月，祁阳县大华山电视调频转播台由县管改为永州市广播电视局管理，并更名为永州市大华山电视调频转播台，湖南省广播电视转播骨干台之一，定编21人。主要负责转播中央和省、市广播电视台节目及信号传输任务。

（十）永州市微波总站

1996年1月，零陵地区广播电视微波总站改名为永州市广播电视微波总站。编制19人。2003年与网络管理中心合并一起，两块牌子、一套人马。主要任务是通过微波传输网将部分中央、省广播电视节目以及永州市广播电视台自办节目传送到永州各县区广播电视台前端机房，提供节目源。

（十一）湖南有线永州网络有限公司

前身为永州电广宽带信息网络有限公司，属合资公司。2001 年 7 月 19 日组建。公司注册资本为 6800 万元，其中湖南电广传媒股份有限公司出资 3371.2 万元，约占注册资金的 49%，永州市广播电视局控股，以网络资产出资，计 3508.8 万元，约占注册资金的 51%。2007 年 7 月，永州电广宽带信息网络有限公司更名为湖南有线永州网络有限公司。属湖南电广传媒股份有限公司所属之湖南省有线电视网络（集团）股份有限公司的子公司。2009 年 3 月，湖南有线网络集团重组上市。至此，永州市广播电视台成为持有 550.6525 万股的湖南电广传媒股份有限公司的中、小股东之一。自 2015 年 9 月 11 日起上市流通。

（十二）永州广电无线数字电视网络有限公司

组建于 2007 年，永州市广播电视局和四川全智公司签署合作协议，成立永州永智无线数字电视有限公司。永州广电以资源入股，四川全智公司以设备、技术、资金入股。采用微波传输的方式发展无线数字电视。2008 年，终止与全智公司的合作，引进新的合作伙伴——冷水滩惠农文化传播有限公司，将原有公司改为永州广电无线数字电视网络有限公司，开始新的合作，以地面波的方式进行传播，发展无线电视用户。永州广电控股 51%，惠农公司持股 49%。2015 年，公司拥有员工 24 人，用户 2 万余户。

第二节 队伍

一、职工队伍

20 世纪 90 年代中后期，全市广播电视职工人数增长较快，到 1995 年年底达 1403 人，其中市直广播电视系统职工人数 167 人，县、乡镇广播电视系统职工人数 1236 人。其中具有高级职称的 1 人，中级职称的 45 人，初级职称的 265 人。1996—2001 年，市直广播电视系统获得高级职称的 3 人，取得中级职称的 25 人。

进入 21 世纪，随着广播电视技术的日新月异，永州市广播电视队伍“老化”问题愈发凸显，特别是新闻采编、播音主持、包装制作人，出现“青黄不接”甚至“断档”的局面。2000 年，永州人民广播电台成立，除一名总监是正式编制人员以外，其他 15 名员工全部实行没有编制的招聘制，开启“外聘”员工的先例。

2001 年年底，为理顺市、区广播电视管理体制，原芝山区、冷水滩区广播电视系统成建制上收至永州市广播电视局管理。两区广播电视系统上收 292 名事业编制职工，市直广播电视系统人员大幅增加。

到 2002 年年底，市直广电系统总人数为 644 人。其中在编职工 415 人，外聘员工 154 人（其中局聘 33 人，媒体自聘 92 人，广播电台 13 人、网络公司外聘员工 16 人），离退休人员 75 人。

随着广播电视系统内部体制、运行机制改革的不断深入，广播电视队伍发生深刻变化，除按上级组织部门调入干部和政策安排转业、退伍军人以外，新进人员一律采取“公开招聘，逢进必考”的原则。中层领导实行竞聘，员工实行聘用制，新进员工实行招聘制。所有员工上岗实行“双向选择”。2002 年，永州市广播电视局进行第一轮内部体制改革，对外招聘 30 名具有大专以上学历的电视采编、播音主持、节目制作人员，尔后每年对外招聘大学生成为常态，学历逐步要求大学本科以上。到 2015 年年底，累计招聘大学生 230 余名。先后有 12 名优秀外聘员工通过市人社部门公开招考，考取“全额事业编制”身份，9 名外聘员工通过竞聘上岗，担任台中层领导职务。

到 2015 年年底，市直广电系统总人数为 738 人，其中在编职工 360 人（台机关各部室 46 人，二级机构各部室 84 人，病退、停薪留职、离职待岗等 38 人，4 个高山台站 70 人，湖南有线永州网络公司在编职工 122 人）。外聘员工 233 人（台直各部室外聘员工 120 人，湖南有线永州网络公司外聘员工 63 人，广播电台外聘员工 30 人，无线数字电视公司外聘员工 20 人）。离退休人员 145 人（含湖南有线永州网络公司 25 人，4 个高山台站 15 人）。

二、队伍培训

1996—2011 年，永州市广播电视局根据参照湖南省广播电视厅《1996—2000 年全省广播影视系统干部培训规划》《2001—2005 年湖南广播影视系统干部培训规划》方案，采取中长期规划和年度计划相结合、院校培训与业务培训相结合、脱产培训与业余自学相结合的多层次、多系列、多形式的培训方法，形成全系统的培训教育体系。职工培训工作纳入日常工作管理范围，每年举办全市性的新闻采编、广播电视工程技术培训班 2~3 次。

2012 年，台党委对广播电视新闻采编、广播电视工程技术人才的培养非常重视。采取“走出去，请进来”的办法，切实提高广播电视队伍人才素质。到 2015 年年底，先后选派6名年轻员工到中央电视台或湖南电视台跟班学习，邀请中央电视台和湖南电视台专家到永州为永州广播电视台员工授课20余次，培训员工达1500余人次。另外还通过鼓励在职自学、以老带新以及请该台具有高级职称的专家“现身说教”，开展创优培训，举办讲座、现场询问采访、现场技术演练等活动，促进广播电视从业人员学业务、钻技术，不断提高业务水平。

2015年7月8—10日，永州市广播电视台举行节目创新创优培训班，150多名电视媒体从业人员齐聚一堂，探讨业务，交流经验，加强业务知识培训。培训期间，邀请中央电视台策划部主任、高级策划师王阳，中央电视台驻地记者站站长谢宝军，湖南卫视新闻中心主任助理、时政部主任李越胜，湖南卫视新闻中心主任助理、直播通联部主任王丽辉，分别作《新闻节目采编与创新》《让新闻多一些泥土味》《2015年上半年——印象永州》等4场专题讲座。8月12—13日，永州广播电视台又举办新进员工培训班，所有新进员工及一线新闻采编、播音主持、节目制作人员、部分县区新闻采编人员共120多人参加培训。这次培训班主要请该台获得新闻、播音高级职称的内行专家现身传授业务知识，内容涵盖新闻写作、电视摄像、节目主持人的素质与能力、态度与能力——怎样当一名好员工等方面的业务知识。9月25日，永州市新媒体业务培训班在市广电大厦举行，邀请中央电视台新闻中心新媒体部主任、高级编辑、博士杨继红作广电媒体的“困局”与“破局”之道主题讲座。永州市广播电视台160余人参加此次培训。同时，为提高广播电视新闻队伍的政治洞察力、分析事物能力、解决问题能力和新闻写作能力，市广播电视台还经常组织新闻工作者学习中国新闻工作者协会《关于新闻工作者职业道德准则》和国家广电总局《关于纠正行业不正之风禁止“有偿新闻”的若干规定》，每年还不定期印发内部通联专刊，传达上级宣传政令、报道要点，通报通联情况，纠正宣传报道过程中的错漏之处。从2015年1月起，市台聘请15名社会各界人士作为改台的兼职监评员，台总编室每月定期印发《监听监看简报》，每期都刊登监评员及该台专业人员的文章，对该台自办节目的“得与失”进行点评，还专门开设“挑刺台”，对该台所有播出节目的错漏之处“记录在案”并予以处罚，切实提高新闻工作者的责任心和新闻媒体的公信力。

第三节 管理体制

一、行业管理

1996—2007 年，为贯彻落实中共中央办公厅、国务院办公厅《关于加强新闻出版广播电视行业管理的通知》文件精神，加强全市广播电视行业社会管理工作，永州市广播电视局新成立社会管理科，履行永州境内广播电视行政管理、行政审批职能。主要负责广播电视设施、卫星地面接收设施、有线电视设备设施的检查与管理；负责广播电视播出机构的安全优质播出与管理；负责市到县光缆工程建设的协调与技术指导；负责广播电视法制宣传以及广播电视“村村通工程”的规划与实施。

在广播电视行业社会管理过程中，永州市广播电视局每隔一段时间都要对全市无线广播电视台（站）、有线电视用户、乡镇广播电视站等进行认真清查摸底，依法进行年检、审查、登记、建档、办证等综合管理，对违反国家政策和行业规定的进行监督整改，对该由广播电视部门进行行业管理的内容和范围，切实有效地管起来。建立健全全市广播电视传输播出管理责任制，制定安全播出应急预案，切实把各项安全防范措施落实到位，确保全市广播电视传输播出安全万无一失。在卫星地面接收设施管理中，全市广播电视行政管理部门始终坚持严格的审批制度，严格把握卫星电视地面接收设施的生产、销售、进口、安装、接收五个环节。市广电局与全市 11 个县（区）广电局签订境外卫星电视管理责任书。市局社会管理科及广播电视稽查大队每年都要集中对城区地面卫星接收系统、各有线电视独立卫星接收系统进行执法检查，撤销卫星电视地面接收设施非法销售点，撤除非行政区域有线电视小前端，对厂矿、机关、学校、企事业单位的有线电视网实行整合并网，在城区实行统一的信号源，同时不断规范全市范围内的卫星地面接收设施的安装管理、审查、办证、建档工作。

2008 年，永州市广播电视局开始对全市广播电视行业进行目标管理考核，市局成立考核领导小组，各县局都相应成立目标管理考核领导小组。考核涵盖宣传管理、播出管理、事业建设、社会管理、队伍建设 5 大部分 45 个项目。考核采取年初下达工作考核目标，年终各县局“自我考评”，市局考核领导小组“检查考核”，市局党组“评审定级”，评出目标管理综合考核先进单位、优胜单位、合格单位和单项考核先进单位。2008 年全市广播电视行业综合考核考评 100 分以上的6个先进单位是江华广播电视局、祁阳县广播电视局、东安县广播电视局、双牌县广播电视局、新田县广播电视局、宁远县广播电视局。单项考核5个先进单位：宣传管理先进单位是道县广播电视局；事业建设先进单位是江永县广播电视局；社会管理先进单位是蓝山县广播电视局、金洞管理区广播电视局、回龙圩管理区广播电视局。

2009—2012年，有少数居民不熟悉国家的有关法规和政策，被一些不法游商四处散发的违法短信或小传单所蒙骗，擅自安装并接收卫星电视节目（含直播卫星）。

2009年9月，湖南省广播电视厅、湖南省国家安全局、湖南省工商行政管理局，为维护国家政治安全，文化安全和信息安全，依据《卫星电视广播地面接收设施管理规定》（国务院第129号令）和《湖南省实施卫星电视广播地面接收设施管理规定办法》（湖南省人民政府第152号令）的有关规定，联合发布《关于加强卫星电视广播地面实施的公告》，永州市广播电视局根据省广电局、省国安局、省工商局发布的公告，结合永州市人民政府办公室《关于开展集中整治非法销售、安装、使用卫星地面接收设施的通知》文件精神，加大工作力度，切实做好全市电视节目传输秩序的专项整治工作。

2013—2015年，随着互联网和数字卫星直播的高速发展，为最大限度地满足人民群众日益增长的精神文化需求，2013年5月15日，中国政府网公布《关于取消和下放一批行政审批项目等事项的决定》，其中包括国务院《卫星电视广播地面接收设施管理规定》。永州市广播电视台贯彻落实该管理规定，对全市卫星电视广播地面接收设施进行清理，下放该项目的行政审批。

二、宣传管理

1996—2015年，永州市及各县（区）广播电视播出机构在不断推进宣传改革的同时，进一步完善宣传管理办法，逐步建立一整套行之有效的宣传管理制度，如《新闻采访制度》《记者管理制度》《节目制作管理制度》《播音、主持人员管理制度》《制作、播出机房管理制度》《节目播出管理制度》《新闻宣传突发事件应对制度》等。各级党委宣传部门进一步强化对新闻宣传的管理，成立新闻宣传突发事件处置领导小组，由分管宣传的部委领导担任组长，各新闻媒体部门（单位）主要负责人为领导小组成员。从领导小组职责、宣传内容把关、突发事件处置要求等都建立应对制度。

2012年广播电视体制改革（局改台）以后，原永州市广播电视局的行政管理职能划转至永州市文化广播电视新闻出版局。永州市广播电视台对各县（区）广播电视台只存在“通联”（供稿）关系。

2015年，永州市广播电视台进一步制定一整套市本级广播电视媒体宣传管理制度，如《永州市广播电视台宣传管理规定》《永州市广播电视台宣传例会工作制度》《永州市广播电视台重大报道管理制度》《永州市广播电视台节目审查播出制度》《永州市广播电视台节目监听监看评议工作办法（试行）》《永州市广播电视台节目监听监看评议奖罚细则（试行）》《永州市广播电视台广告经营管理规定》《永州市广播电视台广告管理流程》等。这些制度的建立与落实，确保广播电视宣传工作的正确舆论导向和优质高效运转。

三、事业管理

1996—1999年，永州市广播电视事业的发展与管理进一步得到加强，广播电视事业建设由部门行为上升为政府行为。事业建设管理的重点是组织实施“贫困地区 广播电视覆盖工程”，实现广播电视覆盖由城镇向边远农村的辐射，采取有线、无线、调频广播、多路微波等多种方式扩大覆盖面，全市形成一个广播与电视并重、有线与无线结合、各种传输手段（中波、短波、微波、调频、卫星、电缆、光纤）相互交融的现代化广播电视传输网。到1999年年底，中央台、省台和市台的广播电视节目的人口覆盖率85.7%有线电视用户已达20余万户，全市城乡基本上可以看到10~40套高质量的电视节目。

2000—2015年，全市农村广播电视事业有了很大发展，这一时期，广播电视事业建设管理的重点是狠抓乡镇广播电视规范化建设，大力推进有线电视光纤改造，加快网络通乡连村进程。同时，积极组织实施行政村“村村通广播电视工程”，进一步扩大农村广播电视网覆盖范围。永州市委、市政府还成立永州市村村通广播电视工作领导小组，市委分管意识形态的副书记任组长，市委常委、宣传部部长和分管文教卫的副市长任副组长，广播电视“村村通工程”成为市委、市政府的行政行为，市广播电视行政部门是推动“村村通工程”的具体执行者。2000年9月，永州市村村通广播电视工作领导小组对全市“村村通”作进行检查验收。从11个县区706个“盲村”中抽查了65个村，从抽查情况表明：施工质量高、安全规范、信号清晰、管理制度健全，“十四有”资料俱全，达到合格或基本合格的标准。2000年10月，湖南省“村村通广播电视”工作检查验收组对永州市“村村通”工作进行检查验收，抽查新田、道县、江华、芝山、祁阳等县区48个行政村，并对永州市“村村通”工作给予充分肯定和高度评价。此后几年，全市采取光纤联网，建设小片电缆网和卫星地面接收设施集中收看的方式，完成52户以上通电自然村的“村村通”任务。2006年5月，全市50户以上的自然村“村村通广播电视”工作通过省局验收。2007年9月，永州市全面完成20.3828万个卫星接收天线的转星任务。此外，永州市广播电视局还加强省、市、县、乡网络客服合作。投入2000万元建设全长500余公里的市到县广播电视光纤干线网。至2015年，通过市到县广播电视光纤干线网，实现中央、省、市电视频道的节目全市一个总前端调控、一个方案下传目、一个平台服务、一张整网覆盖。

四、人事管理

（一）人事体制改革

进入21世纪，随着广播电视系统内部体制、运行机制改革的不断深入，广电员工队伍发生深刻变化，除按上级组织部门调入干部和按政策安排转业、退伍军人以外，新进人员采取“公开招聘，逢进必考”的原则。

2002年1月，永州市广播电视局推行第一轮内部大改革，对广电内部体制、运行机制、人事制度进行大改革，实行“频道、中心制”。频道总监、中心主任、局机关各部室主任一律实行竞聘上岗，员工实行“双向选择”，逐步形成“干部能上能下、人员能进能出、工资能高能低”的用人机制。对频道、中心、部室实行定编、定岗、定责、定任务、定费用、定奖惩的办法，分层次管理。对人事实行“优化组合，优胜劣汰”的动态管理，中层领导实行聘任制，员工实行聘用制，新进员工实行招聘制。根据市委、市政府机构改革“三定”方案，永州市广播电视局13个事业单位和机关科室共设44个科级正、副职位。局党组把竞争上岗作为人事制度改革的突破口，把这44个职位面向市直广电系统实行公开竞聘上岗。打破身份界限，不管干部或工人身份，都可以参加公开竞聘，原有科级职位全部自然免除，重新竞聘上岗。根据公开选拔、竞争上岗的要求，出台竞争科级正、副职的资格和条件，还制定竞争上岗的基本程序：局党组研究方案确定职位，局人事部门组织实施，发布竞聘方案、公开报名、资格审查、竞聘演说、现场评分、党组审批，报市委宣传部审核、张榜公示，再报组织人事部门备案。通过以上程序确定任用干部，全程有群众参与，有宣传部、组织人事部门现场指导监督。竞聘成功者一律实行聘用制，签订目标管理责任制，一聘三年。

2008年，永州市广播电视局启动第二轮内部大改革，推行“一统三分”（统一法人、分级管理、分开核算、分类考核）的运行机制。制定下发《永州市广播电视局机构、人事用工、劳动分配、经营机制改革方案》，对内部机构设置进行调整，撤销四个管理中心，把原管理中心承担的职责合并到市局机关各相关部室。对新整合的办公室、总编室、监察室、政工人事部、计划财务部、社管科技部，及新成立的产业经营部等 7 个部室的正、副职举行公开竞聘。对永州电视台新闻综合频道、都市频道、公共频道和广告总公司等四个经营单位进行经营机制改革。将 3 个频道的商业广告从频道剥离，划入广告总公司统一经营。

2011 年 12 月，永州市广播电视台推行第三轮内部大改革。终止运行 10 年之久的“频道制”，实行新的“中心制”（“大部制”）。机构设置：台机关设办公室、监察室、人力资源部、计划财务部、广播事业部、联合工会；台二级机构设技术播控部、节目统筹部、新闻采编部、专题活动部、新传媒部、产业发展与合作交流部。这次人事改革力度进一步加大，公开竞聘机制进一步打破身份界限，凡是在广电工作 3 年以上的外聘员工符合文化、年龄条件的都可以报名参加频道或部室副职竞聘，担任副职 3 以上的可以报名参加正职竞聘。

2002—2015 年，先后有 70 余人通过公开竞聘走上中层领导岗位。其中有 10 名工人身份的员工竞聘到正、副职岗位，有 9 名无编制的外聘员工竞聘到正、副职岗位。

（二）分配制度改革

2002—2007 年，永州广电逐步打破“铁饭碗”，推行分配制度改革，一线部门实行绩效挂钩、多劳多得、优劳优得。对经营创收单位员工实行创收任务与薪金报 酬直接挂钩，对新闻部门采编人员实行基本工资加稿酬制， 对播控技术、行业管理、后勤服务人员以岗位职责为考核依据，实行基本工资加绩效工资考核发放。

2008 年，永州市广播电视局启动第二轮内部大改革，推行“一统三分”的运行机制。按照市局制定下发的《永州市广播电视局机构、人事用工、劳动分配、经营机制改革方案》，员工报酬实行档案工资与实际工资分离、岗位与报酬、报酬与绩效挂钩的办法，进一步拉开分配档次。

2011 年 12 月，永州市广播电视台推行第三轮内部大改革，进一步完善劳动分配办法，各单位、部室严格按照市台财务预算的工资总额执行，工资发放实行“总量控制、自主分配、绩效优先、兼顾公平”和分配与预算、效益、业绩“三挂钩”的原则，将在编员工档案工资的 70%作为基础工资。基础工资占工资总额的 40%按月发放。绩效工资占工资总额的 60%，由各单位、部室按岗位、业绩考核发放。无编制的外聘员工，参照同级同类正式在编员工的工资标准，核算基础工资，与在编员工一样享受同等待遇。为进一步拉开分配档次，突出分配向优秀人才倾斜、向节目生产一线倾斜的政策，绩效工资加大向一线倾斜的力度，绩效工资以一线为基础，二线降低 10%，三线降低 15%。真正体现干多干少不一样，干好干坏不一样。

2015 年，为激励创先创优，永州市广播电视台进一步完善《永州市广播电视台对外宣传奖励办法》《永州市广播电视台宣传创优奖励办法》，每年设立50万元台长奖励基金，对宣传创优、经营创收、技术创新、管理创先的年度优秀单位、突出贡献者给予特别奖励。

（三）技术职称评定

1996—1999年，永州市广播电视局（台）职称评聘逐步走上正轨。1996年，直属单位有3人获得高级职称、10人获得中级职称。1997年以后，市局（台）直属单位专业技术职称参评人员逐步增加。按系列分，主要有新闻系列、播音系列、工程系列，另外还有会计系列、政工系列、档案系列、美术系列等。参评人数最多的是工程系列和新闻系列。广播电视工程系列职称一直是由外系统（市经信委）评定，新闻系列初级职称由市委宣传部组织新闻系统具有中、高级职称的专业人员评定，中、高级职称由省委宣传部组织新闻系统、大专院校具有高级职称的专家评定。

2000—2011年，随着广播电视体制改革的不断深入，员工报酬实行档案工资与实际工资分离、岗位与报酬、报酬与绩效挂钩的办法，直接影响专业技术人员职称评聘的积极性，2003—2006年，职称评聘基本停滞，新闻系列中级职称没一人申报，工程系列也只有两人获得中级职称，初级职称基本无人申报。

2012—2015年，“局改台”以后，按照省、市人社部门的要求，抓紧事业单位岗位设置工作，广电部门人员分管理岗位、专业技术岗位、工勤岗位。其中管理岗位占10%，专业技术岗位占70%，工勤岗位占20%。由于历史原因，造成专业技术人员与工勤人员“倒挂”现象，以2012年为例，永州市广播电视台管理人员占11.88%，专业技术人员占23.1%，工勤人员占65.02%。由此可见，专业技术人员严重短缺。台党委高度重视广电人才的培养和引进，同时，在绩效考核中，对工资结构进行适当调整，在实际发放工资中增加档案工资的基础工资比例，体现对专业技术人员特别是年纪较大的中、高级专业人员的职业资历贡献。从2013年起，市台专业技术人员职称参评积极性高涨，2014年新闻初级参评人数达22人。到2015年年底，市台共有在职员工738人（含编外员工），其中在编职工360人。已取得专业技术职称的176人，占全员职工总数的23.85%，占在编职工总数的48.9%。其中具有高级职称人数19人（新闻系列9人、播音系列1人、工程系列7人、政工系列2人），中级职称87人（新闻系列24人、播音系列8人、工程系列40人、会计系列10人、政工系列3人、美工系列2人），初级职称70人（新闻系列46人、播音系列5人、工程系列19人）。

1996—2015年永州广播电视台高级职称人员一览表

表3-4

姓名	性别	出生年月	民族	文化程度	参加工作年月	职称类型	获得职称年月
罗耀南	男	1957. 3	汉	硕士	1978. 6	高级编辑	2008. 10
欧阳维坪	男	1937. 7	汉	大学	1959. 9	主任编辑	1992. 11
张宁波	男	1953. 1	汉	大学	1972. 10	主任编辑	1996. 9
秦平生	男	1953. 5	瑶	大学	1972. 7	主任编辑	2001. 9
唐新华	男	1966. 9	汉	本科	1987. 7	主任编辑	2004. 9
池德玉	男	1957. 11	汉	大学	1981. 7	主任编辑	2005. 9
唐小莽	男	1966. 4	汉	本科	1983. 10	主任编辑	2010. 11
管顺生	男	1968. 4	汉	本科	1989. 2	主任编辑	2010. 11
王远栋	男	1973. 8	汉	本科	1993. 7	主任编辑	2013. 12
曲　燕	女	1962. 3	汉	大学	1979. 9	主任播音员	2006. 9
李早明	男	1948. 12	汉	本科	1968. 3	高级工程师	1994. 12
张建军	男	1954. 8	汉	大学	1973. 3	高级工程师	1994. 12
杨景华	男	1967. 3	汉	本科	1991. 9	高级工程师	2005. 12
赵光明	男	1967. 5	汉	本科	1988. 7	高级工程师	2009. 12
陈清泉	男	1966. 12	汉	本科	1988. 7	高级工程师	2011. 12
冯德武	男	1962. 7	汉	大学	1984. 7	高级工程师	2012. 12
欧阳永林	男	1967. 1	汉	大学	1992. 12	高级工程师	2015. 12
杨武成	男	1963. 8	汉	大学	1981. 1	高级政工师	2001. 10
陈甫胜	男	1957. 9	汉	大专	1976. 2	高级政工师	2002. 10

1996—2015年永州广播电视台中级技术职称人员一览表

表3-5

姓名	性别	出生年月	民族	文化程度	参加工作年月	职称类型	获得职称年月	备注
吴丽萍	女	1957. 3	汉	本科	1976. 2	编辑	1993. 9	
唐东海	男	1952. 10	汉	大专	1972. 3	编辑	1993. 9	
刘毅华	男	1956. 11	汉	本科	1975. 3	编辑	1995. 10	
陈和平	男	1954. 12	瑶	本科	1975. 7	记者	1995. 10	

续表3-5

姓名	性别	出生年月	民族	文化程度	参加工作年月	职称类型	获得职称年月	备注
夏国忠	男	1959.1	汉	本科	1978.2	记者	1996.9	
柏高见	男	1966.4	汉	本科	1988.7	编辑	1999.11	
顾世鸿	男	1962.8	汉	本科	1979.9	编辑	2000.10	
唐洪波	男	1967.1	汉	本科	1990.8	编辑	2001.11	
张　维	男	1963.8	汉	本科	1979.3	编辑	2001.11	
唐群星	男	1972.1	汉	本科	1995.7	编辑	2001.11	
周勇刚	男	1974.2	汉	本科	1994.12	编辑	2002.12	
钟　伟	男	1970.1	汉	本科	1993.8	编辑	2002.12	
黄胜军	男	1969.6	汉	本科	1993.1	编辑	2002.12	
李胜男	女	1975.6	汉	本科	1995.8	编辑	2007.12	
胡文君	男	1969.9	汉	本科	1993.8	编辑	2007.12	
欧朝阳	男	1965.6	汉	本科	1986.7	编辑	2007.12	
张　锐	男	1980.11	汉	本科	2002.1	记者	2007.12	
张爱民	男	1971.9	汉	本科	1992.7	记者	2007.12	台聘
陈　立	女	1979.11	汉	本科	1995.7	编辑	2009.12	
孙　健	男	1975.9	汉	本科	1996.8	编辑	2012.12	
陈瑞峰	男	1970.5	汉	本科	1993.8	编辑	2012.12	
滕智荣	男	1970.7	汉	本科	1993.8	编辑	2013.12	
伍时华	男	1976.9	汉	本科	1999.7	编辑	2015.12	
刘湘莲	女	1982.2	汉	本科	2001.6	编辑	2015.12	
刘仕侠	女	1954.1	汉	中专	1971.5	一级播音员	1987.8	
何翠云	女	1956.1	汉	高中	1974.7	一级播音员	1988.11	
祁湘红	女	1960.4	汉	大专	1977.7	一级播音员	1995.4	
宁瑞红	女	1958.9	汉	大专	1975.7	一级播音员	1997.1	
彭晓霞	女	1971.8	汉	本科	1993.7	一级播音员	2000.9	
屈固恒	女	1971.11	汉	本科	1991.7	一级播音员	2000.9	
刘　群	男	1970.5	汉	本科	1989.9	一级播音员	2000.9	
王晓云	女	1974.5	汉	本科	1994.1	一级播音员	2007.12	

续表3-5

姓名	性别	出生年月	民族	文化程度	参加工作年月	职称类型	获得职称年月	备注
刘　霖	男	1940. 1	汉	大专	1961. 7	工程师	1982. 2	
周松青	男	1945. 9	汉	中专	1963. 9	工程师	1988. 10	
何安元	男	1952. 2	汉	大专	1969. 12	工程师	1988. 10	
孟北方	男	1954. 12	汉	本科	1972. 12	工程师	1996. 9	
胡惠民	男	1964. 1	汉	本科	1986. 7	工程师	1996. 9	
张寨军	男	1968. 5	汉	本科	1990. 7	工程师	1997. 9	
刘雄文	男	1973. 7	汉	中专	1993. 7	工程师	1998. 10	
王少华	男	1966. 12	汉	大专	1987. 7	工程师	1998. 10	
陈新生	男	1961. 11	汉	大专	1983. 7	工程师	1999. 10	
罗光国	男	1970. 12	汉	本科	1991. 8	工程师	1999. 10	
陈　春	男	1956. 3	汉	高中	1974. 4	工程师	1999. 10	
蒋　建	男	1963. 12	汉	本科	1985. 7	工程师	2000. 8	
杨嘉新	男	1970. 8	汉	本科	1984. 7	工程师	2000. 8	
梁　波	男	1966. 4	汉	大专	1987. 7	工程师	2000. 8	
李培军	男	1965. 8	汉	大专	1986. 7	工程师	2001. 9	
唐兴华	男	1967. 4	汉	本科	1988. 7	工程师	2001. 9	
王安武	男	1963. 7	汉	大专	1986. 1	工程师	2001. 9	
唐安轩	男	1972. 3	汉	本科	1993. 7	工程师	2002. 8	
唐爱华	女	1969. 6	汉	本科	1990. 7	工程师	2006. 10	
和安元	男	1964. 12	汉	大专	1983. 11	工程师	2006. 10	
潘晨辉	男	1972. 3	汉	大专	1992. 7	工程师	2007. 11	
唐　亮	男	1976. 12	汉	本科	1999. 9	工程师	2007. 11	
王　伟	男	1979. 9	汉	本科	1998. 9	工程师	2007. 11	
彭　星	男	1974. 10	汉	本科	1999. 9	工程师	2008. 12	
董　彪	男	1978. 12	汉	大专	1998. 5	工程师	2009. 10	
陈裕华	男	1976. 8	汉	本科	1995. 9	工程师	2009. 10	
何勇华	男	1978. 11	汉	本科	2001. 7	工程师	2010. 12	
杨治平	女	1975. 3	汉	大专	1996. 8	工程师	2010. 12	

续表3-5

姓名	性别	出生年月	民族	文化程度	参加工作年月	职称类型	获得职称年月	备注
张永辉	男	1975.5	汉	大专	1993.9	工程师	2010.12	
唐许飞	男	1980.9	汉	大专	1999.7	工程师	2010.12	
阳桂荣	女	1975.10	汉	大专	1995.9	工程师	2010.12	
韦克坚	男	1972.5	汉	大专	1993.10	工程师	2010.12	
陈志坚	男	1969.5	汉	中专	1985.1	工程师	2012.12	
杨宇峰	男	1982.9	汉	本科	2000.9	工程师	2013.12	
刘驾宇	男	1970.10	汉	大专	1991.5	工程师	2013.12	
金　鑫	男	1971.6	汉	本科	1989.3	工程师	2013.12	
冯松凌	男	1979.9	汉	大专	1997.7	工程师	2014.9	
杨耀武	男	1968.5	汉	大专	1990.7	工程师	2014.9	
伍　林	男	1981.9	汉	大专	1999.12	工程师	2014.9	
张艳芳	女	1981.7	汉	本科	2001.7	工程师	2015.12	
卢大生	男	1964.3	汉	本科	1983.8	会计师	1992.12	
郑艳君	女	1957.7	汉	大专	1974.3	会计师	1994.12	
吴凌峰	男	1972.3	汉	大专	2004.1	会计师	2002.12	台聘
李志伟	男	1983.7	汉	本科	2008.1	会计师	2009.5	
杨爱丽	女	1964.2	汉	大专	1983.6	统计师	1995.11	
何红艳	女	1976.5	汉	本科	1996.7	统计师	2005.12	
彭　莉	女	1970.10	汉	大专	1989.10	统计师	2006.10	
蒋　萍	女	1963.10	汉	大专	1981.12	统计师	2008.10	
高海浪	女	1976.7	汉	本科	1992.12	统计师	2008.10	
刘　芳	女	1982.2	汉	大专	2001.3	统计师	2008.10	
盖远飞	男	1955.1	汉	大专	1979.3	工美师	1997.2	
屈正芳	男	1959.8	汉	本科	1976.9	工美师	2013.12	
唐胜利	男	1969.3	汉	大专	1990.3	政工师	2002.12	
黄艳斌	男	1966.6	汉	本科	1987.8	政工师	2002.12	
杨燕华	女	1969.3	汉	本科	1990.3	政工师	2011.8	

五、财务管理

广播电视是高投入、高消耗、重装备的事业，虽然广播电视经营收入大幅度增长，但受人员工资、网络维护、设备更新等刚性增支因素的影响，全区广播电视事业支出自 90 年代初起一路飙升，收不抵支的形势依然严峻。

（一）统收分支管理

1996 年，永州电视台、永州有线广播电视台与原有的永州广播电视报社及高山台站均为独立核算单位。

1998 年，永州市广播电视局改革内部管理体制，成立永州市广播电视广告总公司，永州电视台、永州有线广播电视台的所有广告业务归口该公司经营，两台财务收支纳入市局统一管理，市局办公室加挂计财科牌子，“局台合一”体制基本形成。

2002 年 1 月 1 日，市局推行第一轮内部大改革，对广电体制、运行机制进行内部大调整，实行“频道、中心制”。原永州电视台、永州有线广播电视台、冷水滩电视台、芝山区广播电视播出机构合并，组建新的永州电视台，开办新闻综合频道、都市频道、经济频道、生活频道、信息频道。设立二级管理部门：物业中心、财务中心、广告中心、播控中心。局机关设办公室、总编室、监察室、政工科、技术科、社管科。至此财务管理职能正式从局办公室分离出来，财务中心成为全局财务管理部门，所有款项均由财务中心统一收取，各单位开支统一到财务中心报账。各单位的收入按照目标管理责任制明确的比例，按月结算，按比例返回。各单位的开支（含员工工资）在返回款项额内列支。这种“统一账号、统一法人”的统收分支管理是“局台一体”后最基本的财务管理制度。

（二）财务预算管理

2002 年“局台一体”管理后，局直各单位的人员工资、物业电费、车辆、专用设备使用费等均计入成本，在各单位年初定的创收分成比例中列支，因此各单位的成本意识明显增强。但对于其收入按比例返回给各单位后，为使用好各单位的可用财力，保证日常工作的正常运转，2002 年开始，市局出台《关于实行财务预算管理的规定》。此后，局财务中心（2012 年改为计划财务部）每年根据各单位上年的收支基数，拿出年度财务预算方案，既确保员工工资福利稳步增长，又确保事业可持续发展。财务预算方案在反复征求各单位意见后，由局党组（2012 年后改为台党委）研究确定并下发到各预算单位，由局财务中心（2012 年后改为计划财务部）实施。这一财务管理制度的执行，在新形势下使财务管理得以规范运行，也使永州广电的财务管理由过去的计划经济型向市场经济型转变，由事业管理型向产业管理型转变，促使永州广电经营收入持续增长，捏紧拳头抓创收，积聚财力办大事，为永州广电大厦的建设和广电设备的更新积聚财力。

（三）资产管理

2002 年“局台一体”管理后，市直广播电视系统各单位固定资产归口市局统一管理。有关房产、车辆、办公设备等由市局物业中心（2012 年改由市台办公室）管理；有关采、编、播设备等由市局技术中心（2012 年改由市台技术播控部）管理；所有固定资产的清产核资工作由市局财务中心（2012 年改由市台计划财务部）负责执行。2002 年，市局财务中心成立以后，先后组织 3 次全局性的清产核资工。清产核资结果表明，2002 年，市直广电系统固定资产总值为 2160.39 万元，到 2015 年固定资产总值增加到 10076.02 万元，13 年增加 3.66 倍。

永州广播电视局（台）所属的高山台站及公司均实行独立核算，其固定资产由所属单位核算管理。至 2015 年年底，永州广播电视台拥有省内骨干广播电视调频转播台 3 个、微波总站 1 个、有线电视宽带网络有限公司 1 个、无线数字电视有限公司 1 个。固定资产总额由 1996 年的 1100 万元增加到 2015 年的 3.7 亿余元。

第四节 永州人民广播电台

1996 年，中共永州市委发文批准成立永州人民广播电台，为自收自支的副处级事业单位。2000 年 11 月 19 日，永州人民广播电台开播。呼号为“永州之声”，发射功率 3 千瓦，发射频率 94.8 兆赫，直接覆盖北五县区。内设节目部、总编室、播控部，招聘员工 23 人。运行模式为自收自支、自负盈亏、人员自聘、总监负责制。2003 年，在江永铜山岭广播电视转播台建有 1 千瓦广播调频发射机，广播电台节目覆盖到南六县。2010—2015 年，永州人民广播电台与湖南人民广播电台合作，组建芒果 RADIO 新闻综合频道，并借鉴外地经验，与永州市汉山工贸公司合作，组建交通音乐频道，交通音乐频道发射频率为 96.8 兆赫。

一、主要栏目

《永州新闻》 2001 年 1 月开办，时政类录播栏目。时长 15 分钟，每天分早、中、晚三次播出（头天晚上首播，翌日早上和中午重播），主要播发当天市、县发生的时政要闻，单稿 8~10 条。以短新闻和现场新闻为主，规定每期新闻须有现场录音新闻 1 条以上，单稿长不得超过 2 分钟。《永州新闻》栏目作为电台的主打时政类节目，一直持续下来。

《情感热线》 2001年5月开播，午夜情感类直播栏目。开始为周六、周日两天播出，2002年改为日播类节目，时长45分钟，每晚11点钟左右播出，一般为男、女双主持，加一名导播，节目延时16秒后直播。内容多为主持人与打进热线的听众探讨人生、理想、情感等热点问题，有时头晚设计主题，请嘉宾走进演播室或访谈或客串主持，为听众释疑解惑。因时效性和贴近性强，深受青年、学生的喜爱，热线电话由开始的2台后增至4台，亦常常“爆棚”，出现过几十名热心听众守在广电大门外等主持人下班的感人场面。2005年，该节目在永州电视台互动频道同步直播，受众可以通过电话、短信、网络3个通道参与，2007年互动频道从电台分出去后停播。

《您点我播》 2000年2月开播，热线点歌类直播栏目。开始为周日一天播出，两个月后改为日播类节目，时长达八九个小时，一年后固定为上午、下午、晚上各2个小时；内容以听众热线点歌为主线，随时穿插发布听众的交友、求职、出租、招工等信息。高峰时每天接听热线电话400余个，2002年，全年话费收入47万元，电台分成26万元。2005年，该节目在永州电视台互动频道同步直播，受众可以通过电话、短信、网络3个通道参与，2007年互动频道从电台分出去后停播。

《歌手打榜》 2002年1月开播，综艺类录播栏目。每周周六晚上9点钟首播，其他5天重播，时长30分钟。栏目定位为“歌手打榜，想唱就唱”，在当时非常流行。节目播出后，因其原创性、草根性、参与性和原汁原味的演唱深受听众欢迎，大到70多岁的老人，小至六七岁的幼儿，近到该局的干部职工，远至外市听众，纷纷报名参与打榜，最多时达200多人。江永一名听众为录制节目自费吃住在冷水滩一个多星期；长丰集团职工组团报名，一次报名16人。2003年10月该栏目停播。此外，这一时期的《健康之友》《企业之窗》《法律热线》《校园之声》节目在特定听众群体中也有一定的影响力，并造就一批深受听众喜爱的节目制片人和主持人，如王红、左平安、文笃祥、刘湘莲、杨亚群、何蓝萍、黄建君、孙艳。

《正点新闻》 2006年开办，时政新闻栏目。时长5分钟，日播栏目。每天正点播发国际国内和永州发生的重大时事新闻和突发事件。栏目特点快捷、简洁。

《直播永州》 2007年开办，策划型、大型直播类栏目。事前围绕某个主题或重大事件进行策划，编排直播流程、“新闻爆点”和主直播室、现场直播室串词，邀请嘉宾等。直播当天通过多路记者、县区通讯员电话连线、采用现场同期声、嘉宾点评和访谈等方式，共同完成节目直播。

《潇湘夜话》 2011年永州人民广播电台芒果RADIO主办，情感类节。周一至周五每晚22点至23点播出，每期一小时。栏目主题是情感交流、释疑解惑、排忧解难，从不同的角度折射出老百姓的酸甜苦辣、人生百味、人间真情。

《110 直播室》 2013 年 5 月播出，政法类新闻节目，由永州公安局与芒果RADIO 永州之声联合主办。栏目设有“警民热线”“今日警讯”“帮你查违章”“大案追踪”等版块。周一至周五播出。每期两个小时。曾获省、市广播电视优秀栏目奖。

二、主要节目

2000年11月19日永州人民广播电台开播以后，始终坚持“新闻立台、文艺活台、专题强台”的宗旨，设置栏目，主办节目。到 2015 年，永州人民广播电台主办的节目主要是三大类。

（一）新闻节目

主要是以《永州新闻联播》《正点新闻》播报等栏目为载体，以现场连线、大型直播为特色，大力宣传党的路线方针政策，服务市委、市政府的中心工作。

2004 年，永州人民广播电台与市优化办联合开办政务热线节目，开通热线电话，组成采编队伍。根据热线听的电话，跟踪采访，查处案件，事后回复。节目播出后，每天接到的热线电话达 160 多个，节目组当年接听、接信、接访 6000 多件次，案件办结率达 95%，为个人和企业减轻负担上千万元，挽回经济损失 300 万元。这个节目当年被评为湖南广播电视二等奖，一直办到 2012 年。

2005 年，永州召开的两会，是广大市民关注的热点，从 2005 年起，电台连续五年开设《两会直播室》特别节目，把“直播室”搬到“两会”现场，直播两会开幕式和闭幕式。并事先设置采访和访谈话题，把各级领导、人大代表和政协委员请到直播室，在直播中穿插连线采访、现场访谈和专家解读、评论员点评等小版块节目，节目容量大、形式活、现场感强，鲜活生动，及时报道两会盛况。

2006 年，永州撤地建市 10 周年，为充分展现撤地建市 10 年来永州各行各业的发展成就，电台连续两年精心策划“永州人看永州”活动，征集、邀请永州各行各业的代表 20 余人，与节目组一起沿着提前设置好的“典型路线”，走进工厂，走进农村，走进城市建设现场，并通过记者连线直播参与代表和典型单位领导的亲身经历，所见所感，全天节目直播七八个小时，全方位、多角度地反映撤区建市后取得的辉煌成就。

2007—2008 年，永州先后遭受特大洪灾和冰灾。永州人民广播电台先后推出《众志成城抗洪魔》《万众一心战冰灾》特别节目。每天派出 10 多名记者分赴各县区采访。通过电话连线、手机连线等形式，全天候直播插播灾情汛况、交通信息、政府公告和全市人民抗洪抢险、战冰抗灾等先进典型和先进事迹。特别是 2008 年冰灾期间，市县电力一度中断，电视节目无法制作、传输、播出，电台依靠 2 台小功率发电机一直维持节目不间断播出，广大干部群众称电台的节目是“这个冬天最温暖”的声音。

（二）专题节目

2001年8月，207国道道县平安加油站，遭遇一名歹徒袭击，企图炸毁油库，制造惊天大案。道县检察院检察长付玲玲，奋不顾身，与歹徒斗智斗勇，制服歹 徒，避免了大案的发生。事件发生后，永州人民广播电台及时派出记者，深入现场，进行采访，制作播出特别节目《生死较量——付玲玲访谈》。该节目获2001年度省广播电视奖二等奖。

2005年，市委宣传部报经省委宣传部同意，决定将中国农科院祁阳红壤实验站作为重大典型宣传推介。永州人民广播电台派出记者组，进行跟踪采访，制作播出长达40分钟的专题节目《为了大地的丰收》。这个节目获2006年度省广播电视奖一等奖。

2006年，永州人民广播电台记者组，历经8个月，先后深入蓝山毛俊村，远赴长沙岳阳等地采访共产党员刘国盛辞去长沙301医院院长职务，回到家乡蓝山带领乡亲们脱贫致富的事迹，制作播出专题节目《一片冰心报春晖》。节目长26分55秒，当年获湖南广播电视奖一等奖。

2007年高考前后，永州人民广播电台组织采编人员深入学校，深入家庭采访教师、家长、考生和高考状元，先后制作播出《优秀教师话高考》《高考状元话高考》《如何应对高考》等有关高考方面的专题节目，每期节目长达一个多小时，引导考生沉着应对，踊跃参考。

（三）文艺节目

永州人民广播电台的文艺节目主要两大块。

开办栏目。2001年2月开办的《您点我播》栏目，通过听众热线，为听众提供点歌平台，再穿插播出交友、求职、 出租、招工等方面的信息。每天参与点歌者400多人次， 播出的经典曲近500首。这个栏目一直到2010年才停播。

2010年，永州人民广播电台交通音乐频道推出《金曲传情》节目。每期节目精选编辑数首民歌、红歌、电影和电视剧主题曲。每天按时段滚动播出，吸引了一大批听众。这个节目一直办到2014年。

主办活动。2004年5月，永州人民广播电台主办“大众歌会”。主办歌会的主要目的是为民众提供一个展现自我， 一展歌喉，选拔歌坛新秀的平台。歌会不限年龄，不限职业， 不限曲目，歌手自备歌曲，想唱就唱。歌会按海选、复赛、决赛的流程进行。参赛歌手年龄最大的70多岁，最小的只有7岁。歌会历时3个多月。 到2009年，共主办4场歌会，参赛歌手最多的年份有2000多人，最少的年份也有400多人。

2012—2015年，永州人民广播电台先后主办3届“中小学生艺术大赛”。每届大赛分声乐、器乐和时装表演3个类别进行。大赛主要是引导中小学生热爱艺术，培养兴趣，增长才干，提高素质，立志成才。每期大赛达5个多月，参赛选手最多时有2300多人。

三、技术设施

（一）采录、制作设施

永州人民广播电台开播后，台内使用的采访设备都是SONY WALKM GX788超薄型普通磁带收录放一体机，配备SONY ECM674采访话筒，存储介质为SONY EF60磁带。录播设备使用的是湖南大方数字科技有限公司的DATAFAR音频工作站软件，设有音频录制工作站、播出工作站、编排管理工作站、节目服务器，利用计算机局域网，音频录制剪制、节目审听编排、自动播出、节目储存都是全数字化。服务器为IBM8477塔式机，各工作站为HPVECTRA台式机、TASCAMD1000录制调音台、MAHATASCAM112磁带录音机、TASCAMCDA700广播专业CD卡座一体机、WHFASTONE12直播调音台、YAMAHA497监听功放、JBLMONITOR4208无源监听音箱、TH804A4路电话桥接器。

（二）播出、发射设施

2000年，办台初期，永州人民广播电台租用一间职工宿舍做录播室和发射机房。发射机是原冷水滩广播站的300瓦调频广播发射机，发射频率94.8兆赫，覆盖范围为冷水滩河东和河西部分地区。

2001年12月17日，永州广电局投资56万元购买一台上海腾达无线电厂生产的3千瓦全固态调频立体音广播发射机，意大利生产的EKA30立体声激励器，安装在原零陵地委大院内山上的微波总站。节目覆盖范围为零陵、祁阳、冷水滩和东安部分地区。

2002年11月10日，永州人民广播电台将原零陵地委大院内的3千瓦广播发射机搬迁到零陵富家桥镇羊毛岭电视调频转播台，羊毛岭海拔635米，广播节目直接覆盖北五县区。11月18日，电台自筹资金购买一台300瓦广播发射机安装在江永铜山岭电视调频转播台，广播节目覆盖江永和道县部分地区。

2003年5月17日，永州人民广播电台自筹资金购买两台100瓦调频广播发射机，分别安装在新田、蓝山广播电视局办公楼，广播节目覆盖到两县城区。

2006年7月21日，永州人民广播电台自筹资金购买北京广播设备厂1千瓦全固态调频广播发射机，替换江永铜山岭电视调频转播原300瓦广播调频发射机，节目直接覆盖江永、江华和道县城区。至此，全市 11 个县区老百姓都能收听到永州人民广播电台的节目。

2010 年 8 月，永州人民广播电台交通音乐频道开播，永州市广电购买了两套全固态调频广播发射机进行无线发射。祁阳大华山电视调频转播台安装的是吉兆 3 千瓦全固态调频立体声发射机，江永铜山岭电视调频转播台安装的是吉兆 1 千瓦全固态调频立体声发射机。

2012 年 5 月，祁阳大华山电视调频转播台的 3 千瓦全固态调频广播发射机更换为杭淳 5 千瓦，江永铜山岭电视调频转播台的 1 千瓦全固态调频广播发射机更换为 3 千瓦的全固态调频广播发射机。至 2015 年，永州人民广播电台节目总发射功率达到 6 千瓦。

第五节　永州电视台

1996 年 1 月，零陵电视台更名为永州电视台。零陵电视台于 1987 年成立。1990—1995 年，零陵电视台内设有总编室、新闻部、专题部、广告部、技术部、冷水滩记者站、南六县记者站。办台以来，始终坚持新闻立台、文艺活台、广告强台、队伍兴台的办台宗旨。开设的主要栏目有《零陵新闻》《经济 888》《潇湘览胜》《生活纵横》《潇湘人》《法庭内外》《屏幕歌声》等。五年中，先后录制编播电视新闻 1 万多条，拍摄制作电视专题片、电视剧 100 部集，现场录制和直播大型文体活动 18 场。每年均有近 100 条新闻稿片在省以上电视台播出。其中“竹城永州”“永州八记”“江永女书”“浯溪碑林”“江华酿豆腐”于 1993 年先后在中央电视台《神州风采》栏目中播出。台内先后有 30 多件作品在全国、全省获奖。其中 8 集电视专题片《潇湘丰碑》1992 年获全省二等奖，电视专题片《湘南寻梦记》1993 年获全省一等奖，电视专题片《风雨同舟在潇湘》1992 年获全国政协“奇星杯”三等奖。《风雨同舟在潇湘》1992 年、1993 年连续两年获全省“繁荣荧屏奖”。与湖南电视台合拍的 8 集电视剧《蓝星星、黑星星》1995 年获中南六省电视剧“金帆奖”。

一、主要栏目

1996—2015 年，永州电视台和局台合一后的电视各频道、文化体制改革后组建的永州广播电视台，所开设的主要电视栏目有：

《永州新闻》 《永州新闻》栏目主要是传达政令、发布信息、服务大局、舆论监督。宣传永州两个文明建设中典型、经验和成果。1996年前为周三播出。节目时间为10分钟。1998年改为周五播出。2000年以后改为周日播出。节目时间由每次10分钟增加到15分钟以上。2001年12月31日停播。2002年1月1日改为《永州新闻联播》。

《潇湘览胜》 1993年5月播出，永州电视台专题部主办，主要是宣传永州的名胜古迹、旅游景点、风土人情。周一播出，时长12分钟。1998年停办。

《生活纵横》 1997年开办，周一播出，时长8分钟，是永州电视台经济部在《经济888》栏目的基础上改版推出的服务类栏目。主要是以百姓的衣、食、住为切入点，介绍科学知识、服务百姓生活，2000年停办。

《永州之野》 1998年7月开办，永州电视台专题部主办。是《潇湘览胜》栏目的改版和延伸。重点是介绍永州的历史人物、宣传永州的历史文化，探寻永州历史文化之谜。周二播出，节目时长10分钟，2001年停办。

《永州新闻联播》 2002年1月1日开播，由永州电视台新闻综合频道在原《永州新闻》栏目的基础上改版、扩容、提质而来。在突出政策性、针对性、指导性的同时，增加新闻容量，增强新闻时效，力图构筑时政平台。栏目首播19:35分，重播22:30分，时长由15分钟增加到25分钟。

《民情直通车》 2002年7月播出，系永州电视台新闻综合频道、永州人民广播电台、永州广电报联手举办的舆论监督栏目。以反映百姓心声、传达政府回音为宗旨。电台、电视台周六首播，周日重播。每期20分钟。报纸每周一版。2003年，永州电视台新闻综合频道对栏目进行改版，栏目版块有“民情调查”“民情热线”“来电回复”“绝对现场”“媒体广场”，改为周五播出。2004年被评为湖南广播电视三等奖。2009年停办。

2002年7月，《民情直通车》栏目开播

《十分新闻》 2002年1月开播，永州电视台都市频道主办。该栏目立足芝山、冷水滩两区，重点宣传报道都市面貌、都市生活、都市建设。每周一至周五播出。时长10分钟。

《都市热线》 2002年4月开播，系永州电视台都市频道推出的新闻杂志类栏目。设有“记者连线”“记者帮帮”“都市拍客”“百姓报天气”等版块。时长15分钟，周一、周三、周五首播。

《法在身边》 2002年7月开播，是永州电视台经济频道推出的一档具有知识性、法治性、新闻性的法制类栏目。设有“法律咨询”“例案追踪”“专家评析”等版块。周日首播，周一重播。每期30分钟。

《走进永州》 2002年11月开播，是永州电视台新闻综合频道推出的社教类专题栏目。栏目重点推介永州的历史文化、风土人情、旅游景点等。每期10分钟。周三首播，周四重播。

《夕阳无限》 2002年11月开播，是永州电视台生活频道策划推出的老年人专题栏目，以报道老年人生活、反映老年人心声为栏目宗旨。周一、周二首播。周六、周日重播，每期20分钟。

《经济新闻》 2002年2月开播，是永州电视台经济频道推出的新闻类栏目。重点报道永州经济建设中的重大事件、重大活动、重点项目、重大成果。周一、二、三首播，周二、四、六重播。每期10分钟。

2003年10月，《都市520》栏目现场

《都市520》 2003年10月播出，是永州电视台都市频道推出的综艺性栏目。该栏目按“行为、智力、综艺”三个环节定时录制，集知识性、趣味性、观赏性于一体。每月录播两期。周日首播，周一重播。每期60分钟。

《新锐青年》 2003年2月开播，是永州电视台生活频道推出的一档综艺性益智类栏目。采用观众自愿报名、现场表演、嘉宾参与、抽题解答、当场评奖等方式，展现现代青年思想新锐、青春活泼、聪明伶俐的风采。每月两期，每期60分钟。周六首播，周日重播。

《政务广场》 2004年3月开播，是永州电视新闻综合频道与市优化办合办的一档谈话类栏目。设有“政务传递”“百姓之声”“政务集锦”“办事指南”等版块。每期 15 分钟，周一、周三首播。周五、周日重播。2005 年停办。

《火线 119》 2004 年 7 月开播，是永州电视台新闻综合频道与消防支队合办的一档宣传消防知识的法制栏目。设有“消防空间”“火线追踪”“消防点通”“卫士风采” “百姓聚焦” “曝光台”等版块。每周两期。每期 15 分钟， 周一首播，周二重播。2011 年合并到《平安永州》栏目。

《都市生活》 2004 年 5 月开播，是永州电视台都市频道推出的生活类栏目。设有“饮食先锋” “都市时尚” “生活卖场” “当家小窍门”等版块。周一、三、五播出，每期 60 分钟。2005 年停办。

《大事小事》 2004 年 1 月 1 日开播，是永州电视台公共频道推出的一档民生新闻栏目。设有“在现场” “记者跑腿” “D V 江湖” “县域传播”等版块。报道重大新闻事件，传递群众信息，倾听百姓声音，为百姓排忧解难。周一至周六播出。每期 30 分钟。2004 年度被评为湖南广播电视新闻十佳栏目并获湖南新闻奖一等奖。2014 年停办。

《财富冲浪》 2004 年 4 月开播，是永州电视台互动频道推出的一档互动性直播栏目。设有“知识问答” “有奖竞猜” “点歌”等版块。传授科学知识，提高市民素质为宗旨。周一至周五播出。2006 年停办。

《城事之窗》 2005 年 7 月开播，是永州电视台新闻综合频道推出的栏目。栏目坚持宣传城建法规政策、项目建设、展示城建改革建设成果，打造卫生城市名片。设有“城建资讯” “创卫现场” “项目掘金” “重点建设” “楼市坐标” “魅力城镇” “建材天地” “城市时尚”等版块。节目时长 15~20 分钟，每周一期。2014 年 8 月合并到《永州城事》。

《平安永州》 2005 年 2 月开播，是永州电视台新闻综合频道联手永州公、检、法、司、武警、消防、交警等部门打造的一档法制新闻类栏目。由市委政法委牵头，以创建平安永州为宗旨。2009 年，栏目升级改版，设有“政法快讯”“现场追踪”“政法风采”“法治观察”“法庭直播”等版块。节目长度 20 分钟。每周一期，周四首播，周六重播。

《都市新闻》 2006 年开播，是永州电视台都市频道在原《十分新闻》基础改版推出的栏目。栏目以反映都市生活为主。设有“时政看台” “第三只眼” “永州你好” “芝冷连接”等版块。周一至周五播出，每期 15 分钟。2008 年停办。

《廉效潇湘》 2006 年 4 月开播，是永州电视台新闻综合频道和市纪委合办的栏目。设有“廉政快讯” “案情追踪” “政务公开” “廉政先锋”版块。每周一期，每期 20 分钟。 2005 年停办。

《永州骄子》 2007 年 3 月开播，是永州电视台新闻综合频道主办的栏目。

永州电视台《胜利向前冲》栏目截图

栏目宗旨：讲述骄子精彩故事、品味人生喜怒哀乐。栏目设有“骄子故事”“人在他乡”“人生风采”等版块。节目时长25分钟，周四首播，周五重播。2011年停办。

《情动930》 2007年3月开播，是永州电视台都市频道打造的一档情感纪实类专题栏目。栏目定位以情感人，以爱召唤，关注普通人的喜怒哀乐，用纪实的手法纪述都市人的情感故事。每周播出三期，每期20分钟，2007年获湖南广播电视优秀栏目奖一等奖。2009年停办。

《超级星秀》 2007年2月开播，是永州电视台都市频道推出的首档少儿娱乐选秀节目。每周一期，每期60分钟，2008年停办。

《晓了显火》 2007年2月播出是永州电视台公共频道打造的一档自编、自导、自演、自拍的方言剧栏目。演百姓的事，让百姓来演。讲述一个故事，说明一个道理。形态生活化、内容平民化、演员群众化、语言地方化、情景真实化是栏目 的宗旨。周一、三、五首播，二、四、六重播。2009年停办。

《潇湘讲坛》 2009年5月由永州市委宣传部、永州历史文化研究会、永州电视台新闻综合频道联合开办的一档大型文化讲坛栏目。栏目邀请文化名流，讲述历史名人与永州故事。每周一期，周六首播，周一重播。时长25分钟。2012年停办。

《财政视点》 2010年1月开播，是永州电视台新闻综合频道推出的一档经济类新闻栏目。栏目以开源、节流、聚财、 理财为宗旨。重点报道财政建设方面的典型、经验和成果。 每周一期，时长10分钟。周一首播。2012年停办。

《经视新闻》 2010年2月开播，是永州电视台都市频道推出的一档经济类新闻栏目。栏目重点报道全市的重点工程、 重点项目、经济建设的进程。每期10分钟，周一至周五播出。2011年停办。

《康熙下永州》 2010年5月推出，是永州电视台公共频道打造的一档戏剧化的消费指南性栏目。栏目以康熙携亲信小宝、嫔妃、外国好友路易十六等人穿越

2010 年 5 月，《康熙下永州》栏目

时空，走出皇宫，来到永州。以享受多彩生活为引子，进商家、逛商场，将商家的特点、卖点融入剧中。弘扬“顾客就是皇帝”的理念。栏目设有“小宝奏折”“康熙送宝”“小宝指路”等版块。每集 20 分钟，每周一期。2011 年停办。

《品读永州》 2012 年 5 月开播，是永州广播电视台节目统筹部推出的大型系列电视栏目。栏目以“品读”为视角，挖掘自然与人文地理遗产，彰显潇湘风情，追溯历史、观照现实、展示家园魅力、凝聚永州人爱家乡、建设家乡的精神和豪气。每期 20 分钟，周一、三、五首播，二、四、六重播。栏目曾先后获国家级一等奖 1 项，二等奖 2 项，三等奖 5 项，获省级一等奖 2 项。2015 年停办。

《永州购》 2012 年 9 月开播，是永州广播电视台专题活动部举办的栏目。栏目设有“房产讯息”“车市快讯”“精英访谈”“购物促销打折”等版块。为百姓提供快捷的信息平台。每周一期，时长 15 分钟。2015 年停办。

《新旅游》 2012 年 10 月开播，是永州广播电视台专题活动部与市旅游局联合推出的栏目。重点介绍永州与周边市州景区的旅游信息、旅游景点、旅游资源。促进旅游业的繁荣和发展，每周一期，时长 30 分钟。2013 年停办。

《聚焦楼市》 2012 年 12 月开播，栏目设有“信息发布”“楼房推荐”“专家帮忙”“惠民政策”等版块。由永州广播电视台专题活动部主办。每周一期，每期 15 分钟。2015 年停办。

《食在永州 365》 2013 年 5 月 20 日开播，是永州广播电视台新闻综合频道推出的大型美食栏目。栏目定位为“尝永州好菜、品百味情怀”。用镜头记录永州美食的制作过程，用画面展现永州美味佳肴的品质和风采，周一、三、五播出，时长 12 分钟。2015 年停办。

《讲医堂》 2013 年 8 月开播，是永州广播电视台专题活动部主办的具有永州特色的健康养生栏目。采取专家讲座、主持人访谈、观众互动的形式，传播大众卫生知识、增强市民健康意识。每周一期，时长 30 分钟。

《永州城事》 2014 年 8 月开播，是永州广播电视台专题活动部对原《城市之窗》栏目升级改版基础上推出的栏目。栏目宗旨为“记录城市变化，展现城市风采，追踪项目建设，呵护共有家园”，全景式展示永州城市建设的日新月异的变化。栏目每周一播出，时长 25 分钟。

《直播永州》 2014 年 4 月 1 日开播，是永州广播电视台新闻采编部打造的一档电视民生栏目。栏目坚持“永州发生的”“永州人关注的”“和永州人有关的”都会有声音、有态度。连接公众与政府的沟通，说公正、正义、贴心的话。周一至周五播出，时长 20 分钟。2017 年 9 月停办。

《翻牌大开奖》 2015 年 3 月开播，是永州广播电视台专题活动部推出的首档直播栏目。栏目采用演播室直播方式，主持人与电视观众进行互动答题，当场翻牌开奖。传播科学知识，趣味性强。时长 25 分钟，周一、三、五直播。该栏目获当年湖南优秀电视广告信息节目三等奖。

二、节目选介

（一）新闻节目

永州电视台自建台以来，始终坚持新闻立台，服务大局、传承文化、正确导向，为两个文明建设鼓与呼的宗旨，及时、准确地宣传好党的路线、方针、政策；宣传好市委、市政府的重大决策、重大举措和全市在两个文明建设中所取得重大成果；宣传好全市各条战线所涌现出来新人、新事、新风貌。20 多年来，在新闻宣传方面，重点突出时政报道、重大典型报道、重大活动报道和重大系列报道。

时政报道

1996 年，永州市首届党代会、人代会、政协会和省第八届运动会先后召开。永州电视台先后组织三个记者组下县区，深入各战线进行采访，及时地营造气氛，报道会议盛况和会后反响。市“三会”期间，先后播出新闻稿片 320 多条。省“八运会”期间，先后播出新闻稿片 120 多条。此外，围绕全市的改革和经济建设组织“乡镇企业”“农村能人”“潇湘稳收”“治理三乱”“城市建设”“三冬生产”“国企改革”七大系列报道。

1997 年，香港回归祖国，中共十五大胜利召开。永州电视台在《永州新闻》栏目中开辟《喜迎回归》《喜迎十五大》专栏节目。全方位、多角度、多层面地宣传报道全市人民盼回归，迎回归，学习贯彻中共十五大精神的情况。两个专栏共发稿片 2400 多条，占全年新闻发稿量三分之二以上。

1999 年，是改革开放 20 周年、五四运动 80 周年、新中国成立 50 周年。永州电视台开辟《辉煌五十周年》《百姓话改革》等专栏。并组织“徐家井民心工程”“小城镇建设”“三湘环保世纪行”“我为祖国添光彩”“重点工程建设”“国企改革”等战役性报道。集中地反映全市新中国成立 50 周年、改革开放 20 年来所取得辉煌成就。同时，还对澳门回归和喜迎新世纪、美国袭击中国驻南大使馆的突发性事件进行集中报道。先后发稿片 800 多条。

2000 年，永州电视台围绕市委、市政府的中心工作， 突出报道国企改革、重点工程建设、农业产业结构调整、发展农村经济、发展第三产业和民营经济等内容。采取办专栏、 组织战役性报道等形式进行宣传报道。在农村产业结构调整的宣传报道中，台内拍摄的“永州异蛇”“江永三香”“东安白果”等稿片在台内和省台和中央台播出后，台内先后收到全国 11 个省区的来电来信咨询和订货信息。《重点工程建设巡礼》专栏节目先后对永连公路、衡枣高速、永州机场、洛湛铁路、永州新火车站等重点项目建设进行全方位的报道。为全市经济建设的发展营造氛围，鼓劲加油。

2001 年，永州电视台以庆祝建党 80 周年为主线，在新闻节目中开设《党旗辉煌》《历史丰碑》两个专栏。集中宣传报道永州籍早期共产党人从事革命活动的故事，永州党史、新时期优秀共产党员的先进事迹和党的丰功伟绩。并紧密围绕全市的“三个代表”重要思想学教活动，构筑环保效益性经济格局，社区文明建设，中心城市建设，组织战役性宣传报道。

2002 年，局台合一，组建新的永州电视台，实行频道总监负责制。台直五个频道共开设新闻栏目 15 个，其中以舆论监督为主的栏目 3 个。先后组织《“三个代表”在永州》《喜迎十六大，喜看新变化》《道德之乡讲道德》《抗洪救灾保丰收》《重点工程巡视》《民营之光》等 20 多个战役性宣传报道。增加新闻容量、信息量，加大时政报道和舆论监督的力度。新闻综合频道、广播电台、广电报三家媒体联合开办的《民情直通车》，以优化经济发展环境为宗旨，加强舆论监督。7 月开办以来，不到半年，先后接到观众来信 1630 封，接听群众来信 6250 人次，接待来访 380 人次，播发稿件 1270 篇。该栏目当年获评湖南广播电视奖二等奖。

2003 年，局直各媒体围绕市委、市政府的工作布局。 在市局统一安排下，成功地组织“阻击‘非典’”“抗洪抢险”“抗旱保增收”“千里瑶山行”“岁末特稿”等八大系列报道。其中“千里瑶山行”系列报道获 2004 年度全国少数民族题材“骏马奖”一等奖。

2004 年，永州广电整合电视频道，将原有的五个电视频道整合成新闻综合频道、都市频道、公共频道。三个频道在时政宣传方面各具特色和亮点。新闻综合频道组织记者深入11个县区，以“春天的承诺”为主题，采编播发200多条稿，宣讲解读中央一号文件。都市频道以“促改革、谋发展”为主题，组织记者深入企业宣传国家改革的典型、经验和成果，促进国企改革，发稿140余条。公共频道全力打造《大事小事》栏目，围绕民主话题，反映百姓生活，为民排忧解难。

2005年，局直媒体在做好日常宣传的同时，重点围绕全省公祭舜帝大典、江华县庆50周、阳明山首届国际文化旅游节三大活动组织新闻宣传、精办栏目、开设专题、组织系列报道，为活动的开展营造良好的舆论氛围。新闻综合频道与江华台联手推出的新闻系列节目《江华辉煌五十周年》，以山、水、路、城、财等为切入点，全方位地报道江华瑶族自治县成立50年来的历史变迁和辉煌成就。

2006年，局直媒体在时政宣传方面彰显出三个特点。一是围绕中心工作突出“‘十五’回眸”“走进新农村”“见证潇湘”“喜看乡村新变化”“改革现场”“乡官访谈录”“潇湘四月龙抬头”等十大主题报道。二是围绕市委、市政府承办的“世界水球联赛”活动组织战役性宣传报道。整个报道按赛前、赛中、赛后组织进行。发稿片600多条，为大赛的成功举办营造了浓厚氛围。

2007年，重点突出“十五”期间的成就报道。新闻综合频道组织的“前行”专题报道，通过采访老百姓的衣、食、住、行、乐等方面变化，从不同的角度展示十五期间永州经济社会所取的新成就。公共频道组织的“走进魅力乡镇”专题报道，通过乡镇的变化折射出“十五”期间永州新农村发生的新变化。

2009年，局直各媒体重点围绕市委、市政府部署的学习科学发展观、两万名干部下基层、承接产业转移、安置返乡农民工、实施“弯道超车”战略、庆祝新中国成立60周年等工作亮点，开展宣传报道。各媒体先后组织20多个专题系列报道。其中“信心2009”“潮起潇湘——永州大承接”“春风行动”“走马蓝宁道”“向共和国报告”等报道做得有声有色。

2010年，时政报道重点是围绕学习贯彻落实中共十七大会议精神而展开。新闻综合频道先后组织“前锋2010”“跨越”“辉煌‘十一五’”“对接在望”“调结构、转方式、文化强市”“创卫进行时”等主题报道，配合市委、市政府的中心工作。经济频道联合组织的40集大型经济报道“重中之重——项目现场”“大路朝天——永州大交通新闻行动”报道，全方位、多角度地报道全市的重点工程和项目建设。

2011年，局直各媒体坚持围绕中心、服务大局、面向基层、服务群众和走基层、转作风、改文风的原则，做好时政报道。报道的亮点是市第四次党代会。会前专门组织交通、工业、环保、金融、承接产业转移等综合性报道。新闻综合频道还特别组织“飞越潇湘”大型系列报道。会中直播大会盛况，还对江华、蓝山、祁阳等偏远乡村进行连线报道。会后还专门组织学习落实会议精神的报道。整个报道呈现出新变化、新特点、新进步。

2012年，经文化体制改革后，组建广播电视台。全台以《永州新闻联播》和《大事小事》新闻栏目为龙头，对新闻节目进行重新定位，全新包装。全力加强时政和民生等方面的新闻报道。先后组织“新春走基层”“记者垄上行”“五城同创：记者观察”“思想大解放·产业在转移”“永州百村行”“身边的雷锋”等十二大专题报道。围绕贯彻落实中共十八大精神和市委、市政府实施文化强市的战略举措。举全台之力推出《品读永州》《食在永州》《潇湘讲坛》等栏目。市委书记张硕辅、市长魏旋君先后专门参加《品读永州》开播仪式和播出100期座谈会。

2013年，全台宣传报道的主题是宣传贯彻落实中共十八大精神，建设小康永州的进取风貌、创新精神、经验成果。围绕这个主题，先后组织20个大型主题报。其中最具影响的有“贯彻十八大、落实在行动”“春天里”“实干2013”“三个指数看永州”“寻找最美乡村教师”“品牌的力量”“创卫进行时”“流转唤醒沉睡的土地”“乡镇启示录”等。

2014年，以《永州新闻联播》《直播永州》为主的电视新闻栏目紧密围绕开展群众路线教育实施活动。创建国家卫生城市、创建交通模范城市，推进经济社会发展等工作重点组织一系列的系列专题报。“到群众中去”“幸福永州”“我爱我 家——创卫进行时”“遵交规·创交模”“明察暗访曝光台”“永州老字号”等专题报道做得很成功。同时，《电视问政》节目以面对电视直播形式，百姓问政于政府，政府为百姓答疑解惑，做得很到位。

2015年，是世界反法西斯战争胜利70周年。电视新闻宣传以此为契机，围绕市委、市政府的工作部署，成功地策划组织“永州抗战记忆”“品质活力永州”“小康路上的永州脚步——聚焦精准扶贫”“辉煌‘十二五’为永州喝彩”“执行力在永州”“出彩人生”“眷念乡愁”“爱心童盟”“孝心少年”等20多个主题报道，为永州的经济社会发展起到较好的推动作用。

典型报道

《英雄付玲玲》 2001年8月16日，207国道上的道县平安加油站。一名叫钟某的歹徒，因个人恩怨，丧失理智，闯入加油站，手拿炸药和打火机，企图要炸毁加油站，以泄私愤。当时，平安加油站存有26吨汽油、16吨柴油，围观群众100多人。一旦油库被炸，后果不堪设想。因车祸正在家中休养的道县检察院检察长付玲玲，闻讯后，毅然来到油库现场，与歹徒斗智斗勇，并忍着伤痛，奋不顾身冲上去，夺下歹徒手中的炸药和打火机，在其他干警的配合下，制服歹徒，避免一场惊天大案的发生。事件发生后，永州电视台记者秦平生等及时赶赴现场，进行采访。以《英雄付玲玲》为题，采写长达20多分钟的报道。稿片先后在永州电视台、湖南电视台播出，在社会上产生很大影响，付玲玲见义勇为的事迹广为流传。该作品当年曾获湖南广播电视奖一等奖。付玲玲先后获“中国十大杰出检察官”“全国见义勇为先进个人”“湖南省优秀共产党”“湖南人民卫士”等称号。

《心碑——人民好法官谢云峰》 谢云峰是江永县人民法院副院长。他恪尽职守，敬业爱岗，秉公办案，认真履行法官的神圣职责，他经手主审和审批的案例746起，无一起冤假错案，被当地群众誉为“铁包公”。2001年10月因病不幸逝世。2002年年初，都市频道记者柏高见、孙治国、彭晓霞、杨程深入江永进行采访，赶写《心碑——人民好法官谢云峰》电视专题片，稿片播出后引起很大反响，该片曾获湖南省广播电视奖二等奖。谢云峰被评为全国优秀法院干警。

《红土地的眷念》 中国南方是广袤的红土地，土质偏酸性，肥力很低。20世纪60年代，以中国工程院院士刘更全为首的一批科技工作者远离北京，扎根在祁阳观音滩农村进行科学研究，他们几十年如一日，远离家人，不畏寂寞和环境艰苦，潜身研究，用智慧、心血和汗水，演绎出一个个动人的故事。他们的科研成果，为农业增产和农民增收做出巨大贡献。2005年，市委宣传部报经省委宣传部同意，决定将中国农科院祁阳红壤实验站作为重大典型宣传推介。永州电视台新闻综合频道王远栋、张锐深入红壤站体验生活，深入采访、制作的电视新闻《扎根红土树丰碑》和电视专题片《红土地的眷恋》。在省台、市台播出后，引起强烈反响。中宣部和省委 宣传部先后组织中央媒体和省级媒体对祁阳红壤站进行集中报道。农业部在北京专门召开表彰大会，并号召全国农业系统的科技工作者向祁阳红壤站学习。王远栋、张锐采写的电视专题片《红土地的眷念》获湖南广播电视一等奖。

《一个乡村女教师和她的五个孩子》 盘晓红，一名普通的乡村女教师。她执教的蓝山县楠市中心小学，地处偏远山村。由于贫穷，在校学生相当一部分是孤儿和贫困学生。为让这些孩子完成学业，她利用寒暑假，先后深入到15个乡镇38个自然村，走访65名孤儿和特困生，作了10多万字的记录，写了数十篇调查文章，刊载在《蓝山风情》内刊上。调查文章引起蓝山县委、县政府的重视，职能部门组织募捐，全县100多名贫困学生得到援助。她自己所教的班，有5名孤儿，她毅然将她们收留在身边，管吃管住管读书，时间长了，孩子们都叫她妈妈。多年来，她没有存一分钱，每月的工资都花在孩子们身上，她的行为在当地广为流传。2007年，永州电视台新闻综合频道记者张爱民、张标清通过采访，采写的电视专题片《一个乡村女教师和她的五个孩子》在省台、市台播出后，感动了千万人。盘晓红先后被评为全国模范教师、“三八红旗手”、“第三届中国百名优秀母亲”，受到胡锦涛总书记和温家宝总理的接见。该作品获湖南广播电视奖二等奖。

《好镇长罗跃江》 罗跃江，江永县潇浦镇党委副书记、镇长。他心系群众，扎实为民办实事，把乡镇当作自己的家，一年到头，很少休节假日，风里来，雨里去，长期忘我工作，2009年，因劳累突发疾病，挽救无效，牺牲在工作岗位上，年仅37岁。根据市委的安排，永州电视台新闻综合频道记者唐洪波、柘成林深入江永县采访，制作播出6集系列报道片《好镇长罗跃江》。节目播出后，永州市委、江永县委先后分别作出《关于开展向优秀共产党员罗跃江学习的决定》，要求全市广大党员干部向罗跃江学习，做党的好干部，做群众的贴心人。

《生如夏花——追记永州监狱优秀干警吴战保》 吴战保生前是湖南永州监狱民警。2009年10月底，在抗击“非典”工作中，他担任监区防疫专干，每天在封闭式管理岗位上连续执勤15小时以上，因劳累过度，12月6日凌晨牺牲在工作岗位上，牺牲时年仅26岁。永州电视台都市频道记者张标清、魏娟、王远栋深入永州监狱进行采访，组织专题报道。稿片播出后，省市分别成立吴战保先进事迹报告团，在省内外作报告13场，其中在北京2场。吴战保被省政府授予烈士称号，被司法部追认为全国一级劳模。该作品曾获得湖南省广播电视奖一等奖、湖南新闻奖二等奖。

《时代先锋王海洋》 王海洋，市纪委常委、监察局副局长，从部队转业后，一直从事纪检监察工作，他秉公执法，刚正不阿，一身正气，严格要求自己的家属，他主持查办一大批大案要案，为党风廉政建设做出很大贡献。2010年，因过度劳累引发心源性疾病，牺牲在办案岗位上。消息传出后，根据市委、市纪委的指示，永州电视台新闻综合频道做重大典型宣传。记者王远栋先后深入8个县区和监狱，采访王海洋的同事、家人、领导和犯罪对象。新闻稿片《时代先锋王海洋》很快在中央电视台《时代先锋》栏目中播出。尔后做成专题片《莲之魂》，报送省委、省政府和中央监察部。湖南省委书记周强就专题片作大力宣传王海洋先进事迹的批示，并主持在省委礼堂举行首场先进事迹报告会。根据省委安排，先后在全省举行报告会20多场。中纪委和湖南省委、省政府还联合发出通知，号召全国纪检监察系统和湖南省机关干部向王海洋学习。

《扶贫路上赤子情》 报道的典型是蒋孔吉。蒋孔吉是永州市粮食局驻村建整扶贫队队长。从2004年到2012年连续9年工作在扶贫工作岗位上，从道县和东安再到冷水滩，他扶一村，兴一村，富一村。他驻点扶贫的3个村先后都成为全市新农村建设的示范村、先进村。2012年，永州电视台新闻采编部记者唐小莽、伍时华、蒋卫民、冯智敏，通过记者走基层的方式，深入采访，现场拍摄大量的镜头、资料，以《扶贫路上赤子情》为题对蒋孔吉进行跟踪报道。节目播出后，《湖南日报》、湖南卫视、新华社、《人民日报》、中央电视台先后对蒋孔吉进行报道。蒋孔吉扶贫的感人事迹在全国流传。蒋孔吉被评为全国优秀共产党员，被誉为“最美扶贫队长”。该作品曾获湖南新闻奖三等奖。

此外，做得成功的典型报道还有《徐家井民心工程》（1999年）、《大山的儿子——余锦柱》（2006年）等。

系列报道

“千里瑶山行” 2003年10月，永州电视台都市频道和湖南电视台公共频道联手打造大型系列报道“千里瑶山行”，10月9日在江华瑶族自治县盘王殿举行开机仪式。省委副书记文选德为系列报道专题写片名。整个采访历时35天，历经11个县区，行程近万公里，记者先后采访了80多个瑶族乡镇120多个瑶族行政村，连续两个月在省台和永州台播出，播出的稿片达90多条。系列报道全方位、多角度、深层次地记录和反映瑶族同胞的时代变迁，瑶乡的迷人画卷和厚重的瑶族历史文化。该系列报道2004年获得第十届全国少数民族题材电视“骏马奖”一等奖。

“激情燃烧的岁月” 20世纪60年代，长沙6000多名知青到江永，长期的共同劳动和生活，他们与当地瑶汉人民结下不解之缘。江永成为长沙知青的第二故乡。2004年11月13日，700多名长沙知青代表，重返江永，在县城举行由全国人大常委会副委员长彭珮云题名、雕像家雷宜锌设计的 “知青岁月”雕像揭幕仪式。永州电视台新闻综合频道，以揭幕活动为由头，派出记者张爱民、张华雨、张锐、 曲燕等深入江永、长沙、广州等地进行采访，先后历时50多天，行程8000多公里，拍摄素材1000多分钟。以“激情燃烧的岁月”为题，编写系列报道。系列报道4集，分别为《第二故乡，我回家了》《难忘的岁月》《都庞岭下联谊歌》《回报再生之地》。节目播出后还刻成光碟发到所有知青。2004年，该节目获湖南广播电视奖一等奖。

“红色记忆——红军长征在永州” 2006年，是红军长征胜利70周年。6月，永州电视台新闻综合频道与市史志办联手推出大型纪实性系列报道“红色记忆——红军长征在永州”。记者组历时5个多月，沿着红军当年在永州走过的区域路线进行采访，还前往北京、贵州、广西等地，寻访当年途经永州的一些老红军、史学家，专程采访中央军委副主席张震、中将欧阳毅。先后行程1万多公里，拍摄素材1200多分钟。运用大量的珍贵文献史料，编播《千里迂回》《闪闪红星》《血沃潇湘》《血战永州》四集新闻纪实片， 每集20分钟。系列报道首次再现当年红军途径永州发生的鲜为人知的史实和故事。该系列报道获得湖南广播电视一等奖。

“飞越潇湘” 2011年，中国共产党建党90周年， 永州电视台新闻综合频道

2011 年 6 月 9 日，“飞越潇湘”在冷水滩四中体育场举行开拍仪式

策划推出大型系列报道“飞越潇湘湘”。第一次调用直升机航拍，在 11 个县区设立报道现场，地空对接，电台、电视台、报纸、网络同时联播。整个报道 历时两个多月，每天播出 8 分钟。从不同角度展现全市 11 个县区不同的人文地理、经济文化、旅游景点、城市风貌。整个报道恢宏大气，耳目一新。

“永州边界行” 永州与广东、广西和省内周边市州交界的边界线长达 1800 公里。2013 年 5 月，永州市委宣传部主办，永州市广播电视台承办，组织大型系列报道“永州边界行”。5 月 9 日，在江华瑶族自治县河路口镇倒水湾村举行开机仪式。永州市委常委、宣传部部长石艳萍为记者组授牌。系列报道“永州边界行”共历时 5 个多月，播出节目 66 期。该报道真实地记录和反映边界地区的政治、经济、文化、教育、民族团结等方面发生的深刻变化和所取得的主要成就。原生态地记录和反映边界少数民族地区独特的民族文化和民俗风情。该节目曾获得湖南省广播电视奖一等奖和永州新闻奖一等奖。

“永州抗战记忆” 2015 年，为纪念反法西斯战争胜利 70 周年，永州广播电视台节目统筹部推出大型系列报道“永州抗战记忆”。运用大量的史实，采访报道抗日战争期间发生在永州的历史事件和永州籍的抗日英雄、永州人民的抗日故事。整个系列报道发稿 15 篇，每篇 10 分钟。大部分稿片在省台和中央台播出。

大型活动报道

省政府公祭舜帝陵 2000 年、2005 年、2009 年、 2012 年、2015 年，湖南省政府先后 5 次在宁远九嶷山举行公祭舜帝陵大典。每次公祭大典，永州电视台和广播 电视台各直属媒体都精心策划，周密部署，互相配合，开设专栏，对大典前后进行全方位的报道。大典前营造氛围，大典中报道盛况，大典后报道社会反响。据统计，每次公祭大典发稿片都在 600 篇以上。2000 年公祭大典的宣传报道受到省委常委、宣传部部长文选德的表扬。2009 年、2015 年公祭大典的报道分别获得湖南广播电视奖二等奖和三等奖。

首届中国阳明山“和”文化国际旅游节 2006年4月29日至5月29日，永州市政府、省旅游局、团省委、省妇联、省文联等单位联合主办首届中国阳明山“和”文化国际旅游节。这次活动时间长，内容多，先后历经一个月。前后举行“中华万和大鼎”奠基、“两岸阳明山旅游合作签约仪式”“100对金婚、银婚、铜婚集体婚庆大典”“国际美食节”“美人美景相映红”艺术摄影大赛、“和谐社会和 美家庭论坛”等活动。俄罗斯、日本、韩国、中国和中国台湾地区1000多人汇聚永州参加文化节。永州电视台各媒体与双牌电视台上下联，先后组织10个报道组，近30多名记者投入报道，采取开设专栏、人物专访、系列报道等多种形式，及时地报道和文化节的国际意义，各项活动的盛况。整个报道突出和美家庭、和谐社会、两岸一家亲的主题，为和文化节的成功举办营造浓厚的舆论氛围。

世界水球锦标赛 2006年7月3—16日，世界水球锦标赛在永州体育中心举行。这次大赛由国际游泳联合会主办，湖南省体育局、永州市人民政府承办。世界水球锦标赛是与奥运会水球比赛、世界杯水球赛齐名的世界三大赛事之一。参加这次比赛的有新西兰队、澳大利亚队、法国队、日本队和中国队。参加比赛的运动员和裁判员多达200多人。按照组委会的要求，为全程式、高标准地做好赛事宣 传，永州电视台各媒体抽调精兵强将，组成采访组、营运组和直播组，统一采访，统一制作，统一播出。全景式地跟踪报道水球赛赛前、赛中、赛后的比赛盛况。先后播出电视稿片489条、电视专题片4部。对每场比赛都进行现场直播。圆满地完成大赛组委会交办的宣传报道任务，受到参加开幕式的省人大常委会副主任唐之享的赞扬。

（二）社教节目

电视社教节目是指以社会教育为宗旨的节目。1996年以来，永州电视台通过开办栏目、举办活动、摄制专题片来引导人、教育人、鼓舞人、塑造人、不断地提高民众的思想文化综合素质。

开办栏目

1996—2015年，永州电视台共开办电视社教类栏目有21个。这些栏目，有的是专门推介永州的名山名水、名优特产、名胜古迹、风俗风情，如《永州之野》《走进永州》等栏目，重点介绍宣传永州的山川河流、旅游景点、人文景观、永州特产，让观众在山水文化中领略到永州山川秀美、物产富饶，引发美在永州、爱我永州的共鸣。有的是专门挖掘和探寻永州厚重的历史文化，如《潇湘讲坛》和《品读永州》等，重点介绍永州的历史人物，讲述永州的历史故事，挖掘和宣传德文化、孝文化、柳文化、理学文化和瑶文化等。让观众在节目中受到永州历史文化的熏陶，了解和传承永州厚重的历史文化，增强“知我永州、爱我永州”的自觉性 和弘扬中华民族传统美德、建设美好家园的进取意。开办的栏目中，还有的是以开发青少年智力、引导青少年健康成长为目的，如《都市520》《新锐青年》《超级星秀》等，每期节目都组织青少年参与到栏目设计环节中来，竞猜、答题、现场表演、才艺展示、现场录制、定时播出，集知识性、 趣味性、娱乐性于一体，让广大青少年在节目的娱乐中张扬个性、增长知识、放飞梦想。还有的是服务类栏目，如《生活纵横》《夕阳无限》《都市生活》《康熙下永州》《永州购》《新旅游》《食在永州365》《讲医堂》等栏目，紧密围绕老百姓的衣、食、住、行，介绍和传授理财、购物、旅游、烹调、保健等方面的生活常识，引导市民不断地提高生活质量和幸福指数。还有情感类栏目，如《情动930》，每期节目都用纪实的手法记述都市人的情感故事，普通人的喜怒哀乐，冷暖人生。通过这些情感故事记述，以人感人， 以爱召唤，不断改善人际关系，促进社会和谐。还有的栏目是为观众提供展现自我的平台。如《晓了显火》，让老百姓自己当演员，讲自己的故事，演自己的生活经历，充分地展示自我。再如《翻牌大开奖》。通过采用演播室直播的方式，主持人与电视观众互动答题，当场翻牌开奖既为观众提供展现自我的平台，又通过互动平台传播科学知识。电视社教栏目的开办，为促进社会化教育，提高民众素质，发挥较好的作用。

举办活动

主要是两大类，即赛事活动和节庆活动。

2007年5月，丽人大赛现场

潇湘丽人大赛 是永州电视台的品牌活动。从2002年 正式启动以来，已主办6届大赛活动。基本上是每两年一届。每届大赛都力求突出“美丽与智慧的完美融合、时尚与文化的精彩绽放”的主题。整合资源，精心策划，热门炒作，上下联动，紧密配合。大赛设初赛、复赛、决赛、总决赛， 按自我简介、才艺表演、现场答题、时装晚礼服展示的环节进行比赛。每届参赛的选手少则几百人，多则近千人，不少选手还来自清远、贺州、桂林等省内外地区。丽人大赛的举办为广大青年提供施展才华、展现自我、脱颖而出的平台。从大赛中走出的刘雯，已成为国际时装模特。何唱成了中央电视台模特赛海峡区冠军，蔡舒捷成为国家话剧院青年演员，还有屈慧君、李蝶、潘斯等都已成为各行业的佼佼者。 同时，丽人大赛的举办，还活跃群众文化生活，激发成千上万的青年立志成才、勤奋学习、苦练内功的热情。

开心就唱 2006年永州电视台综合频道举办的群众性歌手大赛活动。4月20日启动，先后在11个县区成立海选分赛场，每场海选都进行现场录播。大赛不分男女老少，只要报名登台演唱就行。吸引1000多名歌手参加角逐。整个大赛历时3个多月才落下帷幕。历年来，赛事活动办得比较成功的还有1998年举办的“南华杯”播音员、节目主持人大赛，2000年主办的“新世纪颂”电视青年歌手大赛，2004年举办的永州赛区“蒲公英”全国青少年艺术“新人”选拔赛，2005年举办的“湖南热舞大赛”和2006年举办的“新丝路中国模特大赛”。

台庆活动 2000年，是跨入新世纪的一年，又适逢永州电视台建台10周年。10月24日，永州电视台在南华大酒店举行建台10周年庆祝大会，晚上在永州会堂举办台庆文艺晚会。省委宣传部、省广电厅、市党政领导和全省兄弟市州电视台的领导等300多人参加庆典活动。2010年，又举办建台20周年台庆活动，先后拍摄“风雨兼行”二十年电视专题，编辑出版台庆画册和报纸专刊。举办专场文艺晚会，宣传和展示永州电视台20年来的风雨历程和取得的丰硕成果。市党政军领导和兄弟市州电视台、湘粤桂邻边兄弟市州电视台的领导共400多人参加庆典活动。

红歌会 2009年，新中国成立60周年，永州电视台新闻综合频道举办“唱响永州”红歌会。先后在11个县区设立分会场。红歌会有自备歌曲，还有组委会选定的歌曲，歌手登台演唱就。每场演出，都有几千人观看。整个活动历时4个月，参加演唱的歌手有3000多人。

胜利向前冲 2009年，永州电视台公共频道举办的庆典活动。活动现场以祖国主要的红色纪念地为背景，创意设计若干个关卡。选手按程序和环节沿路闯关，闯关成功者获取奖品。整个活动从策划、启动到结束历时2个多月，每天参加冲关的青年选手近100人。

社教电视专题片

1996年以来，永州电视台每年拍摄的社教电视专题片少则2~3部，多则近10部。不少作品都做得大气、厚重和深情。2006年，由永州电视台公共频道欧朝阳、孙健、李志刚拍摄的社教专题片《人龟情未了》，记录的是一个海鲜酒店老板把购买饲养6年的重达100公斤的大海龟放归大海的感人故事。放归海龟的地点是广东惠州海龟保护基地，2006年适逢“国际海龟年”。记者组驱车随同店老板赶赴广东放归海龟，沿途拍下放归海龟的全过程，真实地记录人与海龟泪洒惜别的感人细节，反映关爱动物、保护生态的主题。该片先后在永州电视台、湖南电视台、中央电视台新闻频道及国际频道播出。当年被评为湖南电视奖特别制作奖（一等奖）。2008年，奥运会开幕前，宁远九嶷山下的农民刘湘辉用一辆自己改装的三轮车拉着百岁的奶奶进京看奥运。永州电视台新闻综合频道杨向东、唐小莽、屈正芳、肖荣华组成的记者组，随同刘湘辉推着奶奶进京看奥运，一路拍下许多生动感人的故事和细节。以新闻的手法编辑创作成20分钟的专题片《孙子、奶奶和奥运》。专题片没有解说词，运用画面、细节和同期声，深刻地反映中国传统美德、孝道文化、爱国情怀和中国农村发展的深刻变化。该片当年曾获得湖南新闻奖和湖南广播电视奖两个一等奖。历年来，拍摄成功的在省以上获奖的社教专题片还有《追寻盘王之女》《乐夫村的流行》《补鞋大嫂唐秋妹》《远方的山林》《利箭斩黑》《兰癫子的故事》《带着外婆去打工》《阳明山竹蝗》《巧移大树》《一个病儿的冷暖人生》《一个乡村女教师和她的儿女们》《生活污泥变“绿肥”》《巧治竹蝗》《诗意东江湖》《新捕蛇者说》《寻找救命恩人》《村小的回归》《情定吴伯营》《瑶都新娘》《只为找到你》等。

（三）文艺节目

电视文艺节目主要是三大类，即春节晚会、社会文艺和特别节目、电视艺术片。

春节晚会

春节电视文艺晚会，每年都主办，是电视台一年一度送给观众的“岁末文化大餐”。1995年以前，每年的春晚都由永州电视台独家主办，1995—2007年，由文化局与电视台联合主办，文化部门负责节目的组织，排练和演出、电视台主要负责宣传和现场录制、转播和直播。2007年，市委、市政府再次把主办春节电视晚会的任务交给永州电视台。每年的春晚，局台都整合资源、组织力量、精心策划、创作节目，力求突出幸福祥和的主题，彰显地方特色，下大气力抓好春晚重头戏。如2007年“中恒之夜”春节电视文艺晚会，节目丰富多彩，有歌舞、曲艺、小品、杂技等，还邀请外地部分演员登台献艺。市党政领导和外地回家过年的企业家、观众近2000人在晚会现场观看演出，电视台同步现场直播，反响强烈。2011年开始，晚会的主办面向基层，面向群众，选拔和征集节目，丰富晚会节目，突出晚会的地方特色和群众的参与性、娱乐性、互动性。2011年“和美潇湘”，2012年“龙腾潇湘迎新年”，2013年“花开潇湘满园春”，2015年“幸福永州幸福年”等，都给永州的观众留下美好和深刻的记忆。

社会文艺和特别节目

2008年，建行储蓄突破2000亿元。12月建行与永州电视台在冷水滩八中联合举办“感恩潇湘”文艺晚会，歌唱家李谷一和红叶组合的歌手们到永州登台献艺。2018年，改革开放30周年，永州电视台在冷水滩八中举办“辉煌30年”文艺晚会，长达2个多小时的节目表演，讴歌改革开放30周年来所取得的辉煌业绩，展现永州人民改革开放、奋发进取、创新前行的豪情。

2015 年永州市春节联欢晚会截图

2009 年 7 月，福建荣海峻开发公司为庆祝铜制品生产项目在冷水滩凤凰园落地，与永州电视台联合举办大型歌舞晚会。总政歌舞团阎维文、董文华、董畅、克里木等歌唱家和表演艺术家到永州，与观众见面，激情演唱。

2011 年，永州电视台在冷水滩滨江广场举办的“光辉岁月”文艺晚会。纪念永州、桂林结成友好地市 20 周年。来自香港和省外的一大批文艺工作者，欢聚潇湘，登台表演，吸引数千名观众到现场观看。还有每逢重大节日和特别的日，永州电视台还举办救灾义演、爱心助学、音乐会等文艺晚会。

2015 年，永州电视台与敬老山庄联合举办“敬老山庄幸福园杯”“欢乐潇湘”文艺晚会和广场舞比赛，吸引数百名舞蹈爱好者参与活动。

电视艺术片

由于多方面的原因，永州电视台对电视艺术片的拍摄制作不很突出，自 1996 年以来，也断断续续地拍摄一些具有散文风格和小品之类的电视艺术作品，如 1998 年拍摄制作的《父亲与路》、2005 年拍摄的《小站老牛》、2012 年拍摄的《一封未写完的信》、2013 年拍摄的《缘定永州瑶》等作品，叙事说人，抒发对人的赞美，对大自然的赞美，对社会的赞美，对祖国的赞美。这些作品都先后获得湖南广播电视奖。2014 年创作拍摄的小品《原来是你》，获“中华颂”全国第五届曲艺小品金奖。在音乐电视拍摄方面，永州电视台也作了大胆尝试，而且也比较成功。

2004年拍摄的《山里人最爱打吆喝》、2006年拍摄的《将进酒》、2007年拍摄的《大瑶山放歌》三部音乐电视片，都获湖南省“五个一工程奖”。其中《山里人最爱打吆喝》还获得中国十一届文化艺术节“孔雀奖”。

三、技术设施

（一）摄录、制作设备

1996年，永州电视台的摄录设备开始采用数字摄像机，型号为松下EA-1、AJ-D215H、AJ-D400E数字摄录机。2002年台内淘汰模拟摄录机，全部使用数字设备。2009年初开始引进使用P2卡式摄像机AC-HPX500，尔后逐步过渡到P2摄录机。机型有AJ-SPX900MC、SPX900MC、AC-HPX173MC等，统一采用P2卡摄录专业设备。同时，还购置两套索尼蓝光盘摄像机PDW-539P，演播室使用的是池上HC-D57，池上HK-399PAW。2013年，永州电视台购买高清电视转播车，摄像机使用的是索尼高清便携式广播机摄像机SONY HDC2580。

永州电视台节目制作系统经历三个阶段，即线性对编、非线对编、专业非编。第一阶段，1996—1998年。1996年，随着数字摄录机的使用，编辑系统的设备都配套更新，相应添置数字放像机DV-2700、DVCPRO格式的编辑系统松下AJ-440放像机和松下AJ-450录像机。这一阶段使用的设备都是编辑录放像机，传统的录像机之间的磁带对编。第二阶段，1998—2009年，引进非线性编辑系统，主要用于广告、专题、新闻节目的编辑制作。1998年9月，永州电视台首次购进非线性编辑系统，设备为索贝公司的创意97三套，永州电视台、永州有线台、广告总公司各一套。2002年，局台合一，摄像机都更新为全数字化设备，永州电视台各频道的新闻节目制作编辑主要以DVCPRO格式对编设备为主，广告和专题节目以非线性非编为主，设备是创意21、创意797。第三阶段，2010年后建成的非编制作网络。新闻和专题节目使用非编制作网络，广告使用非编单机，终止对编系统。2010年，永州电视台组建非编制作网络系统，编辑设备都是全新的新奥特产品。电视节目的生产进入网络化、流程化生产方式，电视节目的生产跃上新台阶。

（二）播出、发射设施

播出设施

1996—2001年，永州电视台节目的播出是使用零陵区高山寺原零陵电视差转台机房。播出设备是索尼U-MA1JC系列，设备有VO-9600、VO-9850，松下L-11、J-25。采用琴键式电子切换器，手动切换播出。配套设备有调音台、卫星接收机、视频自动增益控制器、时基校正器、字幕机等。

2001年，局台合一后，永州广电局将原永州电视台、有线台、冷水滩电视台整合在一起，组建新的永州电视台。下设新闻综合频道、都市频道、经济频道、生活频道、信息频道。原永州电视台、有线台和冷水滩台的播出机房都搬迁到广电大院门面右边二楼。对播控设备进行升级改造，采用安徽励得自动播出系统播出所有频道的电视节目。播出设备有MASTEY99切换台，松下AJ-D440、AJ-D450、索尼VO-9800、JVCS-VHS格式的SR-R360E等系列录放机。设备升级改造后，节目能自动 切换播出，首次在播出中使用键混进行台标和字幕叠加。

2006年，永州广电局投入260万元，更新播出设备，组建全硬盘播出系统。该系统由安徽天虹数码科技有限公司设计研发，由视频服务器、上载系统、素材迁移和存储系统、播出视音频系统、同步系统、控制系统、网络系统、字幕系统和时钟组成。系统共设计4个频道，预留1个频道的数字化、网络化、自动控制与管理的播出系统。

2014年，永州广播电视台投资270万元建设高清硬盘播出系统。采用北京新奥特视频技术有限公司无忧硬盘播出系统软件、K2播出服务器、文件摆渡和新奥特图文编播系统、构建全文件化传输的数字化硬盘播出系统。高清硬盘系统主要设备有K2播出服务器3台、无忧播出控制工作站4台、编单上载工作站7台、技审服务器2台、数据管理服务器2台、标清字幕机4台、高清字幕机1台、EMC30T存储器1台、台标键混器5台、ROSS32X32数字总控矩阵1台、同步发生器1套、青岛时钟1套、内容管理和FTP迁移服务器2台、多画面分割监视系统1套。高清硬盘播出系统的建成，永州电视台新闻综合频道在全省市级电视台率先实现高标清同播。

发射设施

1996年，永州电视台节目的发射沿用原零陵电视台的发射设施。发射频率为米播7频道，发射机功率1千瓦，双通道发射，四层四面蝙蝠翼天线，是北京广播电视设备厂生产的设备。备机为浙江淳安广播电视设备厂生产的50瓦单通道发射机。

2005年，永州电视台发射机由1千瓦扩大到5千瓦，发射频率仍是7频道。发射机是北京广播电视设备厂生产的全固态彩色电视发射机。发射天线从零陵高山寺搬到芝山庵，铁塔使用冷水滩将军岭搬迁的72米拉线铁塔。

2008年8月，永州电视台7频道5千瓦全固态彩色电视发射机搬迁到祁阳大华山电视调频转播台，发送永州电视台新闻综合频道节目，扩大祁阳区域内的无线覆盖。

第六节 永州有线广播电视台

1995 年年底，经过技术升级改造后，永州有线广播电视台的前身——零陵有线电视台播出频道达到 12 套，经湖南省广播电视厅检查验收，零陵有线电视台前端和网络各项指标均达到部颁标准，验收合格。

1996 年 3 月，零陵有线电视台更名为永州有线广播电视台。

1997 年，永州有线广播电视台自筹资金 120 万元， 架设冷水滩至芝山城区有线电视光缆，全长 26.33 公里。 是年年底，永州有线广播电视台顺利接管冷水滩城区有线电视网络。

1998 年 1 月，永州广播电视局出台“局台合一”改革方案，组建永州广播电视广告总公司，统一经营永州电视台，永州有线广播电视台的对外广告业务。永州有线广播电视台的广告业务随之划归广告总公司经营。

1998 年 2 月 27 日，永州市机构编制委员会办公室发文，同意永州有线广播电视台增编，由原来的事业编制 20 名，增加到 50 名，经费实行自收自支解决。

1998 年年底，永州有线广播电视台网络改造工程全部竣工，新架钢绞线 160 公里、光缆干线 170 公里，有光接点 98 个，开通电视频道 32 个。

1999 年 1 月，永州有线广播电视网络公司成立，有线网络从有线电视台剥离出来，归口网络公司经营管理。永州有线广播电视台不再经营有线电视网络业务。

2001 年 5 月 16 日，永州市广播电视局与湖南电广传媒股份有限公司正式签约，组建永州市电广宽带信息网络有限责任公司，永州有线广播电视台管辖的原有芝山、冷水滩城区网络正式移交永州市电广宽带信息网络有限责任公司。

2001 年 8 月 4 日，永州有线广播电视台正式从芝山区搬至冷水滩区双洲路永州广播电视中心综合大楼办公。

2002 年 1 月 1 日，永州市人民政府决定，对芝山、冷水滩区广播电视系统实行垂直管理。永州电视台、永州有线广播电视台、冷水滩区电视台、芝山区广播电视局播出机构合并，组建新的永州电视台，开办新闻综合频道、都市频道、经济频道、生活频道、信息频道。从此，永州有线广播电视台结束自己的使命，成为一段永恒的历史。

一、主要节目

从 1993 年开播到 1995 年，零陵有线电视台先后开办《零陵有线新闻》《经济长廊》《有线大看台》《歌舞楼台》《有线文艺角》等自办节目。每周自办新闻节目时间达 60 分钟，自编文艺节目时间达 180 分钟。

1996 年，零陵有线电视台更名为永州有线广播电视台。《零陵有线新闻》更改为《永州有线新闻》，由每周两次播出改为每周三次播出。《永州有线新闻》栏目在新、准、活上下功夫，在栏目中增设《潮涌潇湘》《热点追踪》《街头巷尾》《简讯》等 4 个子栏目。《经济长廊》在原有的基础上增设企业风采、热线传递、消费指南等 3 个子片头，突出栏目的特色，增强栏目的可看性。永州有线广播电视台连 续两年被评为全省广电系统宣传管理先进单位。

1997 年，《永州有线新闻》坚持“以科学的理论武装人，以正确的舆论引导人，以高尚的精神塑造人，以优秀的作品鼓舞人”，围绕中国恢复对香港行使主权，中共十五大等全党全国工作大局和市委、市政府中心工作开展宣传，精心策划《喜迎香港回归》《贯彻十五大精神》等重大栏目。为宣传九年义务教育，专门开设《教育大观》栏目，并有计划地推出一批先进人物和先进典型的报道。

1998 年 6 月 1 日起，《永州有线新闻》改周三为周五播出。

1999 年，全台集中精力、集中时间、集中人员重点抓庆祝新中国成立 50 周年的宣传报道，推出《辉煌 50——永州两个文明建设巡礼》，组织 30 多个专题，20 多次系列报道，宣传一大批有影响的典型。四季度，专门开辟《喜迎澳门回归》专栏。永州有线广播电视台第三次被评为全省广播电视系统宣传管理先进单位。

2000 年，《永州有线新闻》围绕市委、市政府“解放思想、转变观念”大讨论，开展声势浩大的战役性宣传。当年，永州有线广播电视台第四次被评为全省有线广播电视宣传管理工作先进单位，受到省广播电视局的通报表彰和奖励。

2001 年年底，经市政府常务会议研究同意，永州市广播电视局内部改革全面启动，撤销永州有线广播电视台， 重新组建新的永州电视台，根据频道专业化的要求，开办新闻综合频道、都市频道、经济频道、生活频道、信息频道。至此，永州有线广播电视台结束自己的使命，退出传媒舞台。

二、技术设施

（一）录播制作设备

永州有线广播电视台的摄录设备历经模拟和数字两个阶段。1996 年以前为全模拟设备。摄录设备都是日本索尼公司生产的。摄像机为索尼3000P，录像背包机为VO5850、VO8800。1996年开始采用数字摄像机，型号为松下EZ-1、AJ-D215H、AJ-D400E数字摄录机。2002年台内淘汰模拟摄录机，全部使用数字设备。

1998年，使用的设备都是编辑录放像机，传统的录像机之间的磁带对编。1996年，随着数字摄录机的使用，编辑系统的设备都配套更新，相应添置数字放像机DV-2700、DVCPRO格式的编辑系统松下AJ-440放像机和松下AJ-450录像机。1998年引进的非线性编辑系统，主要用于广告、专题、新闻节目的编辑制作。随着自制广告、栏目采用DVCPRO系列编辑设备，播出机房相应采用松下AJ-440、DV-2700录像机播出。2010年后建成的非编制作网络。新闻和专题节目使用非编制作网络，广告使用非编单机，终止对编系统。

2001年年底，局台一体后，永州市广播电视局整合永州电视台、永州有线广播电视台、零陵电视台、冷水滩电视台和局信息频道，统一呼号为永州电视台新闻综合频道、永州电视台都市频道、永州电视台经济频道、永州电视台生活频道和永州电视台信息频道。播出机房在广电大院右边门面二楼。对播控设备进行升级改造，采用安徽励得自动播出系统，计算机编排节目单，再由计算机根据节目单分别控制励得Master99切换台、播出录放机（含松下AJ-D440、AJ-D450、索尼VO-9800、JVCS-VHS格式的SR-R360E等系列）进行自动切换播出，首次在播出中使用键混进行台标和字幕叠加，同时各频道共享中央电视台一套信号源、同步系统和时钟。新闻综合、都市、经济、生活四个频道采用自动播出系统；信息频道采用原手动切换的播出。

（二）有线电视网络

1995年，永州有线电视台下大力气抓优质播出和整顿改造老用户区，对播出前端设备、干线网络进行安全整改、防腐处理、避雷改造，消除不安全的隐患。经过消防部门和省广播电视厅的检查验收，各项指标全部达到部颁标准，得到省厅验收组的肯定。

1996年3月，零陵有线电视台更名为永州有线广播电视台。

1997年3月8日，中共永州市委召开常委会议，决定将冷水滩区原有线电视台撤销，有线网络全部收归永州有线广播电视台。同时，在冷水滩设立管理站。是年10月，永州有线广播电视台投资120万元完成30公里冷水滩—芝山城区间有线电视光缆网络联网工程。是年11月，永州有线广播电视台顺利接管冷水滩城区网络，芝山、冷水滩有线电视网络形成一体化的格局。当年有线电视用户达3.5万户，其中芝山2.1万户，冷水滩1.4万户。

1998年，永州有线广播电视台投资800多万元，抽调精兵强将，组成网改班子，对芝山、冷水滩两城区有线电视网络再次进行改造升级，经过一年的努力，共架设光缆干线 170 公里，开通光节点 98 个，两区累计用户达 4.43 万户，其中芝山区 2.11 万户，冷水滩区 2.32 万户。经过升级改造的有线电视网络业务能力更强，系统性能更加优越，信号传输质量更好，增强网络在行业中的竞争优势。

1998 年 4 月，永州电视台进一步完善播出机房配套设施，节目传输由 20 套增加到 32 套。同时开通中央电视台 3、5、6、8 加密频道。是年 11 月，投资 20 多万元，建好冷水滩站播出机房的备用前端站。

1999 年 1 月，根据改革的需要，永州有线广播电视台正式实行“台网分离”，芝山、冷水滩城区有线电视网络正式从永州有线广播电视台剥离出来，组建单独的永州广播电视网络公司，全权负责永州城区有线网络的经营。总部设冷水滩区。芝山设管理站。

2000 年 7 月 19 日，永州市广播电视局与湖南电广传媒股份有限公司合资组建的“永州电广宽带信息网络有限公司”挂牌成立，引进 3000 多万元资金，建设和改造芝山、冷水滩城区有线电视网络。至此，永州有线广播电视台的网络全部移交永州电广宽带信息网络有限公司经营。

第七节 创优获奖

1996—2015 年，永州广播电视台以创优获奖为奋斗目标，广播电视节目获省级以上奖励共 194 件，其中获“中国新闻奖”“骏马奖”“湖南新闻奖”“湖南五个一工程奖”的有 29 件，获“湖南广播电视奖”165 件。

一、优秀新闻、专题作品奖

1992—2015 年永州广播电视台获省级以上优秀新闻、专题作品奖一览表

表 3-6

获奖作品	获奖等级	创作人	获奖年份	授奖单位
电视专题：《风雨同舟在潇湘》	奇星杯二等奖	秦平生、钟伟、蒋卫民等	1992	全国政协
电视专题：《江华酿豆腐》	湖南广播电视奖一等奖	秦平生	1992	省广电局

续表3-6

获奖作品	获奖等级	创作人	获奖年份	授奖单位
电视专题：《潇湘丰碑》	湖南广播电视奖二等奖	张宁波、秦平生、张维、李少先等	1992	省广电局
电视专题：《潇湘寻梦记》	湖南广播电视奖一等奖	秦平生、蒋卫民等	1993	省广电局
电视专题：《湘南明珠——江华》	湖南广播电视奖二等奖	秦平生、张宁波、李波	1994	省广电局
电视消息《小金云流落38天回到亲人怀抱》	湖南广播电视奖三等奖	夏国忠、柏高见	1994	省广电局
《大年初一把火》	湖南广播电视奖二等奖	胡逖、张卓琳	1994	省广电局
电视专题：《追寻盘王之女》	湖南广播电视奖二等奖	秦平生、钟伟、李丽辉、唐孟冲	1996	省广电局
《江永香开发机制灵活，推动产业化》	湖南广播电视奖三等奖	柏高见	1997	省广电局
电视专题：《乐夫村的流行》	湖南广播电视奖二等奖	秦平生、钟伟、李磊	1998	省广电局
《补鞋大嫂唐秋妹》	湖南广播电视奖三等奖	秦平生、李丽辉、蒋卫民	1998	省广电局
电视短消息：《路标》	湖南广播电视奖三等奖	柏高见	1999	省广电局
电视专题：《远方的山林》	湖南广播电视奖三等奖	秦平生、钟伟、蒋卫民	1999	省广电局
电视散文：《父亲与路》	湖南广播电视奖三等奖	陈和平、关健、李少先	1999	省广电局
电视专题：《英雄付玲玲》	湖南广播电视奖一等奖	秦平生、周龙江、曾波	2001	省广电局
电视专题：《千里大迁移》	湖南广播电视奖二等奖	秦平生、钟伟、杨向东	2001	省广电局
广播专题：《生死较量——付玲玲访谈》	湖南广播电视奖二等奖	王红、黄正、蒋思冰、杨程、杨向东	2001	省广电局
电视专题《利剑斩黑》	湖南广播电视奖三等奖	唐洪波、肖丽特、杨向东	2001	省广电局
电视栏目：《超级宝贝》	湖南广播电视奖三等奖	周勇刚、福勇、海零、高见等	2001	省广电局
电视消息：《省委书记冒雪查米缸》	湖南广播电视奖二等奖	唐小莽、王晓云、张锐	2002	省广电局

续表3-6

获奖作品	获奖等级	创作人	获奖年份	授奖单位
《倾诉——追记全国好法官谢云峰》	湖南广播电视奖二等奖	柏高见、孙治国、彭晓霞、杨程	2002	省广电局
电视栏目：《民情直通车》	湖南广播电视奖二等奖	魏义和、曲燕、欧阳征朝、蒋卫民	2002	省广电局
《邓老汉十余年捡理上万农药瓶》	湖南广播电视奖二等奖	陈爱民、唐兴龙、宋燕琼	2002	省广电局
《小康人的新追求》	湖南广播电视奖三等奖	柏高见、任丽珍、秦晓玲	2002	省广电局
《“3·20”特大贩毒案今天告破》	湖南广播电视奖一等奖	杨向东、唐小莽、蒋卫民	2003	省广电局
《党旗映红南风坳》	湖南广播电视奖二等奖	柏高见、孙治国、彭晓霞	2003	省广电局
《引资莫引祸》	湖南广播电视奖三等奖	张爱民、肖丽特、曲燕、张锐	2003	省广电局
电视栏目:《民情直通车》	湖南广播电视奖三等奖	张爱民、蒋卫民、张锐、曲燕等	2003	省广电局
电视系列报道：《千里瑶山行》	湖南广播电视奖三等奖	夏国忠、柏高见、孙治国、唐肆一、杨程、和明军	2003	省广电局
电视专题：《激情燃烧的岁月》	湖南广播电视奖特别奖	杨向东、张爱民、张华雨、张锐、曲燕、陈柱荣	2004	省广电局
广播评论：《公款行贿何时了》	湖南广播电视奖一等奖	罗剑君、池德玉、刘寿如、王红	2004	省广电局
新闻专题：《破译千年神话》	湖南广播电视奖一等奖	杨向东、胡文军、蒋卫民、王晓云、陈柱荣	2004	省广电局
电视消息：《小点子：大实事》	湖南广播电视奖一等奖	滕智荣、李少先、彭晓霞	2004	省广电局
电视消息：《道县玉蟾岩惊现一万二千年前古稻谷》	湖南广播电视奖一等奖	胡文军、唐玉燕、李光平	2004	省广电局
电视专题：《兰癞子的故事》	湖南广播电视奖一等奖	秦平生、柏高见、张宁波、钟伟	2004	省广电局
电视栏目：《大事小事》	湖南广播电视奖一等奖	欧朝阳、李胜男、伍时华、彭晓霞、刘群、吕哲	2004	省广电局

续表3-6

获奖作品	获奖等级	创作人	获奖年份	授奖单位
报纸消息：《下岗职工熊小敏创办造地公司》	湖南广播电视奖一等奖	陈爱民、唐玉燕、李光浃	2004	省广电局
报纸通讯：《湘昆突围》	湖南广播电视奖一等奖	郭凯、谭小华	2004	省广电局
广播栏目：《政务热线》	湖南广播电视奖二等奖	罗剑君、左平安、刘湘莲、袁丽华、唐建军	2004	省广电局
广播消息：《我市道县发现一万二千年前栽培稻》	湖南广播电视奖二等奖	罗剑君、罗耀南、黄奇明	2004	省广电局
电视专题：《带着外婆去打工》	湖南广播电视奖二等奖	欧朝阳、陈瑞峰、冯康庭、彭晓霞、唐勋江	2004	省广电局
《山村里出三个“林则徐”》	湖南广播电视奖二等奖	陈爱民、艾跃、黎成刚	2004	省广电局
《秘密行动》	湖南广播电视奖三等奖	柏高见、陈中国、邱邦新、王满华	2004	省广电局
电视消息：《法官妈妈王满云》	湖南广播电视奖三等奖	胡文军、王晓云	2004	省广电局
《千里瑶山行》	中国“骏马奖”	夏国忠、柏高见、唐肆一、杨程、和民军	2004	国家民委
电视栏目：《大事小事》	湖南新闻奖一等奖	欧朝阳、李胜男、伍时华、彭晓霞、刘群、吕哲	2004	省委宣传部
广播专题：《为了大地的丰收》	湖南新闻奖二等奖	罗耀南、罗剑君、刘湘莲、杨晨	2005	省委宣传部
广播专题：《为了大地的丰收》	湖南广播电视奖一等奖	刘湘莲、罗耀南、罗剑君、杨程	2005	省广电局
电视系列报道：《红土地的眷念》	湖南广播电视奖一等奖	王远栋、张锐、李乾、王晓云	2005	省广电局
电视专题：《盘王的传说》	湖南广播电视奖一等奖	秦平生、柏高见、孙治国、陈育峰、周勇刚、黄奇明	2005	省广电局
《农民合同工当选全国劳模》	湖南广播电视奖一等奖	何建中、陈爱民、唐新华	2005	省广电局

续表3-6

获奖作品	获奖等级	创作人	获奖年份	授奖单位
电视栏目：《大事小事》	湖南广播电视奖制作奖（一等奖）	欧朝阳、滕智荣、李胜男、李志刚、唐玲红等	2005	省广电局
纪录片：《神奇的竹炭》	湖南广播电视奖制作奖（一等奖）	管顺生、罗耀南、杨向东、钟伟、何勇华	2005	省广电局
电视消息：《手持医疗证　看病有保障》	湖南广播电视奖二等奖	李胜男、王辉、陈珑	2005	省广电局
《浩然正气，情动三湘》	湖南广播电视奖二等奖	李海源、陈爱民、郭磊	2005	省广电局
广播评论：《莫让农民才卸担子，又过卡子》	湖南广播电视奖三等奖	罗耀南、张祖智、刘湘莲、罗剑君、杨程	2005	省广电局
电视消息：《湖南省首次公祭舜帝陵大典在宁远隆重举行》	湖南广播电视奖三等奖	钟伟、周林、李新富	2005	省广电局
电视科普专题：《阳明山竹蝗》	湖南广播电视奖三等奖	罗耀南、管顺生、杨向东、钟伟	2005	省广电局
新闻专题：《大山的儿子》	湖南省先进性教育优秀新闻作品奖	池德玉、柏高见、王健	2006	省委宣传部
广播专题：《一片冰心报春晖》	湖南广播电视奖一等奖	罗剑君、罗耀南、池德玉、杨程、彭晓霞	2006	省广电局
报纸通讯：《为了瑶山那片翠绿》	湖南广播电视奖二等奖	罗耀南、彭安文、陈爱民	2006	省广电局
电视专题：《守望》	湖南广播电视奖二等奖	罗耀南、彭安文、	2006	省广电局
电视科普专题：《王大叔学施肥》	湖南广播电视奖一等奖	罗耀南、管顺生、和民军、彭晓霞、伍正虹、张华雨	2006	省广电局
广播消息：《安南为我市小学生赠“和”》	湖南广播电视奖三等奖	罗耀南、杨程	2006	省广电局
电视专题：《一波三折治竹蝗》	全国关注森林奖三等奖	罗耀南、管顺生、张锐	2007	广电总局 中国记协
电视专题：《一个乡村女教师和她的儿女们》	湖南新闻奖三等奖	张爱民、柏高见、黄胜军、张标清	2007	省委宣传部

续表3-6

获奖作品	获奖等级	创作人	获奖年份	授奖单位
电视科普专题：《巧移大树》	湖南广播电视奖一等奖	罗耀南、管顺生、张华雨、彭晓霞、伍正虹	2007	省广电局
电视专题：《一个病儿的人生冷暖》	湖南广播电视奖一等奖	杨向东、唐小莽、刘政平、陈超、郑春园、赵小兵	2007	省广电局
电视栏目：《情动930》	湖南广播电视奖优秀栏目（一等奖）	张爱民、张标清、和民军、魏娟、龙丽娟	2007	省广电局
《初中老师吃回扣技校学生先打工》	湖南广播电视奖三等奖	杨向东、唐小莽、刘政平	2007	省广电局
《意外险引发的意外事》	湖南广播电视奖三等奖	杨向东、唐小莽、刘政平、蒋卫民、唐洪波	2007	省广电局
电视专题：《一个乡村女教师和她的儿女们》	湖南广播电视奖三等奖	张爱民、柏高见、黄胜军、张标清、陈立、魏娟	2007	省广电局
电视系列报道：《稻花香里说丰年》	湖南广播电视奖一等奖	欧朝阳、李志刚、唐勋江、滕智荣	2008	省广电局
电视专题：《孙子、奶奶和奥运》	湖南广播电视奖一等奖	杨向东、唐小莽、屈正芳、肖荣华	2008	省广电局
电视科普专题：《生活污泥变“绿肥”》	湖南广播电视奖一等奖	罗耀南、管顺生、周进华、王晓云	2008	省广电局
电视消息：《永州洪灾“百年不遇”创下“零伤亡”奇迹》	湖南广播电视奖二等奖	杨向东、唐小莽、肖荣华	2008	省广电局
《廉政公益广告》	湖南广播电视奖二等奖	伍正虹、康小军、秦伟	2008	省广电局
电视消息：《湖南首次发现商周山地遗址》	湖南广播电视奖三等奖	唐洪波、王坤	2008	省广电局
电视系列报道：《折得东风第一枝：永州深入学习实践科学发展观，承接产业转移启示录》	湖南广播电视奖一等奖	唐小莽、张锐、吴宴林、莫军田	2009	省广电局
电视科普专题：《巧治竹蝗》	湖南广播电视奖创新奖（一等奖）	管顺生、罗耀南、彭晓霞、和民军	2009	省广电局
电视专题：《撤离频岛》	湖南广播电视奖二等奖	杨向东、唐小莽、蒋卫民	2009	省广电局

续表3-6

获奖作品	获奖等级	创作人	获奖年份	授奖单位
《诗意东江湖》	湖南广播电视奖二等奖	张爱民、孙治国	2009	省广电局
《“空心村”：土地的极大浪费》	湖南广播电视奖二等奖	何建中、艾跃、陈爱民	2009	省广电局
《洛湛铁路永州行》	湖南广播电视奖三等奖	王萍、杨程、刘湘莲	2009	省广电局
《新捕蛇者说》	湖南广播电视奖三等奖	张爱民、蒋卫民	2009	省广电局
电视消息：《寻找救命恩人》	湖南广播电视奖一等奖	唐小莽、李素珍、谭俊杰	2010	省广电局
广播消息：《百家姓村的“百家宴”》	湖南新闻奖三等奖	罗耀南、刘湘莲、杨程	2010	省宣传部
广播消息：百家姓村的“百家宴”	湖南广播电视奖二等奖	罗耀南、刘湘莲、杨程	2010	省广电局
电视专题：《生如夏花——追记永州监狱80后优秀干警吴战保》	湖南广播电视奖一等奖	张标清、魏娟、王远栋、陈超	2010	省广电局
电视科普：《父子种生姜》	湖南广播电视奖一等奖	罗耀南、管顺生、李朝晖、胡宇迪	2010	省广电局
电视消息：《寻找救命恩人》	湖南新闻奖一等奖	唐小莽、李素珍、谭俊杰	2010	省委宣传部
电视专题：《生如夏花——追记永州监狱80后优秀干警吴战保》	湖南新闻奖二等奖	张标清、王远栋、魏娟	2010	省委宣传部
《永州百村行》	湖南广播电视奖二等奖	欧朝阳、孙健、郑文甲	2011	省广电局
电视消息：《湖南水利一号工程涔天河扩建工程奠基》	湖南广播电视奖三等奖	唐小莽、蒋卫民	2011	省广电局
《四代“鼓士”传承文明》	湖南广播电视奖三等奖	唐小莽、蒋卫民、彭宏文、张春雨	2011	省广电局
《独生女家庭“忧心种种”》	湖南广播电视奖三等奖	陈爱民	2011	省广电局
电视系列报道：《村小的回归》	湖南广播电视奖一等奖	罗耀南、滕智荣、蒋军林、胡宇迪	2012	省广电局

续表3-6

获奖作品	获奖等级	创作人	获奖年份	授奖单位
电视栏目《品读永州》	湖南广播电视奖制作奖（一等奖）	欧朝阳、张爱民、孙健、管顺生、蒋卫民、王伟	2012	省广电局
《百家姓一条心》	湖南广播电视奖一等奖	艾跃	2012	省广电局
《“三分地养活一个人”》	湖南广播电视奖三等奖	唐小莽、唐肆一、魏虹	2012	省广电局
《远山的瑶歌》	湖南广播电视奖三等奖	张爱民、佘慧雄、唐勋江、莫军田、王伟、匡一冰	2012	省广电局
电视系列报道：《村小的回归》	湖南新闻奖二等奖	罗耀南、滕智荣、蒋军林、胡宇迪	2012	省委宣传部
电视评论：《土地流转谨防“隐性流失”》	湖南新闻奖二等奖	唐小莽、周利国、蒋楠、阳冬霞、唐田	2013	省委宣传部
电视消息：《60年前借马欠条，惊现一段军民情》	湖南新闻奖二等奖	张莉、陈岩、李丽恒	2013	省委宣传部
电视系列报道：《情定吴佰营》	湖南新闻奖二等奖	罗耀南、蒋军林、管顺生、胡宇迪、蒋卫民、夏海波	2013	省委宣传部
电视系列报道：《情定吴伯营》	湖南新闻奖二等奖	罗耀南、蒋军林、管顺生、胡宇迪	2013	省委宣传部
广播评论:《土地流转切莫“流失了耕地”》	湖南新闻奖三等奖	康小军、唐小莽、周萍、柏子婷	2013	省委宣传部
电视评论：《土地流转谨防“隐性流失”》	湖南广播电视奖一等奖	唐小莽、周利国、胡宇迪、唐田	2013	省广电局
《乡长辞官种荒田》	湖南广播电视奖二等奖	刘湘莲、陈爱民、杨万里	2013	省广电局
电视消息：《60年前借马欠条，惊现一段军民情》	湖南广播电视奖三等奖	张莉、陈岩、李丽恒	2013	省广电局
电视消息：《龙飞凤与总理对话：瑶山腾飞我的梦》	湖南广播电视奖三等奖	张莉、李江辉、屈慧君	2013	省广电局
电视系列报道：《情定吴伯营》	湖南广播电视奖三等奖	罗耀南、蒋军林、管顺生、胡宇迪	2013	省广电局

续表3-6

获奖作品	获奖等级	创作人	获奖年份	授奖单位
电视专题：《瑶都新娘》	湖南广播电视奖三等奖	张爱民、蒋卫民、周玲、彭安文	2013	省广电局
《摇钱树》广告	湖南广播电视奖三等奖	张华雨、周勇刚、熊平	2013	省广电局
《“上访妈妈”入党记》	湖南广播电视奖三等奖	艾跃	2013	省广电局
广播评论：《接权莫弄权》	中国广播影视大奖提名奖	管顺生、张祖智、伍时华、肖申军	2014	省广电局
电视消息：《我市发出第一张“三证合一”营业执照》	湖南广播电视奖二等奖	蒋军林、李志刚、孙治国	2014	省广电局
广告《晓了显火》	湖南广播电视奖二等奖	吕哲、王辉、文霞	2014	省广电局
《零陵区与市民共享“区委大院”》	湖南广播电视奖二等奖	周楠、爱民	2014	省广电局
电视系列报道：《杨德裕：用痴情敲开移民的心门》	湖南广播电视奖三等奖	蒋军林、罗耀南、佘慧雄、胡宇迪	2014	省广电局
电视专题：《乡村医生邓红兵》	湖南广播电视奖三等奖	管顺生、蒋卫民、伍时华、谭俊杰	2014	省广电局
广播剧：《余劳模交班记》	湖南广播电视奖三等奖	童琳、戴琳、宋建云	2014	省广电局
宣传片《潇湘丽人》	湖南广播电视奖三等奖	罗剑君、蒋永为、黄孟姣	2014	省广电局
电视消息：《我市发出全省第一张“三证合一”营业执照》	湖南新闻奖二等奖	蒋军林、李志刚、孙治国	2014	省委宣传部
电视消息：《104岁抗日老兵见证日军侵华历史》	湖南新闻奖二等奖	蒋军林、罗耀南、佘慧雄	2014	省委宣传部
电视系列报道：《杨德裕：用痴情敲开移民的心门》	湖南新闻奖二等奖	蒋军林、罗耀南、佘慧雄、滕智荣、管顺生、胡宇迪、屈慧君	2014	省委宣传部
《这个证为何如此难办》	湖南新闻奖三等奖	唐小莽、赵小兵、蒋卫民、陈立、李河	2014	省委宣传部

续表3-6

获奖作品	获奖等级	创作人	获奖年份	授奖单位
电视评论：《土地流转谨防“隐性流失”》	中国新闻奖三等奖 中国广播影视大奖提名奖	唐小莽、周利国、蒋南、阳冬霞、唐田	2015	中宣部 广电总局
电视消息：《47颗牙齿化石改写人类进化史》	湖南新闻奖二等奖	唐小莽、黄潜、王琳、李生文、屈慧君	2015	省委宣传部
电视专题：《只为找到你》	湖南新闻奖三等奖	蒋军林、罗耀南、唐勋江、周玲	2015	省委宣传部
广播消息：《道县发现现代人类化石，有望改写现代人的演化和迁徙史》	湖南新闻奖三等奖	罗耀南、蒋军林、黄潜、胡宇迪	2015	省委宣传部
电视专题：《撞不起的天价护栏》	湖南新闻奖三等奖	赵小兵、王振雄、滕智荣、李志刚、成娟、魏娟	2015	省委宣传部
广播评论：《接权莫弄权》	湖南广播电视奖一等奖	管顺生、张祖智、伍时华、肖申军	2015	省广电局
广播消息：《道县发现现代人类化石有望改写现代人的演化和迁徙史》	湖南广播电视奖二等奖	罗耀南、蒋军林、黄潜	2015	省广电局
电视专题：《撞不起的天价护栏》	湖南广播电视奖二等奖	赵小兵、王振雄	2015	省广电局
电视专题：《只为找到你》	湖南广播电视奖二等奖	蒋军林、唐勋江、周玲、屈慧君	2015	省广电局
电视专题：《即将消失的美味——码市山螺》	湖南广播电视奖二等奖	孙健、唐勋江、郑文甲	2015	省广电局
《瑶族有语言也有文字》	湖南广播电视奖二等奖	孙治国、陈爱民	2015	省广电局
电视消息：《47颗牙齿化石改写人类进化史》	湖南广播电视奖三等奖	唐小莽、黄潜、王琳	2015	省广电局
《2015春晚宣传片》	湖南广播电视奖三等奖	孙健、唐勋江、郑文甲	2015	省广电局

二、优秀艺术作品奖

1994—2015年永州广播电视台获省级以上优秀艺术作品奖一览表

表3-7

获奖作品	获奖等级	单位或个人	获奖年份	授奖单位
电视剧:《蓝星星、黑星星》	“金帆奖”三等奖	杨克祥、龚若飞、王平、张宁波、蒋卫民等	1994	中南六省广电局
音乐电视:《山里人的歌》	湖南广播电视奖三等奖	秦平生、唐孟冲	1998	省广电局
《父亲与路》	湖南广播电视奖三等奖	陈和平、关键、李少先	1998	省广电局
《超级宝贝》	湖南广播电视奖三等奖	周勇刚、福勇、海零、高见等	2001	省广电局
音乐电视:《山里人最爱打哟嗬》	湖南广播电视奖二等奖	唐孟冲、伍立新、蒋卫民、唐育蓉	2003	省广电局
音乐电视:《山里人最爱打哟嗬》	十一届中国文化艺术奖“孔雀奖”	唐孟冲、伍立新、蒋卫民、唐育蓉	2004	
广播散文:《故乡三叠》	湖南广播电视奖二等奖	罗剑君、黄奇明	2004	省广电局
电视散文:《小站老牛》	湖南广播电视奖一等奖	欧朝阳、陈瑞峰、黄奇明、唐勋江、唐玲红	2005	省广电局
音乐电视:《将进酒》	湖南第五届“五个一工程奖”	唐孟冲等	2006	省委宣传部
音乐电视:《大瑶山放歌》	湖南第七届“五个一工程奖”	唐孟冲等	2007	省委宣传部
广播散文:《养在水里的永州》	湖南广播电视奖三等奖	罗剑君、黄奇明、彭晓霞、伍正虹	2011	省广电局
广播剧:《一封未写完的信》	湖南广播电视奖三等奖	吕晓勇、池金涛、周明礼、池德玉	2012	省广电局
广播剧:《一封未写完的信》	湖南第十一届“五个一工程奖”	吕晓勇、池金涛、周明礼、池德玉	2012	省委宣传部
广播访谈:《缘定永州谣》	湖南广播电视奖三等奖	戴琳、高文辉、宋燕	2013	省广电局
小品:《原来是你》	“中华颂”全国第五届曲艺小品展金奖	孙健、周念军、顾群英、周慧	2014	文化部 全国总工会

三、优秀论文奖

1996—2015年永州电视台获省级以上优秀论文奖一览表

表3-8

获奖论文	获奖等级	作者	获奖年份	授奖单位
《当代中国广告文化变迁的历史演进》	全国第五届优秀广播电视论文二等奖	罗耀南	1996	中国广播电视协会
《当代中国广告文化变迁的历史演进》	湖南省第五届优秀广播电视论文一等奖	罗耀南	1997	省广电协会
《社会因素对我国广告文化变迁的影响》	湖南省第六届广播电视学术论文三等奖	罗耀南	1998	省广电局
《论广播电视传播的社会制约》	全国广播电视论文征文一等奖	罗耀南	1999	中国广播电视协会
《地市级电视台如何迎接WTO的挑战》	三等奖	唐小莽	2003	省广电局
《浅谈马列新闻党性原则》	湖南省第八届广播电视学术论文三等奖	罗耀南	2003	省广电局
《地市级电视台节目资料库数字化改造的探讨》	三等奖	杨景华	2003	省广电局
《切实加强新闻队伍职业道德建设　维护媒体良好形象》	二等奖	池德玉	2003	省广电协会
《加强新闻策划、创作新闻精品》	湖南广播电视二等奖	张爱民 李胜男	2004	省广电局
《要“里子”也要“面子”》	湖南广播电视二等奖	孙健	2004	省广电局
《小视角，大世界》	湖南广播电视二等奖	龙丽娟	2004	省广电局
《把直通车开进百姓心里》	湖南广播电视二等奖	曲燕	2004	省广电局
《以娱载道，寓教于乐》	湖南广播电视三等奖	张英	2004	省广电局
《浅谈新闻中“以小见大”》	湖南广播电视优秀奖	李志刚	2004	省广电局
《初探电视媒体新闻主播说新闻的语言才华和自身特点》	湖南广播电视三等奖	刘群	2004	省广电局
《明方向，抓根本，打基础》	湖南广播电视优秀奖	曲燕	2004	省广电局
《浅谈电视节目主持人个人魅力的缺失及重构》	湖南省广播电视播音论文二等奖	罗耀南	2005	省广电学会
《浅析基层电视节目主持人的素质》	三等奖	曲燕	2005	省广电学会
浅谈“碎片化”语境下的电视传播	湖南省新闻论文二等奖	罗耀南	2006	省新闻工作者协会

续表3-8

获奖论文	获奖等级	作者	获奖年份	授奖单位
《浅谈“碎片化”语境下的电视传播》	全国广播电视论文征文二等奖	罗耀南	2007	中国广播电视协会
《浅谈媒体文化软实力的构建》	全省广播电视论文征文三等奖	罗耀南	2008	省广电学会
《新型编码格式在 IP 流播中系统的应用》	全省广播电视论文征文三等奖	赵光明	2009	省广电局
《嗅觉是基层记者的核心感觉》	全省广播电视论文征文三等奖	张莉	2013	省广电协会
《市级媒体典型人物报道探析》	湖南新闻奖三等奖	伍时华	2014	省委宣传部
《市级电视媒体典型人物报道探析》	湖南新闻奖二等奖	伍时华	2015	省广电局
《媒体整合时代唯改革创新者胜》	湖南新闻奖三等奖	唐小莽	2015	省广电局
《基于 4G 技术的新闻打提质》	湖南新闻奖三等奖	孙健	2015	省广电局
《突出“十”才能提升城市广电媒体传播力》	湖南新闻奖三等奖	唐小莽	2015	省委宣传部

四、优秀节目奖

2004—2009 年永州广播电视台获省级以上优秀节目奖一览表

表 3-9

获奖作品	获奖等级	创作人	获奖年份	授奖单位
《城市之窗》	二等奖	屈慧君	2004	省广电局
《大事小事》	二等奖	刘群	2004	省广电局
《永州新闻联播》	三等奖	柘成林	2004	省广电局
《2005 年湖南省公祭舜帝大典》	一等奖	王晓云	2005	省广电局
《永州新闻联播》	二等奖	李新富	2005	省广电局
《民情直通车》	三等奖	柘成林	2005	省广电局
《新房产》	三等奖	魏娟	2005	省广电局
《穿越时空的爱恋》	三等奖	魏娟	2009	省广电局
《大事小事》	三等奖	刘群	2009	省广电局

第八节 广播电视经营

1996年以前，永州广播电视的广告经营属起步阶段。广告经营单位只有两个，即零陵电视台和零陵有线电视台。两台主要是以宣传为主，经营为辅。广告经营力度不大，栏目少，节目单一，有线电视用户不多，收入偏低。随着永州广播电台的成立，永州广播电视宽带信息网络有限公司的组建和局台合一体制改革的推进，永州广电经营创收工作的力度逐年加大，经营创收的路子逐年拓宽，经营收入逐年增多呈现出广播、电视、网络三驾马车并驾齐驱的格局。

一、广播广告

2000年11月19日，永州人民广播电台开播。办台初期，经营收入主要靠单位赞助，合办栏目，基数很低，开播当年，经营创收只有26万元。

2001年，电台调整经营思路，制定“节目活动化、活动节目化、创收项目化”的经营战略，开办栏目，主办活动，以活动和栏目拉动经营创收。台内先后推出《您点我播》《午夜悄悄话》《有事找小芳》等栏目，先后主办大小活动10余次。2001年，创收47.3万元，2002年增加到64万元。

2003—2005年，永州人民广播电台提出向覆盖要效益的理念，自筹资金购买一台1千瓦广播调频发射机、两台100瓦调频广播发射机，分别安装在江永铜山岭和新田、蓝山广电局办公楼。电台节目信号在北五县区覆盖的基础上直接覆盖南六县，全市11个县区人民都能收听到永州人民广播电台的节目。通过节目覆盖吸纳广告，经营创收逐年递增。2003年完成创收79万元，2004年87万元，2005年突破100万元大关，达112万元。

2006年，永州广电局决定，将永州电视台信息频道改为互动频道，移交广播电台经营管理。全年实现经营创收168万元，其中广播电台创收120万元，互动频道创收48万元。2007年经营创收首次突破200万元大关，达到212万元，其中广播电台创收135万元，互动频道创收77万元。

2008年，电视互动频道剥离广播电台，独立经营管理。2008年、2009年广播电台的经营创收基本稳定在130万元左右。

2010—2015年，永州人民广播电台新闻综合频道与湖南人民广播电台合作，转由湖南人民广播电台经营管理。并借鉴外地经验，与永州市一家企业联营创收，基本稳定在 250 万元左右，最高年份 2012 年突破 300 万元。

二、电视广告

1996—1997 年，永州电视台的广告主要是四大类：一是点歌收入。每逢重大节日、婚庆、生日、乔迁等，利用开办的《屏幕歌声》栏目，为群众和单位提供点歌祝贺平台。每点一首歌个人收费 100 元，单位 200 元。二是与永州气象局联合主办《天气预报》，每天发布气象消息，吸纳一定的广告。三是特约电视剧。电视台采购提供电视剧，由各单位特约赞助播出。播前为特约赞助单位制作播出特约广告。四是制作播出小量的公益广告。每年收入 200 万元左右。加上永州有线台的广告收入，达 400 万元左右。

1998 年，永州广播电视局党组积极探索广告经营的新路子，改革广告经营创收体制。组建广播电视广告总公司，统一经营永州电视台、永州有线电视台的对外广告业务。当年完成广告收入 500 万元，比 1997 年增长 90 万元。1999 年突破 1000 万元大关，到 2001 年，广告收入达 1300 万元。

2002—2007 年，经过内部改革，局台合一，理顺广告管理体制，实行局党组领导下的频道总监负责制。每年度局党组把广告经营创收的任务分解下达到各频道，并制定广告经营创收奖罚制度，年终考核与绩效挂钩，调动广电员工的积极性。广告经营创收大幅度增长。每年均以 15% 的速度递增，2005 年，年创收首次突破 2000 万元大关。2007 年达 2480 万元。

2008—2010 年，局党组研究决定，重新组建广告总公司，统一经营局直电视各媒体的商业广告、品牌广告、飞幕广告、特约广告等，实行一支笔审批广告，一口价对外经营广告。局直电视各媒体以宣传为主，通过与县区、行政事业单位合办栏目，拍摄专题片，承担小量的广告经营任务，遏制滥价、无序竞争的现象。广告收入呈现出稳中有增的局面。2010 年广告收入达 2600 多万元。

2011 年根据中央和省市的安排，进行文化体制改革，成立新的永州广播电视台，年底终止频道制，实行中心制。永州电视台的广告经营由专题活动部承担，主要经营商业广告、飞幕广告、特约广告、录播广告等。新闻采编部在做好新闻宣传的同时负责经营行政事业单位的宣传合作业务。通过开办栏目，主办活动，提升节目质量，吸纳广告、增加收入。2011—2015 年，广告经营一路飘红、稳住阵脚，每年收入都达 2600 万元以上。2013 年达 2800 万元。

三、网络经营

2001年7月19日，经永州市委、市政府同意，永州广电局与湖南电广传媒合作，组建的永州广电宽带信息网络有限公司挂牌运行。公司拥有有线电视客户5.04万户，电视收视费收入777.38万元。

2006年5月，永州宽带网络有限公司进行数字化改造，筹建数字电视平台，年底正式传输数字电视节目信号，并与中国移动公司合作，开展宽带数据业务。吸纳全国省市区卫视节目入网。2008年3月24日，有线数字电视大规模整体转换，截至2008年年底，有线电视客户增加到11.14万户，全国20多家省市区卫视节目在永州落地入网，年收入达2622.11万元。

2009年1月1日，湖南有线永州网络有限公司对零陵、冷水滩两区乡镇网络进行收购，两区25个乡镇农村网络，实现城市农村一张网，截至2009年年底，宽带网络有限公司电视数字客户增加11.27万户，加上数据业务和外省区卫视节目入网收入，年收入为2550.55万元。

2010年，湖南有线永州网络有限公司建设综合数字化信息平台，推广广播、电视交互式业务，为客户提供点播电视、互动电视服务，开展电视政务、远程会议、收费电视等增值业务，网络收入逐年提高。2010年经营收入为4103.86万元。2011年为4810.05万元，2012年为4906.32万元，2013年为4987.99万元，2014年为4317.14万元，2015年为5021.96万元。

第九节　高山台站

永州广播电视高山台站共有5个，即永州市中波台、永州市羊毛岭电视调频转播台、永州市铜山岭电视调频转播台、永州市大华山电视调频转播台、永州市微波总站，都是全额拨款正科级事业单位。高山台站分别建立于20世纪70年代、80年代、90年代，主要职责是转播中央台、省级台和永州市广播电视台节目。

一、永州市中波台

1996年1月，零陵地区中波台更名为永州市中波台。零陵地区中波台的前身是原零陵地区实验台。直属零陵地委宣传部，始建于1971年1月。位于零陵区朝阳公园，零陵师专（现为湖南科技学院）后山。台内共有五台1千瓦发射机，型号为湖南广播设备厂生产的HC-1-A型广播发射机，建成5个频率的干扰播出平台。

1973年12月31日经中兴电信总局和湖南省无线电管理委员会批准开播，主要工作任务是对台湾中波广播进行杂音干扰。1974年6月，根据零陵地委决定，实验台划归原零陵地区广播事业局管理，定编7人。1982年5月22日，根据中央广播事业局《关于贯彻中央决定联络部分干扰台的有关问题的通知》精神，1982年6月1日零点起零陵实验台停止对台湾台的干扰，并将零陵实验台改为广播转播台。1983年12月，经湖南广播电视厅和零陵地区行署批准，在零陵区茆江桥筹建零陵地区中波转播台，转播中央人民广播电台和湖南人民广播电台节目。与零陵地区实验台合并办公，两块牌子一套人马，经过两年多的建设，1985年1月，零陵地区中波转播台开播。台内建有1台10千瓦和4台1千瓦中波广播发射机，转播中央人民广播电台节目和湖南人民广播电台节目。直接覆盖零陵地区北五县区。填补中央台在零陵地区中波覆盖的空白。1985年2月，零陵地区中波转播台定编15人，正科全额拨款事业单位。1986年2月，零陵地区实验台整体搬迁中波转播台，合并办公。实验台定编11人，中波台定编15人，两台共有编制26人。

2002年10月1日，零陵地区中波台划归湖南省广播电视厅管理。更名为“湖南省广播电视局永州中波转播台”。人员编制不变，工作职责不变。事业经费由零陵地区负责。专项经费由省广播电视厅负责。内设机构为办公室、播出部、技术部。

2015年，永州市中波转播台共有员工28人，其中在职职工17人，退休职工11人，高级工程师2人，工程师5人，助理工程师7人，助理会计师2人。

二、永州市羊毛岭电视调频转播台

1996年1月，零陵地区羊毛岭电视调频转播台更名为永州市羊毛岭电视调频转播台，是湖南省14个骨干高山发射台之一。位于零陵区富家桥镇羊毛岭，海拔648米，1983年5月，经湖南广播电视厅批准，在零陵富家桥羊毛岭兴建电视调频转播台。同年9月破土动工，修公路、建机房、架电线、调试设备。1984年7月1日，开通转播湖南电视台的节目，发射机是北京广播器材厂生产的1千瓦单通道电视发射机。北五县区老百姓开始收看湖南电视台节目。同年7月7日。零陵地区编委下发文件，成立零陵地区羊毛岭电视调频转播台，系正科级全额拨款单位，定编12人。1989年6月，开始转播湖南人民广播电台节目。

1996—2006年，湖南广播电视厅，零陵地区财政拨款羊毛岭电视调转播台，先后购进1千瓦立体声调频广播发射机和3千瓦立体固态调频广播发射机，安装调试成功。2006年10月，开始转播中央人民广播电台中国之声节目。节目信号直接覆盖北五县区。

2009年，羊毛岭电视调频转播台3千瓦单通道全固态电视发射机安装调试成功。10月份开始转播中央电视台七套节目。发射机是北京广播器材厂生产的。同年，台内自筹资金15万元拉通从零陵富家桥广播电视站到山上播出机房光纤线路，全长5.7公里。开通有线电视信号。

2011年，羊毛岭电视调频转播台采购安装一台5千瓦全固态电视发射机，9月开始转播湖南经济电视台节目。发射机是同方吉兆公司生产的。

2013年，国家实施广播电视节目数字化覆盖工程。羊毛岭电视调频转播台进行升级改造。新增1千瓦DTM13固态地面数字电视发射机，发射频率730兆，8月开机启用。发射节目有湖南卫视、湖南经视两套高清数字电视节目、中央电视台综合频道、新闻频道以及湖南电视台都市频道、电视剧频道、金鹰卡通频道等6套标准数字电视节目。

2015年，羊毛岭电视调频转播台在岗职工17人，退休人员6人，高级工程师2人，工程师2人，技工13人。

三、永州市铜山岭电视调频转播台

1996年3月，零陵地区铜山岭电视调频转播台更名为永州市铜山岭电视调频转播台，坐落在江永县铜山岭，海拔967.4米。是湖南广播电视转播骨干台，始建于1979年，主要担负中央电视台一套及七套节目、湖南电视台和永州电视台、永州人民广播电台节目的转播任务。节目覆盖南六县。还担负中央、省、市广播电视节目信号传输任务。

1984年，零陵地区广播电视局经过实地勘测，调查论证，规划在铜山岭建一座1千瓦电视调频播播台，并专门向湖南广播电视厅呈报建台报告。1985年5月23日，湖南省广播电视厅下发文件，批转零陵地区广播电视局在铜山岭建设1千瓦电视调频转播台的报告，同意建台。零陵地区编委下发文件，明确铜山岭电视调频转播台为正科级全额拨款事业单位，定编23人。1985年下半年，破土动工，铺路，架电、修机房、盖宿舍。1986年10月10日，铜山岭电视调频转播台开机转播湖南电视台节目。发射频道3CH，发射功率1千瓦。江华、江永、道县和宁远大部分地方的人民首次收看到湖南电视台的节目。1991年，经湖南省广播电视厅批准，转播中央电视台一套节目的建设工程开始动工。同年12月18日发射设备调试成功。

开机转播中央电视台一套节目。发射功率 1 千瓦，发射频道 3CH。1992 年，阳明山微波站建设拉开序幕。羊毛岭电视调频转播站动工兴建微波中继站，1993 年 4 月竣工，5 月 1 日开通。微波站的建成，南六县人民收看到零陵电视台的节目。

2000 年，随着永州人民广播电台的开播，羊毛岭电视调频转播台先后建起两台调频广播发射机，发射功率为 1 千瓦，解决南六县人民收听永州人民广播电台的节目。

2006 年，湖南省广播电视厅对羊毛岭电视调频转播台原有的两台电视发射机进行全固态化改造。并新建一台 3 千瓦电视发射机，转播中央电视台七套节目。

2013 年，永州广电局自筹资金，在铜山岭电视频调转播兴建两台各 1 千瓦数字电视发射机，10 月调试成功，开始转播，共 16 个视点，发射转播中央、省、市、县电视节目 64 套。南六县老百姓顺利地看到了数字电视节目。

2015 年，羊毛岭电视调频转播台在编在职员工 15 人，退休 4 人，其中高级工程师 1 人，工程师 1 人。

四、永州市大华山电视调频转播台

2004 年 9 月，永州市编委下发文件，祁阳县大华山电视调频转播台由县管改为永州市广播电视局管理，并更名为永州市大华山电视调频转播台，为正科级全额拨款事业单位，定编 26 名。

大华山电视调频转播台，位于祁阳县下马渡镇云盘甸秀木冲大华山，海拔 601 米，是湖南省 17 个高山电视转播台之一。主要任务是转播中央、省、市广播电视台的节目。覆盖范围为冷水滩、祁阳、东安和零陵、双牌、祁东、邵阳、邵东部分地区。覆盖人口 400 多万人。

1985 年 4 月 3 日，祁阳县人民政府向湖南省广播电视厅呈报在大华山建设电视调频转播台的报告。7 月 15 日，湖南省广播电视厅批准祁阳县在大华山建电视调频转播台，采取两级建台方式建台。水、电、路、机房、铁塔等基础设施由祁阳县负责，省广电厅提供微波和电视发射设备，并一次性安排建设资金 25 万元。1986 年 1 月 16 日破土动工，开始建设，年底竣工。1987 年 1 月 1 日开播，转播中央电视台一套节目。发射频道 11 频道，发射机功率 1 千瓦，同年，湖南省广播电视厅给祁阳大华山电视调频转播台定编 14 人，为正科级事业单位，事业经费由省厅拨款，人事和日常管理由祁阳县政府负责。

2004 年 9 月，祁阳县大华山电视调频转播台由县管改为永州市广播电视局管理，并更名为永州市大华山电视调频转播台，为正科级全额拨款事业单位，定编 26 名。

2005—2015 年，随着设备的更新改造，设备不断增多，转播任务不断加大，截至 2015 年大华山电视调频转播台电视发射机由 1987 年的 1 台增加到 5 台，其中 1 千瓦电视发射机 4 台，5 千瓦电视发射机 1 台。分别是成都凯腾 KF–111–613 电视发射机 1 台，北京广播电视器材厂 TVU316 电视发射机 1 台，北京吉兆 GWE1113B 电视发射机 1 台，浙江杭淳 HCDF–1 千瓦 1 台，北京广播电视器材厂 TVV356–5 千瓦电视发射机 1 台。调频广播发射机由 2000 年的 1 台增加到 7 台，其中 3 千瓦调频广播发射机 6 台，5 千瓦调频广播发射机 1 台，北京吉兆广播电视器材厂生产的 CMELF33B 广播调频发射机 4 台，成都凯腾广播电视器材厂生产的 KFT — III–933–3 千瓦发射机 2 台，浙江杭淳广播电视器材厂生产的 HCM–5 千瓦广播调频发射机 1 台。电视节目的转播已由 1987 年的 1 套增加到 2015 年 4 套，即中央电视台一套、七套、湖南卫视、永州电视台新闻综合频道。广播节目的转播由 2000 年的 1 套增加到 2015 年的 7 套，即中央人民广播电台的中国之声、经济之声、音乐之声、湖南人民广播电台的新闻综合频道、交通频道和永州人民广播电台的新闻综合频道、交通音乐频道节目。

2015 年，大华山电视调频转播台有在职员工 21 人，其中具有高级工程师 1 人、工程师 7 人，助理工程师 7 人。退休人员 11 人。

五、永州市微波总站

1996 年 1 月，零陵地区微波总站更名为永州市广播微波总站。主要任务是传输永州广播电视台的节目，并通过微波传输网为全市各县区广播电视台提供部分中央电视台节目信号源，还担负永州无线数字电视的发射任务。零陵地区微波总站始建于 1992 年，位于双牌阳明山海拔 1630 米的山头。1992 年 8 月，阳明山枢纽站破土动工。投入 450 万元，其中财政拨款 200 万元，南六县每个县 25 万元，缺口资金争取省广电厅解决。经过近一年时间的建设，阳明枢纽站新建机房 390 平方米，架设铁塔 3 座、微波网络近 200 套设备都安装调试到位。首站、中继站、终端站建设全部竣工。1993 年 5 月 1 日，微波总站在阳明山举行开通剪彩仪式。行署专员颜永盛，省广电厅总工程师何雪定为微波网开通剪彩。微波网的开通，南六县人民都收看到零陵电视台、有线台的节目。中央电视台、湖南电视台部分节目信号送到南六县，通过加扰转播，解决南六县人民收看中央台、省台节目的问题。1994 年 2 月，零陵地区编委同意设立零陵地区广播电视微波总站，为正科级全额拨款事业单位，定编 19 人。

2001—2014 年，永州广播电视台（含永州广播电视局）决定建设市县广播电视光缆干线网。2003 年 5 月至 2004 年 10 月，微波总站除值班人员外，全部参与光缆干线网的建设、维护和管理。

2015 年，永州市广播电视微波总站在岗人员 17 人，其中高级工程师 1 人，高级政工 1 人，工程师 2 人。退休 4 人。

第十节 县区广播电视

1996—2015 年，永州市辖区共有 13 个县（区）广播电视台，即冷水滩区、零陵区、祁阳县、东安县、双牌县、道县、宁远县、新田县、蓝山县、江华县、江永县、回龙圩管理区、金洞管理区广播电视台。一直以来，上一级广播电视部门对下一级广播电视部门实行业务指导，本级广播电视部门负责本级广播电视行政管理。宣传导向、宣传纪律和广播电视系统的科级干部人事任免均归口县区党委宣传部管理。

一、冷水滩区广播电视局（台）

（一）机构

1996 年 3 月，县级冷水滩市广播电视局更名为冷水滩区广播电视局，内设办公室、事业股、有线电视台、广播电台、音像管理站、服务公司等部门，在编干部职工 128 人。

1997 年，县级冷水滩市电视台更名为冷水滩区电视台。台内设办公室、总编室、新闻部、广告部和技术部，在岗人员 26 人。冷水滩区电视台归属冷水滩区委宣传部管理。同年撤销冷水滩区有线电视台，冷水滩区有线电视网络交由永州市广播电视局管理，人员上收 25 人。10 月，冷水滩广播电台整体上划永州市广播电视局管理。

2001 年 11 月，永州市人民政府第八次常务会议研究决定，市、区广电系统实行垂直管理。12 月，冷水滩区广电系统（含乡镇广播电视站）人、财、物成建制上收到永州市广播电视局管理，设立永州市广播电视局冷水滩分局。

2001 年年底，冷水滩电视台正式撤销，从 2002 年 1 月 1 日起，所有人、财、物全部并入永州电视台，隶属于永州市广播电视局主管。当时的永州电视台是频道制，原冷水滩电视台台长罗耀南通过公开竞聘被聘为经济频道总监。原冷水滩电视台的人员除少数进入新闻综合频道、都市频道外，大部分人员都集中在经济频道。此后，永州广播电视局（台）经过几轮深化内部改革，从频道制改为“中心制”，频道总监、中心主任实行竞聘上岗，员工实行“双向选择”，原冷水滩电视台的人员分散到各个不同的岗位。

（二）事业建设

加密电视 1996 年上半年，湖南省大部分地州市开通了加密电视。为了让冷水滩人民看到加密电视，冷水滩区广播电视局多方筹措资金 30 万元，于 1996 年 7 月 18 日在冷水滩区有线台开通加密电视。每天从早上 6:30 开始到晚上 12 点全天播出，向用户输送 8 套电视节目。

微波传输 1996 年 8 月 30 日，中共冷水滩区委、区人民政府批准冷水滩区广播电视局《关于在我区兴建多路微波的初步方案》，并借贷款 7 万元购置设备，将军岭发射塔 1996 年 10 月建成，向城区附近的水浪坝、上岭桥、仁湾、潮水、岚角山、白塘等 6 个乡镇输送 8 套电视节目。10 月份把微波信号送到普利桥镇的 2 座电视差转台，覆盖全区，年底，有线电视用户城区和城郊已有近 3 万户，有线电视收入达 200 万元。

有线光纤联网 2002 年，冷水滩区广电系统成建制上收后，市广播电视局开始加大对农村有线电视网络建设的投入，对各乡镇实施光纤联网工程，将城区有线电视光纤信号向乡镇延伸和辐射。2002 年 7 月至 2007 年 12 月，市广播电视局共投入资金 500 余万元，建设区到乡镇有线电视光纤干线网，冷水滩区 27 个乡镇有线电视网络都实现光纤联网。同时，有 31 个行政村、9 个自然村实现光纤联网，各乡镇用卫星地面接收设施和模拟微波信号组建的小片网基本上联网，形成上下贯通、城乡一体的广播电视传输网，模拟微波停止发射。到 2008 年年底，冷水滩区农村有线电视用户达 7.52 万户。2009 年 1 月，湖南有线永州网络有限公司对冷水滩区乡镇有线电视网并购，冷水滩分局管理的农村有线电视网络移交湖南有线永州网络有限公司经营和管理。

“村村通”工程 为解决偏远农村广大农民听广播、看电视难的问题，1998 年，国家开始实施“村村通广播电视”工程。当时，冷水滩区有 8 个行政村未通广播电视。1999 年 2 月，按照中央、省、市的精神，区政府成立“村村通”工作领导小组，与各乡镇和有关部门签订责任状，各乡镇与广播电视“盲村”签订相应的责任状，分级负责，层层落实。到 2000 年 8 月，8 个广播电视“盲村”全部实现“村村通广播电视”。2004 年开始。“村村通”工程提质增速，国家开始实施 50 户以上已通电自然村通广播电视工程。冷水滩分局抓住区到乡镇有线电视光纤联网工程的机遇，采取光纤组网和卫星地面接收设施组网两种方式同时推进“村村通”，确保进度和质量。到 2005 年 10 月，完成 5 个 50 户已通电“盲村”通广播电视任务。2006年9月，党中央、国务院推进社会主义新农村建设，开始实施新时期广播电视“村村通”工程。2007年，区广播电视局再组班子和队伍，掀起新时期广播电视“村村通”建设新高潮。到2010年年底，全区5个20户以上已通电“盲村”实现通广播电视，圆满完成新一轮“村村通”任务。至2015年12月，农村有线电视“村村通”新用户发展到7800户。

（三）新闻宣传

1997年，冷水滩区电视台主要开办《冷水滩新闻》《市长与市民》《经济新闻》《你点我播》《经济与社会》等新闻、专题节目。《冷水滩新闻》由周二逐步发展到周五播出，先后播发各类电视新闻5万多条，拍摄制作各类电视专题片100多部，现场录制或直播大型活动数十场，在中央电视台、湖南电视台和永州电视台播出了大量稿片，一批有影响的电视节目在全市、全省获奖。《经济新闻》《经济与社会》《你点我播》成为家喻户晓的电视栏目。

2001年12月，冷水滩电视台撤销并入市级永州电视台，冷水滩区的新闻宣传由永州电视台经济频道承担。

2004年，经济频道撤销，《冷水滩新闻》栏目改由都市频道播出。

2006年，区委、区政府重新组建冷水滩区新闻中心，公开招聘采编人员，开办《冷水滩新闻》栏目，与永州市广播电视局（台）协商，由永州电视台新闻采编中心制作，在永州电视台都市频道播出。

2015年年底，冷水滩区新闻中心采编人员增加到15人，每天新闻时长,15~20分钟。

（四）管理体制

区局（台）管理体制　1996年，冷水滩区广播电视局成建制上收前，为正科级行政事业单位，局机关（办公室、政工股、事业股）有16人参照公务员管理，广播电台、外线队、稽查队为全额拨款事业单位，服务公司为自收自支事业单位。全局人、财、物统一管理，人员在内部可自行调整。服务公司作为自收自支单位，除负责人和会计是局里委派的公务员，其他均为集体工。全局人员经费除服务公司外，均列入区财政预算，由财政负担。广播电台、有线电视台没有人权、财权、物权。2002年，冷水滩区广电系统成建制上收市广播电视局管理。3月，市政府办公室下发《永州市广播电视局职能配置、内设机构和人员编制规定》，设立永州市广播电视局冷水滩分局，取消其行政职能，定为差额拨款的正科级事业单位，编制15名。主要负责冷水滩区农村广播电视行业和社会管理，管理辖区内乡镇广播员，会同市网络中心抓好辖区内广播电视网络建设。2012年5月，市编委下文撤销冷水滩分局。经湖南省批准2011年恢复的公务员和参公人员划转6人到市文广新局工作。2人到市文化市场综合执法局工作。其余人员回永州市广播电视台工作。

乡镇广播电视站管理体制 1996年，乡镇广播站属全额拨款事业编制，2020年以前实行条块结合，以块管理为主。人员列入区局编制，经费列入区局预算，由区财政直接划拨到各乡镇。乡镇广播电视事业归口区局指导，乡镇广播员工作由乡镇党委、政府安排，大部分广播员除从事广播电视工作外，还分配乡镇中心工作。2002年，两区广电系统上收市局管理后，乡镇广播电视站的人、财、物、事也成建制上收到市局，工资纳入市局统一预算，人员由分局统一管理，广播员开始专职从事广播电视工作。直到2009年1月，冷水滩分局直属站和各乡镇站的有线网络移交湖南有线永州网络有限公司经营管理，分局机关和乡镇广播电视站共划转27人到湖南有线永州网络有限公司工作。

财务管理 冷水滩区广播电视局机关、广播电台、有线电视台一直实行局台合一的管理体制，1996—2001年，除广播电视服务公司外，区局内设机构、广播电台、有线电视台的财务实行统一核算管理。设会计、出纳各1名，归口局办公室管理，广播电视服务公司单独设立会计、出纳，但财务上接受区局的领导和管理，收支政策由区局制定，自主经营，自负盈亏。2001年，冷水滩区对区直单位的财务实行集中统一核算，成立会计管理委派中心，区广电局财务上收到会计管理中心管理，成为报账制单位。2002年区广电系统成建制上收到市广播电视局管理后，分局收支由市局统一预算，财务由市局统一管理，未设会计、出纳。区广电系统上收前，乡镇广播员编制和人头经费列区局，经费由区财政直接下拨乡镇政府，乡镇广播员的工资、福利均由乡镇政府发放。区广电系统上收后，乡镇广播员的经费列分局，由市局统一预算和管理。

冷水滩电视台由冷水滩区委宣传部管理，经费由区财政单列，财务单独核算。

二、零陵区广播电视局（台）

（一）机构

1996年3月，原县级永州市更名为芝山区，县级永州市广播电视局更名为芝山区广播电视局，内设办公室、事业股、音像管理工作站、有线电视管理站等部门，局属县级永州电视台更名为芝山电视台。台内设总编室、新闻部、广告部、播出部。局台实行“一体化”管理，在编干部职工62人。

1998年8月，按上级精神，音像管理工作站撤销，其音像管理发行职能划入区文化局，同时划转人员2名。

1999年12月，撤销有线电视管理站，成立有线电视外线队、广播电视稽查队，与事业股合署办公。

2001年11月，永州市人民政府第八次常务会议研究决定，市、区广电系统实行垂直管理。12月，芝山区广电系统（含乡镇广播电视站）人、财、物成建制上收到永州市广播电视局，设立永州市广播电视局芝山分局。办公地址在芝山区百万庄内。

2002年1月，永州市广播电视局芝山分局成立以后，芝山区广播电视局党委、纪委同时撤销。3月，何秋彬任芝山分局局长，秦安平、邓朝辉任副局长。芝山分局下设办公室、技术部、工程部、稽查队、直属站5个股室，原12个乡镇广播电视站人、财、物、事全部收归分局管理。原区局共63人调整到市局相关部门，分局人员16人（包括直属站），乡镇广播员52人。

2005年6月，芝山区复名零陵区，芝山分局更名为零陵分局。

2008年3月开始，湖南有线网络集团公司和永州市广播电视局洽谈，由双方合资的湖南有线永州网络有限公司对零陵分局有线网络进行并购。年底，完成并购。2009年1月，零陵分局直属站和各乡镇站的有线网络移交湖南有线永州网络有限公司经营管理，分局机关和乡镇广播电视站共划转28人，分局人员减至14人。

2009年8月，零陵区电影公司整体划归零陵分局管理，但独立法人资格不变，自主经营、自负盈亏，自收自支事业单位性质不变，人员身份不变。10月，永州市广播电视局更名为永州市广播电影电视局，永州市广播电视局零陵分局同步更名为永州市广播电影电视局零陵分局。

2011年6月，湖南省编办下发《关于永州市文化体制改革中有关机构调整事项的批复》，批准组建永州市广播电视台，不再保留永州市广播电影电视局。6月24日，中共永州市委办公室、市人民政府办公室下发《关于加快推进永州市文化体制改革工作的若干意见》，将零陵分局的行政管理职责和行政执法职责分别划交市文化广电新闻出版局和市文化市场综合执法局，零陵分局参照公务员管理的工作人员划转市文广新局或市文化市场综合执法局，非参公人员回市广播电视台工作。

2012年5月，永州市机构编制委员会下发《关于印发〈永州市广播电视台主要职责内设机构和人员编制规定〉的通知》，撤销永州市广播电影电视局零陵分局。6月，划转4人到市文广新局工作，3人到市文化市场综合执法局工作，其余人员回永州市广播电视台工作。零陵区电影公司整体划转市文广新局管理。

（二）事业建设

1996年以前，永州电视调频转播台建成开播，实际发射功率1千瓦，市广播电视局将电视调频转播台作电视台开办，对外呼号永州电视台（县级），自办有《永州新闻》节目，播出影视节目，没有转播中央台节目。1997年，撤市设区后更名芝山电视台。1999年，芝山电视台节目信号进入零陵有线电视台的有线网，实现无线有线同步传输。2001年12月，芝山区广电系统成建制上收后，芝山电视台并入永州电视台（市级）。

微波传输 1997年，芝山区广播电视局投入资金30万元，在芝山庵建设微波传输系统。同年8月，芝山主发射机安装调试完成，开始用模拟微波向城区周边乡镇、村传输包括永州电视台、芝山电视台节目在内的12套电视节目信号。为扩大信号覆盖，又先后在珠山镇的狮子岭、邮亭圩镇的岿山建立中转站，将永州电视台、芝山电视台的节目信号送到离城区较远的珠山、水口山、邮亭圩等乡镇，各乡镇开始将微波信号并入有线电视网络，并开始接受芝山区广播电视局管理，每年上缴区广播电视局节目费和管理费。乡镇经济比较发达的村，也开始接收微波电视信号，组建小片网。到2001年年底，农村有线电视用户达近4000户。

有线光纤联网 2002年，芝山区广电系统成建制上收后，市广播电视局开始加大对农村有线电视网络建设的投入，对各乡镇实施光纤联网工程，将城区有线电视光纤信号向乡镇延伸和辐射。8月，珠山镇率先开通光纤信号。随后，石山脚、黄田铺、水口山等乡镇相继开通光纤信号。2002年7月至2007年12月，市广播电视局共投入资金500余万元，建设区到乡镇有线电视光纤干线网，全区12个乡镇有线电视网络都实现光纤联网。同时，有30个行政村、215个自然村实现光纤联网，各乡镇用卫星地面接收设施和模拟微波信号组建的小片网基本上联网，形成上下贯通、城乡一体的广播电视传输网，模拟微波正式停止发射。到2008年年底，零陵区农村有线电视用户达1.5万户。2009年1月，湖南有线永州网络有限公司对零陵区乡镇有线电视网并购，零陵分局管理的有线电视网络移交湖南有线永州网络有限公司经营和管理。

“村村通”工程 1998年，国家开始实施“村村通广播电视”工程。当时，芝山区有33个行政村未通广播电视。1999年2月，按照中央、省、市的精神，区政府成立“村村通”工作领导小组，与各乡镇和有关部门签订责任状，各乡镇与广播电视“育村”签订相应的责任状，分级负责，层层落实。到2000年8月，33个广播电视“盲村”全部实现“村村通广播电视”。2004年开始，“村村通”工程提质增速，国家开始实施50户以上已通电自然村通广播电视工程。芝山分局抓住区到乡镇有线电视光纤联网工程的机遇，采取光纤组网和卫星地面接收设施组网两种方式同时推进“村村通”，确保进度和质量。到2005年10月，完成47个50户已通电“盲村”通广播电视任务。2006年9月，党中央、国务院推进社会主义新农村建设，开始实施新时期广播电视“村村通”工程。2007年，芝山分局再组班子和队伍，掀起新时期广播电视“村村通”建设新高潮。到2010年年底，全区324个20户以上已通电“盲村”实现通广播电视，圆满完成新一轮“村村通”任务，有线用户发展到8000余户。

（三）新闻宣传

1996年，县级永州电视台更名为芝山电视台，原《永州新闻》更名为《芝山新闻》。每周一、三、五播出，每期节目十分钟左右。每年摄制、播出电视新闻稿片1800多分钟。

1999年，电视消息《麻元人说起了普通话》获永州广播电视奖一等奖。

2001年12月，芝山电视台撤销并入市级永州电视台，芝山区的新闻宣传由永州电视台都市频道承担。2005年6月，芝山区撤销恢复零陵区，区委、区政府重新组建零陵区新闻中心，公开招聘采编人员，开办《零陵新闻》栏目，与永州市广播电视局（台）协商，由永州电视台新闻采编中心制作，在永州电视台都市频道播出。2015年年底，零陵区新闻中心采编人员增加到10人，每天新闻时长达到15~20分钟。

（四）管理体制

区局（台）管理体制 1996年，芝山区广播电视局成建制上收前，为正科级事业单位，局机关（办公室、政工股、事业股）参照公务员管理，广播站、电视台、外线队、稽查队为全额拨款事业单位，服务公司为自收自支事业单位。全局人、财、物统一管理，人员在内部可自行调整，服务公司作为自收自支单位，虽核定了编制，但未落实人员。全局人员经费均列入区财政预算，由财政负担。广播站、电视台没有人权、财权、物权。

2002年，芝山区广电系统成建制上收市广播电视局管理。3月，市政府办公室下发《永州市广播电视局职能配置、内设机构和人员编制规定》，设立永州市广播电视局芝山分局，定为差额拨款的正科级事业单位，编制10名。主要负责芝山区农村广播电视行业和社会管理，管理辖区内乡镇广播员，会同市网络中心抓好辖区内广播电视网络建设。

2010年7月，经省编办批准，零陵分局恢复为参公管理事业单位。

2012年5月，市编委下文撤销零陵分局。参公人员划转4人到市文广新局工作，3人到市文化市场综合执法局工作。其余人员回永州市广播电视台工作。

乡镇广播电视站管理体制 1996年，乡镇广播站属全额拨款事业编制，2002年以前实行条块结合，以块管理为主。人员列入区局编制，经费列入区局预算，由区财政直接划拨到各乡镇。乡镇广播电视事业归口区局指导，乡镇广播员工作由乡镇党委、政府安排，大部分广播员都分配了乡镇中心工作，没有从事广播电视工作。2002年，两区广电系统上收市局管理后，乡镇广播电视站的人、财、物、事也成建制上收到市局，工资纳入市局统一预算，人员由分局统一管理，广播员开始专职从事广播电视工作。直到2009年1月，零陵分局直属站和各乡镇站的有线网络移交湖南有线永州网络有限公司经营管理，分局机关和乡镇广播电视站共划转28人到湖南有线永州网络有限公司工作。

财务管理 2001年前，除广播电视服务公司外，区局内设机构、广播站、电视台的财务实行统一核算管理，设会计、出纳各1名，归口局办公室管理。广播电视服务公司单独设立会计、出纳，但财务上接受区局的领导和管理，收支政策由区局制定，自主经营，自负盈亏。2001年，芝山区对区直单位的财务实行集中统一核算，成立会计管理委派中心，区广电局财务上收到会计管理中心管理，成为报账制单位。2002年区广电系统成建制上收到市广播电视局管理后，分局收支由市局统一预算，财务由市局统一管理，未设会计、出纳。区广电系统上收前，乡镇广播员编制和人头经费列区局，经费由区财政直接下拨乡镇政府，乡镇广播员的工资、福利均由乡镇政府发放。区广电系统上收后，乡镇广播员的经费列分局，由市局统一预算和管理。

三、祁阳县广播电视局（台）

（一）机构

1996年5月，祁阳县广播电视局为适应产业转型，进行内部机构大调整，将电视台、有线台、广播电台与局机关合为一体，撤销原三台分设机构，广播电台、电视台、有线电视台保留呼号，人员重组，统一组建祁阳县广播电视台，下设总编室、新闻部、广播部、专题文艺部、有线电视安装和收费维修部。保留三台呼号，明确岗位职责，统一宣传管理，统一广告业务，统一规划事业建设，统一财务管理，统一目标管理，实行局台合一的运行机制。对职能不同的单位继续分设管理，大华山电视调频转播台、实验台、服务公司继续实行“分灶吃饭、定额包干、节余留用、超支不补”的办法。

1996年广告创收总额突破120万元，比1995年增加40万元，事业建设互动性增强，先后装修演播厅、有线电视光纤改造、创办广播电视学校、白水镇转播台和多路微波电视等5项工程建设。1996年局台合一也暴露了一些难以克服的困难，一是事业建设步子太快，负债过高。局内职工人均集资5000元原定两年还清，结果十年还不起。二是职工人数增长幅度过快，从1996年160人增加到2003年的336人，职工人数翻了一番，人满为患的矛盾日益突出。从2002年起对职工实行下岗轮岗，10%的职工下岗两年，60%的职工在两年期间上岗一年，休岗一年。

2010年，原广播电视局“负责全县广播电视电影、信息网络视听节目服务机构的监督并实施准入和退出管理，指导对从事广播电视电影节目制作民办机构的监管工作，全县广播电影电视节目、信息网络视听节目和公共视听载体播放的视听节目监管，负责监管全县广播电影电视节目传输、监测和安全播出、电影放映经营许可”等行政管理职责整体划出移交县文广新局。

2011 年，原县广播电视局“负责查处非法设立广播电视机构、非法安装和使用卫星电视广播地面接收设施、非法接收和传送境外卫星电视节目；负责查处广播电视电影节目制作、播出、放映、发行活动中的违法行为”等行政执法职责整体划出移交县文化市场综合执法大队。

2012 年 2 月，实行局台合一，保留祁阳县广播电台、祁阳电视台、祁阳有线电视台副科级单位机构规格，将祁阳县广播电台、祁阳电视台更名为祁阳县广播事业中心、祁阳县广播电视台新闻中心；增加总编室、乡镇站管理办公室为副科级全额拨款事业单位机构。撤销社会事业管理股（执法大队）。

2012 年 11 月，实行文化体制改革，在原“局台合一”的祁阳县电视台、祁阳县广播电台的基础上，撤销祁阳县广播电视局，组建新的祁阳县广播电视台，为县属正科级全额预算事业机构，接受县文化广电新闻出版局的行业管理，接受县委宣传部的指导和协调。全台共有干部职工 493 人（其中在职人员 388 人，退休人员 105 人），内设编辑委员会和 8 个职能科室：办公室（正股级），政工股（正股级），计财股（正股级），总编室（副科级），新闻中心（栏目部、新闻专题部，副科级），广告监管中心（正股级），技术播控中心（正股级），镇乡站管理办公室（副科级，加挂农村广播电视中心牌子）；下属事业单位为有线电视台（副科级），实验台（全额拨款正股级事业单位），广播事业中心（副科级），25 个乡镇场、街道办事处广播电视站（全额拨款正股级事业单位）。

2015 年年底，祁阳县广播电视台内设机构同 2012 年未变，在编人员 493 人，

（二）事业建设

加密电视 1996 年，中央电视台将电影、文艺、体育频道等 7 套节目加密送上卫星，实行有偿服务，解密才能收看到加密频道节目。为让祁阳人民看到加密电视，祁阳县广播电视局多方筹措资金 30 多万元，在祁阳县有线电视台开通中央电视台三、五、六、八等 4 个加密频道。全县电视节目总数达 15 套，1999 年传送节目 27 套，2003 年传送节目 37 套，2015 年用户 2 万户。

有线电视光纤联网 1998 年祁阳县城有线电视改造为光纤传输。2002 年，祁阳县广播电视局与省电广传媒公司签约，实施有线电视联网。2003 年 10 月，省电广传媒光缆通过湘江大桥地下光缆经浯溪路、盘龙路进入祁阳县有线电视机房。

有线数字电视 2008 年，祁阳县局与省电广传媒合作成立祁阳电广宽带有限公司后，开始对网络进行改造。2009 年，祁阳县电广宽带有限公司实行数字电视双向整体转换，与省有线网络公司合作，更名为湖南有线祁阳网络有限公司。

农村无线数字电视 2007年，祁阳县广播电视局进行模拟微波的更新换代，成立农村无线数字电视转输中心，借“村村通”良机，大力推动全县农村有线、无线电视的发展。2007—2015年，全县共投资300余万元，新建成4座高山无线发射台和5座无线数字电视中继站，信号覆盖范围遍及全县广大农村，可接收42套（含中央、省、市、县）数字电视节目。广播电视人口综合覆盖面率达97.48%。2014年，祁阳县广播电视台启动农村无线数字电视升级改造工程。至2015年年底，共完成2.7万户，全面完成平移工作任务。

“村村通”“户户通”广播电视 1999年开始实施广播电视“村村通”第一轮工程，当时以小片网收看的方式，实施已通电行政村通广播电视，全县设立25个小片网，解决80个行政村的群众看电视问题；第二轮自2006年启动至2010年结束，重点是解决农村20户以上已通电自然村“盲点村”收听收看广播电视难的问题，主要采取的技术手段是有线和直播卫星覆盖，完成406个自然村，解决了全县2万多户农民群众看电视难的问题；第三轮自2010年启动至2015年结束，重点是解决农村20户以下已通电自然村“盲点村”收听收看广播电视难的问题，主要采取的技术手段是有线、无线和直播卫星覆盖。

广播电视学校 1996年5月，祁阳县广播电视局利用广播电台电脑培训班的人员设备，追加投资2万元，办起祁阳县广播电视学校，校址租用江林大厦三楼，开办广播电视管理、有线电视技术、电视节目编辑、电视操作等课程。1997年3月，学校由江林大夏搬迁至保安岭，租用农机公司办公房开设电脑培训课程，设长训、短训班，短训两个月，长训六个月，学校有电脑设备50台套，宿舍6间，实行常年招生，随到随学，发结业证。6月，祁阳县广播电视学校列入省广播电视大学附属中专学校教学点，至1999年共面向社会招收中等专业三届学生共200人，经考核，由省电大发给中专文凭。1998年7月，学校搬迁至县农业局，准备筹办高考复读班，后因师资、生员问题取消，仍以电脑培训为主，同年12月，学校搬迁至粮贸大夏，2000年搬迁至滨湖路供销食品饮料厂二楼。至2015年年底，祁阳县广播电视学校通过电脑培训，共向社会输送计算机技术人员4783名。

网络经营创收 随着国家三网融合政策的全面推广落实、电信IPTV不断渗透、抢夺市场，各网络运营商的竞争日趋白热化，湖南有线祁阳网络有限公司迎难而上、攻坚克难，按照“以市场运作为原则，开拓进取树形象；以确保收入为目标，与时俱进谋发展”的经营方针，紧紧围绕‘经营创收’这一核心开展各项工作，提高服务质量，加大惠民力度，推出有线电视免开户费、看高清电视“一天一元”、续费3年免费换高清、看电视送宽带、宽带续费两年送一年等各种促销活动，取得不错的成绩。2015年，完成经营创收1283.71万元，占全年任务的94.32%。其中，基本业务完成941.79万元，占全年任务的85.32%；增值业务完成341.92万元，占全年任务的132.94%，全年实现利润63.17万元，占全年任务的105.28%。公司全年基本客户新增1699户，宽带客户新增1102户，高清客户新增2346户，完成年度任务的111.45%；高清一体机销售569台，完成年度任务的284.50%。

（三）电视宣传

1996—2015年，祁阳县广播电视局（台）共播发电视新闻稿片68万多条，提供和制作领导电视讲话1225次，拍摄新闻专题片1000余部，报道先进典型5000余个；上稿方面，在中央、省、市电视台上稿11995条（篇）。其中中央电视台109条，省电视台1187条，市电视台10699条。

《祁阳新闻》 1996起，祁阳电视台《祁阳新闻》增加到周六新闻，周一至周五播出《祁阳新闻》，周六播出《一周要闻》。2013年，增加到周七新闻，周一至周六播出《祁阳新闻》，周日播出《一周要闻》。历年来相继开办《改革开放在祁阳》《跨越》《使命》《春天的承诺》等一大批主题鲜明、时代感强的新闻专栏，宣传全县经济社会发展的大好形势，讴歌各行各业涌现出来的先进典型。

《三吾纵横》 1996年起，由专题文艺部主办《三吾纵横》电视栏目，每周星期天晚上播出，时间30分钟，主要是通过人物专访、专题片等形式推介祁阳名胜、名人、名物。1998年起，改由每周三晚上播出。其中人物专访，备受青睐。《三吾纵横》栏目当时的影响力丝毫不亚于《祁阳新闻》。

《明日之星》 1996—1997年先后在广播电视局五楼、三吾大厦装修演播厅，举办《明日之星》专栏，作为祁阳县第一个电视文艺栏目，吸引众多文艺爱好者前来参赛，报名踊跃，节目人气火爆。从《明日之星》走出来的部分选手，已有相当一部分人成为祁阳文艺界资深人士。

《政法在线》 2007年开办，主要报道经典案例、宣传法律法规、展示政法干警形象。栏目开办至2015年已9年，以高质量的节目水准深受观众喜爱，影响大，收视率高。

外宣上稿 1996年，祁阳县广播电视局把外宣上稿纳入岗位责任制，激发新闻工作者的创作热情，当年祁阳电视台就有10篇稿件在湖南电视台播出。中央电视台《企业家栏目》播出《唐元位专访录》，特别是2012年以来，祁阳台的外宣工作在省市取得不俗成绩，连续四年获评湖南广播电视台通联工作先进集体，连续四年获评永州广播电视台通联工作先进集体；2014年，台长周金生被评为湖南广播电视台通联工作特殊贡献奖；2013—2015年，新闻中心主任谭俊杰连续三年被湖南广播电视台评为十佳通联记者；新闻中心副主任陈建民被永州市广播电视台评为优秀通联记者。祁阳广播电视台每年在省、市台上稿总数位居永州市县级台前列。

宣传创优　1996—2015年，祁阳县广播电视台在省、市优稿评比中，一直名列全市前三名，有82篇稿件在省、市获得特等、一、二、三等奖。2015年，在中央电视台新闻频道播出稿件3篇；在《湖南新闻联播》中播出新闻稿件42篇，在永州各县区排名第一；在《永州新闻联播》播出新闻稿件306篇，时长450分钟，在全市县级台用稿时长排名第二；在全市年度优稿评选中，选送的7件作品有5件获奖，其中消息《种粮大户项兆旺："种田汉"巧念"网络经"》《祁阳种田新模式：公司推"套餐"，大户来"点菜"》获一等奖。祁阳县广播电视台被评为全市创优工作先进集体。

广告经营　1996—1997年，广告业务由广告部和专题文艺部共同组织，广告部接待图像广告、文字广告、电视讲话、点播电视剧等业务，专题文艺部接待点歌、专题专栏、演播等业务。1998年后，点歌业务并入广告部。由于各类传单式广告、户外广告的出现，广告这块蛋糕越切越小。2000年以后，网络的兴起，特别是2010年后自媒体的兴起，随着药监等相关监管部门的加强控管，药品、房地产广告急剧萎缩，广告业务举步维艰。2015年仅完成广告收入200万元。

（四）管理体制

局（台）管理体制　1996年，祁阳县广播电视局进行内部机构大调整，将电视台、有线电视台、广播电台与局机关合为一体，撤销原三台分设机构，广播电台、电视台、有线电视台保留呼号，人员重组，统一组建祁阳县广播电视台，下设总编室、新闻部、广播部、专题文艺部、有线电视安装和收费维修部。保留三台呼号，明确岗位职责，统一宣传管理，统一广告业务，统一规划事业建设，统一财务管理，统一目标管理，实行局台合一的运行机制。对职能不同的单位继续分设管理，大华山电视调频转播台、实验台、服务公司继续实行"分灶吃饭、定额包干、节余留用、超支不补"的办法。是年，人员增加到160人，2003年增加到336人，7年时间职工人数翻了一番，人满为患的矛盾日益突出。祁阳县广播电视局从2002年起对职工实行下岗轮岗，有10%的职工下岗两年，60%的职工在两年期间上岗一年，休岗一年。2012年文化体制改革，在原"局台合一"的祁阳县电视台、祁阳县广播电台的基础上，撤销祁阳县广播电视局，组建新的祁阳县广播电视台，为县属正科级全额预算事业机构，接受县文化广电新闻出版局的行业管理，接受县委宣传部的指导和协调。全台共有干部职工493人（其中在职人员388人，退休人员105人），内设编辑委员会和8个职能科室：办公室（正股级），政工股（正股级），计财股（正股级），总编室（副科级），新闻中心（栏目部、新闻专题部）（副科级），广告监管中心（正股级），技术播控中心（正股级），镇乡站管理办公室（副科级，加挂农村广播电视中心牌子）；下属事业单位为有线电视台（副科级），实验台（全额拨款正股级事业单位），广播事业中心（副科级），25 个乡镇场、街道办事处广播电视站（全额拨款正股级事业单位）。

2015 年年底，祁阳县广播电视台实有人员 362 人（其中：全额拨款 135 人，差额拨款 174 人，编外聘用员工 53 人）。机构设置与 2012 年没有变化。

乡镇广播电视站管理体制 1996 年，祁阳县乡镇文化广播电视站人、财、物、事四权隶属乡镇，县广播电视局对乡镇广播电视站进行技术指导和业务管理。乡镇广播电视站属全额拨款事业编制，隶属县、乡（镇）双重领导管理机构，实行条块结合，以块管理为主。人员列入县局编制，经费列入县局预算，由县财政直接划拨到各乡镇。乡镇广播电视事业归口县广播电视局指导，乡镇广播员工作由乡镇党委、政府安排，大部分广播员都分配乡镇中心工作，基本上没有从事广播电视工作。1998 年开始，祁阳县农村有线电视网建设进入黄金期，全县 100%的乡镇建有乡镇广播电视站，建立乡镇广播电视站的乡镇，乡镇广播机线员回到广播电视岗位，纳入县广播电视台管理。1998—2005 年，各乡镇广播电视站由县广播电视局和当地镇党委双重管理，人事及晋级、晋薪归广播电视局管理，财、物归当地乡镇党委管理。2005 年垂直管理后至 2012 年，所有的人、财、物、事全部由县广播电视局管理。2012 年文化体制改革后，乡镇广播机线员的人、财、物、事全部划转归县广播电视台管理。

财务管理 1996 年，祁阳县广播电视局实行局台合一的管理体制，除广播电视服务公司等部门外，县局内设机构、电视台、广播电台、有线电视台、广播电视学校的财务实行统一核算管理，归口局办公室管理。广播电视服务公司等部门单独设立会计、出纳，但财务上接受县局的领导和管理，收支政策由县局制定，自主经营，自负盈亏。

乡镇广播员编制和人头经费列县局，经费由县财政直接下拨乡镇政府，乡镇广播员的工资、福利均由乡镇政府发放。

21 世纪初，广播电视服务公司及广播电视学校因社会大市场的激烈竞争，经营不善，相继倒闭。2004 年，广播电视服务公司债权债务全部移交祁阳县广播电视局。在县审计局、县财政局、县广播电视局三局一致努力下，19 个乡镇广播电视站债权债务全部由各镇财政移交祁阳县广播电视局，至此，各乡镇广播电视站的人、财、物实行了全局合一。在财务核算上，祁阳县广播电视局对乡镇站实行目标责任联络员报账制，经费由县财政拨至县广播电视局，由县广播电视局按责任考核再发放下去。2004 年 8 月，县财政局批准祁阳县广播电视局网络资产转变为经营性资产，并与永州市其他九县、市电广宽带网络有限公司成立组建永州广电网络有限公司，祁阳县广播电视局负责祁阳县网络资产的经营管理、缴税及缴纳国资占用量和国有资产收益。2008年，祁阳县广播电视局以有线电视网络与湖南电广传媒股份有限公司合资组建祁阳电广网络有限公司，祁阳县广播电视局保持独立法人地位，运营管理架构不变，利润分配模式不变，股东依法享有的资产权利不变。公司财务独立，自负盈亏，2011年，参与湖南有线电视网络股份有限公司股权重组。2012年9月，重组分得电广传媒股票92.94万股。2012年在原“局台合一”的基础上，组建祁阳县广播电视台，为县政府属下正科级全额预算单位，全员由财政全额拨款，自此，结束建台以来近40年的差额拨款性质。2015年9月，所分得的股份在中国A股上市流通。

人事改革 1996年，祁阳县广播电视局出台《改革用人用工分配制度实施方案》，实行目标管理责任制，创收部门按每月核定的创收指标完成任务的比例拿工资。非创收部门按平均数拿工资。2006年，全员实行竞争上岗，局领导聘任股室负责人，股室负责人与一般工作人员进行“双向选择”。激发全体干部职工的活力，增强竞争意识和危机意识，进一步拓宽选人用人渠道，优化人才资源配置。

四、东安县广播电视局（台）

（一）机构

1996年，东安县广播电视局下设办公室、广播电台、有线电视台、事业股、服务公司、音像管理站、广告部、芦洪市电视转播台共8个二级机构，人员增至85人。下辖18个乡镇广播电视站，乡镇广播员40人。

1997年10月，根据中办文件和广电部文件精神，东安县广播电视局报县委、县政府批准同意，东安县广播电台、东安县有线电视台合并为一个播出实体，设立东安县广播电视台。局、台两块牌子、一套人马，实行局台合一管理体制。

1998年，成立“东安县泽水岭电视差转台”，增添政工室、新闻部和技术部，撤销音像管理站。

1999年撤销事业股，增添社会事业管理股。

2001年3月，由于广播电视服务公司亏损严重，撤销停办。

2002年，东安县政府办下发《东安县广播电视局职能配置，内设机构和人员编制规定的通知》文件，文件规定局主要职责，明确县广播电视局全额拨款事业编制为35人，内设4个股（室），即办公室（加挂总编室牌子）、人事股、财务股、社会事业管理股。

2008年4月，东安县有线电视台与湖南电广传媒有限公司合资成立“东安县电广网络公司”，东安县广播电视局占51%的股份，湖南电广传媒有限公司占

49%的股份。

2011 年 12 月 22 日，永州市机构编制办公室下发《关于东安县文化体制改革中有关机构编制调整事项的批复》，撤销东安县文化局（县新闻出版局、县版权局）、东安县广播电视局，组建东安县文化广电新闻出版局，为东安县人民政府工作部门。同意在东安县电视台、东安县人民广播电台的基础上，组建东安县广播电视台，为东安县所属正科级事业机构，接受东安县文广新局的行业管理，接受中共东安县委宣传部的指导和协调。

2015 年年底，东安广播电视台下设办公室、政监室、广播电视发展部、财务股、新闻部、制作部、广告部、技术播出部、湖南有线东安网络有限公司等部门，在编人员 129 人，乡镇广播电视站 20 人。

（二）事业建设

无线覆盖　1997 年，东安县广播电视局自筹资金 150 多万元，进行三项基础性工程：一是完成 300 瓦电视差转台搬迁工作，使其覆盖面由原来的不足 100 平方公里扩大到 1000 多平方公里，提高覆盖面 10 倍；二是建立以白牙市镇京口村泽水岭为主体的微波发射台和芦洪市大皇岭微波中继站，实现县城与 12 个乡镇电视站的微波联网，乡镇电视节目由原来的 12 套增加到 16 套；三是电视信号实现县城有线传输与乡镇无线传输格局，《东安新闻》栏目进入千家万户，成为传达县委、县政府声音，指导全县工作的重要宣传阵地，覆盖面大幅度提升。至 2015 年年底，全县已建有县级电视转播台 1 个，差转台 3 座，发射功率 410 瓦，覆盖 18 个乡镇（场），384 个村，覆盖面积 1600 平方公里，覆盖人口 52.4 万人，覆盖率为 92%。中央电视台一套、湖南电视台、永州电视台、东安自办节目收视率达 89%。

有线光纤联网　1997 年，东安县有线电视台新增中央电视台三、五、六、八频道 4 套加密电视。1998 年 2 月，根据省、市局的总体规划，结合东安实际情况，决定架设光缆有线电视，先后投入 80 多万元对有线电视网络进行改造和提质，架设光纤干线近 22 公里，率先在全市九县区中开通光纤电视信号，节目由原来的 16 套增加到 30 套。1999 年，有线电视传输从 350 兆赫兹提升为 750 兆赫兹，电视信号节目质量有了很大的提高。2001 年，东安县广电进行县乡光纤联网，2001 年 10 月动工，2002 年 9 月完工，通过银行贷款、干部职工集资和赊账等多种形式，投入资金近 500 多万元，架设光纤干路 146 公里，其中地下埋管 8 公里，开通大庙口、紫溪、大江口、石期市、井头圩、川岩、端桥铺、鹿马桥、芦洪市、花桥等 11 个乡镇（包括舜皇山国家森林公园管理局）的光纤信号，县城有线电视节目信号直达 11 个乡镇（场），给乡镇 1 万多用户 6 万多名群众送去 30 套高质量的电视节目。2002 年下半年，县委、县政府决定，县城实行广电线、电力线、电信线“三线下地”

工程，通过全局干部职工共同努力，投入资金360万元，到2004年，顺利完成生智路、龙溪路、建设西路、建设东路、东新路、东安大道、官田路、滨江路、舜皇路等14条主路共计50多公里的架空线入地埋管道。

有线电视数字化 2004年9月，根据国家广电总局的总体规划，中部地区省份在2010年关闭有线电视模拟信号。2008年，县局与省电广传媒合作成立东安电广宽带有限公司后，开始对网络进行改造。2009年6月，东安县电广宽带有限公司实行数字电视双向整体转换。与省有线网络公司合作，更名为湖南有线东安网络有限公司。用户由模拟信号改成数字信号，收视费由每年的198元提高到288元。2010年11月，有线电视开始数字电视整体平移，年底完成平移工作，实现整体平移用户2万户。同年，开通高清数字信号，每年送高清付费节目11套。到2012年，县有线网络公司共有有线电视用户2.1万户。2014年，东安县广播电视台为解决边远山区人民听广播看电视难的问题，多方筹措资金近150万元，对全县各乡镇有线电视模拟信号进行数字信号改造。到2015年年底，完成对芦洪市镇、端桥铺镇、井头圩、石期市、国家森林公园管理局等6个乡镇（场）有线电视数字化改造，实现部分乡镇有线电视和宽带业务的统一经营、统一管理。2015年，由于受“三网融合”影响，县城有线电视用户下降到1.6万户，经营收入当年减少100多万元。

“村村通”“户户通”广播电视 1999年年底，东安县还有62个行政村未通广播电视，2000年2月，按照省、市、县“村村通”工作的部署，开始“村村通”工程建设，县政府成立广播电视“村村通”工作领导小组。制定村村通广播电视的实施方案，下发《关于加强农村广播电视几点意见》。与各乡镇场及有关部门领导签订“村村通”责任状，各乡镇与所属村级签订相应的责任状，分级负责、层层落实，并把“村村通”工作作为年终考核的重要内容之一。县广播电视局抽调专业人员，对全县广播电视信号盲点进行卫星电视的安装维护。2002年，筹集资金42万元，架设村级有线电视主干线28公里，建立村级有线电视小片网36个，安装地面卫星接收站64座，发展农村有线电视用户2300多户，实现62个广播电视盲村“村村通”广播电视。到2015年12月，建村级小片网61个，发展有线电视用户1.1万多户。

2012—2015年，县广播电视台高度重视广播电视“户户通”工作，在“户户通”建设安装工程中，做到用户姓名、身份证号码、智能卡序列号、接收机序列号、加密序列号、联系电话、用户地址等资料真实准确，做到在“户户通”管理平台上注册无误，保证每个农户都能收看到“户户通”所播放的所有电视和广播节目。至2015年底，全县完成“户户通”1.76万户，县广播电视台被省、市评为“村村通”合格单位，“户户通”先进单位。

广播电视大楼 2011年5月1日，东安县广播电视台广电大楼开工。广电大楼位于东安大道169号，投入2000万元，2014年10月25日竣工。2015年8月21日投入使用。总建筑面积7000平方米（含地下室），使用面积6125平方米。建筑结构为宽架砖混，共计8层。是一座集办公、新闻传播、网络传输、技术培训等于一体的综合性大楼。东安县广播电视台成为全市条件优越、环境美观的县级广播电视台。

（三）新闻宣传

1996—2002年，《东安新闻》规范为每周一、三、五首播，二、四、六重播，每期节目时间为15~20分钟，年播放时间在240小时，其他专栏、专题、广告播放时间180小时。2003—2010年《东安新闻》每天晚上在22:00重播一次，年播放时间增加到370小时。2011—2015年每天7:00、12:30、22:00、24:00重播四次，年播放时间增加到450小时。《东安新闻》栏目报道内容涵盖全县政治、经济、文化和社会生产各个方面，并根据党和国家的大事及该县的中心工作，不定期开辟一些专题栏目，产生良好的社会影响。

1996—2015年，东安县广播电视台开办的主要电视栏目还有《社会大写真》《国策园地》《农业新科技》《健康之友》《城市之窗》《党心与民心》《百姓百事》等栏目。随着设备设施的不断完善和人员素质的不断提高，开辟的电视专栏、专题节目档次不断提升，增强了观众的欣赏性、趣味性、娱乐性，有的还采用散文式的表现手法，语言精练，富有哲理和韵味，声情并茂，富有较强的吸引力和感染力。

1996—2015年，东安县广播电视台在“一年一度”的省市优秀广播电视节目评选中一直排列全市前三名，有42篇稿件获“永州广播电视奖”，16篇获“湖南广播电视奖”，其中1998年《灾民备忘录》获全国广播奖二等奖、湖南广播奖一等奖，1999年《扁担情》获中国残疾人事业好新闻优秀奖，2014年广播评论《接权莫弄权》获湖省广播电视奖一等奖。

（四）管理体制

局（台）管理体制 1996年，东安县广播电视局为正科级事业单位，局机关下设办公室、事业股、广播电台、有线电视台、服务公司、音像管理站、广告部、芦洪市电视转播台共8个二级机构，在编职工85人。下辖18个乡镇广播电视站，乡镇广播员40人。办公室、事业股部分人员参照公务员管理，广播电台、广告部、音像管理站、芦洪市电视转播台为全额拨款事业单位，有线电视台为独立核算、自收自支、自负盈亏的副科级事业单位，事业编制12人，隶属东安县广播电视局管理，服务公司为自收自支事业单位。全局人、财、物统一管理，人员在内部可自行调整。服务公司作为自收自支单位，虽核定编制，但未落实人员，除自收自支人员外，全局其他人员经费均列入县财政预算，由财政负担。所有二级机构没有人权、财权、物权。

1997年10月，根据中办文件和广电部文件精神，报县委、县政府批准同意，东安县广播电台、县有线电视台合并为一个播出实体，设立东安县广播电视台。县广播电视局、县广播电视台两块牌子、一套人马，实行局台合一管理体制。

乡镇广播电视站管理体制 1996年，根据东安且机构编制办公室文件关于乡镇文化广播电视站的批复，乡镇文化广播电视站人、财、物、事四权隶属乡镇，县广播电视局对乡镇广播电视站进行技术指导和业务管理。乡镇广播电视站属全额拨款事业编制，隶属县、乡（镇）双重领导管理的机构，实行条块结合，以块管理为主。人员列入县局编制，经费列入县局预算，但由县财政直接划拨到各乡镇。乡镇广播电视事业归口县局指导，乡镇广播员工作由乡镇党委、政府安排，大部分广播员都分配乡镇中心工作，基本上没有从事广播电视工作。

2004年1月，与县局有线电视联网的大庙口、井头圩、石期市、端桥铺、鹿马桥、花桥等6个乡镇广播电视站负责人实行竞争上岗，广播电视电视机线员实行双向选择。

财务管理 1996年，东安县广播电视局实行局台合一的管理体制，2001年前，除广播电视服务公司外，县局内设机构、广播电台、有线电视台的财务实行统一核算管理，设会计、出纳各1名，归口局办公室管理。广播电视服务公司单独设立会计、出纳，但财务上接受县局的领导和管理，收支政策由县局制定，自主经营，自负盈亏。乡镇广播员编制和人头经费列县局，经费由县财政直接下拨乡镇政府，乡镇广播员的工资、福利均由乡镇政府发放。

五、双牌县广播电视局（台）

（一）机构

1997年，经双牌县委、县政府批准同意，双牌县广播电视局与双牌县广播站合并为“双牌县广播电视台”。设办公室、事业股、广播站、音像站共5个二级机构，人员增至43人。17个乡镇广播放大站更名为“乡镇广播电视站”，并划归乡镇管理，县广播电视局只负责业务指导。

2002年10月，全县有线电视光纤联网后，经请示县委、县政府同意，乡镇广播电视站重新划归县广播电视局统一管理。

2011年全国乡镇机构改革，乡镇广播电视站人、财、物、事又重新划归乡镇管理。

2012年8月，文化体制改革，双牌政府办下发《双牌县广播电视台主要职责内设机构和人员编制规定》，按照文件精神，撤销双牌县广播电影电视局、双牌县文化局（县新闻出版局、县版权局），组建双牌县文化广电新闻出版局，为双牌县人民政府工作部门。同意在双牌县广播电视局的基础上，组建新的双牌县广播电视台，为双牌县所属正科级事业机构，接受双牌县文广新局的行业管理，接受中共双牌县委宣传部的指导和协调。县广播电视局参公人员划转3人到县文广新局工作，5人到县文化市场综合执法局工作。其余人员留县广播电视台工作。乡镇广播电视站（15名乡镇广播机线员）划归乡镇管理。2015年年底，双牌县广播电视台下设办公室、事业股、节目统筹室（总编室）、新闻采编制作播控中心、专题活动室等部门，在编人员55人。

（二）事业建设

加密电视与微波传输 2000年，永州市广播电视局在羊毛岭建设微波电视，可传送多套电视节目，特别是可传送中央电视台的三、五、六、八综合文艺及体育频道节目，双牌县广播电视局领导班子多次会议研究，决定在陈家岭差转台筹建微波电视发射系统，经过近半年的筹备，采取向银行贷款政府担保的办法向县农业银行贷款60万元，建成一套可发射12套电视节目的微波电视发射系统，解决有线电视暂时无法通达的部分零散户和距离较远的自然村“看电视难”问题。

有线光纤联网 2001年，永州市广播电视局筹备架设市到县有线电视光纤传输网络，实行全市一张网。经双牌县广播电视局班子会议研究，报请县委、县政府同意，采取搭芯、自架、租用的办法，在市局光纤经过的永连公路，207国道用搭芯的办法，联通五里牌、泷泊镇、尚仁里、打鼓坪、茶林、麻江6个乡镇（场）搭芯光纤达120多公里，自筹资金架设光缆专线70多公里联通理家坪、江村、五星岭、平福头4个乡镇（场）。由于阳明山国家森林公园管理局地处边远，人口较少，村民居住分散，架设专线投入过大，由县政府出面协调，租用电信光纤，每年付给租金3万元，后改租移动公司光缆每年租金1万元。此时全县14个乡镇（场）一个管理局，已联通11个，还有4个乡不通。至2008年年底，由县政府出面协调采用搭挂电信、移动杆路80多公里开通4个乡镇的光缆联网，完成全县100%乡镇广播电视通播率，此项工程包括前端机房改造总投入达300多万元。

有线电视数字化 2008年4月，经双牌县委常委第八次（扩大）会议同意，原县广播电视局城区网络固定资产转变为经营性资产，通过与省电广传媒合作参与全省网络整合，组建双牌县电广网络有限公司，是年9月，公司成立运作。公司由原双牌县广播电视局控股，持有51%股份。2011年1月，经县人民政府及县财政、国资部门批准同意，原县广播电视局以公司有线电视网络股权资产参与湖南有线集团股权重组，不再持有公司51%股权，不再是公司股东，通过股权重组，公司有线网络资产全部归属湖南有线电视集团，成为其全资子公司。2013年年底，全部完成模拟电视到数字化电视的改造。

“村村通”“户户通”广播电视 2002年，县政府成立“双牌县广播电视村村通”工作领导小组，制定《双牌县广播电视村村通工作实施方案》，由县委常委、宣传部部长与全县各乡镇（场）签订“村村通”工作责任书，由县委督查室定期督促检查，并纳入年度考核目标管理，2003年年底，全县195个行政村，光缆联网达58个村，发展农村有线电视用户2000多户，全县光纤架设达250多公里。到2004年年底，全县广播电视的通乡率达100%，通村率达95%，广播电视综合覆盖率达98%，2005年，双牌县广播电视局被评为全国“广播电视村村通”先进单位。直播卫星“户户通”工程是一项涉及农村千家万户的惠民工程。县委、县政府高度重视，召开专题工作会议，会议要求，“户户通”设备安装要先从边远、贫困家庭入手，使全县广大农村家庭真正能看到电视，看好电视，同时要求县广播电视台认真组织实施，并按照省、市下达的任务抓好落实。县广播电视台组织15人的骨干队伍，通过前期培训，下到各乡镇与乡镇机线员一道，走村入户，帮助安装调试。至2015年年底，全县共完成7600户直播卫星“户户通”工程，做到用户姓名、身份证号码、智能卡序列号、接收机序列号、加密序列号、联系电话、用户地址等资料真实准确，做到在“户户通”管理平台上注册无误，“户户通”用户对安装服务满意、收视效果满意。

（三）新闻宣传

1996年，双牌县广播电视台的新闻主打栏目《双牌新闻》，扩为一周三次，即每周一、三、五播出，二、四重播，周日为《一周要闻》。《双牌新闻》每日增至15分钟。年播放新闻80小时，其他专栏、专题、广告年播放时间60小时左右。

1997年，《双牌新闻》在配合县委、县政府中心工作做好宣传报道外，还开辟《迎接香港回归》《百姓话题》《平安双牌》《阳光政务》《印象双牌》等专栏。

2005年，《双牌新闻》又一次改版，定为周五播出制，即一、二、三、四、五当日新闻，周六、日《一周要闻》。

1996—2015年，双牌县广播电视台共播发电视新闻稿片2.7万多条，提供和制作领导电视讲话310余次，拍摄新闻专题片360多部，报道先进典型1500多个，在上稿方面，中央、省、市电视台上稿4700多条（篇）。有42篇稿件获“永州广播电视奖”，其中一等奖16篇，获“湖南广播电视奖”9篇。

（四）管理体制

局（台）管理体制 1996年，双牌县广播电视局为正科级事业单位，局机关下设办公室、事业股、广播站、有线电视台、服务公司、社会管理股共6个二级机构，县局在编职工 86 人。乡镇广播机线员 40 人，局领导及办公室工勤人员参照公务员管理，广播站、有线电视台、音像管理站为全额拨款事业单位，服务公司为自收自支事业单位。全局人、财、物统一管理，人员在内部可自行调整。服务公司作为自收自支单位，虽核定了编制，但未落实人员。全局人员经费均列入县财政预算，由财政负担。所有二级机构没有人权、财权、物权。省、市广播电视部门实行业务指导，县广播电视部门负责本级广播电视行政管理。宣传导向、宣传纪律和广播电视系统的科级干部人事任免均归口县委宣传部管理。

1997 年 10 月，根据中办文件和广电部文件精神，报县委、县政府批准同意，双牌县广播站、双牌县有线电视台合并为一个播出实体，设立双牌县广播电视台。县广播电视局、县广播电视台两块牌子、一套人马，实行局台合一管理体制，在编职工 43 人。

2012 年 8 月，按照《双牌县广播电视台主要职责内设机构和人员编制规定》文件精神，撤销双牌县广播电视局、双牌县广播电视台。同意在双牌县广播电视局、双牌县电视台的基础上，组建新的双牌县广播电视台，为双牌县所属正科级事业机构，接受双牌县文广新局的行业管理，接受中共双牌县委宣传部的指导和协调。乡镇广播机线员划转乡镇管理。

2015 年年底，双牌县广播电视台实有在编人员 55 人（其中全额 32 人，差额 5 人，自收自支人员 18 人），设办公室、节目统筹室（总编室）、新闻采编制作播控中心、专题活动室、事业股，直属单位湖南有线双牌网络有限公司。

乡镇广播电视站管理体制 1996 年，双牌广电按照县编办下发《关于乡镇文化广播电视站的批复》，乡镇文化广播电视站人、财、物、事四权隶属乡镇，县广播电视局对乡镇广播电视站进行技术指导和业务管理。乡镇广播电视站属全额拨款事业编制，隶属县、乡（镇）双重领导管理机构，实行条块结合，以块管理为主。人员列入县局编制，经费列入县局预算，但由县财政直接划拨到各乡镇。乡镇广播电视事业归口县广播电视局指导，乡镇广播员工作由乡镇党委、政府安排，大部分广播员都分配乡镇中心工作，基本上没有从事广播电视工作。到 1998 年，全县 100% 的乡镇建有乡镇广播电视站，建立乡镇广播电视站的乡镇，乡镇广播机线员回到广播电视岗位，纳入县广播电视台管理。2012 年文化体制改革后，乡镇广播机线员划归乡镇管理。

财务管理 1996 年，双牌县广播电视局实行局台合一的管理体制，2001 年前，除广播电视服务公司外，县局内设机构、广播站、有线电视台的财务实行统一核算管理，设会计、出纳各 1 名，归口局办公室管理。广播电视服务公司单独设立会计、出纳，但财务上接受县局的领导和管理，收支政策由县局制定，自主经营，自负盈亏。乡镇广播员编制和人头经费列县局，经费由县财政直接下拨乡镇政府，乡镇广播员的工资、福利均由乡镇政府发放。

人事改革 1996年1月，双牌县广播电视局出台《改革用人用工分配制度实施方案》，实行目标管理责任制，创收部门按每月核定的创收指标完成任务的比例拿工资，非创收部门按平均数拿工资。同年，全员实行竞争上岗，局领导聘任股室负责人，三年一聘，股室负责人与一般工作人员进行“双向选择”。激发全体干部职工的活力，增强竞争意识和危机意识，进一步拓宽选人用人渠道，优化人才资源配置。

六、道县广播电视局（台）

（一）机构

1996年，道县广播电视局先后在原区所驻乡镇设立广播电视站，利用原乡镇广播站人员发展有线电视业务，先后成立清塘、寿雁、梅花、仙子脚、白马渡、蚣坝、四马桥等乡镇广播电视站。乡镇广播电视站由道县广播电视局事业股统一管理。

1997年10月，道县有线电视台和道县广播站合并，成立道县广播电视台，直属道县广播电视局管理，全局编制89人，乡镇广播机线员36人。

2005年，根据中共道县县委常委会议决定，撤销道县教育电视台，并入道县广播电视局管理。原道县教育电视台设备和用房，交由道县广电局无偿使用。

2009年，道县城镇有线网络单独剥离，与湖南省电广传媒股份有限公司合股，成立湖南电广传媒股份有限公司道县网络公司。

2011年1月，道县广播电视局改名道县广播电影电视局。

2013年5月，道县广播电影电视局恢复广播站，属局属二级机构。

2013年8月，文化体制改革，道县广播电影电视局更名为道县广播电视台。内设办公室、财务室、总编室、新闻专题部、制作播控部（安全播出中心）、技术开发部等六大部门，在职干部职工122人。

是年，道县广播电视台还专门设立广播事业部，并在27个乡镇场配备33名乡镇广播员编制，纳入财政（全额）事业编制，由广播事业部统一管理，负责对全县广播和预警系统进行维修维护、节目编排、广告经营等业务。

2015年年底，道县广播电视台机构未变，台直人员121人，乡镇广播电视人员33人。

（二）事业建设

加密电视 1996年，道县广播电视局多方筹措资金4.8万元，于1997年3月在道县有线电视台开通中央电视台三、五、六、八等4个加密频道。全县电视节目总数达17套，有线电视用户达到9000户。每天从早上6:30开始到晚上12点全天播出。

卫星电视地面接收站 1996年，道县广播电视局投资50万元，兴建蚣坝、清塘、四马桥、梅花、白马渡、新车、光家岭7个农村卫星电视地面接收站，当年发展有线电视用户1000余户。至1997年年底，道县共发展农村卫星电视地面接收站50个，有线电视用户逾万户，1998年，道县广播电视局开始加强农村有线电视建设的管理力度，对58个已建农村电视卫星地面接收站、64个入网行政村、1011个小片网进行梳理，纳入科学规划，核发和吊销部分卫星地面接收许可证，实施对卫星电视节目收播的监督管理。

有线电视光纤联网 1998年，道县县城有线电视进行光纤联网，架设光缆主干线12.9公里，改造小区网络8.6公里，开通城区13个光接点，节目套数增至27套.是年，为实现全县广播电视一张网建设，道县广播电视局第一次把有线光缆铺设到清塘镇。1999年，县城潇水中、北路及月岩中路8公里路段电视网络进行提质改造。2000年，潇水南路4公里主干网络及道州北路、月岩西路、荷叶塘新街、营江路、小江口路等几十处支干线与小区网络进行提质改造。2002年，道县广播电视局新增事业投入80余万元，扩改城区和城郊县城至清塘的光缆主干线共74.3公里，开通光缆接点15个，传输电视节目35套，并配套改造小区网络。同年，有线电视用户达1.5万户。

2003年，省广电光纤一级干线网、市二级光纤干线网络通过道县，县网融入全省全程全网的高速、宽带、多功能广播电视光缆网络。2006年2月，永州市广电局网络有限公司与道县广电局合作，发展农村有线电视网络。通过两年的努力，道县完成了寿雁、仙子脚、柑子园、白芒铺、蚣坝、四马桥、梅花、白马渡等乡镇的有线电视光纤网络联网工作;同时，又通过搭借电杆等方式，把光缆架设到洪塘营、横岭、月岩林场、桥头、桥头林场、审章塘等较为偏僻的乡镇场。到2009年年底，道县有线电视一张网覆盖全县27个乡镇场。全县70%的行政村通有线电视。到

2015年年底，道县全县农村先后建起79个电视网站，加上道县广播电视局（台）的直属站，农村有线电视用户近5万户。

有线电视数字化 2004年9月，根据国家广电总局的总体规划，中部地区省份在2010年关闭有线电视模拟信号。道县有线电视网络向数字化方向发展，用户由模拟信号改成数字信号，城网实现数字化。

2009年年底，道县城区有线电视网络单独剥离，成立道县广电网络有限公司，以股份形式加入湖南省电广传媒股份有限公司。2011年开始，道县农村数字电视

兴起，乡镇有线电视兴起光纤改造热潮。道县农村个体有线电视小片网纷纷进行光网改造，同时，投入使用数字机顶盒接收电视信号，提升有线电视收看的质量与效果。道县农村有线电视用户从原来模拟信号的31套电视节目增加到160多套广播电视节目，大大丰富农村文化娱乐生活。从2013年起，道县广播电视台乡镇直属站进行数字电视转换，到2014年年底，农村有线电视用户已转换1万户。乡镇直属站交给湖南省电广传媒股份有限公司道县分公司托管，服务和收看质量得到提高。此后，道县开始办理和发展乡镇宽带网络业务。2015年，道县县城广电网络主干光缆全部下地，光缆地埋穿管42.8公里，总投资380万元，道县财政补助300万元。是年年底，道县数字电视用户2.7万户，宽带用户500户。

“村村通”“户户通”广播电视 1999年，道县开始启动电视“村村通”工程，道县广播电视局对全县587个行政村逐一摸底，查出电视“盲村”104个，并挤出配套资金30万元用于“村村通”工程建设。1999—2000年，全县新建卫星地面接收小片网站20个，“村村通”扩网建站3个，卫星地面接收单站100余个，新发展农村有线电视用户3500余户。2000年10月，道县通过省市“村村通电视”验收。2002年，道县“户户通”工程全面启动。道县广播电视局在继续推进“村村通”工程基础上，坚持标准，因地制宜，循序推进，在自然村和村民居住较为集中的地方建设小片有线广播电视网，加大广播电视“入户工程”建设步伐，新建规模型地面接收站5个，惠及千余户农村电视用户。为解决偏远山村农民看电视难的问题，道县广播电视局按照中央、省市的安排，开始实施电视“户户通”工程，2009—2015年，累计向偏远山区农民发放安装数字电视卫星地面接收单站3560余套。

广播“村村响” 2013年，按照省广播电视局对广播“村村响”工程的建设要求，道县又启动新一轮广播建设工作。道县财政累计投入建设资金400多万元，实现了“电视通到哪里，广播就响到哪里”，形成“合二为一”的广播和电视共缆传输、共同发展的新格局。新建全县广播中心机房。新广播机房设道县广播电视台一楼，采用高标准的设计施工，集隔热配音、节目录制、静电防护、不间断电源于一体。同时，新机房的新设备比以前的设备功能更强大，可点对点、点对面或全面控制，手机可通过授权对某点或某面进行喊话或短信播出。对乡镇级二级平台进行改造，乡镇可利用电话播控器实现当地插播，新增700个广播点，安装1000个喇叭和520个音柱，村级广播室告别用设备插播的历史，可通过电话和手机实现本地广播插播。通过三年的工程建设，至2015年年底，道县实现516个行政村，村村广播响。累计安装1483个广播终端点、4042个喇叭和1020个音柱，顺利通过湖南省广电局农村广播“村村响”工程试点县验收。

广播电视网站　2014年1月，道县广播电视台开通广播电视网站。为进一步深化网站建设，结合微信平台，于2015年12月开通道州广电微信公众号。广电微信公众号页面主要开设道州新闻、道州文学、道州教育和视频在线等专题专栏，将广播电视新闻宣传与网络有机结合，进一步增强道县广播电视台《道州新闻》的宣传力度，拓宽道县对外宣传的渠道。

（三）新闻宣传

广播宣传　2008年，道县广播电视台重新恢复广播站，除保留过去的转播中央人民广播电台和湖南人民广播电台新闻节目以及《道州新闻》外，还创办一批有特色、有品位、听众喜爱的广播节目，且具有实用性、独特性、广泛性和时效性。节目设置有《养生讲堂》《乡村大戏台》《乡村大课堂》《农广天地》《话说道州》等，并适时发布水利、气象、农林、涉农、惠农、助农、种养、供求等信息，每天发布天气预报和各类实用信息。

电视宣传　1996年，道县广播电视台的新闻主打栏目《道县新闻》，每周摄制1~2期节目，每期5~10分钟，不定期播出。2000年，改为《道州新闻》，每周一、三、五首播，二、四、六重播，每期播出时间为10~15分钟。2015年，改周一至周五日播，每期保持在20分钟左右。1997—2015年，道县广播电视台开办的电视栏目有《今日道州人》《外地人在道州》《地名故事》《西洲夜话》《东洲草堂》《濂溪百事》《身边人》《一线》等栏目。随着栏目的增多，道县电视新闻队伍得到充实，宣传设备有所改善，宣传总量也逐年增大。从当初的年播出新闻1000余条，到2015年，道县广播电视台播出的自采新闻已达3000条以上。据统计，2005—2015年，道县广播电视台共播发电视新闻稿片25000余条，提供和制作领导电视讲话150余次，拍摄新闻专题片200多部，承接现场直播150场次。2005年12月，道县广播电视台利用有线网络，在设备极其简陋的情况下，实现道县“两会”的现场直播，让全县民众亲身感受到“两会”内容。随后，现场直播成为道县一些重大政治会议、文艺晚会、涉及民生的重大事件的必备宣传手段。道县电视台每年现场直播场次达10多次。2014年，道县县委、县政府一次性向道县广播电视台投资100万元，更新、改造采编播设备，道县电视台实现采编播数字一体化。

对外宣传　1996—2015年，道县广播电视台在中央、省、市电视台上稿3100多条（篇），其中省以上媒体就达800多条。

创优工作　1996—2015年，在省、市优稿评选中，道县广播电视台有42件作品获“永州广播电视奖”奖，8件作品获“湖南广播电视奖”，其中《道县玉蟾岩惊现一万二千年前的古稻谷》《湖南道县发现56颗古人类牙齿化石》荣获省级电视新闻一等奖。

（四）管理体制

局（台）管理体制　1996年，道县广播电视局为正科级事业单位，局机关下设办公室、事业股、广播站、有线电视台、音像管理站共5个二级机构。办公室、事业股参照行政管理，广播站、有线电视台、音像管理站为参照事业单位管理。全局人、财、物统一管理，人员在内部可自行调整。全局人员经费部分列入县财政预算，由财政差额拨款。所有二级机构没有人权、财权、物权。市广播电视部门实行业务指导，县广播电视部门负责本级广播电视行政管理。宣传导向、宣传纪律和广播电视系统的科级以下干部人事任免均归口县委宣传部管理。

1997年10月，根据中办文件和广电部文件精神，报县委、县政府批准同意，道县广播站、县有线电视台合并为一个播出实体，设立道县广播电视台。县广播电视局、县广播电视台两块牌子、一套人马，实行局台合一管理体制，在编职工89人，乡镇广播机线员36人，2011年12月永州市编办下发《关于道县文化体制改革中有关机构编制调整事项的批复》，撤销道县文化局（县新闻出版局、县版权局）、道县广播电视局，组建道县文化广电新闻出版局，为道县人民政府工作部门。同意在道县广播电视局、道县广播电视台的基础上，组建新的道县广播电视台，为道县所属正科级事业机构，接受道县文广新局的行业管理，接受中共道县县委宣传部的指导和协调。2014年9月，道县广播电视台7人划转到县文化市场综合执法局工作，其余人员回道县广播电视台工作。2015年年底，道县广播电视台编制121人（全额90人，超编31人），编外聘用员工23人，设办公室、财务室、总编室、新闻专题部、制作播控部、技术开发部、广播事业部，直属单位湖南有线道县网络有限公司。

乡镇广播电视站管理体制　1996年，县广播电视局按照县编办下发《关于乡镇文化广播电视站的批复》文件精神，将乡镇文化广播电视站人、财、物、事四权交乡镇，县广播电视局对乡镇广播电视站进行技术指导和业务管理。由于当时道县县级财政财力紧张，而县广电局自1992年建成县城有线电视局域网后，全局财力有较大改善，在县广电局与县财政多次协商未果的情况下，为集中人财物发展乡镇有线电视，抢占发展先机，县广电局同意县财政按原有拨款方式，即乡镇广播员工资按差额拨款到县广电局，人财物事权和业务统一由县广电局管理。1996—1998年，全县95%的乡镇建有乡镇广播电视站，大部分乡镇广播机线员回到广播电视岗位，纳入县广播电视台管理。2013年，在文化体制改革中，道县广播电视台还专门设立广播事业部，并在27个乡镇场配备33名乡镇广播员编制，纳入财政（全额）事业编制，由道县广播电视台广播事业部统一管理。

财务管理 1996年，道县广播电视局实行局台合一的管理体制，县局内设机构、广播站、有线电视台的财务实行统一核算管理，设会计、出纳各 1 名，归口局办公室管理。乡镇广播员编制和人头经费列县局，经费由县财政直接下拨县局，乡镇广播员的工资、福利均由县广电局发放。

人事改革 2002 年 2 月，道县广播电视局出台《改革用人用工分配制度实施方案》，实行目标管理责任制，创收部门按每月核定的创收指标完成任务的比例拿工资，非创收部门按平均数拿工资。2006 年，全员实行竞争上岗，局领导聘任股室负责人，股室负责人与一般工作人员进行“双向选择”。2013 年开始，道县广播电视台进一步完善《道县广播电视台绩效考核办法》，实行全员竞争上岗。激发全体干部职工的活力，增强竞争意识和危机意识，进一步拓宽选人用人渠道，优化人才资源配置。2015 年年底，道县广播电视台有在职职工 121 人，编外聘用员工 23 人。

七、宁远县广播电视局（台）

（一）机构

1996 年 1 月，宁远县有线电视台与宁远县广播电台合并，成立宁远县广播电视台，直属宁远县广播电视局管理，两块牌子、一套人马，实行局台合一管理。下设办公室、事业股、音像站、新闻采编部、广告制作部、技术播控部、服务公司、九嶷山有线电视站共 8 个二级机构，人员增至 97 人，乡镇广播员 52 人。

2005 年，成立农村有线电视网络中心。

2009 年 9 月，宁远县广播电视局与湖南电广传媒股份有限公司签订合资合同，成立“宁远电广网络有限公司”。

2010 年 6 月，宁远县广播电视局与宁远电广网络有限公司进行资产重组，宁远电广网络有限公司更名为湖南有线宁远网络有限公司，为湖南有线集团属下独立运营企业。与广播电视台完成分立。但原广播电视局有线台职工仍在网络公司上班，其工资和五险一金（财政负担部分）由电视台向网络公司收取后，再上缴财政。

2012 年 6 月，在文化体制改革中，撤销宁远县文化局（县新闻出版局、县版权局）、宁远县广播电视局，组建宁远县文化广电新闻出版局，为宁远县人民政府工作部门。同意在宁远县广播电视局的基础上，组建新的宁远县广播电视台，为宁远县政府所属正科级事业机构，接受宁远县文广新局的行业管理，接受中共宁远县委宣传部的指导和协调。1 人划转到县文化市场综合执法局工作。其余人员留宁远县广播电视台工作。43 名乡镇广播机线员划归乡镇管理。

2015 年年底，宁远县广播电视台下设办公室、政工股、计财股、新闻管理办公室、农村网络建设管理办公室等 5 个股室，在编人员 100 人。

（二）事业建设

加密电视 1996 年，宁远县广播电视局多方筹措资金 2.5 万元，用于加密电视的开通。1998 年 7 月在宁远县有线电视台开通中央电视台三、五、六、八等 4 个加密频道，全县电视节目总数达到 27 套，有线电视用户达到 1 万户。每天从早上 6:30 开始到晚上 12 点全天播出。

有线电视光纤联网 1997 年，宁远县广播电视局投资 12 万元，建起 56 个村级有线电视站，1998 年，先后投入 60 多万元，对网络进行改造提质，全城主干线全部换成光缆，总长达 20 0 多公里，共设光接点 16 个，电视信号节目质量有了很大提高。2002 年，投资 160 万元，架通 97 公里县城至乡镇的光缆线，城区电视节目可直接传输到 7 个乡镇的 10 个光接点上。2003 年又投资 60 万元架通冷水至东城、下灌、九嶷，县城至官桥、水市，全长 70 公里的光纤主体工程。年底全县乡村建起广播电视地面周转站 240 个，电视入户 21300 户，实现了全县乡乡光纤联网，16 个乡镇全部接通有线电视。2008 年，宁远率先在重要路段和主要街道全部下线地埋，同时增设加解扰系统，对全县有线网络进行升级改造，光接点由原来的 16 个增加到 72 个。是年年底，农村有线电视联网 110 多个站点，覆盖全县近 500 个行政村，宁远县广播电视局连续四年被永州市广播电视局评为目标管理考核先进单位。

有线电视数字化 2012 年 5 月，引进高清设备，使电视图像清晰度明显改善，至 2012 年年底，全县数字电视用户达 2 万多户，电视节目由原来的 30 多个增加到 65 个频道。2014 年以后，逐年投入资金进行网络改造，大力发展高清电视和网络宽带，电视频道增加到 170 多个。至 2015 年，宁远县广播电视台共投入资金 500 余万元，发展农村有线数字电视，共平移农村数字电视 2.1 万户，农村电视频道增加到 70 个。全县农村有线电视用户达 3 万余户，进村入户率达 86.5%。

“村村通”“户户通”广播电视 2000 年年初，宁远县还有 86 个行政村不通广播电视，有 15%的农民还听不到广播，看不到电视，按照省、市、县“村村通”“户户通”工作部署，宁远县广播电视台积极推进有线电视进村入户工程。制定广播电视“村村通”“户户通”实施方案，与九嶷山、棉花坪等 4 个瑶族乡签订“村村通”“户户通”责任合同，为 17 个乡镇举办技术培训班共 25 期，培训人员 330 人次。2008—2012 年，全县共完成 368 个自然村的“村村通”“户户通”工程任务，共 5400 户，其中光纤联网 3648 户，直播卫星 1752 户。实现从“村村通”到“户户通”、从“户户通”到“优质通”、从“优质通”到“长期通”的飞跃。由于工作出色，宁远县广播电视局（台）多次被省、市广电局评为“村村通”先进单位。2012 年，文化体制改革后，“村村通”“户户通”工作职能转至宁远县文体广新局。

办公楼房 1996年，宁远县广播电视局在位于九嶷中路147号有演播厅、办公楼各一栋，总建筑面积2110平方米，其中办公用房500平方米，改善干部职工的办公和住房条件。2012年4月，筹措资金60万元，对办公环境进行绿化、亮化、硬化，办公大楼全部粉刷一新。添置新的办公设备，装修两个综合服务大厅。2015年，由于原有台机关办公楼因鉴定为危房，已全部拆除，全台100多名干部职工全部挤在两栋不足600平方米的简陋办公室办公，其中有6~8人挤在一间不足20平方米的房间办公。是年，宁远县政府拟搬迁县广播电视台，在南部文化生态新城选址建设广电服务中心，县发改委于2015年4月下达立项批复。

技术设备 1996—2015年，宁远县广播电视局（台）总共投资1400余万元，先后添置非线性编辑机9台，口播提词器、电视数字硬盘播出系统、索尼蓝光PDM-680、EZ35型数字摄像机、电视直播设备、航拍无人机、高清数字摄像机等设备60多台套，液晶电脑80多台。通过更新摄、录、播、制等一大批先进设备设施，宁远新闻宣传质量和档次不断提高，自办节目越办越活，提高宁远的知名度。

（三）新闻宣传

电视栏目 1996年后，随着设备设施的不断更新和人员素质的不断提高，宁远县广播电视台开辟的专栏、专题节目档次不断提升，内容不断丰富，有较强的吸引力和感染力。除精心打造《宁远新闻》主打栏目以外，配合相关部门相继开辟《民情直通车》《南风窗》《每周一说》等栏目。为迎接创建国家卫生城市、创建国家森林城市和省市秋冬生产、工业现场会等重大主题活动，加班加点，全力以赴，精心制作汇报专题片。同时，还承担世界舜裔宗亲会暨永州市社会各界公祭舜帝大典、湖南省公祭舜帝大典、四个瑶族乡建乡30周年庆典等拍摄制作录播任务。对县人大常委会教育专题询问进行电视直播，实现县广播电视台近十年来的第一次实况直播。为配合“旅游兴县”战略实施和舜帝陵创国家AAAAA级旅游景区工作，推出旅游类专题栏目《走进九嶷》，全方位、多视角宣传推介宁远的旅游文化资源。

《宁远新闻》 1996年1月，宁远县有线电视台《宁远新闻》栏目开始定期播出，每周一、三、五首播，二、四、六重播，每晚19:40首播，22:00重播。每次5条左右，8~10分钟。2005年，《宁远新闻》从周三改为周五播出，每次7条以上，时长10~15分钟。2010年，《宁远新闻》由周五改为周六，即每周六制作《一周要闻回顾》。2011年，由周六新闻改为每天新闻，首开县区台“天天新闻”先河，即每周一至周六做新闻，每周日制作《一周要闻回顾》。此外，在《宁远新闻》中开设特色栏目《新闻述评》，加大对重要工作和重大部署的舆论引导力。

《民情直通车》 2003年开办，每周一期，每期10分钟左右，共办42期。主要反映社会热点、难点问题，直抒民意，社会反响强烈。

《南风窗》 2004年开办，每半月一期，每期15分钟，共办22期，栏目主要反映各行各业改革开放的新举措、新成就。

《每周一说》 2005年开办，每周一期，每期10分钟，共办45期，是一个以反映社会热点、群众关注焦点为主的电视评论节目。由于采编人员采访深入，评说到位，针砭时弊，有理有据，图文并茂，被群众誉为宁远的《焦点访谈》。

1996—2015年，宁远县广播电视台还先后开办过《以案说法》《卫生与健康》《计生园地》《农技信息》《九嶷清风》《直通119》《宁远警情》《正风肃纪》《走进九嶷》等电视栏目。

新闻创优 2001—2015年，宁远县广播电视台大力实施新闻创优战略，始终把创优工作放在重要位置，不断增强精品意识，提高创新能力，创作出一大批优秀作品。在“一年一度”的省、市优秀广播电视节目评选中有78篇稿件分别获得一、二、三等奖，其中市级一等奖20件，省级一等奖3件。2014年、2015年连续两年荣获永州市广播电视节目创优组织奖。

广告创收 1996年年初，宁远县广播电视局成立广告部，经营形式主要以飞字、点歌、点剧为主，与相关部门签订广告联办创收协议，开设广告栏目，年创收36万元。到2015年，广告年创收达210多万元。

（四）管理体制

局（台）管理体制 1996年，宁远县广播电视局为正科级事业单位，局机关下设办公室、事业股、音像站、新闻采编部、广告制作部、技术播控部、服务公司、九嶷山有线电视站共8个二级机构，人员增至97人，乡镇广播员52人。局领导及办公室部分工勤人员参照公务员管理，事业股、音像站、新闻采编部、广告制作部、技术播控部、九嶷山有线电视站为全额拨款事业单位，服务公司为自收自支事业单位。全局人、财、物统一管理，人员在内部可自行调整。服务公司作为自收自支单位，虽核定编制，但未落实具体人员。全局人员经费均列入县财政预算，由财政负担。所有二级机构没有人权、财权、物权。省、市广播电视部门实行业务指导，县广播电视部门负责本级广播电视行政管理。宣传导向、宣传纪律和广播电视系统的科级干部人事任免均归口县委宣传部管理。1997年10月，根据中办文件和广电部文件精神，报县委、县政府批准同意，宁远县广播电台、县有线电视台合并为一个播出实体，设立宁远县广播电视台。县广播电视局、县广播电视台两块牌子、一套人马，实行局台合一管理体制，在编职工97人，乡镇广播机线员52人。2011年12月，永州市编办下发《关于宁远县文化体制改革中有关机构编制调整事项的批复》，撤销宁远县广播电视局、宁远县文化局（县新闻出版局、县版权局），组建宁远县文化广电新闻出版局，为宁远县人民政府工作部门。同意在宁远县广播电视局、宁远县广播电视台的基础上，组建新的宁远县广播电视台，为宁远县政府所属正科级事业机构，接受宁远县文广新局的行业管理，接受中共宁远县委宣传部的指导和协调。2012 年 6 月，1 人划转到县文化市场综合执法局工作，其余人员回宁远县广播电视台工作（原宁远县有线电视台工作人员及离退休人员仍执行县财政全额拨款事业单位工资福利政策）。乡镇广播机线员划转乡镇管理。2015 年年底，宁远县广播电视台实有人员 100 人（其中全额 96 人，差额 4 人），设办公室、政工股、计财股、新闻管理办公室、农村网络建设管理办公室，直属单位湖南有线宁远网络有限公司。

乡镇广播电视站管理体制　1995 年，宁远县编办下发《关于乡镇文化广播电视站的批复》，乡镇文化广播电视站人、财、物、事四权隶属乡镇，县广播电视局对乡镇广播电视站进行技术指导和业务管理。乡镇广播电视站属全额拨款事业编制，隶属县、乡（镇）双重领导管理机构，实行条块结合，以块管理为主，人员列入县局编制，经费列入县局预算，但由县财政直接划拨到各乡镇。乡镇广播电视事业归口县广播电视局指导，乡镇广播员工作由乡镇党委、政府安排，大部分广播员都分配乡镇中心工作，基本上没有从事广播电视工作。

1996 年开始，宁远县农村有线电视网建设进入黄金期，到 1998 年，全县 100% 的乡镇建有乡镇广播电视站，建立乡镇广播电视站的乡镇，乡镇广播机线员回到广播电视岗位，纳入县广播电视台管理。2012 年文化体制改革后，乡镇广播机线员划转乡镇管理。

财务管理　1996 年，宁远县广播电视局实行局台合一的管理体制，2001 年前，除广播电视服务公司外，县局内设机构、广播站、有线电视台的财务实行统一核算管理，设会计、出纳各 1 名，归口局办公室管理。广播电视服务公司单独设立会计、出纳，但财务上接受县局的领导和管理，收支政策由县局制定，自主经营，自负盈亏。乡镇广播员编制和人头经费列县局，经费由县财政直接下拨乡镇政府，乡镇广播员的工资、福利均由乡镇政府发放。

人事改革　2012 年 6 月，宁远县广播电视局出台《改革用人用工分配制度实施方案》，实行目标管理责任制，创收部门按每月核定的创收指标完成任务的比例拿工资，非创收部门按平均数拿工资，2012 年 7 月，全员实行竞争上岗，局领导聘任股室负责人，股室负责人与一般工作人员进行“双向选择”。激发全体干部职工的活力，增强竞争意识和危机意识，进一步拓宽选人用人渠道，优化人才资源配置。2015 年年底，宁远县广播电视台实有人员 100 人（其中全额 96 人，差额 4 人）。

八、新田县广播电视局（台）

（一）机构

1997年，撤销新田县广播站、新田县有线电视台，设立新田县广播电视台。同年8月26日，组建“新田县广播电视综合发射台（高山台）”建设工程指挥部，翌年，总投资230万元，装电发射机功率1000瓦的广播电视综合发射台在小岗岭开工建设，1998年10月1日建成开播。

2004年1月，永州广电网络有限责任公司新田分公司挂牌成立。4月，新田县广播电视局在全县各事业单位中率先推行人事、分配制度改革。

2007年7月6日，永州广播电视有限责任公司召开董事会议，确定永州广播电视有限责任公司整体加入湖南有线集团，新田分公司在加入集团前与湖南电广传媒股份有限公司进行合资合作，组建股份公司。7月27日，新田县有线电视网络参与全市广播电视网络整合，组建永州广播电视有限责任公司。同年8月，永州广播电视有限责任公司新田分公司成立。

2008年4月27日，中共新田县委常委扩大会议决定，同意新田县城区有线网络与湖南电广传媒股份有限公司合作，组建“新田电广网络有限公司”。6月1日，新田县广播电视局与湖南电广传媒股份有限公司合资合作，组建“新田电广网络有限公司”。12月16日，中共新田县委召开常委会议，专题研究广播电视改革工作，对县广播电视局及其下属事业单位机构编制、经费渠道等作了专题研究，并成立新田县广播电视改革领导小组。12月20日，“新田电广网络有限公司”加入湖南省有线电视网络（集团）股份有限公司，更名为“湖南有线新田网络有限公司”。

2009年1月20日，新田县机构编制委员会下发《关于县广播电视局及其下属事业单位机构编制事项的通知》，核定局机关事业编制16名，核定内设机构4个，即办公室（加挂总编室牌子）、事业股（加挂技术股牌子）、社管股（加挂法制股、广播电视稽查队牌子）、纪检（监察）室。下属机构有广播电视台（事业编制26名）、小岗岭广播电视转播台（事业编制4名）、广播电视乡镇网络建设管理中心（事业编制15名）、新田县电广网络有限公司（实行公司化运作，原从局机关划入的41人保留原有身份不变）。

2011年1月19日，中共新田县委、县人民政府决定将县广播电视局更名为县广播电影电视局，为县政府直属的正科级事业单位；将原县文化局承担的管理电影发行放映等有关职责划入县广播电影电视局。

2012年1月18日，新田县委下发《关于新田县文化体制改革中有关机构编制调整事项的批复》，撤销新田县文化局（县新闻出版局、县版权局）、新田县广播电影电视局，组建新田县文化广电新闻出版局；在新田县电视台的基础上，组建新田县广播电视台；整合新田县原文化局（县新闻出版局、县版权局）、新田县原广播电影电视局的行政执法职责划入新组建的新田县文化市场综合执法大队。

2013年3月21日，《新田县人民政府办公室关于印发〈新田县广播电视台主要职责内设机构和人员编制规定〉的通知》，核定县广播电视台内设机构6个，即办公室（计财股）、政工人事股、总编室、新闻部、技术股、网络管理股；所属单位：县广告文艺中心、县广播电视乡镇网络建设管理中心、县小岗岭广播电视转播台、湖南有线新田网络有限公司（维持公司化运作不变），核定人员编制25名。5月27日，新田县机构编制委员会办公室下发《关于文化体制改革后县广播电视台人员调配的意见》，明确：根据市编办《关于新田县文化体制改革中有关机构编制调整事项的批复》文件精神，在新田县电视台的基础上，组建新田县广播电视台，为县属正科级事业机构，接受县文广新局的行业管理，接受县委宣传部的指导和协调，核定全额拨款事业编制25名。原电视台更名为广告文艺中心，为广播电视台下属股级事业单位，定编5名。

（二）事业建设

广播电视综合发射台 1997年8月26日，新田县长办公会决定，组建"高山台"建设工程指挥部，形成《县长办公会议纪要》。县委、县政府下发《关于成立新田县广播电视综合发射台建设工程指挥部的通知》，成立工程指挥部。翌年，一座总投资230万元、装电发射机功率1000瓦、525米高的广播电视综合发射台在距县城4公里、海拔466米高的小岗岭上建成。建成后，用103.3兆赫频率发射转播湖南人民广播电台卫星节目一套，县站调频信号和新田电视台节目可覆盖全县90%的乡镇。

有线光纤联网 1997年，城区有线电视网络延伸至田家、欧家塘、三里亭、木山塘、东门桥、朱家丘、蚂蝗洞等城郊行政村，有线电视用户增加到7000多户，播出节目由1992年的12套增加到19套。

1998—2002年，城区有线电视网络主干线和前端设备按照干线网和城市网络标准化、规范化、光纤化的要求，投资100余万元进行改造，主干线由铜轴电缆改为光缆，前端机房增添光发射机2台、光分路器1台、设13个光接点，至2002年年底，城区有线电视网络主干线铺设光缆15公里，75—12同轴电缆5.5公里，75—9同轴电缆90公里，有线电视网络入户9200户，播出节目增加到30套。2003年，省、市、县光纤联网顺利开通，城区有线电视网络全面进行升级改造，一期工程投入资金200余万元，将原300兆赫兹系统升级为750兆赫兹系统；二期工程规划光纤到楼栋，投入资金200余万元，新增光纤线路近30公里、光接点37个，架设主干电缆98公里，传输节目增至43套，网络传输质量有了质的飞跃。当年，投入130余万元，建设城区独立杆路，新建地埋管道30公里，主干道基本实现下地传输，新建架空杆路35公里，自立墙挡线路120公里，结束广电网络一直搭挂在电力、电信杆路的历史。

农村有线电视 1997年，新田县全面实施农村广播电视站建设，全县新建乡、村有线电视站17个。1998年农村有线电视站达33个，用户4000余户。至2003年年底，全县共有乡、村有线电视站72个，有线电视延伸覆盖180多个行政村，发展用户30000多户。同时，多方式推行县、乡、村光纤联网，城区网络延伸光纤18公里，覆盖城郊绝大部分自然村，县、乡、村联网进展迅速，与电信、联通公司合作开通（资源共享）光纤主干线路131公里，联网乡镇达15个，占全县乡镇的78.9%。新建农村二级光纤网32处，光纤皮线200余公里，联网行政村146个，延伸覆盖20户以上自然村80个，新建独立小片网1处，延伸覆盖20户以上自然村1个，解决8000余人的广播电视覆盖问题。2008年，架设（资源共享）光纤主干线路42公里，联网乡镇达18个，占94.7%。新建农村二级光纤网22处，光纤皮线200余公里，联网行政村82个，延伸覆盖20户以上自然村162个，解决11198人的广播电视覆盖问题。2014年，经与湖南省有线电视网络集团公司洽谈争取，并报经新田县委、县政府同意，对骥村、枧头、金陵、石羊4个农村有线电视自建站资源整体出让，由湖南有线新田网络有限公司整体收购，实现国有资产处置收益最大化。当年完成4个站的数字平移，传送节目由原来的模拟信号38套平移到数字信号60套，社会效益十分明显。

“村村通”“户户通”广播电视 1999年2月至2003年年底，全县共有乡、村有线电视站72个，有线电视延伸覆盖180多个行政村，发展用户30000多户。2001年，全面完成行政村“村村通”任务，新田县荣获湖南省“村村通”工作先进单位，2006年，全县50户以上的自然村“村村通”工作通过省局达标验收合格。2007年，新田县完成省局核定的20户以上广播电视盲村73个村的“村村通”工作任务，覆盖盲村人口7200人。2009年，中央确定新一轮的广播电视“村村通”直播卫星工作，新田县广播电视局按照省、市、县“村村通”“户户通”工作部署，制定广播电视“村村通”“户户通”实施方案。全县共完成158个20户以上和20户以下已通电盲点自然村建设任务，安装直播卫星“村村通”设备1667套。2010—2015年，完成直播卫星设备“村村通”“户户通”设备5118套安装调试任务。

农村广播“村村响”建设 新田县农村广播“村村响”工程被列入2015年湖南省重点民生实事项目，是全省首批全面建设的40个县之一，也是永州市率先实施的2个县之一。2015年，新田县委、县政府将农村广播“村村响”项目列为全县城乡公共文化服务体系建设的一项重要内容，成立由县委常委、常务副县长任组长的工程建设领导小组，并安排360余万元专项配套经费用于农村广播“村村响”工程建设。县广播电视台作为工程建设实施主体，成立专门的领导机构和工作班子，具体负责工程建设各项任务的落实。按照《湖南省农村广播“村村响”工程建设和验收规范》和省市政府、省市局的时间节点要求，坚持倒排工期、台账管理、定期调度，确保工程建设规范有序、科学可靠、保质保量。在2015年10月全面完成覆盖全县19个乡镇379个行政村的县乡村三级联动、可管可控的广播网络安装调试任务，当年11月1日试运行，比省市时间节点要求提前一个月，并于11月底通过省广电新闻出版局验收。

（三）新闻宣传

1997年，新田县广播电视台新闻主打栏目《新田新闻》由过去的周二、周五首播，周三、周六重播改为周一、三、五首播，周二、四、六重播，播出时间每期10分钟左右，周日为专题节目。2008年，周日改为《一周要闻》，2011年1月1日起，《新田新闻》由每周3期改为每周5期播出（周一至周五），周六播出《一周要闻》。自办节目在原有基础上增加《为您歌唱》《法制天地》《科技园》《经济与信息》《社会广角》《生活顾问》《本地文艺》《乡土风情》《文艺精粹》《计生园地》《卫生与健康》等栏目，自办节目播出质量逐年提高。新闻专题播出稿件每年在380篇以上。

1997—2015年，新田县广播电视台共播发新闻稿件3万余条，拍摄制作新闻专题片300余部。对外宣传力度逐年加大，其中在中央电视台上稿10条，省级媒体上稿1300余条，市广播电台、电视台用稿5000多条。1998—2003年，连续六年省市用稿总数排全市各县区前三位，其中三个年度外宣用稿数排全市各县区第一，连续三年被省电台评为通联工作先进单位。2013年、2014年连续两年被湖南广播电视台评为通联工作先进单位。

1996年以来，在年度广播电视优稿评比中，先后有101篇稿件获得国家级、省级、市级奖。其中2009年、2010年、2011年在永州市广播电视奖评比中名列前茅。

音乐电视是新田广播电视台的创优品牌，先后获得湖南省广播电视奖一等奖1个、二等奖1个、三等奖3个，永州市广播电视奖一等奖7个。2009年创作的音乐电视《我来自湖南》获省一等奖，2010年新田县广播电视台创优取得历史性突破，获省级一等奖2项、二等奖1项，其中电视专题《世外桃园：龙家大院》分别获湖南新闻奖一等奖、湖南广播电视奖一等奖，音乐电视《湘江香》获湖南广播电视奖二等奖。

（四）管理体制

局（台）管理体制 1996年，新田县广播电视局为正科级事业单位，局机关内设机构有办公室、广播站、事业管理站、音像管理发行站、器材服务部、有线电视台、电视差转台，在编职工49人。乡镇（办事处）广播电视站22个，在编广播机线员28人，局领导及办公室工勤人员参照公务员法管理，广播站、事业管理站、音像管理发行站、有线电视台、电视差转台为全额拨款事业单位，器材服务部为自收自支事业单位。全局人、财、物统一管理，人员在内部可自行调整。全局人员经费均列入县财政预算，由财政负担。所有内设机构没有人权、财权、物权，省、市广播电视部门实行业务指导，县广播电视部门负责本级广播电视行政管理。宣传导向、宣传纪律和广播电视系统的科级以下干部人事任免均归口县委宣传部管理。

2009年1月20日，新田县机构编制委员会下发《关于县广播电视局及其下属事业单位机构编制事项的通知》，核定局机关全额事业编制16名，核定内设机构4个，即办公室（加挂总编室牌子）、事业股（加挂技术股牌子）、社管股（加挂法制股、广播电视稽查队牌子）、纪检（监察）室。下属机构有广播电视台（事业编制26名）、小岗岭广播电视转播台（事业编制4名）、广播电视乡镇网络建设管理中心（事业编制15名）、新田县电广网络有限公司（实行公司化运作，原从局划入的41人保留原有身份不变）。

2012年1月18日，根据《关于新田县文化体制改革中有关机构编制调整事项的批复》，撤销新田县文化局（县新闻出版局、县版权局）、新田县广播电影电视局，组建新田县文化广电新闻出版局，在新田县电视台的基础上，组建新田县广播电视台。2013年3月21日，《新田县人民政府办公室关于印发〈新田县广播电视台主要职责内设机构和人员编制规定〉的通知》，核定县广播电视台内设机构6个，即办公室（计财股）、政工人事股、总编室、新闻部、技术股、网络管理股；所属单位：县广告文艺中心、县广播电视乡镇网络建设管理中心、县小岗岭广播电视转播台、湖南有线新田网络有限公司（维持公司化运作不变），核定全额拨款事业编制25名。2014年3月，新田县广播电视台划转3人（其中参公人员2人，全额拨款人员1人）到县文化市场综合执法大队工作。其余人员仍然留在新田县广播电视台工作。

2015年年底，新田县广播电视台实有人员87人，其中参照公务员法管理人员12人、全额拨款10人、差额拨款4人、自收自支32人（湖南有线新田网络有限公司人员），编外聘用员工29人（其中湖南有线新田网络有限公司聘用19人）。

乡镇广播电视站管理体制　1996年，乡镇文化广播电视站人、财、物、事四权隶属乡镇，县广播电视局对乡镇广播电视站进行技术指导和业务管理。乡镇广播电视站属全额拨款事业编制，隶属县、乡（镇）双重领导管理机构，实行条块结合，以块管理为主。人员列入县局编制，经费列入县局预算，但由县财政直接划拨到各乡镇。乡镇广播电视事业归口县广播电视局指导，乡镇广播员工作由乡镇党委、政府安排，大部分广播员都分配了乡镇中心工作，基本上没有从事广播电视工作。

2004年1月，新田县委、县政府决定将乡镇广播电视站实行垂直管理，全县14名乡镇广播电视机线员上收新田县广电局直管。

财务管理　1996年，新田县广播电视局实行局台合一的管理体制，除器材服务部外，县局内设机构的财务实行统一核算管理，设会计、出纳各1名，归口局办公室管理。器材服务部单独设立会计、出纳，但财务上接受县局的领导和管理，收支政策由县局制定，自主经营，自负盈亏。乡镇广播员编制和人头经费列县局，经费由县财政直接下拨乡镇政府，乡镇广播员的工资、福利均由乡镇政府发放。2004年1月，全县14名在编的乡镇广播员上收县广播电视局直管，这部分人的人、财、物、事等均由县广播电视局统一管理。

人事改革　2004年4月，经县委、县政府领导和县改革办批准，新田县广播电视局在全县各事业单位中率先推行人事、分配制度改革。采取行政手段和市场运作相结合的方法，出台《新田县广播电视局2004年人事、分配制度改革实施方案》。改革人事管理体制。除副科以上领导外，将局机关下设机构和局直属事业单位所有人员进行重新调整，全面推行竞聘上岗，双向选择，按照“公平、公开、竞争、择优”的原则，建立能者上、庸者下的用人机制，即在局党组的统一领导下，由局党组、局务会聘任股室负责人，股室负责人与一般工作人员进行“双向选择”。改革分配机制，以彻底打破“大锅饭”为突破口，切实建立和完善按劳取酬、按绩取酬的分配制度。拉开分配档次，割断档案工资和实发工资的联系，推行绩效工资制，实施岗位工资与浮动工资相结合的分配制度，岗位工资按照岗位责任、贡献、工作量的大小划分不同档次和标准，倾斜一线，兼顾平衡，确保多劳多得，少劳少得，不劳不得。此举激发全体干部职工的活力，增强竞争意识和危机意识，进一步拓宽选人用人渠道，优化人才资源配置。

2015年，新田县广播电视台实有人员87人，其中，参照公务员法管理人员1 12人、全额拨款10人、差额拨款4人、自收自支32人（湖南有线新田网络有限公司人员），编外聘用员工29人（其中湖南有线新田网络有限公司聘用19人）。

九、蓝山县广播电视局（台）

（一）机构

1996年，蓝山县广播电视局下设办公室、广播站、有线电视台、事业股、服务公司、音像站共6个二级机构，人员增至86人，其中乡镇广播员28人。

1997年，按照国家《广播电视管理条例》规定，蓝山县教育电视转播台并入蓝山县广播电视局管理，电视台专设一个频道转播教育电视节目，蓝山县教育电视台关闭。

2000年，蓝山县广播电视局设立有线电视稽查队。

2002年，成立社会管理股，与稽查队两块牌子、一套人马，依法从事查处违反《广播电视管理条例》的人和事。

2004年3月，市广电局联合永州宽带网络公司和其他九县组建永州广播电视网络股份有限公司，蓝山县广电局也通过了资产评估等一系列的筹备工作，并于2005年6月21日顺利挂牌成立永州广播电视网络有限责任公司蓝山分公司。

2008年9月27日，由蓝山县广播电视局与湖南电广传媒股份有限公司合资组建蓝山电广网络有限公司，注册资金740万元，县局占该公司51%的股份，湖南电广传媒股份有限公司占49%的股份。

2011年12月22日，永州市机构编制办公室下发《关于蓝山县文化体制改革中有关机构编制调整事项的批复》，2012年3月，撤销蓝山县文化局（县新闻出版局、县版权局）、蓝山县广播电视局，组建蓝山县文化广电新闻出版局，为蓝山县人民政府工作部门。同意在蓝山县广播电视局的基础上，组建新的蓝山县广播电视台，为蓝山县所属正科级事业机构，接受蓝山县文广新局的行业管理，接受中共蓝山县委宣传部的指导和协调。蓝山县广播电视局参公人员划转4人到县文广新局工作，11人到县文化市场综合执法局工作。其余人员留蓝山县广播电视台工作。2012年，乡镇广播电视站（25名乡镇广播机线员）划至县文广新局管理。

2015年年底，蓝山县广播电视台下设办公室、人事股、财务股、新闻部、广告部、播出部等部门，在编人员70人。

（二）事业建设

加密电视与微波传输　1996年上半年，蓝山县广播电视局多方筹措资金20多万元，于1997年12月在蓝山县有线电视台开通中央电视台三、五、六、八等4套加密电视频道。每天从早上6:30开始到晚上12点全天播出。

1999年7月，投入35万元购进福特电子厂的加密设备，对羊车岭电视转播台模拟微波信号进行群体加密、解扰工程，县内建有91个微波接收站点，用户达3600户，传输节目11套。

有线光纤联网 1998—1999年，集资40万元，对城区有线电视进行光缆改造，架设光纤线路6.5公里，第一期工程开通30个电视频道，有线电视用户从350兆赫兹提升为750兆赫兹，电视信号节目质量有很大的提高。2003年，投入资金20万元，组织实施县城塔峰路、商业大街、湘粤路有线电视线路下地工程，并与县电信局合作开通“蓝山互动电视频道”，电视节目由32套增至35套。是年，永州市至县城光纤线路建成，带动沿路祠堂圩、总市、竹管寺等乡镇（办事处）光纤信号开通，为全县乡镇电视网络全面覆盖打下基础，拉开县乡联网的序幕，全县电视信号由模拟电视向高清晰数字电视发展迈出了坚实一步。2003年投入资金，将县城电视节目由原来的32套增加到35套。与此同时，抽调业务精兵协助市网络公司架设完成由市到县的光纤线路，并于10月份开通市光纤信号。2004年，蓝山县广播电视局按“十五”计划的安排，在少数边远地区按国家“村村通”政策覆盖外，平丘区乡镇都实行县乡光纤联网，全县基本统一一个前端，统一传输35套以上电视节目。

有线电视数字化 2004年，蓝山县广播电视局对全县的网络作全面规划，从农业银行贷款197万元用于网络工程改造的实施。开通县城郊区10个光节点和竹市、总市、祠市3个光节点，并投入40万元进行微波电视网络改造。光设备招标成功，并通过政府采购中心采购，于7月正式开通信号，县城网络电脑收费管理系统于10月份开始运行。2005年，投入60万元的县城旧网络改造工程竣工，完成主线50公里、支线45公里的线路改造，楼栋改造覆盖用户7000余户。2006年11月开始，投资40万元，完成县城湘粤路有线电视网络的下地工程。同时完成县城郊区15个光节点共12公里的光纤网络延伸工作。新增设招商大厦、和平、职业中学、岭脚、古城、丛树脚、富阳头、新建路口、高阳9个光节点。投资40万元，对局机房设备进行全面的更新改造，将模拟接收设备全部更换成数字设备，传送节目由35套增加到39套，其中基本频道35套、加密频道4套。投资20万元完成湘粤南路共6.5公里的光纤下地工程。在乡镇延伸联网工作中，开通祠堂圩乡14个村14个光节点并实施联网。2007年“户户通”工程顺利实施。2008年，投资20万元，对局机房设备进行全面的更新改造，将模拟接收设备全部更换成数字设备，为数字化电视过渡做准备。2009年9月，县网络公司开始对城区用户实施数字电视整体平移。

2010年，开通高清数字信号，当年传输高清付费节目11套，到2015年，县有线网络公司共有数字有线电视用户15万户。

“村村通”“户户通”广播电视 1998年，蓝山县有8个行政村未通广播电视。

1999年2月，按照中央、省、市的精神，县人民政府成立“村村通”工作领导小组，与各乡镇和有关部门签订责任状，各乡镇与广播电视“盲村”签订相应的责任状，分级负责，层层落实。县局及时组织资金，带着电视器材给荆竹、汇源、犁头、浆洞少数民族乡的沙塔、湘源、荆竹坪、犁头村、毛利坪、新屋地、山背、大坪头8个边远电视盲村逐一安装收视设备，至2000年10月，8个电视“盲村”结束看不到电视的历史，“村村通”达到上级规定要求。2008年6月中国中星9B广播电视直播卫星发射成功，至2015年，全县共发放中星9号直播接收设施18000多套。

2004年开始，“村村通”工程提质增速，国家开始实施50户以上已通电自然村通广播电视工程。蓝山县广播电视局抓住县到乡镇有线电视光纤联网工程的机遇，采取光纤组网和卫星地面接收设施组网两种方式同时推进“村村通”，确保进度和质量。到2008年12月，完成120个50户以上已通电“盲村”通广播电视任务。2007年，县广播电视局再组班子和队伍，掀起新时期广播电视“村村通”建设高潮。2009年，根据国家广电总局精神，蓝山县开展卫星电视广播电视“户户通”工程，2009—2011年三年间共安装5000多户，主要安装在有线电视未通达的荆竹、汇源、紫良、大桥、浆洞、梨头等山区少数民族乡镇80多个边远山村。2012年，文化体制改革后，农村“村村通广播电视”工程交由县文广新局。

广电新大楼 1999年，蓝山县城建设步伐加快，塔峰西路全面开发，广播电视局整体拆迁，县局搬迁至湘粤路老国土局办公。2000年3月，县广播电视中心选址塔峰西路中段北侧奠基，2004年大楼顺利竣工，县广电局整体搬迁到中心大楼办公。大楼高8层，建筑面积3458平方米，投资300余万元，设有线电视机房、广播机房、广播电视制作室、演播厅、片带室、仓库等，大楼有县广播电视台、县有线网络公司、县文化执法大队分层办公。是集办公、新闻传播、网络传输、技术培训等于一体的综合性大楼。

（三）新闻宣传

1998年，蓝山广电开始创新思变，自制10个电视片头片花，设计出总片头和台标，重新规划电视栏目，有《节目预告》《金曲放送》《天气预报》《社会观察》《综艺长廊》《经济桥》《温馨一刻》《科技园地》《休闲剧场》等，每周轮流播出。其后，又先后开设《乡村法制》《健康面对面》《致富故事》《星火科技》等栏目，专题节目更加丰富，档次不断提升，增强观众的欣赏性、趣味性和娱乐性。

蓝山县广播电视台历年来开办的主要电视栏目：

《蓝山新闻》 1996—1998年，《蓝山新闻》虽然确定播出时间段，但播出的随意性很大，没有定期播出《蓝山新闻》的首播或重播，其时长也具有随意性；

短则三五分钟，长则达半小时，年播放新闻时间 80~150 小时。其他自办专栏、专题、广告年播放时间（含重播）300 小时左右，1996 年 1 月 1 日至 2014 年 3 月 31 日，《蓝山新闻》播放得到规范，确定每周一、三、五 19:35 首播；21:30 和周二、四、六、日 8:00、12:00、19:35 重播，每期节目不少于 3 篇新闻稿件，时长不少于 10 分钟，年播放《蓝山新闻》时间 240 小时左右，其他专栏、专题、广告播放时间（含重播）400 小时左右。2014 年 4 月 1 日开始，推行《蓝山新闻》“日播制”，即周一至周五首播新闻，周六、周日播《一周要闻》，每天 8:00、12:00、21:30 重播。实行新闻“日播制”后，每天的新闻稿件至少 5 篇，时长 15 分钟左右，年播放时间接近 400 小时。《蓝山新闻》栏目报道内容涵盖全县政治、经济、文化和社会生产各个方面，也有少量社会、民生新闻报道见诸荧屏。根据党和国家大事及县委、县政府中心工作，不定期开辟新闻专栏节目，推出《社会观察》《焦点纪实》《百姓生活》《迎回归》《落实科学发展观构建和谐蓝山》《质量监督在身边》《交通快车道》《巾帼风采》《三蓝财税》《廉政报道》《国策之窗》《廉效三蓝》《建设社会主义新农村》《深入学习实践科学发展观》《我们在基层》《平安蓝山》《党旗飘扬耀三蓝》《教育实践活动》《城市之窗》《三城同创》等栏目和系列报道，产生良好的社会影响。2000 年 10 月，蓝山顺利完成 4 个少数民族乡 8 个边远山区“村村通电视”工作，记者黄俊北及时采编电视新闻《山村乡亲圆了电视梦》，该新闻在县、市、省台播出，并被中央电视台《新闻联播》采用，开蓝山电视新闻上中央电视台《新闻联播》之先河。

（四）管理体制

局（台）管理体制　1996 年，蓝山县广播电视局为正科级事业单位，局机关下设办公室、事业股、广播站、有线电视台、服务公司、音像管理站共 6 个二级机构，在编职工 86 人。乡镇广播机线员 28 人。

局领导及办公室工勤人员参照公务员管理，广播站、有线电视台、音像管理站为全额拨款事业单位，服务公司为自收自支事业单位。全局人、财、物统一管理，人员在内部可自行调整。服务公司作为自收自支单位，虽核定了编制，但未落实人员。全局人员经费均列入县财政预算，由财政负担，所有二级机构没有人权、财权、物权。省、市广播电视部门实行业务指导，县广播电视部门负责本级广播电视行政管理。宣传导向、宣传纪律和广播电视系统的科级干部人事任免均归口县委宣传部管理。1997 年 10 月，根据中办文件和广电部文件精神，报县委、县政府批准同意，蓝山县广播站、县有线电视台合并为一个播出实体，设立蓝山县广播电视台。县广播电视局、县广播电视台两块牌子、一套人马，实行局台合一管理体制，在编职工 88 人（另乡镇广播机线员 27 人）。2011 年 12 月，永州市编办下发《关于蓝山县文化体制改革中有关机构编制调整事项的批复》，撤销蓝山县广播电视局、蓝山县文化局（县新闻出版局、县版权局），组建蓝山县文化广电新闻出版局，为蓝山县人民政府工作部门。同意在蓝山县广播电视局、蓝山县广播电视台的基础上，组建新的蓝山县广播电视台，为蓝山县所属正科级事业机构，接受蓝山县文广新局的行业管理，接受中共蓝山县委宣传部的指导和协调。2012 年 8 月，蓝山县广播电视台参公人员划转 4 人到县文广新局工作，11 人到县文化市场综合执法局工作。其余人员回蓝山县广播电视台工作。乡镇广播机线员划转县文广新局管理。

乡镇广播电视站管理体制　1996 年，蓝山县广电局落实 1995 年县编办下发《关于乡镇文化广播电视站的批复》，乡镇文化广播电视站人、财、物、事四权隶属乡镇，县广播电视局对乡镇广播电视站进行技术指导和业务管理。乡镇广播电视站属全额拨款事业编制，隶属县、乡（镇）双重领导管理机构，实行条块结合，以块管理为主。人员列入县局编制，经费列入县局预算，但由县财政直接划拨到各乡镇，乡镇广播电视事业归口县广播电视局指导，乡镇广播员工作由乡镇党委、政府安排，大部分广播员都分配乡镇中心工作，基本上没有从事广播电视工作。1996—1998 年，全县 85% 的乡镇建有乡镇广播电视站，建立乡镇广播电视站的乡镇，乡镇广播机线员回到广播电视岗位，纳入县广播电视台管理。2012 年文化体制改革后，乡镇广播机线员划转 25 人由县文广新局管理。

财务管理　1996 年，蓝山县广播电视局实行局台合一的管理体制，除广播电视服务公司外，县局内设机构、广播站、有线电视台的财务实行统一核算管理，设会计、出纳各 1 名，归口局办公室管理。广播电视服务公司单独设立会计、出纳，但财务上接受县局的领导和管理，收支政策由县局制定，自主经营，自负盈亏。乡镇广播员编制和人头经费列县局，经费由县财政直接下拨乡镇政府，乡镇广播员的工资、福利均由乡镇政府发放。

人事改革　2013 年，全员实行竞争上岗，局领导聘任股室负责人，股室负责人与一般工作人员进行“双向选择”。激发全体干部职工的活力，增强竞争意识和危机意识，进一步拓宽选人用人渠道，优化人才资源配置。2015 年年底，蓝山县广播电视台实有人员 70 人，设办公室、财务室、新闻采编部、制作播控部、广告部，直属单位湖南有线蓝山网络有限公司。

十、江华县广播电视局（台）

（一）机构

1997 年，江华瑶族自治县人民政府发文，撤销江华瑶族自治县广播电视局所属事业单位：江华瑶族自治县音像管理发行站、江华瑶族自治县广播电视服务公司、江华瑶族自治县广播电视局外线队、事业股、广播站、小功率电视差转台，保留江华瑶族自治县仙姑潭电视调频转播台。新设立江华瑶族自治县广播电视台。对外呼号为江华县电视台、江华县广播电台、江华县有线电视台。

2008 年 9 月，江华瑶族自治县广播电视局与湖南电广传媒股份有限公司合资组建了“湖南有线江华瑶族自治县网络公司”，江华县广播电视局持有 51%的股份。

2012 年，江华瑶族自治县编制委员会下发文件，明确规定：在原江华县广播电影电视局下属广播电视台、广播电视网络中心的基础上组建江华瑶族自治县广播电视台，为江华瑶族自治县所属正科级事业机构，接受县文广新局的行业管理，接受县委宣传部的指导和协调。江华瑶族自治县广播电视台下设 7 个内设机构，分别为办公室（加挂政工监察室）、财务室、总编室、新闻中心（栏目专题中心）、广告中心、播控中心，事业发展中心。全额拨款事业编制 51 名。

2015 年底，江华瑶族自治县广播电视台维持 2012 年机构未变，人员 61 人（其中全额 51 人，外聘 10 人）。

（二）事业建设

加密电视与无线覆盖　从 1995 年开始，中央电视台将三、五、六、八套节目加密送上卫星，有偿服务，解密才能收看到此 4 套节目。县城收视频道增至 15 个。每天从早上 6:30 开始到晚上 12 点全天播出。1997 年，江华县局采取向县财政贷款，发动全局干部职工集资的办法，筹资 40 余万元，对沱江差转台进行改造，扩大自办电视节目的覆盖面。沱江、大路铺、白芒营、小圩、大圩、水口、涛圩、河路口等乡镇可看到该县电视节目。2003 年，全县建有规模不等的卫星收转站 210 座，电视人口覆盖率达 95%，实现“村村通电视”。

有线光纤联网　1998 年，江华瑶族自治县广播电视局对城区有线电视传输网进行升级改造，将原来的 300 兆赫兹升级为 750 兆赫兹光缆宽带分配网，收视频道由原来的 15 个增至 30 个。1999 年，完成城区有线电视光纤传输网络小区改造任务，提高收视效果。2003 年，实现由市到县光纤联网，新建宽带网前端机房。全县有线电视用户发展到 1.12 万户。其中县城开通中央电视台，部分省、市电视台及县自办电视频道共 30 套，县城有线电视用户 7000 多户。受经费等因素影响制约，有线电视尚未实现县乡联网，县广播电视台开通的 30 套节目无法传输到各个乡镇。

2003 年春节前夕，实现自办电视节目《江华新闻》信号通过微波送到水口仙姑潭电视调频转播台，从而结束岭东片群众看不到《江华新闻》的历史。2011 年，完成码市镇、桥头铺有线电视网络整合和开通这两个镇的县乡光纤联网信号。进一步扩大全县有线电视覆盖面。

有线电视数字化 2004年9月，根据国家广电总局的总体规划，中部地区省份在2010年关闭有线电视模拟信号，全部实现有线电视数字信号传输。按照省、市的安排，江华县城推进有线电视数字化工作从2006年起全面展开。为推进有线电视“数字一体化”，加快广电网络向多业务、多功能发展，2008年，县局与省电广传媒公司合作成立湖南有线江华网络有限公司。公司总资产610万元，其中江华县局占股51%，湖南有线江华网络有限公司占股49%。2009年，用户由模拟信号改成数字信号，收视费由每年的198元提高到282元。2010年1月，有线电视开始数字电视整体平移。年底县城完成整体平移工作。是年，根据省人民政府文件精神，为积极推进该县三网融合工作，并经县人民政府批复同意，县广播电视局申请以所持有的湖南省有线电视网络（集团）股份有限公司（简称“湖南有线集团”）0.1789%股权资产参与湖南有线集团股权重组。2012年8月，实现重组。2014年为理顺管理体制，整合资源，解决人民群众看不好电视的问题，根据原广播电视局与省电广传媒的协议并经县人民政府同意，由湖南有线江华网络有限责任公司以每户382元的价格整合收购县广播电视台农村有线电视网络资产。这些资产涉及沿207国道桥头铺至河路口各乡镇以及东田（现涔天河镇）、桥市、小圩壮族乡等9个乡镇共8700余户。资产收购后，由湖南有线江华网络公司对这些电视模拟信号进行数字信号改造。到2015年年底，完成这些网络区域的3905户有线电视数字化改造，实现部分乡镇有线电视和广电宽带业务的统一经营、统一管理。到2015年年底，县有线网络公司共有有线电视用户1.5万户，已实现从单一的有线模拟电视业务向集数字电视、互动电视、广电宽带等综合业务的转变，广电宽带用户885户，由于受“三网融合”的影响，有线电视用户萎缩加快，经营收入年减少近百万元。

“村村通”“户户通”广播电视 1999—2000年，县广播电视局发挥主力军作用，展开“村村通”工程大会战，提前4个月完成任务。建起67个集体收看室、39处小片有线电视网，覆盖66个村。开通1个镇调频广播网，开通30个行政村（居委会）的调频广播。顺利通过省里验收。到2000年年底，全县23个乡镇场已有20个乡镇建起广播电视站，建起98处小片有线电视网，1828座卫星广播电视地面单收站。通过铜山岭转播台和水口仙姑潭转播台转播的无线信号可以覆盖全县85%的人口和地域。通过有线、无线的综合覆盖，全县95%的行政村已能收看到中央电视台一套和湖南卫视的节目。

2001—2011年，江华瑶族自治县广播电视局把“村村通”和“户户通”抽调专业人员对全县的电视卫星锅进行安装维护，确保收视效果和群众满意度。2012年根据文化体制改革的要求，原广播电视局的职能有新的调整。电视“户户通”工作由新设立的文广新局负责建设管理。至2015年年底，通过实施“户户通”工程，全县已实现户户通电视。由于管理体制的原因，“户户通”建设与有线电视发展不可避免地出现一些矛盾，影响了电视的健康发展。

广电中心大楼 2000年，江华瑶族自治县广播电视局投资70万元（其中自筹30万元，借款40万元）建设江华县广电中心大楼，建筑面积1675平方米。主体工程竣工后，由于资金不足，直至2006年才装修使用。

（三）新闻宣传

电视栏目 1997年5月21日起，江华县广播电视台的新闻主打栏目《江华新闻》由周二新闻改为周三新闻。自办新闻节目播出时间由几分钟增加到12分钟左右，加大新闻容量。2011年6月12日开始改周三新闻为周五新闻，并根据不同时段开辟专题节目。自办节目的频率大幅度提高，电视宣传的影响力进一步扩大。1996—2015年，江华县广播电视台根据不同年份中心工作，开办《法制宣传》《喜迎香港回归》《党的建设》《种养与开发》《十佳女性》《劳模风采》《瑶都视界》《瑶都风采》等30余个电视栏目，摄制《严打》《情系冯城奏平安》《山水江华，魅力瑶都》《走进风情瑶都》《绿满瑶山》《神州瑶都魅力江华》等400余部专题片。

新闻创优 1996—2015年，江华县广播电视台加大创优工作力度，始终把创优工作放在重要位置，不断增强精品意识，提高创新能力，创作出一大批优秀作品，新闻创优成绩斐然。2011年，选送的10件新闻作品，在永州广播电视奖评选中有9件获奖，其中一等奖2件，二等奖5件，三等奖2件，获永州市广播电视节目创优组织奖。

外宣上稿 1996—2015年，江华县广播电视台注重发掘民族文化特色，在绿色农业、生态旅游、瑶族民俗文化方面下功夫。在永州电视台综合频道上稿3000余条，中央台上稿15条，省台上稿180多条。名列全市各县区第一方阵。2012—2015年连续四年获得永州市广播电视通联工作先进集体。2012年，江华广播电视台在湖南卫视发稿排全市第一（条数第一，时长第一），获全省电视新闻通联先进单位。中央电视台新闻频道《24小时》《新闻直播间》《东方时空》播发8篇稿件，创中央电视台发稿历史最好成绩。

文艺活动 2008—2011年江华县广播电视台筹办江华首届电视歌唱大奖赛“唱响瑶山”活动，开启江华广播电视娱乐化、大众化的先例，扩大电视宣传活动的影响力。2013年，广播电视台联合粤华公司筹办首届声动瑶都“歌手大赛”活动。活动吸引广西富川、恭城、零陵、冷水滩、江永、道县、宁远等周边县众多歌手参加，经过海选、复赛、半决赛、决赛4轮选拔，历时四个月，大赛活动唱响瑶山，掀起热爱家乡、建设“神州瑶都”的热潮。江华广播电视台的影响力大幅度提升。

2014年，县广播电视台首次成功协办并录播2014年“德昌金都瑶都之春”春节文艺晚会，为全县人民奉上一顿丰盛的精神大餐，受到县委、县政府主要领导的肯定。这次春节晚会第一次采用LED大屏幕作为背景屏幕，既为现场演出增添效果，更重要的是迈出江华文艺节目演出舞台布景的新步伐。2015年，适逢县庆60周年，为预热县庆大典，县广播电视台先后协办“舞动瑶都”舞蹈大赛和第二届“声动瑶都”歌手大赛，进一步把江华的宣传活动推向新的高潮。2015年11月，县广播电视台协助湖南经视直播60周年庆祝大会开幕式和文艺演出活动，还独立直播祭祀盘王活动。参与湖南卫视《新春走基层·直播香草源》节目的拍摄。

（四）管理体制

局（台）管理体制 1996年，江华县广播电视局为正科级事业单位，局机关下设办公室、事业股、广播站、外线队、音像管理发行站、服务公司、电视差转台、仙姑潭电视调频转播台共8个二级机构。局领导及办公室部分工勤人员参照公务员管理，事业股、音像站、广播站、外线队、音像管理发行站、电视差转台、仙姑潭电视调频转播台为全额拨款事业单位，服务公司为自收自支事业单位。全局人、财、物统一管理，人员在内部可自行调整。服务公司作为自收自支单位，虽核定编制，但未落实具体人员。全局人员经费均列入县财政预算，由财政负担。所有二级机构没有人权、财权、物权。省、市广播电视部门实行业务指导，县广播电视部门负责本级广播电视行政管理。宣传导向、宣传纪律和广播电视系统的科级干部人事任免均归口县委宣传部管理。1997年，根据中办文件和广电部文件精神，报县委、县政府批准同意，江华县广播电台、县有线电视台合并为一个播出实体，设立江华县广播电视台。2012年，江华瑶族自治县编制委员会文件明确：撤销江华县广播电视局、江华县文化局（县新闻出版局、县版权局），组建江华县文化广电新闻出版局，为江华瑶族自治县人民政府工作部门。同意在江华县广播电影电视局下属县广播电视台、广播电视网络中心的基础上，组建江华瑶族自治县广播电视台，为江华瑶族自治县所属正科级事业机构，接受江华瑶族自治县文广新局的行业管理。接受中共江华瑶族自治县委宣传部的指导和协调，除文化执法职能划除外，其余职能和编制均未变化。

2015年年底，江华瑶族自治县广播电视台实有人员61人（其中：全额编制51人，编外聘用员工10人），下设办公室（加挂政工监察室牌子）、财务室、总编室、新闻中心（栏目专题中心）、广告中心、播控中心、事业发展中心。

乡镇广播电视站管理体制 1995年12月，根据全县撤区并乡改革方案的统一部署，乡镇文化广播电视站人、财、物、事隶属乡镇，江华瑶族自治县广播电视局对乡镇广播电视站进行技术指导和业务管理。乡镇广播电视站属全额拨款事业编制，隶属县、乡（镇）双重领导管理机构，实行条块结合，以块管理为主。人员列入县局编制，经费列入县局预算，但由县财政直接划拨到各乡镇。乡镇广播电视事业归口县广播电视局指导，乡镇广播员工作由乡镇党委、政府安排，大部分广播员都分配乡镇中心工作。

财务管理　1996—1997 年，江华电视行业发展迅速，电视初装费、收视费政策的实施，广电行业的收入增幅迅速提高。从 1998 年起，县财政对县广播电视局不断实行财政“断奶”，成为事实上的“自收自支”单位。2011 年前，江华县广播电视局属县政府全额拨款行政事业单位。单位财务实行收支两条线管理。2012 年，文化体制改革，局改台后，县广播电视台仍属正科级全额拨款事业单位。但由于全省范围内的有线电视网络实施分离经营管理，县广播电视台的主要任务是抓好宣传工作，发挥好县委、县政府的“喉舌”作用，县广播电视台不再有电视网络经营业务，行业收入下降。县财政执行“打捆包干”的办法逐年增加广播电视台的工作经费，不足部分靠自筹解决。创收收入实行收支两条线，全额返还。

人事改革　1997 年，江华广播电视局对管理体制试行改革。改革内部机构设置，推行“局台合一”管理体制。实行“定机构、定职责、定人员、定任务、定奖罚”的“五定”责任制。由各部门负责人向局长签订责任书，明确各部门的责权利。实行优化组合。除个别部门因工作性质特殊，由局领导研究确定外，其余单位的负责人和工作人员均实行本人自愿报名竞选，双向选择优化组合。2008 年，湖南江华电广网络有限公司成立，根据协议，有 31 名职工在网络公司上班 [人事关系保留在广电局不变。2010 年，由于协议没有明确职工的去向，正式职工在公司和局（台）上岗都有不同程度的变化]。广播电视局采编播人员严重不足，为保证工作正常运转，在县委、县政府同意的情况下，采取向社会招聘的办法弥补电视采编人员的不足，既保证工作的需要，又提升电视业务专业化水平。

2012 年，为提高新闻队伍的整体素质，调动新闻记者工作主动性和积极性，江华县广播电视台率先在全市各县区加大改革的力度，在新闻中心工作人员中推行“稿酬制”，根据采写稿件的数量和质量对记者进行考核奖罚，既调动新闻采编人员的积极性，又提高了新闻宣传的整体水平。

十一、江永县广播电视局（台）

（一）机构

1997 年 7 月，江永县有线电视台和江永县广播站合并，成立江永县广播电视台，直属江永县广播电视局管理，全局编制 80 人（含乡镇广播机线员）。

2004年7月，按照永州市广播电视局的整体部署，成立永州市广播电视网络有限公司江永分公司，人事由江永县广播电视局管理，资产为江永县广播电视局所有。

2008年成立湖南有线江永网络有限公司，由湖南有线集团与江永广播电视局合资经营，为江永县广播电视局直属单位。

2009年10月成立江永县广播电影电视局，下设办公室、广播电视台、事业股、社管股，桃川有线电视站，直属单位湖南有线江永网络有限公司、江永县电影公司，工作人员80余人。

2015年5月成立正科级事业单位江永县广播电视台，设办公室、财务室、新闻采编部、制作播控部、广告部，直属单位湖南有线江永网络有限公司，编制65人。

（二）事业建设

加密电视与微波传输 1996年上半年，江永县广播电视局多方筹措资金18万元，于1998年2月在江永县有线电视台开通电影、文艺、体育、戏曲等四个加密频道。每天从早上6:30开始到晚上12点全天播出，向用户输送11套电视节目。

1996年，投入17.5万元建设江永县微波站，机房建在局办公楼三楼，同年5月1日开通运行，较好地输送永州电视台、永州有线电视台节目。到2002年市县网络联网后，结束微波传输市台电视节目的任务。

有线光纤联网 1996年，江永县桃川有线电视站完成桃川糖厂有线电视网的光纤联网工作，将桃川糖厂有线电视网成功纳入桃川片网。新建兰溪乡黄家、夏层铺镇雄川村等3座村级有线电视站。是年年底，全县拥有地面卫星接收站50座，95%的乡镇建有有线电视站。

1999年，投入60万元资金，对县城有线电视网络进行升级改造，建立双向传输的多功能光纤网络系统，重新架设主干线，增添更新设备，传输节目的容量大大提升，传输59套模拟电视节目和200套数字压缩节目。当年该台传输节目由12套增加到30套。2002年投入资金47万元，架通县城至允山镇，允山镇至溪美村，潇铺镇至江河村、白岭岗村的干线架设，当年新增用户400户。架设县局到乡镇的主干线光缆6公里。

有线电视数字化 2008年，江永县广播电视局投入400万元改造有线电视线路，改造用户11000多户。用户由模拟信号改成数字信号，城网实现数字化。2011年，江永县广播电视局投入资金180多万元，对有线传输机房和传输线路进行改造，其中机房改造增添前端ABCM数字调制器。有线电视开始数字电视整体平移，年底完成平移工作，实现整体平移用户1万余户。同年，开通高清数字信号。2012年，农村有线电视数字化于8月份开始试点，10月份全面铺开，电视接收频道由原来的23套增加到71套，节目信号清晰逼真。桃川、夏层铺、粗石江、兰溪等乡镇开通数字电视的用户有4500户，至次年3月开通达6000户。2013年，县城新建楼盘有线电视安装费纳入政务中心收费系统。开设乡镇有线电视业务代办点，为解决农网有线电视用户“续费远、缴费难”的问题，先后在夏层铺镇、粗石江镇、源口瑶族乡开设有线电视业务代办点。是年11月，启动宽带上网业务试点工作，两个月内完成了64户宽带上网客户的安装开通。次年宽带上网客户完成691户，客户普遍反映信号质量较稳定。与此同时，通过电视宣传、发放传单等方式宣传有线电视付费节目，当年城网、农网两大片区付费节目实现收入16万余元。次年，加强潇浦、允山、夏层铺、桃川等乡镇的网络干线建设，投入10万元，新增干线10公里，新增农村付费节目用户713户。2015年，投入20万元，改造干线15公里，完成513户宽带客户的安装开通。

“村村通”“户户通”广播电视　1999年2月，按照中央、省、市的精神，县人民政府成立“村村通”工作领导小组，与各乡镇和有关部门签订责任状，各乡镇与广播电视“盲村”签订相应的责任状，分级负责，层层落实。到2000年，28个广播电视“盲村”全部实现“村村通”广播电视。2004年开始，“村村通”工程提质增速，国家开始实施50户以上已通电自然村通广播电视工程。江永县广播电视局抓住县到乡镇有线电视光纤联网工程的机遇，采取光纤组网和卫星地面接收设施组网两种方式同时推进“村村通”，确保进度和质量。2007年，县广播电视局再组班子和队伍，掀起新时期广播电视“村村通”建设高潮。2009年，根据国家广电总局精神，江永县开展卫星电视广播电视“户户通”工程。2009—2011年三年间共安装2300多户，主要安装在有线电视未通达的古宅、横开河、水美等30多个边远山村。2012年，文化体制改革后，农村“村村通”广播电视工程交由县文广新局。到2011年12月，完成67个50户已通电“盲村”通广播电视任务。

（三）新闻宣传

1996年，江永县广播电视台的新闻主打栏目《江永新闻》，每周摄制二期节目，每期播出时间为15分钟左右，重播4次，年播出量130小时。其他专栏、专题、广告年播放时间100小时。

1997年，是香港回归和中共十五大召开的喜庆之年，开设《庆祝香港回归》《喜迎十五大胜利召开》专栏。对县委宣传部举办“忆百年沧桑话今日辉煌”演讲赛进行现场直播。

1999年，值新中国成立50周年，重点加大江永50年来在中国共产党的领导下，发展经济，改善民生所取得的重大成就宣传，并开办《辉煌五十年》的新闻专栏。

从2000年开始，《江永新闻》由原来周二、周四播出，改为每周一、三、五播出，每周二、四、六重播。

2004年，制作“三千文化”电视专题片《千古字谜——女书》《瑶族古都——千家峒》《千年古村——上甘棠》。是年，江永县广播电视台被评为全市通联工作先进单位。

2012—2015年，立足本土优势，创新广播电视节目形态，积极实施频道专业化、栏目特色化。开设《创卫专栏》《党建专栏》《廉政专栏》《平安江永》《国策之声》《整治“四风”》《城市之窗》《江永警讯》《水务之歌》《教育园地》《法院在线》等栏目，采编女书、瑶俗等一系列具有地方民族文化特色的新闻稿件，4年全台采编新闻稿件6850多条，市级以上电视媒体用稿1000余条，其中省级电视媒体用稿53条，中央电视台用稿5条。摄制《风劲扬帆正当时》《惊世女书香约江永》《潇湘天府特色王国》等电视专题片10余部。与此同时，江永县广播电视台加大创优工作力度，新闻创优成绩斐然。电视消息《瑶家妹子王明娟奥运夺冠》获永州市广播电视奖新闻类一等奖、湖南省广播电视奖二等奖、第四届永州新闻奖二等奖、湖南省新闻奖三等奖。社教专题《迟到的党费》获永州市广播电视奖广播类一等奖，社教专题《大山深处女医生》获永州市广播电视奖电视类二等奖。

（四）管理体制

局（台）管理体制 1996年，江永县广播电视局为正科级事业单位，局机关下设办公室、事业股、广播站、有线电视台、服务公司、音像管理站、广告部、桃川有线电视站共8个二级机构。办公室、事业股参照公务员管理，广播站、有线电视台、广告部、音像管理站、桃川有线电视站为全额拨款事业单位，服务公司为自收自支事业单位。全局人、财、物统一管理，人员在内部可自行调整。服务公司作为自收自支单位，虽核定编制，但未落实人员，全局人员经费均列入县财政预算，由财政负担，所有二级机构没有人权、财权、物权。市广播电视部门实行业务指导，县广播电视部门负责本级广播电视行政管理。宣传导向、宣传纪律和广播电视系统的科级干部人事任免均归口县委宣传部管理。1997年10月，根据中办和广电部文件精神，报县委、县政府批准同意，江永县广播站、县有线电视台合并为一个播出实体，设立江永县广播电视台。县广播电视局、县广播电视台两块牌子、一套人马，实行局台合一管理体制，在编职工80人（含乡镇广播机线员），2011年12月，永州市编办下发《关于江永文化体制改革中有关机构编制调整事项的批复》，撤销江永县文化局（县新闻出版局、县版权局）、江永县广播电视局，组建江永县文化广电新闻出版局，为江永县人民政府工作部门。同意在江永县广播电视局、江永县广播电视台的基础上，组建新的江永县广播电视台，为江永县所属正科级事业机构，接受江永县文广新局的行业管理，接受中共江永县委宣传部的指导和协调。

2015 年年底，江永县广播电视台编制 65 人（全额 6 人，差额 59 人），编外聘用员工 11 人，设办公室、财务室、新闻采编部、制作播控部、广告部，直属单位湖南有线江永网络有限公司。

乡镇广播电视站管理体制 1996 年，县广电局落实 1995 年县编办下发的《关于乡镇文化广播电视站的批复》，乡镇文化广播电视站人、财、物、事四权隶属乡镇，县广播电视局对乡镇广播电视站进行技术指导和业务管理。乡镇广播电视站属全额拨款事业编制，隶属县、乡（镇）双重领导管理机构，实行条块结合，以块管理为主。人员列入县局编制，经费列入县局预算，但由县财政直接划拨到各乡镇。乡镇广播电视事业归口县广播电视局指导，乡镇广播员工作由乡镇党委、政府安排，大部分广播员都分配乡镇中心工作，基本上没有从事广播电视工作。1996—1998 年，全县 95% 的乡镇建有乡镇广播电视站，大部分乡镇广播机线员回到广播电视岗位，纳入县广播电视台管理。

财务管理 1996 年，江永县广播电视局实行局台合一的管理体制，除广播电视服务公司外，县局内设机构、广播站、有线电视台的财务实行统一核算管理，设会计、出纳各 1 名，归口局办公室管理。广播电视服务公司单独设立会计、出纳，但财务上接受县局的领导和管理，收支政策由县局制定，自主经营，自负盈亏。乡镇广播员编制和人头经费列县局，经费由县财政直接下拨乡镇政府，乡镇广播员的工资、福利均由乡镇政府发放。

人事改革 2001 年 5 月，江永县广播电视局出台《改革用人用工分配制度实施方案》，实行目标管理责任制，创收部门按每月核定的创收指标完成任务的比例拿工资，非创收部门按平均数拿工资。2004 年，全员实行竞争上岗，局领导聘任股室负责人，股室负责人与一般工作人员进行“双向选择”。2012 年开始，江永县广播电视台进一步完善《江永县广播电视台绩效考核办法》，实行全员竞争上岗。激发全体干部职工的活力，增强竞争意识和危机意识，进一步拓宽选人用人渠道，优化人才资源配置。

十二、回龙圩管理区广播电视局（台）

（一）机构

2001 年 10 月 29 日，湖南省国营回龙圩农场改制为回龙圩管理区，同时设立文化广播站，归口社会发展局，级别为正科级。办公室设在社会发展局。但实际有线电视实行外包，自负盈亏，同时开展点播业务。2004 年，挂牌文化广播电视局与社会发展局，同班人马同署办公。

2007年，回龙圩管理区下文将文化广播电视局独立出来，负责全区的文化、广播、电视、体育等事业发展。

2008年11月，回龙圩文化广播电视局又与宣传部合并，一套人马、两块牌子，合署办公，宣传部部长兼文化广播电视局局长。

2014年，文化广播电视局改名为文体广新局，与宣传部实行三分开，即人员分开、财务分开、职责分开。

（二）事业建设

1996年，回龙圩农场广播站，归口农场政治工作部管理，职责为开展有线电视、广播、电话业务。有线电视网络干线迅速铺开，电视用户数发展迅速，电视节目从8套增加到15套.

1997—2006年，因投入严重不足，且系统带宽窄、传输线路长，维护服务不及时、收视质量下降，用户数急剧减少。到2006年年底，电视用户总数不足200户。

2007年4月，有线电视网络进行大规模改造，改造到户，带宽提高到750兆赫兹，干线由同轴电缆改为光纤，全区初设7个光节点，并与市电视台光缆接通，纳入全市“一张网”，全区有线电视逐渐走上正轨，电视节目由原来的15套增加到45套。2009年光纤网络铺设至李家塘办事处、兴隆办事处、新风村等，用户数大幅增加，用户又回升到500户左右。电视维护费由原来的每年60元上升至145元。

2013年2月全区启动数字电视平移工作，全区所有有线用户加装终端接收设备——数字机顶盒，由原来的模拟电视节目转换为数字电视节目，电视画面更清楚更稳定，节目由原来的45套增加至81套。电视维护费又由原来的每年145元上升至285元。2008—2015年，在有线网络传输的同时，回龙圩管理区大力推行直播卫星村村通、户户通，全区共发放安装村村通3100多套，户户通接收设备200套。

（三）新闻宣传

广播宣传 1996年，广播新闻栏目《回龙圩新闻》改为每周5次，周一至周五每天播出，节目长度不固定，《一周要闻》周末播出。

1998年，广播停播。

电视宣传 2009年，回龙圩管理区出资5万元购买摄像机、照相机，并招聘记者，开始制作回龙圩管理区电视新闻节目，实行不定期播出，周日所有新闻重播。

2009—2013年，共制作播出电视新闻1000余条，在永州电视台播出回龙圩新闻100余条。2011年，为庆祝回龙圩管理区挂牌成立10周年，摄制回龙圩广电历史上第一部电视专题片《绿色回龙圩》。该片全面、客观地回顾回龙圩改制以来的发展成就以及对以后工作的展望，播映后得到普遍好评。从此，新闻报道、活动策划及节目制作等方面取得长足发展，综合实力显著增强。广播电视事业不断发展壮大。相继推出旅游、农业推广、美丽乡村等专题片，对外宣传回龙圩，进一步提升了回龙圩知名度。

2014 年，因播出设备老化严重，停止播出。但继续摄制电视新闻节目，做好的新闻节目向市电视台送稿。

（四）管理体制

1996 年，回龙圩广播电视站与宣传部的职能分工比较明确，广播电视站站长虽为宣传部副部长兼任，但其具体工作主要是负责组建、管理电视差转台、发展广播电视事业；财务由回龙圩管理区会计中心代管，实行独立核算，收支明晰、管理严格；经费来源是财政差额拨款。

1997 年后，因农场体制原因，各种矛盾突出，广播电视人员开始流失，主要技术骨干纷纷停薪留职，300 瓦发射机瘫痪，100 瓦差转机存在严重技术问题，有线电视网络线路老化、维护不及时，连点歌用的 VCD 碟片、网络维护的分支器等器材都无力添置，广电事业步入低谷。

2001 年 10 月，回龙圩农场改为回龙圩管理区以后，虽然管理体制得以理顺，但机制不活，经营上因循守旧等原因而未能走出困境，广电事业未能恢复。

2007 年 4 月，推行体制、机制大改革，文化广电局除拥有高度的用人自主权外，还着手建立健全各种内部管理规章制度。在人才培养方面，开始大量引进专业人才，并注重起用青年才俊。从 2007 年 4 月开始，陆续引进一批青年记者、播音主持人，使广电队伍的年龄和知识结构得到改善。

十三、金洞管理区广播电视局（台）

（一）机构

1995 年成立金洞林场有线电视台，属金洞林场宣教科内设机构。

1997 年，宣教科又分为宣传部和教育科，广播电视工作由宣传部负责管理。

1999 年机构改革，宣传部与组织部合并为组织宣传部，广播电视工作由组织宣传部管理。

2006 年金洞管理区成立，设金洞管理区广播电视局，属社会事业发展局内设机构，人员编制 10 人。

2009 年成立中共金洞管理区委员会宣传部。广播电视工作由宣传部负责管理，部长兼任广播电视局局长，干部职工 7 人。

2015 年 12 月，广播电视局与社会事业发展局并入宣传部，成立金洞管理区宣传部（加挂区文体广电新闻出版局牌子），宣传部部长兼任文体广电新闻出版局局长，干部职工编制20人。

（二）事业建设

1996年，金洞区投资10万元，建成有线电视差转台并转播节目。

2009年，国家开始实施“村村通”工程。同年，金洞管理区发展村村通用户628户。

2010年9月，金洞管理区和永州市有线网络有限公司合作，总投入90多万元进行有线电视数字改造，至2011年3月，数字电视改造完成，共有有线用户1200多户。

2012年，建设67个20户以上新通电自然村“盲村”和178个20户以下已通电自然村“盲村”通广播电视，覆盖户数3922户。

2013年，建设185个20户以下已通电自然村“盲村”通广播电视，覆盖户数2220户。

2014年，建设147个已通电自然村“盲村”通广播电视，覆盖户数2499户。

2015年，实施户户通工程用户4000户。

（三）新闻宣传

1997年夏，金洞林场拨款购进一套电视采访专用摄像设备，开办《金洞新闻》节目，每周星期一、三、五播出（仅限机关），并点歌点剧。1998年秋因摄像机被盗，自办节目停播。

1999年，金洞林场购回一台松下摄像机，又重新开办《金洞新闻》节目，当时电视台共有人员7人，含记者、播音员等。

2001年12月，金洞林场组织拍摄反映林场改革发展取得显著成效和充分利用林区资源、发展林区经济的电视专题片《展翅翱翔的金洞林场》。播放后在林区干部群众中产生较大的反响。

2004年6月，由永州电视台拍摄《神奇美丽的金洞》电视纪录片将金洞秀美景观、风土人情、改革开放的巨变，进行宣传推介。

2006年，金洞林场电视台因经费、人员等问题停办。

1999—2006年，金洞林场电视台共播发电视新闻稿片5000余条，提供和制作领导电视讲话420余次，拍摄新闻专题片200余部，报道先进典型200余个。

2006—2007年，金洞管理区宣传部与永州市广播电视台合作开办《走进金洞》专题栏目。

2011年与《永州新报》合作开办《魅力金洞》月刊。与永州电视台开办《绿色金洞》栏目，全面地宣传推介金洞的山水风貌和发展成就。

（四）管理体制

1995 年，金洞成立广播电视台，属宣教科的内设机构，广播电视台台长邓子发属副科级干部。广播电视工作由宣教科统一管理，工作人员工资及管理经费由林场全额拨款。

1997 年，林场机构改革，宣教科又分为宣传科和教育科，广播电视工作由宣传科负责，财务工作仍归口林场计财科。

1999 年，改革进一步深化，宣传部与组织部合并为组织宣传部，广播电视工作由组织宣传部负责，财务工作仍由林场计财科管理。

2006 年，金洞管理区成立，设广播电视局，属社会事业发展局内设机构，广播电视工作由广播电视局负责，财务仍由管理区财务科负责审批。

2009 年，成立中共金洞管理区委员会宣传部，广播电视工作由宣传部负责管理，部长陈建军兼任广播电视局局长，邓素刚任广播电视局副局长兼有线电视台台长。由于管理区的成立和改革的不断深入，广播电视工作的管理亦逐步走向正轨，各项规章制度基本健全起来，内部分工逐渐明确，人员也不断优化，一些年轻的专业技术人才陆续调入，使金洞的广播电视工作逐渐迈向正轨。

第四章 网络传媒

永州新闻网建于2000年5月，2014年9月成为独立法人单位，归口市委宣传部管理。永州新闻网设编辑部、记者部、新媒体、影视部、技术部、行政部和广告部。在网页上设有永州新闻、外媒看永州、湘竹评论、永网民生、理论视窗、文化永州等栏目。永州新闻网大力宣传市委、市政府的重大决策和部署，大力宣传全市经济社会发展的成就，大力宣传全市各地及各行各业的新气象，大力宣传全市的先进典型，成为永州市继《永州日报》、永州广播电视台之后的又一家主流媒体。

中国永州网是永州日报社主办、主管的网络媒体，于2009年5月14日开通，依托《永州日报》独有的政治优势和强大的新闻采编力量，拥有新闻、信息发布的权威性和受众的广泛性。中国永州网始终坚持新闻立站，以网报互动的形式，整合永州信息资源，打造服务产业链，是永州市新闻资源最丰富、专业频道服务最齐全、娱乐性互动性最强的综合性网络媒体，为市民提供信息量最大的新闻发布平台、最贴近市民的社区互动平台和最融入民生的生活资讯平台。中国永州网开设资讯、财经、教育、旅游、房产、汽车、健康、娱乐、摄影等多个网民喜闻乐见的互动频道。在中国永州网上，既可以点击浏览当天的《永州日报》电子版，还可以观看永州电视台已经播出的《永州新闻联播》节目。

永州发布是永州市涌现出来的新媒体，于2014年7月4日开通运行，并随之进驻今日头条、天天快报、腾讯新闻、一点资讯等主流新闻客户端，实现同步推送宣传信息，影响力位列湖南省地市州前列，微信公众号连续两年跻身湖南政务微信影响力十强。永州发布开展正面宣传，推介永州对外形象，至2015年12月，微信推送对外宣传报道209多期，发布微博信息1100多条，紧紧围绕“市委经济工作会议”“2015年两会”“防汛抗洪”“永州大道后续配套工程”“乡镇区划调整改革”等全市中心工作，连续推出《2014年，咱们永州蛮拼的！》《2014年永州这些排名来之不易，应该点赞！》《2014永州逆势而上靠什么？》《迈开大步这一年——写在市委经济工作会议召开之际》《市委经济工作会议召开看看今年永州怎么干》《新常态新目标新希望——市委经济工作会议精神解读》《市直政府部门有哪些审批权力？一张图全清楚》《3+2：深化改革的永州路径》《永州市申报历史文化名城宣传片》《永州申报国家历史文化名城进行时——〈“铺”开柳子街〉》等一系列新闻报道。

第一节 永州新闻网

一、机构队伍

（一）网站的设立

2000年4月，永州市委外宣办负责人吴帆，经过多方准备，在相关网络技术人员协助下，筹建永州新闻网。在湖南省委外宣办、红网（当时叫中国湖南）和永州市委宣传部的大力支持鼓励下，2000年5月21日，永州市委宣传部召开全市各县区委宣传部长和市直有关单位负责人会议，介绍永州新闻网和网页，向大家推荐这一新生事物，并宣布永州新闻网成立（当时叫“中国永州”，2002年启用永州新闻网），网址为www.yongzhou.gov.cn，借用红网服务器开始工作。后来服务器设在市电信局，省委外宣办网络宣传处处长江学恭出席指导这次会议。这是永州市最早建立的互联网站，也是湖南省第一个成立的市州网络新闻媒体。永州新闻网首任主编由吴帆兼任，网络工程师为艾灵仙（现为永州职业技术学院机电系副主任），办公室主任为刘亦萍（现为永州职业技术学院护理美学形体礼仪讲师），招聘员工数名。永州新闻网成立之初，克服当时采编和技术人员严重不足、经费无来源和员工报酬低等困难，积极开展对外宣传报道工作。创办初期，即开辟永州新闻、永州概况、风景名胜、历史名人、永州企业和永州论坛等一批栏目，重点是办好永州新闻栏目。在永州新闻网首页开设的永州新闻栏目里，开辟图文并茂、格外醒目的今日头条、文字消息和各县区新闻板块，坚持每天更换新闻内容，重点报道永州市首次公祭舜帝陵、修建永连公路与衡枣高速、永州零陵机场开通、永州至深圳航班、永州市承办湖南省第二届青运会、永州火车站搬迁新址即洛湛铁路永邵段开通和全国高职高专参观学习永州职院办学经验等一系列重大活动。第一次通过网络这一新的窗口，向世界展示永州对外开放的新面貌，赢得积极的社会反响，促进永州对外招商引资和文化旅游等工作。

2001年3月，市政府首次为永州新闻网购置增添一批网络设备。6月，市委为永州新闻网提供专用办公场地，永州广电局邀请吴帆为全市各县区广电局负责人举办互联网讲座，湖南省一些市州外宣办也纷纷派人到永州，学习永州新闻网的办网经验。

2000 年 11 月，在全市记者节庆典活动上，市委宣传部充分肯定永州新闻网艰苦奋斗、兢兢业业、一心办好网络媒体的工作作风。

2000 年 5 月至 2004 年 12 月，永州新闻网为永州市的对外开放搭起一座通向全国的桥梁和友谊的纽带，开全省市州和全市网络新闻宣传之先河，为永州对外宣传开辟一条全新的途径，得到市委、市政府的重视和认可。市委宣传部两位分管副部长杨美兆、周明礼对永州新闻网倍加关心、精心指导，网站初创期间的员工为永州新闻网的兴起和发展做出贡献。之后，由副部长刘波和蒋旭军等接任分管，继续推动永州新闻网发展壮大。

2006 年，市委宣传部为永州新闻网组建有 7 名专职人员的专门班子，市财政连续两次拨款 40 万元，为网站购置全新设备，拥有独立的服务器和域名，服务空间也由原来的 10 兆扩大到 100 兆，网速提高近 20 倍。是年，经市委同意，永州新闻网确定为由中共永州市委主办，市委宣传部承办，市委外宣办具体管理的市级新闻网站，对外称为中国永州新闻网，同时，永州新闻网与省级红网永州站两块牌子，一套人马。2013 年 7 月，市委宣传部与红网签约，同意将永州新闻网的经营业务承包给红网，由红网派人进驻永州新闻网，负责网站广告经营，至 2014 年年底，由于经营没有达到协议目标，双方解除合作协议。红网派驻永州的人员另起炉灶，成立红网永州站，属省级媒体派出机构。

2014 年 9 月，经永州市机构编制委员会批准，永州新闻网成为独立法人单位，属市级新闻媒体，隶属于市委宣传部管理。永州新闻网设编辑部、记者部、新媒体、影视部、技术部、行政部和广告部。在网页上设有永州新闻、外媒看永州、湘竹评论、永网民生、理论视窗、文化永州等栏目。

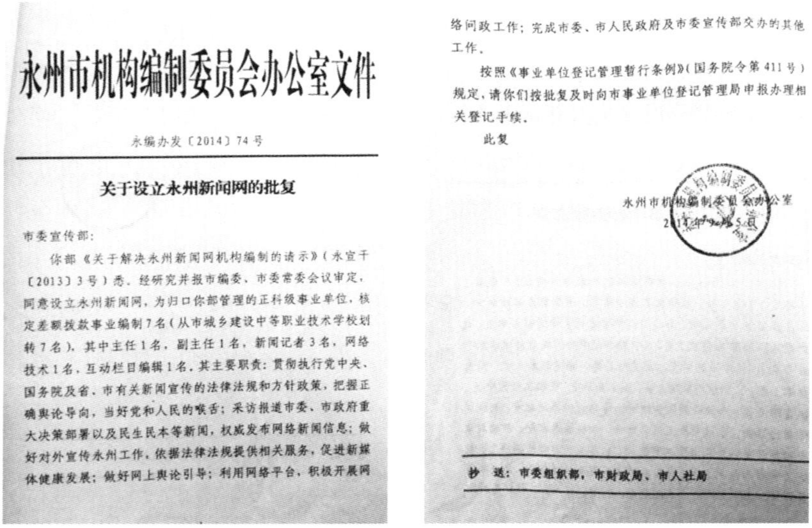

永州市机构编制委员会办公室文件

永编办发〔2014〕74 号

关于设立永州新闻网的批复

市委宣传部：

你部《关于解决永州新闻网机构编制的请示》（永宣干〔2013〕3 号）悉。经研究并报市编委、市委常委会议审定，同意设立永州新闻网，为归口你部管理的正科级事业单位，核定差额拨款事业编制 7 名（从市城乡建设中等职业技术学校划转 7 名），其中主任 1 名，副主任 1 名，新闻记者 3 名，网络技术 1 名，互动栏目编辑 1 名。其主要职责：贯彻执行党中央、国务院及省、市有关新闻宣传的法律法规和方针政策，把握正确舆论导向，当好党和人民的喉舌；采访报道市委、市政府重大决策部署以及民生民本等新闻，权威发布网络新闻信息；做好对外宣传永州工作，依据法律法规提供相关服务，促进新媒体健康发展；做好网上舆论引导；利用网络平台，积极开展网络问政工作；完成市委、市人民政府及市委宣传部交办的其他工作。

按照《事业单位登记管理暂行条例》（国务院令第 411 号）规定，请你们按批复及时向市事业单位登记管理局申报办理相关登记手续。

此复

永州市机构编制委员会办公室

2014 年 9 月 5 日

抄 送：市委组织部，市财政局、市人社局

市编办对设立永州新闻网的批复文件

2000年至2015年年底，永州新闻网日均PV流量达5万以上人次，日均IP访问量达1万以上人次。24小时开通的新闻热线接受各位网民的访问，2014年5月，永州新闻网经过精心打造，全新改版成功。网站导航开设新闻、政务、访谈、博客、论坛、视频、微博、问政等频道栏目，并与各县区、各政府部门及各企业单位实行链接，形成永州市新闻宣传一张网。随着高速光纤投入使用，新服务器运营，使网速提高近10倍，在湖南省市州网站排行名列前茅。

（二）队伍管理

2000—2011年，永州新闻网注重抓各项管理，制定相应管理制度。为鼓励员工不断创新，提升办网质量，永州新闻网还建立良好的激励机制。全体员工采取基础工资加提成制，以分值的形式体现，采编人员实行基本工资加采写计分，对采写的稿子评星级，并评选月度、季度、年度优秀记者。策划出好的专题，也给予加分。经营人员实行基本工资加业务提成，分未完成年度基本任务、基本完成年度基本任务、超额完成年度基本任务三种档次计算业务提成和年终奖励。

2009年5月9—10日，永州新闻网组织全体工作人员赴邵阳市新宁县学习考察。通过与兄弟单位的切磋，网站工作人员学到许多宝贵经验，提升宣传工作能力。9月11日，由广西贺州市委宣传部副部长、贺州市社科联主席陈志强带队的贺州新闻网一行6人到永州新闻网考察，交流网络新闻管理和运营经验。11月28—30日，为学习借鉴深圳新闻媒体先进经验，办好永州新闻媒体，市委宣传部、市记者协会组织永州新闻网、永州电视台、永州日报社等市级媒体到深圳市新闻媒体参观考察，学习取经，重点学习深圳先进的传媒产业，尤其是在管理理念、数字技术和多样化经营方面的经验。在三天的考察活动中，考察团一行实地参观考察《香港商报》、深圳新闻网、深圳广电集团和深圳报业集团等新闻单位，详细了解深圳市各大媒体的新闻宣传、运营机制、人才结构、市场发展等情况，并就如何结合实际，进行媒体改革创新等问题进行深入探讨、交流。

2012年9月，在市委宣传部副部长蒋旭军的带领下，网站总编室主任杨中瑜参加衡阳、常德、娄底三市考察学习办网经验，先后与衡阳新闻网、常德尚一网、娄底新闻网互通情况，交流经验，收获颇多。同年，为推动网站工作的全面进步，永州新闻网大胆引进人才，为网站良性发展注入新鲜血液。网站全年共引进人才10人，其中刚从学校毕业的学生8人（6名本科生，2名硕士研究生，有2人因考取国家公务员而离职，实际留存6人），具有丰富编辑经验和网站管理经验的中年人才2人。这些人才到位后，锐意进取，开拓创新，为网站的良性发展产生新动力。

2012年，永州新闻网进行新一轮改革，修订完善《永州新闻网文明办网规定》

《永州新闻网网络安全管理规定》《永州新闻网发稿制度》《永州新闻网岗位职责》《永州新闻网薪酬管理制度》《永州新闻网论坛管理制度》《永州新闻网技术管理制度》《永州新闻网密码管理办法》《永州新闻网绩效考核办法》等20余项制度。

2015年，永州新闻网再次改革改版，修订并新出台《永州新闻网编辑考核办法》《永州新闻网记者考核办法》《永州新闻网办公室管理制度》等一系列规章制度，各种规章制度达30余种。

永州新闻网（湖南红网永州站）在2006年度红网优秀分站评选中获2006年度优秀新闻网站称号。根据《互联网新闻信息服务管理规定》和年检要求，经省人民政府新闻办公室审核认定，永州新闻网资质年检合格，成为永州市唯一一家具有新闻采编和新闻信息服务资质的新闻性网站。2008年7月24—25日，在长沙召开的红网首届通讯员培训班暨市州分站负责人会议上，永州新闻网被湖南省委对外宣传办公室、湖南省委互联网新闻宣传工作领导小组办公室、湖南省人民政府新闻办公室评为2007年度湖南省优秀市州网站。2009年11月3日，永州新闻网入选“2009中国新媒体领军榜——百强新闻网站”。这次评选以“传播力、影响力、竞争力及社会责任”为评价标准，通过征选推荐、媒体公示、网上投票、专家评审等阶段，推选出最终结果。永州新闻网站获得组委会提名，入选“2009中国百强新闻网站”。2010年，永州新闻网入选中国新媒体创新榜。

2004—2015年永州新闻网班子成员一览表

表4-1

起止时间	站长	总编室主任	备注
2004—2007年	刘波	左平安	
2007—2010年	蒋旭军	左平安 王金生	王金生2009—2010年
2011—2012年	唐晓君	宋建云	
2012年3月至2015年5月	陈志华	杨中瑜	
2015年5月—	张标清	王本峰	

（三）设施设备

2006—2014年，永州新闻网面对市场的竞争，把提升内容质量、提高网络速度，作为重要工作来抓，在市委、市政府的关心支持下，市委宣传部组建有7名专职人员的专门班子，市财政连续两次拨款40万元为网站购置全新设备，并拥有独立的服务器和域名。与永州电信合作，以每年10万元的托管费，把永州新闻网的服务器交由永州电信托管，并接通千兆光缆线路。改变永州新闻网挂靠红网，且服务空间只有10兆的历史，服务空间也由原来的10兆扩大到100兆，网速提高近20倍。

2015年，永州新闻网投资硬件设施，为网站安全运转提供有力保障。在年初，永州新闻网的办公条件十分艰苦，各种硬件设施与网站发展不相适应。为改变现状，网站新任领导上任后，大胆改革，大力投入，努力为广大同仁创造较好的工作环境。全年投入资金20多万元用于办公室装修和购买、更新设备。

2004—2015年永州新闻网固定资产登记表

表4-2

序号	物品名称	单位	数量	序号	物品名称	单位	数量
1	电脑	台	20	8	高拍仪	台	1
2	相机	台	4	9	电话	台	3
3	复印打印机	台	1	10	空调	台	4
4	打印机	台	1	11	办公桌	张	23
5	票据打印机	台	1	12	木椅	张	25
6	摄像机	台	1	13	沙发	张	5
7	传真机	台	1	14	文件柜	个	5

二、新闻宣传

（一）重点栏目

2006年5月至2015年12月，永州新闻网进行5次全新改版，设计并稳定一批重点栏目。

时政新闻 永州新闻网的时政新闻包括“永州要闻”“头条新闻”“湖南新闻”“国内新闻”“国际新闻”“永网民生”“视频新闻”“县区新闻”等8个主要新闻栏目，除“湖南新闻”“国内新闻”“国际新闻”这3个栏目登载国际国内省内热点新闻外，其他5个栏目全部刊登永州当地新闻，采集的永州当地新闻容量大、内容全、形式多，满足多层次用户对新闻多层次的需求，以提高网站的点击率。特别是围绕全市工作大局和网民关注的热点难点问题，策划系列深度报道，开展系列大型活动，增强网站的人气和影响。

理论视窗 永州新闻网“理论视窗”栏目的开设是为丰富理论宣传内容，增强理论宣传的吸引力。栏目设“理论前沿”“理论学习”“实践探索”3个子栏目。“理论前沿”主要编发当前理论界的新观点、新成果；“理论学习”主要编发全市各级各部门各单位理论学习的好做法、好典型、好经验和理论学习活动动态等；“实践探索”主要编发全市各级党政领导干部在工作实践中的新思考，以及推动工作、开拓局面的对策和举措。为深入贯彻落实中共十八大精神和中央、省委关于加强意识形态领域工作的要求，切实加强理论阵地建设，确保思想理论阵地健康发展，省委宣传部组织开展全省优秀理论期刊和优秀理论栏目资助工作。经组织申报和专家评定，省委宣传部决定，对《求索》等13种全省优秀理论期刊，《湖南日报》、“理论纵横”“学习与实践”系列栏目等13个全省优秀理论栏目给予资助，资助周期为2013年和2014年两个年度。永州新闻网“理论视窗”栏目和《湖南科技学院学报（社会科学版）》、“柳宗元研究”栏目获评湖南省资助优秀理论栏目，资助周期内每年获资助2万元。

文化永州 文化永州是永州新闻网唯一的文化栏目，以传播永州文化、营造文化氛围、提升城市文化品位为己任，成为打造文化永州的一张亮丽名片。下设子栏目：文化动态、画永州、唱永州、写永州、演永州、文化动态即时报道永州文化界的活动动态；画永州刊载以传播永州文化为内容的书画、摄影作品；唱永州和演永州报道以传播永州文化为内容的文艺演出活动、刊载相关文艺演出作品；写永州刊载以传播永州文化为内容的文学作品。

永网专题 永州新闻网开设永网专题，围绕品质活力永州建设，组织对市委、市政府重大决策、重大部署、重大工作的“三重”宣传报道。2012—2015年，先后策划组织“创建全国卫生城市”“创建全国文明城市”“精准扶贫”“永州棚改”“加快推进全面建成小康永州”等正面宣传的专题专栏。

问政永州 2014年3月，永州新闻网设立“问政永州”平台，收录市发改委、市教育局、市公安局、市房产局、市环保局等46个单位60余条网民留言，根据市委宣传部下发的《永州市网民留言办理工作暂行办法》，对网民留言的收集、报送、转办和回复的责任单位、责任人员、时间要求、办理流程和要求，以及各级部门（单位）网民留言办理的考核工作全面进行规范，对网友留言定期整理转呈各有关部门（单位）或县区办理。10月，市委、市政府下发《关于进一步做好网上涉永州信息办理工作的通知》，进一步推动永州市网上涉永信息办理工作规范化、制度化、常态化。截至2015年12月，“问政永州”平台收录网民留言总数为6901件（其中已回复6210件，处理中691件）。在已受理的信息中，咨询类主要涉及各种政策、法规及办事流程的咨询，道路为何不修、水电为何不通等民生咨询。建议类主要涉及市政道路建设、公交车运行、旅游开发及社会管理等方面的意见和建议。诉求类主要涉及道路建设和维护、举报住宅小区建设不合格、房产证和土地证办理困难、环境卫生、市政建设等问题。

永州论坛 永州论坛是永州新闻网的主要互动栏目之一，通过永州论坛积极组织开展网民座谈会、网民公益活动和交友、采风、爬山、郊游、摄影等互动活动，通过加强与网民沟通，吸引网民参与，达到凝聚人气、扩大影响的目的。

三图均为永州论坛在金龙山庄召开的2015年年会的情景

（二）宣传报道

时政报道 永州新闻网自创办以来，对党和国家召开的重要会议（如中共十七大、十八大，每年全国两会，每年的中央经济工作会议），重大事件（如新中国成立60周年、中国共产党成立80周年），国际重大事件（如巴基斯坦7级地震、日本福岛发生8级地震、马航飞机失联），湖南省委和省政府重要会议（如湖南省第十、十一次党代会，每年的全省两会，省委经济工作会议），重大事件（如中国中部首个国家级新区——湖南湘江新区挂牌）都进行报道。对永州市委和市政府的重要会议（如永州市第四、第五次党代会，每年的全市两会，市委经济工作会议），重大活动（如湘南承接产业转移、涔天河水库扩建工程开工，神华火电开工，毛俊水库开工）都派出记者进行报道。

社会民生报道永州新闻网一直以“关注社会民生，倡导社会和谐”为宗旨，充分利用网络“速

湘南承接产业转移示范区首批重大项目推进大会召开

周强在永州主会场宣布首批重大项目启动

图为大会现场领导讲话

度快捷、信息量大、传播广泛”的平台优势，以“多渠道、多层次、多功能、多视角”的体系，努力构建“倡导和谐，传播民意”的民生服务平台。

网站论坛设有便捷的互动和社交接口，方便读者用各种社交账号登录，将喜爱的内容与好友分享或发表评论。网民可将看到的、听到的、遭遇到的事情发到论坛，记者通过这个平台寻找新闻线索，表达关切。

永州新闻网关注直接的切身的具体的民生问题，既关注人民群众的生产、生活资料，更关注人民群众的生活形态、文化模式和精神世界，关注人民群众的基本发展机会、基本发展能力和基本权益保护的状况，关注人民群众的生存条件和生活质量，以回归国计民生核心理念、重视引导社会舆情、彰显人文关怀基本品格为出发点和归宿，打造网站的独特个性，搭建一座人民群众与党和政府沟通的桥梁。其中《一元返利骗得700万元宁远审结首起传销案》在社会上引起强烈反响。

记者调查是以监督性报道为主，充分运用新闻调查手段和方式来体现调查过程并展示事件和话题结论，以诠释全市老百姓最迫切、最关心、最热门的事件为己任的原创新闻栏目。栏目自创办以来，网站记者积极履责，深入各地，采访当事人，如2014年4月25日的《永州市工商职业中专喇叭扰民调查》、2014年6月的《〈90岁老人被子女锁在房间，残忍禁食一个月〉调查纪实》、2016年4月21日的《滴滴打车是与非》《黄泥井路口成最大堵点正着手破解》、2016年8月5日的《29路车为什么不开空调且看各方怎么说》，2016年10月的《零陵一房屋开裂谁的责任如何解决》等，挖掘事件背后的真相。辟谣释疑，不但为党委、政府减压，同时也获得了广大网民的好评。

附：《90岁老人被子女锁在房间，残忍禁食一个月》调查纪实

永州新闻网讯（记者杨中瑜）6月12日晚上，一条由网民名震湘西发的《90岁老人被子女锁在房间，残忍禁食一个月》微信在网上迅速得以传播。由于在传播过程中，内容不断被篡改和添加，到16日上午，被全国各大网站转载，并形成谴责子女不孝一片倒的舆情。6月16日晚上，本网记者赶到江华，6月17日，在当地有关部门的协助下，记者对事情的来龙去脉进行了调查。

一、关于当事人

据江华县贝江乡政协联工委主任曾宪东介绍，微信所提及的老人叫盘四妹，1924年11月出生，贝江乡羊涓村猫滩组人，年轻时曾结婚，因为离异无孩，就抱养了一个四个月的女孩，也就是这件家务纠纷中的当事人之一盘永莲。

盘永莲，1957年出生，嫁给本村洪冲组冯建民（1951年出生）为妻（实为冯建民招赘入门），两人生有一男一女。女为长，名盘方艳，1977年出生；子冯芳林，

1979年出生。

两人结婚时，冯建民还是在家吃大锅饭，1983年兄弟分家，冯建民与妻子商议之后，将独居的盘四妹老人从猫滩组接来洪冲组，跟自已住在一起。

微信发布人名震湘西，本名赵振湘，女，1983年出生，贝江乡毛竹村人，盘四妹亲妹妹的孙媳妇。

二、黄医生如是说

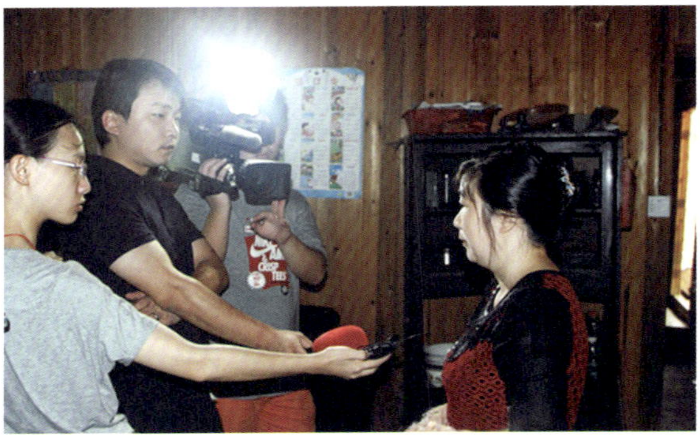

黄兰香医生在接受记者采访

当记者赶到贝江乡洪冲组冯建民家时，发现邻近公路的冯家正在办丧事。原来盘四妹老人不幸于6月14日晚上8点47分去世，一些亲友正在帮忙。因为网络传播的影响，前来采访的记者很多，有湖南都市、湖南经视和《潇湘晨报》等媒体的。大家打听之下，公安机关已经介入此事，正在村干部家里对冯建民盘永莲夫妇做询问笔录，而他们的子女跟帮忙的人上山“开井”（即挖墓穴）去了。于是，我们先去附近的天堂村卫生室采访黄兰香医生。

天堂村卫生室在冯建民家的对岸，相距不是很远，过吊桥沿着瑶寨的山路走约两百米就到了。由于附近几个村的人大多来这里看病，黄兰香医生一般都比较忙，在接受派出所民警的询问和安顿好病人之后，上午十点半，接受我们媒体的集体采访。

记者问盘四妹老人最近有没有到她这里来看病，黄兰香回答说没有。她回忆说，老人身体较好，只是腰椎间盘有点问题，以前大多是孙子陪着来看病的，最近一次是前年。至于冯建民盘永莲夫妇，则是这里的常客。他们夫妇都是多病，冯建民患有风湿性关节炎、高血压、胃炎，心肺也有毛病；盘永莲患有胃溃疡，腰椎、颈椎等方面也有毛病。他们夫妇有时候是一起来，有时候是一个人来，还带着小孙女。盘永莲最近一次来看病是6月8号，由于她胃溃疡厉害，接连打了三十多天的针，黄兰香就建议她去医院检查。

记者问起她对冯建民盘永莲夫妇的印象，黄兰香说，他们家比较穷，以前老是欠医药费，最多的一次达1000多元，是他们女儿回来之后再还了一部分的。为此，黄兰香还拿出记账本，翻到相关页面给记者看。

关于对待老人，黄兰香说，冯建民盘永莲夫妇来看病时，经常说要回去照顾老人煮饭给老人吃和打扫卫生。

三、盘方艳的叙述

盘方艳在接受记者采访

记者一行从天堂村卫生室返回到冯建民家，在门口的公路上遇见了冯建民的女儿盘方艳。面对众多记者的镜头与录音，盘方艳说，父母和自己对外婆都很好，尤其是自己，就是外婆和母亲带大的，虽然自己长期在外打工，去年嫁去了江苏，但她对外婆的感情很深。

盘方艳说，外婆四年前就患有风湿病、关节炎和腰椎间盘突出，自己还陪她去水口医院照片子治疗。一般情况下，由母亲照顾外婆，外婆只领养了母亲一人，母亲没有理由对她不好。外婆喜欢一个人开伙，家里有好吃的，像鸡肉之类的，父母没有忘记外婆，总是挑好的给外婆再加工一次（老人没有牙齿，要煮烂一些）才吃。

关于外婆的身体状况，盘方艳说，今年春节之后外婆身体就一直不好，生活全靠父母料理，她农历四月二十二日与丈夫还回来过（当时母亲在水口医院住了三四天的院，他们回来主要是看望母亲的），她发现外婆神志时好时坏，而且大小便失禁，吃什么吐什么，母亲就劝外婆少吃多餐。

记者问盘方艳是否认识发微信的赵振湘，盘方艳说不认识，只知道她是外婆妹妹的孙媳妇，平时没有打过交道。记者再问，两家以前是否发生过矛盾？盘方艳说10多年前有矛盾，主要是他们每次来我们家，指责父母没有照顾好外婆。记者又问，父母是否将外婆锁在房间内不许出来？盘方艳说没有，父母只是锁住外面的院门，因为临近马路，怕老人家走出去遇上危险。

四、盘春凤的说法

盘春凤在接受记者采访

在院门口采访完盘方艳之后，记者往冯建民家里走，按照盘方艳的引介，在院子里采访了盘春凤。

盘春凤是盘四妹亲弟弟的女儿，作为盘四妹老人的侄女，盘春凤对大姑妈的去世感到十分悲痛。记者直接问她，如何看待冯建民和盘永莲夫妇的孝顺，盘春凤说，有好有坏。好的是，冯建民夫妇每当有好吃的东西，没有忘记大姑妈。不好的是，有时候对大姑妈照顾不周。关于大姑妈病危，是盘方艳通知她的。关于发微信的赵振湘，盘春凤说自己不认识她，以前见过一面，只知道她是小姑妈的孙媳妇，小名叫湘湘。听说赵振湘他们6月9日下午五点钟左右来看了大姑妈，他们在门口叫门叫了很久，姐姐盘永莲才出来开门，并且对他们说，不要进去看老人了。赵振湘等人不管那么多，带着买来的东西冲了进去。大姑妈看见赵振湘，就说喂我喂我。

关于赵振湘拍照的事情，盘春凤说那是6月11日晚上，她本人在场。当时，他们看见大姑妈身上有屎尿，床上也是湿的，还有香蕉皮，都觉得老人好可怜。老人神志还清醒，叫了她的小名：银秀，说银秀你也来看我了。他们九个人（包括大姐、三姐、赵振湘夫妇等人）就帮老人洗了一个澡，赵振湘当时拍了照。自己问大姑妈吃的事情，大姑妈说吃不到，但没有说冯建民盘永莲不给她吃。

记者问她如何看待赵振湘发微信之事，盘春凤说这件事很难说。如果说冯建民盘永莲夫妇不照顾大姑妈，也不对，毕竟这么多年来他们有好吃的没有忘记老人。如果说，冯建民盘永莲夫妇对老人照顾很好，也不对，因为老人在床上的情况看起来确实可怜。

五、面对记者，冯建民夫妇泪水潸然

中午十二点整，记者赶到了村干部家。在接受完派出所民警的询问之后，冯建民盘永莲夫妇分别接受了我们的采访。今年63岁的冯建民对记者说，他们夫妇是凭良心照顾老人的，他们不但将老人接了过来，而且自己吃什么老人就吃什么。至于家里的两口灶，是因为老人牙齿吃不动，需要对菜肴进行再次加工，时间长了就习惯了，自己身体也不好，患有高血压、胃溃疡等疾病，又要照顾小孙女，反正没有少了老人的油盐柴米。家里的经济收入靠儿子媳妇外出务工，家务事主要落在老婆盘永莲身上。

关于发微信的赵振湘，冯建民说自己认识，她是岳母妹妹的孙媳妇。双方以前有些来往，由于他们每年来看老人就指责自己照顾不周，盘永莲为此很生气。6月9日下午，赵振湘等人来看望岳母时，自己正在水口镇医院住院，有病例为证，他们来的情况自己并不清楚。6月11日下午，赵振湘、盘春凤等人来时，自己在家。他们说，大姨妈（有的叫大姨婆）怎么这么瘦？是不是很久没有吃了？当时自己正从楼梯下去，听见他们的议论，就过去质问：你们究竟是来看人的还是来吵架的？他们反问：来看人有错吗？为此，我们争吵了几句。我出去之后，他们为岳母洗澡并照了相。

记者问，现在微信之事闹得全国皆知，你有什么打算？冯建民一听眼泪流了出来。他哭着说，要求赵振湘在网上道歉，否则就要到法院起诉她。他不否认，老人家有些可怜，但自己也是多病在身。

关于微信之事，盘永莲觉得自己受了很大委屈。她哭着说，母亲在自己四个月时就抱养了自己，所以她对母亲是很感恩的。这也是他们夫妇将母亲从娘家接过来养了二十多年的原因。如果说自己虐待母亲，还会虐待她到九十岁吗？关于微信上说的“喂我喂我”字样，盘永莲说，那是母亲见到了娘家的亲人，心情很激动想吃东西就说喂我喂我。之前，自己已经照顾躺在床上的母亲一个多月，为她换洗衣裤，老人可以下床，但找不到茅坑。11日傍晚赵振湘等人来为母亲洗澡，是自己烧的热水并送进去的，至于她们为什么拍照就不知道了。

冯建民夫妇在面对记者时热泪盈眶

六、在电话里，赵振湘夫妇如是说

作为发微信的人，是记者们最想要采访的人，可是很不凑巧，赵先胜赵振湘夫妇外出办事，加上车子故障，错过了见面采访的机会，记者便电话采访了他们。

赵振湘说，她用名声湘西的名字发微信的原因确实是看见大姑婆太可怜了，说只要稍有良知的人，见了大姑婆在床上屎尿一身骨瘦如柴的情景，就会心生恻隐。你想一下，如果在那种情况下，一个骨瘦如柴的老人拉着你的手说，喂我喂我，你心里会有什么感受？她发微信的目的也是想帮助老人，并没有惩罚冯建民盘永莲的意思，也没有说冯建民夫妇虐待老人，只是说老人饿了将近一个月。当时写那篇微信，发在自己QQ空间和微信上，希望当地好友转播之后引起重视并帮老人解决问题，她不忍心看着老人那么死去。因为老人饿得那样了，自己发微信后的第三天，老人就去世了。这一点，自己感到特别遗憾。

记者问，冯建民盘永莲夫妇认为自己诽谤了他们，自己如何看待？赵振湘说，微信在传播中被人篡改了，自己只是将亲眼所见亲耳听到的如实反映出来，自己有证人证据在手。再说，老人病了一个多月，饿得那个模样，为什么不能送去治疗？附近就有诊所啊！

赵先胜夫妇说，他们去看老人时，曾看到老人的小灶之间有彩色塑料布隔开，而且用砖头压着。他们进去看老人时，发现门扣被扣着的。附近的人也知道，20多年来，他们都是将老人分开来吃的。

关于发微信的后果，赵振湘说，没有想过，所以在帖子发了一个多小时后就删除了。6月12日晚上七点多发的，八点多就删除了，没想到网络上会发酵得这么厉害。因为自己有证据在手，尽管面临很大压力，不后悔，不害怕，也不道歉。如果冯建民夫妇起诉自己，他们要承担更多的责任，自己有证人，没有捏造事实，所以底气很足。

在一天的采访中，记者感觉到这件事很复杂，真是公说公有理，婆说婆有理。由于当地公安机关已经介入，至于结果如何，大家可以拭目以待。

（三）专题专栏

专题报道 2007年，“新时期工人阶级宣传”等专题受到省《新闻阅评》的表扬。2008年，组织的“抗冰救灾”“抗洪抢险”“产业转移”“纪念改革开放30周年”“争创省级卫生城市”等战役性专题报道，均取得明显成效。永州新闻网还被评为全市“抗冰救灾宣传先进单位”，有两人分别被评为省、市先进个人。还有数件作品在市人大、市政协组织的视察宣传活动中获奖。2011年，是中国共产党成立90周年，是实施“十二五”规划的开局之年，也是永州推动科学发展、加快“五个永州”建设的重要一年。永州新闻网紧紧围绕党和政府的重大方针政策和举措，精心组织中共十七届五中全会、全国和全省及全市“两会”的专题宣传，唱响主旋律，打好主动仗，巩固壮大积极健康向上的网上主流舆论。精心组织中国共产党成立90周年宣传活动，开辟专题，大力宣传90年来党的光辉历程和重大成就，积极报道中央和地方组织的庆祝大会、研讨会、座谈会等各项重大活动和群众性庆祝活动；组织网络征文、博客笔会、短信大赛等庆祝纪念活动；大力加强经济形势宣传。大力宣传中央和省委、市委经济工作会议精神，宣传永州市“十二五”经济和社会发展的总体要求、主要任务、工作重点；精心策划专题宣传活动。组织好“潇湘新乐章——唱响‘四个湖南’红网永州行”大型网络直播活动，深入宣传“四化两型”重大战略在永州的具体实践，开展市领导、专家和网民的对话互动，形成学习、宣传、贯彻的热潮。2012年，围绕全市工作重点，永州新闻网推出“四深入两结对一测评”“科学发展成就辉煌”“稳增长促和谐”“六城同创”“走进大项目”“建设国家级承接产业转移示范区”“解放思想网上谈”“青春在永州闪光”“走转改”“控违拆违”等专题，努力宣传市委、市政府带领全市人民建设美丽永州所取得的工作成绩，推介亮点，鼓舞人心。2015年12月开展的“发现永州之美”采访行活动，采用单反相机、四轴航拍飞行器、高清摄像机等先进设备进行拍摄与采写。以文字、视频、音频、图片、微信、微博等多种传播手段，呈现永州之美。采访组走进九县两区，金洞、回龙圩管理区，凤凰园国家经济开发区，报道分为发展之美、生态之美、人文之美、未来之美和美之印象五个篇章。大力宣传永州过去五年的新举措、新突破和新成效，全面展现永州区位优势、经济发展趋势及美丽整洁的城乡风貌，突出报道永州蕴含的巨大发展机遇，树立永州开放开发的新形象，为推动永州经济社会发展提供强有力的网络舆论支持。

专栏报道 2006年开设的“献计献策”专栏为市委征集建议和意见50多篇，2007年“献计献策”专栏为市委征集建议和意见80多篇，连续两年受到市委、市政府领导高度评价。2008年开设的“捎话书记市长”栏目倍受网民关注，诸多网民通过这个栏目给书记、市长捎话写信，经网站整理上报后，期期都得到市委、市政府领导的批示。市委书记黄天锡几乎每期都逐条批示，在网民中引起强烈的反响，市内外众多媒体对此也给予报道。市委书记黄天锡通过“捎话书记市长”栏目了解到老火车站行人过往难的问题，与四位市级领导深入现场办公，解决网民反映的问题，被网民誉为“亲民书记”。同年，永州新闻网配合市委解放思想大讨论活动办公室，开设解放思想大家谈和征集十大对策与建议两个专栏。市委书记黄天锡为解放思想大家谈栏目题名，助推网民参与的热情。有数万名网民参与讨论，汇集各类英雄好帖，受到市委、市政府的关注。市《新闻阅评》称赞其为“反映民情、引领舆论”的载体。征集十大对策与建议共征集对策建议207条，经筛选整理上报后，有80多条受到市委、市政府的重视。其中有10条被评为“全市十大对策与建议”，受到市委、市政府的表彰。永州新闻网为配合纪念改革开放30周年宣传而开设的老干部述说新变化专栏，邀请离退休老干部撰写改革开放30年以来，亲身参与建设新永州的历程，展示永州30年来的巨大变化。

2012年5月，网站进行历时近一个月的版面改良，重点突出了本地新闻和本网时评。为弘扬永州历史文化，对外大力推介永州文化旅游资源，网站按照市委、市政府主要领导的指示，开设品读永州和文艺沙龙专栏，及时发布永州文艺界的相关信息，大力推出写永州名山、名水、名人、名村、名楼之类的文艺作品。同时推出网络问政和网民呼声，为市委、市政府领导了解民情畅达民意架起沟通的桥梁。是年，永州新闻网还致力打造自己的品牌栏目，推出中瑜访谈专栏。

2014年，永州新闻网对原来的理论栏目进行改版，并更名为理论视窗。栏目改版后，设“理论前沿”“理论学习”“实践探索”三个子栏目。“理论前沿”主要编发当前理论界的新观点、新成果；“理论学习”主要编发全市各级各部门各单位理论学习的好做法、好典型、好经验和理论学习活动动态等；“实践探索”主要编发全市各级党政领导干部在工作实践中的新思考，以及推动工作、开拓局面的对策和举措。经过几年的努力，该栏目已成为永州新闻网品牌栏目，并获得省委宣传部的好评。

视频直播 2006年，永州新闻网尝试网上直播，对永州市第三次党代会的开幕式进行同步直播，收到良好效果。2012—2015年，对永州市“两会”开幕式进行直播。

（四）中瑜访谈

2012年8月30日，永州新闻网创办中瑜访谈专栏。中瑜访谈系永州新闻网的品牌栏目，本着“名人办名栏”的理念，由永州新闻网总编室主任、永州市作家杨中瑜主笔，以尖锐而幽默的提问，客观而理性的分析，正确而清晰的导向，针对政治、经济、社会、文化等不同方面的热门话题，与领导干部、社会各行各业或知名或平凡人士进行深入交流，展示领导干部的政治智慧，畅谈行业精英的成长经历，叙述普通百姓的感人故事，用最朴实无华的方式，记录人

《要写就写文明史》中的张京华（左一）

物特有的历史瞬间和事件的社会背景。中瑜访谈设有领导干部访谈、文化名流访谈、商界名家访谈、平民百姓访谈、行业精英访谈、代表委员访谈、铿锵三人行等7个子栏目，共发人物访谈178篇，其中领导干部访谈采访的退休领导干部有赵清茂、刘高志、蒋吉秀、孔宪访、刘鹏等人；文化名流访谈推出的有作家诗人李长廷、凌鹰、郑正辉、魏剑美、夏昕、李晓敏、田人、李鼎荣，书法家黎笃田、罗峰林、邹武生、唐朝晖、周进隆、欧阳维忠、欧亮、曹兰芳、欧小松，画家刘双全、杨球旺、高双洋、肖建民、罗文中、吴建陵，篆刻家陈刚、彭庵酩、庄要严，音乐家唐孟冲、周光耀、顾城，本地文化民俗研究名人何家壬、易先根、杨仁里，学者张京华、蔡自新、翟满桂、朱雪芳、姚从军、贡贵训，摄影家周承伟、蒋新国、张建利等人；平民百姓访谈推出了周海玉（教师）、李宗平（画家）、柏劲松（画家）、黄爱华（私人业主）等人；行业精英访谈主要推出徐国贤（法官）、张芳生（音乐人）、徐天桥（律师）、陈军屹（文化经纪人）、唐祥勇（警察）、王鸿杰（民办教育者）、杨叶（慈善家）、袁忠民（道德模范）、陶继斌（收藏家）等人；商界名家访谈因为怕人们误会搞有偿新闻，故没有积极展开，仅发陈平衡、陈庆延、谭群英、杨响华、黄江明等几人；代表委员访谈推出的有姚如男、蒋国政、何峰、欧阳永衡、罗飞招、黄宏志等人；铿锵三人行发《如椽巨笔巧织云》《用心打造永州文化产业高端品牌》《好书寓教育于艺术》《建设品质活力永州》等篇章。截至2015年12月底，中瑜访谈推出各种人物报道176篇，而且每篇的点击率都超过2000人次，成为该

《东山那棵长春树》中的李长延

网的经典品牌栏目。其中《要写就写文明史》《东山那棵常青树》在社会上引起关注。

由于视觉新颖，风格独特，许多稿子被新浪、搜狐、网易、凤凰网、红网、中国文化网、中国作家网、中国美术网、中国艺术网、中国书法网、中国油画网、中国拍卖网、中国雕塑网、中国摄影网、中国版画家网、中国建筑网、名家艺术网、中国画廊网、中国人物传记网、中华卫视网、中国金盾网络电视台、中国军休联谊网、中国书画收藏网、湖南民政网、湖南名人网、一品艺术网、一点资讯、今日头条、华裔网、湘江网、广东文化创意网、易读网、青年访谈网、凯迪网等百余家网站和纸媒转载。

三、舆论监督

（一）舆情处置

零陵法院杀人案 2010 年 6 月 1 日上午 9 时 50 分左右，永州市零陵区人民法院发生一起恶性枪击案件。一名男子持枪闯入零陵区人民法院办公室，当场造成 3 名法官死亡、3 名法官受伤，其中两人伤势严重。犯罪嫌疑人随后开枪自杀身亡。经查证凶手系中国邮政储蓄银行零陵区支行职工兼守护押运队队长朱某，时年 46 岁，有父母和 1 个儿子，3 年前与妻子离异，因不满零陵区邮政分局的领导工作上对其不公，且 2006 年因房屋买卖纠纷诉至零陵区人民法院，零陵区人民法院判决朱某胜诉，并由对方继续履行合同支付违约金 2 万元，8 个月后由法院执行到位。但朱某认为执行时间拖延太长，且滞纳金和房产证未执行到位，加之 2003 年与妻子协议离婚，2006 年身患鼻咽癌，至 2010 年诊断为晚期，由此产生怨恨、仇视、报复心理和轻生、厌世念头。事发后，在各种猜测消息纷飞的情况下，永州市网宣办（外宣办）积极应对，在永州新闻网及时发布权威消息，引导媒体发表有检察院介入的正面引导报道 115 篇，调查组赶往现场调查的报道 20 篇，让真相跑赢谣言报道 8 篇，及时有效地化解、平息网络风波，传递正能量。永州新闻网在整个过程中给予了积极配合。

零陵刚林矿难案　2012 年 10 月 15 日上午 8 时许，永州市零陵区刚林矿业有限公司发生因缺氧被困矿井导致7人死亡事故。事故发生后，天涯社区、红网论坛、腾讯微博等出现一些针对个别领导的不实帖文信息。为此，市网宣办立即启动应急机制，一是抢发新闻通稿，掌握舆论话语权。永州新闻网当晚8:10率先发布新闻通稿，16日上午新华网、人民网、中国新闻网等媒体所发的矿井事故新闻报道基本上采用永州的新闻通稿内容，由于抢占了话语权，有效地掌握了网上舆论引导的主动权。二是坚持24小时值班监测，设法协调上级网宣部门和有关主流媒体，积极引导网上舆论，在市委强有力的领导下，较好地完成事故的舆情应对工作，处理相关帖文信息近20条。

永连公路校车特大交通事故案　2012年10月18日17时10分左右，永州市永连公路双牌茶林路段发生一起惨烈的交通事故，一辆载有48人（多数乘客为学生）的大巴车翻下三四十米深的山崖，造成4人死亡、44人受伤。事故发生后，市网宣办立即启动应急机制，一是抢发新闻通稿，掌握舆论话语权。市直媒体记者集聚医院，当晚10点在确认伤亡人数等事故主要信息之后，由永州新闻网率先发布新闻通稿，此后在市委的部署下又陆续发布伤员救治、事故善后、道路交通安全整治等新闻通稿，对外及时公布事故最新进展，有效引导网上舆论。二是加强舆情监测，关注舆情动态。市网宣办坚持24小时值班，加强网上舆情信息的搜集、监测和分析，每天编发2期手机舆情专报，将最新舆情动态报送给市委、市政府相关领导，及时掌握舆情发展情况。三是及时沟通协调，处置不实信息。永连公路交通事故发生后，网络论坛上出现一些煽动网民到政府集合为遇难者讨回公道、质疑市委和市政府及相关部门监管不力等跟帖评论，监测发现后市网宣办在第一时间联系相关网站，及时处理此类敏感性和煽动性的跟帖信息30多条。四是加强舆论引导，避免恶意炒作。事故发生后，经过协调联系，新华网、人民网等权威网站加强对事故的正面报道，特别是新华网先后组织永连交通事故救援纪实、事故伤者治疗情况、事故调查原因和永州市出台的“十个一律”和开展“利剑行动”道路交通安全的报道，对网上舆论起到较好的引导作用。同时，针对网民对永连公路交通事故中“道路安全隐患排查不到位”“交管部门监管不力”等质疑，市网宣办组织市直相关部门就如何跟帖引导进行研究，并确定引导口径。组织网评员在天涯社区、红网论坛等主流论坛进行跟帖引导和顶帖压帖。

（二）网民互动

为正确引导驾驭新媒体传播永州正能量，2014年3月，市委宣传部下发《永州市网民留言办理工作暂行办法》，对网民留言的收集、报送、转办和回复的责任单位、责任人员、时间要求、办理流程和要求，以及各级部门（单位）网民留言办理的考核工作全面进行规范。2014年10月，市委、市政府下发《关于进一步做好网上涉永州信息办理工作的通知》，进一步推动永州市网上涉永州信息办理工作规范化、制度化、常态化。为确保网上涉永信息办理顺利开展并取得实效，由市委宣传部牵头，每季度组织一次由市委办公室、市委督查室、市政府督查室、市委网宣办、市纪委和市信访局相关工作负责人参加的联席会议，汇总上一季度网上涉永州信息办理工作情况，研究解决办理工作中存在的问题。会后，由市委督查室和市政府督查室下发《网上涉永信息办理工作情况通报》。全市的网络问政工作已经形成有专门机构和人员具体负责、全市协同合作的工作格局。为落实市委关于加强网络问政工作的要求，通过互联网来进一步了解民情、征集民意、汇聚民智，永州新闻网改版后特设立“网民问政平台（问政永州）”，旨在方便广大网友参与，积极反映问题，提出建议。永州新闻网定期整理留言内容，转网宣办呈各有关部门（单位）或县区处理。

除了线上互动，线下活动也积极开展。2015 年 8 月 20 日（农历七月初七），由永州新闻网、潇湘朗诵艺术团和萍洲书院主办的“爱在永州天长地久”七夕联谊会在萍岛举行。2015 年 9 月 26 日，由永州新闻网和永州市餐饮行业协会联合主办的永州首届美食文化研讨会在冷水滩举行。全市饮食、文化界相关专家及餐饮界领军人物共聚一堂，就如何弘扬永州美食文化，促进永州发展，建言献策，共叙永州美食业美好未来。

（三）网络评论

2012 年，永州新闻网推出本网时评专栏，许多文章深受网民喜爱，例如，《高考后“犒劳”孩子别过了头》一文就被红网、凤凰网、新疆天山网、大江网、《重庆晨报》、东北新闻网等媒体转载。2015 年，网站改版升级，推出《湘竹评论》，不仅有原创评论，也及时转载新华社、《人民日报》、《湖南日报》、红网、《永州日报》等媒体的评论。到 2015 年 12 月底，湘竹评论发表针对党的各级组织建设、落实中央“八项规定”、改进工作作风、反腐倡廉及市民关注的社会热点和难点问题，刊发原创性评论文章 129 篇。

四、县区新闻网

（一）冷水滩新闻网

2007 年 9 月，冷水滩新闻网开通上线，网址为 www.lstnews.cn，由中共冷水滩区委、冷水滩区人民政府主办，中共冷水滩区委宣传部承办，现由冷水滩网宣办负责日常更新、管理和维护，湖南省红网提供部分技术支持。冷水滩新闻网是冷水滩区唯一经批准具有新闻发布资质的新闻网站，是冷水滩对内外宣传和展示形象的重要窗口之一。冷水滩新闻网自创办以来，立足发布当地权威资讯，始终坚持正确的舆论宣传导向，创新工作方式方法，做到信息发布零错误。

冷水滩新闻网经过两次改版后现有12个独立频道，32个新闻栏目，每日更新60余条新闻。冷水滩新闻网与冷水滩手机报通力合作已具备现场采访、发布重大新闻的能力，新闻发布集视频、文字、图片、H5等多种方式进行报道。

冷水滩新闻网借助手机报记者和通讯员的力量，每天发布当地原创新闻10余条，并保证每天都有1~2篇民生稿件，许多优质稿件都被市级、省级红网采用。冷水滩新闻网通过制作新闻专题对冷水滩区的重大新闻事件进行全面报道，制作“冷水滩两会”“冷水滩经济工作会议暨会战专题”等专题，通过视频、图片、文字全方位对活动进行报道，受到领导和广大网友的好评。冷水滩新闻网在技术上还处于弱势，整个网站编辑、技术、美工只有一人，为此一些技术难度大的作品要通过技术支持才能完成。2015年，在借助技术的支持下，制作《冷水滩·加速度H5》，对冷水滩的项目进度进行全方位的报道，提高网站的影响力。

（二）零陵新闻网

2010年5月，零陵新闻网成立，网址为www.cnll.gov.cn，系全额拨款事业单位。零陵新闻网由红网总站负责技术支持。网站设零陵要闻、部门乡镇、图片视频、通知公告、曝光台等70余个栏目，日均发稿数20余篇，单篇最高点击率近4万次；每月向省红网推送稿件300余篇，采用率达78%。2015年，网站月浏览量达8万余次并不断上升，在全市各县区中名列前茅，成为零陵网络新闻宣传的主阵地。自网站上线以来，零陵新闻网坚持正确舆论导向，强化正面宣传，积极开展编辑、记者培训，努力提升网络舆论引导能力，及时发布时政新闻、政策要点等信息。

零陵新闻网秉着打造更具传播力和影响力的舆论主阵地这一目标，围绕全区的工作大局和重点工作，在重大新闻事件、热点焦点问题上，第一时间传递党委、政府的声音，积极参与全区重大活动的宣传报道并推出相关新闻专题报道。积极开展网络舆论引导，严谨稳妥地阐释零陵古城建设、南津路提质改造等重大问题、热点问题和敏感问题，并对网络谣言进行澄清。

零陵新闻网重视基层通讯员队伍建设。要求每个区直单位和乡镇办事处建立2人以上的通讯员队伍，通过共建QQ、微信群，加强日常沟通衔接，获得一手新闻资源；不定期开展记者、编辑和通讯员业务培训，强化专业技能，不断提升新闻信息质量。

主动策划、参与零陵最美乡镇网络评选、本土书画名家作品赏析、柳子家宴、油菜花开周家大院、珠山三月三民俗节等主题活动，丰富新闻内容，打造宣传亮点，不断扩大自身影响力。

（三）祁阳新闻网

2012 年 10 月，祁阳新闻网上线独立采编运营，并加挂红网祁阳站牌，接受红网的业务指导和帮助。祁阳新闻网由祁阳县委、祁阳县人民政府主办，中共祁阳县委宣传部承办，网址为 www.qynews.gov.cn，由祁阳县互联网信息办公室负责运行维护工作。祁阳网信办为正股级全额拨款事业单位，核定编制 8 名，主任 1 名，高配副科，负责祁阳新闻网的全面工作。祁阳新闻网内容的采编和审核发布由网信办工作人员负责。网站设置祁阳要闻、乡镇传真、部门动态、时政要闻、理论园地、企业推荐、经济建设、招商引资、旅游观光、政务公开、乡镇传真历史文化、卫生教育等 10 多个栏目。

到 2015 年 12 月，祁阳新闻网共发布新闻 2.5 万余条，累计向中央、省、市主要媒体推送稿件 5000 余条。制作网站专题专栏 30 余个，其中祁阳十大美景评选、“发现美丽湖南”祁阳篇，《齐心创国卫共建新祁阳》《精准扶贫祁阳发力》等专题专栏为祁阳的形象推介，受到县领导肯定和表扬。祁阳新闻网制作的《访贫记》微视频获得第七届永州新闻奖新媒体作品奖三等奖。2013 年获得红网优秀分站称号。

（四）东安新闻网

2009 年 7 月 26 日，东安新闻网（红网东安站）成立，网址为 www.dngannews.com，由东安县委、县人民政府主办，东安县委宣传部承办。为进一步整合资源，规范管理，东安县将东安新闻网和红网东安站合二为一，两个机构、一套人马合署办公。机构自成立以来，有效推介东安的风土人情、领导班子、东安政务、新闻和典型，展现东安风采，传递民情民声，开展理论学习、政务公示、通告通知、媒体聚焦，开辟东安城市在变化、砥砺奋进的 5 年等 7 个专题栏目，统一发声，宣传推介东安，是东安主要的官方媒体，受到社会各界的一致好评。

东安新闻网主要栏目有网站首页、东安概览、领导班子、东安政务、东安风采、精彩专题、民情民声、新闻中心、视频在线、乡镇社区、人文东安、媒体聚焦、理论学习、文明网、典型推介、摄影论坛等。

（五）双牌新闻网

2008 年 7 月，双牌新闻网成立，由中共双牌县委、双牌县人民政府主办，双牌县委宣传部、双牌县委外宣办承办。网址为 www.spxw.gov.com，从开始网站创办运营以来，逐步成为宣传县委、县政府重要决策、重大工作部署的重要平台，发布双牌权威新闻的主流媒体和县委、县政府联系群众、双牌沟通世界的桥梁。

双牌新闻网开辟双牌要闻、乡镇快讯、县直部门、社会民生等栏目；打造交通百日大会战、村（居）两委换届、文明（卫生）县城创建、“六大会战”等专题，维护和提升双牌网上良好形象，构建双牌网上对外对内最大宣传平台。与此同时，转载中央、省、市主流媒体关于主要领导的重要调研和政治活动新闻专题报道，积极开展网上正面宣传，抓好网上舆论引导。努力向上级媒体推荐双牌，2015 年，在省红网发稿 312 篇，在红网永州站发稿 350 篇，在《永州日报》发稿 16 篇。

（六）道县新闻网

2008 年 9 月，道县新闻网（红网道县站）成立，由道县县委宣传部网宣办主办，网址为 www.yzdxnews.com，由红网提供技术支持。

2008 年 9 月至 2015 年 12 月，道县新闻网紧紧围绕道县县委、县政府的中心工作，着眼于维护改革发展稳定大局，宣传报道道县改革发展的新成就，展示道县发展新面貌，坚持做好党委、政府的喉舌，坚持唱响主旋律、打好主动仗、抢占主阵地，坚持贴近实际、贴近生活、贴近群众，注重研究新情况、探索新思路，为全县经济社会发展提供强有力的舆论支持和精神动力。

道县新闻网开设的主要栏目有新闻中心、道县概览、道县政务、经济频道、道州旅游、生活频道、理论园地、精神文明、乡镇街道等。

2015 年，对“七大战役”“四城联创”“精准扶贫”“重点项目建设”“网络中国节——端午”等进行重点报道，获得较好社会反响。

（七）江永新闻网

2011 年 11 月 24 日，江永新闻网挂牌开通。江永新闻网是江永县的新闻门户网站，是江永县唯一具有新闻发布资质的网站。它由中共江永县委宣传部承办，网址为 www.jyxxww.cn。

江永新闻网现有采编人员 2 人，办公电脑 2 台、服务器 1 台以及一批新闻采访设备。采编人员负责对当地新闻内容的采写、编发以及网站的日常更新和管理维护，红网提供服务器托管服务和技术支持。

2014 年，江永新闻网通过的升级改版之后，共设置“新闻中心”“视频在线”“江永概览”“理论园地”“精彩专题”“政务经济”“江永旅游”“江永手机报”“休闲娱乐”“乡镇街区”“江永论坛”等 11 大版块，一级栏目 11 个，二级栏目 42 个，集新闻性、服务性、资料性于一体，是广大网民获取新闻信息、了解时政动态、学习理论方针、感受江永风貌、关注江永发展的综合性服务平台。

2011 年以来，江永新闻网始终坚持新闻立网的原则，不断创新网上宣传。为适应网络时代的宣传要求，还创办“江永手机报”，开通“江永发布”微博微信公众号，形成“两微一报一站”的新媒体群，紧紧围绕县委、县政府各阶段的中心工作，抓住优势，选准突破口，积极参与新闻宣传报道。到 2015 年 12 月底，江永新闻网共刊发当地新闻 5374 条、省市新闻及国际国内新闻 2000 多条、新闻图片 1 万余张。

（八）江华新闻网

2012年3月，江华新闻网上线开通，由中共江华瑶族自治县委、江华瑶族自治县人民政府主办，中共江华瑶族自治县委宣传部承办，由江华瑶族自治县网络宣传管理工作办公室负责日常维护，网址为www.jhxww.cn，是江华瑶族自治县内唯一经批准具有新闻登载资格的新闻网站。

2012年成立以来，江华新闻网始终坚持“汇集大众需求，传播权威资讯，立足本地办网”的总体思路，始终坚持把握正确的舆论导向，始终坚持传播先进文化，每日更新近30条新闻资讯，经过三次全方位改版，已经形成一个具有3万余条新闻信息资源的数据库，网站已发展为拥有9个独立频道，20多个新闻栏目，通过视频、文字、图片、H5等多种传播形式的专业化地方多媒体综合新闻网站。

江华新闻网已具备现场采访、发布重大新闻的能力，2015年，在江华成立60周年期间，网站制作专题——“圆梦瑶都”，通过视频、图片、文字全方位对活动进行报道，受到领导和广大网友的好评。2014年由网站制作的瑶族盘王节活动专题获“湖南新闻奖”网络作品三等奖。

（九）宁远新闻网

2009年，宁远新闻网成立，由中共宁远县委、宁远县人民政府主办，网址为www.ningyuan.cn，隶属县委宣传部新媒体中心管辖，内容发布由新媒体中心工作人员负责，新媒体中心主任何丛芳兼任宁远新闻网站长，服务器和技术支持一并委托红网总站管理。

宁远新闻网栏目主要包括宁远新闻、永州要闻、聚焦宁远等新闻栏目；领导之窗、领导言论、通知公告等政务公开栏目；宁远概览、旅游文化、名优特产等旅游推介栏目等。多年来，宁远新闻网聚焦“六大战役”“脱贫攻坚”“旅游升温”“交通百日大会战”等县委、县政府重点工作，在宁远新闻网多个栏目，通过横幅标语、专题专栏、全文刊载领导讲话等形式开展集中宣传，推出大量稿件，进行深度报道。

2010—2014年，宁远新闻网对“经济工作”“精准扶贫”“万名干部下基层”“砥砺奋进的五年”等作专题报道。2015年，宁远新闻网发稿1353篇，其中214篇优质稿件被永州新闻网采用，340篇被红网永州站采用，200篇被红网总站采用，为营造县域经济发展良好宣传环境做出应有的贡献。

（十）蓝山新闻网

2006年，蓝山新闻网成立，由中共蓝山县委、蓝山县人民政府主办，县委宣传部承办，网址为www.laxw.gov.cn。是蓝山县区域内唯一一家具有网络视听制作和经营资质、刊载新闻资质的当地综合性重点门户网站。2011年9月正式挂牌，蓝山新闻网设有“新闻中心”“蓝山政务”“经济频道”“企业风采”“理论园地”“旅游文化”“法制廉政”“视频蓝山”“民情民声”“文明创建”等18个版块30多个栏目，集新闻性、服务性、资料性于一体，是蓝山县重要的舆论阵地。

蓝山新闻网设有总编室、采访部、技术部等机构，制定和完善总编责任制、新闻采编三审制、网站技术安全制度等规章制度。网站服务器由省红网托管，并由省红网提供全面技术支持。网站有3年以上新闻工作经历专职新闻编辑5人，记者3人。每天摘编国内外新闻50余条，采编当地新闻30余条，日均点击率在5000人次以上。为宣传、推介蓝山改革开放和经济社会发展做出积极贡献。先后被省市相关部门评为红网优秀分站、手机报建设先进单位、网络问政工作先进单位。

（十一）新田新闻网

2013年3月，新田新闻网成立，网址为www.xtxw.gov.cn，是新田县委、县政府的官方新闻网站，由新田县委宣传部主办，新田县网络宣传和电子政务办公室（简称新田网政办）承办，是新田县唯一具有新闻采写、新闻发布资质的网站。

新田县网政办新闻室和技术室分别负责内容发布和技术支持，服务器为自建，2014年网站开发手机客户端。网站负责人为新田县网政办主任王雨松。新田新闻网以"立足新田，服务新田、聚焦热点、传播精彩"为宗旨，关注社会热点，反映网络民意，定期发布新田最新、最权威的时政新闻，转载中央、省市下达的新闻稿等重要信息；网站还覆盖摄影、文学、全景地图、便民信息、旅游资讯等内容，网站设新田新闻、视频新闻、基层快讯、潇湘要闻、公示公告、问政新田、领导信箱、旅游资讯、文学欣赏等栏目，为网民提供一个全方位展示新田面貌的便捷渠道。

新田新闻网积极参与县委、县政府的中心工作和重要活动，进行实时跟踪报道。网站先后开设"创建国家森林城市""'四风'突出问题专项整治""庆祝中国共产党建党95周年""热点话题谈心录""乡镇换届""精准扶贫""创建省级园林城市""环保整治"等一大批专题专栏，宣传报道深入人心，为县委、县政府的各项工作营造良好的氛围。

（十二）回龙圩新闻网

2006年，回龙圩新闻网开通，由回龙圩管理区党委、回龙圩管理区管委会主办，回龙圩管理区委员会宣传部负责具体管理和运行维护，是回龙圩管理区唯一可以合法对外进行新闻宣传的网站。网址为www.hlx.yzrednet.cn。原挂靠在永州新闻网，是其独立域名下的二级子域名。2011年进行一次大的改版升级，优化相关界面。主要栏目有回龙圩新闻、部门动态、乡镇街道动态、视频展播等，其他非固定栏目如万名干部下基层、解放思想实干兴永、砥砺奋进的五年等，重大宣传活动有贯彻党代会专题宣传、身边的好人好事，扶贫攻坚等。其推出的网络问政版块，收到多条群众意见，如"神光村下坡处是否可以设置减速带""回龙圩管理区办理组织机构代码证需要多长时间"等，均在第一时间进行回复，及时回应社会关切，并解决相关问题。

（十三）金洞新闻网

2014 年 7 月，金洞新闻网成立，由金洞管理区党委宣传部负责内容发布，红网永州站负责技术支持，网址为 www.jdxww.cn。主要内容包括当日国内头条、金洞概览、领导班子简介、区内最新时政要闻、永州要闻、全区三乡一镇新闻动态、全区各部门动态等，同时对金洞地方经济发展、风土人情、旅游景点、好人好事典型进行介绍。

网站共开设“新闻中心”“金洞概览”“经济频道”“金洞政务”“旅游文化”“生活频道”“理论园地”等 9 个一级栏目和 50 余个二级栏目，涵盖广泛，内容丰富，是一个全新的综合性新闻门户网站。

2014—2015 年，金洞新闻网及时更新区内外新闻动态，对国家二级公路建设、金洞林场成立 60 周年、金洞创文明卫生城区、创建国家森林城市、金洞文化产业发展、湖南省林业科学院金洞楠木研究所揭牌成立、千名干部下基层、精准扶贫工作、基层党建工作、“两会”精神的学习、“村支两委”换届、中共十八届六中全会宣讲、交通秩序集中整治“百日大会战”“精准扶贫送戏下乡”等区内的经济社会发展及民生区情进行宣传报道。

五、市直重点网站选介

（一）永州人大网

2003 年 12 月 12 日，永州人大网开通，英文域名为 http://www.yzrd.org/。网站由市人大常委会办公室主办，归口市人大常委会研究室管理，聘请专门网络管理员负责网站的日常更新维护。网站成立之初，设置人大简介、组织机构、组成人员、人大代表、代表大会、常委会会议、公告公报等 7 个栏目，用于权威发布代表大会及其常委会的机构人员、人事任免、决定决议等方面信息；2008 年后，增设人大新闻、领导言论、执法监督、工作研究、法规选登、人大知识、学习园地、机关建设、调研视察、风采永州、外地信息等 7 个栏目，用于发布人大工作新闻信息、理论成果等方面信息；首页还开设主任信箱，用于接受和答复网民反馈意见。至 2015 年 12 月，上稿 1000 余件。

（二）永州市人民政府网

2000 年，永州市人民政府网开通，网址为 yzcity.gov.cn，由市人民政府办公室主管，市政府办公室政务服务中心主办。网站系正科级事业单位，编制 7 人，主要负责推动全市政府网站建设和绩效评估工作；负责全市政府网站日常监测和政府网站检测平台建设；制定全市政府网站管理办法；指导、监督县市区（管理区、永州经济技术开发区）、市直部门及其下属的相关事业单位政府网站建设；承担市政府门户网站建设、内容保障和运行维护、市长信箱以及向省政府门户网站提供内容保障的责任，负责网站信息内容安全。政府网站群服务器放在云计算中心，所有的服务器操作系统为 linux 操作系统，通过 VPN 账号连接到云中心，再通过审计系统进行登录。

永州市人民政府网秉承“公开、便民、服务”的建设宗旨和理念，按照《国务院办公厅关于加强政府网站信息内容建设的意见》等文件要求，提升政府网站传播能力、完善信息内容支撑体系，推进政府网站的集约化建设。市政府门户网站历经多次改版升级，以“信息发布、解读回应、办事服务、互动交流”为核心，成为市委、市政府和市直各单位，以及各县（区、经开区、管理区）人民政府在互联网上发布政府信息和提供在线服务的综合平台努力建设政府工作网上窗口与平台，已形成以永州市人民政府门户网站为主站，涵盖 13 个区县和近 50 个市政府部门的政府网站群。

永州市人民政府网通过科学规范建设，完善网站体系，优化结构布局，形成以市情、政务、服务、互动、数据、专题等栏目为主体，面向社会提供政务信息和与政府业务相关的服务，逐步实现政府与企业、公民的互动交流。

（三）永州政协网

2007 年 11 月，永州政协网成立，由永州易科互联公司承建。网址为 www.hnyzzx.gov.cn。共设有通知公告、政协动态、县区政协、民主党派工商联、重点提案、委员风采等栏目，截至 2015 年 12 月，共上传稿件 2944 篇（条）。网站主要分为机构、要闻、履职、大数据、专题等五大块，其中机构中涵盖机构领导、机构职能、内设机构、制度建设；要闻中涵盖通知公告、政协动态、时政要闻、县区政协、民主党派、工商联；履职中涵盖提案追踪、民主监督、参政议政、委员风采，增设提案办理系统、社情民意、微建议报送系统，功能要素齐全。

永州政协网致力于广泛宣传中国共产党领导的多党合作和政治协商制度，宣传党的统一战线和新时期人民政协理论，宣传人民政协的性质、地位和作用，宣传政协工作所取得的经验和成效，宣传广大政协委员在各自岗位上发挥的积极作用，在推动和促进政协更好地履行职能、不断开拓创新的同时，积极扩大政协影响，提高政协的地位和声誉，以赢得社会各方面对政协工作的重视、关心和支持，为政协工作不断开创新局面营造良好的社会舆论氛围。

网站及时发布市政协通知公告，整合信息资源，建立政协委员履职平台。根据政协工作需要，及时推出政协专栏，努力将其办成服务中心工作的平台、宣传政协工作的窗口、委员参政议政的园地、联系各界群众的桥梁。作为宣传政协工作的主阵地，市政协门户网站反映各界人士的意见、建议和社情民意，成为政协委员和社会各界知情明政、反映意见的平台，也成为领导听取舆情、了解民意的窗口。

（四）永州廉政网

2013年3月，永州廉政网成立，网址为www.yzf-ianzheng.gov.cn，由市纪委主管，市纪委宣传部主办，内容发布由永州市纪委信息中心负责；技术支持由红网永州站提供。主要栏目有永州要闻、廉政新闻、市县传真、政务公开、政策法规、警钟长鸣、廉政评谈、廉政视频、作风建设、述廉述德公示。主要内容：对外报道全市党风廉政建设工作的图片新闻、动态信息以及社会各界关注的热点问题。有典型意义的案例、执纪情况；对外介绍委局机关的基本情况和专项活动；对外反映全市纪检监察系统的宣传教育、廉政文化建设和网络信息工作的进展情况；对外发表全市纪检监察系统的理论调研文章；对外公布全市纪检监察系统监督执纪问责情况以及各项规章制度；对外提供为民服务和相关举报平台。

（五）永州红星网

2014年3月，永州红星网建立并上线，由永州市委组织部主管，永州市委组织部党员教育中心主办，网址为http：//www.yzredstar.gov.cn。永州红星网交由湖南红网托管，运管情况正常。该网共有管理人员3名，系参公事业单位编制。

永州红星网的主要职责是发布中央、省、市重大新闻以及各县区、乡镇的典型经验做法；发布市委组织部制定的方针政策、公示公告等各类信息；发布组织工作、人才工作、干部工作等市委组织部工作相关信息；编辑发布党员教育知识、党务基础知识、视频、课件等党建相关内容；围绕当下中心工作，开设宣传专栏进行发布等其他内容。

永州红星网的主要栏目有部门概况：含部长之窗、机构职能、内设机构等子栏目；新闻中心：含时政动态、组工动态、县区传真、权威公告、领导言论、重点推荐等子栏目；组织建设：含基层党建、党建知识、建设扶贫等子栏目；干部工作：含干部任用、干部教育、干部监督、公务员管理等子栏目；党员教育：含教育规划、教学资源、党员风采、远教园地等子栏目；党务百事问：含乡镇工作、支部工作、党员工作等子栏目；专题专栏：含信息调研、大学生村官、中心组学习、图说永州、执行力在永州、网上课堂、理论学习、基层党建进行时、微视频微电影展播等子栏目。

永州红星网登载的内容主要有全市党建工作重大新闻、县区党建工作经验交流、市政动态、基层连线、权威公告、领导言论、永州组织工作信息、组织人才、干部工作、党员教育、网上课堂、党务百事问、理论学习、微电影、微视频展播等。

（六）永州统一战线网

2010 年 5 月，永州统一战线网建立并上线，由永州市委统战部主管主办。网址为 www.yzswtzb.gov.cn。主要有本部概括、统战动态、党务公开、多党合作、民族宗教、海外联谊、党外知识分子、非公经济、理论园地、专题报道、县区之窗等 11 个栏目，每个栏目另设有 2~5 个二级子栏目。

2010 年 5 月至 2015 年 12 月，共发布 2010—2015 年《市委统战工作要点》《永州市知联会召开纪念中共中央“五一口号”发布 70 周年专题报告会》《永州举办“绿色湘江保护母亲河”第三届永州“鱼人节”大型公益活动》等 495 条新闻，较好地宣传多党合作、民族宗教、海外联谊、党外知识分子、非公经济等党的统战工作。

（七）永州文明网

2010 年，永州文明网建立并上线，由永州市精神文明建设指导委员会主办，是永州宣传思想战线和精神文明建设工作的门户网站，网址为 yzwmw.xiaoxiang.club。栏目开设有领导讲话、文明永州、公告通知、公益广告、讲道德做好人、传统节日、道德大讲堂、未成年人、文明简报、道德模范、文明行动、惠民工程、县区传真、热点专题、图说我们的价值观，其宗旨是传播文明，引领风尚。至 2015 年 12 月，发稿 1000 余件。

（八）永州林业网

2000 年 9 月 30 日，永州林业网创建上线，网址为 www.lyj.yzcity.gov.cn。2013 年 6 月进行改版升级，已具备政务信息公开、网上在线办事、公众互动交流和综合信息服务功能，该网站主要由局办公室负责。

网站顶部横向并列栏目有机构设置、政务公开、政府文件、人事管理、政策法规、在线服务、林业科技、林产工业、森林生态旅游。下面其他栏目主要有：永州林情、信息公开、单位简介、领导介绍、机构设置、政务公开、政府文件、绿色永州、局长论坛、林业风采、森林资源、专题报道、网上调查等栏目。

永州林情、林业风采新闻宣传栏目，及时、全面公布永州市林业方面的重大新闻和动态，主要方便全局职工知晓局内开展情况和进展，方便下级机构了解上级机构动态，让其他机构单位了解林业局工作情况，方面与外界单位信息交流，分享林业局一些好的经验和做法，达到促进行业内工作交流的目的。

林产工业、林业科技、林业改革等栏目对林业局的一些专题工作进行分类宣传，林业产业、林业科技、林业改革是技术含量较高的行业，有很高的学习借鉴价值，通过创建专栏，将相关的信息集合汇总，便于市民查找。

绿色永州是因重大宣传活动而开设的一个栏目。绿色永州建设是市委、市政府的重大战略部署，通过大力植树造林，加强国土绿化，改善人居环境，构筑生态屏障，对于保障全市经济社会可持续发展、打造生态宜居城市、提高人民生活质量具有重要意义。该栏目宣传效果非常好，日点击量达700多人次。

（九）永州科普网

2008年3月5日，永州科普网成立并上线，由永州市科学技术协会主办，先由科普部负责，2010年后由咨询中心负责，网址为sciencemuseumsdfyongzhou。由红网永州站提供技术支持。

永州科普网开辟的栏目有：科协组织、科协动态、纲要实施、政策法规、谏言献策、网上科技馆、科技人才库、服务通道、领导信箱、县区协会等。至2015年12月，发稿1000余件。

（十）永州旅游网

2013年1月28日，永州旅游网注册成立，由永州市旅游外事侨务局主办，网址为yzly.gov.cn。网站建成后分为永州旅游网和永州旅游政务网两大版块。其中，永州旅游网板块主要是发布国际、国内、永州的旅游信息，重点突出永州旅游吃、住、行、游、购、娱等要素，开设的一级栏目有“游古今”“舒心住”“自由行”“开心玩”“享美食”“快乐购”“品读永州”“旅游动态”等。永州旅游政务网主要是发布市旅游外事侨务局相关政务公开信息、受理旅游投诉等，开设的一级栏目有机构简介、旅游动态、政务公开、公共服务、网上办公、专题栏目等。网站开办期间，共发布旅游宣传信息6000余条，发布政务公开信息500余条，对于宣传、推介永州旅游，提升永州旅游知名度与美誉度，推进全市旅游工作上台阶，起到一定的积极作用。

（十一）红网永州站

2013年10月，红网与永州市委宣传部联合办红网永州站，网址为：http://www.yzrednet.cn。当时网站共18人，李俊杰、向阳两人由红网委派，其他人员为市委宣传部聘用。开辟要闻、政务、经济、县市区、文旅、科教、问政、呼声、论坛、理论视窗等栏目，其中《理论视窗》获得湖南省资助优秀理论栏目，2013年、2014年均获评湖南省全省优秀分站。

截至2015年12月，红网永州站日发新闻120多条，其中涉永州新闻50多条，日均访问量近9万人次，在湖南网站排名中已跃居全省各类网站前七，在全省地市级网站中排名第二。

（十二）市直单位一般网站

1996—2015 年永州市党委、政府市直部门网站情况表

表 4-3

单　位	网站名称	网　址	创办时间（年）	主要栏目	负责人
市发展和改革委员会	市发展和改革委员会	fgw. yzcity. gov. cn	2005	首页、机构、政务、服务、互动	何挺松
市经济和信息化委员会	市经济和信息化委员会	jxw. yzcity. gov. cn	2005	首页、机构、政务、服务、互动	李小月
市财政局	市财政局	czj. yzcity. gov. cn	2005	首页、政务公开、政府采购、会计之窗、财政预决算、投资评审、PPP 专栏、互动交流	张志海
永州市教育局	永州市教育局	jyj. yzcity. gov. cn	2005	首页、机构、政务、服务、互动	李青
市科学技术局	市科学技术局	kjj. yzcity. gov. cn	2005	机构、咨询、政务、服务、互动	唐均仕
市农业委	市农业委	nyw. yzcity. gov. cn	2005	机构、咨询、政务、服务、互动	许欢
市民族宗教事务委员会	市民族宗教事务委员会	mzw. yzcity. gov. cn	2005	首页、机构、政务、服务、互动	杨各飞
市交警支队	市交警支队	jjzd. yzcity. gov. cn	2005	首页、机构、政务、服务、互动	杨育波
市民政局	市民政局	mzj. yzcity. gov. cn	2005	首页、机构、政务、服务、互动	李爱玲
市司法局	市司法局	sfj. yzcity. gov. cn	2005	首页、机构、政务、服务、互动	林利军
市人力资源和社会保障局	市人力资源和社会保障局	12333. yzcity. gov. cn	2005	首页、机构、政务、服务、互动	唐仲林
市住房和城乡规划建设局	市住房和城乡规划建设局	zjj. yzcity. gov. cn	2005	首页、机构、政务、服务、互动	张金祥
市审计局	市审计局	sjj. yzcity. gov. cn	2005	机构、咨询、政务、服务、互动	周波
市环境保护局	市环境保护局	hbj. yzcity. gov. cn	2005	机构、咨询、政务、服务、互动	陈良
市房产局	市房产局	fcj. yzcity. gov. cn	2005	首页、机构、政务、服务、互动	唐小飞
市交通运输局	市交通运输局	jtj. yzcity. gov. cn	2005	首页、机构、政务、服务、互动	王秋香
市质量技术监督局	市质量技术监督局	zljd. yzcity. gov. cn	2005	机构、咨询、政务、服务、互动	杨楚奇
市公路局	市公路局	glj. yzcity. gov. cn	2005	首页、机构、政务、服务、互动	周敏
市移民局	市移民局	ymj. yzcity. gov. cn	2005	首页、机构、政务、服务、互动	胡淑瑛

续表4-3

单　位	网站名称	网　　址	创办时间（年）	主要栏目	负责人
市林业局	市林业局	lyj. yzcity. gov. cn	2005	机构、咨询、政务、服务、互动	郭弘宇
市商务和粮食局	市商务和粮食局	swlsj. yzcity. gov. cn	2005	机构、咨询、政务、服务、互动	王善峰
市文体广电新闻出版局	市文体广电新闻出版局	wtgxj. yzcity. gov. cn	2005	机构、咨询、政务、服务、互动	陈鹏博
市文物管理处	市文物管理处	wtgxj. yzcity. gov. cn/wgc	2005	机构、要闻、政务	黄宝利
市政务中心	市政务中心	zwzx. yzcity. gov. cn	2005	网站首页、机构、政务公开、网上办事、交流互动、“互联网+党建”	龙飞林
市经开区	市经开区	jkq. yzcity. gov. cn	2005	网站首页、园区概况、新闻中心、招商与开发、信息公开、办事服务、互动交流、专题专栏	肖立元
市园林局	市园林局	zjj. yzcity. gov. cn/ylj	2005	机构、要闻、政务	周娟
金洞管理区	金洞管理区	jd. yzcity. gov. cn	2005	机构、咨询、政务、服务、互动	曾文斌
市国资委	市国资委	gzw. yzcity. gov. cn	2005	首页、机构、政务、服务、互动	王斌之
市无线电管理处	市无线电管理处	wxd. yzcity. gov. cn	2005	机构、咨询、政务、服务、互动	姜红权
市卫生和计划生育委员会	市卫生和计划生育委员会	wjw. yzcity. gov. cn	2005	首页、机构、政务、服务、互动	张建峰
安全生产监督管理局	安全生产监督管理局	ajj. yzcity. gov. cn	2005	首页、机构、政务、服务、互动	段灵利
市统计局	市统计局	tjj. yzcity. gov. cn	2005	网站首页、机构职能、政务、统计公报、统计信息、统计知识、政策法规、服务、互动	蒋剑林
市水利局	市水利局	slj. yzcity. gov. cn	2005	网站首页、水利动态、防汛抗旱、组织机构、政务公开、政务服务、互动交流、全国水事、媒体报道	王方卓
市食品药品监督管理局	市食品药品监督管理局	syjj. yzcity. gov. cn	2005	机构、咨询、政务、服务、互动	卿云鸿
市供销社	市供销社	coop. yzcity. gov. cn	2005	首页、机构、政务、服务、互动	田诗毫

续表4-3

单　位	网站名称	网　　址	创办时间（年）	主要栏目	负责人
市旅游外事侨务局	市旅游外事侨务局	ly. yzcity. gov. cn	2005	首页、机构、政务、服务、互动	陈利敏
市城市管理行政执法局	市城市管理行政执法局	cgj. yzcity. gov. cn	2005	首页、机构、政务、服务、互动	张亚林
市法制办	市法制办	fzb. yzcity. gov. cn	2005	机构、咨询、政务、服务、互动	林晓峰
市农机局	市农机局	njj. yzcity. gov. cn	2005	机构、咨询、政务、服务、互动	汪俊
市委组织部（永州红星网）	市委组织部（永州红星网）	www. yzredstar. gov. cn	2014	网站首页、部门概况、新闻中心、、政务、组织建设、干部工作、党员教育、党员百事问、专题专栏	张月林
市直工委	市直工委	zgw. yzcity. gov. cn	2005	首页、机构、政务、服务、互动	黄型科
市档案局	市档案局	daj. yzcity. gov. cn	2005	首页、机构、政务、服务、互动	欧阳之顺
市信访局	市信访局	xfj. yzcity. gov. cn	2005	首页、机构、政务、服务、互动	周永华
市地震局	市地震局	dzj. yzcity. gov. cn	2005	首页、机构、政务、服务、互动	刘文君
市残联	市残联	cl. yzcity. gov. cn	2005	首页、机构、政务、服务、互动	李社光
市救助管理站	市救助管理站	jzz. yzcity. gov. cn	2005	首页、机构、政务、服务、互动	黄泳锦
民革永州市委	民革永州市委	mgw. yzcity. gov. cn	2005	机构、咨询、政务、服务、互动	唐蝉宇
双牌水力发电有限公司（原双牌电站）	双牌水力发电有限公司（原双牌电站）	spdz. yzcity. gov. cn	2005	首页、机构、政务、服务、互动	曾红云
市政协	市政协	www. hnyzzx. gov. cn	2011	首页、机构、履职、大数据、云应用	蒋慧玲
市公安局	市公安局	gaj. yzcity. gov. cn	2005	首页、公安机构、政务公开、政务服务、警民互动	余蓉宇
市国土资源局	国土资源局	gtzy. yzcity. gov. cn	2005	首页、组织机构、政务公开、办事服务、互动问政	熊小艳
市人防办	人防办	rfb. yzcity. gov. cn	2005	首页、机构、政务、便民服务、互动	胡霖
市工商局	工商局	gsj. yzcity. gov. cn	2005	首页、机构、政务、服务、互动	熊笑笑

第二节 新媒体

2013—2015年，微博、微信、新闻客户端作为互联网新媒体，以其用户数量大、传播速度快、互动性强、影响力大等特点发展迅速，在推进政务公开、服务社会公众、正面引导舆论等方面具有重要意义。2014年，永州市委、市政府按照中央、省委关于“着力建设基于新媒体的政务信息发布与公众互动交流新渠道”的要求，设立永州市新媒体中心，上线微政务平台“永州发布”。“永州发布”上线后，成为永州市新媒体主流媒体之一，成为党委政府密切联系群众的重要渠道和平台。

随后，“永州发布”逐步进驻今日头条、天天快报、腾讯新闻、一点资讯等新闻客户端，实现同步推送宣传信息，影响力位列湖南省地市州前列，微信公众号连续两年跻身湖南政务微信影响力10强。

一、机构管理

2014年4月，中共永州市委宣传部为进一步加强网上群众工作，根据上级要求，下发《关于加强全市政务微博建设的通知》，要求各级政府部门和相关单位要将政务微博建设与管理作为一项重点工作，完善机制，强化领导，稳步推进，将永州市新媒体中心建设提上议事日程。

2014年5月，为进一步推进全市政务微博、微信建设，吸取兄弟市州政务微博、微信建设的先进工作经验，提升全市政务微博、微信建设与管理水平，根据永州市委书记陈文浩的批示要求，由市委宣传部常务副部长蒋三立带领市委网宣办、市委外宣办等相关部门负责人一行5人，于5月5—6日赴郴州、衡阳、湘潭、长沙四市学习考察政务微博、微信建设经验，形成详细学习考察报告。

2014年7月4日，“永州发布”官方微博和微信在潇湘大厦十二楼市委网宣办办公室举行开通运行仪式，市委常委、宣传部部长石艳萍点击发布当天第一条“永州发布”官方微博和微信，标志着“永州发布”在新浪和腾讯网上开通运行，为拓宽全市政务信息发布渠道，推动信息公开奠定基础。

2014年10月25日，根据“新媒体排行榜”发布当日政务微信排名，“永州发布”得分75.3分，跻身全国政务微信排行榜第38名。这是湖南省唯一一家进入排行榜前50名的政务微信。“永州发布”运行3个多月来，其功能定位越来越明确，关注度越来越高，影响力越来越大。订阅数3806个，平均每天图文阅读达3000次，分享转发130多次。订阅用户除永州市外，有来自全国34个省市区。“永州发布”作为全省第一个市级政务微信，得到省委宣传部和省委网宣办的高度肯定，在2014年9月24日举行的2014年华中首届政务高峰论坛上，“永州发布”作为政务微信优秀管理者案例为大会分享。

2014年12月3日，“新媒体排行榜”发布是年11月24—30日周榜，永州市委宣传部主办、永州市委网宣办承办的“永州发布”政务微信再次跻身排行榜前列，排发布类政务微信第四名，是湖南全省各类政务微信中唯一一家跻身全国前50名的政务微信公众平台。自7月4日上线以来，“永州发布”政务微信始终围绕受众需求做内容，围绕平台特点做互动，围绕微信定位做服务，分别开设“声音”“政策”“聚焦”“提示”“品读永州”“新闻播报”等一批栏目。市民动动手指，翻翻手机，就可以知晓最权威的当地政务信息、政策解读、活动资讯。同时，设置“信息查询”“政务服务”“民情反映”等功能服务，链接永州市网上政务服务虚拟大厅、市政府政策文件和车辆违章查询，开设问政永州和微社区，将政务服务从网下搬到网上，从电脑转到手机上，为用户提供更为便捷的移动政务服务。市民可直接通过“永州发布”办理政务，查询永州旅游、交通、气象、招聘、车辆违章信息和政策文件，开展网络问政。由于贴近民生，注重服务，“永州发布”上线5个月就得到广大网民认可，用户订阅数、阅读量、点赞数不断增加，影响力快速提升。10月份进入新媒体排行榜政务发布类前50名后，一直稳居排行榜政务发布类前20名。11月26日推送的原创信息《晒一晒我们永州》，阅读数超过10万人次，受到点赞1750次，此信息还先后被“广东发布”微博、华声在线、金鹰网等多家网络媒体转载。网民在微信中留言称赞：“从最初到现在，永州发布确实越来越好了！”

截至2014年12月31日，“永州发布”微博微粉数超过1.3万人，微信订阅用户超过6400人，日均总阅读量超过1万人次，关注度、传播力和影响力日益显现，在传递权威信息、服务民众、引导网上舆论等方面发挥了较好的作用。特别是“永州发布”微信作为湖南省第一个市级政务微信，得到省委宣传部和省委网宣办的高度肯定，在12月17日举行的2014湖南微政务高峰论坛暨全省网信培训会上作了经验介绍。

2015年1月13—15日，为提升“永州发布”政务微博微信建设与管理水平，根据市委书记陈文浩要求，市委宣传部副部长蒋三立带领市政府办、市委政研室、市委网宣办、市委外宣办等部门相关人员，赴云南昆明学习考察“昆明发布”平台建设运行经验，形成详细学习考察报告，提交市委、市政府主要领导决策。

2015年1月28日，“2014年度湖南十佳微信公众号和湖南政务微信10强”

在长沙揭晓，“永州发布”被评为湖南十佳微信公众号和湖南政务微信10强。此次评选总共1300余个微信公众号报名参选，近30万名网友参与投票，结合网友投票、数据指数及专家评审，得出最终榜单。评选由湖南省委网宣办指导，腾讯大湘网等机构联合执行，旨在让优质微信公众号为更多网友所了解，进一步宣传大美湖南。同时，也为参选的湖南当地微信公众号提供一个交流与分享的线上平台。“永州发布”贴近民生，注重服务，围绕受众需求做内容，围绕平台特点做互动，围绕微信定位做服务，设置“信息查询”“政务服务”“民情反映”等功能服务，打通永州网上政务虚拟大厅。市民可直接通过微信平台办理政务，查询永州旅游、交通、气象、招聘和车辆违章信息等，方便快捷，成为湖南地方发布的运营标杆之一，稳居全国政务发布类微信前列。

2015年2月25日，市委书记陈文浩在市委大楼五楼常委会议室主持召开市委常委会议，听取关于网络宣传及“永州发布”微博微信建设相关工作等情况汇报。会议强调，2015年，全市应坚持微博、微信公众平台齐头并进，联动发展。要建立以“永州发布”为核心的政务微博发布厅，打造各县区各部门参与的微博矩阵，实现有效联动，把党委、政府的声音聚合放大。同时，要着力对“永州发布”公众微信平台进行提质改造，加强信息内容组织策划，加强宣传推介，加强服务升级，更好地服务于市委、市政府工作大局，服务于网络受众需要。会议明确以下事项：同意成立市政务新媒体建设与管理工作领导小组，由市委副书记任组长（市委副书记未明确前，由市委书记暂任组长），市人民政府常务副市长、市委秘书长、市委宣传部部长担任副组长，领导小组下设办公室。办公室设市委宣传部；同意成立永州市新媒体中心，为市委宣传部下设事业单位。相关机构设置和编制问题由市编委办根据具体情况拿出意见按程序解决，办公场所和经费问题由市政府根据工作需要予以保障。由市委宣传部负责拟定《关于利用新媒体做好党务政务信息公开工作的通知》《永州市政务微博微信测评体系》《永州市政务微博微信管理考核暂行办法》，分别按程序发文。

是年3月18日，中共永州市委办公室、永州市人民政府办公室印发《关于进一步加强“永州发布”政务微博微信建设的实施方案》，大力推进永州市政务微博微信建设。3月26—27日，永州市政务微博微信管理员培训班在冷水滩举办，市委常委、宣传部部长石艳萍出席开班仪式并讲话。培训班上，“湘潭公安”微博创始人禹亚钢、腾讯大湘网智慧城市项目经理张凯、新浪湖南总经理涂坚毅、新浪政务新媒体学院讲师贺宁分别为学员作《微平台、大作用》《“互联网+”的智慧城市计划及政务微信的运用》《新媒体环境下的网络舆情应对》《政务微博这样玩——以@长沙地铁为例分享政务微博运营经验》等专题讲座。市委网宣办负责人和“永州发布”相关人员与学员们共同分享“永州发布”运营经验。

2015 年 7 月 2 日上午，“永州发布”上线一周年暨永州政务微博发布厅上线启动仪式在冷水滩举行，时任永州市委常委、常务副市长易佳良，市委常委、宣传部部长石艳萍，新浪湖南总经理涂坚毅等参加仪式并共同启动永州政务微博发布厅。永州政务微博发布厅第一批入驻的 28 家市直部门单位的负责人及相关单位代表参加活动。是年，“永州发布”微博发布信息 920 多条，粉丝数超过 3.9 万人，每周阅读量达 10 万余次，其中推介永州旅游的信息单条阅读量均超过 5 万人次。“永州发布”微信粉丝数约 1.7 万人，每日阅读量约 2.5 万人次，在湖南省政务微信排名始终稳居前 5 名，全国地市级外宣排名中保持前 20 名，发布类前 10 名。永州政务微博发布厅是以“永州发布”为主账号，各县区（管理区、经开区）、市直各单位等共同组成的政务微博集群，将汇聚永州百个“城市发言人”，宣传党委政府重大决策部署，回应社会关切、民生热点、突发事件，提供各类资讯信息，处理网上意见建议，解疑释惑。是年，各县区（管理区、经开区）政务微博微信和第一批 28 个市直部门单位政务微博，已经登记备案并入驻发布厅。

2015 年 8 月 11 日，新华网舆情监测分析中心联合微信公号新媒体指数，对全国部分地级市和副省级城市开通政务微信情况进行调查，并每周发布“全国地级市以上政府政务微信公号影响力榜单”，“永州发布”排湖南政务微信影响力榜单第一名。

2015 年 9 月 11 日，永州市机构编制委员会办公室文件《关于设立永州市新媒体中心的批复》，同意设立永州市新媒体中心，为归口永州市委宣传部管理的正科级公益一类事业机构，核定全额拨款事业编制 6 名，其中主任 1 名，副主任 1 名，专业技术人员 4 名。主要是承担“永州发布”政务微博微信等新媒体的安全运行及维护工作，同时还承担全市政务新媒体的建设指导与管理考核工作。

2015 年 10 月 9 日，为加强全市政务微博微信的管理考核，积极推进全市政务微博微信建设，形成新常态下的新媒体宣传集群，中共永州市委办公室、永州市人民政府办公室印发《永州市政务微博微信管理考核暂行办法》。2015 年 12 月 11 日，由湖南省委宣传部、湖南省委网信办指导，新浪网、新浪微博主办，新浪湖南承办的 2015 湖南政务新媒体高峰论坛在长沙举行。“永州发布”被授予 2015 湖南政务微博“飞跃奖”，成为 2015 年度全省活跃度和影响力增长幅度最大的两个政务微博之一。此次论坛是湖南省第四届网络文化节的重大主题活动之一。以推动“互联网+”发展为目标，邀请新媒体专家，探讨湖南“互联网+政务”发展态势，展示湖南微政务“双微”（微博、微信）矩阵建设成果，同时为政务新媒体更好发展提供助力。12 月 16 日，为表彰对湖南“互联网+”建设做出杰出贡献的微信公众号，

永州市机构编制委员会办公室文件

永编办发〔2015〕88号

关于设立永州市新媒体中心的批复

市委宣传部:

你部《关于成立永州市新媒体中心的请示》收悉。经市编委会议研究，并报市委常委会议审定，同意设立永州市新媒体中心，为归口你部管理的正科级公益一类事业机构，主要承担“永州发布”政务微博微信等新媒体的安全运行及维护工作。核定全额拨款事业编制6名（从市本级存量事业编制中调剂解决），其中主任1名，副主任1名，专业技术人员4名。

按照《事业单位登记管理暂行条例》(国务院令第411号)规定,请你部督促其到市事业单位登记管理局办理相关登记手续。

永州市机构编制委员会办公室

2015年9月11日

永州市机构编制办公室对设立永州市新媒体中心的批复

促进湖南微信运营质量提升，在省委网信办指导下，腾讯大湘网、大瀚舆情与全媒体联合发起“2015互联网＋湖南微信影响力”评选，请网友对全省政务发布类、民生服务类、媒体（自媒体）传播类、行业影响类微信公众号的内容运营、传播影响力、产品功能进行打分，在各大类中选出10强。“永州发布”再次被评为湖南省政务发布类微信公众号10强。12月21日，湖南首个全省层面的政务微信平台“湖南微政务”正式改版上线运行，旨在打造湖南省“不下班的网上政府”。“湖南微政务”官方微信微博平台由湖南省委网络安全和信息化领导小组办公室（湖南省网信办）主办、湖南日报社新媒体中心建设运营。在上线仪式上，永州市委网信办有关负责人与湖南省委网信办负责人签约，将旗下的微信公众号“永州发布”入驻湖南微政务微信矩阵，并在政务信息分享，政务办事服务升级等方面合作，携手为网民提供更好的政务资讯和网上办事服务。

二、永州发布

2014年7月4日，“永州发布”官方微博和微信在潇湘大厦十二楼市委网宣办办公室举行开通运行仪式，市委常委、宣传部部长石艳萍点击发布当天第一条“永州发布”官方微博和微信，标志着“永州发布”在新浪和腾讯网开通运行，为拓宽全市政务信息发布渠道，推动信息公开奠定基础。“永州发布”是市委、市政府官方微博和微信公众平台，由市委宣传部注册认证，市委网宣办负责具体运行管理，主要发布永州市权威新闻信息和政务信息，是对外宣传推介永州形象和政民沟通交流的网络互动重要平台。“永州发布”官方微博和微信将围绕市委、市政府的中心工作，利用文字、图片等多种传播方式，每天及时发布新闻信息和政务信息，发布宣传推介永州形象资讯；发布有关政策、举措和服务资讯等，为网民提供丰富的信息资讯，打造为民办事平台，开辟政民互动新渠道。“双微驱动”使政府信息发布实现多渠道、全覆盖，政府服务民众更贴近、更精准，回应社会关切更及时、更有效。其宗旨是传递政务信息，提供服务资讯。

2014年10月25日，根据“新媒体排行榜”发布当日政务微信排名，“永州发布”得分75.3分，跻身全国政务微信排行榜第38名。这是湖南省唯一一家进入排行榜前50名的政务微信。“永州发布”运行三个多月来，其功能定位越来越明确，关注度越来越高，影响力越来越大。订阅数达3806人，平均每天图文阅读达3000多次，分享转发130多次。订阅用户除永州市外，有来自全国34个省市区。“永州发布”作为湖南省第一个市级政务微信，得到省委宣传部和省委网宣办的高度肯定，在2014年9月24日举行的2014年华中首届政务高峰论坛上“永州发布”作为政务微信优秀管理者案例为大会分享。

2014年12月3日，“新媒体排行榜”发布2014年11月24—30日周榜，永州市委宣传部主办、永州市委网宣办承办的“永州发布”政务微信再次跻身排行榜

2014 年 7 月 4 日，永州政务微博发布上线，市委宣传部常务副部长蒋三立讲话

前列，排发布类政务微信第 4 名，是全省各类政务微信中唯一一家跻身前 50 名的政务微信公众平台。自 7 月 4 日上线以来，“永州发布”政务微信始终围绕受众需求做内容，围绕平台特点做互动，围绕微信定位做服务，分别开设“声音”“政策”“聚焦”“提示”“品读永州”“新闻播报”等一批栏目，市民动动手指，翻翻手机，就可以知晓最权威的当地政务信息、政策解读、活动资讯。同时，设置“信息查询”、“政务服务”和“民情反映”等功能服务，链接永州市网上政务服务虚拟大厅、市政府政策文件和车辆违章查询，开设问政永州和微社区，将政务服务从网下搬到网上，从电脑转到手机上，为用户提供更为便捷的移动政务服务，市民可直接通过“永州发布”办理政务，查询永州旅游、交通、气象、招聘、车辆违章信息和政策文件，开展网络问政。由于贴近民生，注重服务，“永州发布”上线 5 个月来得到广大网民的认可，用户订阅数、阅读量、点赞数不断增加，影响力快速提升。10 月份进入新媒体排行榜政务发布类前 50 名后，一直稳居排行榜政务发布类前 20 名。11 月 26 日推送的原创信息《晒一晒我们永州》阅读数超过 10 万人次，点赞 1750 次，此信息还先后被“广东发布”微博、华声在线、金鹰网等多家网络媒体转载。网民在微信中留言称赞：“从最初到现在，永州发布确实越来越好了！”

2015 年，永州市新媒体中心创新宣传方式，积极利用“永州发布”微博微信等新媒体平台开展正面宣传，推介永州对外形象。一年来，“永州发布”微信推送对外宣传报道 290 多期，发布微博信息 1100 多条，紧紧围绕“市委经济工作会议”“2015 年两会”“防汛抗洪”“创城”“永州大道后续配套工程”“乡镇区划调整改革”等全市中心工作，连续推出《2014 年，咱们永州蛮拼的！》《2014 年永州这些排名来之不易，应该点赞！》《2014 永州逆势而上靠什么？》《迈开大步这一年——写在市委经济工作会议召开之际》《市委经济工作会议召开看看今年永州怎么干》《新常态新目标新希望——市委经济工作会议精神解读》《市直政府部门有哪些审批权力？一张图全清楚》《3＋2：深化改革的永州路径》《直击防汛抗洪一线画面，抗洪救灾全民在行动》《涔天河库区抗洪抢险救灾纪实》《永州市申报历史文化名城宣传片》《永州申报国家历史文化名城进行时——〈“铺”开柳子街〉》《号外！号外！高大上的永州快速公交 BRT 要来了》《永州大道九嶷大道即将改造提质！会建成什么样？快来看看》《湖南乡镇区划调整，怎么合并》《永州乡镇区划调整：合并乡镇 35 个、建制村 2016 个》等一系列深度报道，受到广大网民热捧。

“永州发布”微信 “永州发布”微信粉丝数超过 10 万人，每周新增粉丝约 700 个，每周推送信息 6 期。每日阅读量约 2.5 万人次，点赞数约 210 次，分享转发约 1200 次，影响力日益提升，在全国众多权威榜单中位居前列，继 2014 年被评为湖南十佳微信公众号和政务微信 10 强后，2015 年再获湖南政务微信影响力 10 强殊荣。在《潇湘晨报》与“新媒体排行榜”联合推出的湖南政务微信排行榜中一直稳居前五，其中 5 月和 7 月位列湖南政务微信第一。新华网发布的《城市政务微信影响力榜单》中，“永州发布”一直保持湖南省第一名，点赞数等单项指标曾取得过全国第一名的好成绩，保持在全国政务微信第一方阵。其中，《好消息！明年 1 月永州将开通至深圳北的高铁啦！》，因开通永州南下广州、深圳的高铁一直是所有永州人关注的焦点，“永州发布”首发这一大好消息，当日便收获阅读量 10 万多人次，点赞 3010 次。据新媒体指数政务日榜排名全国政务类第二，仅次于公众号“共产党员”，政务—宣传类第一。持续的阅读、点赞、转发，体现“永州发布”微信在竞争激烈的互联网平台上的强大人气和关注度。

“永州发布”微博 “永州发布”微博自 2014 年 7 月 4 日上线运行以来，采用“话题 + 内容”的方式，结合当地热门榜提高内容曝光率，短时间凝聚大量关注。2015 年，粉丝数已超过 10 万人，每天发布微博约 5 条，日均阅读总量达 1.8 万余次，累积回复网友提问 500 余条，在网上正面引导永州当地舆情 4 起，在省内政务微博综合影响排行榜稳居前 15 名。7 月 2 日，“永州发布”政务微博开展“永州发布上线一周年有奖转发活动”，参与人数达 4.1 万人，主题微博转发量约 3.2 万次，评论数超过 600 次，活动影响力大，网友参与热情高。2015 年第三季度由新浪微博联合人民舆情室发布的《全国政务微博发展报告》中，“永州发布”获“全国政务影响力飞跃奖”。

永州政务微博发布厅 永州政务微博发布厅通过整合各县区和市直单位政务微博入驻，聚合城市重要职能部门的发布及服务功能，成为提升政府形象的新型有效手段，展示永州城市形象的外宣新阵地和为民服务的互动新平台。发布厅上线以来，各县区（管理区、经开区）政务微博和第一批 28 个市直部门单位政务微博已登记备案并入驻，总粉丝量达 50 余万人次，累计发布权威资讯 2 万余条，解决涉及政务、旅游、环保、民生等方面的网民问题 30 余个，在新浪微博发布的湖南城市综合影响力排名第四位。

2014—2015 年永州市及各县区微信公众号一览表

表 4-4

地区	微信名	微信号	账号主体
永州	永州发布	yongzhoufabu	中共永州市委宣传部
	冷水滩发布	lstfb2015	中共永州市冷水滩区委宣传部
	零陵发布	linglingfabu	中共永州市零陵区委宣传部
	东安发布	daxwwcb	中共东安县委宣传部
	中国微祁阳	zhongguoweiqiyang	中共祁阳县委宣传部
	双牌发布	spfb2015	中共双牌县委宣传部
	道州发布	yzdzfb	中共道县县委宣传部
	江永发布	jyfb5729401	中共江永县委宣传部
	江华发布	jianghuafabu	中共江华县委宣传部
	宁远发布	nyfb7223378	中共宁远县委宣传部
	新田发布	xintianfb	新田县网络宣传和电子政务办公室
	中国微蓝山	chinavls	中共蓝山县委宣传部
	秀美金洞	xiumeijindong	永州市金洞管理区管理委员会
	回龙圩发布	hlxgwh	永州市回龙圩管理区委员会
	永州经济技术开发区	yzjjjskfq	永州经济技术开发区党政办公室

第三节 中国永州网

中国永州网是由永州日报社主办的一家永州地方网络媒体门户，是永州市委、市政府在互联网上的喉舌和主要宣传阵地，也是永州最权威最全面的重点网上对外宣传平台。

2008 年 8 月，随着网络传媒升级，永州日报社委会为适应时代的要求，开始运作“中国永州网”（永州新闻网）的建设，以实现报网融合，促进报纸传媒的进步。为此，报社成立专门班子，组织班子成员外出学习考察，掌握建网的第一手资料。

2009 年 5 月 14 日，经过 8 个月的努力探索，中国永州网开通，网址为 www.0746news.com。每日的《永州日报》不仅可以通过纸质媒体传播，同时还可以通过网络向全国各地传播。

中国永州网依托《永州日报》独有的政治优势和强大的新闻采编力量，拥有新闻、信息发布的权威性和受众的广泛性。中国永州网始终坚持新闻立站，特色立站的宗旨，以“知永州览天下”为办网目标，以网报互动的形式，整合永州信息资源，打造服务产业链，是永州市新闻资源最丰富、专业频道服务最齐全、娱乐性互动性最强的综合性网络媒体。永州网为市民提供信息量最大的新闻发布平台、最贴近市民的社区互动平台和最融入民生的生活资讯平台。

中国永州网坚持创新发展理念，整合全市多家传统媒体的新闻资讯，开设资讯、财经、教育、旅游、房产、汽车、健康、娱乐、摄影等多个网民喜闻乐见的互动频道。在中国永州网上，既可以点击浏览当天的《永州日报》电子版，还可以点击永州广播电视台欣赏《永州新闻联播》节目。

一、栏目设计

2009 年 5 月至 2015 年 12 月，中国永州网有以下主要栏目：

新闻　新闻是中国永州网的主要和重点栏目，除设有市委书记和市长的专辑和《永州日报》电子版、《永州新闻联播》视频外，主要刊发《永州日报》记者采写的重大新闻稿件，如省领导到永州市调研工作的新闻，市委、市人大、市政府、市政协领导深入基层调研的新闻；市委、市人大、市政府、市政协召开重要会议的新闻；全市经济社会发展、重点工程建设、精准扶贫等方面的宣传；全市社会主义精神文明建设及社会治安综合治理的报道等。

聚焦　聚焦是中国永州网的一个重要栏目，主要刊发《永州日报》记者采写的为老百姓所关注的全市经济社会发展、执纪执法、和谐社会建设、精准扶贫等热点问题的深度报道。

县区　县区栏目刊发中国新闻网通讯员采写的报道县区工作的新闻稿，除周末外，每天刊发 8~20 件新闻稿，深受县区党委、政府和人民群众的喜爱。

潇湘　潇湘是中国永州网一个文学栏目，主要刊发具有永州地有特色和风情风韵的短篇小说、报告文学、散文和诗歌作品，深受全市业余作者和文学爱好者的青睐。

此外，中国永州网还开设资讯、乡镇、部门、社区、民生、视频中心、图库等栏目。

二、新闻宣传

2009 年 5 月至 2015 年 12 月，中国永州网的新闻宣传除转载《永州日报》电子版、永州新闻网等媒体的新闻稿件外，在县区和市直单位建立一支业余通讯员队伍。县区和市直部门的新闻宣传，基本上采用业余通讯员的稿件。

2009 年，组织策划学习实践科学发展观、坚定信心促发展、推动农村改革和发展、庆祝新中国成立 60 周年四个大的方面宣传报道，开辟科技发展在永州、科学发展大家谈等专题专栏。是年，国庆期间开辟以回顾永州 60 年来发生的重大历史事件为主的永州记忆专栏，同时还加强应对国际金融危机的宣传报道，大力宣传市委、市政府"强基础、兴产业、促承接、重民生"的十二字方针，开辟"坚定信心，加快发展"专栏，几个专栏共发稿 140 余篇。

2010 年，根据市委、市政府关于把 2010 年作为"城市管理年"，大力整治市容市貌，确保年内创建"全省卫生模范城市"的工作要求，转载《永州日报》、永州新闻网以及《永州新闻联播》节目，从 3 月 30 日起，推出"创卫在行动"专栏，陆续贴发各级各部门"创卫"的经验典型，以及广大市民参与"创卫"的好风气、好作为。同时还相继贴发《创卫，从我做起》等三篇《永州日报》评论员文章，强化舆论宣传。与此同时，开辟专栏"承接产业转移，推进新型工业化"，强化承接产业转移工作报道；组织辉煌"十一五"系列报道，宣传永州市"十一五"期间工业、农业、交通、文卫各个方面所取得的辉煌成就，唱响舆论的主旋律，全年发稿 300 余篇。

2011 年，紧跟市委、市政府战略决策，突出宣传报道永州经济又快又好发展的新形势。这一年，在转载用手新闻联播的同时，重点贴发《永州日报》的"红色""金色""蓝色""绿色"系列宣传报道。"红色"报道，在首页重要位置开辟栏目"寻访红色遗址"，系统展示在永州这片红色土地上发生的重大革命历史事件和出现的重要革命历史人物，专栏贯穿全年，发稿 30 多篇。"金色"报道，重点报道以承接产业转移示范区为抓手这一指导思想，开辟"建设示范区，推进新跨越"专栏，同时配发系列评论员文章，全面深入报道这一年发生在永州大地的承接产业事件：全面启动中国风电开发项目落户江华；永州与中国五矿集团实施战略合作；永州与神华集团正式签约；马来西亚产业园、永州国际航空物流项目启动等等，做到精心策划，重点推介。"蓝色"报道，主要反映永州市水利建设，特别是在报道涔天河扩建工程上，大手笔、大篇幅，既有长篇通讯文章，又安排专页专版。"绿色"报道，主要是围绕创建国家森林城市，开展系列宣传。全年刊发稿件 260 余篇。

2012 年，围绕市委"贯彻党的十七届六中全会精神，加快文化强市战略"的意见，开辟"推进六城同创建设美好家园"专栏，从政策措施、部门实施、群众参与等方方面面，强化建设中心城市的报道；围绕承接产业转移，组织"建设示范区推动新跨越"系列报道，突出报道郴州市的发展经验。与此同时，推出"科学发展成就辉煌"

专栏，介绍永州市承接产业转移的先进单位和先进典型，三个专栏共发稿 120 余篇。

2013 年，配合全市开展“转作风、解难题、抓关键、见实效”专项活动，中国永州网开辟“转作风新观察”专栏，报道全市各级各部门贯彻落实市委加强党的作风建设的方方面面情况，与此同时还开辟相对应的扎实开展“四深入”活动专栏，报道干部走出机关深入基层帮助群众解难题、送温暖、办实事的具体事例，发稿 50 余篇。围绕市委、市政府关于创建国家卫生城市的工作要求，首页开辟“全力攻坚克难决胜国卫创建”专栏，栏目既有创国卫的先进典型，也有通过“暗访”暴露的不文明现象，有效推动中心城区的创卫工作，发稿 30 余篇。为配合全市申报国家历史文化名城，开辟“迈步国家历史文化名城”专栏，介绍永州历史文化，营造良好的舆论氛围，先后发稿 20 余篇。

2014 年年初，根据中央和省委部署，市委召开党的群众路线教育实践活动动员大会，这是一项事关保持党的先进性和纯洁性、巩固党的执政地位和执政基础的重大教育活动。永州网综合《永州日报》、《永州新闻联播》、永州新闻网的内容，在动员会后即开辟专栏《扎实开展党的群众路线教育活动》，从各个角度、不同侧面报道永州市开展教育活动情况，有政策文件的解读，有单位部门开展教育活动的做法，有教育活动的先进典型介绍，专栏延续到年底，先后贴发稿件 80 多篇。配合市委开展精准扶贫的工作部署，开辟专栏发力精准扶贫，报道各有关部门开展扶贫情况，发稿 40 余篇。年底，为召开创建国家森林城市动员大会，随即开辟专栏绿满潇湘——创建国家森林城市进行曲，为“创建国家森林城市”工作积极鼓与呼，发稿 20 余篇。

2015 年，为强化创建国家森林城市舆论宣传，继续开办专栏绿满潇湘——创建国家森林城市进行曲。新年伊始，绿满潇湘专栏即在头版报道市林业局组织开展创建国家森林城市督促检查工作，1 月 17 日，又以首页重要位置安排专栏绿满潇湘，报道市委、市政府领导带领 600 名机关干部在上岭桥开展植树活动。是年，为强化改革宣传，中国永州网还开辟全面深化改革在推进专栏，报道农村产权制度改革，县乡政府机构改革，以及机关部门的机制改革等。此外，专栏全面小康在推进，报道县区基层落实市委、市政府部署，加快小康社会建设的各类典型。全年共发稿 110 余篇。

至 2015 年 12 月底，共刊发各类消息 3590 余条、新闻图片 1800 余幅。全国网站总排名为第 35199 名，湖南网站排名第 797 名。

第五章 其他新闻传媒

除永州市委机关报《永州日报》外，永州市还有三家重点纸质媒体和一家日报分社，即《永州通讯》、《永州新报》、《湖南科技学院报》和湖南日报社永州分社。三家纸质媒体和分社在报道全市的经济社会发展，为宣传永州、提高永州的知名度等方面做出了应有的贡献。

《永州通讯》杂志是中共永州市委主办、市委政研室承办的永州市委机关月刊，也是全省多次报刊整顿后永州市唯一保留的党内刊物，其刊号为“湘 M001”。《永州通讯》杂志的主要栏目有：卷首语、重要言论、领导论坛、本刊特稿、特别策划、经验交流、工作研究、市委大事记、数字永州等。其中领导论坛、工作研究、特别策划是《永州通讯》的重点栏目。2014 年，根据市委中心工作的安排，新开设全面深化改革、小康之路、基层传真等栏目。《永州通讯》始终坚持“服务决策、指导工作、交流经验、展示风采”的办刊宗旨，为宣传市委、市政府的决策，为指导全市各地和各行各业的工作，发挥了重要的作用。到 2015 年 12 月，在《永州通讯》上首发同时又推荐至国家级、省级刊物的文章达 300 余篇，充分展示了永州社会科学研究的成果，深受社会各界和广大读者的肯定与好评。《永州通讯》品位不断提升，已拥有一批稳定的作者群和读者群，在省内外知名度日益提高，被评为全省优秀党刊、全国优秀城市党刊，列席全国党刊研究会理事会成员单位。

《湖南日报》永州分社的前身分别为《湖南日报》驻零陵记者站，驻永州记者站。1996 年 3 月，由《湖南日报》零陵记者站更名为《湖南日报》永州记者站。记者站始终坚持新闻立站原则，经常性的主要任务是捕捉永州地区重大新闻线索，采写稿件，反映永州地区的重要举措和取得的新鲜经验。同时，根据报社的季度、年度工作计划抓好落实有关任务，并及时对突发事件和重要专题进行采访上报。记者站每年在《湖南日报》发表新闻稿件 300 条以上，市县两级采写、刊发头版头条稿件 20 条以上。作为省级主导媒体的驻永州单位，《湖南日报》永州分社为宣传永州，提高永州的知名度和美誉度发挥不可替代的作用。

《永州新报》是由永州市广播电视台主办，湖南省新闻出版局主管的周报型的报纸，每周出版一期，国内统一刊号为 CN43-0043。是一张集新闻、家庭、情感、预告影视节目、影视动态、娱乐于一体的具有晚报和都市报特色的综合性报纸。以“关注经济，服务民生”为立报之本，以“贴近生活、贴近家庭、贴近心灵”和其服务性、可读性、实用性赢得读者喜爱。《永州新报》开设的新闻栏目有：《新闻周刊》《时政要点》《民生冷暖》等，宣传党的路线、方针和政策，报道全市经济社会建设的成就；《民情直通车》《点击各地》《世界万象》《天下事》等，让全市读者广采博收，大开眼界，其中“反映百姓心声传达政府回音”的《民情直通车》栏目，在老百姓中反响热烈，深受读者欢迎。为强化报纸与读者互动、吸引读者参与，《情感世界》专版开设“情感热线”，接受读者对情感记者倾诉，开启编者与读者互动模式。2001年10月2日总第460期，报纸开始设立报社与读者互动活动——“挑刺奖”，读者每挑出一处报纸错误，如错别字、病句、标点不当等等分别给予10元以上不等奖励，减少了报纸采编错误。当年开设“法制论坛”解读社会“阴暗”现象，如公款吃喝、医药与民生、贪官与奸商、“公贿”透视、少年犯罪“剖析”等，为市民们普及生动形象的法律知识。

《湖南科技学院报》由湖南科技学院主办，国内统一刊号CN43-0839（G）。该报坚持正面引导原则，紧紧围绕学校中心工作，以“为学校的教育教学改革发展和学生成长成才提供良好的舆论环境”为办报宗旨，积极宣传学校在教学、科研、管理各个方面的最新成就，着力推出富有时代特征、地域特色、贴近学校实际的专版、专栏，保质保量按时出版。报纸版式新颖、活泼多姿，内容丰富、格调高雅，特色鲜明，2015年以校园网为平台，推出电子校报。

第一节 《永州通讯》

《永州通讯》杂志是中共永州市委主办、市委政研室承办的永州市委机关月刊，也是全省多次报刊整顿后永州市唯一保留的党内刊物。1982年创刊以来，始终坚持“服务决策、指导工作、交流经验、展示风采”的办刊宗旨。到2015年12月，在《永州通讯》上首发同时又推荐至国家级、省级刊物的文章达300余篇，展示永州社会科学研究的成果，受到社会各界和广大读者的肯定和好评。《永州通讯》品位不断提升，已拥有一批稳定的作者群和读者群，在省内外知名度日益提高，被评为全省优秀党刊、全国优秀城市党刊，列席全国党刊研究会理事会成员。

一、机构沿革

《永州通讯》杂志的前身为《零陵通讯》。《零陵通讯》于1982年创刊，零陵地委书记龙禹贤为《零陵通讯》题写刊名，由中共零陵地委办公室主编。《零陵通讯》集政治性、政策性和思想性于一体的党内刊物，以“围绕党的中心任务，宣传党的方针政策，面向工作实际，面向各级领导干部”为办刊方针与任务。内容以宣传政策、通报情况、交流经验、研究工作为主，重点反映政治思想、方针政策、党的建设、领导方法、工作方法等问题。主要刊登地委带指导性意见、工作部署和重要情况反映，介绍工作经验，调查和研究工作中的新情况新问题；同时，提供一些参考性资料。创刊初期，页码不定，不定期出刊，并以机密文件形式简装发行至地直单位党委、党组和县机关局以上单位，供领导参阅。1982年4月10日，由中共零陵地委办公室编印发行《零陵通讯》总第1期（试刊），全年共编发12期，其中增刊3期。

1988年6月22日，《零陵通讯》由中共零陵地委政策研究室单独承编。

1989年4月18日，《零陵通讯》总第66期更名为《零陵工作》，地委书记唐盛世题写刊名，由中共零陵地委政策研究室主编，经第二次版式调整正式设置封面。1991年3月20日，《零陵工作》编辑部成立，设在地委机关大院内，由李国贤、黄天佑、蒋政平、欧桐生、刘山荣组成编委会，李国贤任主编，刘山荣、何仁旺任责任编辑。《零陵工作》作为地委机关刊物，由《零陵工作》编辑部编辑出版。为更好地适应零陵地区两个文明建设的需要，经第三次版式调整，《零陵工作》总第74期改简装为彩版胶印，由黎笃田题字，刊号为湖南省内部期刊准印证141号。

1992年1月，经第四次版式调整，《零陵工作》更名为《潇湘通讯》，颜永盛、孔宪访、邹金鹫、卞翠屏、欧学佳、刘桂阳、刘高志等担任顾问，并向全区公开发行。地委副书记邹金鹫为《潇湘通讯》创刊10周年撰写发刊词——《为潇湘的崛起再谱新篇》。《潇湘通讯》坚持“服务决策，指导工作，交流经验，展示风貌”的办刊宗旨，经广大作者、读者和编者的共同努力，刊物质量登上新台阶，实现四个突破：一是由双月刊改为月刊；二是由内部赠阅改为区内征订发行；三是发行量破万，达1.2万份；四是编辑发行网络健全，聘请68名特约研究员、362名区乡特约发行员。同年5月，在全省地州市党刊工作会议上，《潇湘通讯》被评为“湖南省优秀党刊”。1993年2月，何仁旺任《潇湘通讯》第一届编辑部主任。7月，《潇湘通讯》由中共零陵地委政策研究室主办，湖南九嶷水泥股份有限公司协办。1993年9月至1994年5月，由中共零陵地委政策研究室主办，湖南九嶷水泥股份有限公司、湖南万里食品工业集团公司、湖南零陵地区粮油食品出口公司协办。1994

年6—12月，增零陵地区金洞林场为协办单位。1995年1—6月，《潇湘通讯》由中共零陵地委政策研究室主办，零陵地区工商银行、零陵地区电业局、零陵地区外经委、湖南九嶷水泥股份有限公司、湖南省黎家坪水泥厂、中外合资零陵东港锰品有限公司、东安县鑫建水泥有限公司、湖南万利集团有限公司、江华卷烟厂、江华采育场协办，获刊号NK（95-141），交核工业306印刷厂承印；1995年7—12月，增湖南桃川糖厂为协办单位，由306厂负责版式设计与印刷。

1996年4月，经第五次版式调整，永州市委书记邹金鹫题字，《潇湘通讯》更名为《永州通讯》，为中共永州市委机关刊物、永州市委综合月刊。《永州通讯》由中共永州市委主办，中共永州市委政策研究室编辑出版，出版日期为每月28日。1996年《永州通讯》第8期（总第135期）确定为“中共永州市委机关月刊”，由零陵美术印刷厂承印。

1998年，《永州通讯》在保证每月按时出刊的基础上，编辑部着重从四个方面探索提高办刊质量：一是坚持党刊的办刊宗旨，对市委、市政府领导有关重要决策的文稿，舍得拿篇幅刊登，以增强指导性；二是增强精品意识，注意编发选题新、水平高、针对性强、研究探讨问题较深的精品文章，以扩大刊物的影响力；三是围绕改革与发展的新思路、新举措、新经验，适时调整栏目和版面，扩大信息容量，以增强刊物的探索性；四是适应不同层次读者的需要，注意选编一些富于知识性、趣味性和体裁多样的稿件，以增强刊物的可读性。与此同时，不断积极拓宽办刊路子，加强刊物与企、事业单位和农村基层读者的联系，聘请优秀企业家担任编委或特约通讯员。1998年5月始，《永州通讯》面向全市城乡党支部发行；与全国大、中城市进行办刊经验交流。1999年1月始，《永州通讯》主要面向市直各单位发行。

2000年第12期（总第173期）获准印证号“湘M001”，面向全国大中城市进行交流，赠送全市乡镇以上单位阅览。2003年第12期（总第204期）由刘鸣泰为“永州通讯”刊名题字。2004年，在全省刊物治理整顿中，通过积极向市委和有关领导汇报，重新争取到《永州通讯》办刊权。2004年第1期（总第305期）经过版面调整，正式确定现行《永州通讯》刊头、封面样式，印“湖南省优秀党刊”、党徽、“中共永州市委主办”“永州通讯”、年份刊号及封面图片发行。

二、编辑队伍

（一）编辑指导委员会

1991年1月，为进一步加强《零陵工作》编辑工作，中共零陵地委政策研究室成立内刊《零陵工作》编辑委员会。由李国贤、黄天佑、蒋政平、欧桐生、刘山荣组成第一届编委。

1992 年 1 月，特邀颜永盛、孔宪访、卞翠屏、欧学佳、刘桂阳、刘高志担任《潇湘通讯》第一任顾问。

1998 年 1 月，张泽槐分别任《永州通讯》第一届副主任。2013 年，《永州通讯》由市委书记陈文浩，市委副书记、市长易佳良，市委副书记张严担任顾问，市委常委、秘书长任编委主任。邓扬中、匡俊杰、刘勇会、苏小康、何冲龙、罗建华、周立夫、周亮、周新辉、段联群、秦志军、唐军、唐建平、唐烨、蒋井泉、蒋洪波等任编委委员。永州市委副秘书长兼政策研究室主任段联群任《永州通讯》总编辑，沈永强、匡俊杰、蒋洪波、唐建平任副总编辑。邝华军任编辑部主任，在河南洛阳召开的全国城市党刊研究会第 23 届年会上，被评为全国城市党刊十佳编辑。

（二）顾问

1992.1—1993.8

颜永盛　孔宪访　卞翠屏　欧学佳　刘桂阳　刘高志

1993.9—1993.12

邹金鸞　卞翠屏　郑邦淳　曾昭薰　孔宪访　欧学佳　刘桂阳　刘高志

1994.1—1995.12

邹金鸞　卞翠屏　郑邦淳　曾昭薰　刘桂阳　刘高志　何绥文

1996.1—1996.3

邹金鸞　卞翠屏　郑邦淳　曾昭薰　刘桂阳　刘高志　胡吉祥　何绥文

1996.4—1997.3

邹金鸞　卞翠屏　曾昭薰　谢朝月　谭　政

1997.4—1997.12

邹金鸞　曾昭薰　谢朝月　谭　政　唐先秋　朱泽民　伍华安　曾石林　唐代建

1998.1—1999.12

邹金鸞　曾昭薰　谢朝月　谭　政

2000.1—2001.2

邹金鸞　刘爱才　曾昭薰　谢朝月　谭　政　伍华安　曾石林　唐代建　谭甲男　蒋桃生

2001.3—2001.5

曾庆炎　刘爱才　曾昭薰　谢朝月　谭　政　邓三龙　伍华安

曾石林　唐代建　谢甲南

2001.6—2003.12

曾庆炎　刘爱才　邓三龙　伍华安　唐代建　谭甲南　崔永平

唐松成　李良铁

2004.1—2005.12

曾庆炎　刘爱才　邓三龙　伍华安

2006.1—2006.7

曾庆炎　伍华安

2006.8—2006.10

曾庆炎　伍华安

2006.11—2008.3

曾庆炎

2008.4—2010.5

黄天锡

2010.6—2010.9

黄天锡

2010.10—2011.5

黄天锡　唐松成

2011.6—2011.12

张硕辅　唐松成

2012.1—2013.3

张硕辅　魏旋君　唐松成

2013.4—2014.4

陈文浩　严志辉　唐松成

2014.5—2015.6

陈文浩　向曙光　唐松成

2015.7—2015.12

陈文浩　易佳良　张　严

（三）编委

1998.1—2003.2

副主任　张泽槐

2003.3—2003.12

副主任　张泽槐

2004.1—2005.12

副主任　张泽槐　郑山明

2006.1—2006.11

副主任　郑山明　蒋三秋

2006.12—2007.4

主　任　唐　定　副主任　郑山明　蒋三秋

2007.5—2009.3

主　任　唐　定　副主任　蒋三秋

2009.4—2011.7

主　任　唐　定

2011.9—2013.4

主　任　朱映红

1991.1—1993.1

李国贤　黄天佑　蒋政平　欧桐生　刘山荣

1993.2—1993.6

李国贤　黄天佑　蒋政平　欧桐生　刘山荣　张国权　何仁旺

1993.7—1994.12

李国贤　黄天佑　蒋政平　欧桐生　沈根元　夏运良　廖明海
刘山荣　张国权　何仁旺

1995.1—1995.12

李国贤　黄天佑　蒋政平　欧桐生　沈根元　何林生　邹庚来
赵宏斌　夏运良　王文初　盘德力　张建亮　王仁元　陈镇安
曹承斌　刘春洪　廖明海　姜跃进　何代林　刘山荣　张国权
何仁旺

1996.1—1996.12

朱泽明　唐先秋　伍华安　曾石林　唐代建　李国贤　黄天佑
欧桐生　沈根元　武俊瑶　刘敦云　肖建文　夏运良　邹庚来
王文初　刘春洪　曹承斌　张建亮　秦学群　宋荣贵　练光成
郑国宽　张国权　刘山荣　何加忠

1997.1—1997.12

李国贤　黄天佑　欧桐生　张国权　刘山荣　沈根元　武俊瑶

刘敦云 肖建文 许恒农 邹庚来 王文初 刘春洪 曹承斌
吴筱祥 傅铁荣 秦 坤 蒋显林

1998.1—1998.12

张泽槐 欧桐生 张国权 蒋三秋 何仁旺

1999.1—1999.12

万小燕 王文初 刘玉明 刘国器 刘春游 向望东 何仁旺
陈石庆 陈益富 谷明光 张国权 张泽槐 张建亮 邹庚来
肖建文 李良铁 李顺阳 李笃学 李海波 李秧田 罗中民
郑会安 武俊瑶 欧桐生 荣燕明 秦 坤 唐先文 唐松成
唐福源 钱国平 盘德力 谢五龙 傅铁荣 蒋三秋 蒋政平
蒋显林 程晨曦 廖大富 魏湘江

2000.1—2000.12

毛秋元 刘玉明 刘春游 向望东 何仁旺 陈益富 张国权
张泽槐 李天喜 李世旺 李进军 李良铁 李国安 李培生
肖建文 邹庚来 罗中民 周作生 柏宏德 欧桐生 胡光日
荣燕明 秦 坤 唐松成 唐树成 钱国平 高家月 盘德力
谢五龙 蒋三秋 蒋柏元 蒋政平 蒋善生 程晨曦 廖大富

2001.1—2002.12

王定中 王芳柏 毛秋元 邓子云 尤楚元 刘尤碧 刘玉明
刘启华 刘事青 刘宏来 向望东 何仁旺 吴昌高 陈建平
杨兴明 杨怀康 杨海河 张小青 张松柏 张建亮 张泽槐
张爱国 李国安 李顺阳 周康生 周作生 屈松林 欧学勤
欧桐生 姜加军 荣燕明 秦 坤 高增遗 唐 定 唐树成
盘德力 康锦贵 蒋三秋 蒋仕民 蒋政平 蒋跃鹰 蒋善生
雷日红 廖大富

2003.1—2003.12

乌进甫 王芳柏 刘大平 刘尤碧 刘玉明 刘平娥 刘启华
刘志强 刘城友 刘事青 向望东 何仁旺 何明伶 陈石庆
陈建平 陈勇军 陈裕兴 杨兴明 杨怀康 杨海河 张小青
张泽槐 张爱民 张爱国 张松柏 李世旺 李国安 李顺阳
周友元 周作生 周康生 欧学勤 欧桐生 姜加军 荣燕明
秦 坤 秦伍生 高增遗 唐 定 盘德力 康锦贵 蒋三秋
蒋仕明 蒋跃鹰 蒋德贵 蒋善生

2004.1—2005.12

王芳柏　刘事青　何仁旺　杨怀康　杨海河　张爱国　周小驹
欧学勤　欧桐生　唐　定　康锦贵　蒋三秋　蒋井泉　蒋善生

2006.1—2007.12

伍　军　许洋名　何仁旺　何绍云　杨怀康　杨海河　李光富
周小驹　欧桐生　唐能武　蒋　涛　蒋三秋　蒋井泉　黄小明

2008.1—2008.12

伍　军　许洋名　张智勇　何仁旺　何绍云　李光富　周小驹
陈　凯　陈新兰　欧桐生　郑柏顺　唐能武　蒋　俊　蒋　涛
蒋三秋

2009.1—2009.12

伍　军　李光富　何仁旺　何绍云　陈　凯　陈新兰　欧桐生
周小驹　周友元　郑柏顺　唐能武　盘贵元　蒋　俊　蒋　涛
蒋三秋　魏湘江

2010.1—2012.5

伍　军　何仁旺　严兴德　杨军元　陈　凯　陈新兰　周小驹
郑　仪　郑柏顺　唐能武　盘贵元　蒋　俊　蒋三秋　廖满婷
魏和胜　魏湘江

2012.6—2013.1

伍　军　刘翼平　严兴德　杨军元　吴具培　何仁旺　陈景茂
陈新兰　罗建华　郑　仪　胡先荣　盘贵元　蒋井泉　谢景林
廖满婷　魏和胜　魏湘江

2013.2—2013.12

伍　军　刘翼平　李润志　严兴德　苏小康　杨军元　陈景茂
陈新兰　罗建华　郑　仪　胡先荣　桂发生　蒋井泉　谢景林
廖满婷　魏湘江

2014.1—2014.9

冯德校　刘卫华　刘翼平　苏小康　李润志　严兴德　何冲龙
陈新兰　欧阳元初　罗建华　郑　仪　胡先荣　桂发生　唐　军
蒋井泉　谢景林　廖满婷　魏湘江

2014.9—2015.3

王小波　冯德校　刘卫华　刘翼平　苏小康　李月红　严兴德
何冲龙　陈新兰　欧阳元初　罗建华　郑　仪　胡先荣　唐　军

蒋井泉　　谢景林　　魏湘江

2015.4—2015.12

王小波　　冯德校　　匡俊杰　　刘卫华　　苏小康　　严兴德　　何冲龙
沈勇强　　欧阳元初　罗建华　　周立夫　　胡先荣　　段联群　　唐　军
蒋井泉　　蒋洪波　　谢景林　　魏湘江

（四）编辑部

《永州通讯》编辑部设总编、副总编、编辑部主任和责任编辑。

1991—2015 年《永州通讯》编辑人员一览表

表 5-1

时间	总编	副总编	编辑部主任	责任编辑	编辑
1991	李国贤			刘山荣　何仁旺	
1993. 2	李国贤	刘山荣　何仁旺	何仁旺		
1993. 8	李国贤	蒋政平　刘山荣	何仁旺		
1996. 4	李国贤	刘山荣	何仁旺		
1998. 1	张泽槐	欧桐生　何仁旺	何仁旺		
1998. 4	张泽槐	欧桐生　张国权	何仁旺		
1999. 3	张泽槐	欧桐生　张国权	廖剑荣	曾晓莉　贺桂芳	
1999. 7	张泽槐	欧桐生　李进军	廖剑荣	曾晓莉	
2000. 12	张泽槐	欧桐生	廖剑荣		
2001. 1	张泽槐	欧桐生　蒋三秋	廖剑荣		
2002. 1	张泽槐	欧桐生　蒋三秋	陈炳全		
2004. 1	张泽槐	欧桐生　蒋三秋		蒋勇军	
2004. 12	张泽槐	欧桐生　蒋三秋			郑运生
2005. 7	蒋三秋				郑运生
2007. 7	蒋三秋	蒋　俊	郑运生		
2008. 1	蒋三秋	蒋俊　陈新兰	郑运生		
2008. 6	蒋三秋	蒋俊　陈新兰		邝华军	
2010. 10	蒋三秋	陈新兰		邝华军	
2011. 3	蒋井泉	陈新兰　何仁旺		邝华军	

续表5-1

时间	总编	副总编	编辑部主任	责任编辑	编辑
2011. 9	蒋井泉	陈新兰　何仁旺	邝华军		
2012. 5	蒋井泉	陈新兰　刘翼平　何仁旺	邝华军		
2012. 11	蒋井泉	陈新兰　刘翼平　何仁旺	邝华军	邝华军　唐瑜徽	
2013. 3	蒋井泉	陈新兰　刘翼平	邝华军	邝华军　唐瑜徽	
2014. 3	蒋井泉	陈新兰　刘翼平	邝华军	邝华军　陈诗涵	
2014. 9	蒋井泉	陈新兰　刘翼平	邝华军	邝华军　黄鸿儒	
2015. 1	蒋井泉	陈新兰　刘翼平 李月红	邝华军	邝华军　黄鸿儒	
2015. 4	段联群	李月红	邝华军	邝华军　黄鸿儒	
2015. 9	段联群	沈勇强	邝华军	邝华军　黄鸿儒	
2015. 11	段联群	沈勇强　蒋洪波　匡俊杰	邝华军	邝华军　李德民	

三、宣传报道

《永州通讯》杂志的主要栏目有卷首语、重要言论、领导论坛、本刊特稿、特别策划、经验交流、工作研究、市委大事记、数字永州等。其中领导论坛、工作研究、特别策划是《永州通讯》的重点栏目。2014年，根据市委中心工作的安排，新开设全面深化改革、小康之路、基层传真等栏目。

（一）重要言论

《永州通讯》每年对市委、市政府主要领导的重要讲话和文章都予以全文刊登，供全市各级党员干部们学习。

1995—2015年《永州通讯》刊发领导重要文章表一览表

表5-2

年份	姓名	职务	重要文章
1995年	邹金鹜	地委书记	《解放思想　开拓创新　为加快我区改革和建设的步伐而努力奋斗》 《把财政工作作为经济工作的重中之重来抓》 《深化企业改革　加快工业发展》 《深化改革　转移机制　加速零陵电业发展》 《不断加强党的建设　提高执政领导水平》 《实施大郊区战略　加快零陵发展步伐》 《我区“打工潮”开始出现良性循环》 《加强民主集中制建设　提高领导水平和执政水平》

续表5-2

年份	姓名	职务	重要文章
1996 年	邹金鹫	市委书记	《不负人民的希望和重托》 《认真搞好领导干部的党性教育》 《励精图治　团结奋进　为建设开放富裕文明的新永州而努力奋斗》 《发挥两个作用　努力建设新永州》 《八年回顾　十年展望——创办改革开放实验区的实践与思考》 《坚定不移地把乡镇企业作为全市经济的第一战略重点来抓》 《认真贯彻落实六中全会精神　把我市精神文明建设推向新水平》
1997 年	邹金鹫	市委书记	《认清形势　坚定信心　努力开创我市今年工作的新局面》 《切实加强新形势下党的建设和组织工作》 《抓住香港回归新机遇　进一步深化国企改革》 《学习十五大精神要紧密联系实际　在工作上实现新的突破》 《抓住重点　攻克难点　完成和超额完成今年的各项工作任务》 《解放思想　深化改革　进一步加快我市经济社会发展步伐》 《看市场　想长远　大力调整林业结构》 《以改革为动力　加快发展步伐》
1998 年	邹金鹫	市委书记	《实施大郊区战略　推进农业产业化》 《在全市宣传思想工作会议上的讲话》 《加大力度　强化措施　进一步改善经济发展环境》 《统一思想　加强领导　切实抓好大型专业批发市场的建议》 《加强领导　改进作风　为完成今年各项任务提供强有力的政治组织保证》 《内陆前沿区面临新一轮投资机遇——1998 深招会回眸与展望》
2000 年	邹金鹫	市委书记	《提高认识　精心组织　认真搞好市直处级单位领导班子和领导干部的“三讲”教育》 《突出主题　抓住主线　努力开创永州现代化建设的新局面》 《进一步解放思想　不断加快我市改革与发展步伐》 《实施大郊区战略五年来的回顾与思考》
	刘爱才	市长	《思想再解放　观念再创新　努力推动我市经济社会更快更大发展》 《城市管理是生产力》
	曾昭薰	市委副书记	《围绕改革和发展大局　进一步加强和改进思想政治工作》
2001 年	曾庆炎	市委书记	《以科技进步为动力　推动永州经济和社会的发展》 《认真抓好全市农村“三个代表”重要思想学习教育活动》 《必须规范遵守党的政治纪律》 《党的领导是实现民富国强的根本保证》 《认真做好全市统战工作》 《理顺六个关系　加强县城建设》
	刘爱才	市长	《发挥啃骨头精神　打好“三难地”绿化攻坚战》 《从更高层次谋划中心城市和小城镇建设》 《担泰山之责　保一方平安》

续表5-2

年份	姓名	职务	重要文章
2002 年	曾庆炎	市委书记	《调整农业结构的原则与农村干部的责任》 《围绕中心　服务大局　努力提高参政议政水平》 《破除“三个障碍”大力推进工业化进程》 《加快工业小区建设　推动永州经济发展》 《正确处理六个关系　加快县城发展步伐》 《认真落实抗灾救灾各项措施　夺取全市抗灾救灾工作全面胜利》 《加强县城建设是解决“三农”问题的重要途径》 《不断拓宽渠道　大力推进再就业工程》 《紧密联系实际　把十六大精神落到实处》
	刘爱才	市长	《因企制宜　周密安排　确保国企改革顺利进行》 《治理规范“四权”优化经济环境》 《统一思想　扎实工作　努力开创我市乡镇企业工作新局面》 《按照中央和省里要求　全面推进农村税费改革》 《进一步深化认识　加快永州旅游业发展》 《走以信息化带动的新型工业化之路》
2003 年	曾庆炎	市委书记	《身体力行“三个代表”加快小康建设步伐》 《坚持创新　增强团结　形成合力　加快发展》 《以招商引资为龙头　促进全市开放型经济迈上新台阶》 《做好“转、放、引、促”文章　促进民营经济发展》 《创新工作方法　加大工作力度　努力发展永州民营经济》
	刘爱才	市长	《大力推行“三化”进程　全面建设小康永州》 《大开发　促引进　发展永州经济》 《继续抓好税费改革　促进农村经济发展》
2004 年	曾庆炎	市委书记	《贯彻落实一号文件　努力做好农村工作》 《突出五个重点　全面深化农村改革》 《深化认识　落实措施　集中精力打好国企改革攻坚战》 《顺应宏观调控要求　用科学的发展观指导工作实践》 《在全市纪念建党 83 周年座谈会上的讲话》 《提高执政能力　加快永州发展》
	刘爱才	市长	《推进开放　深化改革　扩大投入　提升产业　努力实现三个文明协调发展》 《解放思想　攻坚克难　取得国企改革的更大突破》 《突出重点　明确目标　努力维护社会稳定》
	龚武生	市长	《突出主题　着力建设　全面做好新形势下的组织工作》
2005 年	曾庆炎	市委书记	《统一思想　提高认识　脚踏实地地将先进性教育活动抓出成效》 《用科学发展观统领全局　以工业化为核心推动“三化”进程》 《认清形势　突出重点　进一步掀起新一轮工业大发展热潮》 《加强党的先进性建设　永葆党的生机与活力——纪念中国共产党建党 84 周年》 《围绕建设社会主义新农村目标　加快推进我市农业产业化进程》 《奋力拼搏　赶超崛起　实现我市经济社会会又快又好发展》
	龚武生	市长	《认真扎实地开展党员先进性教育活动》 《认真扎实地开展全市第二批保持共产党员先进性教育活动》 《欠发达地区“城中村”拆迁安置的有益探索和启示——对冷水滩区三多亭小区的调查与思考》

续表5-2

年份	姓名	职务	重要文章
2006年	曾庆炎	市委书记	《认清新形势　抢抓新机遇　合力推进社会主义新农村建设》 《组织干部回村是推进新农村建设的好办法》 《认真贯彻落实中央和省委经济工作会议精神　努力推动我市经济社会又好又快发展》
	龚武生	市长	《明确重点　强化抓手　切实做好今年的农业农村工作》 《坚持以科学发展观为统领　进一步加快少数民族和民族地区经济社会会发展步伐》 《强化措施　狠抓落实　扎实做好全市明年的经济工作》
2007年	曾庆炎	市委书记	《把发展现代农业作为新农村建设的首要任务》 《强化四种意识　破解六大难题　加快推进新型工业化进程》 《把发展现代农业作为新农村建设的首要任务》
2008年	黄天锡	市委书记	《抓住机遇　开拓创新　强力推进承接产业转以工作》 《加大承接产业转移力度　加速推进新型工业化进程》 《全面推进集体林权制度改革　为促进农村经济又好又快发展做出应有的贡献》
	龚武生	市长	《加快产业承接　推动跨越发展》 《坚定信心　乘势而上　确保2008年工作目标的全面实现》 《明确要求　把握重点　积极稳妥地推进集体林权制度改革》
2009年	黄天锡	市委书记	《深入学习实践科学发展观　加快推进永州科学科学和谐发展》 《在市委三届六次全会上的讲话》
2010年	黄天锡	市委书记	《满怀信心迈向科学跨越富民强市的新征程》 《切实解决承接产业转移和对接东盟的重大问题》 《在中共永州市委三届八次全会上的讲话》
	龚武生	市长	《坚持以项目建设为主抓手　推动经济社会发展再上新台阶》 《保护生态环境　永葆青山绿水》 《抢抓千载难逢稍纵即逝的历史性机遇　努力推动承接产业转移取得更大成绩》
2011年	黄天锡	市委书记	《在全市党史工作会议上的讲话》 《把握机遇　明确任务　全力做好今年经济工作》 《在第五届中国·阳明山“和”文化旅游节暨海峡两岸阳明山旅游合作与发展论　坛开幕式上的欢迎辞》 《在全市科技工作暨科技奖励大会上的讲话》
	张硕辅	市委书记	《在全市领导干部大会上的讲话》 《高举中国特色社会主义伟大旗帜　奋力开创永州科学发展新局面》 《坚持教育优先发展　加快建设教育强市》 《在市委经济工作会议上的讲话》
	龚武生	市长	《乘势而上　攻坚克难　努力实现“十二五”良好开局》 《在永州市庆五一暨全市劳动模范和先进个人表彰大会上的讲话》 《牢牢把握科技创新发展战略重点　奋力推动科技工作上台阶上水平》 《突出重点　把握关键　扎实推进“排忧解难服务月”活动》 《全力以赴打一场推进新型工业化的攻坚战》

续表5-2

年份	姓名	职务	重要文章
2012年	张硕辅	市委书记	《在全市"四深入两结对一测评"活动动员大会上的讲话》 《到群众最需要的地方去》 《在市四届人大常委会颁发任命书大会上的讲话》 《领导干部要带头保持党的纯洁性》 《在市委四届四次全会上的讲话》 《在全市创先争优表彰暨基层组织建设年推进会上的讲话》 《肩负历史责任　守护潇湘母亲河》 《在县区人大、政府、政协换届工作座谈会上的讲话》 《创建法治先进城市　推进法治永州建设》 《在锦绣潇湘十大工程建设动员大会上的讲话》 《全力掀起交通建设大会站新高潮》
	魏旋君	市长	《全力建好示范区　推动发展大跨越》 《在全市教育工作暨教育督导工作会议上的讲话》 《在市委四届四次全会上的讲话（摘要）》 《在市政府全体会议上的讲话》 《抢抓机遇　真抓实干　加快推进项目建设》 《全力推进十大工程　加快建设锦绣潇湘》 《将稳增长促和谐摆到更加突出的位置》
2013年	张硕辅	市委书记	《在人才引进工作座谈会上的讲话》 《坚决贯彻落实中央和省委的新部署新要求　把党风廉政建设和反腐败斗争不断引向深入》
	魏旋君	市长	《坚定信心　奋力赶超　确保2019年全面建成小康永州》
	陈文浩	市委书记	《在全市领导干部大会上的讲话》 《一以贯之抓落实　一往无前破难题》 《努力建设负责任、干实事、作表率的领导班子》 《抓好三项关键工作　服从经济建设主战场》 《加速推进项目建设　加快永州科学发展》 《在全市灾后重建暨农村秋冬生产现场会上的讲话》 《全面贯彻好干部标准　强化干事创业用人导向》 《在全市宣传思想工作会议上的讲话》
	严志辉	市长	《保增长　惠民生　抓落实　推动经济发展迈上新台阶》 《在市四届人大三次会议当选市长后的讲话》 《攻坚克难　真抓实干　确保完成全年任务》 《全力夺取抗灾救灾和灾后重建工作的全面胜利》 《在创建国家卫生城市攻坚克难动员大会暨中心城区控违拆违推进大会上的讲话》

续表5-2

年份	姓名	职务	重要文章
2014 年	陈文浩	市委书记	《在市委经济工作会议上的讲话》 《坚持群众路线　坚决反“四风”　全面提升党委政府公信力和党员干部执行力》 《贯彻“三严三实”要求　建设整治“四风”模范部门》 《践行党的群众路线　提升干部队伍执行力》 《大力推行网格化管理　全面提升城乡管理水平》 《在市四届人大五次会议第三次全体会议上的讲话》 《大战下半年　全力奔小康　确保年初各项目标圆满实现》 《大力推进新型城镇化　建设品质活力永州》 《在全市工业园建设现场会上的讲话》 《在全市党的群众路线教育实践活动总结大会上的讲话》 《在市委中心组 2014 年第六次集中学习会议上的讲话》
	严志辉	市长	《政府工作报告（在永州市第四届人民代表大会第四次会议上）》
	向曙光	市长	《在市四届人大五次会议当选市长后的讲话》 《迅速贯彻落实省委全会精神　扎实做好 2014 年下半年经济工作》 《在市政府全体会议上的讲话》 《在全市工业园建设现场会上的讲话》 《在市委中心组 2014 年第六次集中学习会议上的讲话》
2015 年	陈文浩	市委书记	《在市委经济工作会议上的讲话》 《在市县区政府职能转变和机构改革电视电话会议上的讲话》 《发扬成绩　创先争优　坚决完成工作目标》 《坚决落实主体责任　推进党风廉政建设》 《践行“三严三实”做“忠诚干净担当”的领导干部》 《用忠诚铸就坚定党性》 《咬住目标　保持定力　确保“十二五”规划圆满收官》 《领导干部要在严以律己上作表率当楷模》 《举全市之力打赢扶贫攻坚战》 《把握形势　创新思维　以饱满的工作激情做好全年各项工作》 《信心之道》
	向曙光	市长	《在市委经济工作会议上的讲话》 《政府工作报告（在永州市第四届人民代表大会第六次会议上）》 《认真贯彻落实中央一号文件精神　加快推进农业农村转型发展步伐》 《推进依法治市　建设廉洁政府》 《聚焦主题　奋发作为　集中精力抓好下阶段经济工作》 《加强精神文明建设　打造品质活力永州》 《认真贯彻落实市委决策部署　全力完成全年各项目标任务》
	易佳良	市长	《用忠诚践行使命　以实干书写担当》 《安全生产必须警钟长鸣常抓不懈》 《锁定年初目标　狠抓工作落实》 《珍惜荣誉　乘势而上　努力开创森林城市建设新局面》

（二）特别策划

关注农民增收　《永州通讯》2004 年第 3~4 期合刊，封面刊登湖南省委副书记咸和平到永州市冷水滩区农村调研的新闻图片，增设“特别策划：关注农民增收”专栏，刊载刘国器《坚持“多予、少取、放活”方针，实现“增产、增收、增效”目标》、刘尤碧《正确运用财政杠杆　大力促进农民增收》、欧阳禹《深化金融改革　突出服务三农》、唐运军《大力发展民营经济　努力增收农民收入》、唐定《构筑农民增收长效机制》、周小驹《狠抓五个重点促进农民增收》、蒋善生《发掘新的增长源　构筑农民增收点》、何明玲《发展劳务经济　促进农民增收》、唐树成《深化供销社改革　竭力服务三农》、张造荣《加大扶贫开发力度　提高贫困地区农民生活水平》、蒋刚《依靠农业科技进步与创新 促进农民收入稳定快速增长》、何世平《依靠科技力量发展农村经济》、邓年生《对当前农民收入有关情况的调查与思考》等 16 篇专题报道，并刊登重要言论——《永州通讯》编辑部文章《以促进农民增收为目标　吹响深化农村改革的号角》，对永州市全面深化农村改革、着力解决“三农”问题工作开展情况进行报道。

关注舜帝陵　2004 年第 12 期《永州通讯》以“弘扬舜德　传承文明　联谊舜裔　振兴中华”为主题，精心组稿，以飨读者。封面刊登九嶷山舜帝陵图片，收录《弘扬舜德　传承文明　联谊华裔　振兴中华——王克英同志在湖南省舜帝陵基金会成立大会上的讲话》《加强舜帝陵的建设与管理　大力弘扬舜文化——许云昭同志在湖南省舜帝陵基金会成立大会上的讲话》《建设和保护好舜帝陵　功在当代利在千秋——王汀明同志在湖南省舜帝陵基金会募捐仪式上的讲话》《努力开创舜帝陵建设与舜文化传播的新局面——曾庆炎同志在湖南省舜帝陵基金会成立大会上的讲话》《对始祖尽一份孝道　为后代立千秋功德——刘爱才同志在永州市保护建设舜帝陵募捐动员大会上的讲话》《考古学历史学专家纵论九嶷山舜帝陵庙考古新发现》《历代九嶷山祭舜大事记》《九嶷朝圣》等 8 篇相关文章。

关注工业化　2005 年第 6 期《永州通讯》编辑部特别策划工业化专题，刊该刊特约稿李逸丰《永州工业经济发展新经济　新经验　新亮点》，设领导论坛分栏，载曾庆炎《认清形势　突出重点　进一步掀起新一轮工业大发展热潮》、刘爱才《抓住机遇　乘势而上　努力加快推进我市工业化进程》、陈金荣《选准产业发展方向　加快培育壮大我市特色产业集群》、刘湘凌《加快电力建设与发展　为推进工业化提供保障》等 4 篇领导文章，从工业发展大家谈、经验交流、工业园区风采、工业企业形象展示等 4 个分栏报道永州市工业发展概况。2006 年第 1 期，《永州通讯》刊编辑部文章《立足新起点　瞄准新目标　创造新业绩》、曾庆炎《广泛学习道县经验　加快推进我市工业化进程》、陈金荣《千方百计完成今年工业发展的目标任务》等5篇领导文章，报道全市工业化工作思路与部署。

关注农业产业化 2006年3月8日，湖南省乡镇企业暨农业产业化工作会议在永州市召开。《永州通讯》第4期特别策划关注农业产业化专栏，撰编辑部文章《培育大企业 打造大品牌 扎实推进农业产业化进程》，程晨曦《加大原料基地建设力度 推动全市农业产业化发展》、蒋善生《做强“九嶷金叶”品牌 壮大烤烟支柱产业》、吴昌球《道县祥霖铺万亩脐橙基地开发的主要做法》、黄洪德《做强永州生猪优势产业的几点思考》、陈爱生《全力打造中国“黑美人”西瓜之乡》《永州市农业产业化部分企业简介》及《永州市全国、省、市农业产业化农投企业名单》等重要文稿，展示全市农业产业化发展进程和风貌。

关注党建 2006年7月1日，永州市委召开中国共产党成立85周年暨先进性教育活动总结表彰大会。《永州通讯》第7期特别策划“关注党建”专栏，刊曾庆炎《在纪念中国共产党成立85周年暨先进性教育活动总结表彰大会上的讲话》，并收录党组织和个人先进材料：盘建平《与时俱进抓党建 聚精会神谋发展》、柏菁《建设先进战斗堡垒 争创一流财政业绩》、周润润《架起连心桥 引领致富路》及《艰苦创业 自强奋飞》《鲜红党旗耀千山》《以人为本 勤政为民》《凝心聚力谋发展》等7个先进基层党组织材料；《森林守望者》《改革创新领头雁 两袖清风理财人》《春陵河畔“播富人”》《大山深处铸党魂》《创新党建工作思路 当好第一责任人》等8个先进个人材料。

关注干部作风建设 2007年第5~6期，《永州通讯》特别策划“关注干部作风建设”，刊曾庆炎在全市“整顿作风 整治秩序 振兴经济”动员大会上的讲话、龚武生《整顿作风要把解决影响市场经济秩序的突出问题放在首位》、蒋涛《干部作风建设要注重“三性”增强“三力”》等领导文章，并收录其他职能部门及各县区干部作风建设开展情况材料。编辑部撰文《把提高行政效能作为整顿作风的切入点》解读干部作风建设的重要性与必要性。

“众志成城破坚冰 救灾补损促发展” 2008年1月中旬至2月初，永州市发生50年一遇的冰冻灾害。2月28日，永州市委召开抗冰救灾总结表彰暨救灾补损促发展电视电话会议。《永州通讯》第3期特撰《大力弘扬抗冰救灾精神 全力做好救灾补损促发展工作》一文，设“关注众志成城破坚冰 救灾补损促发展”专栏，从领导讲话、工作纪实、先进集体优秀事迹、先进个人优秀事迹等4个方面报道全市抗冰救灾工作情况及部署。

赶超崛起 教育强市 2008年7月16日，永州市教育强市工作会议召开。《永州通讯》第6~7期刊登编辑部撰写的《共同迎接永州教育事业的又一个春天》一文，设“赶超崛起 教育强市”特别策划专栏，收录黄天锡《坚持科学发展 建设教育

强市 为实现永州赶超崛起提供人才和人力资源保证》等重要领导文章，市教育局、市发改委、市财政局、市规划建设局等职能部门材料及湖南科技学院《以服务求支持 以贡献求发展 走学研产相结合的兴校强校之路》等教育机构材料，全面阐述教育强市战略部署。

解放思想在永州 2008年9月17日，永州市委召开全市“解放思想 科学发展 富民强市”大讨论活动动员大会。《永州通讯》第9期特别策划“解放思想在永州”专栏，刊登特约评论员文章《解放思想 科学发展 富民强市》，收录黄天锡《深化认识 把握主题 迅速掀起解放思想大讨论热潮》、周德睿《点解放思想之灯 照富民强市之路》等重要领导文章。

坚持科学发展 实现“弯道超车” 2009年2月7—9日，湖南省委书记、省人大常委会主任张春贤深入永州农村就贯彻落实中共十七届三中全会和中央一号文件精神进行专题调研。《永州通讯》第1~2期特别策划“坚持科学发展 实现‘弯道超车’”专栏，编辑部撰写《把握形势 坚定信心 科学应对 加快发展》，刊登黄天锡《坚定信心 攻坚克难 努力推进全市经济又好又快发展》等领导文章和冷水滩等13个县区关于贯彻落实科学发展观的工作材料。

问计基层群众 共谋科学发展 《永州通讯》2009年第4~5期特别策划“问计基层群众 共谋科学发展”专栏，编辑部撰写《问政于民 问需于民 问计于民》一文，刊黄天锡《加强学习 深入思考 积极运用 努力把调研成果转化为推动经济社会发展的强大动力》等领导文章，及《关于蓝山县毛俊镇毛俊村和谐建设的调查报告》《关于我市烤烟产业发展方略的思考》《关于法院审结案件执行力难问题的调查与思考》《中小企业融资对策探析》《金融危机下破解承接加工贸易产业转移困难的对策初探》《关于档案资源利用情况的调查报告》《对发展老年教育事业的几点思考与体会》等基层意见建议。

依靠科技进步 加快科学发展 2009年6月3日，全市产学研结合创新暨科技表彰大会隆重召开。《永州通讯》第6期策划“依靠科技进步 加快科学发展”专栏，刊黄天锡《深入推进产学研结合创新 加快创新型永州建设步伐》等领导文章，《永州市首届十大优秀专家主要先进事迹》，湖南熙可食品有限公司、湖南省天龙米业有限公司等科技创新型企业发展简介，全面报道永州市“产学研”精神贯彻落实情况。

扩大对外开放 提升承接水平 《永州通讯》2009年第10期刊市发改委《坚定不移地把促投资扩内需保增长作为首要任务》、市经委《加快推进工业经济发展“五百工程”》、市科技局《不断提升企业创新能力 加快推进新型工业化》、市社保局《切实推进工业创新 做优劳动保障服务》、市国土局《全力保障产业转移项目用地》、市规划局《努力实现规划建设和产业发展的良性互动》等各职能部门文稿。

转变发展方式　加快后发赶超　《永州通讯》2010年第3期刊登冷水滩区《坚持科学发展观 建设潇湘第一城》、零陵区《努力把零陵建设成为文化名城旅游靓城经济强城》、祁阳县《加快建设全省经济强县和市域次中心城市》、东安县《大力推进"五大战略"确保经济社会会又好又快发展》、双牌县《既要金山银山　又要绿水青山》、道县《深入解放思想　大胆先行先试　加快推进经济社会发展》、江永县《破解难题谋发展　真抓实干促跨越》、江华县《加快富民强县步伐　精心建设神州瑶都》、宁远县《迎难而上创佳绩　科学发展谱新篇》、新田县《强基础兴产业　重民生　促和谐 加快推进科学跨越》、蓝山县《争当湘南开发 排头兵 打造永州发展先行县》、金洞管理区《坚持生态立区　打造魅力金洞》、回龙圩管理区《建设绿色生态回龙圩》等13个县区文稿，及市发改委市、科技局、国土局、交通局等单位材料。

打造锦绣潇湘文化品牌　争做文化产业排头兵　《永州通讯》2010年第6~7期选载黄天锡《大力实施文化强市战略 推动文化大发展大繁荣》、董石桂《科学规划 创新机制努力开创文化发展新格局》等领导专稿。

大项目　大企业　大产业　大园区　《永州通讯》2011年第4期特别策划新型工业化专题，关注大项目、大企业、大产业、大园区，刊登黄天锡《坚定不移地实施工兴工强市战略　加速推进新型工业化》、刘尤碧《全力推动2011年工业经济新发展新跨越》等3篇要论，全面解读"十二五"工业发展"四大"战略，展示"十一五"时期的工业发 展成就。刊登冷水滩区委《坚持四字方针　大力兴工强区》、道县县委《把工业园建设作为推进新型工业化的主战场》、市发改委《贴近企业需要提供优质服务》等县区工业化建设文稿。

对接东盟　扩大开放　《永州通讯》2011年第5期刊市委、市政府要论《加快承接对接 促进开放崛起》，报道对接东盟工作动态，载《永州打造对接东盟桥头堡走笔》《对接东盟的机遇、挑战及建议》《永州对接东盟大事记》《东盟十国投资要览》及各县区对接东盟工作动态。

加强和创新社会管理（政法篇）　2011年为做好社会管理工作，促进社会和谐，永州市各级各部门在市委正确领导下，深入贯彻落实科学发展观，紧紧围绕全面建设小康社会的总目标，牢牢把握最大限度激发社会活力、最大限度增加和谐因素、最大限度减少不和谐因素的总要求，以解决影响社会和谐稳定的突出问题为突破口，在加强和创新社会管理方面展开积极探索。《永州通讯》第7期设"加强和创新社会管理（政法篇）"专栏，收录市政法委《全力担当加强和创新社会管理的重大使命》、市公安局《以社会管理创新为动力 推动公安工作全面进步》、市司法局《发挥司法行政职能优势 积极推进社会管理创新》、市法院《坚持能动司法 大力提升社会管理创新水平》、冷水滩公安分局《找准切入点是基层公安机关推进社会管理创新的关键》等一组政法战线专稿。

建设国家级承接产业转移示范区 2011 年第 8 期报道全市 1—7 月份投资运行情况、工业经济运行情况、承接产业转移工作情况等工业发展动态，冷水滩等 11 个县区实践情况，及国土、交通、环保、电力等部门的服务情况，介绍衡阳、郴州、桂林等地区新型工业化发展态势和经验。

“四深入”作风建设活动 2012 年，永州市“机关干部‘四深入’，改进作风解难题”活动启动以来，全市 8289 个单位，组织 35429 名机关干部，组成 8456 个工作组，深入 5237 个村、259 个社区、721 家企业和 1218 个重点项目，真心实意解难题、谋发展，千方百计解民忧、惠民生，展示良好的精神风貌，为“五个永州”建设产生极大的推动作用。《永州通讯》第 3 期精心策划“立足岗位做贡献 服务基层当先锋”作风建设专栏，刊发《深化活动主题 推进作风建设》《在基层亮身份 在一线兑承诺》《全新深入 真心下访 用心帮扶》《结对帮扶暖人心》《转作风强服务 抓落实促发展》《零距离服务群众》《践行“四深入”争当“四大员”》《春风激荡瑶山大地》等 12 个县区“四深入”活动稿件。

全面提高科学化水平 开创“三服务”事业新局面 2012 年第 4 期，刊登张硕辅《把握新形势 明确新任务 全面提高党委办公室工作科学化水平》、朱映红《忠诚履职 扎实工作 为推进永州科学赶超开发崛起提供优质的服务保障》两篇领导要论，冷水滩区、零陵区、祁阳县、东安县、双牌县等 11 个县区实践情况汇报，及 2011 年度全市党委办公室工作、党委系统政策研究工作受表彰名单。

为了永州天更蓝地更绿 2012 年第 5 期选载唐能武要论《努力工作 奋发进取 着力开创用杭州墙体材料改革和推广的散装水泥工作新局面》《永州市散装水泥发展工作“十二五”规划概要》《永州市墙体材料革新“十二五”规划概要》，解读和探讨如何有效推广散装水泥与发展新型墙体材料，让永州天蓝地绿。

推进“六城同创” 提升品质生活 2012 年第 9 期收录市住建局《将永州历史文化名城推向世界》、市创卫办《合力共建国家卫生城市 全民共享幸福美好家园》、市园林局《添大地绿茵为市民幸福 创园林城市促科学发展》、市旅游局《加快创建全国知名文化旅游目的地 全力打造科学赶超开放崛起新引擎》、市林业局《让森林走进城市 让城市拥抱森林》、市依法治市办《法治是加快科学发展的第一保障》等专稿。

推进全面小康 永州市委、市政府深入贯彻落实科学发展观，以国家级承接产业转移示范区为总抓手，带领全市人民抓发展， 小康社会建设稳步推进。《永州通讯》2013 年第 1 期特别策划以“挺进全面小康”为题，编发一组相关单位的稿件，刊登市统计局《永州市全面小康社会建设情况》、市发改委《十年建设显成效 锦绣潇湘换新颜》、市经信委《按科学发展观新要求 走新型工业化之路》等专稿，报道全市全面小康建设成果。旨在回顾全面小康社会建设的进展和成效，找准全面建成小康社会的薄弱环节，共同谱写小康永州新篇章。

贯彻十八大 开局新气象 《永州通讯》2013 年第 2 期 ~ 第 3 期特别策划以“贯彻十八大 开局新气象”为题，推出一组稿件，刊登冷水滩区委《加快在湘南地区率先崛起步伐 奋力开启全面建成小康社会新征程》、零陵区委《夯基础壮 产业强保障 确保经济持续健康快速发展》、祁阳县委《增创领跑争先新优势 建设美丽幸福新祁阳》、东安县委《吹响全面小康冲锋号 开创“五个东安”新局面》、双牌县委《生态引领 实干为先 推动经济大发展大跨越》、道县县委《开拓创新求突破 真抓实干促发展》、江永县委《创新理念抓发展 转变作风促落实》、江华县委《高奏小康进行曲 加快瑶都大发展》、宁远县委《突出“五个大 干”建设美丽幸福宁远》、新田县委《差异化发展 特色化赶超 向全面小康新田奋勇前进》、蓝山县委《在全面建成小康社会的道路上阔步前行》等 11 个县区专稿，及市发改委等 13 个职能单位专稿。

深入开展党的群众路线教育实践活动 2014 年永州市第二批党的群众教育实践活动启动以来，全市各级党员干部积极参与，推动教育实践活动取得阶段性成效。为配合党的群众路线教育实践活动，《永州通讯》第 3~5 期开“深入开展党的群众路线教育实践活动”专栏，刊登谢景林《我当标杆 向我看齐》、何冲龙《学习十悟》、杨军元《坚持依法为民理财 做好群众的贴心人》、周新辉《打 通联系服务群众的“最后一公里”》、杨健《用“五点一线”法践行群众路线》、黄赞校《突出作风建设 狠抓工作落实》、文美林《坚持群众路线才能真正践行党的根本宗旨》、邹方明《期盼群众的“熊抱”更多些》、刘坤良《走出机关才能走进群众》、陈宇荣《为政之要 贵在执行》、张建坤《当好“五型”党员干部 提升服务群众水平》、郑运生《领导干部的执行力来自人格魅力》等党的群众路线教育实践活动专稿，丰富党组织和党员参与活动的载体，拓宽学习教育和互动交流渠道。

全面深化改革进行时 2014 年全市各部门勇立改革潮头，强化大局意识，大胆探索符合永州实际的改革之路。《永州通讯》第 6 期精心策划“全面深化改革进行时”专栏，从“3+2”动态、对接动态、县区动态三方面报道全市深化改革工作进展与成果。刊登《努力建设人民满意的法治政府和服务型政府——全市行政管理体制改革工作动态》《加快破除体制机制弊端 激活“三农”发展动力——全市农村产权制度改革工作动态》《推进网格化服务管理 创新基层社会治理——全市社会治理机制改革工作动态》《打好国企改革攻坚战 突破经济调整深水区——全市国有企业改革工作动态》《健全完善财政管理制度 提升依法科学理财水平——全省财税体制改革工作动态》等改革工作情况，以期在全市上下营造同心同德谋改革、凝心聚力推改革的浓厚氛围，全力抓住新一轮改革机遇。

实施八大计划 破解五大难题 2015年1月12日召开的市委经济工作会议明确，2015年经济工作的主要任务和重点工作是围绕“四个三”部署，着力实施八大计划、破解五大难题。《永州通讯》第3期、第5期特别策划专题，刊发一组相关稿件，报道各县区、管理区、开发区结合自身实际提出的具体思路和举措，贯彻落实市委经济工作会议精神。刊登冷水滩区委办《突出“三个一”加快难题破解》、零陵区委办《全力推进“三创一管”精心打造古城新名片》、祁阳县委办《坚持把项目建设摆在重中之重》、东安县委办《奋力谱写“五个东安”建设新篇章》等县区专稿。

“三严三实”在永州 《永州通讯》2015年第6期特别策划“三严三实”专题，精心组稿，刊登欧阳元初《自觉践行“三严三实”争做忠诚干净担当的标杆》、严兴德《做讲党性守规矩干实事的领导干部》、胡先荣《锤炼严实精神境界 争做“四有”人民公仆》等专题文稿。

扶贫攻坚在行动 2015年9月21日召开的市委四届七次全体（扩大）会议贯彻落实习近平总书记关于扶贫开发战略思想和省委关于加快推进精准扶贫的战略部署，对全市精准扶贫工作作出周密安排，新一轮扶贫攻坚战已经打响。《永州通讯》第9期特别策划“扶贫攻坚”专题，刊发一组稿件，交流各地扶贫开发工作的经验和做法，扎实推进扶贫开发工作，确保全面小康永州如期实现。

（三）领导调研

《永州通讯》1995年第4期刊登省委书记王茂林考察零陵讲话要点。

《永州通讯》1997年第2期刊登省委书记王茂林考察永州讲话要点。

《永州通讯》2012年第1期报道，1月6日，湖南省委书记、省人大常委会主任周强深入永州市开展送温暖活动并调研指导工作，周强一行在零陵区接履桥镇敬老院看望慰问群众。

《永州通讯》2012年第3期报道，3月28—29日，国务委员、公安部部长孟建柱深入永州考察调研，看望慰问战斗在维护国家安全和社会稳定一线的广大公安民警和武警官兵，考察公安工作和公安队伍建设。

《永州通讯》2013年第4期报道，5月3—4日，湖南省委副书记、代省长杜家毫一行深入永州市调研经济社会发展情况。

《永州通讯》2014年第1期报道，1月4—5日，省委书记、省人大常委会主任徐守盛深入蓝山、道县、新田等地，考察县域经济发展情况。

《永州通讯》2014年第4期封面报道，4月24—25日，中央组织部长副部长陈向群深入东安县、零陵区、冷水滩区等地调研基层党建工作。

《永州通讯》2014年第5期封面报道，5月12—14日，省委副书记、省长杜家毫深入蓝山、新田、宁远、道县、江永、江华、双牌、东安等地调研，强调要认真落实习近平总书记关于发挥“一带一路”区位优势的要求，把开放与开发紧密结合起来，确保经济社会持续健康发展。

《永州通讯》2014年第9期封面报道，9月21—24日，市委陈文浩，市委副书记、市长向曙光率永州市党政代表团，先后到安徽省合肥市、安庆市、马鞍山市和湖北省武汉市进行考察，学习当地在全面深化改革、转型创新发展和城市建设、园区发展等方面的做法、经验。

《永州通讯》2014年第10期封面报道，11月14日，省委常委、常务副省长陈肇雄深入神华国华火电项目建设工地，了解项目建设情况。神华国华火电厂是神华集团在湘建设的第一个火电项目，采用“近零排放”烟气处理技术，着力打造世界一流的数字化电站，经国家发改委批准，10月28日开工。

（四）经验交流

《永州通讯》2014年开辟“经验交流”栏目，刊登级领导干部的经验交流方面的文章。

2014—2015 年《永州通讯》刊登的经验交流文章一览表

表 5-3

年份	刊登内容
2014 年	治山又治水　山好水也好——宁远县大干水利生态建设的探索与思考/刘卫华 做活土地文章　推动镇域经济发展/匡俊杰 抓精神文明生态文明建设就是抓发展/罗建华 充实粮仓　力保粮安/秦志军 因村施策育产业　精准扶贫促发展/谭小林　欧阳波　甘永华 整合资源　联合控管　全面推进规范化精细化科学化税费征管/谢珊珊 突出农村产权制度改革　打造现代农业示范基地/周立夫 以文化民　以文惠民——江华强力打造神州瑶都“周周乐”百姓大舞台/江华县委宣传部 建好保障性住房　促进群众安居乐业/胡先荣 组工干部要严守公道正派生命线/杨健 打造全市“模范机关”提升工作科学化水平/永州市委办公室 开动机器　勇往直前　以扎实作风取信于民/周新辉 强化作风督查　确保群众办事不难/唐晓波 创新精准扶贫新模式　打造永不撤走工作队/谭小林 履行主体责任　打造过硬队伍/文兆平 发展大产业　迈向新“硒”望/秦山成 科学推进城镇化　建设幸福新祁阳/邓晓阳 夯实综治基础　铸就平安双牌/崔晓云
2015 年	抓实确权颁铁证　激活土地促发展/刘卫华 群众参与治理　建设秀美村庄——道县营江街道芒头寨村创新基层管理的探索与实践/施创太 坚持多管齐下　整治农村环境/黄和平 零陵区水口山镇破局农村网格化管理/市委政研室　零陵区委办　区委政研室 多措并举增量提质　强力推动“破零倍增”/邓群 打赢创森攻坚会战　建设绿色生态零陵/唐烨 走进珠山：看品质活力乡镇建设/市委政研室调研组 坚持“三个突出”　提升服务群众能力/朱阳辉 “四轮驱动”构建作风建设新常态/乐永生　全再文 从严从实抓党建　党务税务共发展——市国税局创建“全国创先争优先进基层党组织”的主要做法/市直机关工委 文坛红豆缀潇湘——永州文学七年回顾/刘翼平　彭楚明 构建畅安公路　提升服务品质/市公路局 下好创业创新关键棋　做好惠民强县新文章/新田县人社局 执行当重“三效”——进一步提升干部执行力之管见/宋可福 抓好试点颁“铁证”　激活土地促发展/唐富荣 马克思主义哲学是提升看家本领的“金钥匙”/吴秋香 探索课改模式　打造高效课堂/唐春伶 推进转型升级　建设“湘南粮仓”/胡先荣 把法治贯穿执政治县始终/何冲龙 秉持城管为民理念　打造城管服务品牌/张建坤 把“欢乐潇湘”文化活动打造成铭记“乡愁”的平台/永乐 立足“四化”建设　推进社会治理机制改革/汤荣石 明责任出实招　强党建求实效—祁阳县全面落实基层党建工作责任的主要做法/蔡富强 突出项目带动战略　助推县域经济发展/何江鸿 创建企业文化　提升公司执行力/柏菁 强基础　聚民心　建设幸福新华源/陈长青 借助“互联网+”新业态　做好“电子商务”大文章/冯德校 加快交通发展　推进精准扶贫/秦山成 严用督查结果　力推执行落实/李瑛

四、交流活动

（一）学术交流

2003 年 9 月 16—21 日，全国城市党刊研究会第 12 届理事会在河南省济源市召开。全国 17 个省市级城市党刊、56 家刊物主管参加会议。会议主要内容：一是交流利用城市党刊为贯彻中共十六大精神和兴起学习“三个代表”重要思想新高潮的经验；二是进一步学习中办文件精神，探讨实际党刊内部资料性出版物的管理事宜；三是按照版面互换原则，城市党刊之间安排以旅游景区为主的版面互换；四是听取吉林市委办公室、市委政研室《关于第十三届城市党刊年会的安排意见》的汇报。

2009 年 7 月 16—20 日，全国城市党刊研究会第 18 届年会在著名革命老区福建龙岩召开，来自全国 18 个省、市、自治区的 54 家刊物、182 名党刊代表参加会议，会议由全国城市党刊研究会秘书长倪天礼主持，交流深入学习实践科学发展观的经验，交流办刊经验，提升城市党刊的办刊质量，推动当地经济社会又好又快发展。中共永州市委政研室副调研员何仁旺、中共永州市委政研室副主任科员邝华 军参加会议。

2011 年 10 月 24—29 日，全国城市党刊研究会第 20 届年会在江西吉安市召开。来自全国 23 个省、自治区的 80 多个城市、200 多名代表欢聚一堂，践行 “纪念建党 90 周年、弘扬井冈山精神、不断开创党刊事业新局面”的主旨，增进办刊经验交流与共享。中共永州市委政研室副主任陈新兰，永州市委政研室副调研员何仁旺、陈凯，永州市委政研室副处级纪检员廖满婷，《永州通讯》编辑部主任邝华军参加会议。

2013 年 6 月 24—27 日，全国城市党刊研究会第 22 届年会在宁夏回族自治区吴忠市召开。来自全国 24 个省、市、自治区 90 个城市的 102 家刊物、285 名党刊代表参加会议，会议由全国城市党刊研究会秘书长古龙高主持，中央政策研究室《学习与研究》杂志社总编辑薛宝生作专题辅导，全国城市党刊研究会会长郭宗海作年会工作报告，会议主题是，学习贯彻落实中共十八大精神， 研究讨论新形势下城市党刊的特点新特点、新理论，交流学习和总结推广先进办刊理念和典型经验，增强各城市党刊相互联系、协作与友谊，促进城市党刊办刊质量进一步提高和辐射力、 影响力进一步扩大，开创城市党刊研究发展新纪元。永州市委政策研究室副主任、《永州通讯》副总编辑陈新兰，市委政策研究室副处级纪检员廖满婷参加会议。

（二）刊物交流

《永州通讯》编辑部与全国 108 个地级以上城市党委建立党刊交流联系，其中省外 94 个，省内 14 个，通过全国城市党刊 QQ 群，加强与全国其他党刊同仁的交流，及时掌握办刊动态。并与《今日柳州》《今日贺州》《清远调研》《长沙通讯》《娄底工作》《郴州通讯》等党刊保持了经常互动交流。

省外交流单位：《昆明调研》《连云港通讯》《决策参考》《白银经济》《研究与咨询》《新济源》《洛阳工作》《南宁工作研究》《领导决策》《当代青岛》《决策科学》《阿拉善工作》《宜春论坛》《烟台宣传》《张掖工作》《淮北工作》《大银川》《渤海论坛》《新台州》《泰州通讯》《杭州》《鄂州通讯》《南宁宣传》《南阳通讯》《发展论坛》《孝感通讯》《安顺工作》《工作研究与通讯》《石家庄经济》《邯郸决策》《常熟通讯》《宁德通讯》《铜陵工作》《昆明组工》《滁州党建》《保定发展》《今日贺州》《北京工作》《石家庄决策》《莱芜调研》《今日大同》《潍坊通讯》《枣庄通讯》《济宁通讯》《太原工作》《山西工作》《许昌工作》《聊城通讯》《驻马店工作》《先锋》《秦皇岛发展研究》《工作与研究》《鹤壁工作》《漯河工作》《贵港工作》《石嘴山决策》《新望城》《乌鲁木齐决策参考》《党建文汇》《决策参考》《昆明政研》《伊犁工作通讯》《安庆工作》《衢州纵横》《决策与务实》《烟台通讯》《党建视野》《今日禹州》《发展导刊》《当代长春》《当代金昌》《扬州通讯》《怒江政策研究》《邯郸科普》《昌南论坛》《领导参阅》《荆门研究》《北海开发》《决策与实践》《魅力信阳》《品质城中》《百色工作》《达州通讯》《阿坝研究》《今日黔南》《渭南宣传》《调研与参与》《九江》《机关党的工作》《阳泉工作》《钦州工作》《魅力中国城市论坛》《攀登》《闽西通讯》。

省内交流单位:《新湘评论》《长沙通讯》《株洲工作》《今日湘潭》《衡阳通讯》《民本岳阳》《常德通讯》《娄底工作》《湘西工作》《张家界通讯》《郴州通讯》《新益阳》《邵阳工作》《怀化发展论坛》。

五、 其他期刊

（一）《零陵瞭望》

《零陵瞭望》杂志是由零陵区委、区政府主办的内部刊物，由区委宣传部负责编辑。

2009 年 2 月，区委分析认为，零陵作为湖南省四个“历史文化名城”之一，经济社会在飞速发展，对外开放、文化旅游在深入推进，需要向广大市民进行宣传和推介，让市民们有所了解，以振奋精神，激发干事创业的热情。但零陵没有报刊、电视、广播等宣传媒体，以前虽然办了一个内部杂志，但因种种原因，没有经常性出刊，这与零陵的经济社会发展形势很不相适应。为此，区委决定，创办一份内部刊物，在全区范围内交流。确定这个内部刊物的名称为《零陵瞭望》；月刊。还确定了发送范围。

2009年3月，《零陵瞭望》出刊第1期。这是零陵区唯一的纸质内部交流刊物。区里成立《零陵瞭望》编辑指导委员会。区委书记、区长、区委副书记、人大常委会主任、政协主席任顾问，其他区委常委为编委会委员，区委常委、宣传部部长任编委会主任、总编辑，区政府办主任、区委办排第一的副主任、区委宣传部副部长任副总编。《零陵瞭望》创办以后，责任编辑、编辑部主任一直由袁忠民担任。

2011年起，《零陵瞭望》办刊经费列入财政预算。

《零陵瞭望》开设有30多个栏目，主要有卷首语、领导要论、学习、今日零陵、潇湘风采、调研园地、古韵潇湘、潇湘夜雨、保健之窗等。

《零陵瞭望》的免费赠阅对象有：省图书馆，在职区级领导，区直副科级以上单位，乡镇街道及其直属单位，全区各行政村（社区），城乡中小学校，离休老干部、退休副处级以上干部，部分零陵籍在外工作的副处级以上领导，永州市四大家领导，市直有关单位，全市各县区两办，等等。

《零陵瞭望》的办刊定位是“工作参谋、交流平台、服务发展、展示形象”。它立足零陵，关注民生，弘扬主旋律，聚集正能量。一是围绕区委、区政府工作大局，热情传递魅力零陵经济社会发展的最新动态和改革发展的成果，忠实记录零陵儿女向着开放文明富裕幸福新零陵而冲刺的铿锵步伐，着力展现零陵厚重的历史文化底蕴、奇特的自然风光和绚丽的人文景观，前瞻性纵论、先导性诠释、权威性分析零陵经济社会发展重点。二是突出团结稳定鼓劲和正面宣传为主的主基调，牢记“党刊姓党”“读者至上”“群众办刊”的办刊理念，拥有基本通讯员50多名。三是加强文字把关，创新内容与形式，坚守质朴文风，力求语言通俗、文字简练，设计新颖、版面活跃，图文并茂、特色突出，不断满足读者需求。基本做到“说普通话”与“说零陵话”相结合，“穿西装”与“穿休闲装”相结合。《零陵瞭望》做到按期出刊，从没延误。到2015年年底，《零陵瞭望》共出刊82期。

（二）《东安通讯》

2008年3月，为便于全县各部门之间工作交流，中共东安县委办公室决定拟编印《东安通讯》，赠送范围为全县乡镇场、县直副科以上单位，每期寄送全市各县区进行交流，此刊物由中共东安县委举办，经费来源为财政拨款。

刊物坚持“党办姓党”的方针，主要内容为上级重要领导讲话、县委主要领导讲话和县直各部门的经验材料，栏目设置一般固定为“重要讲话、调研思考、工作交流、紫水文苑、县委大事记”等几大板块，版面样式为16开，每期页数控制在44~52页，印刷数量250~300册/期，每年视情况而定编印3~4期。

办刊以来，刊物组稿与编辑一直由东安县委政策研究室承担。到2015年12月，《东安通讯》共出刊29期。

（三）《南有新田》

《南有新田》于2004年3月创刊，由新田县委宣传部主办，为新田县委、县政府机关刊。出版周期为两个月，16开本、40页，赠送新田县委、人大、政府、政协机关，县直单位、各乡镇党委、政府。《南有新田》自创刊以来，始终坚持党刊姓党原则，牢牢把握正确的政治方向，把“以科学理论武装人、以正确的舆论导向人、以高尚的精神塑造人、以优秀的作品鼓舞人”作为办刊方针，精选理论性、思想性、实践性较强的文章。主要栏目有主题阅读、特别策划、调研天地、双碧副刊、舂陵论坛等，全方位地展示新田风貌。同时，有针对性地开展选题策划工作。到2015年12月，共出刊91期。

（四）《小康道州》

2004年3月，经道县县委宣传部向县委主要领导请示，创办道县县委、县政府机关刊物《小康道州》，由道县县委、县政府主办，道县县委宣传部承办。《小康道州》由县委宣传部部长任总编辑，每月出刊一期，费用自筹，免费赠阅县级领导、县直各单位、乡镇场、村，赠阅量1200份。

《小康道州》以“工作参谋、交流平台、服务发展、展示形象”为宗旨，为宣传党的方针政策和县委、县政府的重大决策，以及党的意识形态工作起到积极作用。至2015年12月，《小康道州》共发刊160余期。

第二节 《湖南日报》永州分社

一、机构编制

《湖南日报》永州分社的前身为《湖南日报》永州记者站。1964年1月，湖南日报社组建湖南日报驻零陵地区记者站，由程阜康任站长兼记者。1966年，程阜康调回湖南日报社，记者站有名无实。1974年恢复零陵记者站，唐曾孝任站长兼记者，后调入李继峰为驻站记者。1991年李继峰调回湖南日报社，1993年3月记者站调入张新国和蒋剑平。1994年唐曾孝退休。1996年1月，《湖南日报》零陵记者站更名为《湖南日报》永州记者站。

1994年6月，张新国任副站长。1996年3月至2000年4月，张新国任站长兼记者，蒋剑平任记者。

2000年5月至2001年6月，张新国任站长兼记者，蒋剑平、唐善理任记者。

2001年7月至2012年6月，张新国任站长兼主任记者，唐善理任记者（2010年开始任副站长），蒋剑平调任邵阳记者站。

2012年7月至2013年9月，张新国任站长兼主任记者，唐善理任副站长兼记者，刘跃兵任记者。

2013年10月至2013年12月，邹仪任站长兼记者，唐善理任副站长兼记者，刘跃兵任记者。张新国改任调研员，编制由《湖南日报》总编室管理。

2014年1月，《湖南日报》永州记者站更名为《湖南日报》永州分社。

2014年1月至2015年12月，《湖南日报》永州分社人员组成为：邹仪任社长兼记者，唐善理任副社长兼记者，刘跃兵任记者。

二、新闻报道

1996年，永州实施“大郊区”战略，记者站积极与市委、市政府两办联合向报社写出专题报告，请求在报道上给予倾斜支持，得到报社重视，报社派出一名编委和一名记者部副主任到永州组成专题报道组进行采访报道。报道组奔走于永州城乡10余天，先后采写刊发《诱人的跨越》《沸腾的热土》《流金的通道》3篇近万字的系列报道，其中《诱人的跨越》刊发在3月6日《湖南日报》头版头条，其余两篇均发表在第二版头条，作者为《湖南日报》记者张新国、周永龄、杨相环，通讯员王国平、艾艳君，同时，3篇通讯都配发了新闻照片。4月28日，《湖南日报》头版头条刊发消息《永州小城镇建设呈现综合效应》，全文1100字，由记者张新国、通讯员艾艳君采写报道。

1997年，由记者张新国、蒋剑平，通讯员刘波、张智采写的消息《永州市开发性农业产生聚合效应》，3月22日刊发于《湖南日报》头版头条。3月25日，省委副书记、省长杨正午在衡阳、永州考察并发表重要讲话，永州记者站记者张新国与衡阳记者站记者朱章安联合采写《加大改革发展力度　全面振兴湘南经济》，全文近2000字的消息，在《湖南日报》头版头条刊发。6月17日，记者张新国与通讯员刘波、王明生采写的消息《永州万余“城镇能人”转业当“老乡”》，刊发于《湖南日报》头版头条。8月9日，由记者张新国采写的《永州搞活农产品流通渠道》，刊发在《湖南日报》头版头条，主要报道全市10万人贩运大军开辟外地市场，促进当地产业，使全市主要农副产品外销量达40%，农民从流通中人均增收400余元。此外由记者张新国、通讯员刘波采写的《白云深处写人生——记江华高山瞭望台余锦柱一家两代人默默奉献的事迹》先后在《湖南日报》和《人民日报》刊发。9月4日，由记者张新国、蒋剑平，通讯员林祥胜、张智、刘波采写的通讯《开放的田野流金淌银——永州市发展外向型农业扫描》，在《湖南日报》头版头条《展示新成就，迎接十五大》地市篇栏目推出。9月8日，由记者谭克扬、杨晓丽采写刊发于《湖南日报》头版头条的《春风化雨润心田——永州市冷水滩区第四小学德育工作纪实》长篇通讯，详细报道四小努力探索、不断创新良好的育人环境，走出一条具有特色的德育工作新路子的成功经验。12月9日，由通讯员周永亮、欧显庭，记者张新国采写的消息《永州强力发展中心城市》，刊发于《湖南日报》一版。12月28日，由记者张新国，通讯员刘波、王红军采写的《政以兴教为本民以助教为荣永州"两基"工程进展快》，刊发于《湖南日报》头版头条。

1998年3月2日，由记者张新国、蒋剑平采写的《长丰集团"猎豹"走遍天下》，发表于《湖南日报》头版头条。9月9日，由记者张新国，通讯员刘波采写刊发的头版头条《永州力超经济增长目标为省分忧》，刊发于《湖南日报》一版。11月29日，由记者张新国、通讯员刘波和周生来采写的《永州市土地延包四年成绩斐然》，刊发于《湖南日报》头版头条。

1999年3月21日，由记者张新国、通讯员陈晓旺采写的1000多字的消息《永州财政实施规范管理》，在《湖南日报》头版头条刊出。5月17日，由记者张新国、通讯员胡继军采写的《永州外出打工者有"娘家"》，刊发于《湖南日报》头版头条。该报道重点报道永州市规范劳动力市场，有序开辟就业门路，使劳务输出从自发走向规范、从无序走向有序的成功经验。11月21日，由记者张新国、奉清清，通讯员刘波采写的《房地产拉动永州经济稳定发展》，报道永州市加快住房商品化进程，使房地产业成为新的经济增长点，拉动经济稳定发展的经验。

2000年2月28日，由记者张新国、通讯员刘波采写的《永州市抓好"两个教育"突出"五个对象"》，刊发于《湖南日报》头版头条。报道永州市围绕跨世纪和加入世界贸易组织两件大事，在广大干部群众中认真开展形势教育，让广大干部群众以崭新的精神风貌跨入新世纪，迎接新挑战，创造新辉煌。《湖南日报》配发评论员文章《守住生命线》予以肯定其做法。9月14日，由记者张新国采写的《永州市委中心组善唱"三部曲"》，详细报道永州市委学习中心组坚持一级带动一级学，联系实际深入学习的经验，刊发于《湖南日报》头版头条。10月27日，由记者张新国、通讯员于剑辉、李社光采写的《永州工业增幅连续九个月冠全省》，报道永州市推出“工贸强市”战略，把握发展机遇，营造服务氛围，促进工业提速的积极举措，刊于《湖南日报》头版头条。

2001 年 1 月 5 日，由记者张新国，通讯员刘波、屈松林采写的《利益导向法治护航永州计生呈现“两头热”》，刊于《湖南日报》头版头条。9 月 10 日，由记者李志林、张新国、谭涛峰采写的《杨正午在永州郴州考察时强调强化发展意识找准发展路子》，刊于《湖南日报》头版头条。9 月 28 日，由记者王志红、朱定、张新国采写的长篇通讯《政法干警的楷模》，发表于《湖南日报》头版头条。

2002 年 3 月 10 日，由记者张新国，通讯员刘波、胡曦采写的《春潮急涌催人进——永州营造投资“小气候”推动经济发展纪实》，刊《湖南日报》发头版头条。5 月 20 日，由记者张新国，通讯员刘波、唐晓君采写的《永州精心打造文化品牌》，刊于《湖南日报》头版头条。6 月 13 日，由记者张新国，通讯员刘波、唐晓君采写的通讯《奏响绿色的旋律》，刊于《湖南日报》头版头条。6 月 22 日，由记者赵成新采写的《杨正午在永州指导防汛时强调拓宽思路救灾安民》，刊于《湖南日报》头版头条。

2003 年 5 月 13 日，由记者张新国、通讯员刘波采写的《永州项目建设拉动经济提速》，刊于《湖南日报》头版头条。6 月 21 日，由记者张新国、通讯员彭楚彬采写的《永州双桨力推农业产业化》，刊于《湖南日报》头版头条。10 月 30 日，由记者张新国、通讯员彭楚彬采写的《村道干道出省通道齐头并进永州公路每天延伸 1.5 公里》，刊于《湖南日报》头版头条。

2004 年 3 月 11 日，由记者王亚奇、张新国、谭涛峰采写的《周伯华在永州郴州考察时强调努力推进产业集群式发展》，刊于《湖南日报》头版头条。3 月 14 日，由记者张新国、通讯员李德新采写的《永州规模农业吐金出银》，刊于《湖南日报》头版头条。7 月 28 日，由记者张新国，通讯员蒋井泉、周劭文采写的《永州信访工作搭起干群连心桥》，刊于《湖南日报》头版头条。12 月 16 日，由记者张新国，通讯员刘波、郑运生、万路飞采写的《永州“一提高三促进”催出硕果》，刊于《湖南日报》头版头条。

2005 年 4 月 18 日刊发在《湖南日报》头版头条的《潮涌潇湘——永州产业化发展扫描》长篇通讯，由记者李志林、张尚武、张新国采写。该通讯从农业产业化浪潮拍击更猛烈、工业“产业树”枝繁叶茂会有时、旅游勃兴托起三产业龙头三个方面详尽报道了永州农业产业化的发展和取得的巨大成就。7 月 23 日刊于《湖南日报》头版头条的《构筑一道坚实的屏障——永州市委书记曾庆炎谈抓好国有产权交易》，由记者王志红、刘文韬、张新国采写。8 月 7 日刊于《湖南日报》头版头条的长篇通讯《潇湘水长情更长——永州市党管武装工作实录》，由记者王志红、刘文韬、张新国，通讯员张美学、唐克伟采写，详细记叙永州市委、市政府浓浓的兴武之情。9月16日刊于《湖南日报》头版头条的《我省公祭舜帝大典隆重举行》，由记者张新国、邓梅辉，通讯员邓成仲、欧阳友忠采写。《满腔正气留人间——记永州“11·10”案中英勇献身的三位英雄》，该通讯由记者张新国，通讯员毛军元、陈汝财采写，详细报道在“11·10”特大持枪抢劫杀人案中为保护公款、勇斗歹徒而牺牲的信用社职工莫晓辉和社区干部、共产党员陈本亮、何兰君三位英雄的事迹。

2006年，《潮涌潇湘势恢宏——看永州推进“三化”进程的铿锵步伐》，整版篇幅采取图文并茂的方式，从农业产业化：捧回了国家级大奖；新型工业化：“产业树”枝繁叶茂；加速城市化：蓄势待发展新姿三方面，详尽报道永州推进“三化”的做法以及取得的丰硕成果。长篇通讯由记者张新国、唐善理，通讯员刘波、蒋井泉、胡曦、张金祥等采写。11月6日刊发于《湖南日报》头版头条的长篇通讯《大地作证——记中国农业科学院祁阳红壤实验站》，由记者张新国采写，通讯从一个预言的破灭，显示出小小实验站的能量；一组数据的记录，写照着几代人的奋斗与奉献；一座纪念碑的矗立，铭刻着当地人民的谢意等方面详尽地记叙了中国农科院祁阳红壤实验站的科技人员，几十年扎根山区艰辛的付出和收获丰硕科研成果的喜悦。7月21日刊于《湖南日报》头版头条的通讯《人民生命高于天——永州市抗击特大洪灾中的感人故事》，从“让群众脱离危险，是我们的首要任务”；心里最为惦记的是群众生命财产安全；救人要紧，巾帼不让须眉三个方面记叙了永州市抗击特大洪灾中的感人故事。

2007年2月19日，刊于《湖南日报》头版头条的长篇通讯《“熙可”的“国际路线”》，由记者李志林、周月桂、张新国采写。此稿报道“熙可”将一个地处内陆的食品加工企业与国际大市场紧紧相连，通过取得美国的NFPA食品安全认证和英国标准协会的HACCP认证，让“熙可”的橘子罐头源源不断地涌出国门、走向世界的先进事迹。3月27日刊于《湖南日报》头版头条的消息《永州新农村建设扎实推进》，由记者吴又珠、张新国，通讯员刘波、蒋井泉采写，报道了永州万余干部回故园，添砖加瓦做贡献，扎实推进新农村建设的事迹。7月24日刊于《湖南日报》头版头条的《永州“山水人文”游魅力初现》稿件，由记者张新国、唐善理采写，报道了永州通过整合资源，精心打造“山水人文”品牌，永州旅游魅力初现的成功经验。

2008年1月18日刊于《湖南日报》头版头条的消息《我省纪念陶铸同志诞辰100周年座谈会在祁阳举行》，由记者蒙志军、张新国采写。4月16日刊于《湖南日报》头版头条的消息《永州社会救助工作省内领先》，由记者张新国、唐善理，通讯员黄建军采写。

2009年1月2日，刊于《湖南日报》头版头条的长篇系列报道之一《蝶变——永州市承接产业转移纪实（上）》，1月4日刊于的系列报道之二，均由记者张新国、唐善理，通讯员刘波采写。3月20日刊发在《湖南日报》头版头条的《“楚头粤尾”新走廊》，由记者张新国、唐善理采写。9月9日刊于《湖南日报》头版头条的《我省公祭舜帝大典隆重举行》，由记者徐蓉、张新国，通讯员欧阳友忠采写。

2010年2月4日，刊于《湖南日报》头版头条的长篇通讯《青春绚烂如花——追记湖南省永州监狱四监区警察吴战保》，稍后接着刊发的系列报道《英雄亦是平常人——人们眼中的“80后”好警察吴战保》，均由记者张新国采写。10月31日刊于《湖南日报》头版头条的长篇通讯《暖冬——永州市工业化危为机加快发展纪实》，由记者张新国、唐善理、吴又珠，通讯员刘波、吴建林、左亚军采写。该稿从抢抓国家扩内需良机，大建基础设施；抢抓沿海企业重组契机，主动承接大转移；巧借科学发展东风，打造后发赶超环境三方面，记叙永州化危为机加快发展的成功做法。12月21日，《湖南日报》头版头条刊出的长篇通讯《巧借东风行大船——永州市在承接与对接中调结构促发展纪实》，由记者张新国、唐善理，通讯员刘波采写。

2011年4月16日，刊于《湖南日报》头版头条的长篇通讯《龙腾潇湘——永州农产品龙头企业带动农业产业化纪实》，由记者张新国、唐善理，通讯员李恺、蒋光楚、杨勇兵采写。全篇约2800字，从政府引导，扶优扶强企业发展，创新创优；农企对接，互利双赢三方面记叙永州农产品龙头企业的兴起。10月24日《湖南日报》头版头条刊出的通讯《永州劲吹“东博”风》，由记者张新国，通讯员龙亚芳、蔡朝晖采写。通讯《务实为民　扎实干事——永州市实施“四二一”工程助推干部作风转变纪实》，由记者张新国，通讯员蒋井泉、刘波、郑运生、蒋洪波采写。通讯约3000字，从“四深入”把最迫切的事情解决好，“两结对”把最困难的群体关心好，“一测评”把最反感的问题整治好三方面记叙永州干部作风的转变。11月11日《湖南日报》头版头条刊于《永州突出集聚发展》，此篇为永州、衡阳、郴州“潮涌大湘南”系列报道的首篇，由记者柳德新、唐爱平、张新国，通讯员左亚军采写。

2012年7月30日刊于《湖南日报》头版头条的通讯《党旗正红映潇湘——永州市创先争优活动综述》，由记者张新国，通讯员郑运生、郑杰采写。9月26日，由记者张新国、唐善理、刘跃兵组织撰稿的《永州：产业承接活力涌》，彩色整版刊出，通过文字（三篇通讯）、图片和图表等形式，全方位多层面反映永州近10年间积极对接珠三角、长三角、闽三角等沿海地区和东盟地区，强力承接产业转移，迸发出无穷的活力。9月29日《湖南日报》头版头条刊登的《壬辰年公祭舜帝大典隆重举行》，由记者唐婷、张新国，通讯员欧阳友忠采写。10月31日刊发于《湖南日报》头版头条的长篇通讯《产业转移掀浪潮——湘南地区以开放促承接、以承接促发展纪实》，由永州、衡阳、郴州3个记者站记者共同采写，3000余字并配图。从敞开“南大门”、构筑新平台、打造增长极等章节记叙湘南已成为湖南对外开放的先导区、承接产业转移的“排头兵”。

2013年6月14日，发表于《湖南日报》头版头条的《守护“湖南的香格里拉”》，由记者胡宇芬、陈惠芳、张新国，通讯员李先志采写。湘江源头被确定在湖南永州蓝山后，《湖南日报》及时组织“四水探源”大型采风活动，并推出一系列重要报道，此为首篇。7月10日刊登《湖南日报》头版头条的《永州“以邻为师”谋发展》，由记者吴又珠、唐善理，通讯员唐学伟采写。8月20日《湖南日报》头版头条刊登的《筑起铜墙铁壁——永州抗御特大洪灾纪实》，由记者唐善理、张新国、刘跃兵共同采写。

2014年7月27日，《湖南日报》头版头条刊发的《永州市规模工业上半年增速全省第一》，由记者邹仪、唐善理采写。该文主要介绍永州市工业发展战略。

2015年1月11日，《永州执行力》在《湖南日报》头版头条刊出，由记者邹仪，通讯员欧春涛采写。此文主要介绍永州经济快速发展的经验：通过改革提高全市各单位各部门的执行力。2月23日，《5年投资45亿元建成合格学校433所永州“教育优先”下猛力》在《湖南日报》头版刊出，由记者邹仪、唐善理，通讯员艾志飞采写。8月26日刊登在《湖南日报》头版头条的《大力引进项目实现后发赶超园区经济成永州发展新引擎》，由记者邹仪、唐善理采写。

第三节　《永州新报》

《永州新报》是由永州市广播电视台主办，湖南省新闻出版局主管的周报型的报纸，每周出版一期，国内统一刊号为CN43-0043。是一张集新闻、家庭、情感、预告影视节目、影视动态、娱乐于一体的具有晚报和都市报特色的综合性报纸。以“关注经济，服务民生”为立报之本，以“贴近生活、贴近家庭、贴近心灵”和其服务性、可读性、实用性赢得读者喜爱。

《永州新报》的前身是《潇湘声屏报》《永州广播电视报》。1992年，随着当时的零陵电视台、零陵有线电视台相继开播，为适应广大观众的需求，零陵地区广播电视局申请，报零陵地委宣传部批准，决定创办《潇湘声屏报（试刊）》，该报由零陵地区广播电视局主办，定编为正科级自收自支事业单位，实行财务独立核算，自负盈亏。

1992 年 10 月 15 日，《潇湘声屏报》第一期试刊，报纸为四开四版，当年的报纸主要以赠送和零售的方式发行到读者手中。

1996 年 1 月至 1997 年 10 月，潇湘声屏报报社先后在零陵地区广播电视局、零陵地区煤炭冶金局、零陵白天鹅宾馆等地办公，报社员工 12 人，下设广告部、采编部、发行部，开办的栏目《声屏风流》《节目预告》《文艺天地》《声屏电波》《生活之友》在读者中产生较强共鸣，每期报纸出版之时，读者都争先到零售点抢购《潇湘声屏报》。

1999 年 1 月，经国家新闻出版署、湖南省新闻出版局批准，《潇湘声屏报》更名为《湖南省城市广播电视报—永州广播电视》(以下简称《永州广播电视报》)，国内统一刊号 CN43-0043。版面由四开四版扩大为四开八版，2001 年又扩版为四开十二版，2004 年再次扩版为四开十六版。从 1999 年到 2007 年，是永州广播电视报发展最快最好的几年，报社人数从 12 人发展到 22 人，大批栏目如《荧屏动态》《生活之友》《每周一星》《家庭》《民情直通车》《情感世界》等成为品牌栏目，报社的办公地点也从零陵区搬至冷水滩区双洲路永州广播电视局院内。

2007 年 9 月 18 日，为适应纸媒发展规律，《永州广播电视报》经省新闻出版局批准更名为《永州新报》，原来的四开十六版小报改为对开八版大报。2008 年 3 月，又恢复为四开二十版小报出版。从 2009 年 12 月到 2015 年 12 月，《永州新报》先后进行四轮竞聘上岗改革，由于纸媒受到新媒体的大力冲击，报纸逐渐失去过去的辉煌，影响力、发行量、经营收入都有明显下降，员工人数减少到办报初期的 12 人左右。

一、机构设置

1992—1998 年，报名为《潇湘声屏报》，定编为正科级事业单位，下设总编室、采编部、广告部。定编员工 12 人，在编 12 人。1999—2007 年，报名为《永州广播电视报》，下设总编室、采编部、广告部、发行部。定编 20 人，在岗 22 人。2007 年 9 月改名改为《永州新报》，2008 年 1 月起下设总编室、采编部、广告部、发行部。定编 20 人，在岗 16 人。2012—2015 年，机构没变，定编 20 人，在岗 15 人。

《永州新报》(含《潇湘声屏报》《永州广播电视报》)历届班子名单如下表。

1992—2015 年《永州新报》班子成员一览表

表 5-4

姓名	籍贯	职务	任职年限
郑国庆	冷水滩	《潇湘声屏报》责任副总编辑	1992. 10—1993. 12
		社长兼总编辑	1993. 12—1995. 10
何建中	新田	《潇湘声屏报》常务副社长、副总编辑	1998. 1—1999. 11
		《永州广播电视报》社长、总编辑	1999. 1—2007. 9
		《永州新报》社长、总编辑	2007. 9—2009. 12
宋兵前	东安	副总编辑	2002. 3—2010. 12
邓智群	邵阳	副社长	2004. 1—2011. 12
伍人鹏	冷水滩	副社长	2004. 1—2006. 12
滕智荣	东安	社长、总编辑	2010. 1—2011. 12
唐小冬	零陵	社长、总编辑	2012. 1—2014. 12
胡志清	零陵	副社长	2012. 1—
艾跃	东安	副总编辑	2012. 1—2014. 12
张标清	福建龙岩	社长、总编辑	2015. 1—2015. 3
孙治国	永州	副总编辑	2015. 1—2015. 12

二、新闻报道

创办之初的《潇湘声屏报》主要转载其他报刊文章，预告中央和省市十几套电视节目及剧情介绍，当时只是每周一期一张四开四版没有公开刊号的内部资料型小报。手工划版，铅字印刷。1993 年，经过改版扩版后，开始组织新闻报道。

（一）栏目设置

1996—2015 年，《永州新报》（含《潇湘声屏报》《永州广播电视报》）开设的栏目有：

新闻栏目 一版《导读》《新闻周刊》《时政要点》《民生冷暖》《民情直通车》《点击各地》《世界万象》《天下事》等。

带“电”栏目 《每周一星》《声屏风流》《节目预告》《声屏电波》《荧屏动态》《剧情介绍》《影视娱乐》等。

生活栏目 《生活之友》《潇湘语丝》《情感世界》《家庭生活》《信息荟萃》

《潇湘文艺》《旅游》等。

文摘栏目 《军事天地》《大案追踪》《史海穿越》《健康周刊》等。

合办栏目 《永州移动》《魅力金洞》《永州警事》《法治永州》《今日零陵》《永州公安》等。

其中比较有影响力的栏目有：

新闻栏目 新闻立报自创刊以来一直是该报的生命线，始终紧跟市委的大政方针，围绕市政府的中心工作不负媒体使命，敢于担当，正确把握舆论导向，大有作为。新闻宣传工作几乎年年受到市委、市委宣传部和上级表彰，每年全省新闻优稿评选也很有成绩。

民情直通车 2003 年 1 月开办，开办的《反映百姓心声传达政府回音》栏目，在老百姓中很有反响，深受读者欢迎。为强化报纸与读者互动、吸引读者参与，《情感世界》专版开设“情感热线”，接受读者对情感记者倾诉，开启编者与读者互动模式。2001 年 10 月 2 日总第 460 期，该报开始设立报社与读者互动活动——“挑刺奖”，读者每挑出一处报纸错误，如错别字、病句、标点不当等等分别给予 10 元以上不等奖励，极大地减少报纸采编错误。当年开设“法制论坛”解读社会“阴暗”现象，如公款吃喝、医药与民生、贪官与奸商、“公贿”透视、少年犯罪“剖析”等。

《文摘栏目》和《生活栏目》中“家庭生活”“军事天地”“大案追踪”“史海穿越”“健康周刊”等文摘板块经过编辑的精编细选，深受广大读者的喜爱。

2008 年 1 月，改名后的《永州新报》开始实现（封面与封底）彩色印刷，坚持以“民生底色、百姓情怀”为宗旨，以“新闻力量、效力民生”为理念，以领跑地区民生新闻为目标，不断强化“发展为最大民生”的新闻价值取向，紧紧围绕市委、市政府的中心工作，紧紧围绕百姓的利益诉求，将民生新闻与主流意识形态密切结合，积极发挥舆论引导能力，不断扩大新闻影响力。在新闻实践中，不断创新栏目形式，改进栏目内容并始终遵守“新闻立报、特色兴办”的办报方针，积极张扬个性，凸现特色——“视觉平民化、语言通俗化、表现亲和化、内容精辟化”。

2011 年 11 月，湖南省委常委、宣传部部长路建平到永州新报社考察，充分肯定永州新报作为行业报、专业报，在传统纸媒体普遍步入低谷、经营不景气的大环境下，能够砥砺前行，依然能够发展壮大起来，取得骄人成绩。报社全体员工备受鼓舞。

2012 年 11 月 8 日，永州市委副书记、市长魏璇君，市委副书记唐松成到报社调研，市领导听取该报新闻宣传、经营创收等工作汇报后表示满意，并就如何发挥行业报刊作用，服务永州发展提出希望和要求。

（二）宣传报道

2002 年，该报派出记者参与由市政协组织的“保卫绿色关注森林”视察采访活动。活动结束时，该报记者陈爱民采写的通讯《绿色洗礼》《石期河水清会有时》分别获得此次活动优稿一等奖、二等奖。

2002 年 8 月初，该报记者听说祁阳石鼓源乡三满房村有一位叫邓全光的老汉（当年 74 岁），十年如一日地将洒落在田野里农药瓶、碎玻璃捡拾起来，然后统一挖深坑掩埋，不图报酬，唯一目的就是保护环境、别伤害大家。为此，记者于 8 月 20 日到村里蹲点暗访，偷偷地跟着邓老汉采访观察。在全方位、多途径采访的基础上，一篇题为《心系环保手脚勤劳，只讲奉献不求回报——邓老汉十余年捡埋上万农药瓶》消息稿在《永州广播电视报》刊出，稿子见报后，在社会上引起强烈反响，邓老汉被授予“全国环保卫士”称号，并经媒体将邓老汉作为典型在全国宣传倡导。这篇新闻稿经推荐参加“湖南广播电视奖”优稿评选，最终被评委们一致评定为“全省广播电视报系统年度优稿一等奖”“湖南广播电视奖”二等奖。这也是当年唯一一篇报纸消息类“湖南广播电视奖”。同时，也是这篇消息稿让《永州广播电视报》实现“湖南广播电视奖”零的突破。

2004 年 6 月 25 日，道县出了这么个新鲜事儿——世上的公司千千万万，经营的业务五花八门，可是下岗职工偏偏创办一家“造地公司”。这在当时确实是个典型的爆炸性新闻。报社记者敏锐地“嗅”出这个新闻的“含金量”，及时进行采访。主人公叫熊小敏，是祁阳鞋厂一名下岗工人，1997 年回到老家道县寿雁镇从农民手中租了 6 亩稻田种起大棚蔬菜，经济效益很好。1998 年，中央 1 号文件出台，给全国“三农”注入新的活力，农民生产积极性空前高涨，甚至出现农民“抢”地种现象。熊小敏租来的几亩地也让农民收回，他再次失业！精明的小敏从农民“抢”地种现象悟出商机：能否创办一家“造地公司”一来开发利用每寸闲置土地，二来适当收取“造地费”，为自己开辟一条新的就业门路。于是，买来机械、工具和招来人员，以“垦复方寸地，留与子孙耕”为宗旨，专门将荒坡、荒滩、荒山、废弃地开发出来，把废弃的老公路恳复过来，把农村老宅地利用起来，并收取一定费用。这篇报道被评定为“湖南广播电视奖”一等奖。

2009 年 10 月 1 日是新中国 60 岁生日。从 7 月 20 起至 10 月 20 日，该报陆续推出“纪念新中国成立 60 周年”大型系列报道，全景式地回放永州市政治、经济、文化各方面所取得的辉煌成就。当年沿海产业向内陆转移，该报审时度势策划“产业转移在永州”采访报道行动。同时，一档以搭建沟通桥梁、维护百姓权益、排解市民困扰、构建和谐永州为宗旨的调查栏目——《记者调查》与读者见面。

2012 年 10 月，《永州新报》迎来创刊 20 周年。为乘此机会提升报纸的影响力和知名度，该报邀请市委宣传部领导、社会各界代表和读者代表召开“《永州新报》创刊20周年”茶话会。与此同时，该报编辑部举办“我与新报”有奖征文活动，征文为期半年，收到应征稿件500余篇，刊登30余篇，在读者中引起强烈反响。

（三）合作办报

2003年，该报与移动公司合作创办《永州移动》专版，移动公司主动订阅报纸1万份赠送移动客户，当年报纸发行突破4万份，开启该报与部门合作办报先河。此举极大地促进该报的发行和创收。

2005年，该报与零陵区委合作创办《今日零陵》专版，这样既实现扩大该报在零陵区的影响力，又让零陵区委创办出一张自己的报纸，达到双赢的效果，并开启本报与县、区合作办报先河。

2006年8月，在借鉴与零陵合作办报经验的基础上，再次与金洞管理区合作创办《走进金洞》专刊。

2009年，在借鉴与永州移动合作的基础上，报社与湖南永州网络有限公司合作专版，公司负责发行5000份报纸，再次提升报社发行和社会影响力。

2012—2015年，由于整个纸质媒体生存环境进一步“恶化”，全省同行广播电视报开始出现被日报合并、频道兼并，甚至停刊的状态，新的报社领导班子带领员工掀起报社各项工作的改革、创新，《永州新报》又一次站在新的起点上盛装启航。

（四）获奖作品

《永州新报》虽系广电系统的行业报，但却注重新闻报道的质量。1993年第26期头条消息《我区广泛开展为人民服务思想再教育》（作者：郑赞朴）被《人民日报》头版头条刊出，报社新闻宣传工作受到地委表彰。1994年全省广电报系统优稿评选中，该报选送的通讯《背负苍天》（作者：张卓琳），广告作品《巨人广告》（作者：郑国庆），言论《喜闻打工仔由粤入湘》（作者：张卓琳）分别获一等奖。

2002年之后，报社加强对新闻报道的力度，对新闻报道的质量有高标准的要求，每年都有优秀新闻作品在省市获奖。

2002—2015年《永州新报》获省以上优秀作品一览表

表5-5

标题	奖项	体裁	作者	刊发时间
邓老汉十年捡埋上万农药瓶	省广播电视奖二等奖	消息	陈爱民 唐兴龙 宋燕琼	2002年
山村里出了个“林则徐”	省广播电视奖二等奖	通讯	陈爱民 艾　跃 黎成刚	2004年
下岗职工熊晓敏创办“造地公司”	省广播电视奖一等奖	消息	陈爱民 唐玉燕 李光平	2004年
农民合同工朱伟友当选全国劳模	省广播电视奖一等奖	消息	何建中 陈爱民 唐新华	2005年
浩然正气情动三湘	省广播电视奖一等奖	通讯	李海源 陈爱民 郭　磊	2005年
为了瑶山那片绿	省广播电视奖二等奖	通讯	罗耀南 陈爱民	2006年
祁阳六十万农民享受“公费医疗”	省广播电视奖二等奖	消息	陈爱民	2008年
“空心村”土地极大的浪费	省广播电视奖二等奖	通讯	何建中 艾　跃 陈爱民	2009年
独生子女家庭忧心忡忡	省广播电视奖三等、 全国城市广播电视报、 优秀新闻作品三等奖	通讯	陈爱民	2011年
乡长辞官种荒田	省广播电视奖二等奖、 全国城市广播电视报、优秀新闻作品三等奖	消息	刘湘莲 陈爱民 杨万里	2013年
“上访妈妈”入党记	省广播电视奖三等奖	通讯	艾　跃	2013年
零陵区与市民共享“区委大院”	省广播电视奖二等奖	消息	周　楠 陈爱民	
瑶族有语言也有文字	省广播电视奖二等奖	消息	孙治国 陈爱民	2015年

三、广告经营

1996—1997年，利用撤区建市带动各行各业蓬勃发展的机遇，以两会祝贺、春节拜年的形式，狠抓行政企事业单位的赞助，赞助金额达30万元。

1998年1—3月，永州市广播电视局实施“局台一体”管理体制，《潇湘声屏报》的广告创收职能划归永州市广播电视局广告总公司统一经营管理。三个月来创收不力，经营不善，广告创收仅5万元。

1998年4月开始，又恢复原来的自主经营管理体制，广告收入有所增加。

1999年，《潇湘声屏报》经国家新闻出版署批准全国公开发行，更名为《永州广播电视报》，当年完成广告收入52万元。

2000年，《永州广播电视报》全年完成广告收入61万元。

2001年，《永州广播电视报》全年完成广告收入73万元。

2002—2003年，《永州广播电视报》实行“工作责任、经济指标”合同制管理办法，与市台签订合同，规定每年完成广告收入100万元，确保上交8万元。

2002年，报社以创刊10周年为契机，市内商家及行政企事业单位祝贺金额达20万元。同时利用招生的旺季，加大学校招生广告的创收力度，其中剑桥实验学校连续三个月每期整版或1/4版。

2004—2010年，台里规定报社每年完成经营创收160万元，确保上交10万元。

2004年，报社开辟两个有影响的专栏，舜德花园协办的《我爱我家》和移动协办的《看广播电视报，手机行情全知道》，带来可观的经济效益。当年报社还与永州市质量协会联合主办“永州公众最喜爱品牌”评选活动，创收20余万元。

2005年，《永州广播电视报》抓住房地产业高速发展的机遇，大力开发房地产广告。其中舜德花园抢占底版，以颐园小区为首的房地产抢占头版，同时开辟头版整版房地产广告的先河。当年，永州广播电视报社承办“永州市首届房产交易会”，带动房地产广告的大量投入。全年创收达300余万元，为历年来创收最高纪录。

2006年，报社年度创收任务为160万元，实际完成200万元。

2007年9月18日，《永州广播电视报》改名为《永州新报》，报社借此全新运营之际，全面发动商家做广告，邀请市内各单位宣传，共创收30万元。封底版被舜德摩尔买断，全年20万元，一个中心版也被永州移动以12万元买断，很好地建立长期大客户的关系。

2008年，在金融危机的影响下，报社经营创收受到严重影响。报社借助政府的影响，启动冬季房交会，吸引一批开发商投放广告。当年创收156万元，上交局里10万元。此时印刷成本和人工成本成倍上涨，扣除上交，报社出现亏损。

2009 年，永州市举办首届道德模范评选活动，报社积极参与策划，先后用 8 个整版刊登其事迹，创收 5 万元。2009 年度报社加大与永州移动的合作力度，每期推出两个整版，移动成为报社的第一大客户。但继续受金融危机的影响，报社年度实际创收 160 万元，继续亏损。

2010 年，《永州新报》发掘新的广告途径，看准汽车行业侧重于平面媒体的宣传，大力挖掘汽车广告，汽车广告本年度广告量达 40 万元。报社组织的两大活动效益明显，零陵区首届房交会，出版房交会特刊创收 10 万元；启动的“冷线杯”永州首届百姓最喜爱的永州品牌评选活动，创收 40 万元。是年，报社年度创收 230 万元。

2011 年，报社年度创收任务为 180 万元，实际完成 280 万元，上交台里 15 万元。该年度与公安、质检、金洞联合办报，合作专版创收 30 万元；继续开发县区房交会，成功举办道县首届房交会；汽车广告达到历年来的最高峰，完成 45 万元。

2012—2015 年，《永州新报》与永州广播电视台新传媒部两块牌子、一套人马运营管理，台里下达创收任务每年为 200 万元，上交 15 万元。

2012 年，报社加大合作办报的力度，开辟《永医人》《永州公安》《永州法院》《永州有线》《国税之窗》《魅力金洞》等专栏专刊创收 40 余万元。与永州移动全年合作两个整版广告，全年 24 万元；报庆 20 周年创收 30 余万元。该年度共完成创收 230 万元。

2013 年，《永州新报》尝试与永州市委法治办、永州市司法局合作开辟《法治永州》专栏，取得成功，当年创收 6 万元，为以后每年 16 万元的长期合作奠定基础。2013 年大力挖掘遗失公告，覆盖房产、国土、工商、税务、银行、卫生、烟草等各部门证件并统一调价，这一项创收 35 万元。全年共完成创收 210 万元，

2014 年，报社面对全世界纸媒断崖式下滑的困境，挖掘潜力，拓宽思路，坚持“以联合办报为发力点、以开发新项目为突破口、以常规广告为稳定点”，控制经营收入下滑幅度。全年经营创收 199 万元。

2015 年，开辟“农信专版”创收 20 万元。全年经营创收 145 万元，出现亏损。

四、征订发行

1996—1998 年，《潇湘声屏报》主要在各全市各县区在广播电视局设发行站，各乡镇广播电视站设发行点，自办发行，自行投递，同时报社内部也多渠道、多形式抓发行，一是组织发行队伍，芝山区、冷水滩区两区招聘多名下岗职工，上门征订并负责投递。二是报社发行部与城区所有报刊点建立合作关系，抓好零售市场。三是与有关单位、企业合作，用广告置换发行，用合作置换发行。

1999年，创办6年的《潇湘声屏报》，经国家和省新闻出版部门批准，更名为《湖南城市广播电视报．永州广播电视》（简称《永州广播电视报》），并公开发行，当时的永州市委书记邹金鷟题写《永州广播电视报》报头，版面由原来四开四版扩大为四开八版，当时《永州广播电视报》为全市唯一一张四开八版拥有公开刊号的报纸，公开刊号为CN43-0043，邮发号为41-209，全年订阅价30元，周四出报，采取邮政和自办发行相结合的方式，并开展有奖订阅活动，奖项共设5等，130余人中奖，多渠道发行大大提高当年报纸的发行量，当年发行量达2万份。

2000年，报纸全年订阅价30元，当年还与广告商联合开展购“骨痛灵酊”送《永州广播电视报》活动。

2001年，《永州广播电视报》由四开八版扩大至四开十二版，内容更加丰富，版面更加活跃，信息量增大，既赢得上级有关部门的赞许，又获得读者的广泛好评，全年订阅价调整为36元。

2002年，《永州广播电视报》自获得全国公开刊号以来，发行工作连续三年创出新高，2002年发行量为创刊以来最高水平，成为当时永州市一张期发版面最多，老百姓家庭最受欢迎的报纸，当时的发行量已突破2万余份。

2004年，《永州广播电视报》扩版为四开十六版，全年订阅价42元，扩版后，《永州广播电视报》宣传水平进一步提升，可读性进一步增强，当年报纸征订广告词为“《永州广播电视报》，家庭生活真需要”，发行量再创新高，接近3万份，比上年增加近1万份。

2005年，在全面提升报纸质量的同时，报纸努力开拓与企事业单位和县区的合作，带动报纸的发行，扩大报纸的影响力，当年通过与永州移动公司大客户部的合作，为移动开办的《我的手机生活》等栏目增加移动大客户订数1.5万多份，与永州人寿分公司合作，增加单期发行量1万多份，与零陵区委合作，开办《今日零陵》专刊版，带动零陵区直各部、办、委、局及乡、镇、学校等区直单位的订报量2000多份，同时，巩固与邮政和各县广播电视局的发行量。是年，《永州广播电视报》达到3.8万份，为办报以来的最高发行量。

2006年，《永州广播电视报》仍然是四开十六版，全年订价42元，采取邮政和自办发行模式。

2007—2008年，由于《永州广播电视报》的节目预告、内容简介等影视信息的传播手段多样化后，广电报的预报功能逐渐丧失。为适应市场的变化，《永州广播电视报》经省新闻出版局批准，于2007年9月18日更名为《永州新报》，每周四出版，由原来的四开十六版的小报改为对开八版的大报，增加民生类内容，报纸的新闻性、服务性、实用性、可读性均有较大突破，全年订价45元，全市各县广播电视局订阅，零陵区、冷水滩区两区该报上门订阅。《永州新报》对开八版大报运行半年后，由于大报的版面有限，制约了定位为服务家庭读者报纸的要求，同时大报也制约广告客户要求报纸广告既有整体效果，费用又低的需求，于2008年3月份又恢复为四开二十版的小报出版，全年订价55元，发行量有所下降。

2009年，由于世界性的金融危机影响国内大环境，给《永州新报》的出版带来一定的影响，特别是与该报一直合作的永州移动大客户部，由每年1.5万多份下降到4000多份，该报的发行量急剧萎缩，当年总发行量为1.5万份左右，版面仍为四开二十版，但报纸增加了8个版的彩色版。

2010—2011年，为扩大报纸的影响力，版面扩大到四开二十四版，彩色版增加到12个版，在发行方面，报社再次和永州有线网络有限公司合作，每年为高清用户订阅2000份报纸，既扩大报纸的发行量，又进一步增加高端家庭读者量，同时，报社在中心城区利用中小学放暑假的时候，组织中小学生开展假日卖报活动，参与义卖的学生所得收入全额资助贫困学生，报社员工也一道分组对中心城区的街道门面进行免费派送，扩大报纸的有效覆盖，增加读者量，由于采取各种措施，两年来虽然受到大环境影响，报纸发行量都保持在1.6万份左右，报纸的承印为《衡阳日报》印刷厂，印价为每份0.65元，邮政与自办发行相结合。

2012年，报纸的发行通过上门送报、重点邮寄、场所覆盖等方式，千方百计扩大报纸的影响力，同时，进一步拓展渠道联合办报。当年，新增公安、中心医院等单位的合作办报，扩大有效覆盖，特别是与中心医院的合作，将报纸派送到每个病室，大大增加有效阅读量，报纸进入病室，培植和带动报纸的药品、医疗广告，当年报纸发行量保持在1.6万份。报纸的印刷由原来的衡阳日报印刷厂调整到广西桂北传媒有限公司印刷厂，邮局和自办发行同步进行。

2013年，受金融危机和新媒体的不断冲击，纸媒的生存空间日益艰难，纸媒的发行工作举步维艰。为稳定报纸发行量，当年，报社采取多条腿走路的方式抓发行工作。一是借力发行，通过出台有效的奖励措施，借力邮政、县台、站点发行报纸。二是捆绑发行，通过报纸与有线付费节目、景点门票捆绑发行报纸。三是联合发行，通过与单位、部门联合办报方式，在战略合作单位部门内部发行报纸。四是常年发行，通过捆绑电视节目，改原来年底发行报纸为常年发行报纸。五是配送发行，通过增设公共场所报架，配送各县区部、办、委、局企业主要领导报纸，促进发行。通过上述措施，当年发行量保持在1.5万份左右。

2014年，纸媒受新媒体的冲击进一步加深，广告收入断崖式的下滑，收入减少，人才流失，订户下降，印刷成本上升。为降低成本，当年版面由四开二十四版减少到四开二十版，印刷仍然由广西北媒有限公司承印。印刷协议规定，《永州新报》

常规印刷为四开二十版，均为单彩印刷，每周四上午六点前将印好的报纸送至指定地点，常规印刷每份 0.6 元，印数 1 万份以上，扩四开四版全彩每份增加 0.7 元。

2015 年，受新媒体的持续影响，《永州新报》发行量一直在逐渐减少，订阅总量不到 1 万份。为提高报纸的可视性，当年 3—6 月，报纸的头版和尾版改为铜版纸印刷，后由于多方面原因，6 月底又改为新闻纸印刷，广西桂北传媒有限公司承印，全市各县邮政和广播电视台办理订阅，版面为四开二十版，定价为 65 元。

第四节 《湖南科技学院报》

一、编辑队伍

《湖南科技学院报》的前身是《零陵师专校报》，创刊于 1986 年 3 月 20 日，1986 年 12 月取得湖南省内部报刊登记证第 31 号。1990 年 5 月取得湘内刊字第 127 号。1995 年 12 月取得湘内部报纸准印证第 100 号。1999 年 6 月，取得国内统一刊号 CN43-0839（G）。2002 年 11 月更名为《零陵学院报》。2004 年 9 月，随着零陵学院命名为湖南科技学院，报纸便更名为《湖南科技学院报》。

2009 年 9 月 30 日，校报扩版彩印，成对开四版。

2015 年，为主动适应“微时代”“全彩时代”等新形势下阅读方式变化的需要，将校报由对开四版变更为四开四版全彩，半月刊。每年均通过省新闻出版局年度考核验收。

《湖南科技学院报》坚持正面引导原则，紧紧围绕学习中心工作，以为学校的教育教学改革发展和学生成长成才提供良好的舆论环境为办报宗旨，积极宣传学校在教学、科研、管理各个方面的最新成就，着力推出富有时代特征、地域特色、贴近学校实际的专版、专栏，保质保量按时出版。报纸版式新颖、活泼多姿，内容丰富、格调高雅、特色鲜明。2015 年以校园网为平台，推出电子校报。《湖南科技学院报》有一支爱岗敬业、一流的采编队伍。

《湖南科技学院报》历届班子成员一览表

表 5-6

姓名	职位	任职时间	姓名	职位	任职时间
杨能山	主编	2008. 12	唐　励	副主编	2009. 9—
潘剑锋	主编	2009. 2—2014. 2	蒋亚军	主编	2014. 3—2014. 12
李国家	副主编	2009. 2—2011. 6	宋振文	主编	2015. 1—2015. 12

杜方智 汉族，1938年5月出生，教授，中共党员。为《零陵师专校报》首任总编辑。有专著《中学语文教学与美术》《星光集郭沫若田汉比较研究及其他》。1985年加入中国作家协会湖南分会，1993年加入中国现代文学研究会，1997年加入湖南高校教育学会任常务理事。

陈雄一 汉族，湖南东安人，副教授，中共党员。1987年参加中南五省组织的《热学》教材编写，1989年参加湖南物理协会组织的《普通物理实验》教材编写，1994年作为副主编参加编写“调查”国家社会科学，1983年在零陵师专参加省物理学会，1985年在零陵师专参加地区物理学会任理事，1985年在青岛参加全国热学研究会任理事。

蒋璟萍 汉族，女，湖南道县人，1964年3月出生，在职研究生，管理学博士教授，中共党员。现任湖南女子学院副院长。享受政府特殊津贴专家，湖南师范大学兼职教授、硕士生导师，湖南省新世纪121人才工程首批入选专家，湖南省公民礼仪素质研究基地首席专家，湖南省商业经济学会副会长，北京大学当代企业文化研究所研究员。湖南省哲学社会科学重点研究基地—湖南省公民礼仪素质研究基地的首席专家，湖南女子大学现代伦理与礼仪教育研究所所长，湖南女子职业大学首批学术带头人、专业带头人，湖南省级重点专业文秘专业责任教授。

杨能山 汉族，1964年9月出生，1986年7月参加工作，中共党员，硕士，教授，湖南宁远人，现为湖南科技学院人文与社会科学学院党总支书记、思想政治理论课教学与研究部教师，湖南省高教学会成教专业委员会常务理事。长期从事思想政治教育和高校管理理论研究与实务，主要研究方向为大学生思想政治教育、高教管理、校园文化建设。连续多年担任本科思想道德修养与法律基础课程主讲教师。出版专著1部，主编教材1部，参编教材1部。主持湖南省哲学社会科学基金课题1项，主持湖南省高校思想政治教育研究课题1项，主持省教改课题1项，在省级以上学术期刊公开发表论文41篇，三次获省级论文二等奖，一次获永州市科学技术进步三等奖。

潘剑锋 1968年2月生，哲学教授，哲学研究员，硕士师导师，湖南省哲学学科带头人，湖南省新世纪121人才工程人选（第三层次），省青年骨干教师，思想政治教育专业校级优秀教学团队带头人，任发展规划与学科建设处处长。近年来确定“养老伦理”和“马克思主义理论”为科研主攻方向，在《思想理论教育导刊》《中国高教研究》《求索》《学术交流》《光明日报》《湖南日报》等共在国家级省级发表学术论文60多篇，其中CSSCI期刊论文10多篇，养老伦理研究方面的学术论文30多篇，多篇学术论文相继被《新华文摘》《光明日报》《人大报刊复印资料》等全文转载和摘录。2014年又主持获得国家社会科学基金中国传统孝道养老伦理思想及其当代启示研究1项。获湖南省哲学社会科学优秀成果三等奖2项。专著《传统孝道与中国农村养老的价值研究》获永州市第三届社会科学优秀成果奖一等奖等。

蒋亚军 中共党员，博士，教授，现任湖南科技学院审计处处长，湖南省高校青年工作先进个人，湖南省普通高校青年骨干教师培养对象。在国内外等刊物上发表论文10余篇，主持省级课题2项。

宋振文 硕士，文学研究员，传媒学院教师，湘潭大学硕士生指导教师，湖南省哲学社会科学成果评审委员会课题立项专家。主持教育部和湖南省社科基金等部省级课题10项；出版《电视传播价值论》《社会主义核心价值观大众化传播研究》专著2部，合著4部；在《学术论坛》《中国编辑》《求索》《新闻界》等核心期刊上发表学术论文80多篇，在《湖南日报》《湖南教育》等报刊上发表新闻报道40多篇。主持项目成果《电视传播价值论》（专著）获湖南省第十一届哲学社会科学优秀成果奖三等奖，《电视传媒对青少年核心价值观的影响及对策研究》（系列论文）获湖南省第三届教育科学研究优秀成果奖一等奖，专著《电视传播价值论》《社会主义核心价值观大众化传播研究》先后被评为湖南省第14、17届优秀社会科学学术著作，参与项目成果获国家级优秀教学成果奖一等奖1项、湖南省高等教育省级教学成果奖一等奖1项、湖南省哲学社会科学优秀成果应用研究成果转化二等奖1项、湖南省高等教育省级教学成果奖二等奖1项、湖南省科技进步奖三等奖1项、湖南省教育科学“十五”规划课题研究优秀成果奖一等奖1项，获永州市第四届哲学社会科学优秀成果奖一、二、三等奖等各类市厅级成果奖励5项。

唐　励 汉族，1978年9月出生，中共党员，现为湖南科技学院党委宣传部副部长、《湖南科技学院报》副主编，湖南科技学院新闻中心主任，文学、经济学双学士，哲学硕士，新闻学副教授。系湖南省作家协会会员、湖南省高校校报研究会理事、湖南省青年社科联专家委员。1997—1999年担任《零陵师专报》记者、编辑，2001年以来担任《零陵师专报》《零陵学院报》《湖南科技学院报》编辑、副主编等职，躬耕校报十多载。

李国家 中共党员，1993年研究生毕业进入湖南科技学院工作，先后担任《湖南科技学院报》编辑部主任、责任编辑、宣传统战部副部长，现为继续教育学院副院长。

《湖南科技学院报》获中级以上技术职称人员一览表

表 5-7

序号	姓名	性别	出生年月	民族	文化程度	参加工作年月	职称	获得职称年月
1	杜方智	男	1938.5	汉	学士	1959.7	教授	1998.6
2	陈雄一	男	1944.9	汉	学士	1970.2	副教授	1993.6
3	刘剑非	男	1967.5	汉	硕士	1988.7	高级政工师	2004.8
4	蒋璟萍	女	1964.3	汉	博士	1983.7	教授	2004.8
5	杨能山	男	1964.9	汉	硕士	1986.7	研究员	2008.10
6	潘剑锋	男	1968.2	汉	硕士	1992.7	教授	2007.8
7	蒋亚军	男	1975.8	汉	博士	1997.7	教授	2012.12
8	宋振文	男	1968.9	汉	硕士	1992.7	研究员	2009.12
9	杨　涛	男	1980.4	汉	博士	2002.7	副教授	2007.12
10	唐　励	男	1978.9	汉	硕士	2000.6	副教授	2011.12
11	唐晓群	男	1958.8	汉	硕士	1979.10	副教授	1997.10
12	李国家	男	1963.9	汉	硕士	1984.7	讲师	1997.10
13	周平尚	男	1982.9	汉	硕士	2005.7	讲师	2010.10
14	林军强	男	1986.1	汉	硕士	2011.7	科员	2013.10

二、宣传报道

办报以来，始终坚持精心策划、精心选稿、精心编排，打造出颇具时代特色、青年特色、地域特色、学术特色的作品、专版、专栏，赢得广大师生的好评。到 2015 年 12 月底，已累计出版校报 374 期，重点报道学校在人才培养、科学研究、社会服务、文化传承与创新等方面取得的办学成绩。校报刊发的有关学校正面宣传的报道数量不断增多，既积极进行对外宣传，又提高校报的对外影响力。校报先后推出“双一流建设”、学雷锋、就业创业、服务地方、教学改革、科院人物、毕业季、教代会、党建等专版专刊，推出学校在服务师生中出实招、干事实、见实效的系列报道。

（一）重大事件报道

2002 年 1 月 9 日，全国高校设置评议委员会在桂林投票表决，零陵师范高等专科学校申办零陵学院获得全票通过。1 月 10 日晚，学校举办“梦想与跨越”大型文艺联欢晚会等欢庆活动，热烈庆祝学校专升本顺利通过全国高校设置评议委员会专家评审。3 月 6 日，教育部同意零陵师范高等专科学校升格为零陵学院。校报推出专刊，深入报道学校办学成绩，全面报道全校师生共同庆祝学校专升本的盛况。

2011 年 11 月 12 日，湖南科技学院迎来 70 周年校庆，教育部、湖南省人民政府等上级单位和兄弟院校纷纷发来贺信，校报第 292 期出版专刊，推出《探索办学之路——湖南科技学院改革发展走笔》《总结成绩增进交流扩大影响面向未来——隆重庆祝湖南科技学院建校 70 周年》等系列文章，全面报道学校办学 70 年以来取得的巨大成绩，《光明日报》、《湖南日报》、人民网、新华网、新浪网、中国教育电视台、湖南教育电视台等媒体报道校庆盛况，提高了学校的知名度和影响力。

（二）教育教学报道

学校坚持以“产教融合、校地校企合作”为导向，掀起多轮教育教学改革。2005 年，管天球主持的课题“地方性高职院校办学模式创新体系建设研究”获国家级教学成果奖一等奖，校报及时进行报道。

学校立足地方，大力加强科学研究，积极推进产学研合作和科技成果转化。校报第 318 期专题报道时任省委副书记、代省长杜家毫考察学校油茶示范基地，第 350 期推出专版，全方位报道学校服务地方取得的办学成绩与经验。自 2015 年以来，学校每年举办永州经济社会发展论坛，校报第 355 期刊发《首届永州经济社会发展论坛在我校举行》等系列通讯，《光明日报》《中国教育报》等主流媒体多次报道学校服务地方经济社会发展成果，引导和激励广大师生更好地服务地方经济社会发展。

（三）先进典型报道

2014 年，校报用大量的篇幅聚焦爱生如子、潜心育人的一线教师张京华，推出《北大走来的“愚”教授》《把心沉在学问上——记湖南科技学院教授张京华》等报道，被《湖南日报》、凤凰网、新浪网、网易等媒体转载，引发广泛关注。

利用校报的言论导向功能，正面引导师生员工。校报重点选取代表学校发展方向、具有积极进步意义的先进典型，把师生的注意力引导到促进学校发展的轨道上来，在校园中形成正确的舆论环境。如 348 期对学校开展的细类学雷锋、当先锋活动进行整版报道，生动展示新时期雷锋精神的勃勃生机，凝聚践行社会主义核心价值观的强大力量。

（四）就业创业报道

服务地方经济社会发展是高校的重要职能之一，推出“服务地方”专版，集中报道学校在新的历史发展阶段服务地方的动态。校报第 350、361 期对学校就业创业工作进行整版报道，选取在校大学生创业典型的先进事迹进行宣传，为学校积极营造浓郁的创新创业氛围。

校报版式新颖，活跃多姿，内容丰富，在每一年的年度湖南省高校新闻作品奖的评选中，报送的作品均获各类奖项。2014 年，报送的 27 项作品全部获奖，其中，一等奖 6 项、二等奖 17 项、三等奖 4 项；2015 年，报送的 22 项作品全部获奖，其中，一等奖 1 项、二等奖 14 项、三等奖 7 项。

三、获奖作品

2013 年度《湖南科技学院报》获“湖南省高校新闻奖”作品一览表

表 5-8

序号	作品标题	作者
1	柿子花开	许剑桥
2	青青石板踏歌行	赵兰
3	桃花依旧笑春风	张明远
4	时光有耳	李瑞
5	第 328 期第四版	潘清远
6	第 318 期第一版	潘剑锋
7	第 326 期第二版	熊玲芝
8	第 326 期第三版	周平尚
9	湖南科技学院“爱心小屋”情意浓	周平尚
10	聚合青春正能量	张从瑜　毛彤雅
11	学校跻身全国就业典型经验高校 50 强	周平尚
12	品茶品味话人生	黄嘉欣　周碧玉　李梦雨
13	独立思考自由表达	张从瑜
14	学校巧造校园明星励学子	潘剑锋　周平尚
15	校政企联手打造书院文化	周平尚　高思慧　薛娇
16	梦若花开	陈海连
17	最该“秀”的是智慧和思想	张显峰
18	爱洒残疾男儿求学路	周平尚　黄春春
19	省委副书记、代省长杜家毫视察学校油茶示范基地	张从瑜
20	瑶族非物质文化的传承者	张从瑜
21	人生需要理想　校园需要正能量	张从瑜　郑梦莹　陈恳
22	湖南省副省长李友志来我校考察调研	符小勇　熊玲芝
23	“零元生存”活动使创业基础课更“接地气”	符小勇
24	将大学生创业梦进行到底	杨恋　张从瑜　方凤娇
25	我们需要什么样的学风？	杨飞龙　杨恋　彭思

2014年度《湖南科技学院报》获“湖南省高校新闻奖”作品一览表

表5-9

序号	作品标题	作者
1	发现与享受	张从瑜
2	教职工有了免费工作餐	许剑桥　朱梦迪
3	校党委副书记唐艳明结对帮扶贫困学子	熊玲芝　朱梦迪
4	大学生零元生存传递人间真爱	周平尚　朱梦迪
5	书香琴韵演绎传统文化盛宴	李瑛
6	最美女大学生：用爱撑起家的脊梁	许剑桥　周平尚
7	要么读书，要么旅行	李瑞
8	因为懂得，所以慈悲	彭二珂
9	青春，不忧伤	许剑桥
10	永州诗人齐聚我校开展读诗会	许剑桥　李东泼
11	走近学生：让贴近群众之举蔚然成风	戴猛　朱梦迪
12	体验式“学习大拷问”让群众路线教育更接地气	李瑞　黄丽丽
13	校长陈弘作客湖南教育网在线访谈	熊玲芝
14	我校首部逐梦电影《流年似梦》首映式成功举行	方凤娇　李东泼
15	学校举行书籍交流会　共建“流动书屋”	许剑桥熊玲芝
16	人民网全文刊发校长陈弘2014届毕业典礼致辞	熊玲芝
17	学校举行“潇湘石刻文化考察展”	牛泽宇
18	纪念孔子诞辰　弘扬传统文化	周平尚
19	学校开展“永州历史文化特色入学教育活动”	胡刘庆　陈英
20	学校党委领导班子“约法五章”	熊玲芝
21	新华书店落户我校打造新概念学习平台	许剑桥
22	我校与蓝山县签订县校合作协议	何帅文
23	晒微型情诗　传暖暖情意	许剑桥
24	第336期第四版	潘清远
25	第343期第二版	熊玲芝
26	我校大学生暑期用青春筑梦	许剑桥　李瑞
27	漫漫就业路：给梦想找个家	黄嘉欣　邓斯婕　周旦

2015 年度《湖南科技学院报》获“湖南省高校新闻奖”作品一览表

表 5-10

序号	作品标题	作者
1	逐梦：种下希望的种子	周易晶
2	万名“王小萃”28 年接力关爱空巢老人	牛泽宇　李瑛
3	义务维修三十载　激扬青春谱华章	刘俊雄
4	李友志副省长批示向张京华学习	熊玲芝
5	我校学子帮 25 对山区老人圆婚纱梦	周平尚　李佳丽
6	我校 222 套公租房正式开工建设	熊玲芝　吴亚
7	《光明日报》头版头条报道我校张京华教授先进事迹	胡蕊蕊
8	我校结对扶贫干部赴新田“结穷亲”	牛泽宇
9	学生党员结对帮扶　大手拉小手共筑大学梦	何霞　杨光月
10	校党委书记陈弘赴潮水铺村宣讲惠民政策	张云芳
11	与爱同行：两百学子挑战零元生存创业	周盈
12	我校学子张键“白手起家　两年创收五百万元”上央视	裴滢　欧盼迪
13	创客，我们在行动	许剑桥
14	创业沙龙助力学子创客梦	李好
15	理论沙龙启动　体验式培训受青睐	黄丽丽　胡翠芳
16	第 353 期第三版	熊玲芝
17	写给湘科院的一封情书	李东泼
18	老照片	裴滢
19	潇水婉转绕科院	贺紫蝶
20	谁的青春不犯傻	许剑桥
21	我家的“世纪老人”	牛泽宇
22	奶奶的中国梦	陈肖莲

第五节 县市报

一、《冷水滩晚报》

1991年4月，冷水滩市文联编辑出版《冷水滩晚报》试刊号，赠送冷水滩市委、人大、政府、政协机关，市直正科级单位，各乡镇党委、政府。是年5—12月《冷水滩晚报》为月报，每月编辑印刷1期。1992年1—12月为半月报，每月编辑印刷2期。1993年1—12月为旬报，每月编辑印刷3期。《冷水滩晚报》在试刊期间，市民反响强烈，受到中共冷水滩市委、冷水滩市人民政府的重视。

1993年10月，由冷水滩区编委行文，成立冷水滩晚报社，为正科级事业单位。由中共冷水滩区委常委、宣传部部长唐淑娥兼任总编辑，彭楚明、赵卫平为副总编辑。彭楚明为执行副总编，主持报社全面工作，系法人代表。是年12月，取得省新闻出版局的内部报纸准印证，准印证为湘报第104号。

1994年1月至1996年12月，《冷水滩晚报》为周二报，四开四版，激光照排，限冷水滩市内发行。《冷水滩晚报》坚持"党报性质，晚报特色"的办报方针，版面安排为：一版为时政要闻版，二版为经济新闻版，三版为社会新闻和文艺副刊，四版为文化娱乐和报刊文摘。主要栏目有《新闻现场》《新闻快车》《黄律师信箱》《宋家洲》《冷水滩声》《湘江夜话》等。

《冷水滩晚报》系市委机关报，由中共冷水滩区委主办，归口市委宣传部管理，由市委宣传部负责发行，零陵地区邮电局投递公司负责投递。1993年每期发行量4000余份，1994年每期发行量8000余份，1995年每期发行量达9000余份。1996年，零陵地区撤区建市，冷水滩撤市为区。永州市委指示，为集中精力办好市委机关报《永州日报》，抓好《永州日报》的征订发行，冷水滩区和芝山区不再办报。因《冷水滩晚报》已于1995年年底征订5000余份，遂允许再办一年。1996年12月26日，《冷水滩晚报》出版最后一期报纸后即停刊。

冷水滩晚报社工作人员最多的年份1995年达17名，除4名正式国家干部外，其余都是聘任人员。

《冷水滩晚报》于1994年年底被省新闻出版局评为全省县市报一类报纸。1993—1995年参加全省县市报好新闻、好副刊作品评选活动，其中获好新闻作品一、二、三等奖56件，好副刊作品一、二、三等奖22件。另有2篇新闻获全国晚报协会好新闻作品三等奖。

二、《永州报》

1991年8月，原县级永州市委研究决定，创办一份市委机关报，报名为《永州报》，10月27日，《永州报》第一张试刊号出刊，为四开四版小报。第一届编委会由市委副书记林克屏担任主任，市委常委、市委办主任鲁铁煌兼任总编辑，市委办副主任马炳武任副总编，市委政研室副主任唐柏荣任责任副总编；委托市委政研室编辑、出版；每月两期，免费赠阅。

1992年5月，永州报社成立，为市委直属局级事业单位，归口市委办，与政研室分开办公。鲁铁煌兼任总编辑，唐柏荣任责任副总编、党支部书记。7月1日，《永州报》创刊，交邮局发行。

1993年1月1日，由旬报改为周报。3月，唐柏荣被任命为总编辑。7月1日，《永州报》更名为《永州晚报》，并归口市委宣传部管理。12月，永州晚报社承办“1993全省县市报年会”。

1994年1月1日，由周刊改为周二刊，10月，经省新闻出版局考核同意、国家新闻出版署批准，恢复使用《永州报》报名，并获得全国统一刊号：CN43-0060，正式向全国公开发行。这是零陵地区除《祁阳报》外，第二个获得全国公开刊号的县市报。

1995年1月1日，由周二刊改为周三刊，邮局发行。唐柏荣仍为总编辑。6月，市委任命唐文平、袁忠民为副总编辑。9月，上级批准自1996年1月1日起易名为《永州日报》。1995年11月，国务院批准撤销零陵地区，设立地级永州市；撤销县级永州市，设立县级芝山区（2005年改为零陵区）。12月，原零陵地委决定，1996年1月1日起芝山区停止使用《永州日报》报名。

1996年1月1日起，仍用《永州报》。12月，地级永州市委决定，1997年1月1日起芝山区不再办报，《永州报》停止出版发行，永州报社撤销。

1993—1996年，《永州报》年发行量均在20000份左右。《永州报》在办报中，遵循党性原则，将党报当作晚报办，将小报当作大报办。反映弹性地区改革风云，办出地方特色和风格，对促进永州（芝山）经济社会发展发挥了积极作用。主要栏目有《潇湘动态》《重点工程巡礼》《外地人看永州》《香零山夜话》等。报纸先后推出的首届全国怀素书艺研讨会暨永州首届经贸会、旧城改造、百万庄开发、永州异蛇产业、个体私营经济发展、麻元村塘角鱼苗基地、南津渡大桥建设、干部人事制度改革、南电淹没区贪污案件、1994年“11·22”中巴车特大爆炸事故等重点报道。

《永州报》牢固树立争先创优意识和“优稿”意识，先后有70多件新闻作品和论文在全省、全国县市报优稿评比中获奖，其中获一等奖10余篇，1992年购置零陵地区首家报纸系统激光照排设施；1993年在原六个区分别建立通联站；1993年购置一处旧房，总面积约2万平方米，有一栋三层的办公楼；办起印刷厂；购买采访车。固定资产时值150多万元。至1996年，报社有工作人员22人（包括借用、聘用人员），有业余通讯员和特约记者100余人，出版报纸450期。

三、《祁阳报》

1986年10月1日，《祁阳报》复刊。复刊前，于当年9月试刊两期。因祁阳县于1956—1961年曾办过《祁阳报》，故称这次办报为复刊。《祁阳报》性质为党报，

周二报，四开四版，铅字排版，祁阳县印刷厂承印，限祁阳县内发行。1988年，中国新闻出版署颁发全国报纸统一刊号CN0043 — 0013，国内发行，仍为四开四版，激光照排。1996年改为周四报，四开四版，由1987年的8000份增加到2002年的3.02万份。

祁阳报报社为正科级事业单位，初办时由中共祁阳县委宣传部副部长伍孝成兼任总编辑，唐修瑞、郑运龙为副总编辑，在编工作人员共8人。1992年，邓开衡任社长兼总编辑，1995年陈祚明任总支书记，1998年，桂建功任社长兼总编辑，刘毅华任总支书记。到2002年，全社（含印刷厂）共有工作人员88人，其中，干部34人，工人54人。

办报经费主要是报纸发行加地方财政补贴。补贴起初为3万元/年，后为15万元/年，广告费由1989年的1.6万元增加到2001年的21万元。《祁阳报》的发行收入由1987年的15万元，增长到2002年的103.9万元。《祁阳报》作为地方小报，既突出党报特点、又尽显地方色彩，版面安排为：一版为要闻，二版为经济新闻版，三版为社会新闻和广告版，四版为文艺副刊《浯溪》。

《祁阳报》系县委机关报，由中共祁阳县委主办，归口县委宣传部管理，由县委宣传部负责发行，祁阳县邮电局负责投递。

因政策原因，2001年，全国县市报纷纷停刊，《祁阳报》也于2003年9月29日再度停刊。

1987—2003年，《祁阳报》共有150件新闻作品获得全省县市报刊评选一、二、三等奖，45件好副刊作品获一、二、三等奖。

四、《东安报》

《东安报》是中共东安县委机关报。1957 年 6 月 1 日创刊，社址设县委机关大院内，时为八开铅印小报，3 日刊，每月出 10 期，稿件较多时改出四开版，由县印刷厂制版印刷，每期平均发行 6500 份，最多一期为 1.2 万份，1961 年 5 月 1 日停刊。

1994 年 7 月 1 日，经湖南省新闻出版局批准复刊，刊号是湘报字 054，由县委主办，县委宣传部主管，四开四版。第一版要闻，第二版经济，第三版综合，第四版副刊。《东安报》三字由时任湖南省副省长唐之享题写。

《东安报》复刊之初，无固定办公室，无采访工具。1995 年冬，投入资金 11.4 万元，购置电脑照排系统 1 套，1997 年春，投入资金 6 万元，在县委机关大院内购置办公室 8 间设编辑部。1997 年，投入资金近万元添置办公桌、椅、柜。1998 年冬，投入资金 6 万元，购置采访车 1 辆。至此，报社固定资产达 20 余万元。《东安报》发行分征订和赠阅两种方式。1995—1998 年面向全县以征订方式公开发行，发行量最多的 1996 年总数达 2.1 万份，其余年份均为财政拨款，赠阅发行。报社社训是：求真务实求准，至诚至善至美，忠于党忠于人民，忠于真理；办报方向是：政治立报，创新强报，实干兴报。注重唱响主旋律，先后开辟《乡村风景线》《理论前沿》《当前大事》《崇尚科学反对邪教》《“三个代表”润山乡》《环保世纪行》等栏目，并组织香港回归、新中国成立 50 周年大庆、建党 80 周年大庆、全民抗“非典”（非典型性肺炎）等大型宣传活动。

通讯报道由县委宣传部主管，县委宣传部设新闻干事专抓。《东安报》复刊后，报社编辑、记者每年有 100 余条新闻稿件在市级以上报刊刊发。业余通讯员队伍遍及全县各行各业。县委办公室、县政府办公室每年均对优秀新闻工作者和优秀通讯员进行表彰，表彰优秀新闻工作者 8 人次、优秀通讯员 15 人次。

2003 年，根据中共中央文件精神，经县委研究停刊。1994—2003 年出版 459 期。

五、《道州报》

1994 年 7 月，道县县委宣传部编辑出版《道州报》试刊号，试印三期赠送道县县直单位、乡镇（场）村，赠阅量达 3500 余份，《道州报》在试刊期间，

全县反响强烈，受到道县县委、县政府的高度重视，1995 年 1 月由道县编委行文，成立道州报社，为正科级事业单位，归口道县县委宣传部管理，由唐天戈任报社总编辑，主持报社全面工作。当年 8 月，《道州报》取得省新闻出版局内部报纸准印

证，准印证号 116 号。

1995 年 1 月《道州报》出刊第一期，到 2003 年 12 月 29 日停刊，报纸为周刊四开四版，激光照排，限道县范围内发行。一版为要闻版，二版为经济版，三版为社会新闻版，四版为副刊版。主要栏目有《重要言论》《理论学习》《经济纵横》《新闻特写》《专题新闻》等。

《道州报》系县委机关报，由县委宣传部负责发行，道县邮电局投递公司负责投递发行，1995 年发行量近 2 万份，后逐年减少，直到 2003 年报纸发行量只有 8000 余份，根据上级文件精神，2003 年 12 月 29 日，《道州报》出版最后一期报纸后停刊，共出 441 期。

《道州报》工作人员最多年份是 1996 年，工作人员达 8 名，7 名正式员工，1 名聘请人员（司机）。报纸停刊后，工作人员被妥善安排。

《道州报》办报以来，连年参加全省县市报好新闻、好副刊作品评选活动，其中获好新闻作品一、二、三等奖 20 余件，好副刊作品一、二、三等奖 10 余件。

六、《江华周报》

1994 年 1 月 1 日，江华瑶族自治县委宣传部编辑出版由原中顾委常委、最高人民法院原院长江华题写报名的《江华周报》试刊号，赠送江华县委、人大、政府、政协机关，县直各单位，各乡镇（场）党委、政府。同时，在全市部分市直单位和各县区委宣传部进行赠送交流。从 1994 年 1 月 1 日起至 6 月 10 日，共不定期编辑出版试刊号 7 期。1994 年江华瑶族自治县委第 6 次常委会议研究成立江华周报社。同年 5 月 16 日，江华瑶族自治县委编制委员会印发文件，宣告《江华周报》社成立，属于正科级事业单位，定编 4 人，归口县委宣传部管理。1994 年 5 月 27 日，江华瑶族自治县委召开江华周报社成立暨复刊庆典大会，报社各项工作步入正轨。试刊期间，县委常委、宣传部部长雷留日兼任总编辑。报社步入出版发行后，县委宣传部副部长黄生华、唐志强与张跃元先后兼任或出任总编辑。省委宣传部新闻处、省新闻出版局与市委宣传部及有关部门高度重视《江华周报》社的编辑出版工作，并给予办刊指导。1994 年 6 月，省新闻出版局给予《江华周报》省内部报纸准印证批文，准印证为湘报第 047 号。当月开始，《江华周报》在县内公开出版发行。

1994 年 6 月至 2003 年 11 月，《江华周报》为周报，四开四版，激光照排，限江华县内发行。周报坚持“党委喉舌，服务人民”的办报方针，版面安排为一版为要闻版，二版为经济新闻版，三版为社会法制新闻版，四版为文艺副刊和报刊文摘版。主要栏目有《冯河之声》《今日漫话》《科技园地》《法制园地》《瑶风》等。

《江华周报》系县委机关报，由中共江华瑶族自治县委主办，归口县委宣传部管理，由县委宣传部负责发行。报社成立之初，由江华邮电局投递公司负责投递。

1998年开始为自办发行。1994年每期发行量5000余份，1995年每期发行量8000余份，1996年每期发行量达1万份。1999年开始，省里出台有关文件对新闻出版行业进行治理整顿，严格取消非国内统一刊号的报纸定价收费发行，江华周报社认真贯彻落实上级指示精神，取消报纸收费，全部实行免费赠阅。报纸印刷数量为3000份，覆盖全县各单位和行政村。2003年11月，根据国家和省里有关规定，取消全部县级报纸，《江华周报》在历经10年时间出版480期后，宣布停刊。

1995年，《江华周报》除4个正式编制人员外，宣传部10人都共同为报社工作服务。至1999年，报社工作人员为6人，其中干部4人，事业编2人。

《江华周报》于1994—2003年多次参加全省县市报好新闻、好副刊作品评选活动，其中获好新闻作品奖62件，好副刊作品奖29件。另有46件作品在湘粤桂县市报好新闻好副刊作品评选中获奖。

七、《新田报》

《新田报》于1991年1月创刊，报址设在新田县委宣传部，赠送县委、人大、政府、政协机关，以及县直正科级单位，各乡镇党委、政府。总编辑为新田县委宣传部部长郑柏梁，主编为县委宣传部宣传干事刘泽业。同年2月，县人大、政协两会期间出版试刊第二期，由于报中内容编排不平衡，在县委常委会议上引起强烈反响，于是常委会决定暂时停刊。同年7月，县委宣传部部长郑柏梁在县委常委会上再议《新田报》复刊，得到县委常委会认可，出版《新田报》试刊第三期，总编辑郑柏梁，副总编辑为宣传部副部长周敦森，主编为县委办干事唐柏佑。不定期出版，到零陵印刷厂印刷，试刊共10期。1992年7月，县委宣传部副部长周敦森调出，唐柏佑调新田县委宣传部任宣传干事，主持报社工作。县委宣传部干事杨如松、赵红萍协助报社工作。

1993年10月，新田报社成立，定为正科级事业单位。报址设在县委宣传部。同年12月，取得省新闻出版局的内部报纸准印证。

《新田报》在办刊期间，遵照“只许帮忙，不许添乱”的原则，掌握正确的舆论导向，在宣传党的方针政策，宣传县委、县政府重大决策，宣传社会和谐、经济增长、人民生活等诸方面起到了促进作用，得到县委、县政府的肯定，得到全县各界的好评。1994年8月，新田县委办行文，确立新田报社领导班子，由新田县委宣传部副部长黄象银兼任新田报社社长、总编辑。由县委办副主任唐柏佑调任新田报社副社长、副总编辑。编辑人员有郑辉、汤友国、龙东生、刘柏根。

《新田报》创刊后，于1992年改为周报，为四开四版小报，一版为要闻版，二版为经济新闻版，三版为社会新闻版，四版为文艺副刊版。主要栏目设有《头条竞赛》《两会花絮》《政策咨询》《法制天地》《教育园地》《人物风采》《新田烤烟》《新田环保》《社会生活》等，报刊采用激光照排，到道县一中印刷厂印刷，每年出版53期，春节期间增刊2~3期。1997年，新田印刷厂添置激光照排设备，《新田报》改在新田印刷厂印刷。

《新田报》系新田县委机关报，由中共新田县委主办，归口县委宣传部管理，由县委宣传部负责发行，列于党报党刊发行范畴。新田县邮电局负责投递。1991年每期印刷2000份，1993年增加到8000份，1994年每期发行量达5万份，发行到全县各机关单位、厂矿学校、村民小组以及全体党员当中。

2002年9月，黄象银调出，刘骏运调任新田报社社长。2002年11月，乐照元招考为新田报社副社长、副总编辑。2004年2月，新田报社政策性撤销。

附 录

一、文献辑录

中共永州市委宣传部文件

永宣发〔2014〕13号

中共永州市宣传部
关于对中央、省级主要媒体上稿工作
实行目标管理的通知

各县区（管理区）党委宣传部、市直各新闻单位：

为进一步加强全市在中央、省级主要媒体上稿工作，切实提高永州的知名度和美誉度，扩大永州的对外影响力，经市委宣传部部务会研究决定，从2014年1月起，对各县区（管理区）及市直各新闻单位在中央、省级主要媒体上稿工作实行目标管理，对正面宣传报道永州的重要稿件予以重点奖励。现将有关事项通知如下：

一、奖励原则

坚持团结、稳定、鼓劲和正面宣传为主的原则，坚持上稿采纳分类奖励的原则，奖励对外宣传报道全市深化改革开放，加快全面建成小康进程，建设品质活

力永州所取得的新经验、新成就的新闻作品。

二、考核奖励范围

（一）中央级媒体

《人民日报》、新华社［新华网（不含湖南频道）、新华每日电讯、通稿］、中央电视台、《光明日报》《经济日报》、中央人民广播电台、《中国日报》、中国新闻社［中国新闻网（不含湖南新闻网）］等中央主要媒体正面宣传报道永州经济社会发展成效、先进经验和典型（突发事件除外）的稿件；《工人日报》《中国青年报》《农民日报》《中国妇女报》《法制日报》《科技日报》《新闻出版报》《中国教育报》《中国改革报》《中国经济时报》《中国文化报》等中央媒体在重要版面刊发的正面宣传稿件。

（二）省级媒体

在《湖南日报》头版、要闻版和市州新闻版刊发的正面宣传稿件（500字以上），在湖南卫视《湖南新闻联播》节目播发的正面宣传报道（因统计范围较广、难度较大，其他省直媒体发稿不纳入考核奖励范围）。

三、考核目标

（一）永州日报社

每年在纳入奖励范围的中央级媒体上稿不少于15条；每年在《湖南日报》刊发有关全市性工作的头版头条不少于1条，市州新闻版头条不少于2条，要闻版稿件不少于20条（与《湖南日报》记者站合作的稿件纳入考核范围）。

（二）永州广播电视台

每年在中央电视台上稿不少于15条，其中《新闻联播》不少于2条。在湖南卫视《湖南新闻联播》上稿排名进入全省前四。

（三）永州新闻网

每年在新华网（不含湖南频道）、中国新闻网（不含湖南新闻网）上稿不少于12条。

（四）各县区（管理区）委宣传部

每年在纳入奖励范围的中央媒体上稿不少于15条，在《湖南日报》上刊发头版头条1条、市州新闻版头条2条，要闻稿不少于30条，在湖南卫视《湖南新闻联播》发稿数不少于10条。金洞、回龙圩管理区全年上稿目标任务减半计算。

四、奖励办法

（一）奖励对象

市直各新闻单位、各县区（管理区）委宣传部；市县新闻通讯员。

（二）奖项设置

1. 组织奖

永州日报社完成全年考核目标数奖励 20000 元，永州广播电视台完成全年考核目标数奖励 30000 元，永州新闻网完成全年考核发稿任务，奖励 6000 元；各县区（管理区）委宣传部完成全年考核目标后，按照发稿数前三名分别奖励 20000 元、15000 元、10000 元，其余完成任务的县区（管理区）各奖励 8000 元。

2. 个人奖励

（1）《人民日报》头版头条每条奖励 1 万元、头版稿件每条奖励 5000 元，其余版面正面新闻稿件 500 字以上的每条奖励 2000 元，图片报道每条奖励 500 元；中央电视台《新闻联播》头条每条奖励 1 万元，30 秒以上单条稿件每条奖励 5000 元，简讯每条奖励 2000 元；其他频道和栏目重要正面新闻稿件每条奖励 1000 元，同一内容滚动播出的只计一次；《新华每日电讯》《经济日报》《光明日报》《中国日报》头版头条每条奖励 5000 元、头版稿件每条奖励 2000 元，其余版面正面新闻稿件 500 字以上的每条奖励 1000 元，图片报道每条奖励 300 元；中央人民广播电台新闻联播每条奖励 1000 元；在新华网、中国新闻网刊载的有较大影响的原创正面报道每条奖励 600 元，图片报道每条奖励 200 元；《工人日报》《中国青年报》《农民日报》《中国妇女报》《法制日报》《科技日报》《新闻出版报》《中国教育报》《中国改革报》《中国经济时报》《中国文化报》等央媒的头版头条每条奖励 3000 元，头版稿件每条奖励 1000 元，其他重要版面刊发的正面宣传稿件每篇奖励 600 元，图片报道每条奖励 200 元。

（2）《湖南日报》头版头条报道全市性工作的稿件，每条奖励 1000 元，报道各县区（管理区）中心工作的稿件，每条奖励 500 元，市州新闻版头条报道全市性工作的，每条奖励 500 元，报道各县区（管理区）中心工作的稿件，每条奖励 200 元；在要闻版刊发的报道全市性工作、500 字以上的正面宣传稿件每条奖励 200 元；报道各县区（管理区）工作的，由各地自行奖励。湖南卫视《湖南新闻联播》头条发稿每条奖励 1000 元，60 秒以上的单条稿件每条奖励 500 元，30~ 60 秒报道全市性工作的，每条奖励 200 元，报道各县区（管理区）工作的，由各地自行奖励。在其他省直媒体刊播的具有较大影响、报道全市性工作的正面宣传稿件，酌情予以奖励。

（三）奖励经费

每年年初由市委宣传部核定上年在中央和省级主要媒体上稿篇目，市财政局按当年上稿目标管理办法核拨奖励经费。

（四）统计标准

1. 原则上，报道哪个县区（管理区）工作的，就计入该县区（管理区）的发稿任务数。由市直新闻单位向央媒推荐的报道县区（管理区）的稿件，按照市直新闻单位和该县区（管理区）各占一半的比例计入该单位发稿任务数。

2. 刊播稿件未署通讯员姓名（市县区电视台名称）的，一般不作奖励，有记者和通讯员（市县区电视台）共同署名的，按奖励标准的一半进行奖励。

五、工作要求

（一）各县区（管理区）委宣传部和市直各新闻单位要将对中央和省级主要媒体的新闻上稿作为一项重要的常态工作，切实加强领导，精心策划，组织骨干力量开展好此项工作；要充分发挥主观能动性，采取有效措施，拓宽上稿渠道，不断提升在中央、省级主流媒体上稿的数量、质量，为建设品质活力永州、富民强市营造浓厚的外部舆论环境。

（二）市委宣传部对上稿情况每季度通报一次，通报结果寄送县委、县政府主要领导和宣传部部长。市直新闻单位上稿情况每月在新闻工作例会上通报。每半年召开一次调度分析会议，年终进行奖励兑现。未完成全年目标考核任务的县区（管理区），在“四创四争”目标考核中扣除新闻外宣工作相应的分值。

（三）各县区（管理区）委宣传部和市直各新闻单位每月 5 号前将纳入考核奖励范围的中央和省级主要新闻单位采用的稿件名称、用稿单位、时间、版面位置（节目时段）、作者姓名及链接网址等资料统一造表，汇总上报市委宣传部新闻科（湖南卫视上稿情况以每月卫视通联为准），逾期或未按要求报送者不纳入奖励范围。

中共永州市委宣传部

2014 年 4 月 15 日

中共永州市委宣传部办公室　　2014 年 4 月 16 日印发

二、人物选介

李进军

李进军，女，1955 年 12 月生，大学本科学历，高级记者，中共党员。1973 年高中毕业，1973 年 4 月参加工作，1975 年 9 月在零陵师范读书，1977 年 8 月留校任教。1978 年至 1987 年先后在宁远广电局和新田广电局工作（历任广播站长、副局长），1988 年至 1999 年在永州日报社工作（历任经济部主任、党组副书记、副总编），1999 年 6 月到 2000 年 8 月在市委政研室工作（政研室副主任），2000 年到 2006 年 6 月在永州日报社工作（党组书记、社长、总编辑），2006 年 6 月调离。2004 年获湖南省第五届“十佳新闻工作者（十佳编辑）”表彰。

从事新闻工作近 30 年来，在新华社、《人民日报》、《湖南日报》等中央、省级媒体发表新闻作品、散文、言论 100 多篇，先后有《“异蛇村”农民三审“十五”计划》《山里农民有眼光》《蓝山悉心协调新时期劳资关系》等 50 余篇新闻作品获中国地市报、全省报纸系统、全省市州报好新闻奖。新闻论文《见微知著未雨绸缪》获湖南省第六次新闻学术年会三等奖；《以人为本善利其器》获全省报业发展论文三等奖；《化易为难》入选湖南省第四次新闻学术年会；《搞活经济报道的一个重要途径》在湖南省第五次学术年会上作交流。

出版著作《新闻有与无》等 3 部。

蒋剑翔

蒋剑翔，男，1959 年 5 月生，笔名蒴翔。曾任乡镇党委书记，湖南科技学院特聘教授，现为湖南省作家协会会员，湖南省新闻系列高级职称评委，永州市新闻工作者协会常务理事，永州日报社副总编辑、党组成员、高级记者，1997 年获湖南省第二届“十佳新闻工作者（十佳记者）”表彰。

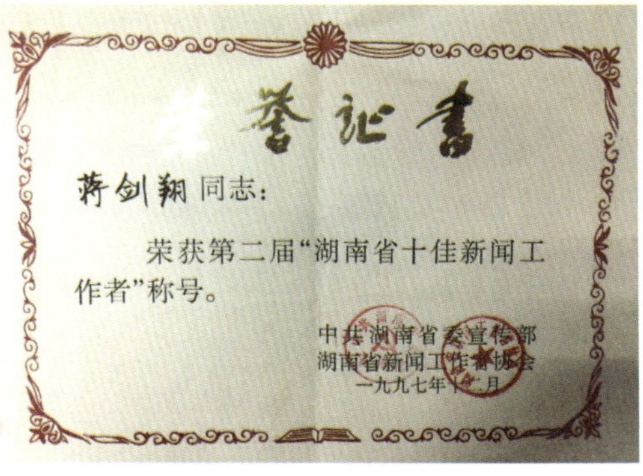

蒋剑翔荣誉证书

中学阶段开始发表文学作品，在部队是小有名气的“战士诗人”。从事新闻工作 20 余年，以勤学、苦思自勉，在《人民日报》、新华社、《光明日报》《经济日报》等中央级媒体发表杂文、评论和新闻作品 100 余篇，在《新闻战线》《中国记者》

《新闻记者》等全国新闻核心期刊发表业务文章 200 余篇。其多篇作品曾获湖南新闻奖一等奖、全省报纸系统好新闻一等奖、中国地市报新闻奖一等奖，世界著名通讯社美联社、法新社、合众国际社曾播发其新闻。

主要著作：杂文评论集《两副面孔》，30 万字；新闻理论集《拎出新闻眼》，28 万字；随笔《本事与管事》，入选《求是》杂志征文；评论《任长霞为何常常流泪》，被公安部收入《任长霞纪念文选》；论文《拎出新闻眼》《如何看待上一版、上头条》被收入《中国新闻年鉴》；论文《“短些”还须“简些”》，被中国人民大学书报资料中心全文复印。《悟性与灵性——消息写作探微》，40 万字；《细节与情节——通讯写作探微》，50 万字；《辉煌·恒远》，20 万字。

唐小莽

唐小莽，男，汉族，1966 年 4 月出生，湖南东安县人，成人教育本科文化（双学士），中共党员。1983 年 10 月参加中国人民解放军，成为某集团军某师炮兵团战士，1986 年 10 月退伍进入湖南东安县广播电台从事新闻采编工作。1993 年 1 月进入冷水滩电视台从事电视新闻采编及广告创收工作，2001 年 1 月进入永州市广播电视台，先后在新闻综合频道、都市频道、新闻采编中心、新传媒部从事新闻采编及管理工作。2016 年任新传媒部主任，同年当选为永州市新闻工作者协会副主席。工作期间外宣成绩突出，曾两度被评为湖南卫视优秀通联记者、十佳通联记者，先后发表论文 20 多篇，其中核心期刊 5 篇，列入国家新闻出版广电总局重大社科项目 1 篇，有 70 多篇作品在全国、省、市获奖，连续三年获湖南广播电视奖和湖南新闻奖一等奖，电视新闻评论作品《土地流转谨防隐性流失》获 2014 年度中国新闻奖三等奖，实现永州广电中国新闻奖“零的突破”。

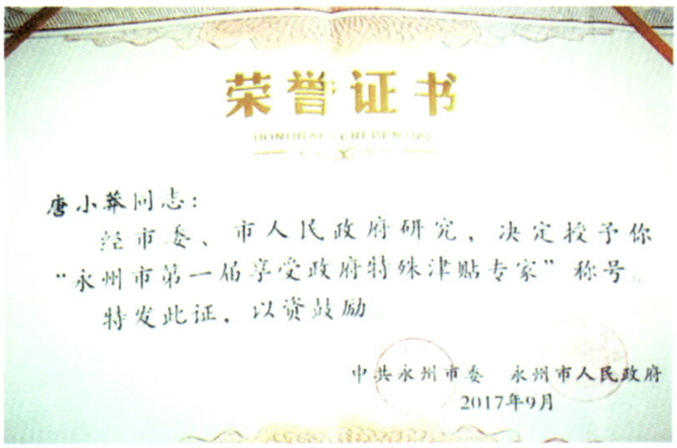

唐小莽荣誉证书

唐小莽在永州新闻战线工作 30 多年，干一行爱一行，兢兢业业，取得新闻系列正高职称，被评为永州市文化强市先进个人、湖南省第十一届优秀新闻工作者、湖南省先进工作者（省劳模）。2013 年入选湖南省“五个一批”人才库。2013—2014 年先后参加省委宣传部组织的湖南省“五个一批”人才赴上海复旦大学新闻传播学院和美国学习考察。

罗耀南

罗耀南，男，1957 年 3 月出生于湖南省永州市零陵区，毕业于华中理工大学新闻系（现华中科技大学），硕士，永州市广播电视台高级编辑。被湖南科技学院聘为客座教授。历任原零陵县楚江圩中学主持工作的副校长，原冷水滩区委宣传部干事，冷水滩电视台台长，永州电视台经济频道总监，永州市广播电视局总编室主任，永州市广播电视台总编辑助理，永州市广播电视协会会长。是中国电视纪录片学术委员会理事，湖南省电视艺术家协会理事，湖南省广播电视协会理事，永州市新闻工作者协会常务理事。曾获第三届全国广播电视“百优理论人才”，湖南省第七届“十佳新闻工作者”提名奖，湖南省宣传系统抗冰救灾先进个人等荣誉。著有《中外新闻佳作赏析》《传播论谭》等专著，广播专题《为了大地的丰收》，电视系列报道《村小的回归》等 40 多篇新闻作品获中央、省、市级政府奖；有 10 多篇业务理论文章在省级以上刊物发表，其中《论电视传播的社会制约》《当代中国广告文化变迁的历史演进》分别获全国广播电视优秀论文一、二等奖。

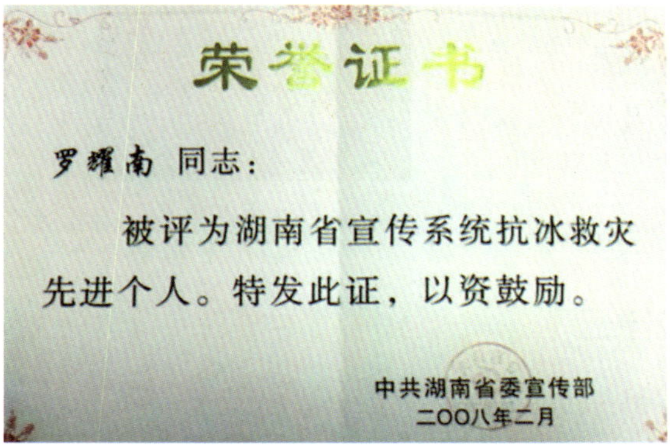

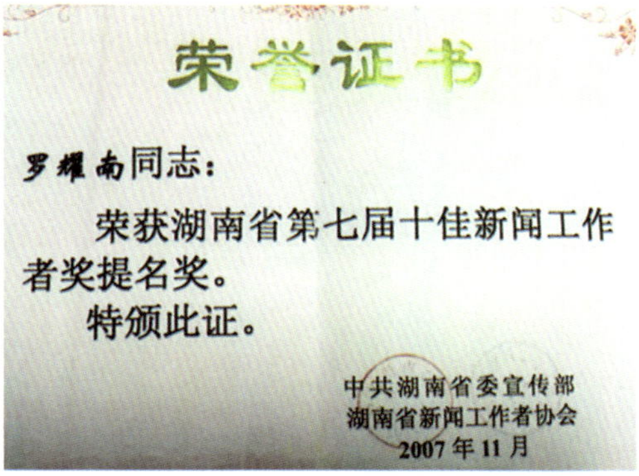

罗耀南荣誉证书

唐新华

唐新华，男，汉族，湖南省祁阳县人，1966 年 10 月生，大学本科学历，历史学学士学位。1983 年 9 月至 1987 年 7 月在湘潭大学学习，1987 年 6 月加入中国共产党。1987 年 7 月大学毕业后被分配到共青团零陵地委工作，同年 10 月调入零陵地委宣传部，从事《零陵报》（《永州日报》的前身）的复刊筹备工作，先后从事文秘、记者、编辑及采编管理工作。历任永州日报社总编室副主任、出版部副主任、记者部副主任、总编室主任、办公室主任、监察室主任、副调研员兼党组秘书。1994年获记者职称，2004年晋升为主任编辑。

唐新华在永州新闻战线工作30余年，其中在永州日报社工作24年。他老老实实为人，勤勤恳恳做事，对待工作不敢有丝毫懈怠，不断在实践中磨砺自己。曾获湖南省新闻最高奖湖南新闻奖5个，湖南省报纸系统好新闻奖10个，全省、全国地市报好新闻奖70个，湖南广播电视奖一等奖1个，还有4篇新闻业务论文获中国地市报优秀论文奖。先后两次被评为全省宣传工作先进个人，被省人民政府记一等功一次；被市人民政府记三等功一次、嘉奖一次；八次被评为全市优秀宣传思想工作者、优秀新闻工作者和先进个人，三次被市直工委评为优秀共产党员；2002年、2008年先后两次获湖南省“十佳新闻工作者”提名奖。

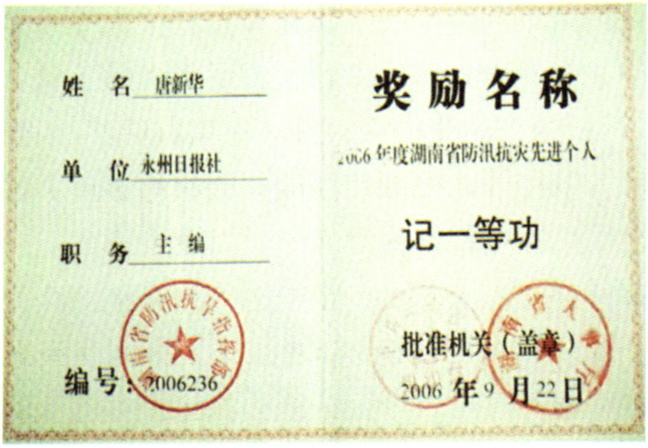

唐新华荣誉证书

唐新华荣誉奖章

池德玉

池德玉，男，汉族，中共党员，1957年11月25日出生于湖南省蓝山县尚屏乡崩冲村，毕业于武汉大学新闻系，大学文化，主任编辑。1981年7月参加工作，历任蓝山县广播站站长、蓝山县广播电视局副局长兼广播电视台台长、蓝山县政协秘书长、永州市广播电视局总编室主任、监察室主任、人力资源部主任、永州市广播电视台总编助理、永州市广播电视协会副会长兼秘书长等职务。

池德玉从事新闻工作30多年，在平凡的岗位上，勤勤恳恳，任劳任怨，廉洁奉公，以对党无限的忠诚和对事业的挚爱，以崇高的思想品质和优良的工作作风，谱写一曲平凡者的奋斗之歌。他干一行爱一行精一行，在新闻工作岗位上，他记录了200多本采访笔记，采写6000多篇新闻稿片，有52篇获市以上优秀广播电视作品奖，其中一等奖 17 篇。《儿童村的第一个“六一节”》等 2 件作品获全国广播电视奖三等奖，《冲破姓“资”姓“社”的困扰》等 16 件作品获湖南新闻奖和湖南广播电视奖一、二等奖。数以百计的获奖证书和荣誉证书，记录他为党的新闻事业奋斗的历程。曾获全国“百优新闻工作者”提名奖，三次立功，30 余次被评为市、县先进工作者、优秀共产党员、优秀党务工作者。他的事迹在 1995 年中共蓝山县委组织部组织的“我身边的共产党人”和 2008 年永州市纪委组织的“做党的忠诚卫士，当群众的贴心人”演讲大赛中，感动在场的所有人，分别获得一、二等奖。2014 年，池德玉被中华全国新闻工作者协会授予荣誉奖章。

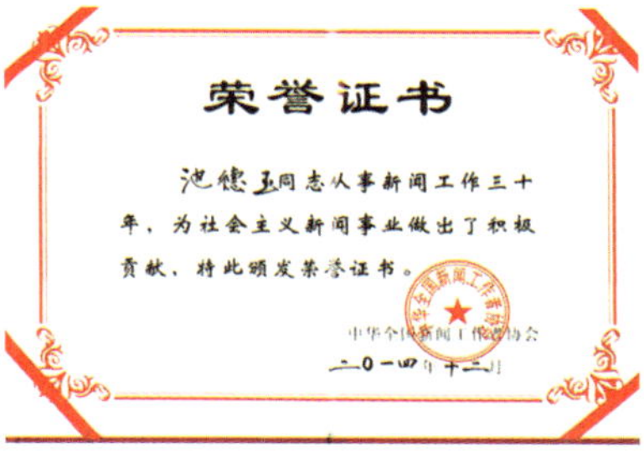

池德玉荣誉证书及奖章

滕智荣

滕智荣，男，汉族，1970 年 7 月出生，中共党员，大学本科学历，编辑职称，历任永州新报社社长、总编辑，永州广播电视台新闻采编部主任、专题活动部主任。1993 年 6 月大学毕业后，先后在《永州报》、芝山区广播电视台、永州电视台经济频道、公共频道、《永州新报》、永州广播电视台新闻采编部、永州广播电视台专题活动部等多个单位和部门从事新闻采编工作。20 多年来，累计在省、市媒体发表新闻作品达 3000 多篇，其中电视系列报道《村小的回归》获湖南新闻奖二等奖、《南桥镇干部手绘“民生地图”》获全国城市广播电视优秀作品奖二等奖、电视消息《小点子大实事》等获“湖南广播电视奖”一等奖。

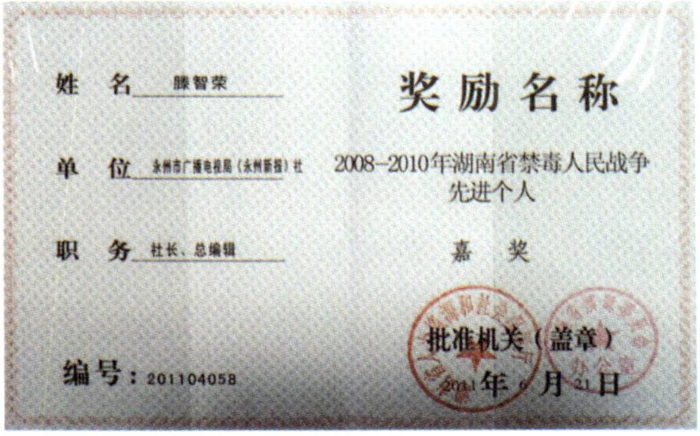

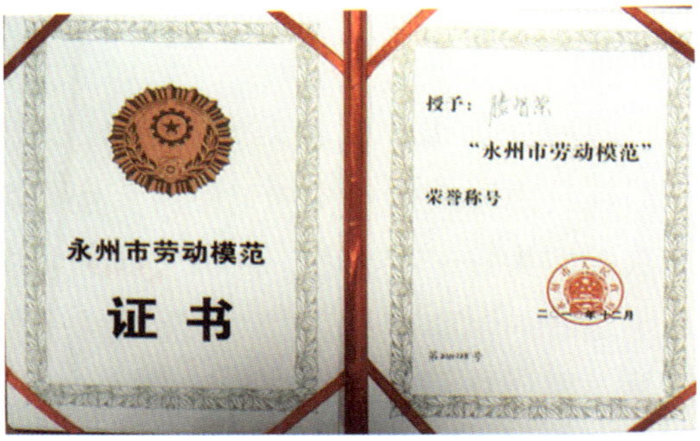

滕智荣荣誉证书

2010年被授予“永州市劳动模范”称号，2011年被评为“湖南省禁毒人民战争”先进个人，2012年被湖南省广播电影电视局、湖南省人力资源和社会保障厅评为“全省广播电影电视系统先进个人”（记二等功）。

周利国

周利国，男，汉族，1961年12月出生，湖南省冷水滩人，毕业于湖南科技学院成人教育新闻专业，本科文化，中共党员。1976年10月在部队服役。1983年转业到冷水滩区广播电台工作，尔后在冷水滩区有线电视台、永州有线电视台、永州电视台都市频道、公共频道、新闻频道工作。自1983年从事新闻工作以来，他以高度的责任感和脚踏实地的工作作风，勤奋地工作在新闻采访的最前沿。30多年来，他采写消息、通讯、言论等各类稿片8000余件。多次在国家、省、市广播电视优秀节目评选中获奖。《断奶记——我市14个科局大转体》获市广播电视优秀节目一等奖；《抢险仁和坝》获“永州电视奖”一等奖，“湖南广播电视奖”二等奖。2013年与他人合作采制的电视评论《土地流转谨防“隐性流失”》获中国新闻奖三等奖和中国广播影视大奖提名奖。2014年，被中华全国新闻工作者协会授予荣誉奖章。

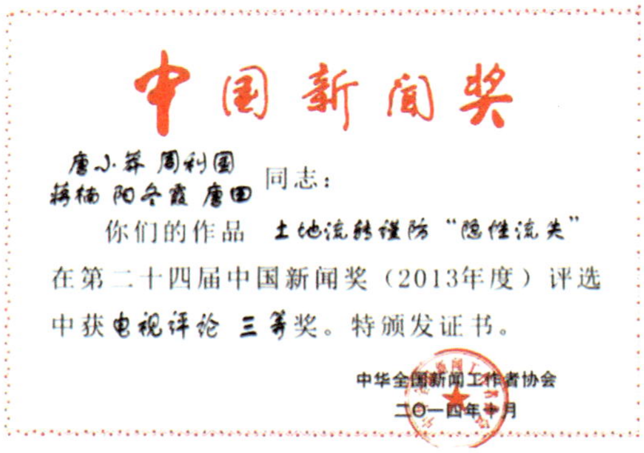

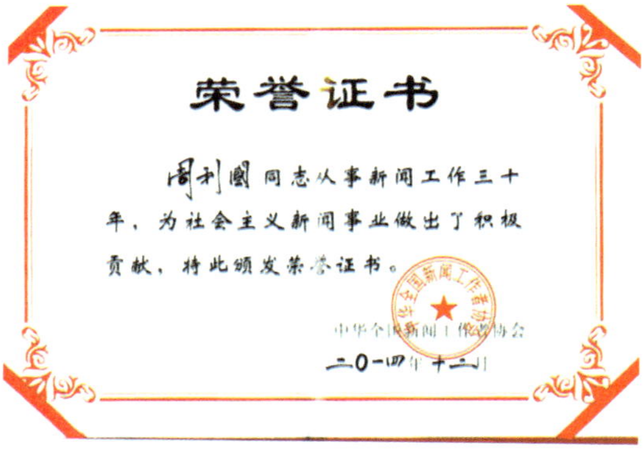

唐小莽、周利国等人荣誉证书

唐肆一

唐肆一，男，汉族，1962年12月出生，大专文化，1983年11月参加工作，先后在芝山区广播电视局（台）、永州市电视台都市频道、新闻综合频道担任记者，多次被评为先进工作者。2002—2015年担任永州电视台驻零陵区记者站站长。

唐肆一从事新闻工作30余年，一直坚守新闻一线，采访报道大量鲜活的新闻作品，累计在中央、省、市级媒体发稿5000余篇，10余篇作品获省、市级优秀广播电视节目奖。其中他参与采访创作的大型电视活动“千里瑶乡行”获2004年度中国“骏马”奖。

2006年7月16日傍晚，永州零陵区邮亭圩山洪暴发，有7个村1000余名群众被山洪围困，形势危急，唐肆一接到紧急采访电话，想方设法搭便车赶到现场，当时公路被洪水淹没，他脱下皮鞋光着脚提着摄像机淌着齐胸的水到第一现场，拍下了洪水冲毁农田淹没房屋的灾情，记录党员、干部安全转移群众以及党、政、军、民团结一致奋力抗洪的感人镜头。当天晚上他连夜赶写稿件、编辑画面，第二天早上，在永州光缆传输系统被洪水冲毁的情况下，他又租车赶往衡阳，将永州抗洪救灾的电视新闻传送到中央和省台媒体，当天晚上，中央台电视台新闻频道、湖南卫视、经视等媒体均播出永州党员干部舍身营救被困群众和永州党、政、军、民全力抗洪救灾的事迹。当年，唐肆一被评为湖南省防汛抗灾先进个人，记一等功。

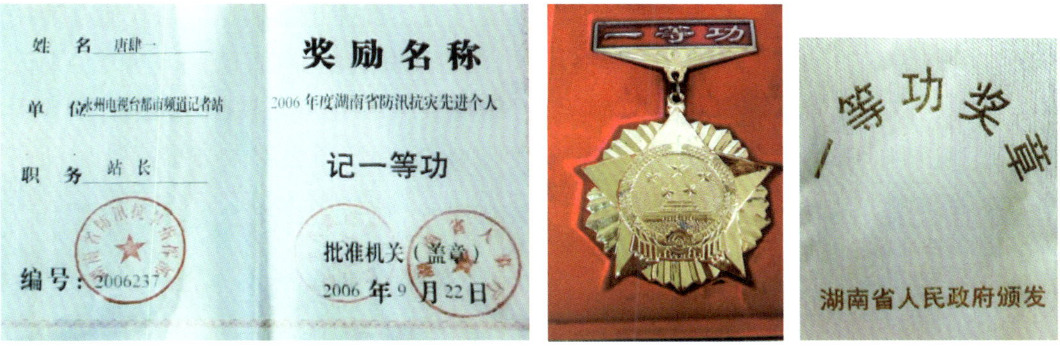

唐肆一荣誉证书及奖章

三、优秀新闻作品选辑

红壤上的真诚奉献

45年前中国农科院的一批热血青年，响应祖国的号召，远离首都北京和故土亲人，毅然来到湖南祁阳安营扎寨，和当地的农民同吃、同住，在农业生产第一线从事科学研究、示范与推广。45年的风风雨雨过去了，过去的一个低产田改良联合工作组已经变成我国农业生产系统历史最悠久的农业科学实验基地。目前，正朝着把实验站打造成“中国的洛桑”的方向发展。

20世纪60年代，以刘更另、江朝余等为代表的科技人员57人，来到祁阳官山坪村建立农村基地，而这个所谓的农村基地在当时只不过是个面积不到300平方米的四合院，他们设置实验分析室，简单的工作室和住宿房子。科研人员深入基层和农民同吃同住、同劳动，在生产中发现问题、解决问题。祁阳官山坪位于典型的南方红壤地带，土壤非常贫瘠。有一种鸭屎泥土壤，特别怕冬干，冬干以后，来年插下秧苗就待在地里，老不转青，不发根，也不分蘖，一直坐到秋天才生长，群众把这种现象叫“坐秋”“坐秋”的稻田产量很低，而这种田南方各省都有，总面积约有4000万亩。1945年湖南大旱，第二年禾苗普遍“坐秋”，严重减产，造成骇人听闻的大饥荒。改造这种低产土壤，提高作物产量成为20世纪60年代土壤研究中的重点课题。当时，已有施用磷肥防治水稻“坐秋”的办法，刘更另和一批科研人员经过大量的、多年的调查和观测，终于寻找出鸭屎泥土壤中磷素变化规律。磷素的变化与土壤温度、土壤水分、泡水时间有密切关系，土壤中存在磷素有效化和无效化过程、固结与反固结过程。泡水、提高泥温、施猪粪、压山青、多犁多耙，可以促进无效磷向有效磷转化，这就是反固结过程；土壤干燥，降低泥温，减少有机物，可以使有效磷素向无效态转化，这就是固结过程。他们最后总结出了“冬干坐秋，坐秋施磷，磷肥治标，绿肥治本，以磷增氮，加速土壤熟化”的规律，使用磷肥和种好绿肥，不仅是防治和改良冬干“坐秋”鸭屎泥的有效措施，同时也是改良黄夹泥、白夹泥等低产田的有效措施。官山坪大队运用这些措施，水稻产量大幅度上升。1964年祁阳县推广17万亩，增产30%~50%；湖南省大力推广，据湘南湘中六个专区不完全统计，推广面积达295万亩，约增产1.8亿公斤。而这一成果获得国家重大科技成果奖。

中国农科院祁阳红壤实验站的科技人员正在观察稻田冬季黑麦草的生长情况

此后，科研人员对改良中低产田，提高土壤费力和增强效果等进行研究，并先后解决水稻僵苗、缺锌白苗病、红壤旱地缺镁等问题。特别是中共十一届三中全会后，该站的科研进入新高潮。实验站从低产田改良逐步转向红壤区域综合治理，形成山、水、林、田、土综合治理与开发利用的新格局。经过几代人的努力和建设，中国农科院祁阳红壤实验站，成为中国农业生产系统历史最悠久的农业科学实验基地，在湖南地区已建立祁阳官山坪村实验区，永州市孟公山实验区、衡阳生活区，共有土地面积650亩，有办公室、畜牧场、野外监测点等。走进果牧示范区，记者看到树上挂满丰收的梨子、香瓜、苹果，示范区内养了成群的鸡、鸭、猪等，还有工作人员告诉记者，这些养殖的鸡、鸭等都是他们自己配备的饲料，蛋白质含量很高。从广西、澳大利亚引入的桂牧一号、矮象草等已在道县推广5000亩，加上永州市的共有8万~10万亩，为永州市提供2/3的需求。目前该示范区已形成了经济、生态、社会效益全面兼顾的农业发展模式。

在展览室里记者看到一张张代表着荣誉和心血的获奖证书:1964年冬干鸭屎泥水稻坐秋以及低产田改良的研究，获得国家重大科技成果奖，1986年红壤稻田持续高产的研究获得国家科技进步三等奖，1996年红壤立体农作制度及配套技术，获得国家“八五”科技攻关重大成果奖。此外还获得部省级重大科技奖、科技进步奖20多项，平均每两年就有一项新的科技成果在这里产生。发表论文200多篇，培养硕士、博士生26名。酒香不怕巷子深，实验站取得的巨大成就吸引来自菲律宾、澳大利亚、日本、韩国等12个国家的200多名专家先后来考察，实验站也有65人出国考察培训。

科技只有转化成生产力才算真正发挥了它的作用，实验站主要研究农业环境的综合利用、区域治理、农业生态、环境污染的监测也治理、土壤改良与施牧草培养与利用。1980年以后，实验站在丘陵地带、不同海拔的地方种不同的作物，并手把手教农民，山下种水稻，山脚种西瓜和玉米，山腰种果树和牧草，在山顶种树木保持水土流失，这一立体、种植模式取得效果，一位受益的村民告诉记者，仅牧草养殖一项他每年就收入6000多元。

对于祁阳红壤站的未来，以刘更另院士和一些中国科学院领导提出“突出特色，超前发展”，把祁阳站逐步建设为中国的“洛桑实验站”。2001年实验站从800多个野外实验站（台）里脱颖而出，成为第一批30个“国家野外观测实验站（台）”之一。

正义与邪恶的生死较量

——道县：“8·16”劫持人质案解救纪实

8月16日上午7时30分，道县万家庄乡派出所响起一阵急促的电话铃声。县中医院妇产科护士林琴（化名）报告称，钟斌驾一辆面包车在县城潇水西路绑架她时，与一辆农用车相撞。钟目前驾驶严重受损的面包车向万家庄方向逃去。

所长王海山获悉立即驾车追赶，在207国道八一加油站处追上钟，并拦车询问。钟声色俱厉警告王海山不要多管闲事，并声称车内有炸药、汽油、匕首和一支“五四”手枪。王海山巧妙将其稳住，并紧急电告局里。

8时10分，县公安局局长何永清接报后，迅速召集民警50余人赶赴现场，实施包围。同时紧急疏散周围群众，对加油站实行紧急交通管制。这时，县检察院检察长付玲玲也赶到现场。

面包车内犯罪嫌疑人有两名。一名叫钟斌，28岁，县司法局职工，现在清塘镇大塘村从事养殖业。另一名叫刘清（化名），44岁，富塘乡鸟梨树村人。在与公安对话的过程中，两人一边往自己身上浇汽油，捆炸药，一边要求公安为其准备一笔钱和一辆车，他们坚持不肯放下武器。

这时，一刑警驾驶一辆普通面包车欲靠近犯罪嫌疑人的车辆，不料反被狡猾的钟斌持枪劫持。8时20分，两人胁迫被劫持的刑警驾车往207国道祥霖铺镇方向逃窜，到万家庄乡上洞收费站路段突然调头，向县城方向驶来。

早已赶到现场的县委常委、政法委书记蒋米田，县委办主任周新辉等，当即成立处置“8・16”案件现场指挥部，要求千方百计保障人质安全，尽可能软处理，并做好择机制服犯罪嫌疑人的相关准备。指挥部对参战民警进行紧急分工，一组负责疏散群众，一组加强现场控制，一组设置路障，对任何可能逃窜的路段进行紧急交通管。

9时整，被劫持的车辆被围截在207国道道州北路县规划局路段。蒋米田、何永清、付玲玲等领导与犯罪嫌疑人的对话艰难地持续近一个小时，并动员钟的父母、兄弟和亲友做规劝工作，两人仍不为所动，扬言要一辆三菱车和武器，否则将杀害人质，炸毁车辆。9时30分，两名犯罪嫌疑人从车内投掷一枚自制的炸弹，所幸是枚“臭弹”未爆。

这时，指挥部经请示有关领导，调用部分武警。县武警中队长孙贤宝率5名战士匆匆赶到现场，并亲任狙击手。

9时40分，见钟斌情绪非常激动，为防其铤而走险，指挥部决定为钟斌提供一台只留极少油料的车辆。县检察院干警唐广益驾驶这辆车况很差的吉普车来到钟斌车旁，钟没有接受，指挥部随后按其要求送去一台油料极少的三菱车。

10时整，为争取做通钟斌的工作，因车祸负伤尚未痊愈的付玲玲主动向指挥部请战，要求亲自上阵做工作，理由是他平日与钟斌及其他父亲比较熟悉，指挥部经过慎重考虑同意了。

付玲玲随后登上钟斌的车辆，经过一番谈话后，钟同意让被劫持的刑警下车，但拒不放下武器，劫持付玲玲在省道1863线寿富加油站加油后，向207国道永州方向逃窜。钟还宣称要到永州找市计生委的有关人员报复。

县领导率武警驾车紧跟钟斌，不断向其喊话，进行政策攻心。由于在梅花镇空岩路段设置路障，钟被迫停车，随后又向县城方向驶来。指挥部及时部署，对进入县城的所有路口实行严密封锁。

车内的付玲玲拿出浑身解数，动之以情，晓之以理，讲解法律，分析利害……这样持续近两个小时。12时30分，钟斌终于被感化。到达207国道富塘路段时，他表示同意投案，但提出投案前要到清塘看望妻儿，若不同意就要冲关，并引爆。

为保障人质安全，指挥部答应他的要求，放关让钟驶向清塘镇方向，同时将除通往清塘外的所有路口全部封锁，防其出逃广西。

下午1时，钟到达清塘镇孟家村，将妻儿接上车，开往县城。一路上，车外车内，蒋米田、何永清、付玲玲毫不灰心，不厌其烦地做思想工作，并明确宣布，不交出武器炸药和人质，绝不会让其进入县城，也不能认定为投案自首。

在清塘镇楼田村路段，钟迫于压力，在车上将炸药、雷管、匕首和一支仿“五四”式玩具手枪及一瓶汽油丢给车外的干警，但仍不肯交出车辆，强行驾车向县城狂奔。

为防止意外，或造成其他事端，何永清指挥追击的两台车在营江乡政府路段强行超车，形成夹击之势，迫使钟斌停车，并亲自驾车将其押解回局。1时50分，终于成功地处置这一重大劫持人质案。

据初步审讯查明，钟斌因自己两岁的儿子诊断为脑瘫，认为是个体诊所医生林杨当时接生不当所致，就产生了绑架林杨之女林琴为儿子讨还公道的念头。

（作者：曾锐　小雷　何上进；责任编辑：欧显庭。获第2001年度中国新闻通讯类三等奖，原作发表于《永州日报》2001年8月18日一版头条）

清贫之中的坚守

——记全国模范检察官、湖南省永州市零陵区检察院检察官蒋冬林

袁正兵　汤维骏

22年，他坚守清贫，家中除了1500多册法律书籍外几乎一贫如洗，甚至没买过一部手机；

22年，他坚持学习，没有上过一天大学却先后发表论文30多篇，20余万字；

22年，他坚定信念，从未接受过当事人吃请，拒收贿赂6万余元。

见到他时，他刚从北京回来，这是他平生第一次坐飞机、第一次去北京，结果只待了不到2天，除会议地点和宾馆什么地方也没去。

56岁的他，是潇湘大地上一位正在被广泛传颂的人民检察官楷模。

蒋冬林，湖南省永州市零陵区检察院民行科一名普通检察官。2月24日，最高人民检察院授予他“全国模范检察官”——共和国检察官的最高荣誉称号。

家徒四壁，没有一件超过200元的电器他是名副其实的“穷老头”

在永州，蒋冬林已算得上个“名人”。路边开摩托的师傅告诉记者，蒋冬林是个“很穷的老头”。的确，对于大多数人而言，蒋冬林给予他们最深的印象就是一

个字——穷。

尽管知道蒋冬林家境贫寒，但真到蒋冬林的家里，记者还是震惊了：这是完全可以用“家徒四壁”形容的家，60平方米的屋子里没有一件像样的家具，沙发是1981年结婚时蒋冬林自己做的，一张陈旧的圆桌，既当饭桌又当茶几；后建的也是最大的一间房子墙面都没有粉刷，当年卖建材的寻呼机广告号码还印在墙上，各种线路的预留孔都保留着最初“狰狞”的模样；没有电话，电视机是妻子花150元买的处理品，开机半个小时后才有图像，这是他们最值钱的家当，没有闭路电视，几根铁丝扭成的架子是接收电视信号的天线；旧冰箱是妻子同事送的，早已不能工作；热水器和洗衣机都是妻子妹妹送的；1978年凭购物票买的“永久牌”自行车停放在客厅里多少显得有些怪异。

其实，在蒋冬林家里还有许多过时的电器，大块头音响成了摆放杂物的桌子，市场上早已见不到的步步高VCD上面堆着各种法律书籍。“这些旧电器，都是老蒋从路边捡来的。”蒋冬林的爱人衣莉打量着这些，有点不好意思。

这个一层小屋还发生一件“有趣”的小故事。有一次，蒋冬林在家里午睡，突然听见外面有动静，他以为是小偷进来偷东西，起身一看，结果是几个小孩从没有装防盗网的窗户翻进来，在打扑克。“他们都认为这是个没人住、放杂物的房子。”衣莉笑着说。

熟悉蒋冬林的人都知道，他的家庭可谓多灾多难。

蒋冬林是个独生子，父亲身体不好，经常卧床不起，母亲曾因为患脑梗塞，生活不能自理，出门后常常找不到家。蒋冬林岳父的身体也不好，结婚后不久，岳母患上帕金森综合征，需要专人照顾。大量的医疗费马上摆到蒋冬林一家面前。

更不幸的是，女儿5岁多的时候，患上世界上罕见的怪病——色素沉着绒毛结节性滑膜炎。这种病近30年来在我国仅有14例，且无药可治。发病时，腿部时常剧烈疼痛，肌肉慢慢萎缩，只有在每年疼痛最剧烈的时候开刀割去坏死的肌肉，但不久以后仍疼痛亦然。而今，女儿的左腿已比右腿细了6英寸。女儿忍受着病痛，妻子又下岗了，一家五口仅靠蒋冬林一个人的工资来生活。赡养父母，已是捉襟见肘，而为女儿治病，又欠下一身债。蒋冬林窘困的家庭雪上加霜。

无奈之下，夫妻只好分居照顾老人。考虑到妻子身体，女儿交由蒋冬林抚养。对蒋冬林来说，一边照顾家中老人，一边照顾年幼女儿，无异于一种身体和精神上的双重磨难。

为节约电费，蒋冬林用的是一只3瓦的节能灯。为减少开支，食堂里2元一餐的饭，他舍不得吃，常常是在家做一个菜吃几餐。蒋冬林自己至今没有买手机，现在所用的手机是永州市检察院民行科配发的工作手机，他只接不打。他的身上总是穿着检察制服，脚上蹬的是破胶鞋，常年骑的是那辆“铃铛不响别的响，放在路边不要管”的永久牌破单车。蒋冬林从来不买水果，朋友串门送他一袋桂圆直到发霉他都没想起来吃。“反正我不知道桂圆味，不吃就不吃；吃了以后再想吃又吃不起，那才叫难受呢。”

蒋冬林是永州市检察系统公认的最穷的人，同事们说他家和农村低保户没两样。“全国模范检察干部”、永州市检察院副检察长付玲玲走进他家时，眼泪直流。

2009年5月，一位姓高的“老上访”在零陵区检察院因其不合理要求没能解决，便大骂检察官都是贪官。碰巧，蒋冬林回家拿资料，“老上访”便跟着一起。亲眼目睹他家的境况，“老上访”改变对检察官的偏见，不再吵闹。

一年提起民事抗诉案12件，法院改判11件他是令人信服的“蒋博士”

1988年10月，刚刚通过自考拿到法律大专文凭的农机局农机修配厂工人蒋冬林，在大街上看到招考检察干部的公告，抱着试一试的心态，最后他以第一名的成绩被录取。

蒋冬林是个“书痴”，读书是他唯一的爱好。小时候，父母在一家织布厂当集体工，吃饭都没人管，饥肠辘辘的他，最大的乐趣就是趴在饭桌上啃书本。在到检察院工作之前，除了解一些基本法律常识外，他还是检察业务的“门外汉”。“作为新时期的检察干警，只有不断学习，才能提高办案能力，适应新形势的需要。万一搞错一个案件，就会影响法律的尊严。”蒋冬林说。

为了学习，在繁忙的工作之余，晚上将年迈的老人、患病的孩子安顿好后，蒋冬林就在那个3瓦的节能灯下读书到深夜，同事们开玩笑说“那是延安窑洞的灯光”。因为深夜孤灯下的苦读，蒋冬林被人比喻成“苦行僧”。

家里1500多册法律图书，是蒋冬林最心爱、最珍贵的宝贝，这些都是他从牙缝里一点一点挤出钱买的。“只要有一点钱，他就会拿去买书。”为了这个，衣莉没少跟蒋冬林吵架。但吵架归吵架，吵过之后，蒋冬林还是跟以往一样。除了买书，蒋冬林还从网上下载材料，汇编成法律资料200多本。

每逢节假日，蒋冬林就往新华书店跑。2006年除夕，衣莉有事外出，临走时安排他杀鸡准备年夜饭。回来时，只见自己年迈的母亲在忙活着，蒋冬林却不见身影。衣莉气得说不出话来。等蒋冬林回来一问，原来是到新华书店看书去了。春节期间，夫妻俩为此“冷战”好几天。后来了解到，那天蒋冬林是因为一个医疗纠纷案抗诉，牵涉到许多陌生的东西，便到书店去查阅资料，衣莉这才消了气。

又过了几天，蒋冬林对衣莉说：“新华书店那套书打折了，原来600元现在只要480元，我想买下来。”衣莉一听差点跳起来：“我跟你结婚20多年，从没买过上100元的衣服，你却要花这么多钱买书？不行！”但经不住蒋冬林软磨硬泡，衣莉还是很不情愿地拿钱给他买书。后来，蒋冬林从这套打折书里寻找“科学依据”，经依法抗诉，一位医疗事故受害人获得10万元赔偿。

多年努力后，蒋冬林在零陵区检察院第一个拿到法律自考本科文凭，还发表论文30多篇，累计20余万字，其中多篇在省、市获奖。因为对法律适用的精通，就像一本“活字典”，同事们亲切地称他“蒋博士”。院里流传一句话：“有搞不懂的问题，就去找蒋博士！”

“蒋博士”还是办案破案的行家。2008年6月，上级转来一封关于零陵区法院法官涉嫌滥用职权、受贿犯罪的督办函。案件被交到蒋冬林手上。

这起案件涉及很多检察官接触较少、比较陌生的民法及民事诉讼法知识，对老蒋来说也是个考验。侦查中，蒋冬林首先与犯罪嫌疑人唐某接触。唐某是老审判员，精通审判业务及审讯技巧。前几年，检察机关曾调查过他，在看守所被羁押一年多，后被无罪释放，是块难啃的“骨头”。

讯问中，唐某极力回避问题，蒋冬林顺水推舟，从民事审判程序和民事执行程序入手，环环相扣地发问，导致唐某在回答问题中自相矛盾。这时，蒋冬林见火候差不多了，及时亮出一两个书证，穷追猛打，唐某终于招架不住，不得不承认几个关键犯罪事实，这起法官渎职系列案终于被撕开一个口子。

检察机关最终查实唐某等法官与当事人串通伪造借条，制作假案，强制执行第三人财产的渎职犯罪事实。两个月里，共立案4件7人，其中有副院长人，纪检组长1人，中层正职3人，法官2人。这在当地算得上惊天动地的案子了。

2000年，蒋冬林创造了一年提起民事抗诉案12件、法院改判11件的纪录，被同事们誉为“抗诉专家”。

零陵区检察院检察长冯湘琳说，这些年，蒋冬林共办理控告、申诉案件50余件，民事抗诉案件30余件，主办贪污贿赂案件10件，无一错案，为国家挽回经济损失近1000万元。

从检20多年，蒋冬林的工作岗位一换再换，从控告申诉科到驻所检察室、从反贪局到反渎局、民行科，所在部门都被评为先进，每个科室负责人都争着要他，他成了个“走到哪里都抢手”的“香饽饽”。

拒请吃喝130余次，拒贿6万多元他是执法如山的“死脑筋”

父亲是影响蒋冬林一生的人。

蒋冬林被检察院录取后，平时沉默寡言的父亲，郑重其事地找他谈了一次话：“行有行规，道有道规，你既然入了这个行，就要遵守这个道。不能吃的坚决不吃，不能要的坚决不要，不能拿的坚决不拿，千万莫做让人背后骂娘的事！”

他最怕父亲。老父亲的这句嘱咐，成为他公正执法、追求正义22年不变的人生座右铭。

1990年，蒋冬林在零陵区检察院控告申诉科工作期间，检察长交给他一个信访案件，控告该区城北派出所包庇强奸信访人痴呆女儿的强奸犯。当时，该痴呆女孩已怀孕，要对胎儿进行亲子鉴定。当公安人员带犯罪嫌疑人和痴呆女孩到广州中山医科大学进行鉴定时，痴呆女孩的父亲拒绝做亲子鉴定，突然带女儿离开了。因不能认定犯罪嫌疑人，回来后此案被撤销。

蒋冬林和同事调阅案卷，在调查中了解到：被害人担心在做亲子鉴定时办案人员做手脚，所以就临时放弃做鉴定。在检察机关监督下，公安机关又恢复对该案的侦查，并迅速将犯罪嫌疑人刑事拘留。不久，该强奸犯被判处有期徒刑，得到应有的惩罚。

1999年3月，蒋冬林调到民事行政检察科工作。有一次，他在办理一个单位借款合同担保纠纷案中，为该单位挽回直接经济损失10余万元。该单位为表示谢意，以还有情况向他反映为由，将他和一名同事骗到了该单位，准备开小车出去吃饭。蒋冬林发现后，马上借故从后门“溜走”了……

1993年至1998年，蒋冬林在驻零陵区看守所检察室工作。他到看守所驻所不久，得知牢头狱霸现象比较严重，尤其是一个留所服刑犯人，自恃是某副局长的亲戚，在留所服刑期间飞扬跋扈，随便动手打人，影响很坏。一天夜里，该犯人将饭筷折断，把一名同室服刑人员眼睛打伤。蒋冬林立即建议看守所查办，看守所长感到十分为难。在这种情况下，蒋冬林请示区、市检察院批准后，立即进行调查取证。经公诉，该罪犯被加刑三年，合并执行五年，送其他监狱服刑。随后，蒋冬林请示区政法委组织开展一个打击牢头狱霸的专项活动，取得了很好的效果。

有一次，某局一名主管领导带着一名身份不明的人，到看守所会见一个正在被侦查的在押人员，被蒋冬林撞见。蒋冬林毫不客气地质问这位领导：“你是市局领导，在台上要求我们按规章制度办事，你现在自己又带头这么搞，是要我们按照你台上说的去做，还是要像你现在这样做？”当时这位领导满面通红，连忙说：“对不起，对不起。你说得对，我应该检讨。”又赶忙叫值班干警将那个在押人员送回监房，并交代值班干警“一定要在检察人员的监督下，谁也不许违反规章制度”。从此以后，在看守所违规接见的现象得到有效遏制。

1997年，蒋冬林堂亲的岳父因打架打伤了人，被关进了看守所。堂亲找到蒋冬林要求关照，要求蒋冬林直接送东西给他岳父，给相关人员打招呼，并打听案情。

蒋冬林说：“我送东西可以，但不能直接送给你岳父，我只送到接待室，按看守所规定的程序办。我也不见你岳父，请你理解。”说这话，蒋冬林心里很不好受，因为这个堂亲在蒋冬林最困难的时候帮助过他，一起在医院日夜轮流守护蒋冬林生病的父亲。

在驻看守所检察室工作的五年多时间里，蒋冬林从未在看守所里吃过一顿工作餐，看守所领导、有关部门邀请很多次，但蒋冬林都谢绝了。“不是我不想吃，而是作为监督者确实不能吃被监督者单位的宴请，否则就无法把工作做好，说话就不会有人听。”

1999年，蒋冬林主办一起受贿案。当事人刘某的家属托人找到蒋冬林：“老刘是副处级干部，你关照他一下，他会感谢你的。”随后放下一个装有8000元钱的信封，说留给你女儿治病吧。蒋冬林当即将钱挡了回去，明明白白告诉来人：“是的，我需要钱，但我不需要肮脏的钱！”

零陵区检察院副检察长周涛是和蒋冬林一起考进检察院的。“从检以来蒋冬林从未接受过任何当事人一次宴请，就是单位领导或者同事请他吃顿便饭，他也会婉言拒绝。”据统计，蒋冬林在检察工作岗位上先后拒绝请吃请喝130余次，拒贿6万多元。

在零陵区检察院，人人都知道，办起案来，蒋冬林是个“死脑筋”：案件讨论，主要领导一锤定音，他提出相左意见，据理力争，最终他的意见被采纳；

一位改判死缓的在押人员，关在看守所三年没人管，他苦等三天，面见省高院法官，终于催来一份迟到的判决书；

听说看守所晚上只有一名干警值班，且大门常开，深更半夜，他冒雨骑车查岗，敦促所里开展全面整顿；

村民控告村支部书记、村委会主任、会计贪污集体公款，他和同事下村了解情况，为让群众信服，把办案桌搬到坪旷上，连村里的水都不喝一口；

蒋冬林这样的事情，还有很多。“这年头，敢于较真、认死理的人不多，蒋冬林应该算一个。”永州市检察院检察长王蓟零说。

从检22年，始终当一名普通干警他是淡泊名利的“老黄牛”

毫无疑问，这是一个非常需要钱的家庭。女儿看病光入院就要5万元，父母亲身体一直不好，钱的问题始终困扰着这个家。有时，蒋冬林夫妻俩真恨不得把一分钱掰成两半花。

衣莉下岗后摆过地摊，蒋冬林也帮她去吆喝过。

为了增加家庭收入，衣莉曾建议老蒋，“你既然有律师资格，何不利用自己学来的知识，去帮助别人打官司，赚点钱贴补一下家用。”衣莉觉得自己的建议无可厚非，不料，却招来蒋冬林的一顿批驳：“检察院有规定，检察官离职两年后才能从事律师职业。在职从事律师活动，是违法行为。你想要我去违法吗？”后来，蒋冬林的一个同学找过来，请他当法律顾问，他一口予以回绝。

蒋冬林到民行科工作后不久，在办理某水利局申诉某公司诉借款合同纠纷案中，他发现被申诉人使用不正当手段赢得了官司。在检察院主管领导的大力支持下，他顶住压力，使此案经过抗诉再审，将原判由申诉人赔付70余万元改判为3万余元，为国家挽回直接经济损失68万元。判决后，申诉方十分感动，得知蒋冬林家里还一贫如洗，准备送一台冰箱表示感谢，被他严词拒绝。后送蒋冬林5000元钱，又被拒绝。

这一切都是因为蒋冬林在工作中给自己规定了“三个坚决”：与工作有关的钱物坚决不要，与工作有关的请吃请玩坚决不到，工作之后的感谢礼物坚决推掉。

“说实话，说我不想钱，那是鬼话。我也想拥有一笔钱，把女儿的病好好治一下，把不成样的家好好料理一下，我对这个家实在亏欠得太多太多了，但我有自己的原则。这么多年来我一直遵守父训，虽然有时候很难，但我做到堂堂正正做人、清清白白做官。”

家境窘迫，蒋冬林却不忘向需要帮助的人献出自己的爱心。每次单位向灾区捐款，或捐助重病干警，蒋冬林总是抢着拿钱。大家不忍心收他的钱，他坚持说：“我虽穷，但有人更需要帮助。”近10年来，他捐献救灾、扶贫等款物4000余元。2009年10月，在永州市“慈善一日捐”活动中，蒋冬林把自己获得的“道德模范”奖励款以及市区给予他女儿治病的1.7万元全部捐出，而零陵区委、区政府拨给他女儿治病的2万元资助款，蒋冬林至今也没有领取。

“我最艰难的时候已经过去，现在有比我更需要帮助的人，把这些钱用在他们身上更有价值。”蒋冬林说得很诚恳。

蒋冬林到零陵区检察院工作已经22个年头了，主要业务部门几乎都干了一遍，每次调动的时候，他从没有怨言，虽然家庭困难，他从没有向组织和领导提出任何工作照顾。

当年和他一起考进来的同事，现在一般都是科室负责人，有的已是副检察长，唯独他一人还是一名普通干警。有人问老蒋心里是不是有失落感，脸上会不会感到没面子？老蒋坦然地笑了笑：“我没有半点失落感，不是领导不重用我，是自己没有独当一面的能力，再说我年纪也大了，把机会留给年轻的干警更合适。”至于面子，老蒋认为，面子不是靠当官才有的，如果交付给自己的工作没做好，被别人批评指责才是真正的没面子。

“他最难能可贵的是淡泊名利，坚守清贫。”零陵区检察院检察长冯湘琳这样评价蒋冬林。

“挥毫当得江山助，不到潇湘岂有诗。”这是大诗人陆游对永州的千古之誉。而今，一个来自古城永州的新时代模范检察官的感人事迹正在潇湘大地乃至全国广泛传颂。

林海卫士之家

作者　刘　波

在江华瑶族自治县海拔1000多米的尖子岭上，有一座瞭望台，在这座瞭望台里，瞭望员余锦柱一家两代三人，驻守44年，他们用青春、毅力和汗水写下的人生，如白云般淳朴，如山林般常青。

父亲是共和国第一代瞭望员

余锦柱的父亲余明德，1955年参加工作担任高山瞭望员，1980年因病退休。他曾经出席过30多次出席过各级先代会、群英会，荣获各种纪念奖章18枚、奖状57张，创造23年火警报告无差错的纪录，1957年被评为全国劳动模范。

那时的尖子岭，山高林密，人迹罕至。木板木皮一搭，老式望远镜一架便成了一个守护茫茫林海的瞭望台，最简陋不过了，丹不可或缺。俗话说“一点星星火，燃尽万座山”，山火是最危险的敌人。

1955年建台时，只有余德明孤孤单单一个人，没有电话，陪伴他的是悠悠飘过的白云和虫鸣兽吼。吃水，要走一个多小时，到山泉边用大大的竹筒背；柴米油盐要往返十多公里崎岖山道。

到了夏天，瞭望台简直成了热锅上的鸟笼子，闷热难熬。余德明只有靠一把原始的蒲扇“吧嗒，吧嗒”地扇来些清凉，驱赶蚊虫。山上的冬天往往比山下来得早、去得迟，他常常隔三岔五地被大雪困在山顶上。那用木板钉成的房子，又冷又湿的瞭望台，就更难熬了。

然而，余明德清楚地记得，在旧社会，反动统治者只管要木材，不管护林防火，山火连绵不断，瑶族同胞用血汗抚育出来的森林资源，经常受到山火的破坏和威胁。1948年，该县大龙山发生山林火灾，连续烧了10多天，大片大片的山林烧毁，房屋烧光，瑶胞流离失所。新中国成立后，人民政府非常重视森林防火工作，层层建立森林防火组织，有效地保护了森林资源和林区人民生命财产的安全。

余明怀着对党和人民的无比热爱，对大森林的特殊感情，克服常人难以想象的困难，以坚定的意志和毅力，默默地奉献着自己所能付出的一切。通过20多年的林区繁多烟火的观察，他总结出“观两面，察浓淡、分季节、测远近、区缓急、别粗细、观动静、看晴雨”的识别烟火情况24字口诀。当时没有地图，他为确保报警位置无误，迈开双腿踏遍林区。仅1965年，他就翻越了50多座大小山头，跋山涉水750多公里，在他守护山林的25年中，报出火警521次，发现10万余次山火苗头，做到了报警无差错，被瑶胞亲切地称为“森林的眼睛”、“瑶山活地图”。

儿子接过望远镜，也接过父亲的精神

1987年10月，余锦柱刚从县一中高中毕业，他父亲余明德因25年的高山作业，导致视力严重下降及多种疾病，已不能适应工作需要，主管部门原先培养的一个年轻人，终因忍受不了孤独和清寂，远走高飞。

一天晚上，当时的县林业局局长陈有光特地上山来找到他的父亲说：“老余，你已超过退休年龄，该考虑接班人了？”

“是啊，该考虑了。”

“可这个人不好找，我看你家老二蛮适合的。”

“我也不敢打包票，现在的年轻人很难说呀。”

于是陈有光找到余锦柱说：“小余，你毕业了，准备接父亲的班吧？”

“我不晓得接不接得下。”

“不要紧，先跟父亲学两年。”

事情就这样定下来，从此余锦柱跟着父亲走进高高的瞭望台。

护林防火并非人们想象的那么简单容易，站在瞭望台举起望远镜，见到的是高低重叠的山和密密麻麻的树，一般人来东西南北都分不清楚，更何况要准确地预报火情，火警的方位、地点，区分生产性用火与火灾。余锦柱一辈子也忘不了，1978年11月的一天，父亲下山开会了，他发现湘江乡方向冒出了烟，可他一时分辨不出是烧山还是失火，一直迟疑不决。直到他打了许多次电话问湘江乡政府才弄清是烧山，这时余锦柱才真正感到，瞭望这项工作还挺有学问的。

父亲上山后没有责怪他，而是告诉他：“任何工作干好都不容易，”余明德把自己20多年积累的经验详细地讲解给儿子听：烧土的烟集中些，呈白色；沤火土灰的烟，成团成堆；烧炭的烟，成一根直线，不大；烧田埂的烟，很矮；失火的烟，散，大，其中如果是草山，烟不很浓，是灰白色，如果是有林山，烟是灰黑色，浓而大瞭望观察，“差之毫厘”就会“失之千里”。

当时瞭望台上没有地图，全靠眼睛看，而且报火情要报到每个村。为了让余锦柱熟悉地名，分清方位，余明德到了不是用火季节，就带儿子挎一壶水，带足干粮，凭着两条腿翻山越岭，到一个小山头，告诉一个山头的地名，走到哪里就住在哪里。清早，又继续跋山涉水，到全县其他六个瞭望台学习取经。

从此，瞭望台便又成了余锦柱一个人的世界。守着茫茫山林，空空的瞭望台。余锦柱有时真想不干了，看到别人集体做事有说有笑的，年轻的心羡慕极了。但当他一提这想法，父亲就劝他："锦柱，我 1953 年上去，又有哪个讲话呢？再艰苦，也没有以前我艰苦"从那以后，父亲就经常在家里通过电话机与余锦柱谈心，了解情况，督促余锦柱把自己全部精力投入到不断掌握发现山火的规律中去。

1972 年，才拆去木板屋，砌成了水泥结构的平房。尽管瞭望台条件不断改善，但危险还是时常遇到，尖子岭是千里瑶山中离天很近的地方，且山中的天气变化无常。1979 年秋季的一个晚上，开始天气很好，可是到下半夜一点多钟，突然电闪雷鸣，下起暴雨来。余锦柱按往常的习惯，首先想到通讯工具———电话机，于是翻身扯断电话线，迅速将电话机塞进暖暖的被窝里。说时迟那时快，一个闪电击进瞭望台，他一下子就被击晕了过去。不知过来多久，他才苏醒过来，发现墙壁上的石灰炸出了一个洞眼，室内电话线全部烧断，桌上、床上、被子上全是一层石灰。而电话机丝毫未损，1979 年以来，余锦柱遇到雷击 3 次，遇到野兽的攻击就更多了。

险恶的自然环境没有吓倒余锦柱，20 年来，他凭着坚定的意志和毅力，克服难以想象和难以预料的困难，及时报告火情 20 余万次，其中避免了 17 次大火灾，准确率达 100%。

从爱慕到共守山林

人非草木，孰能无情。对于常年坚守在高山，终日饱尝孤独和寂寞难熬的余锦柱，更迫切需要感情的滋润，心灵的诉说。一次在走访小圩瞭望台刘兴坤时，余锦柱和刘兴坤谈起"男大当婚"的事，刘兴坤劝他说："要找就找远点的，近了，什么事都喊你，耽误时间影响工作。"他憨厚地答道："哪里也差不多，理解的还支持，不理解的也难搞。"他知道父亲的婚姻，两次结婚，两次离婚。"千里姻缘一线牵"，1979 年 10 月，在刘兴坤岳父生日的酒宴上，余锦柱与赵玉英相识了。后来，虽然一年只有一两次往来，却相爱了。

"我的工作定了，一辈子要献给瞭望台，负担很重的。"

"不要紧，林里、地里我苦点，以后总有办法。"

1981 年 9 月，赵玉英和余锦柱结合了。婚后，每年就是 8 个月的防火戒严期，余锦柱守候在山顶的瞭望台，赵玉英在家独守空房，只有隔几天余锦柱下山背背菜，小两口见上一面。赵玉英在家收粮种菜，伺候年迈失明的公公，学打针、喂汤、喂药。有时赵玉英做苦了，也向余锦柱发发牢骚，"你整天在山上耍起，闲起，不晓得回来做点事。”余锦柱反问：“你说到底是家里重要还是国家重要？”这时，赵玉英低下头，自己消化自己的委屈。

1990年冬，林业部门决定给这个瞭望台增加一个人，选来选去选上赵玉英。这样，赵玉英与丈夫一道走进距家有2公里“之”字形山路的瞭望台。他们把读书的两个孩子，丢在家中，守卫着70多个山头，数万亩山林。

余锦柱多次被评为“护林防火先进个人”“新长征突击手”和受到嘉奖，今年7月1日还光荣地加入了中国共产党。

有人曾问过他：“到外面打工，每个人一个月有1000多块钱，而你们夫妻俩一个月总共才1000多块钱，划得来吗？后悔吗？”余锦柱说：“我从来没有想过，也不后悔，如果仅仅为了钱，那我早就不干了。”

山里的风总是那么吹，漫山的林海总是那么绿，44年的瞭望员生活，已在余锦柱一家的心灵深处结成无法解脱的情结。

莲之魂

——追记市纪委原常委、市监察局副局长王海洋

记者　欧春涛

“莲出淤泥而不染，濯清涟而不妖。”

连日来，在潇湘大地传颂着一个熟悉的名字——原市纪委常委、市监察局副局长王海洋。他以清廉自律的莲之品德、卓然独立的莲之风骨、不媚不俗的莲之气节，忠诚捍卫党和人民的利益，铸就了一座新时期纪检战士的精神丰碑。3年时间，他组织和参与查办案件75起，张网缉获76名“蛀虫”，其中“斩落”53名县处级贪官，为国家挽回经济损失近亿元。

“有一种爱叫奉献，有一种痛叫离弃”走近王海洋时，他已化作一仞高山。松涛阵阵，长风啸啸，呼唤着英雄的灵魂。今年4月14日，王海洋因劳累过度，倒在了他为之奋斗终生的反腐战场。潇湘含悲，南岭饮泣，上千名群众自发打着“反腐斗士，一路走好！”“我们永远怀念您，人民好公仆！”的横幅，送别心目中的英雄。

（一）

办案似莲，中通外直，不蔓不枝。

——记者手记

泰山不为风飘动，磐石不为疾流流移。王海洋工作原则性强，办案风格比铁还硬，那就是“从不看别人的脸色办案，从不受他人的干扰办案，从不视领导的意图办案”。

“遇上‘王包公’，不落网才怪”

由团长转业到市监察局的王海洋，常把办案当作打仗，讲究战略战术，崇尚雷厉风行。2009 年初，市移民局系统发生一起窝案，点多面广人杂，当事人还精心编织了一个攻守同盟，一度使调查陷入困境。面对来自各方的人情压力和威胁，王海洋扮演了“六亲不认”的黑脸。“打破区域界限，市、县区两级纪委同步对相关单位进行调查。”他突发奇招，11 个县区的 40 多名纪委干部，同时在 6 个案发点发起攻击，令自认为滴水不漏的联盟瞬间瓦解。“遇上‘王包公’，不落网才怪！”当一名违法人员知道此案是王海洋指挥查办的，自叹活该。后来，市移民局 4 名领导被立案，3 个县区移民局的近千万元违纪款被查缴，6 名违法人员被移送司法机关。

“我不怕任何人追杀，也决不会向任何威胁低头”

王海洋办案风格强硬，他与他的家人成了受打击报复的主攻对象，今年 1 月 23 日傍晚，他途经冷水滩浮桥时，突然从身后冲出 3 名手持砍刀的歹徒对他进行追砍。王海洋一声怒吼，灵敏地躲过了寒气逼人的砍刀，并摆好了攻守架势。歹徒见他一身正气，仓皇而逃。那一声怒吼，让王海洋的声音嘶哑了整整一个星期。“我不怕任何人追杀，也决不会向任何威胁低头，”王海洋事后说。

为查案，王海洋在寸步难行的冰天雪地中徒步 4 小时，冒着生命危险深入大山深处的黑窝点，一举将震惊全国的 2008 年蓝山涉黑大案告破。

自 2007 年王海洋分管案件查处工作以来，市纪委在办案数、查处处级领导干部数、自办案件数等三个方面一直位居全省前列。他先后探索并推广的上下联动办案、异地交叉办案、领办和交办大要案等办案方式屡建奇功。去年，中纪委、省纪委对我市的这一做法给予充分肯定。

（二）

人格若莲，亭亭净植，可远观而不可亵玩。

——记者手记

心正则事正。王海洋胸怀豁达，立场坚定，他以高尚的人格情操，展示出新时期纪检干部的清莲风范。

“不是我不讲情面，是国家法律不允许”

曾担任祁阳县某单位主要领导的唐某是王海洋的高中同桌，两人亲密无间，2009 年，唐某因一起经济案件被市纪委调查。这时，他想到了王海洋，希望老同学网开一面。“不是我不讲情面，是国家法律不允许。希望你主动配合调查，争取组织宽大处理。”原本以为能得到老同学的“照顾”，结果却碰了一鼻子灰。后来，唐某受到应有的党纪惩处。

王海洋办案冷峻刚强，不徇私情。在他处理的案件中，既有老乡，也有战友，就连自己的亲侄女婿也没有得到他的丝毫“照顾”，照样因违纪受到严厉的处分。

“谁愚弄老百姓，我就挪谁的位”

22 年的军旅生涯，打磨出王海洋嫉恶如仇的性格。在纪检战场上，他仍然保持军人作风，爱憎分明。2005 年 8 月，王海洋一行对乡镇财务进行监察，在零陵区某乡镇，他发现有 82 名五保老人的生活补贴被挪用。面对斥责，该镇负责人不仅不主动检讨，还以各种理由敷衍搪塞。“谁愚弄老百姓，我就挪谁的位。”王海洋正气凛然，一巴掌拍在茶几上，不仅震翻茶杯，也警醒该镇领导。几天后，老人们的生活补贴全部发放到位。王海洋不放心，后来还专程找到五保户核实情况。

（三）

处世如莲，不染，不妖。

——记者手记

富贵之于我，如秋风之过耳。王海洋俭朴的生活状况与他的工作地位形成强烈反差，清廉始终是他人生最大的财富。

“家境稍好一点，就买件新款西装过过瘾”

无论征战青海戈壁，还是回到地方工作，王海洋简陋的卧室里至今还摆放着一床颜色发灰的旧军被。“10 多年了，被芯换了好几次，可是海洋却舍不得丢掉。”他的妻子回忆说。直到临死时，这床军被依然盖在王海洋的身上。在王海洋遗体入殓时，全家人为他的遗装翻箱倒柜，只找出几件寒碜的旧衣服，一件体面的服装也没有。“海洋曾多次说，等女儿学业有成，家境稍好一点，就买件新款西装过过瘾。”堂兄为王海洋最后换装时，怆然泣下。比较来比较去，最终还是挑选一件旧军装。

其实，王海洋“脱贫”的机会不少，可是他从不干那些违背党性和良心的事。5年前，在王海洋的过问下，某企业在一项重大工程的建设过程中避免了经济损失。为表示感谢，企业负责人专程来到王海洋家中，将1000元红包塞到他女儿手中，王海洋婉言谢绝。他叮嘱女儿：这钱我们不能要，人穷不能志短，在同事眼中，王海洋是一位从不接受娱乐宴请、从不开趣味玩笑、从不含糊说话的“三不”干部。

“不能因为是我的弟弟，就解决低保”

王海洋的家人原本以为可以依靠他的“关系”，在某些方面走走捷径，但他从未利用手中的职权为亲友牟取私利。“不能因为是我的弟弟就解决低保，应该把指标分给更需要的人。”当民政、干部提出为他的不能生活自理的残疾弟弟办理农村低保时，王海洋做出令人敬佩的举动。就连妻子请求换一个不上晚班岗位的愿望也没有得到他的支持，至今仍是市中医院一名“三班倒”的护士。

为家乡修公路，一向节衣缩食的王海洋却将多年节省下来的仅有的3万元全部捐了出来。当修路资金不够时，他还坚持让道于民，不修自家门前路。其实，王海洋的家境并不富裕，重病缠身的哥哥在外打工，年迈的父亲和残疾的弟弟仍然住在四面通风的房屋。

“老百姓没有水喝，我的心也开裂了”

去年国庆节期间，祁阳县羊角塘镇荷池村因采矿引起地下水下降，全村水井干枯，500多村民饮水出现困难。王海洋获悉，连夜赶到村里商议办法，他提出的自来水入户方案得到村民一致赞成。资金从哪里来？王海洋拍板：村里负责劳力，资金的问题我来想办法。第二天，他就赶往北京找老战友“化缘”。经过多次奔波，在市县有关部门的协调和扶持下，终于筹资50多万元。这年底，清澈的自来水流进了村民家中。面对村民的感谢，王海洋说：“这是我应该做的，大家没有水喝，我的心也好像开裂了。”

（四）

志洁比莲，香远溢清

——记者手记

心随朗月高，志与秋霜洁。在纪检监察战线上，王海洋就是那“加班时间最长、走路最匆忙、说话最低调”的老黄牛，敬业、精业、实在。

“如果说我是儿子，我更是党和人民的儿子”

2009 年 12 月，王海洋的父亲重病住院，当时他正在全力协调查处道县一起大案，只好安排妹妹在医院陪护老人。21 日晚 7 时，接到父亲病危的通知，王海洋抽出半天时间将父亲送回农村老家，就匆匆返回办案一线。7 个小时后，没能看上王海洋最后一眼，老人便遗憾地离开了人世。“你还像个儿子吗？”父亲去世后，弟弟忍不住在电话里吼起来，王海洋怆然泪下，无言以对。20 年前，母亲去世时，由于工作原因，他同样没有送上最后一程。每当回忆这段往事，王海洋就心痛不已。他在日记中写道：自古忠孝两难全，如果说我是儿子，我更是党和人民的儿子。

“高强度的工作，迟早会将你累垮的”

今年 3 月，祁阳县水利局有关人员违纪一案，由于案情复杂，进展一波三折。正在组织查办双牌县财政局负责人谢某案件的王海洋，牵挂起该案的进展。“加大对项目资金的调查，方可突破缺口。”“在祁阳、双牌、冷水滩三地交叉办案，避免他人干扰。”王海洋在跨度 160 公里的 3 个办案点不停地奔波，不停地调度。“这样高强度的工作，迟早会将你累垮的。”办案人员劝王海洋休息，可是他仍然坚持每天工作到凌晨 2 点，还常常忘记吃药，以致血压偏高。

4 月 13 日凌晨，经过 20 多天的斗智斗勇，双牌县财政局一案终于有新的突破。王海洋与办案人员交代好有关事项后，下午匆匆赶往祁阳县了解案情进展。14 时，他听取县纪委的案情汇报；17 时 30 分，赶往“双规点”进行安全检查。19 时，王海洋对手头的 3 个案件进行最后一次调度。深夜时分，他在家中再次对次日工作细化。第二天凌晨，王海洋因劳累过度，突发心源性疾病，永远告别了他挚爱的工作岗位。

没有妻女陪伴，交代最后遗愿；没有朋友问候，留下只言片语。没有病倒在医院，却累倒在工作上。两本工作日记，一本业务书籍，陪伴王海洋走过 50 年风雨人生的最后分秒。

睡莲最美，香远溢清；熟莲最沉，愈久弥香。王海洋走了，仍如成熟的睡莲，依然在播撒清香……

一碗小米粉 浓浓民生情

记者 刘倩 通讯员 吴国侠

“确保食品安全，让永州百姓吃上放心米粉，是党委、政府义不容辞的神圣职责。

希望各级政府和企业要更加负责，把好事做好。”12 月 24 日，市委书记陈文浩在一封市民来信上作出重要批示，字字句句透露出关注民生、重视民情的拳拳之心。

一个报告（关键词：安全）

米粉是我国南方千家万户最喜爱的早餐，在永州也不例外。一大早起来，人们陆续走进遍布城乡的早餐店，一碗热气腾腾的米粉下肚，大家便各奔东西。米粉作为一种速食品，在快节奏的生活中不可或缺。数据显示：永州现有大小米粉加工厂 200 余家、米粉店万余家，日经营米粉 300 吨以上。

然而，人们忽视了一个问题：米粉质量是否安全、食用米粉是否放心？

“现状堪忧。”中国粮食行业协会理事、粮油加工专家吴国侠直言不讳。“行业内非法经营占据主流，一些米粉小作坊购进的原料没有 QS（企业食品生产许可）标志，质次价廉的黄变陈米和霉变米很多，没有建立原料、在制品、成品质量检验工序。”

民以食为天，食以安为先。一份由市粮食行业协会、市粮食经济科技学会专题调研后形成的调查报告《一碗小米粉牵涉大民生——永州市米粉加工业情况调查及思考》引起市委、市政府的高度关注。

“抓好‘食用油和米粉放心工程’，加强生产加工、流通销售和餐饮消费监管，杜绝地沟油、泔水油、餐厨废弃油和劣质米粉进入餐饮行业。” 1 月 7 日，市委书记陈文浩在市委经济工作会议上的讲话掷地有声。在这次大会上，“食用油和米粉放心工程”列入市委、市政府六件惠民实事之一。紧接着，永州市食用油、米粉放心工程实施方案出炉，市政府办为此专门下发通知。

一份承诺（关键词：行动）

“米粉放心工程”一诺千金。实施方案出台后，各县区、各部门闻风而动，雷厉风行制定举措，推出一系列承诺，并将承诺付诸行动，严把米粉质量检测监管常态化、制度化。

市食药监管局：强化食品源头和追溯管理。

市质监局：确保米粉生产企业原材料、产品出厂合格率两个百分之百。

市工商局：严厉打击销售假冒伪劣米粉等各种违法行为。

市农业局：整体规划推进全市农业标准化实施。

市公安局：严厉打击米粉非法生产经营使用黑窝点。

市城管执法局：加强流动饮食摊贩管理。

市粮食局：加强米粉行业管理，引导企业诚信守法经营。

市卫生局：加强对米粉的风险监测。

市发改委：争取国家、省在项目、资金等方面的支持。

市经信委：加强米粉工业企业诚信体系建设。

市商务局：加强餐饮行业米粉管理，促进企业自律。

市教育局：加强学校、幼儿园米粉管理。

市财政局：负责市本级实施米粉放心工程的经费保障。

市农开办：加强产业化项目资金扶持。

市监察局：检查米粉放心工程实施过程中的责任落实情况。

市科协：协助米粉企业生产高品质富营养米粉。

5月30日上午，市委书记陈文浩，市委常委、常务副市长易佳良，副市长刘尤碧就“米粉放心工程”开展专题调研。陈文浩要求各级各部门要明确三年的总体目标任务和每年的工作重点，做到全面取缔经整改未达标的生产加工小作坊，市场销售的米粉从生产、销售到餐桌各环节达到卫生安全的要求。

6月13日，市经信委、市质监局组织10余家米粉生产企业联合发出倡议，弘扬尚德守法的行业风气，推进永州“食用油和放心米粉工程”建设。

8月26日凌晨，祁阳县在整治湿米粉专项行动中，在一企业发现300公斤浸泡待用的霉变大米，立即予以深埋销毁。宁远县城8家米粉厂家联合成立米粉企业，新田县5家米粉厂投入资金改进工艺，改善生产条件。

12月11日至17日，冷水滩区开展米粉整治周活动……

“米粉放心工程”犹如阵阵春风，力促米粉企业严守职责，强化质量管理。湖南米粉领军企业华利工贸公司按照市场经济运行规则和自愿原则，整合中心城区20余家米粉厂和小作坊，采取“统一采购原料、统一标准生产、统一品牌经营、统一配货运送”，实现米粉规范化生产和连锁经营。

一封来信（关键词：点赞）

东风洒雨露，汇入天地春。“米粉放心工程”是为民办实事工程，目的是让百姓吃上安全放心的米粉。一年来，永州市民见证“米粉放心工程”实施带来的“舌尖上的安全”。

走进东安旺四海鲜鱼粉店，市民唐中林说：“这是县里的放心米粉示范店，我们吃粉放心。”目前，市食药监管部门在全市已建立放心米粉示范店36家。

“今年，全市质监系统已取缔小作坊20多家，为4家企业办理了QS认证。”市质监局食品科科长何平文介绍。

3月份以来，市工商部门对262户米粉批发商检查4次以上，纠正违法行为693次，取缔无照经营米粉批发点5户，收缴不合格米粉700余公斤，严把流通领域米粉质量关。

“以前每天起早贪黑做粉卖粉，赚不到几个钱，偷偷摸摸无证生产还担心被抓。

现在不做米粉只安心批发销售华利米粉，轻轻松松赚的钱比以往还多。”被华利公司整合的米粉老板张文化感慨万分。

在市直各部门的支持下，华利公司分别在零陵区邮亭圩与顺康公司建立5万亩米粉专用稻基地，在新田县与恒丰米业建立10万亩生态富硒米粉专用稻基地，从源头上把住米粉食材质量关。

“今天是华利公司消费者开放日，我们穿上消毒服参观公司整洁的车间、现代化的生产线，零距离感受放心米粉制作全过程。以前担心用霉变米做原料、掺明矾做米粉，现在这种担心多余了。感谢市委、市政府实施米粉放心工程，我们老百姓现在吃米粉感到安全放心了。”12月21日，市民李林轩、王晓芳、胡文玉、闫景文等致信市委书记陈文浩，真诚感谢市委、市政府为百姓餐桌保驾护航。

天时人事日相催，冬至阳生春又来。小米粉大民生，书记批示的消息从市民口中传到华利，公司员工备受鼓舞。董事长尹新利对永州米粉行业的未来蓝图充满信心：“华利公司规划开发杂粮、果蔬、营养系列米粉，进军湘、粤、桂市场，争取年实现交易总量20万吨、销售收入10亿元以上，新增就业岗位2000多个，带动种粮农民增收6000万元以上。”

一碗米粉，因小而见大。它反映报人的心灵境界、人文精神，这就是甘做俯首孺子牛，乐为百姓鼓与呼。其实，报道民生民情，为公平正义呐喊又何止是这一次！他们通过报纸的呼吁，曾经让镇政府撤回不合理的文件；帮不幸女工找回遭老板克扣的工资，为在超市受人权侵犯的公民讨回公道……

东山那棵常青树

——访永州文坛老前辈、著名作家李长廷

记者　杨中瑜

李长廷，男，1940年生，宁远县人。湖南省五届、六届文联委员，湖南省四届、五届作协理事。永州市文联原主席。1970年开始发表作品，曾涉猎诗歌、散文、小说、戏剧、曲艺等多种文学样式的创作，迄今已在《诗刊》《解放军文艺》《飞天》《山西文学》《天涯》《红岩》《创作与评论》《小说月刊》《剧海》等全国数十家报刊发表诗歌、散文、中短篇小说、戏剧等近三百万字。已出版短篇小说选集《苍山.野水.故事》，散文选集《山居随笔》及《湖南文艺湘军百家文库李长廷卷》。

中　瑜：李老师，您好！在永州文坛的前辈中，应该说我与您相识是比较早的了。记得您刚刚从宁远调到当时的零陵地区文联，我就通过杨克祥老师认识了您。

在永州，只要提起您，没有人不感到敬重与景仰的。请问，您是哪年开始文艺创作的？哪一年开始发表作品的？您的处女作是哪篇？当时在什么背景下写出来的？现在回过头来看，您怎么评价自己的处女作？

李长廷（一）

李长廷：关于处女作，我自己都很模糊。确切地说，我应是1971年开始在省里发表作品，那时省群众艺术馆有个刊物叫《工农兵文艺》，我在它的试刊二期发了首诗不像诗歌词不像歌词的东西，题目叫《背包一挎就出发》，写解放军拉练的，没有保存，又属一般作品，所以一直不想提它。1972年，在《湖南日报》发了散文《随笔两则》，又在《工农兵文艺》10期发了快板《月夜开渠》，也未保存。我自己认为，1973年以后发的作品，才稍有一点文学价值。1972年我参加省里举办的文学创作学习班，时间两月余，我在诗歌组，写了不少诗，其中有组诗《春节第一天》《高山送粮队》，后来分别发《湘江文艺》第一期和第二期，当时曾获好评。自此便挤进了省重点诗歌作者的行列，接二连三在《湖南日报》《湘江文艺》《工农兵文艺》（后改《文艺生活》）发表作品，并经常参加省内创作学习班。1976年，《诗刊》举办中南五省诗歌创作学习班，共10余人，我参加了，在湖南、江西辗转两月余，写了《井冈杜鹃红》等数十首诗，后来在《诗刊》《解放军文艺》陆续发表，并收入解放军文艺出版社、北京出版社、天津出版社出版的各种选集，其中组诗《井冈杜鹃红》还荣获湖南省新时期以来文学艺术创作奖（1981年）。

我历来将《春节第一天》看作我的处女作，现在看来，它虽有“文化大革命”大背景的阴影，但在当时，调子还是算清新、欢快的，有着浓厚的生活气息。

中　瑜：您的创作涉及小说、诗歌、散文、戏剧、评论、音乐等各个领域，请问您自己对哪个领域的创作相对满意？为什么？

李长廷：我是写曲艺起家的，1970年，我以农民的身份进入宁远县文艺宣传队，名之曰创作员，大部分时间是为宣传中心工作服务，写中心，唱中心，演中心，因此对于快板、表演唱、对口词之类，掌握得非常娴熟，不少曲艺节目还在省里获过奖。这期间，我也写诗歌，整个七十年代，创作上基本以诗歌为主业，在省诗歌界算是骨干力量，曾数次抽调到《湖南日报》文艺部和《湘江文艺》编辑部协助工作，后来抽调到《诗刊》协助工作，因家庭拖累未去。1975年我到宁远县文化馆任文学创作专干，继续写诗，同时开始经营散文、小说，1975年《湘江文艺》发了我的第一篇小说《铁锤队长》。中共十一届三中全会后，中国命运发生转折，文艺界开始拨乱反正，左的创作思想得到纠正，文艺作品多样化的格局开始形成，作家个性得以凸显。八十年代初，自《解放军文艺》发过叙事长诗《姐妹鸟》及组诗《山村在歌唱》后，我转而以写散文、小说为主，诗歌退居其次。之所以作如此选择，盖因默默中似已预料到诗歌的走向，而我的诗歌的表现手法要换代更新恐较为费力，所以干脆移情别恋，写起散文、小说来。1979年《湘江文艺》发了我第二篇小说《赶闹子》，以后就一发不可收，陆续在《湖南文学》《天涯》《飞天》《山西文学》《大西南文学》《青年作家》《红岩》《滇池》《花溪》《芙蓉》《巨人》《儿童小说》《理论与创作》《小说月刊》《短篇小说》《小说创作》《大众文学》《文艺生活》《南方文学》《百花》及《人民日报》《文艺报》《文学报》《羊城晚报》《小说报》《人民政协报》等报刊上发散文150余篇，短篇小说70余篇，中篇12部。这期间也写过一些剧本和评论，但我自己比较看重的还是小说。我觉得我的小说无论故事、人物还是文字，都有比较多的潇湘文化元素，是属于潇湘这块土地上的产物，如《湖南文学》发的两个中篇《我是你的领带》《大风》，《红岩》发的三个中篇《荒原》《山岚》《楚声》，以及《青年作家》发的《酸枣树，酸枣树》，写的都是本土故事，有的已被转载，《天涯》发的《乡村史话》（小说二题），被几位研究中国乡村史的学者多次作为资料引用。

中　瑜：您在年轻时的创作中得到了哪些前辈的指点与帮助？年轻时喜欢读哪些书？当时您最崇拜的作家是谁？您早期的作品是否受到他们的影响？

李长廷：我的文学创作开始是自发的，也是盲目的，记得读中学时就有这个冲动，写过剧本。1961年高中毕业，被分配到建设学院，这个所谓学院其实就是培训班，以前没有，以后也没有，三个月左右学校便下马了，学生被遣散到各地，当然也安排工作。我考虑再三，没有服从安排，回家当地球修理工。务农期间，我进行过一些创作，记得1965年底，我有小说在当时的《新苗》（即《湖南文学》前身）留用，但紧接着就“文化大革命”开始了，刊物停办，不了了之。

1970年参加工作后，因为工作关系，和省文艺界下放在宁远的几位老师混得很熟，他们中有搞美术的，有搞音乐的，有搞戏剧的，在省里都是各方面的权威，其中有个龙仕靖，就是省文化馆的戏剧编辑，在戏剧创作上，从他身上得益不少。后来又认识叶蔚林和李青老师，那时候地区经常办创作学习班，有稿子可以面对面找他们请教，叶蔚林主要在创作实践这个方面为我们打开思路，譬如如何把自己储存的生活素材变成一篇不错的小说；李青老师则从编辑的角度，高屋建瓴，给以引导，有时一篇写砸了的小说，只要素材好，他会耐心细致地说服你另辟蹊径，结果柳暗花明又一村，小说修改后终于能发表出来。

我年轻时因条件限制，读书不多，到初中才接触连环画。不过整个中学阶段，中国古代的一些名著都读完了，国外名著那时只有苏联的，能找到的也基本读完了，那时读书很发奋，借来一本《唐诗三百首》，我和一位相好的同学，硬是每人一半抄录了下来（包括注释），手抄本，我的那位同学现在还保存着。至于喜欢的作家，各个年龄阶段是不尽相同的，站在现在的角度看，我比较喜欢三十年代一些老一辈作家如鲁迅、林语堂、废名、沈从文及后来孙犁、汪曾祺的文风。

中 瑜：《百年孤独》的作者马尔克斯曾经说“闭着眼睛，闻着那股熟悉的气息就可以走回家乡”。美国作家福克纳更是在“家乡那片邮票大小的故土”上写出了脍炙人口的佳作。由此可见，文学也是一种有根的作物。您离开家乡这么多年了，现在是否经常回去看看？您认为故土对一个作家来说，具有什么特殊意义？

李长廷：每一个作家都有一个属于自己的生活领地，这个领地必定是他的故乡，即便不是，也一定是和他生命联系最紧密的地方。沈从文一辈子写的都是湘西，贾平凹的笔触似乎也没有离开过八百里秦川，莫言则热衷于表现他的齐鲁文化。我们熟悉的叶蔚林，他虽非江华本土人氏，但他创作上的飞跃，是在江华完成的，江华不仅给他的创作注入新的活力，甚至给予他以新的文学生命，他的作品可以说绝大多数都有着丰富的潇湘文化基因。

田人采访我时，我曾经说过，一个人与他出生地的关系，是一种血缘关系。那块生育你的土地，你一辈子都会感受到它母腹般的温馨，它像培育一棵水稻一样培育你，给你生命，给你在这个世界上行走的资本和动力，给了你开花结果的一切前提条件，那么你唯有以自己生命的果实给它以回报。作为作家，你的作品，是回赠给故乡的最好礼物。我们平时常说，生活是创作的源泉，从这个层面上说，故土亦算得作家的一口深井。当你创作思路打不开时，当你感到生活枯竭时，你不妨回到故乡去走走看看，那些熟悉的山川草木，那些熟悉的田园阡陌，以及那些熟悉的满布风霜的面孔，或许会激活你的某一根神经，使你在不经意间，得到莫大启发。一个热爱家乡的作家，他会在外乡的一条河流中，发现从家乡流淌来的一朵浪花，他会从外乡的天空中，发现从家乡飘荡过来的一片云彩。家乡在你心中的位置，就像母亲在你心中的位置，一辈子没有什么可以替换。

中 瑜：我一直认为，如果说宁远是您的第一故乡，那么零陵就是您的第二故乡，读了您的《美丽永州》《潇湘合流说岛》《文化芭蕉》《品读愚溪》等文章，可以感受到您对零陵的热爱，请问您怎么评价自己对零陵古城的感情？

李长廷：我是 1984 年调当时的零陵地区文联工作的，一住就是十七个年头，直到 2001 年才搬至冷水滩居住。这十七年有很多感慨，这些感慨似乎很难用言语表达，我的第一本散文选集《山居随笔》中，有几篇文章，就是专写对于高山寺的感受的，其中一篇有这样一段话：“春社过后，池塘内几声蛙鼓，唤起我多少回忆。夏日的凌晨，有声声鸟语敲窗，珠圆玉润，我的梦，又多出几分温馨，而丝丝缕缕剪不断理还乱的蝉声，正如我的相思，缠绵悱恻，枝蔓丛生”当时我把高山寺居处写得很宁静，但是多年后我由冷水滩去零陵，重新去感受高山寺，心中却免不了有些许惆怅，原先的所谓“文化大院”已风光不再，一些朋友和同事也已各自东西，有的甚至已经谢世，回至家中，我写了篇《回望高山寺》，对于当时的情感作一些粗略记录。

确切地说，我这辈子除了故土难忘，再就是宁远文庙和零陵高山寺，这是我人生的两处重要驿站。宁远文庙我住了近十年，高山寺住了十七年，这二十七年对我非常重要，我的主要创作活动基本是在这个时间段完成的。在宁远时以写诗为主，到零陵后散文、小说创作收获颇丰，两处地方都给我很好的历史文化的熏陶。《湖南文学》1995 年 2 期发的中篇《我是你的领带》，背景就是高山寺。我甚至写到了那条古色古香石板路：“从高山寺下到山脚，是一条水泥和石板交相砌就的弯曲小径，有历史留下来的陈迹，也有现代人的加工创造，断断续续，蜿蜒辗转，总共 164 级。”我粗略估算，写地域文化的作品中，零陵占十篇之多，除你已提到的四篇，还有《寻梦潇湘》《永州那场雪》《东山之恋》《爱情潇湘》《送别湘江》《永州氛围》《永州怀柳宗元》等，作品是一个人情感的记录，谨此足见我对零陵用情之深。

中　瑜：在我印象中，零陵的东山完全可以与长沙的岳麓山媲美，同样都是一座文化大山。您曾在东山生活多年，尤其是到了冷水滩之后写了一篇《东山之恋》在我眼中乃至不少文学后辈眼中，您就是东山的一棵常青树。现在永州在建东山景区，请您谈谈您对东山的认知和对景区的期待。

李长廷：零陵的水可以作一篇很好的文章，零陵的山同样可以作一篇很好的文章。零陵自然景观得天独厚，是与生俱来的，而零陵的人文景观却是历史在前进途中，叠加给它的，零陵像个文化的大口袋，把潇湘二水传送来的文化，把历朝历代文化名人从各处携带来的文化，一律装进自己的大口袋，然后归纳，消化，吸收，储存，从而丰富自己的文化内涵，提升自己的文化气质。我在《东山之恋》中说过，“零陵的历史文化，最早的囤积地，应该是在东山”“东山的凸显，也即是零陵的凸显。”剔除东山，零陵将显得平板呆滞，潇水亦将失去依托，东山是零陵的文化高地。我在零陵住家期间，每日晨昏，必去东山树木掩映的小径上漫步，我知道，这些小径上，必定有着怀素、柳宗元、张浚、杨万里、何绍基们深深浅浅的脚印，我期望与他们作跨越时空的邂逅。

东山是一座集多元文化于一身的山峦，佛教文化源远流长，儒文化名传遐迩，它不仅是一代书法大师怀素的人生摇篮，也在一定程度上影响过柳宗元的生命历程，起码，一个居“庙堂之高”的柳宗元，一下子成为一个处“江湖之远”的柳宗元，他的适应过程，是在东山完成的。东山的文化，铸就了零陵的辉煌。从这个层面说，永州建设东山景区，可以说是对零陵传统文化的重塑，对于零陵未来发展，有着极其深远的意义。我期待着景区建设是一种文化意义上的建设，有助于进一步提升零陵的文化形象。

李长廷（二）

中　瑜：除了东山，零陵还有柳宗元笔下的西山。您曾多次参加市柳宗元研究学会的祭柳大会和学术研究会，有人对柳宗元的西山究竟是哪座山提出大致四种不同的意见，一种认为是现在科技学院后面的那座山，一种认为是娘子岭，一种认为是造纸厂里面的珍珠岭，还有一种认为是泛指。请问您认为柳宗元笔下的西山是哪座山？与东山相比，您对西山的感情如何？写过关于西山的文章吗？

李长廷：对于西山的具体所指，我没有多少发言权，我甚至没有专写西山的文章，但我倾向于泛指。柳宗元在文章中所提西山，是相对东山说的，是指一种方位，河东是东山，河西则统称西山，不局限于其中一个山头，我揣测，其实柳宗元这是一种故意，如果硬要标出一个具体山头。于文法上反而不好处理，面对东山，自己所处位置自然就是西山，东山西山，两相对应，这不是绝好？

我在《东山之恋》中已说过，东山西山，都是零陵的辉煌，都是我们后人时时要去攀爬的文化高地，两座山加潇湘二水，使零陵古郡在世人心目中文气十足。

是否可以认为，是柳宗元催生了西山？没有柳宗元的《永州八记》，没有柳宗元西渡潇水去愚溪定居，西山的名头绝没有如此地响亮。我在《寻梦潇湘》中说过，如果把柳宗元在永州十年看作一篇文章，那么这篇文章应该是上下两篇，或以潇水为分界线，潇水之东（东山）为上篇，潇水之西（西山）为下篇；或以城之内外为分界线，城内（东山）为上篇，城外（西山）为下篇。柳宗元后来能够鼓足勇气西渡潇水，从城内突围到城外，这不仅是他性格的一大突破，更是他人生历程的一个大转弯。柳宗元的这次突围，不仅丰富零陵的文化史，也丰富中国的文化史，因为从此就诞生愚溪，诞生西山。

中　瑜：您与人合作了多少首歌曲？你们是怎么合作的？您认为作词需要哪些技巧？

李长廷：我的创作很杂，什么都写，什么都不精。但对于歌词，我并没有专门去经营，也没有具体跟谁合作过。我写歌词一般是遵命，人家叫写，我就写，写出来无非是应付晚会或其他文艺活动，内容可以说无一例外，除了永州，还是永州，没有涉猎过其他题材，像《九嶷山颂》《问湘妃》《潇水谣》《美丽永州》《永州的雪》《瑶家夜曲》《醉了瑶山》《月光下的岛》《喝螺小唱》等，都是应景的东西，没有主动去写过其他歌词，因为它毕竟不是我的追求。歌词也是诗，是能唱的诗，写歌词不仅要有写诗的功底，还应有点音乐素养，不然，你写得再美，再有意境，节奏上没有音乐元素，作曲的拿它也没办法，不可能给它安上音乐的翅膀。

中　瑜：您为他人写了大约多少篇评论？在这里评论中，您最满意的是哪篇？而给您印象最好的作者是哪个？作品是哪篇？它具备什么特点？

李长廷：写评论我是勉为其难，我这人不太注重理论修养，看一篇作品写得如何，一是凭经验，二是凭感觉，讲不出太多的理论依据，有时给人写评论，总有点理屈词穷的感觉。但是这么些年，找我写评论或写序的人还是不少，诗歌，散文，小说都有，细细清点，大约有近三十篇，从纯评论这个角度说，恐怕没有什么很令人满意的，但找我写评论或写序的都是文坛上一些老朋友，即便写得不好，他们也不便说什么，我也就只好装聋作哑，蒙混过关了。

中　瑜：您写了不少戏剧作品，请问您怎么看待永州当前的戏剧创作？您给戏剧工作者的忠告有哪些？

李长廷：对于戏剧，我没有太多的话要说。1970年我招工至宁远文艺宣传队，写了不少曲艺作品，也写了些戏剧，都不很成功。后来至八十年代、九十年代，没有人督促，倒是写了几个剧本，如《范进卖鸡》《春天的旋律》《恼人的地毯》，都在省里发表过，也演出过，其中《范进卖鸡》获湖南省1983—1984剧本创作三等奖，《恼人的地毯》获2000年田汉剧本创作提名奖。《恼人的地毯》有很浓的喜剧色彩，但《范进卖鸡》和《春天的旋律》，应该是有点辛酸味的，不能完全归于喜剧，后来我还参与过大型舞蹈诗剧《盘王之女》的创作，主要负责脚本和串台词，算是文学统筹，据说2007年还得过省五个一工程奖。在生活上我是个很拘谨的人，并没有写喜剧的天赋，平时只是偶尔为之，戏剧创作目前处于低谷，无论正剧喜剧或其他什么剧，欣赏者少之又少，我实在不便在此多说什么，譬如祁剧，都500余年历史了，谁能挽狂澜于既倒呢？或许，这就叫历史规律。

中 瑜：您在文联的领导岗位上，还长期从事文学编辑工作，几十年来您发现和培养了不少作家。有人说，作家是编辑发现的。请问，您认同吗？您觉得一个作家的成功要素有哪些？

李长廷：我初到地区文联工作时，在李青老师指导下，工作重心用六个字即可概括：出作品，出人才。围绕这个工作重心，主要抓两项工作，一是抓刊物，利用刊物发现和培养作者；二是抓创作活动，即举办各种创作学习班，与作者面对面交流，这一指导原则一直未变，从事编辑工作多年，似乎养成一个习惯，即认真对待每一篇来稿，尊重每一个作者的创作成果。这个习惯一直延续到今天，现在回想起来，我们确是利用《潇湘文艺》这个阵地，发现和培养一大批作者，这些作者现在还活跃在文坛（有的在外面打拼），他们中不少已名声在外，成为文坛佼佼者，我在创作实践上成就不大，但当编辑还算是兢兢业业，之所以如此，一是受李青老师影响较大，二是我在往外投稿的过程中，一些编辑的敬业精神使我深受感动，譬如《湖南文学》的小说组长刘云，她对作者的关怀简直无微不至，我有一次寄她一个中篇，她说可用，但《湖南文学》一时恐怕挤不上，不过她愿意为我找出路，后来她联系《红岩》一个副主编，把我的稿子推荐给他。《红岩》这位副主编也是一位热心肠，他不仅用了我的稿子，还给我写信约稿，两年内，我在《红岩》发了三个中篇。又如《山西文学》一位姓郑的编辑，我在那里多次发稿，联系非常紧密，他给我邮寄《山西文学》达五年之久，期期不漏。这些编辑无疑是我的榜样。编辑对作家的影响是很大的，有时甚至是决定性的，有的初学写作者因了编辑的不断鼓励而最终功成名就，当然也有的初学写作者因遭编辑冷遇而失去信心，甚至放弃文学，有人说作家是编辑发现的，这话不能说没有道理。毕竟编辑是作家作品的第一位读者，他的态度，关系着作家能否继续写下去的勇气和信心。但最后能否出作品，还得靠作家本人。二月河早就说过，一位作家要冒出来，必须才气、力气、运气三“气”兼具，缺一不可。才气是基础，有了才气不努力不刻苦也不行，有才气，又刻苦，最后还得有机遇。

中 瑜：八十年代初，我也沉湎于诗歌创作，那时候刚刚流行新乡土诗、朦胧诗和探索诗。我当时很喜欢前两者，至于后者，我觉得有些诗人和作者把它推向晦涩，不少人都读不懂。您是以诗歌走上文坛的，请问您怎么看待这三个诗歌流派？

李长廷：关于诗，我已经说得够多的，田人、乐家茂、文紫湘、张国权、李鼎荣、易小兵等的诗集我都写过评论，中间自然有我的一些观点。最近给鼎荣先生的评论中，开篇有这样的阐述：“我曾经有一段写诗的历史，后来移情别恋，改写散文、小说。因为诗是我的初恋，旧情难忘，时不时还会对当今诗坛打一个飞眼。我心中当然明白，诗歌的语境和生态都已发生变化，这个派那个派，这个体那个体，以我的目力，要参透其中奥妙，并非一件易事，何况目下有些诗，未免过分超前，过分先锋，以我的理解能力，恐很难跟上其铿锵前行的步伐。”这段话没有涉及你所说新乡土诗、朦胧诗和探索诗，但事实是，诗坛何止这三个诗歌流派？网上就有后非非主义、新死亡诗派、垃圾派、现代禅诗派、北回归线、打工诗群、存在群体等不一而足。我个人认为，每个人都有属于自己的诗歌话语权，局外人大可不必在意，我从诗坛抽身已多年，虽然偶尔有所接触，也是孤陋寡闻，不知就里，萝卜白菜，各有所爱，用不着我来说三道四。

中瑜：您获了很多奖项，但是由于您的低调和淡薄，永州不少文学后辈还不知您在创作上的丰收情况。我记得白居易有诗云："水能性淡为吾友，竹解心虚即我师。"我觉得套在您身上真的恰如其分，因为您给大家的印象是太淡薄了。请问您是怎么秉承这一崇高美德的？您怎么看待当今文坛那些朋友之间相互吹嘘相互炒作的？

李长廷：我获省级奖大约是七项，小说一，诗一，散文二，剧本三，有些只是报纸或刊物编辑部的奖，小奖项，上不得台面，不值得一提。即使提及，大约也不会给自己增添多少光彩。我以为获奖只是一种过程，获奖的作品不一定就是自己最好的作品，譬如 1981 年我的小说《起飞》获《文艺生活》小说奖，该篇小说不过是图解政策之作。平时我不太喜欢提及获奖或发表作品这些事情，原因无它，完全是性格使然，并没有想着去淡薄或躲避什么，所谓“美德”更是谈不上。田人在采访我时，我就说过：我的为人，一向遵循顺其自然的原则，即所谓“一切自在来源于选择，而不是刻意”，不刻意去追求什么，也不刻意去回避什么。我还说过：生活在现代社会的人，时时跻身于物欲横流的滚滚浪潮之中，说声淡泊容易，做到淡泊却委实太难。中国的绝大部分知识分子都是嘴上功夫硬，宣言连篇累牍，能够真正付诸实践的少之又少。我对此问题并未有过宣言，最终却给人留下低调和淡薄的印象，这大约是我不善于张扬之故。其实我的一贯原则就是，对名，我不拒绝，只是不争，对利，我亦不拒绝，但不乞求，而且要取之有道。如此而已。但时代是发展的，我这种性格在当代似乎与潮流不太适应，“好酒不怕巷子深”已是过去时，个人价值只有在人家知道你时才能体现出来，因此我主张：炒作可以，吹嘘则大可不必。

中　瑜：您的散文集《山居随笔》和短篇小说集《苍山野水故事》很让人喜爱，请问您是怎么积累下来的？当年同时出版两本著作，让人羡慕不已，对您来说是不是也感到特别的欣慰？

李长廷：我出版过三本书，即散文选集《山居随笔》、短篇小说选集《苍山野水故事》《文艺湘军百家文库李长廷卷》。三本书是多年前出的，前两本烟厂赞助，后一本由省文联统一出版。这三本书是九十年以前的一些零散之作，因出得很匆忙，文章并未认真挑选，尤其是那本散文集，显得很拉杂，没有条理，校对和装帧也不入眼，现在有人要索书，心里总觉拿不出手，但最欣慰的是，三本书都没有要自己掏腰包。后来写的一些东西质量会好一些，但我出去化缘不行，自己经济实力又不够，只好打消了出书的念头。

中 瑜：您的创作已经是硕果累累，但是我们还时常在报刊上读到您的大作，比如今年 3 月您在《创作与评论》上发的中篇小说《野牛岭峡谷》以及您在《长沙晚报》《永州日报》上的系列文章，等等。请问这些创作是在有计划地进行吗？您怎么评价自己已有的创作成果，将来还有哪些创作计划？是否有长篇创作计划？

李长廷：我的文学方面的创作大约在 1995 年以后就中断了，1995 年在《湖南文学》《天涯》等发了三个中篇，以后就再没发过小说。原因是多方面的，外部环境不好，内部环境更不好，老婆病势加重，家庭已不像个家庭，弄得心身俱疲，对什么都不感兴趣，颓唐，悲观，萎靡不振，原先弄文学的一点激情荡然无存，转而去玩扑克消磨时光。这样直到退休，直到老婆去世，心态也没有调整过来。可以说，这是我人生中的一个空白。不过在 2000 年，我在《艺海》发了个剧本，就是《恼人的地毯》，是在戏工室一再督促下写的。后来一些朋友约我出去玩，去得多的是舜皇山，于是就隔三岔五，写些地域文化方面的文章。大约是 2003 年吧，我试着写小说，写了《今天星期几》，觉得构思不错，结果只发在省里的一个内部刊物《湖南作家》上，未免有点泄气。接着写了《进入城市的蛇》，发《小说月刊》，仍是没有找到最佳感觉。直到最近几年，觉得永州小说创作是个薄弱环节，写长篇的有，中短篇几乎无人问津，于是又试着写了几篇，《创作与评论》发的《野牛岭峡谷》是其中之一。2010 年《短篇小说》发过一篇《知音》。现在正式刊物发作品不容易，我虽是老作者，但时隔十余年，重拾旧业，有种物是人非之感。

我的创作从无计划，想写就写，全凭兴趣，以前是，现在还是。若说创作成果，无非是一些毫无意义的数字，这对一个作家来说，并不能证明什么。作家需要精品力作，而我没有，我曾经有过创作长篇的打算，但一直没有勇气落笔，也许我的顾虑太多，给自己定的标准也太高，万一写出来达不到要求，要自己掏腰包出书，对于一个七十好几的老人来说太不划算，也太残酷，还不如把时间打发在散步看风景上。

中 瑜：当今社会，传统的纯文学刊物日益萎缩，网络文学大行其道，与您当时孜孜以求的相比，有了翻天覆地的变化，请问作为一个年逾古稀的老作家，您是怎么看待网络文学这个现象的？您认为传统文学在网络文学的挤压下还有生存的空间吗？那些纯文学刊物怎样突围，才能得以生存与发展？

李长廷：纯文学刊物不景气是客观存在，也是大势所趋，时代发展太快，人们的兴趣爱好发生转移，这是正常现象，相反，如果纯文学刊物一直保持上世纪八十年代的势头，倒显得不正常了，但是有一条，人类在精神方面的需求是多方面的，因此，纯文学绝不会消亡，绝不会被网络文学挤压得没有一点生存空间，它会永远存在下去，甚至会与网络文学相互映衬。至于网络文学大行其道，这也是大势所趋，而且势头会越来越猛。文学是用来表达和交流的，随着人类现代文明进程的加快，人们会迫切要求提高自己对文学的话语地位，这一点在没有网络以前做不到，那时候只有极少数的人能在刊物上发作品，但写作品的何止千万？如今有了网络，写了可以自由往上面发，可以随心所欲地通过网络这个渠道，直接表达自己的文学话语，这是何等痛快的事！或许，这就是网络文学得以迅速兴盛的原因所在。

我以为，纯文学刊物无所谓“突围”的问题，认真坚守阵地，才是它的本分。

中　瑜：您也是一个与时俱进的前辈，大家知道您经常上网。前一段时间，网上对永州文化艺术中心的选址提出争议，导致市里否决放在凤凰园的方案，作为一个德高望重的文化老人，请问您认为永州的文化中心在哪里？关于文化艺术中心的选址，您认为放在哪里较为合适？

李长廷：首先我得表示我的惭愧，我至今并不知道永州市要建文化艺术中心。其实，即便知道，以我的见识，也说不出多少有实用价值的建议。我想，既然是“文化艺术”，又是“中心”，那就应该在这两个方面给以考虑，外面的人到永州来，喜欢看什么，他们最留恋的是什么地方，那么我们就在这些地方再充实一些内容，让他们既能看到外在的东西，又能看到内在的东西，既能看到过去的文化积存，又能看到眼下的文化现状，岂不更好？

多年前，我写过一篇长文，叫《寻梦潇湘》，我把永州文化统称为潇湘文化。潇湘文化应有它的源头，这就是九嶷山，潇湘文化亦应有它的中心，这就是蘋岛。蘋岛为什么是中心？因为蘋岛既是潇湘文化的集结地，也是中原文化的接纳地，是出口，也是入口，它是名副其实的历史驿站，更是潇湘的标志。想想看，历史上有多少文化精英的目光对它表示过爱抚与触摸？由蘋岛辐射开去，那简直就是一个文化磁场！何况，传说中蘋岛曾经与舜的二妃有些牵连，我在《爱情潇湘》一文中，曾建议打爱情牌，即岛亦可叫爱情岛（斑竹为爱情竹，潇水为爱情河），围绕舜与二妃的情爱做足文章。当然这只是我个人无所事事时的推想，好玩而已。但是我们的文化艺术中心，是否不要离蘋岛这个范围太遥远呢？

中　瑜：您认为永州实施“文化强市”的着力点应该在哪里？永州怎样推动文化与旅游的深度融合发展？

李长廷：“文化强市”是个大题目，这里的“文化”，我理解是大文化，不仅仅局限于文化艺术，里面恐怕包含一个城市的城市形象，城市精神，城市个性以及城市传统，我在这方面疏于关注，不想多饶舌。关于文化与旅游的融合，这里面倒是大有文章可做，实际上旅游和文化本就是捆绑在一起的，旅游本身就是一种文化行为，旅游者最后收获的也是文化上的愉悦。即便是纯粹的阅水观山，旅游者脑海里也会自然而然提升出一种意境，画的抑或诗的，即所谓如诗如画，俨然仙境，这就将山水文化了。其实我们祖国的每一处山水，都是有其文化背景的，九嶷山不是吗？阳明山、舜皇山不是吗？濂溪、愚溪、浯溪甚至潇湘二水不是吗？古代文化名人或社会精英，他们在一处地方留下的足迹、诗赋辞章，或一些民间掌故，经后人一代一代传诵阅读，就和这些地方融合成一个整体了，再也分不开了，到后来，自然就成了如今人们常说的人文景观，凡人文景观。一定具有使其价值更大化的可能，这就需要我们加大宣传，并进行必要的再次挖掘。在这方面，永州市近几年做了不少卓有成效的工作，如市电视台、《永州日报》关于品读永州的大篇幅报道，以及旅游部门借文化促文化，利用当代诗人、作家、艺术家的热情，在提升永州旅游品质上动作频频，像旅游刊物《品读永州》的创办，就是很好的尝试，记得郁达夫《游西子湖》诗中曾有如下感慨：“江山也要文人捧，堤柳而今尚姓苏。”看来，在一定层面上，制造一个景点靠文人，宣传景点还得靠文人，有文人参与宣传，不管是人文景观还是自然景观，它的美学价值和文化内涵才会最大限度得以挖掘和发现，从而焕发出夺目的光彩。

中 瑜：您怎么评价永州近十年来的文艺创作？您认为永州文艺创作队伍在全省的排位如何？您对永州青年作家们有些什么期望？

李长廷：先说排位。因为心中无数，这个问题我肯定回答不了。我在退休之前，比较关注省内各地市出作品出人才的状况，对本地的创作，更是了然于胸，但现在形势发展太快，作家中新面孔层出不穷，加上我关注不够，视野不宽，无法做到全面了解，要拿永州市与其他兄弟市作比较，恐怕有些困难，何况，我认为这种排位也没有实际意义。

下面我想谈谈对永州近十年来文艺创作的一些印象，限于我的见识，这里只谈文学。

一个地区的文学现象不会是孤立出现的，它必然受到整个文坛局势的影响，这么些年，纯文学刊物不景气，网络文学方兴未艾，原有的文学格局受到冲击，这在永州同样能体现出来。我注意到不少作者已经转向进入网络，而且开辟出了一个崭新天地，成绩有目共睹，这是一个好的迹象，证明文学的路子不是越走越窄，而是越走越宽。同时我还注意到，永州文学队伍中，陌生面孔越来越多，很多我都不认识，这在几年前还是没有的现象，几年前我看《潇湘》，全是几张熟面孔。陌生面孔中，诗歌，散文，小说，甚至长篇，都有份额。而一些已经有所成就的老作者，尤其在外面打拼的几位，早已是硕果累累，为永州争得不少荣誉，这对于其他作者的奋斗，有着很大的牵引作用。当前，永州文学创作的势头已经形成，创作气氛很浓，如能适时引导，一些作者极有可能在最近几年还会给我们带来意想不到的惊喜。但此时此刻，我仍想对一些年轻作者寄托一点个人的期望：一、大力倡导读书。读书少历来是永州作者的软肋，更是我们文学创作先天不足的一个重要原因，一些作者对此已有所悟察，认识到唯有读书才是打开灵感之门的钥匙，但也毋庸讳言，至今仍有不少作者还在热衷于为文学而文学，写小说的只读小说，写散文的只读散文，写诗歌的只读诗歌，这是典型的短期行为，久而久之，必造成诸多局限，譬如思维不开阔。目光短浅，对生活不再敏感。史铁生曾说，没有思考就没有创作，而读书恰恰会使我们成为一个会思考的人。过去我们一些作者经常因为写不出东西而苦恼，追究原因，一般都说是没有生活，其实这是大谬，不是没有生活，而是没有思想。一个作者的思想水准和艺术水准是成正比的，思想水准不高的人，一定写不出高质量的作品，因为他对生活缺乏洞察力，发现不了生活的本质和价值，所以在一定程度上，可以说没有思想，就没有生活。欲提高自己的创作水平，必先提高自己的思想水平，强化对历史、社会、人生的认知能力，要做到这一步，唯一途径，就是博览群书。二、文学创作切忌急功近利、急于求成。浮躁是当前所有社会成员的通病，文学作者也不例外，但要想自己的事业在如此浮躁的社会旋涡中有所成就，你必须得适应喧闹，在闹中取静，不断培养自己的定力，这样才不至乱了心性，专心致志于自己的创作。三、相应部门在条件许可的情况下，可考虑组织重大题材攻关，永州独特而重大的题材不少，历史的现实的都有，有些作者曾涉猎过，因为是孤军作战，表现得不是很到位，如果辅以大家的智慧，群策群力帮助攻关。或许会有所成就。永州欲打破文学的沉寂局面，必须有一、两部扛鼎之作来显示自己的力量。当然，这最后一条，或许已超出青年作者的范畴，理应是组织工作者的事情。

中　瑜：能够谈谈您对莫言获诺贝尔文学奖的看法吗？

李长廷：这个问题名人名家们该说的都说了，我只有三句话：一是祝贺，毕竟是中国作家得了奖。但我认为莫言获奖的意义不在获奖本身；二是，莫言获奖说明诺奖并没有传说中的那么神秘，说明中国文学水准并不低，因为与莫言同等水准的作家并不少；三是，中国有出息的作家们不要因莫言获奖而超级兴奋，那样只会让自己更加心浮意躁，一切都会过去，赶紧端正心态，写自己的作品去。

中　瑜：您退休之后主要从事哪些活动？怎么与朋友交往的？您觉得朋友的交往对个人的创作有什么意义？

李长廷：上网，看书，锻炼身体，忙家务，喝小酒，与朋友交往不多，偶尔聚聚，调节一下心态，顺便触碰一下创作那根神经，不致让它沉睡不醒。

【记者手记】

上世纪八十年代初，我十分痴迷于文学创作，父亲见我老是关在屋里闭门造车，就建议我去文联找本村的杨克祥老师。大约是 1984 年冬季的某天，当我再次（之前已经去过数次）踏着平平仄仄的青石古道攀上东山，去到当时的零陵地区文联找杨克祥老师时，克祥老师就把在场的刚刚从宁远调来不久的李长廷老师介绍给我认识。二十多年来，无论我漂泊到任何地方，只要回到永州，每年总要去几次文联，而每次去文联几乎都能见到长廷老师。印象中，长廷老师的脸上总是写满了微笑，目光里充满了睿智，让人感觉亲切、可敬。我常跟人说尽管我很早就接触本地文艺界的一些名家，但是几乎没有得到任何名家的指点，所以创作一直没有突破。这是实话，也是假话。假话的原因就是 1992 年夏天，在广州谋生的我曾收到过长廷老师的一封回信。回信是用毛笔写的，自右往左自上往下，跟古代的书法作品一样，当时，长廷老师对我的散文《李商隐与永州》提了两点意见。这是我 30 年来得到的唯一名家指点。所以，这封信于我而言，如同旷世珍宝，至今还小心翼翼地保留着。

虽然我认识长廷老师的时间很早，向他请教的机会也不多，但是在我心目中，他的才华、成就、为人、操守，永远是至高无上的。相信在永州文艺界的后辈中，大多会有同感。记得我开办访谈专栏之初向一些文艺界师友约访时，他们都说长廷老师不带头，自己就不好意思露面。其实，我早就三番五次联系长廷老师，可低调淡泊的长廷老师总是说人老了没有什么好谈的了。我知道他老人家年纪大了，不宜受“折磨”，但是为了满足广大网友和文友的愿望，我不得不在街头截住长廷老师并对他实行“威胁”，才有这篇访谈。只要各位认真阅读长廷老师的谈话内容，我相信，你们就会明白什么叫操守，什么叫风范，什么叫感动。

后 记

“文章千古事，得失寸心知。”这是唐代诗圣杜甫《偶遇》开头的两句诗，表达了杜甫晚年对诗创作的见解。上句“千古事”，是指流传久远，关系重大，下句“寸心知”，是说对于文章，作者本人的理解感知最为明白。这两句诗虽然是以议论入诗，但对仗工整，语言高度概括，而且切中肯綮，蕴含丰富，很有哲理性。

《永州市新闻传媒志》和《永州市邮政通信志》这两部志书的形成，离不开各承修单位的紧密配合与大力支持。在部里召开动员会议之后，永州广播电视台的领导高度重视，马不停蹄地在台里召开动员大会，确定分管领导、主笔、联络员和资料搜集员，成立修志工作领导小组，出台修志工作实施方案，设立修志办公室，解决编志人员的待遇，主笔张宁波、池德玉认真负责，进度快、质量高，较好地完成志书长篇资料的编纂任务。永州日报社社长、党组书记刘波高度重视修志工作，在部里召开动员会议之后，第一时间在社里召开动员大会，成立修志工作领导小组，出台工作实施方案，确定修志人员和修志人员的待遇，资料的搜集工作做得较早。市委政研室《永州通讯》编辑部对修志工作高度重视，提供的资料长编质量较高。永州邮政、电信公司和永州移动、联通公司的领导对修志工作十分重视，成立修志工作领导小组，确定主笔和专职修志人员。永州电信公司专修人员认真负责，素质较高，其长篇资料率先符合要求。2017 年 4 月 11 日，市委宣传部编志办召开学习观摩会议，把电信资料长编作为编修永州邮政通信志资料长篇范本加以推广。湖南科技学院积极参与地方志的编纂工作，资料提供得较早。

各承修单位的主笔付出了艰辛的劳动，各承修单位的联络员、资料搜集人员也做了大量的工作。市委宣传部退休老同志吴帆，克服视力差的困难，协助查找新闻阅评资料，市委宣传部外宣办主任张穆宸、新闻科长唐一平、宣传科长唐和林、办公室黄益群为本志提供大事记、外宣、新闻、典型宣传资料，文印室顾丽为修志工作承印文件，为志稿打印资料；永州日报社的王金梁、杨中瑜、彭沛、蒋林华；永州电视台的杨向东、张宁波、池德玉、唐群星、夏国忠、柏高见、罗剑君；市委政研室的邝华军；湖南科技学院的林泽红、熊玲芝；永州新闻网的王本峰、陈兰芝；市网管办的唐念；《湖南日报》永州分社的张新国。他们为《永州市新闻传媒志》的编辑出版做出自己应有的贡献，在此，一并向他们致以崇高的敬意，表示衷心的感谢！

编 者

2019 年 3 月

索 引

说明：本索引中章、节、目名称按第一个字的汉语拼音首字母顺序排列。

X

Y

Z